Anne Hildeschmidt, Irmtraud Schnell (Hrsg.)
Integrationspädagogik

Anne Hildeschmidt, Irmtraud Schnell (Hrsg.)

Integrationspädagogik

Auf dem Weg zu einer Schule für alle

Juventa Verlag Weinheim und München 1998

Die Deutsche Bibliothek - CIP-Einheitsaufnahme

Integrationspädagogik : auf dem Weg zu einer Schule für alle /
Anne Hildeschmidt ; Irmtraud Schnell (Hrsg.). - Weinheim ; München
: Juventa Verlag, 1998
ISBN 3-7799-1382-8

Umschlaggestaltung: Atelier Warminski, 63654 Büdingen
Umschlagabbildung: Michael Seifert, Hannover
Printed in Germany

ISBN 3-7799-1382-8

Für Alfred Sander zum 60. Geburtstag

Inhalt

Liebe Leserin, lieber Leser,

Resümee zu ziehen und Ausschau zu halten nach mehr als 20jähriger Entwicklung gemeinsamen Lebens und Lernens von behinderten und nichtbehinderten jungen Menschen in der Bundesrepublik wie in Europa, das war unsere Idee. Unterschiedliche Sichtweisen sollten deutlich werden.

Den Band, der Theoriebildung und empirische Forschung, Gelingen und Schwierigkeiten des integrativen Alltags in der Schule widerspiegelt sowie kritische Fragen im Hinblick auf notwendige Weichenstellungen aufgreift, halten Sie nun in Händen.

Er ist Prof. Dr. Alfred Sander zu seinem 60. Geburtstag gewidmet.

„Wir sind involviert und wollen es sein", hat er selbst seine wissenschaftliche Tätigkeit beschrieben und sein Wirken für Theorie und Praxis einer integrierenden Schule begründet.

Viele Eltern von Kindern mit Behinderung, Lehrerinnen und Lehrer, Wissenschaftlerinnen und Wissenschaftler, Bildungspolitikerinnen und -politiker und in der Bildungsverwaltung Tätige hat er beraten, begleitet und unterstützt, auch weit über das Saarland hinaus. Sein Anliegen ist die Weiterentwicklung von Schule zu einem Ort für alle Kinder und Jugendlichen. Alfred Sander, der sein Schaffen und sich selbst in den Dienst dieses Ziels gestellt hat und stellt, soll mit diesem Buch gewürdigt werden.

Allen Autorinnen und Autoren danken wir für ihre spontane Bereitschaft, ihre Verbundenheit mit Alfred Sander durch einen Beitrag zum Ausdruck zu bringen.

Hilde Schmidt

Irmtraud Schnell

Diether Breitenbach

Gefährten auf dem Weg zur gemeinsamen Schule

Wir kamen aus sehr unterschiedlichen Arbeitsgebieten und Erfahrungsbereichen, aber wir entdeckten bald gemeinsame Ziele und wurden über fast drei Jahrzehnte Gefährten auf dem Weg zu einer neuen Bildungspolitik und Pädagogik. Alfred Sander, drei Jahre jünger als ich, war nach dem Abitur zunächst Volksschullehrer geworden, hatte sich dann im Bereich der Sonderschulpädagogik weiterqualifiziert und wechselte 1966 nach siebenjähriger Lehrtätigkeit an Volks- und Sonderschulen zur Pädagogischen Hochschule in Saarbrücken, wo er 1972 auf eine Professur im Fachgebiet „Entwicklungsgestörten-Pädagogik“ berufen wurde.

Mein Berufsweg war weniger gradlinig verlaufen. Ich wollte zwar eigentlich auch Lehrer werden, verließ die Universität dann aber mit einem Psychologie-Diplom und war fast 15 Jahre in der Entwicklungsländerforschung, insbesondere bei der Planung und Evaluierung von Bildungshilfeprojekten tätig, bis ich 1974 ebenfalls an die Pädagogische Hochschule auf eine Psychologie-Professur berufen wurde.

Wir begegneten uns dort erstmals im Februar 1970 bei dem Festakt zur Gründung der Pädagogischen Hochschule des Saarlandes, deren Entwicklungsplanung uns in den Folgejahren immer wieder in zahlreichen Gremien und Arbeitsgruppen zusammenführte. Es waren Jahre des bildungspolitischen Aufbruchs. Die konfessionellen Schulen und Hochschulen waren zu gemeinsamen Einrichtungen umgewandelt worden, im Saarland hatte Werner Scherer mit seinem Programm „Bildung in Stufen“ Voraussetzungen für eine grundlegende Neugestaltung des Schulwesens geschaffen, und auf Bundesebene entwickelten die Bund-Länder-Kommission für Bildungsplanung und der Deutsche Bildungsrat kühne Reformkonzepte, die von leidenschaftlichen bildungspolitischen Debatten begleitet wurden. Unser gemeinsames Ziel an der Pädagogischen Hochschule war es, diesen politischen Rahmen konstruktiv auszufüllen und eine neue Form der wissenschaftlichen Lehrerbildung zu entwickeln, die schon während des Studiums die fach- und erziehungswissenschafliche Theorie mit umfassenden Praxiserfahrungen verbinden sollte.

Dieses Konzept einer „integrativen Lehrerbildung“ (Veauthier 1975), das über alle fachlichen und politischen Grenzen hinweg von einer breiten Mehrheit an der Pädagogischen Hochschule getragen wurde, hat schließlich seinen Niederschlag in einer „Studien- und Prüfungsordnung an der Pädagogischen Hochschule des Saarlandes“ gefunden, die in ihren Grundsätzen auch heute noch als generelles Modell für eine moderne Lehrerausbildung angesehen werden kann.

An der Ausarbeitung dieses Konzeptes war Alfred Sander von Anfang an maßgeblich beteiligt. Es gelang ihm, nicht nur Erziehungs- und Sozialwissenschaftler, sondern in gleicher Weise auch die Fachwissenschaftler und -didaktiker an der Pädagogischen Hochschule davon zu überzeugen, daß eine sonderpädagogische Grundausbildung von mindestens 4 Semesterwochenstunden für alle Lehramtsstudierenden und von mindestens 8 Semesterwochenstunden für die Studierenden der Grundschuldidaktik erforderlich sei, um auf die vielfältigen Probleme schulschwieriger Kinder angemessen eingehen zu können. Dieses sogenannte „Saarbrücker Modell“ sollte die künftigen Lehrerinnen und Lehrer befähigen, „schulschwache Kinder im Rahmen der allgemeinen Schule zu fördern, so daß die Störungen dieser Kinder sich möglichst nicht zur Sonderschulbedürftigkeit kumulieren, und in Fällen tatsächlich unvermeidbarer Sonderschulbedürftigkeit deren Anzeichen möglichst frühzeitig zu erkennen und entsprechende Überprüfungen zu veranlassen“ (SANDER 1978, S. 164). Auch im Hinblick auf die gegenwärtige Debatte über die gemeinsame Unterrichtung von behinderten und nicht-behinderten Schülerinnen und Schülern erscheint es mir bemerkenswert, daß Alfred Sander bereits damals die sonderpädagogische Qualifikation und Motivation der Lehrkräfte an Regelschulen als wichtigste Voraussetzung jeder integrativen Pädagogik erkannt hatte und bezüglich der Organisationsform der Förderung keineswegs festgelegt war. Er hat diese Position auch bei der späteren Umsetzung der Integrationspädagogik im Saarland immer wieder betont.

Angeregt durch das o.g. „Saarbrücker Modell“ trafen sich im Oktober 1974 die Dozenten an Sonderpädagogischen Studienstätten zu ihrer Jahrestagung (Thema: Sonderpädagogik in allgemeinen Schulen) in Saarbrücken, deren Ergebnisse für die Integrationspädagogik nicht nur im Saarland, sondern in der ganzen Bundesrepublik von entscheidender Bedeutung waren. In seinem Einführungsreferat stellte Alfred Sander fest, daß das Thema „Sonderpädagogik in allgemeinen Schulen“ zwar „gegenwärtig nur appellativen Charakter“ habe, daß es jedoch eine Reihe wichtiger Gründe gebe, sich mit diesem Thema intensiver zu befassen (SANDER 1976, S. 1-9). Im einzelnen nannte er folgende Gründe (ich zitiere auszugsweise):

1. „Die Umschulung vieler Schüler aus der Normal- in die Sonderschule stellt diagnostische Anforderungen, die das diagnostizierende Personal und oft auch die Diagnoseverfahren nicht erfüllen können. ... Viele ‘Grenzfälle’ verbleiben aufgrund zufälliger Bedingungen in der Normalschule. So erhebt sich die Frage nach adäquaten Fördermaßnahmen, die die Normalschulen zugunsten der ihnen belassenen ‘Grenzfälle’ zu ergreifen haben.“

2. „Die Existenz von 'Grenzfällen' ... beweist, daß es keine natürliche Dichotomie zwischen Sonderschülern und Normalschülern gibt. ... Daher kann ein dichotomisierendes Schulwesen - hie Sonderschule, da Normalschule - keine pädagogisch-schulorganisatorisch angemessene Antwort auf die tatsächlichen Verhältnisse sein."

3. „Das autonome Sonderschulwesen scheint eine Eigenheit der deutschen Bildungsorganisation zu sein. Es gibt keinen Grund für die Annahme, daß der deutsche Weg der Sondererziehung der beste sei."

4. „Die mit der Umschulung in Sonderschulen verbundene soziale Diskrimination des betreffenden Schülers und seiner Familie wirkt in vielen Fällen jahrzehntelang nach und kann die Persönlichkeitsentwicklung, insbesondere den Aufbau eines positiven Selbstkonzepts entscheidend beeinträchtigen."

5. „In den letzten Jahren wurde öfters die Frage nach der Effizienz der Sonderschule gestellt. Bezüglich der Schule für Lernbehinderte, der größten Sonderschulart in Deutschland, liegen Ergebnisse vor, die am Unterrichtserfolg der Sonderschule, verglichen mit dem Unterrichtserfolg der Normalschule für gleichartig behinderte Schüler, zweifeln lassen."

6. „Steigende Lehrplananforderungen in den Normalschulen bei im allgemeinen gleichgebliebenen Förderungsmöglichkeiten dieser Schulen ... führen zu steigenden Zahlen von Schulversagern. Es kann aber nicht akzeptiert werden, daß wegen der steigenden Lehrplananforderungen stets mehr Kinder aus der Normalschule in die Sonderschule umgeschult würden; dieses wäre geradezu eine pädagogische Perversion. Da die Normalschule unter externem Druck an der Erhöhung ihrer Lehr- und Lernziele festhalten wird, müssen gleichzeitig angemessene Auffangvorrichtungen, d.h. spezifische Fördermöglichkeiten, für Schulversager in der Normalschule geschaffen werden."

Bei den genannten Feststellungen und Empfehlungen konnte sich Alfred Sander auch auf einschlägige Beschlüsse der Kultusministerkonferenz von 1972 und der Bund-Länder-Konferenz für Bildungsplanung (Bildungsgesamtplan I, 1973) berufen, die sich für die „Entwicklung von Materialien, Unterrichtsverfahren und Organisationsformen zur Förderung behinderter Schüler auch innerhalb des allgemeinen Bildungswesens" einsetzten. Auch die Empfehlung des Deutschen Bildungsrates „Zur pädagogischen Förderung behinderter und von Behinderung bedrohter Kinder und Jugendlicher" von Oktober 1973 schlug „eine weitmögliche gemeinsame Unterrichtung von Behinderten und Nichtbehinderten"vor.

Als Konsequenz dieser sowohl erziehungswissenschaftlichen als auch bildungspolitischen Debatte wurden in den 70er und frühen 80er Jahren zahlreiche Forschungsarbeiten und schulische Modellversuche zum Thema Behinderten-Integration durchgeführt. Ein von MUTH im Dezember 1985 herausgegebenes

„Verzeichnis der Projekte zur Integration Behinderter in Schulen der Bundesrepublik Deutschland" nennt beispielsweise 185 Schulen aller Schulstufen und Schulformen mit einer noch größeren Zahl von Projekten, die fast alle Behinderungsarten betrafen. Mit Ausnahme des Saarlandes hatten sich bis zu diesem Zeitpunkt alle anderen Landesregierungen mit Modellvorhaben an der Entwicklung einer neuen Integrationspädagogik beteiligt.

Auch Alfred Sander hatte sich bei dem saarländischen Kultusministerium um die Durchführung solcher Modellversuche bemüht, wobei er darauf hinweisen konnte, daß in den 70er Jahren immerhin jeder vierte Schulabsolvent im Saarland die Schule ohne Abschluß verließ. Alle diese Bemühungen, an denen ich mich später auch als Rektor der Pädagogischen Hochschule beteiligte, blieben jedoch erfolglos; die für das Sonderschulwesen zuständigen Mitarbeiter im Ministerium verhinderten jede Reformpolitik. Darüber hinaus wurden die der Pädagogischen Hochschule für Forschung und Lehre zur Verfügung gestellten Mittel von 513.000 DM im Jahr 1974 auf 273.000 DM im Jahr 1976 reduziert, so daß der Senat der Pädagogischen Hochschule sämtliche an der Hochschule laufenden Forschungsprojekte stoppen mußte. In dieser Situation hatte ich als Rektor der Hochschule am 12. März 1976 mit der Arbeitskammer des Saarlandes gegen den Widerstand des Kultusministeriums einen Kooperationsvertrag geschlossen, in dem sich die Arbeitskammer u.a. zur Finanzierung solcher Forschungsarbeiten verpflichtete, die für die Arbeitnehmerschaft von besonderer Bedeutung waren. Dazu erklärte die Arbeitskammer: „Die Arbeitnehmerschaft will die Freiheit von Forschung und Lehre an den Hochschulen in keiner Weise einengen; dazu ist Freiheit für die Arbeitnehmerschaft aufgrund der leidvollen Geschichte der Arbeiterbewegung ein zu hohes Rechtsgut. Sie will auch keinesfalls als eigennütziger Auftraggeber für Drittmittelforschung auftreten; dazu ist sie weder faktisch in der Lage noch bildungspolitisch bereit. Die organisierte Arbeitnehmerschaft sucht vielmehr den Kontakt mit den Hochschulen, um in gemeinsamer Trägerschaft und Verantwortung mit ihnen ihre eigenen Probleme besser lösen zu können. Die Arbeitnehmerschaft erwartet deshalb, daß sie in der zukünftigen Zusammenarbeit mit den Hochschulen nicht Objekt, sondern Partner der Forschung ist und in der gemeinsamen, paritätisch von Arbeitskammer und Hochschule besetzten Kommission über Konzeption, Durchführung und Verwendung von Forschung mitbestimmen kann." (Arbeitskammer des Saarlandes, Bericht an die Landesregierung 1976).

An der konkreten Ausfüllung dieses Kooperationsvertrags war Alfred Sander, damals Vorsitzender der Zentralen Forschungskommission der Pädagogischen Hochschule, maßgeblich beteiligt, und eines der ersten Projekte, das im Rahmen dieses Vertrages begonnen werden konnte und auf ganz besonderes Interesse bei den Vertretern der Gewerkschaften stieß, war verständlicherweise die von ihm konzipierte Untersuchung über „Ursachen und daraus zu ziehende pädagogische Konsequenzen des Hauptschulversagens", d.h. der Tatsache, daß in den 70er Jahren mehr als 25 % aller saarländischen Schulabsolventen keinen

Hauptschulabschluß hatten und daß es sich dabei vornehmlich um Arbeiterkinder handelte.

Die Untersuchung, an der neben Alfred Sander auch Rudolf Fischer, Anne Hildeschmidt, Eduard Werner Kleber und Hans Meister beteiligt waren und deren Ergebnisse 1982 von der Arbeitskammer des Saarlandes unter dem Titel „Hauptschulversagen - Bedingungsanalyse und pädagogische Konsequenzen" veröffentlicht wurden, befaßte sich in einer Reihe von Einzelstudien sehr differenziert mit der Situation und der Schullaufbahn lernschwacher bzw. lernbehinderter Schülerinnen und Schüler und formulierte Vorschläge für Fördermaßnahmen, die später auch Grundlage der neuen Integrationspädagogik im Saarland wurden. Kultusministerium und Lehrerverbände nahmen diese Daten 1982 allerdings kaum zur Kenntnis; das Saarland blieb bis 1985 das einzige Bundesland, in dem keine sonderpädagogischen Fördermaßnahmen an Regelschulen erprobt wurden.

Die Zusammenarbeit zwischen Alfred Sander und mir in all diesen Jahren bezog sich natürlich nicht nur und nicht einmal vorrangig auf Integrationspädagogik. Dazu gab es - zunächst an der Pädagogischen Hochschule und später an der Universität des Saarlandes - zu viele Themen, die uns gemeinsam beschäftigten. Sein engagierter Einsatz für behinderte Kinder und Jugendliche hat mich allerdings immer am stärksten berührt, und das hat sicherlich auch mit meinen eigenen Jugenderlebnissen zu tun. Mein Vater war Volksschullehrer zu einer Zeit, in der es noch kaum Sonderschulen gab. Die Klassen, die er unterrichtete, umfaßten mehr als 40, oft mehr als 50 Schülerinnen und Schüler, und manche von ihnen waren nach heutigen Maßstäben „behindert". Ich habe erlebt, mit wieviel Liebe er entsprechende Lernmaterialien für die unterschiedlichen Lernprobleme in seiner Klasse vorbereitete, und lange Zeit saß nachmittags an unserm Wohnzimmertisch auch ein schwerhöriger Schüler meines Vaters, den er mit viel Geduld zum Sprechen führte. Wahrscheinlich waren es diese Erfahrungen, die mir die pädagogischen Überlegungen von Alfred Sander sofort einsichtig machten und auch mein Idealbild eines Lehrers so sehr prägten, daß ich später als Politiker für manche berufsständischen und verbandspolitischen Forderungen aus der Lehrerschaft nicht immer genügend Verständnis aufbringen konnte.

Nach dem Wahlsieg, den die saarländischen Sozialdemokraten mit Oskar Lafontaine im Frühjahr 1985 erzielten, wurde ich am 9.4.1985 als Kultusminister im Landtag vereidigt. Wenige Wochen später - am 2. Mai 1985 - traf ich Alfred Sander bei einer öffentlichen Veranstaltung im Saarland-Museum, in der von den Teilnehmern eine gemeinsame Unterrichtung behinderter und nicht-behinderter Schülerinnen und Schüler auch im Saarland gefordert wurde. Ich habe mich dieser Forderung aufgrund der langen Zusammenarbeit mit Alfred Sander sofort angeschlossen und umgehend eine „Kommission für die Integration behinderter Schülerinnen und Schüler (KIBS)" unter Vorsitz von Alfred Sander zur Vorbereitung aller weiteren Schritte gebildet, die zusammen mit einer weiteren „Kommission für die pädagogische Integration behinderter Kinder im Elementarbereich (KIBKE)“ unter Vorsitz von Hans Meister die Grundlagen für die spätere saarländische Integrationspolitik geschaffen hat. Mit ihrer Unterstützung konnte ich schon ein Jahr später - am 23.4.86 - ein „Gesetz zur Änderung von Vorschriften auf dem Gebiet des Schulrechts“ im Landtag einbringen, das in den „Unterrichts- und Erziehungsauftrag der Schulen der Regelform ... grundsätzlich auch die behinderten Schüler“ nach Maßgabe der jeweils „vorhandenen schulorganisatorischen, personellen und sächlichen Möglichkeiten“ (§ 4 Schulordnungsgesetz) einbezog. Im Vorfeld der Einbringung dieses Gesetzes hatte es auch gegen die Behinderten-Integration mancherlei Vorbehalte der Opposition von CDU und FDP, zum Teil sogar heftige Polemik, gegeben. Daß sich die Diskussion dann doch sehr rasch versachlichte und die „Aufnahme behinderter Kinder in das allgemeinbildende Schulwesen als Erziehungsauftrag vom Grundsatz her von allen Fraktionen bejaht“ wurde (so die Berichterstatterin Marianne Granz bei der zweiten Gesetzeslesung), war zweifelsohne vor allem Alfred Sander zu verdanken, der ruhig, beharrlich und wohlbegründet den zuständigen Landtagsausschuß von der Notwendigkeit und Richtigkeit der Integrationspolitik überzeugt hatte. Allerdings hatten viele Abgeordnete sowie Vertreter der Eltern und der Lehrerschaft nach wie vor Zweifel, ob die bestehenden Regelschulen und deren Lehrkräfte für die Integrationsaufgabe auch wirklich hinreichend qualifiziert seien - ein Zweifel, den auch Alfred Sander mehr als 10 Jahre zuvor schon formuliert hatte. Ich habe deshalb schon bei Einbringung des Gesetzes erklärt: „Jede Integration eines behinderten Kindes erfolgt nur mit Einwilligung der Eltern - nicht gegen den Willen der Eltern - und nur, soweit die schulorganisatorischen und personellen Möglichkeiten gegeben sind. Hinter dem Begriff der personellen Möglichkeiten, meine Damen und Herren, verbirgt sich auch die Frage der Bereitschaft und Fähigkeit von Lehrern, eine solche Integration vorzunehmen. Ich werde nicht zulassen, daß Kinder in Klassen der Regelform integriert werden, wenn die dort unterrichtenden Lehrer mir erklären, sie seien nicht in der Lage, dieses Integrationsprojekt zu tragen.“

Die Rechtsgrundlagen für die Integration behinderter Schülerinnen und Schüler in Regelschulen waren mit diesem Gesetz im Saarland weitreichender und eindeutiger als in allen anderen Bundesländern, die diese Integration trotz positiver Erfahrungen immer noch im Status des Schulversuchs belassen hatten. Andere Länder (Berlin, Bremen, Hamburg, Hessen, Schleswig-Holstein) begannen daraufhin, sich am Saarland zu orientieren, dem im Bereich der Integrationspädagogik in der zweiten Hälfte der 80er Jahre eine Vorreiterrolle zukam. Daran waren hohe Erwartungen und Anforderungen gebunden.

Gemeinsam mit Hans Meister, Alfred Sander, Klaus Christ und vielen anderen engagierten Lehrerinnen und Lehrern, Eltern, Schulverwaltungsbeamten, den Schulärztlichen und Schulpsychologischen Diensten und ehrenamtlichen Gruppen wie dem Verein Miteinander Leben Lernen ist deshalb die Umsetzung der schulischen Integrationspolitik von Anfang an mit einer Intensität und Sorgfalt betrieben worden wie kaum eine andere bildungspolitische Reformmaßnahme in Deutschland. Es gab sehr viele Gefährtinnen und Gefährten auf dem Weg zur gemeinsamen Schule für Behinderte und Nichtbehinderte, denen an dieser Stelle Dank zu sagen wäre.

Zusätzlich zu den beiden genannten Integrationskommissionen wurden in der Folgezeit weitere Projektgruppen gebildet und Modellversuche an der Universität des Saarlandes eingerichtet, die nicht nur die wissenschaftlichen und pädagogischen Grundlagen der Integrationspädagogik weiterentwickelt und differenziert haben, sondern auch neue Organisationsmodelle formuliert, Vorschläge für Rechtsverordnungen und Richtlinien entworfen und Empfehlungen für die Aus- und Fortbildung von Lehrern sowie für die Einrichtung sonderpädagogischer Förderzentren erarbeitet haben. Die Saarbrücker Beiträge zur Integrationspädagogik, herausgegeben von der Arbeitseinheit Sonderpädagogik der Universität des Saarlandes und inzwischen im achten Band vorliegend, dokumentieren den ungewöhnlichen Umfang und die Qualität der hier geleisteten Arbeit. Die Bedeutung der neuen, vor allem ökosystemischen Reformansätze aller dieser Projekte ausführlich zu schildern, sei anderen Autoren aus dem Bereich der Erziehungswissenschaft überlassen. Für Politik und Schulverwaltung war es wichtig, von verläßlichen Beratern, Kritikern und Innovatoren begleitet zu sein. Alfred Sander hat dies zu seiner Lebensaufgabe gemacht.

Wer die Entwicklung des saarländischen Modells der Integrationspädagogik über die vergangenen 25 Jahre verfolgt, kann ihr den Erfolg nicht bestreiten.

Zahl der behinderten Schülerinnen und Schüler an Regelschulen 1985-1996

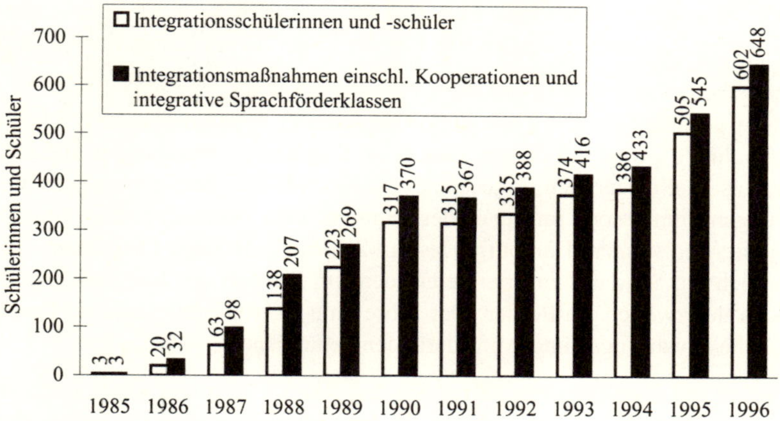

Von zunächst 3 Integrationsschülern im Jahr 1985/86 stieg die Zahl kontinuierlich bis 1990/91 auf 317 an, stagnierte in der 10. Legislaturperiode (in der ich nicht die Verantwortung für die Schulen hatte) und erfuhr dann in den beiden Jahren 1995/96 und 1996/97 erneut einen raschen Zuwachs. Der Weg, für den sich Alfred Sander und seine Gefährtinnen und Gefährten vor mehr als 20 Jahren entschieden hatten, war notwendig und richtig. Aber er ist - gemessen an dem gesetzlichen Auftrag der Regelschulen, für alle behinderten Schülerinnen und Schüler mitverantwortlich zu sein, - noch lange nicht beendet. Machen wir uns weiter auf den Weg.

Literatur

Arbeitseinheit Sonderpädagogik der Universität des Saarlandes (Hrsg.): Saarbrücker Beiträge zur Integrationspädagogik. 1987 und Folgebände

Arbeitskammer des Saarlandes: Bericht an die Landesregierung. Saarbrücken 1976.

Arbeitskammer des Saarlandes: Hauptschulversagen - Bedingungsanalyse und pädagogische Konsequenzen. Saarbrücken 1982.

Bund-Länder-Kommission für Bildungsplanung: Bildungsgesamtplan Bd.I. Stuttgart (Klett) 1973.

Deutscher Bildungsrat: Zur pädagogischen Förderung behinderter und von Behinderung bedrohter Kinder und Jugendlicher. Stuttgart (Klett) 1974.

Muth, Jakob: Verzeichnis der Projekte zur Integration Behinderter in Schulen der Bundesrepublik Deutschland. 1985. In: Im Brennpunkt. Gewerkschaft Erziehung und Wissenschaft, Hauptvorstand (Hrsg.), Frankfurt 1986.

Sander, Alfred (Hrsg.): Sonderpädagogik in der Regelschule. Berlin (Marhold) 1976.

Sander, Alfred: Sonderpädagogische Grundausbildung für alle Lehrerstudenten - eine Vorraussetzung zur spezifischen Förderung schulschwacher Kinder in der Normalschule. In: Reinartz, A. und A. Sander (Hrsg.): Schulschwache Kinder in der Grundschule, Bd. 2. Frankfurt/Main (Arbeitskreis Grundschule) 1978.

Veauthier, Frank Werner: Die Pädagogische Hochschule auf dem Weg zur integrativen Lehrerbildung. In: Pädagogische Hochschule des Saarlandes: Übergabe des Rektoramtes 1975.

Georg Feuser

Gemeinsames Lernen am gemeinsamen Gegenstand

Didaktisches Fundamentum einer Allgemeinen (integrativen) Pädagogik

Egal, wie ein Kind beschaffen ist,
es hat das Recht, alles Wichtige über die Welt zu erfahren,
weil es in dieser Welt lebt.

1. Zur Didaktik

Didaktische Überlegungen - darin sind sich sämtliche Theoriebildungen und „Schulen" seit der Grundlegung einer „modernen" Didaktik durch Ratke (1571-1635) und Comenius (1592-1670) einig - stellen den „Kern der Unterrichtsvorbereitung" dar. Sie sind Bezugspunkt der Planung, Durchführung, Kontrolle und Revision fortlaufender Unterrichtsprozesse. Dies gilt in gleicher Weise für die Lehr- und Lernprozesse in außerschulischen Lernfeldern.

Im krassen Widerspruch zur Bedeutung der Didaktik als zentrales Element der Pädagogik vor allem hinsichtlich der Transformation der mit Unterricht und Lernen verbundenen Intentionen in eine erzieherische, unterrichtliche und - wo erforderlich - sogar therapeutische Praxis, die ein subjektorientiertes, kooperatives Lernen auch nur entfernt ermöglicht, steht die geringe Gewichtung der Didaktik in Ausbildung und Studium. Ursache von Scheitern und Demotivierung der SchülerInnen, der mangelnden Effektivität und Erfolge des Lehrens wie letztlich die Reduzierung von Lernen und Unterricht auf reine Wissensvermittlung sind zu sehr großen Anteilen in der mangelnden didaktischen Reflexion des Lehrens und in mangelnder didaktischer Strukturierung der Lernfelder zu sehen.

Wo pädagogische Prozesse im allgemeinen und ein Unterricht im besonderen den Anspruch zu realisieren versucht, Menschen aller Altersstufen und Entwicklungsniveaus die Sachverhalte nahezubringen, die heute unsere Lebensprozesse regulieren, d.h. sie mit den „epochaltypischen Schlüsselproblemen" (Klafki 1991) der Zeit zu befassen, ihnen das „kulturelle Erbe" kritisch zu vermitteln, gewinnt die Pädagogik das in der Reformpädagogik gründende Attribut des „Demokratischen“. Wo dies in einer Weise geschieht, daß, in Orientierung auf die „nächste Zone der Entwicklung“ (Vygotskij 1987), auf der aktuellen Wahrnehmungs-, Denk- und Handlungskompetenz eines jeden Kindes/Schülers aufgebaut wird und dieses ohne Maßnahmen der „Selektion“ und „Segregierung“ aber auch ohne repressive Ordnungsmittel geleistet werden kann, gewinnt die Pädagogik das in der Reformpädagogik gründende und sie als solche ausweisende Attribut des „Humanen“. Beide Momente kennzeichnen eine „Integration“ als reformpädagogischen Ansatz, wie ich sie verstehe, wenn ich diesen Begriff verwende. Die damit verbundenen pädagogischen Aufgaben sind nicht ohne fundierte didaktische Arbeit zu leisten. Dies vor allem auch unter Berücksichtigung der heute wesentlich durch sozio-ökonomische Faktoren gravierend „veränderten Kindheit“ und Lebensrealität.

Den skizzierten Ansprüchen einer „humanen“ und „demokratischen“ Erziehungs- und Unterrichtspraxis kann nur entsprochen werden, wenn auf diesen Ansprüchen jeweils Rechnung tragende Komponenten didaktischer Theorien und Modelle zurückgegriffen wird. Das bedeutet aber auch, solche Komponenten nicht zu übernehmen, die in bezug auf diesen Anspruch kontraproduktiv sind. Der Rekurs auf *ein* didaktisches Modell ist dabei in keiner Hinsicht für die Lösung der anstehenden didaktischen Fragen ausreichend.

Unter Berücksichtigung der aufgezeigten Zielsetzungen subjektorientierten Lehrens und Lernens, wie sie in der „Integration“ kulminieren, wird es in der Didaktik der Gegenwart besonders wichtig, zur Bestimmung der „aktuellen und nächsten Zone der Entwicklung“, geeignete entwicklungs- und förderdiagnostische Überlegungen und Ergebnisse in didaktisch relevante Kategorien zu transformieren und die Lehrprozesse (Methodik) nach lernpsychologisch fundierten Erkenntnissen zu gestalten. Solche Orientierungen sind heute in der Didaktik noch keineswegs erreicht, auch wenn interaktionstheoretische, kommunikative, interkulturelle und systemtheoretische Sachverhalte didaktisches Denken zu beeinflussen beginnen. Die Didaktik der Gegenwart ist in der Regel „eindimensional“ an den Themen, Inhalten, Sachverhalten, also an der „Sachstruktur“ orientiert. Die „Tätigkeits- und Handlungsstruktur“ der Lernenden sind erst in Ansätzen didaktisch gefaßt.

Von Anbeginn der Integrationsbewegung an ist - bis heute - festzustellen, daß eine Didaktik-Diskussion in bezug auf die sog. „Integrationspädagogik“ nicht stattgefunden hat. Dies ist in gleicher Weise Ursache wie Folge des im Grunde in der Integrationsbewegung diesbezüglich bestehenden Dilemmas, mit „Integration“, wie nachgewiesen werden kann (Feuser 1995), doch überwiegend die Sache der „Segregation“ zu betreiben. Ein zweites Moment und sicher in gleicher Weise bedeutend wie die Didaktik-Frage, besteht meines Erachtens darin, daß sich die sog. Integrationspädagogik doch relativ ahistorisch gebärdet und kaum um ihre ideellen historischen Wurzeln bemüht ist. Diese sind sicher nicht in dem Sinne transparent, wie wir heute Integration verstehen, wohl aber als (reformpädagogisches) Anliegen einer fundamentalen „Humanisierung“ und „Demokratisierung“ des Erziehungs-, Bildungs- und Unterrichtssystems (EBU). Ich möchte dazu noch einmal mit einem Zitat auf Comenius - und damit auf die Quellen der modernen Didaktik - zurückgreifen. „Didaktik“ als „Kunst des Lehrens“ versteht er als „die vollständige Kunst, *alle Menschen alles zu lehren* (Hervorhebung G.F.), und zwar zuverlässig zu lehren, so daß der Erfolg nicht ausbleiben kann; und rasch zu lehren, ohne Beschwerde und Verdruß für Lehrer oder Schüler, vielmehr zu beider größtem Vergnügen; und gründlich zu lehren, nicht oberflächlich und nur zum Schein, sondern so, daß echte Wissenschaft, reine Sitten und innerste Frömmigkeit vermittelt werden.“ (1985, S. 11). Seine Feststellung: „Folglich gibt es nichts in der Welt, das der Mensch, der mit Sinnen und Vernunft begabt ist, nicht zu erfassen vermöchte.“ (S. 38) ist sowohl erkenntnistheoretisch wie didaktisch die Vorwegnahme dessen, was in der Reformpädagogik heute unter dem Stichwort der Integration mit „einer Schule für alle“ gemeint sein kann.

Geht man von den heute in bezug auf die Integrationsbewegung sichtbar werdenden Tendenzen aus, daß die *gemeinsame Erziehung und Unterrichtung behinderter und nichtbehinderter Kinder und SchülerInnen* im Sinne der Realisierung humanitärer gesellschaftlicher Trends und zur Ausweitung der Pluralität im Erziehungs- und Unterrichtssystem zukünftig ein Angebot neben anderen sein und bleiben soll, wird es sich mit „Integration“ im Grunde nur um eine weitere zu etablierende Form der „Sonderpädagogik“ handeln können, die das Schulsystem, über die in Deutschland schon bestehenden fünf Schulformen (Grundschule, Hauptschule, Realschule, Gymnasium, Gesamtschule, Sonderschule) hinaus, um die „Integrationsschule“ erweitert, mithin das fünfgliedrige Schulsystem, dem demokratisch klingenden Tenor der Pluralität folgend, auf ein sechsgliedriges aufblähen wird. Die Integrationsschule muß schon durch die Selektionsprozesse zwischen diesen Systemen, die allein durch deren Existenz unausweichlich sind, ein im Kern segregierendes System bleiben. Dies nicht nur durch eine interne segregierende Praxis, die die Lehr- und Lernangebote je nach antizipierter Leistungsfähigkeit der behinderten und nichtbehinderten Kinder und SchülerInnen, curricular und bildungsinhaltlich reduktionistisch ausdünnt (Stichwort: Individuelle Curricula), sondern - im Versuch, dadurch subjektorientiert zu sein - auch durch Maßnahmen „äußerer Differenzierung“, durch die die Integrationspädagogik heute nahezu ausschließlich dominiert ist. Es bleibt ein zentrales Moment, wie letztlich die *Kooperationsverhältnisse* in einem solchen Unterricht definiert sein werden. Gehen wir aber davon aus, daß das Ziel der Integrationsbewegung die Schaffung eines Kindergartens und einer Schule für alle ist, so geht es um die Ausarbeitung und Realisierung einer historisch noch nie dagewesenen *Allgemeinen Pädagogik*, die dennoch zahlreicher historischer Impulse nicht entbehrt. Im Spiegel einer Selektion und Segregation überwindenden Allgemeinen Pädagogik, deren Merkmale näher bestimmt werden können, gerinnt die sog. „Integrationspädagogik“ letztlich zu einem Artefakt des selektierenden und segregierenden Erziehungs-, Bildungs- und Unterrichtssystems. Integrationspädagogik ist kaum mehr als eine sich an zeitgemäßeren Sichtweisen orientierende Neujustierung sozial segregierender und bildungsinhaltlich reduktionistischer Pädagogik, die den Erhalt des hierarchisch gegliederten Erziehungs-, Bildungs- und Unterrichtssystems und mithin auch eine weitgehend schichtenspezifische Wahrung des „Bildungsprivilegs“ garantiert.

Es kann mithin mit dem Anliegen der Integration nicht um eine Integrationspädagogik gehen, sondern um eine nicht selektierende und segregierende Allgemeine Pädagogik und - in Folge - um eine „entwicklungslogische Didaktik“. Hätten wir eine solche, bräuchten wir die Frage der Integration in der Pädagogik nicht einmal zu diskutieren. Zugespitzt könnte sogar gesagt werden, daß wir nur deshalb von Integration im Sinne der gemeinsamen Erziehung und Unterrichtung behinderter und nichtbehinderter Kinder und Schüler reden müssen, weil die Integrationsbewegung (Fachverbände und GEW eingeschlossen) aus meiner Sicht mehrheitlich nicht entschieden ist, eine nicht selektierende und segregierende Allgemeine Pädagogik schulische Realität werden zu lassen. Der Versuch der Bewerkstelligung der Integration mit Operatoren des segregierenden Erziehungs-, Bildungs- und Unterrichtssytems führt klassisch zu dem, was ich als „Integrationspädagogik“ bezeichnet habe. Zu einer Allgemeinen Pädagogik integrativer Potenz (auch für Kinder und SchülerInnen aus anderen Kulturen, mit anderer Sprache und Religion) führt sie nicht.

Das verdeutlicht sich aus meiner Sicht u.a. darin, das Kooperations-Modell zu *dem* Integrationsmodell schlechthin hochzustilisieren und, wie in vielen Regionen praktiziert, die Bestandsgarantie der Sonderschulen durch deren Umetikettierung in „Förderzentren mit Schülern“ voranzutreiben. Auch werden gewichtige Stimmen laut, die feststellen, daß das Ziel zu ändern ist, wenn denn für die sog. Vollintegration die erforderlichen finanziellen und personellen Ressourcen nicht geschaffen werden können. So gewinnt leise, aber zunehmend eine konservativ-pragmatische Ausrichtung der Integration in den Köpfen vieler (nach meiner Analyse auch von vds und GEW) die Oberhand.

Unter dem Aspekt der „Integration“ sind heute zwei Herangehensweisen von Interesse, von denen, wie nachweisbar ist, erstere dominiert. Diese sind:

1. Der Versuch der „äußeren (Schul-)Reform“ des vertikal-hierarchisch gegliederten Schulsystems unter selektivem Einbezug behinderter Schüler, wie es mit der Gesamtschule (allerdings unter Ausschluß behinderter Schüler) für die Sekundarstufe versucht wurde. Dies durch *zieldifferentes Unterrichten* und Lernen anhand *individueller Curricula* (verschiedene Lehrpläne für behinderte und nichtbehinderte Schüler einer Schule), was, wenngleich es auch in einer Klasse praktiziert wird, unweigerlich zur *Äußeren Differenzierung* des Unterrichts führt. Der inneren Struktur nach bleibt das gegliederte Schulsystem unangetastet.

2. Der Versuch der „inneren (Schul-)Reform“ und damit der Überwindung des gegliederten Schulsystems durch die Grundlegung einer *„Allgemeinen Pädagogik und entwicklungslogischen Didaktik“*, die es leistet, allen Schülern im grundsätzlich gemeinsamen Unterricht ein *zieldifferentes Unterrichts- und Lernangebot* zu machen, das mittels *Innerer Differenzierung* durch eine den unterschiedlichen Entwicklungsniveaus der Schüler Rechnung tragende *Individualisierung* eines *gemeinsamen Curriculums* über alle (dann ohnehin nur noch formal zu verstehenden) Schulstufen hinweg *zieldifferentes und kooperatives Lernen aller miteinander* ermöglicht (Feuser 1987a/b, 1989, 1995; Feuser/Meyer 1987). Dies institutionell in einem Kindergarten und in einer Schule für alle.

Die Forderung, daß alle „individuellen Förderbedarfe“ aller Schüler in einer Schule für alle befriedigt werden können, ist nur über eine Didaktik einzulösen, der auch ein (heute nachweislich mögliches) verändertes Verständnis von menschlicher Entwicklung und Behinderung zu Grunde liegt. Die Verneinung, daß eine sog. Vollintegration möglich sei und dies die Praxis selbst belege, resultiert aus einer undialektischen, polaren Betrachtung der Problematik. Sie ist Folge weitgehend nur unterrichtsorganisatorischer bis methodischer Strategien der Realisierung der Integration, d.h. einer enormen didaktischen Abstinenz. Die Negation einer persönlichkeitstheoretisch und entwicklungspsychologisch fundierten Didaktik kommt der pädagogischen Verunmöglichung der Vollintegration gleich.

Die differentielle Ausarbeitung der Didaktik einer integrativen Allgemeinen Pädagogik bedarf sicher vielfältiger Forschungen und einer nicht unbeachtlichen Anzahl an Erprobungsschulen, in denen sich die LehrerInnen selbst als Forschende verstehen, wie sie uns auch nur ansatzweise nicht zur Verfügung stehen. Das aber berechtigt weder zu pessimistischen Schlußfolgerungen noch legitimiert es, mit der Integration der alten Praxis der Selektion und Segregierung verhaftet zu bleiben. Diese Misere ist allerdings ein recht willkommener Umstand, die Praxis einer selektierenden und segregierenden Integration (auch wissenschaftlich) zu rechtfertigen und das segregierende Erziehungs-, Bildungs- und Unterrichtssystem zu modernisieren, es neu zu justieren und zu adaptieren und dadurch weiter zu festigen.

2. Auf dem Weg zu einer Allgemeinen Pädagogik

Auch eine notwendig kritische Betrachtung der Entwicklung der Integration läßt zusammenfassend auf drei Momente verweisen, die gekennzeichnet werden könnten

1. als eine heute sichtbar werdende Annäherung und Überwindung der historischen Parallelität von allgemeiner Pädagogik und Heil- u. Sonderpädagogik,

2. als eine sich in Form einer „Allgemeinen (integrativen) Pädagogik“ dort deutlich vollziehenden Neukonzeption der Pädagogik und der Integration der „Behindertenpädagogik“ in die Erziehungswissenschaft, wo der Integrationsgedanke inhaltlich aus einem fundierten reformpädagogischen Verständnis heraus bestimmt und praktiziert wird und

3. als die Entwicklung einer „Integrationspädagogik“, die den Versuch unternimmt, das gegliederte Erziehungs- und Unterrichtswesen für behinderte Kinder und Schüler neu zu justieren, was die Beibehaltung einer selektierenden und segregierenden Unterrichtspraxis impliziert.

Diese Hinweise machen knappe begriffliche und inhaltliche Klärungen erforderlich, die nur programmatisch erfolgen können, um den Grundgedanken herauszustellen, der hier vertieft werden soll:

Solange die „Heil- und Sonderpädagogik“ als eigenständige fachwissenschaftliche Disziplin besteht, vollzieht sie in ihrer Theorie wie in ihrer Praxis die sozial- und bildungspolitische „Verwaltung“ der durch eine selektierende und segregierende gesellschaftliche Praxis ausgesonderten Menschen mit Behinderungen. Sie beteiligt sich vor allem durch die Wahrnehmung der an sie delegierten Aufgabe zur (Selektions-) Diagnostik, aber auch durch ihre philosophischen und anthropologischen Grundannahmen praktisch und ideologisch aktiv am Prozeß der Aussonderung und Verbesonderung Behinderter in Sonderinstitutionen, wie sie u.a. als Sonderkindergärten und Sonderschulen aber auch als Wohnheime und Werkstätten für Behinderte in Erscheinung treten. Das anzuerkennende Ethos, auch für Menschen mit Behinderungen Erziehung und Bildung zu realisieren und Bildungsgerechtigkeit walten zu lassen, kann nicht als Kompensation der Folgen des gesellschaftlichen Ausschlusses und Diskreditierungsprozesses Behinderter bewertet werden. Die resultierende pädagogische Praxis, die u.a. durch Formen einer extremen äußeren Differenzierung i.S. einer je nach Art und/oder Schweregrad der Behinderung erfolgenden Zuweisung der behinderten Kinder und Jugendlichen in verschiedene Sonderschultypen und einen curricular und bildungsinhaltlich extrem ausgedünnten und reduktionistischen Unterricht gekennzeichnet ist, stellt selbst aktiv her, was zu überwinden vorgegeben wird.

Die sogenannte „allgemeine Pädagogik“ - ich kennzeichne sie in meinen Schriften zur deutlichen Unterscheidung von einer zu entwickelnden „Allgemeinen Pädagogik“ als „Regelpädagogik“ - stellt, für den Bereich der als nichtbehindert geltenden Menschen, auf dem Hintergrund ihrer Normwertorientiertheit an einem rigiden, die Subjektivität weitgehend negierenden Leistungs- und Normalitätsprinzip, diesbezüglich keinen Unterschied dar. Dies von Beginn einer arbeitsteiligen Wahrnehmung von Erziehungs- und Bildungsaufgaben, d.h. der Professionalisierung und Verwissenschaftlichung von Pädagogik an. Sie ist ihrerseits dem Prinzip von Selektion und Segregierung im hierarchisch gegliederten Schulsystem verhaftet und als solche „Sonderpädagogik“. Das begründet die Parallelität beider Systeme.

Für beide sind im historischen Prozeß ihrer Entwicklung, insbesondere seit der Zeit der europäischen Aufklärung, Bestrebungen zu registrieren, gleiche Bildungsmöglichkeiten für alle und ein am Subjekt orientiertes Lehren zu fordern. Das verlangt, niemanden aufgrund zu registrierender individueller Merkmale, des Standes oder der Klassenzugehörigkeit, Bildung vorzuenthalten und jeden Menschen auf seine Weise, d.h. seinen Möglichkeiten nach und auf das hin, was er seiner Möglichkeit nach werden kann, lernen zu lassen, wie die dafür organisatorisch und pädagogisch-therapeutisch erforderlichen Hilfen zur Verfügung zu stellen. Ergänzen wir diese beiden Momente, die ich im Sinne des Bestrebens nach „Demokratisierung" und „Humanisierung" des Erziehungs-, Bildungs- und Unterrichtswesens als substantiell für einen als reformpädagogisch zu definierenden Anspruch einer Pädagogik beschreibe, um das Bemühen, diesen ohne sozialen Ausschluß, also nicht mittels äußerer, sondern durch „Innere Differenzierung" in *„einer Schule für alle"* zu realisieren, ist benannt, was „Integration" meint. Sie erfordert die Vereinheitlichung bzw. die Überwindung beider Systeme in Theorie und Praxis in der Erziehungswissenschaft. Dies im Sinne einer neu zu schaffenden „Allgemeinen (integrativen) Pädagogik". Nach diesen Hinweisen dürfte deutlich geworden sein, daß eine solche „Allgemeine Pädagogik" der Attribuierung als „integrativ" nicht mehr bedarf. Sie ist es - und nicht nur für Menschen mit Behinderungen bzw. unterschiedlichen Entwicklungsniveaus und Lernausgangslagen, sondern auch für solche mit anderer Nationalität, Sprache, Religion und Kultur.

Eine solche Allgemeine Pädagogik ist heute - im Gegensatz zur sog. Regel- und Heil- und Sonderpädagogik - in beiden Systemen erziehungswissenschaftlich fundiert angedacht:

So kann mit dem Begriff der „Behindertenpädagogik" in den letzten zweieinhalb Jahrzehnten eine Entwicklung verbunden werden, die sich auf dem Hintergrund der Analyse der gesellschaftlich-ökonomischen wie individuellen Lage von Menschen auch mit schwersten Beeinträchtigungen (z.B. Koma, Apallisches Syndrom, Autismus) und in Orientierung an ihrer konkreten Biographie, dies i.S. ihrer Rehistorisierung, um den Nachweis und die Realisierung ihrer umfassenden Lern- und Bildungsfähigkeit bemüht hat. Eine grundlegende, wissenschaftlich fundierte Revision des auf beeinträchtigte Menschen bezogenen Menschen- und mithin Behinderungsbildes ist dabei für eine sich als dezidiert reformpädagogischer Ansatz entwickelnde Integration konstitutiv. Dadurch wird es auch möglich, Annahmen über Menschen mit schweren Beeinträchtigungen, wie sie in Bioethik- und anderen philosophischen Konzepten im Rahmen der Lebenswertdebatte und Forderungen einer „Neuen Euthanasie" hinsichtlich deren Status als Person gemacht und mittels derer ethische Rechtfertigungen ihrer Tötung begründet werden (Singer 1984, Singer/Kuhse 1993), zu widerlegen (Feuser 1992, 1994).

Das neue Allgemeinbildungskonzept KLAFKIs kennzeichnet für den Bereich der „Regelpädagogik" eine vergleichbare Entwicklung, die es in besonderer

Weise leistet, auch aktuelle Reformansprüche in übergeordneter Weise zu integrieren, wie sie z.B. v. Hentig in seinen Schriften „Schule neu denken" (1993²) und „Bildung" (1996) vorträgt. Dies vor allem durch die Fundierung des Bildungsbegriffes im Sinne der „Kategorialen Bildungstheorie" und dessen Verteidigung wie Fortschreibung in u.a. betonter Hervorhebung der europäischen Aufklärung. Das im Übergang einer Behindertenpädagogik in eine Allgemeine Pädagogik im Demokratie- und Humanitätsgebot verankerte Fundamentum eines reformpädagogischen Verständnisses von Integration wird deutlich, wenn Klafki (1991) ausführt, daß im Kontext der Erfahrung der zahlreichen Widersprüche moderner Gesellschaften Deutungs- und Handlungsspielräume entstehen, durch die der einzelne als potentiell denkfähige, mitbestimmungs- und handlungsfähige Person entdeckt wird, was ermöglicht, deren Anspruch zu formulieren, in gleichberechtigter Kooperation mit anderen seine Möglichkeiten zu entfalten und praktisch zu verwirklichen. Im bewußten Einbezug eines jeden (auch schwerst behinderten) Menschen in diesen Anspruch[1] und im Rekurs auf die „Idee der politischen Demokratie *und* die Idee einer relativen Eigenständigkeit der Pädagogik als einer Sachverwalterin des Anspruchs des jungen Menschen auf Entwicklung seiner Möglichkeiten einschließlich der Mitbestimmungschancen über die Entwicklung der Gesellschaft" (S. 50) wird nicht nur die Dialektik der Formel „Bildungsfragen sind Gesellschaftsfragen" in neuen Kontexten transparent, sondern auch die ihrerseits integrierende Funktion der Integrationsbewegung als solcher hinsichtlich der erziehungs- und gesellschaftswissenschaftlichen Konzeption einer Allgemeinen Pädagogik. Diese wird ein neues, differenzierteres und komplexeres Niveau kennzeichnen als Versuche einer additiven Konstruktion der Integration aus Regel- und Heil- und Sonderpädagogik im Sinne der „Integrationspädagogik".

Der Bezug auf die „Kategoriale Bildungstheorie" Klafkis (1963) i.e.S., mit dem impliziten Verständnis von Bildung als „Inbegriff von Vorgängen, in denen sich die Inhalte einer dinglichen und geistigen Wirklichkeit „erschließen", und dieser Vorgang ist - von der anderen Seite her gesehen - nichts anderes als das Sich-Erschließen bzw. Erschlossenwerden eines Menschen für jene Inhalte und ihren Zusammenhang als Wirklichkeit." (S. 43), verweist auf die Dimension der Didaktik. In gleicher Weise wie Bildung in diesen Kontexten als demokratisches Bürgerrecht und als eine Bedingung der Selbstbestimmung anzuerkennen ist, muß sie nach Klafki (1991) „*Bildung für alle*" im „Medium des Allgemeinen" (S. 53) sein. Das bedeutet: Den - aus anthropologischer Sicht - grundsätzlich zu erziehenden und zu bildenden Menschen auf jedem ihm möglichen individuellen Entwicklungsniveau und in Anbetracht seiner momentanen Lernfähigkeit mit den „epochaltypischen Schlüsselproblemen" zu befassen. Das kennzeichnet die Frage der Didaktik in neuer Weise. Didaktik verstehe ich in

[1] Klafki schließt keine Person aus. Aber die heute noch immer weitgehende Ausgrenzung von Menschen mit schwereren Behinderungen macht deren Einbezug gerade in den Kontext einer Konzeption Allgemeiner Pädagogik expressis verbis unbedingt erforderlich.

diesem Kontext ihrer Funktion nach als einen erziehungswissenschaftlichen Operator, der die Transformation der Dialektik von „Bildungs- und Gesellschaftsfragen" in die konkrete Erziehungs- und Unterrichtspraxis *und* die Transformation der dort entstehenden empirischen Erfahrungen in die erziehungswissenschaftliche Reflexion und Theoriebildung zu leisten hätte. Klafki bietet aus meiner Sicht zur Klärung dieser Frage drei Momente an: Das Phänomen der „doppelseitigen Erschliessung", die Kategorien des „Elementaren" und „Fundamentalen" und innerhalb des Allgemeinbildungskonzepts die curriculare Konzentration auf „epochaltypische Schlüsselprobleme".

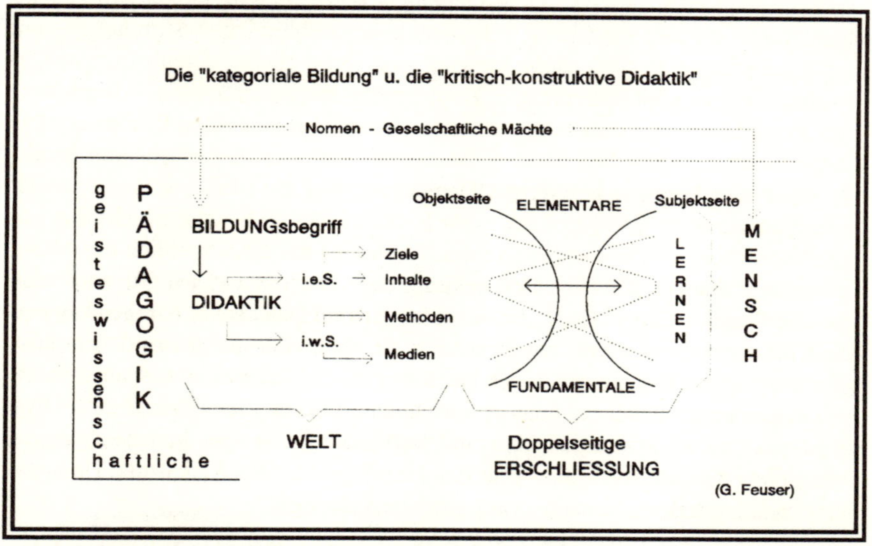

Exkurs: Erinnern wir uns: Die „bildungstheoretische Didaktik" der geisteswissenschaftlichen Pädagogik und die Theorie der „kategorialen Bildung" (Klafki 1963) verstehen sich als Versuch der Überwindung einer normativen Didaktik. Sie haben den Anspruch, die *materiale Bildungstheorie*, i.S. des *bildungstheoretischen Objektivismus* und der Theorie des Klassischen auf der „Objektseite" und die *formale Bildungstheorie* i.S. der *Theorie der funktionalen Bildung* und der *Theorie der methodischen Bildung* der „Subjektseite" zu vereinheitlichen und als solche zu überwinden. Der „Bildungsbegriff" faßt dabei das Gesamt der geistigen Auseinandersetzung des Menschen mit der Welt. Bildung wird nach Klafki als eine Haltung verstanden, die sich selbst als dynamisch, wandlungsfähig (damit historisch) und offen versteht. Die „Kategoriale Bildung" repräsentiert die angestrebte Synthese. Im Sinne des Grundelements der „Doppelseitigen Erschließung" vollzieht sich Bildung, indem sich dem Menschen 'Welt' und der Mensch sich der 'Welt' erschlossen hat. Didaktisch relevant werden dabei das Exemplarische (typische, repräsentative) und das Elementare. Die doppelseitige Erschließung geschieht als *„Sichtbarwerden von allgemeinen, kategorial erhellenden Inhalten"* auf der objektiven Seite und als *„Aufgehen*

allgemeiner Einsichten, Erlebnisse, Erfahrungen" auf der Seite des Subjekts (S. 43). Bildung ist *„Erschlossensein einer dinglichen und geistigen Wirklichkeit für einen Menschen [....] aber das heißt zugleich: Erschlossensein dieses Menschen für seine Wirklichkeit"* (S. 43). Bildend sind nicht die besonderen Sachverhalte als solche, sondern die an ihnen zu gewinnenden Struktureinsichten, Gesetzeserkenntnisse, erfaßten Prinzipien, erfahrenen Motive, beherrschten Methoden ... erfahrenen Grenzen (S. 121).

Im Sinne der *„kritisch-konstruktiven"* Didaktik (wobei „kritisch" auf die Orientierung am Ziel der Befähigung aller Lernenden zu wachsender *Selbstbestimmung, Mitbestimmung* und *Solidaritätsfähigkeit* und „konstruktiv" auf den durchgehenden Praxisbezug, auf das Handlungs-, Gestaltungs-, Veränderungsinteresse hinweist, das für diese didaktische Konzeption konstitutiv ist; 1991, S. 89/90) wird eine so verstandene Bildung realisierbar.

3. Momente einer subjektorientierten „entwicklungslogischen Didaktik"

Unter dem Aspekt der Dialektik menschlicher Aneignungsprozesse stellt sich nun die Frage, ob der Komplex des Sich-Erschließens bzw. Erschlossenwerdens *für* die Inhalte einer dinglichen wie geistigen Wirklichkeit im Bildungsprozeß nicht als Erschlossenwerden *durch* eben jene Inhalte zu verstehen wäre. Die aufgezeigten Zusammenhänge und die didaktische Transformation der Ansprüche einer Allgemeinen (integrativen) Pädagogik in konkrete Erziehungs- und Unterrichtspraxis machen eine Beantwortung dieser Frage erforderlich. Sie kann hier wiederum nur programmatisch versucht werden.

Wir bedienen uns dazu - wie ich es nenne - eines postrelativistischen Denkens. Erkenntnistheoretisch wurzelt es nicht in den Geisteswissenschaften, sondern in den sich wieder verstärkt der Philosophie zuwendenden Naturwissenschaften: Physik, insbesondere die Thermodynamik und Quantentheorie, Chemie und Biologie. Die Verstehens- und Erklärungsgrundlagen eines entsprechenden Weltbildes, damit auch eines Bildes vom Leben und der Evolution des Lebendigen, die Entwicklung eines Individuums inbegriffen, sind in komplexen Theorien verankert, die, wiederum m.E. in der Theorie des sog. (Radikalen) Konstruktivismus[2] (v. Foerster u.a. 1997[3], Glaserfeld 1997, Schmidt 1992), der Selbstorganisations- und Ko-Evolutionstheorie (Jantsch 1984[2], Prigogine 1993) und, meist völlig falsch und irreführend gebraucht, mit der Chaos-Theorie zusammengefaßt sind. Eine entsprechend grundlegende Betrachtung zeigt, daß jedes lebende System nur als ein umweltoffenes verstanden werden kann, das

[2] Die Theorie des Radikalen Konstruktivismus muß aus Sicht der diesem Beitrag grundgelegten erkenntnistheoretischen Positionen selbst einer radikalen (an die Wurzel gehenden) Kritik unterzogen werden, da seine solipsistischen und agnostizistischen Tendenzen diese Position in ihren erkenntnisschaffenden Bereichen selbst pervertieren könnten, was hier nicht weiter ausgeführt werden kann.

derart auf seine Umwelt hin orientiert ist, daß es sich in jedem Zyklus des Austausches mit dieser verändert. Diese Referentialität zur Welt koppelt sich an eine zu sich selbst, weshalb es - trotz permanter Veränderungsprozesse - einerseits sich selbst identisch zu bleiben und andererseits in sich selbst den getätigten und erfahrenen Austauschprozeß (mit den Mitteln seines Systems) zu rekonstruieren vermag, d.h. Wissen über die Welt in Relation seiner selbst zu ihr akkumuliert. Solche Systeme gelten bezüglich ihrer Eigenschaften als dissipativ (umweltoffen, fern vom Gleichgewicht, ordnend durch Fluktuationen) und autopoietisch (selbsthervorbringend, selbsterneuernd). Sie werden als zur Umwelt funktional offen und, hinsichtlich der Rekonstruktion von Welt im System, als operational geschlossen betrachtet (Maturana 1985, Maturana/Varela 1990). Schon in den prä-biotischen, physikalisch-chemischen Strukturen gibt es erste Ansätze von Systemeigenschaften, die wir heute auf der Ebene des Menschen als ICH und SELBSTbewußtsein bezeichnen. Dabei ist die „Zeit" der Proto-Organisator eines lebendigen Systems; sie organisiert die Organisation, bewirkt die Strukturbildung; sie konstituiert eine je individuelle Biographie. Das führt zur Erkenntnis von Behinderung als Produkt der Integration der von einem Menschen erfahrenen, aus seiner Umwelt kommenden „Störungen" in sein System, mit den (auch im Laufe seiner Biographie ausgebildeten) Mitteln seines Systems. Was *wir* an einem Menschen wahrnehmen und als Behinderung klassifizieren ist also im Prozeß der Autopoiese *von ihm* selbst hervorgebracht worden, aber *nicht aus ihm* heraus entstanden.

Diese erkenntnistheoretischen Positionen verweisen auch auf ein neues Verständnis von menschlicher Entwicklung (Feuser 1992). Sie kann allgemein als eine prozeßhafte, dynamisch organisierte, strukturelle Systemveränderung in Richtung auf zunehmende Komplexität und Diversifikation verstanden werden, die durch Umweltereignisse induziert wird. Im Prozeß der Entwicklung selbst ist folglich

1. die Komplexität und Differenziertheit der (dinglichen wie personellen) Umwelt, mit der sich ein System austauscht (das bezeichnet die der Entwicklung zugrunde liegende Funktion des Lernens), primär gegenüber den systemeigenen Mitteln der internen Repräsentation und Rekonstruktion dieses Austausches, die ihrerseits wesentlich Produkt desselben sind. Und

2. ist wiederum primär die Veränderungsmöglichkeit, d.h., was aus einem (auch schwerstbehinderten) Menschen seiner Möglichkeit nach werden kann) und demgegenüber seine momentane Situation sekundär.

Damit ist nicht ausgesagt, den Menschen in seiner Gegenwärtigkeit nur als das noch nicht Mögliche zu denken - im Gegenteil: Ein Mensch ist seiner Gegenwart nach das momentan Mögliche hinsichtlich der möglichen Veränderungen; also kompetent, wie behindert er uns auch erscheinen mag. Darüber hinaus wird im Spiegel der in diesem Kontext verfügbaren Erkenntnisse deutlich, daß die fundamentalen, sich auf neuronaler Ebene organisierenden psycho-sozialen Eigenschaften lebender Systeme auch Menschen nicht abgesprochen werden können, an denen wir sie (in der üblichen, psychologisierbaren Weise) nicht wahrzunehmen vermögen (z.B. bei Menschen im Koma).

Bezogen auf die diskutierte Bildungskonzeption ermöglicht das, die „Stufen der Erkenntnis“ von Welt im Sinne entwicklungspsychologischer Komponenten einbezogen, die Realisierung einer subjektorientierten Pädagogik, die auf Erkenntnisgewinn und nicht auf Wissensakkumulation orientiert ist und sich aus dem um Erkenntnis bemühten kooperativen Miteinander einer heterogenen menschlichen Gemeinschaft (die Lehrenden eingeschlossen) speist. Didaktisch erfordert das (gegenüber den heute relevanten Theorien und Modellen der Didaktik) die Konzeption einer „dreidimensionalen Didaktik“. In dieser geht es,

1. um die Einschätzung der momentanen Wahrnehmungs-, Denk- und Handlungskompetenzen („aktuelle Zone der Entwicklung“) sowie der anzustrebenden „nächsten Zone der Entwicklung“ der Kinder und Schüler (Vygotskij 1987) im Sinne einer entwicklungsbezogenen *„Tätigkeitsstrukturanalyse“*,

2. unter Einbezug ihrer davon (wie von anderen Randbedingungen ihrer Entwicklung; z.B. einer Behinderung) abhängigen Handlungsmöglichkeiten, im Sinne der *„Handlungsstrukturanalyse“* um das Aufzeigen und die Gestaltung eines adäquat strukturierten Lern- und Handlungsfeldes und

3. in diesem um die tätige Konfrontation der Kinder und Schüler mit den im Sinne der *„Sachstrukturanalyse“* aufbereiteten (exemplarischen) Bildungsinhalten.

Derart tritt die „Objektseite“ sozusagen in den Dienst der „Subjektseite“, der Persönlichkeitsentwicklung, ohne die Dialektik beider Momente zu negieren. Diese drei Momente konstituieren entsprechend dem Zusammenhang „Subjekt↔Tätigkeit↔Objekt“ die Didaktik als entwicklungslogische und durch sie wird eine „Allgemeine Pädagogik“, mittels derer *allen alles in einer jedem adäquaten Weise* gelehrt werden kann, realisierbar.

Erziehungswissenschaftlich faßt die Formulierung des Prinzips der „doppelseitigen Erschließung“ durch Klafki diesen Sachverhalt im allgemeinen. Allerdings bleibt die Bestimmung der Kategorialen Bildungstheorie, deren Wirkmomente die Kategorien des „Elementaren“ und „Fundamentalen“ sind, bis in die mit den „epochaltypischen Schlüsselproblemen“ hinein gefaßten Grundzüge des neuen Allgemeinbildungskonzeptes in pädagogischer Tradition dominant der Objekt-, d.h. der Inhaltsseite verbunden und verhaftet.[3] Eine subjektseitige Bestimmung dieser Kategorien wird zwingend erforderlich.

---

[3] Auch die zusammen mit Stöcker verfaßte Studie zur Inneren Differenzierung des Unterrichts (In: Klafki 1991, S. 173-208) dringt - unter den Aspekten einer dreidimensionalen, entwicklungslogischen Didaktik einer Allgemeinen Pädagogik gesehen - nur in Ansätzen über quantitative Momente der Inneren Differenzierung zur Ebene qualitativ-entwicklungsbezogener und damit subjektseitig relevanter Momente vor, wenn

Ausgehend von der erkenntnistheoretischen Position, daß - allgemein und verkürzt dargestellt - Welt, wie wir sie erfassen, erfahren und erkennen als intern rekonstruierte Realität des erfahrenen Austausches mit ihr aufzufassen ist und die psychischen Funktionen - von der Dimension eines Wiedererkennens bis hin zu Sprache und Bewußtsein - sowohl Produkte wie Werkzeuge dieser Prozesse sind, kann *nicht* angenommen werden, daß die Welt in ihrer dinglichen und geistigen Wirklichkeit einen Menschen erschließt, sondern daß er es ist, der sich diese, in aktiven Austauschprozessen mit ihr, erschließt. Jedes dissipativ-autopoietische System ist (und nicht erst ab der Systemhöhe Mensch) grundsätzlich altruistisch. Bezogen auf den Menschen und sein existentielles Angewiesensein auf die Widerspiegelung seiner selbst in der eigenen Gattung („Der Mensch wird am Du zum Ich" - Buber 1965) ist diese gattungsspezifische Referentialität die Basis der Möglichkeit, sich Welt und sich der Welt zu erschließen. Wir könnten auch formulieren: Der Mensch erschließt sich die Dinge durch den Menschen und sich den Menschen über die Dinge in der gemeinsamen Kooperation. Oder anders gesagt: Was im Rahmen der Selbstorganisationsprozesse referentiell zur eigenen Biographie ein Informationspotential erzeugt, wird zu dem, was dem System (subjektiv) *Sinn* macht, der sich in Form von *Bedeutungen* als Informationsbildung realisiert (Feuser/Jantzen 1994). Das bedeutet u.a., daß keine menschliche (dynamische) Zustandsform *sinnlos* (d.h. losgelöst von Sinn) wäre, weil sie letztendlich aus einer altruistischen Kooperation nicht entbunden werden kann, wie kein beobachtbares Ergebnis oder Resultat menschlicher Entwicklung „pathologisch" sein kann. Vielmehr sind sie im Sinne der Integration der Ausgangs- und Randbedingungen eines Menschen nach Maßgabe der ihm zur Verfügung stehenden Mitteln in sein System entsprechend der wirkenden Attraktoren *entwicklungslogisch*. Der (subjektiv erfahrene) „Sinn"[4] ist ein Attraktor besonderer Dynamik und - wie schon betont - in gleicher Weise Produkt wie Werkzeug der Selbstorganisation. Oder, in Reflexion auf Buber noch anders gesagt: *Der Mensch wird zu dem Ich, dessen Du wir ihm sind!*

Das heißt, „Sinn" und „Bedeutung" sind für den Menschen die führenden, motivbildenden Ebenen, hinter denen seine Bedürfnisse und seine Emotionen stehen. Ich denke, daß dieser Sachverhalt in der Klafkischen Allgemeinbildungstheorie mit den „epochaltypischen Schlüsselproblemen" auf der curricularen und inhaltlichen Ebene weitgehend gefaßt ist. Die dargestellten Sachverhalte

---

dort auf der Ebene C auf Aneignungs- bzw. Handlungsebenen, die für Maßnahmen der Inneren Differenzierung relevant sind, verwiesen wird (siehe Tabelle S. 188).

4 Extrasystemisch beschreibt die Kategorie „Sinn" eine Operatorfunktion, die auf eine andere, dissipativ-autopoietisch strukturierte Einheit im gemeinsamen Ökosystem gerichtet ist. Mithin bringt sie i.S. der Verhältnis-Operatorfunktion (L) objektive Bedeutungen, d.h. (Beziehungs-) Komplexität hervor. Intrasystemisch beschreibt diese Kategorie die Einheit des referentiell zur eigenen Geschichte generierten Plans der eigenen Evolution i.S. des von Anochin (1974) gebrauchten Begriffes des „nützlichen Endeffektes", einer im Sinne des „Grenzzyklus" gelungenen funktionellen Stabilisierung des Systems fern vom Gleichgewicht (Feuser 1994).

lassen sich insgesamt in dem zusammenfassen, was ich, bezogen auf eine Allgemeine (integrative) Pädagogik, mit dem „Gemeinsamen Gegenstand“ beschreibe. Mithin kennzeichnet die *„Kooperation am Gemeinsamen Gegenstand“* ein didaktisches Fundamentum, das das „Demokratiegebot“ repräsentiert, wie - unter Berücksichtigung des „Humanitätsgebotes“ einer Reformpädagogik - die *„Innere Differenzierung durch (entwicklungsniveaubezogene) Individualisierung“* (des Gemeinsamen Gegenstandes) zu einem zweiten didaktischen Fundamentum wird, das aufs Engste mit dem vorgenannten verbunden ist.

Im Sinne der Theorie der „Kategorialen Bildung“ von Klafki (1963) können - nun unter Bezugnahme auf das vorstehend anskizzierte Erkenntnismodell der Selbstorganisation - die im Subjekt strukturbildenden, zwischen den beiden objektiven Realitäten von Objektseite und Subjektseite bestehenden Fluktuationen im Prozeß der „doppelseitigen Erschließung“ gefaßt und in den Begriffen (ich würde sie jetzt als Operatoren mit Attraktor- und Transformationsfunktionen[5] bezeichnen) des „Elementaren“ und „Fundamentalen“ repräsentiert angesehen werden. Als solche konstituieren sie auch den „Gemeinsamen Gegenstand“, der, wie deutlich werden dürfte, nicht das materiell Faßbare meint, das letztlich in der Hand des Schülers zum Lerngegenstand wird. Objektseitig gedacht, repräsentieren sie den zentralen Prozeß, der hinter den Dingen und beobachtbaren Erscheinungen steht und sie hervorbringt. Präziser ausgedrückt: Sie konstituieren, was uns die Erkenntnis der Erscheinungen der Welt und ihrer Ursachen ermöglicht. D.h., das „Elementare“ und „Fundamentale“[6] sind - im Unterschied zur Klafkischen Bestimmung - nicht im Sinne der naturwissenschaft-

---

[5] Als Attraktoren können Operatoren bezeichnet werden, die der systeminternen Strukturbildung eine „bestimmte Richtung“ und Geschwindigkeit verleihen. Z.B. daß die Entwicklung in Richtung auf eine Persönlichkeitsstruktur verläuft, die wir dann als geistige Behinderung oder als Autismus-Syndrom wahrnehmen und klassifizieren. Transformationsprozesse leisten Operatoren in dem Sinne, daß die energetischen Potentiale, die sich im Feld der Phasenräume der Systeme zwischen den Systemen aufbauen und wirken, durch die Austauschprozesse in Strukturveränderungen der Systeme überführt werden, die - allgemein gesehen - die entsprechenden Eigenschaften der Systeme bedingen. Als Randbedingungen können alle im Verlauf einer Biographie den Austausch eines Menschen mit seiner Welt beeinflussenden Größen bezeichnet werden; also auch solche, die im System, zwischen den sich austauschenden Systemen und auf Seiten der Systeme liegen, die miteinander in Austausch stehen.

[6] Klafki (1963) schreibt, daß der Begriff des Elementaren - als Sach- und Sinnelementares - „die verschiedenen Bestimmungsmomente integrieren, die einen Inhalt zum Bildungsinhalt machen, indem sie die Kriterien dafür angeben, daß eben dieser Inhalt einen wie auch immer genauer zu bestimmenden „allgemeinen“ Gehalt exemplarisch zugänglich macht. Und die Formel vom Elementaren als dem doppelseitig Erschließenden will darauf hinweisen, daß das Bildende solcher Aneignung darin besteht, daß ein mehr oder minder weitreichender Aspekt der Wirklichkeit sich auftut und eben damit der junge Mensch sich selbst dieser Wirklichkeit erschließt.“ (S. 122) Unter Bezug auf Flitner meint das Fundamentale „den Inbegriff jener umfassenden Grunderfahrungen, die eine Dimension der geistigen Wirklichkeit als solche konstituieren.“ (S. 123)

lich-empirisch überprüfbaren Sachverhalte und extrahierbaren Naturgesetze per se in den Objekten verankert, sondern sozusagen erfahrungsbedingte Hypothesen des Subjekts über die objektive Realität, die es im Tätigkeitsprozeß zu verifizieren gilt. Oder: Das „Elementare" und „Fundamentale" sind aus der Sicht der Biographie des Subjekts (auf jedem Entwicklungsniveau) kategoriale Produkte der Bedeutungskonstituierung auf der Basis des persönlichen Sinns.

Die anskizzierten Zusammenhänge verdeutlichen, daß die Erkenntnis der objektiven Realität (und damit die Erschließung *für* diese) *durch* die subjektive Sinnbildung konstituiert ist, die in der einem Subjekt jeweils möglichen Weise von Wahrnehmung, Denken und Handeln kulminiert. Die im Erkenntnisprozeß konstituierbaren Bedeutungen können ihrerseits als durch Tätigkeit geschaffene wie kulturhistorisch verankerte und tradierte Elemente der auf gattungsspezifische Entsprechung hin angelegten Orientierung des Subjekts auf und in seiner Welt verstanden werden.

Als zusammenfassende Aussage ließe sich festhalten: Der persönliche Sinn erschließt die Welt hinsichtlich der auf ihn bezogenen Bedeutungen, die er ihr verleiht, wie die Welt, wo sie durch andere Menschen (im gattungsspezifischen Dialog) kooperativ erschlossen worden ist, sich dem Menschen bedeutungsmäßig erschließen kann, wenn sie sozusagen in Gestalt der persönliche Sinnbildungsprozesse bestätigenden Bedeutungen in Erscheinung tritt (Feuser 1989, 1994, Feuser/Meyer 1987). Bezogen auf die zwischen Subjekt und Objekt i.S. der „doppelseitigen Erschließung" vermittelnde Tätigkeit kann das „Elementare" als die im Subjekt Bedeutung konstituierende und das „Fundamentale" als die sinnstiftende Seite dieses Prozesses definiert werden. Für die Lehr- und Lernprozesse wird damit die *„kooperative Tätigkeit am gemeinsamen Gegenstand"* der Lehrenden und Lernenden nach Maßgabe einer *„Inneren Differenzierung durch Individualisierung"* desselben zum didaktischen Zentrum der pädagogischen Praxis einer Allgemeinen Pädagogik, die sich bildungsinhaltlich an „epochaltypischen Schlüsselproblemen" zu orientieren hätte. Sie vermag eine Synthese der Regel- und Behindertenpädagogik auf einem - in der Geschichte der Pädagogik - neuem Niveau erziehungswissenschaftlicher Theoriebildung und Praxis zu leisten, die wir als Allgemeine (integrative) Pädagogik beschreiben können.

Sie kulminiert, kurz skizziert, in der mit dem Baum-Modell zu verdeutlichenden didaktischen Struktur (Feuser, 1995, S. 178-182). Integrative Pädagogik setzt, entsprechend der Dreidimensionalität des „didaktischen Feldes" unter dominanter Berücksichtigung der „Zone der aktuellen Entwicklung" in Relation zur „Zone der nächsten Entwicklung" (Vygotskij 1987) des einzelnen Schülers grundsätzlich das Ziel variabel, hält aber am „Gemeinsamen Gegenstand" fest, der durch die Kategorien des „Elementaren" und „Fundamentalen", jetzt aber als subjektseitige, erkenntnistheoretische Kategorien verstanden, zu beschreiben und zu analysieren ist. Das hat weitreichende Konsequenzen für einen integrativen Unterricht. Schon Vygotskij (1964) betont, „daß sich die geistige Entwicklung des Kindes nicht nach dem System der Fächer gliedert und vollzieht“ (S. 234) und „das abstrakte Denken entwickelt sich in allen Stunden, und seine Entwicklung verteilt sich keineswegs auf einzelne Fächer, in die der Schulunterricht zerfällt“ (S. 235). Als Kardinalfehler prangert er die Anschauung an, „daß sich der Unterricht auf die Entwicklung von gestern, auf die heute bereits reifen Besonderheiten des kindlichen Denkens orientieren muß“ (S. 241) und kritisiert die so orientierten Pädagogen wie folgt: „Sie beurteilen den Entwicklungsstand wie der dumme Gärtner, nämlich nur nach den reifen Früchten. Sie zogen nicht in Betracht, daß der Unterricht die Entwicklung vorwärts treiben muß“, und er folgert: „Das Lernen ist nur dann gut, wenn es Schrittmacher der Entwicklung ist. Dann werden dadurch eine ganze Reihe von Funktionen, die sich im Stadium der Reifung befinden und in der Zone der nächsten Entwicklung liegen, geweckt und ins Leben gerufen.“ (S. 242)

Klafki's Allgemeinbildungskonzeption und eine Behindertenpädagogik, wie sie kurz skizziert wurde, können sich als gemeinsames Zentrum einer heute mit „Integration“ umschriebenen Theoriebildung und Erziehungs-, Bildungs- und Unterrichtspraxis verstehen (Feuser 1995) und derart zum Katalysator der Herausbildung einer Allgemeinen Pädagogik werden, die zu realisieren im Spiegel der gegenwärtigen „epochaltypischen Schlüsselprobleme“ der Menschheit und ihrer Welt im Sinne der dazu relevanten Gesellschafts- und Bildungsfragen für *alle* Kinder und Schüler eine conditio sine qua non darstellt.

Literatur

Anochin, P. K.: Beiträge zur allgemeinen Theorie des funktionellen Systems. Jena 1978.

Buber, M.: Ich und Du. In: Buber, M.: Das dialogische Prinzip. Heidelberg 1965. p. 7-136.

Comenius, J. A.: Große Didaktik (Didactica magna), Hrsg.: A. Flitner. Stuttgart 1985.

Feuser, G.: Gemeinsame Erziehung behinderter und nichtbehinderter Kinder im Kindertagesheim - Ein Zwischenbericht. Bremen 1987/a[3].

ders.: Wolfgang Klafki zum 60 Geburtstag. In: Behindertenpädagogik 26 (1987/b) 4, 403-409.

ders.: Allgemeine integrative Pädagogik und entwicklungslogische Didaktik. In: Behindertenpädagogik 28 (1989) 1, 4-48.

ders.: Entwicklungspsychologische Grundlagen und Abweichungen in der Entwicklung - Zur Revision des Verständnisses von Behinderung, Pädagogik und Therapie In: Zeitschrift für Heilpädagogik 42 (1991) 7, 425-441 [siehe dazu auch die von Holtz und Feuser geführte Diskussion. In: Zeitschrift für Heilpädagogik 43 (1992) 2, 114-131].

ders.: Wider die Unvernunft der Euthanasie. Grundlagen einer Ethik in der Heil- und Sonderpädagogik. Luzern 1992.

ders.: Vom Weltbild zum Menschenbild. Aspekte eines Verständnisses von Behinderung und einer Ethik wider die „Neue Euthanasie“. In: Merz, H.-P.

u. Frei, E.X. (Hrsg.): Behinderung - verhindertes Menschenbild? Luzern (Edition SZH) 1994. p. 93-174.

ders.: Behinderte Kinder und Jugendliche. Zwischen Integration und Aussonderung. Darmstadt 1995.

Feuser, G. u. Jantzen, W.: Die Entstehung des Sinns in der Weltgeschichte. In: Jantzen, W.: Am Anfang war der Sinn. Marburg 1994. p. 79-113.

Feuser, G. u. Meyer, Heike: Integrativer Unterricht in der Grundschule. Solms-Oberbiel 1987.

Foerster, H.v. u.a.: Einführung in den Konstruktivismus. München 1997³.

Glaserfeld, E.v.: Radikaler Konstruktivismus. Frankfurt/M. 1997.

Hentig, H.v.: Die Schule neu denken. München/Wien 1993².

ders.: Bildung. München/Wien 1996.

Jantsch, E.: Die Selbstorganisation des Universums. München 1984².

Jantzen, W.: Allgemeine Behindertenpädagogik. Bd 1 u.2. Weinheim/Basel 1987/1990.

Klafki, W.: Studien zur Bildungstheorie und Didaktik. Weinheim 1963.

ders.: Neue Studien zur Bildungstheorie und Didaktik. Weinheim/Basel 1991².

Prigogine, I. u. Stengers, Isabelle: Das Paradox der Zeit. München/Zürich 1993.

Schmidt, S.J. (Hrsg.): Der Diskurs des Radikalen Konstruktivismus. Frankfurt/M. 1992⁵.

Singer, P.: Praktische Ethik. Stuttgart 1984.

Singer, P. u. Kuhse, H.: Muß dieses Kind am Leben bleiben? Erlangen 1993.

Vygotskij, L.: Denken und Sprechen. Berlin 1974⁵.

ders.: Ausgewählte Schriften, Bd. 2, Köln 1987.

Hans Wocken

Gemeinsame Lernsituationen

Eine Skizze zur Theorie des gemeinsamen Unterrichts

1. Das Theorem des gemeinsamen Gegenstandes

Innerhalb der Integrativen Pädagogik führt die didaktische Diskussion um einen integrativen Unterricht eher ein stiefmütterliches Dasein. In der umfänglichen integrationspädagogischen Literatur lassen sich nur relativ wenige Beiträge ausfindig machen, die sich in gehaltvoller Weise der didaktischen Theoriebildung annehmen. Als Ursache für dieses Defizit ist zum einen anzuführen, daß die Integrationsbewegung in ihren Anfängen mit Problemen der Rechtfertigung und politischen Durchsetzung in einem solchen Maße beschäftigt war, daß für eine grundlegende Erörterung von Fragen des Unterrichts einfach keine Zeit übrigblieb. Zum anderen wurde in der wissenschaftlichen Diskussion die Frage nach einer speziellen integrativen Didaktik über weite Strecken so beantwortet, es handele sich dabei „nicht um eine neue andere Pädagogik, sondern um eine gute, allgemeine Pädagogik“ (Hinz 1993, 117). Integrativer Unterricht wurde schlichtweg gleichgesetzt mit gutem Unterricht - und diese Auskunft wurde auch weithin so als eine erschöpfende Antwort akzeptiert (Maikowski/Podlesch 1988; Meier/Heyer 1988; Schwarz 1994), kritische Stimmen waren eine Rarität (Ramseger 1992). Es fehlte also einerseits an der Zeit, andererseits an der Notwendigkeit, sich über eine Theorie integrativer Didaktik sonderlich Gedanken zu machen.

Aus der kargen Landschaft wissenschaftlicher Theorien zur integrativen Didaktik ragen um so mehr die Arbeiten von Georg Feuser (s. Literaturverzeichnis) hervor. 1982 hat Feuser zum ersten Mal seine Konzeption einer integrativen Pädagogik in einer programmatischen Arbeit vorgetragen. Die Definition der Integration wird - ungewöhnlicher- und bezeichnenderweise - schon als Titel des Beitrages gewählt. Nicht im Fließtext, sondern im Zeilenlayout werden die zentralen Momente eines integrativen Unterrichts mit kategorischer Bestimmtheit formuliert:

> „Integration = die gemeinsame Tätigkeit (Spielen/Lernen/Arbeit) am gemeinsamen Gegenstand/Produkt in Kooperation von behinderten und nichtbehinderten Menschen“!

„Integrativer Unterricht verlangt eine 'Innere Differenzierung' von Zielen, Methoden und Medien bei gleichen Inhalten“ (104). Es wird nicht von jedem Schüler erwartet, „daß er in kooperativer Teilnahme am und im Unterricht mit einem gemeinsamen Gegenstand (gleichen Inhalten) auch dieselben Fertigkeiten, Erkenntnisse und Qualifikationen gewinnt, also dieselben Ziele erreicht“ (1987, 35). Das Erfordernis 'gleicher' Inhalte wird allerdings nachdrücklichst unterstrichen. Unter 'gleichen' Inhalten sei dabei nicht an im engeren Sinne wirklich 'gleiche' Unterrichtsinhalte zu denken, sondern an einen vielschichtigen, aber logisch zusammenhängenden Themenkomplex. Da „Integration nur durch Kooperation erreichbar ist (gemeinsamer handelnder Umgang mit- und füreinander), kann nur ein sinn- und bedeutungsvoller inhaltlicher Zusammenhang, der zwischen den einzelnen (jetzt: Teil-)Themen (Inhalten u.v.m.) besteht, auch zu gemeinsamen Aktivitäten und Ergebnissen (im Sinne von Lernergebnissen, aber auch zu 'sichtbaren Produkten') führen“ (1987, 37). Die Innere Differenzierung des Unterrichts ist dabei ausschließlich durch eine entwicklungsbezogene, nicht aber durch eine stoffbezogene Individualisierung zu leisten. Individuelle Inhalte werden ausdrücklich als unangemessen und desintegrativ verworfen. Das Lernen am gemeinsamen Gegenstand bedeute, „den Kindern und Schülern nicht durch individuelle Curricula (nach dem Motto: Jedem das Seine!), sondern durch individualisierte Curricula (Jedem alles auf seinem Niveau!) zu entsprechen.“ (1982, 382). Dieser Inhaltszusammenhang, also die sinn- und bedeutungsvolle Kohärenz der Elemente eines Ganzen, werde durch eine durchgängige Projektorientierung des Unterrichts realisiert und gewährleistet.

In zahlreichen Folgearbeiten hat Feuser den Theorieentwurf weiter entfaltet und propagiert, das konzeptionelle Gebäude hat sich gleichwohl in seiner Substanz nicht grundlegend geändert und ist bis in einzelne Formulierungen hinein dem ersten Entwurf aus dem Jahre 1982 treu geblieben. In der scientific community wie in der integrationspädagogischen Praxis hat der Ansatz Feusers breite Beachtung erfahren. Der gemeinsame Gegenstand ist nahezu zu einem geflügelten Wort geworden. Landauf landab begegnet man in Wort und Schrift dieser didaktischen Formel. Ob das Theorem allerdings auch immer im Urhebersinn verstanden und werkgetreu in die Praxis umgesetzt wurde, darf mit Fug und Recht angezweifelt werden.

In einem knappen Exkurs sei der Frage nachgegangen, inwieweit das Theorem des gemeinsamen Gegenstandes gerade in Anbetracht seiner Verbreitung auch wirklich ein gestaltgebendes Prinzip integrativer Unterrichtspraxis geworden ist. Die beiden Forschungsberichte, die hierzu Auskunft geben können, kommen gleichermaßen zu dem Befund, daß der gemeinsame Gegenstand allenfalls eine relative Größe ist und daß es jenseits des gemeinsamen Gegenstandes noch andere Elemente gibt, die gemeinsamkeitsstiftend sind.

1. In der wissenschaftlichen Begleitung der ersten Hessischen Integrationsklassen widmete die Frankfurter Forschungsgruppe ein besonderes Augenmerk

der Beobachtung und Analyse des Unterrichtsgeschehens im Verlaufe von vier Schuljahren. Den begleiteten Integrationsklassen wird generell bescheinigt, daß sie „auf hohem pädagogischen Niveau arbeiten“ (1991, 328). Das positive Urteil über die Qualität der integrativen Arbeit gründet sich aber bezeichnenderweise gerade nicht darin, daß das Theorem des gemeinsamen Gegenstandes in konkrete Unterrichtspraxis überführt worden wäre. Es erfährt im Gegenteil eine deutliche kritische Relativierung: „Die in der integrationsdidaktischen Literatur zumeist vertretene Ansicht, daß Projekte oder Vorhaben den Kern der integrativen Unterrichtsgestaltung ausmachen und so angelegt sein müssen, daß alle Kinder zu ihrer Durchführung etwas beitragen können oder gar an einem gemeinsamen Gegenstand arbeiten können, bestätigt sich in unseren Beobachtungsklassen nicht. Vielmehr stellt sich eine breite Palette von Situationen und Ereignissen heraus, die integrativ wirken, und entsprechend ein Spektrum an Gestaltungsmomenten“ (Cowlan u.a. 1991, 312).

2. Im ersten Forschungsbericht zum Schulversuch Integrationsklassen in Schleswig-Holstein (1986-1988) heißt es: „Für alle Klassen gilt, daß sich im Verlauf des untersuchten Zeitraumes eine Beschäftigung mit demselben Gegenstand immer deutlicher auseinanderentwickelt hat.“ Dabei sind unterschiedliche Abstufungen thematischer Gemeinsamkeit zu beobachten. Über die dritte Stufe wird ausgeführt: „Einen inhaltlich-thematisch gemeinsamen Gegenstand, der in einem umfassenden Sachbereich verankert ist, gibt es nicht mehr. Es gibt aber situative Anknüpfungen an den Gegenstand bzw. einen größeren Gegenstandsbereich. Das Gemeinsame basiert auf der vorfindlichen Situation, bei der sich zeitweilig das Aufmerksamkeitsfeld aller auf eine Sache richtet. ... Auf diese Weise entstand in der Klassengemeinschaft stets ein breites Assoziationsfeld um die unterrichtlichen Gegenstände herum. Sie erlaubten vielfältigste Ver- und Anknüpfungen an gemeinsame Themen- und Problemstellungen. Es muß allerdings gesehen werden, daß hier situative Vorgänge und assoziative Anbindungen an einen Gegenstand vorliegen. Ein gemeinsamer Unterricht im Sinne der engen Beschreibung ist dies nicht“ (Sucharowski u.a. 1988, 236).

Es ist hier nicht der Ort, in eine gediegene Exegese der Definition einzutreten. Aufzuklären wären etwa die entgrenzende Überdehnung des Projektbegriffs oder die leerformelhafte Aushöhlung des Begriffs ‘gleicher Inhalt’. Der vorliegende Beitrag versteht sich als Kritik an dem Theorem des gemeinsamen Gegenstandes. Diese Kritik wird unbeschadet des Respekts vorgebracht, daß die Konzeption Feusers an theoretischer Stringenz, Geschlossenheit und Ausdifferenzierung ihresgleichen sucht und ihr fraglos ein historischer Stellenwert zukommt.

Die didaktische Theorie Feusers besteht im Kern aus den beiden Theoremen „Kooperation am gemeinsamen Gegenstand“ und „Individualisierung durch Innere Differenzierung“. Im vorliegenden Beitrag steht nicht das gesamte theoretische Gefüge, sondern lediglich ein Teilaspekt, ein Theorem des Gebäudes zur Diskussion. Das Theorem Kooperation am gemeinsamen Gegenstand unterstellt, daß einzig und allein einerseits die kooperative Tätigkeit und andererseits der gemeinsame Gegenstand diejenigen didaktischen Momente sind, die integrativ und gemeinsamkeitsstiftend wirken. Die kritische Antithese bezweifelt weniger die Richtigkeit der Theorems, sondern stellt vielmehr den Ausschließlichkeitsanspruch in Frage. Die Antithese verneint,

1. daß „Integration nur durch Kooperation erreichbar ist" (1987, 37);
2. daß nur der gemeinsame Gegenstand integrativ wirkt;
3. daß nur über „Projektorientierung die erforderliche Vielschichtigkeit des Unterrichts erreicht wird" (1987, 105).

Als Alternative und Synthese wird eine Theorie gemeinsamer Lernsituationen skizziert. Grundlegend ist hierfür die anthropologische Annahme von der Gleichheit und Differenz aller Menschenkinder. Tutti ugiali, tutti diversi - so lautet eine Losung in der italienischen Integrationsbewegung (Deppe-Wolfinger 1985). Auf der unterrichtlichen Ebene müßte sich die Dialektik menschlicher Gleichheit und Verschiedenheit in einer dynamischen Balance von differenzierenden und integrierenden Lernsituationen abbilden. „Integrativer Unterricht ist ein schwieriger Balanceakt. Es gilt die Balance zu wahren, zwischen individuellen Lernangeboten einerseits, damit jedes Kind zu seinen Möglichkeiten findet, und gemeinsamen Lernsituationen andererseits, damit die soziale Integration der Kindergruppe gefördert wird. Das Grundproblem eines integrativen Unterrichts besteht also darin, verschiedene Kinder gemeinsam zu fördern, und zwar so, daß sowohl die Verschiedenheit der Kinder als auch die Gemeinsamkeit der Gruppe zu ihrem Recht kommen. Das dialektische Spannungsverhältnis von individuellen und gemeinsamen Lernsituationen muß in ausgewogener Weise zur Geltung kommen" (Wocken 1987, 75). Der theoretische Entwurf schließt sich damit in Grundlegung und Ausgestaltung an die „Theorie integrativer Prozesse" der Frankfurter Arbeitsgruppe an (Cowlan u.a. 1991; Reiser u.a. 1986; Hinz 1993).

2. Gemeinsame Lernsituationen

Die Lern- und Lebenssituationen des schulischen Alltags sind durch eine schier unendliche Vielfalt gekennzeichnet. Sie alle ausnahmslos und ohne Rest aufzulisten, wäre gewiß mühselig. Zum einsichtigen Verstehen des komplexen, unübersichtlichen Alltags genügt es, aus der Vielfalt der realen Situationen die in besonderer Weise typischen und relevanten Situationen herauszudestillieren und sie in prägnanten Mustern zu beschreiben. Darum geht es im folgenden.

In den illustrierenden Grafiken sind jeweils der Inhaltsaspekt und der Beziehungsaspekt von Situationen besonders hervorgehoben. Mit Inhaltsaspekt sind die Ziele, Aufgaben, Pläne, Gegenstände, Themen usw. von Situationsteilnehmern gemeint. Mit Beziehungsaspekt sind die sozialen Prozesse, das konkrete Interaktionsverhalten und der kommunikative Austausch gemeint. Der Inhaltsaspekt wird immer durch die Waagerechte abgebildet; der Beziehungsaspekt wird immer durch die auf- und absteigenden Pfeile wiedergegeben. Die Pfeile bezeichnen in den Abbildungen eine Aktivität, die kleinen Kreise repräsentieren eine Station innerhalb einer Interaktionssequenz. Ein Pfeil mit einer durchgezogenen Linie weist auf eine gewisse Dominanz eines Situationsaspekts hin, wohingegen ein Pfeil mit einer unterbrochenen, gestrichelten Linienführung eine schwächere Ausprägung eines Situationsaspektes symbolisiert.

2.1 Koexistente Lernsituationen

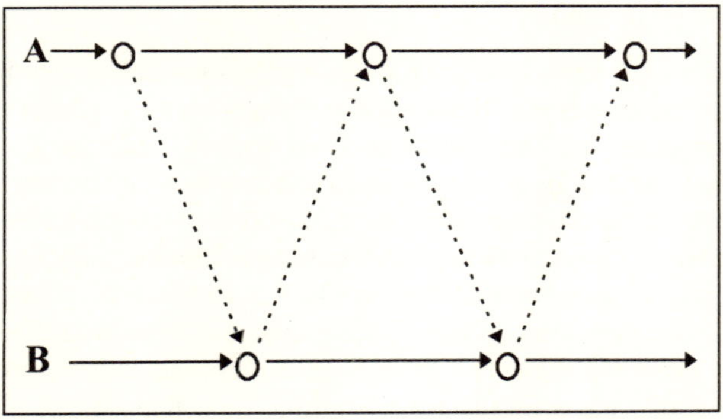

Die koexistenten Situationen sind dadurch charakterisiert, daß das Verhalten der beteiligten Partner im wesentlichen durch ihre je eigenen Pläne bestimmt ist und der jeweils andere in die Realisierung der eigenen Handlungspläne nur partiell einbezogen wird. In einer koexistenten Situation dominieren also die individuellen Handlungspläne (Inhaltsaspekt), während die sozialen Austauschprozesse (Beziehungsaspekt) eher Beiwerk sind. Im schlimmsten Falle handelt es sich nach soziologischer Wertung um „Pseudokontingenz" (Herkner 1981). Die Beteiligten sind in erster Linie auf sich selbst und ihre eigenen Handlungspläne konzentriert, ihre Aufmerksamkeit gilt nur am Rande dem Anderen.

Vergegenwärtigen wir uns koexistente Situationen durch einige Beispiele aus dem alltäglichen Leben. Eine typische „pseudokontingente" Situation ist der Straßenverkehr. Die Verkehrsteilnehmer stürzen sich mit ganz individuellen Fahrplänen in das Verkehrsgetümmel. Jeder hat eine eigene Fahrroute und ein eigenes Fahrziel im Kopf, und davon läßt man sich in aller Regel auch durch die anderen Verkehrsteilnehmer nicht abbringen. Zur Realisierung des eigenen Fahrplanes braucht man die anderen eigentlich nicht. Trotzdem ist es, will man das eigene Ziel nicht gefährden, sehr wohl angeraten, darauf zu achten, was die anderen Verkehrsteilnehmer tun. Wer etwa von der rechten auf die linke Fahrspur wechseln will, sollte um seiner selbst willen das Verhalten der Anderen beachten. Im allgemeinen sind aber die interaktiven und kommunikativen Akte zwischen den Verkehrsteilnehmern schwach ausgeprägt und beschränken sich auf den wortlosen Austausch von Hup- und Lichtsignalen.

Oder denken wir an ein Konzert. Das Verhalten der Zuhörer, ob sie nun mit leuchtenden Augen der Aufführung folgen oder friedvoll schlummern, wird die Musiker kaum veranlassen, von der einstudierten Partie auf dem Notenblatt abzuweichen und aus heiterem Himmel frei zu improvisieren beginnen. Die Interaktionen zwischen Orchester und Publikum sind pseudokontingent und gehen gegen Null.- Schließlich mag man an eine Weihnachtsfeier im familiären Kreis denken. Der Dreijährige ist in das Spiel mit den neuen Geschenken versunken, Vater genießt mit geschlossenen Augen das Weihnachtskonzert, und Mutter ist in den neuen Roman vertieft. Jeder ist gleichsam ganz bei der Sache und bei sich selbst - in Anwesenheit der anderen.

Gemeinsamkeit wird also in koexistenten Situationen im wesentlichen durch eine raumzeitliche Gemeinsamkeit der Beteiligten gestiftet. Man ist „dabei", hat aber wenig miteinander zu tun. Die Situationen sind durch „friedliche Koexistenz" gekennzeichnet, durch ein gemeinsames, symbiotisches Erleben der gleichen Lage. Bezüglich der sozialen Qualitäten von koexistenten Situationen verbleiben unter Umständen nicht viel mehr als Anmutungserlebnisse vom Anderen, die Gewißheit ihrer Gegenwart und das Gefühl des Dabeiseins - doch diese Gefühle sind nicht nur für Kleinkinder und Menschen mit schwersten Behinderungen von hoher Bedeutsamkeit! Ein gemeinsamer Gegenstand ist indes weit und breit nicht in Sicht, und auch die wechselseitige Beziehungnahme in Wort und Tat ist sehr schwach ausgeprägt. Man weiß um die Anwesenheit des Anderen, aber die eigene Sache steht bei allen Beteiligten mehr im Vordergrund als die Beziehungsnahme auf den Anderen. Man partizipiert als mehr oder minder passiver Teilnehmer an einer gemeinsamen Situation.

Auch das Unterrichts- und Schulleben kennt ein weites Feld koexistenter Situationen. Wenige Beispiele müssen genügen. In der Freien Arbeit oder im Wochenplanunterricht sind die Kinder im wesentlichen mit ihren eigenen Aufgaben beschäftigt. Gewiß sind Interaktionen zwischen den Kindern dabei möglich oder sogar erwünscht, gleichwohl ist die Erledigung der freigewählten oder gestellten Aufgaben zentral und hat letztlich Vorrang vor sozialen Austauschprozessen. Bei einem Diktat schließlich ist trotz gleichem Gegenstand und trotz gleicher Ziele jedwede soziale Interaktion nicht gestattet. Die Handlungspläne beim Diktat sind, wie es die Grafik wiedergibt, parallele Aktionen und weitestgehend ohne wechselseitige Bezugnahme. Zuguterletzt mag man an eine Unterrichtsstunde denken, in denen nach der Lehre der psychomotorischen Erziehung sogenannte Bewegungslandschaften aufgebaut sind. Heinz pritscht einen Ball an die Wand, Jennifer schaukelt in den Ringen, Ahmed kurvt mit dem Rollbrett durch die Halle, Yannick räkelt sich auf der Bodenmatte, und so fort. Jedem Kind ist seine Aktivität zunächst das Wichtigste, die anderen Kinder finden nur am Rande und im Bedarfsfalle Beachtung.

Aus pädagogischer Sicht ist es unangebracht, koexistente Lernsituationen als „pseudokontingent“ zu schelten und mit Geringschätzung zu bedenken. Die didaktische Potenz koexistenter Situationen liegt in der Entfaltung individueller Fähigkeiten, Kenntnisse und Kompetenzen. Alle Individualisierung und Differenzierung des Unterrichts läuft zu wesentlichen Anteilen auf die Ermöglichung und Gestaltung koexistenter Lernsituationen hinaus. Wenn bei der gemeinsamen Unterrichtung einer heterogenen Lerngruppe die Verschiedenheit der Kinder zu ihrem Recht kommen soll, dann müssen Gelegenheiten geschaffen werden, in denen nicht alle Kinder das Gleiche tun, sondern das Ihrige tun dürfen. Koexistente Lernsituationen geben vorrangig der Differenz der Kinder Raum und Zeit. Koexistente Lernsituationen akzeptieren passager ein Nebeneinander ohne Mitmachen und „ohne Verstehen“ (Reiser 1991, 310).

Im gemeinsamen Unterricht Unterschiede zwischen den Kindern zu machen, ist weder etwas Anrüchiges noch etwas Sträfliches noch eine Notlösung noch eine Integrationssünde, sondern eine notwendige und sinnvolle didaktische Maßnahme. Nach Meier sollte „ein großer Teil des Unterrichts auf Dauer differenziert“ gestaltet werden: „So 60 bis 70 Prozent des Unterrichts sollten die Kinder differenziert und möglichst selbständig arbeiten“ (Meier 1995, 106). Dieser „große Teil“ eines integrativen Unterrichts wird durch das Theorem des gemeinsamen Gegenstandes unzureichend einbezogen, wenn nicht gar als desintegrativ ausgeblendet.

2.2 Kommunikative Lernsituationen

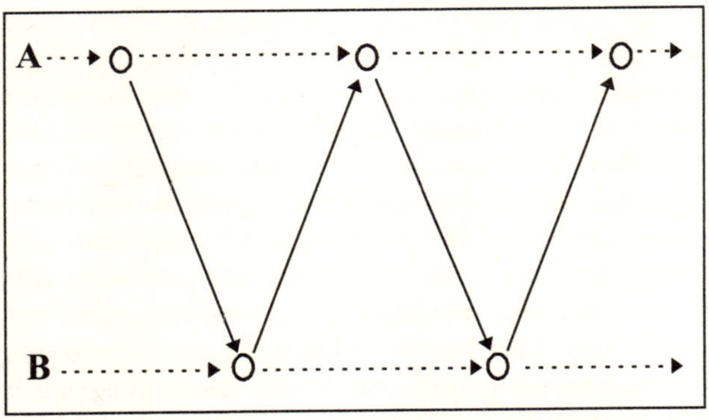

Während bei den koexistenten Lernsituationen die Sache, die Ziele der Einzelnen im Vordergrund und über den Interaktionen stehen, ist es bei den kommunikativen Situationen genau umgekehrt. Hier geht es um Interaktion pur, die Sache spielt kaum noch eine Rolle. Dieser Typus wird soziologisch als „reaktive Kontingenz“ gefaßt. „Reaktive Kontingenz liegt dann vor, wenn A und B aufeinander reagieren und keine eigenen Pläne verfolgen. Beide Interaktionspartner handeln ‚spontan'. Sie haben keine Ziele, die sie während der gemeinsamen Interaktion erreichen wollen, sondern reagieren bloß auf das Verhalten des anderen" (Herkner 1981, 402).

Das Paradebeispiel für kommunikative Situationen aus dem Alltag ist das Gespräch. Im Intercity, bei der Kaffeetafel, auf einer Party oder am Biertisch sitzt man beisammen und plaudert. Das Thema der Unterhaltung wechselt sprunghaft, man redet über Gott und die Welt, jede Abschweifung ist zugelassen. Am Ende des Gesprächs ist kaum noch aufzuzählen, worüber man sich unterhalten hat, aber das ist auch relativ unwichtig. Es wurde kein Problem 'ausdiskutiert', keine Entscheidung getroffen und keine Sachfrage beantwortet. Die Gesprächsteilnehmer gehen auseinander mit dem Gefühl, daß man sich 'nett' unterhalten hat.

Die Pädagogik tut sich schwer, in kommunikativen Lernsituationen irgendeinen Sinn zu erkennen. Da das Gespräch nicht lernziel- oder gegenstandsbezogen, sondern nahezu gegenstandslos verläuft, hat es naturgemäß im Theorem des gemeinsamen Gegenstandes keinen ehrenvollen Platz. Es geht bei kommunikativen Situationen gleichsam um nichts, es herrscht inhaltlich „Leerlauf". Bei manchen Sportübertragungen ist es Mode geworden, die 'effektive' Spielzeit auszurechnen und anzugeben. Bei einem eineinhalb-stündigen Tennismatch haben die Kontrahenten gerademal 20 Minuten 'effektiv' gespielt. Bei kommunikativen Lernsituationen beträgt aus der Sichtweise schulischer Lernzielpädagogik die effektive Lernzeit gleich Null. Die interagierenden Schüler haben nichts gelernt, was sich mit Tests abprüfen und im Lehrplan als erreicht abhaken ließe.

Und dennoch: Die kommunikativen Situationen sind jene Momente im Schul- und Unterrichtsleben, wo die offizielle Pädagogik gleichsam Pause hat. Den kommunikativen Situationen ist eigen, daß sie vielfach pädagogisch nicht geplant, aber dennoch unausweichlich da sind. Die „intentionale" Pädagogik tritt zurück, und die allgegenwärtige „funktionale" Erziehung ist zur Stelle. Als förmliche Beispiele könnte man die Pausen, das Frühstück oder den offenen Unterrichtsbeginn anführen. Es geht aber quantitativ wie qualitativ um mehr. Aus der Unzahl kommunikativer, informeller Lernsituationen konstituiert sich die soziale Atmosphäre, das Schul- und Unterrichtsklima, der emotionale Kitt aller lernzielorientierten, sach- und gegenstandsbezogenen Lernsituationen. Der quantitative Anteil kommunikativer Lernsituationen läßt sich nicht in Prozenten angeben, sie sind untergründig immer gegenwärtig. Ob in einem integrativen Unterricht wirklich Gemeinsamkeit zwischen behinderten und nichtbehinderten Kindern entsteht, wird vermutlich weitaus weniger in gegenstandsbezogenen als in kommunikativen Lernsituationen entschieden. Das Wie des Lernens wirkt über die Schulzeit noch länger nach als das Was. Erwachsene vermögen weniger zu erinnern, was sie alles in der Schule gelernt haben, wie aber Schule war, daran haben sie eine bleibende Erinnerung. Die Wertschätzung der pädagogischen Pause ist dem Theorem des gemeinsamen Gegenstandes ebenso fremd wie der offiziellen Pädagogik überhaupt. Eine löbliche Ausnahme sei zitiert: „Ganz richtig, so eigenartig das klingt, die Pause und die Zeiten, in denen die Kinder privatisieren, also nicht direkt im Sinn der Schule lernen und arbeiten, diese informellen Zeiten auch mitten im Unterricht sind besonders wichtig". (Meier 1995, 114). Es wäre gut, wenn integrative Pädagogik auch die nutzlosen, inhaltsarmen, informellen Zeiten als pädagogisch fruchtbar zur Kenntnis nehmen könnte und theoretisch zu würdigen wüßte. Auf dem Schulweg kann sich zwischen einem nichtbehinderten und einem behinderten Schüler durch belanglose Unterhaltungen mehr Gemeinsamkeit entwickeln als in kunstvoll arrangierten Situationen.

Für die Wertschätzung informeller Situationen und Gespräche als den zentralen gemeinsamkeitsstiftenden Elementen eines integrativen Unterrichts lassen sich auch empirische Argumente ins Feld führen. Die Frankfurter Forschungsgruppe faßt ihre Unterrichtsanalysen so zusammen: „In den Berichten der Lehrkräfte wird deutlich, daß aus diesem Interaktionszusammenhang im Klassenzimmer, im Schulgebäude, auf dem Pausenhof und dem Schulweg Gesprächsthemen entstehen, die für das Thema Verschiedenheit und Gemeinsamkeit von hoher Bedeutung sind. Hier werden zwischen Kindern Themen wie Behinderung, Krankheit, soziale Auffälligkeit, Tüchtigkeit, Erfolg, Ansehen, Freundschaft, Ablehnung etc. verhandelt, die von den Lehrerinnen aufgegriffen werden. Zumeist geschieht dies in situativen Gesprächsanlässen 'nebenher', aber auch häufig in den Klassengesprächen. Selten werden derartige Themen auch zu Unterrichtsthemen erhoben und systematisch bearbeitet" (Reiser 1991, 313). Die 'gemeinsamen Themen' im Sinne der Frankfurter Forschungsgruppe sind etwas gänzlich anderes als der gemeinsame Gegenstand. Es geht gerade nicht um den veranstalteten Unterricht und die offiziellen Themen, sondern um die vor-, zwischen- „neben- und außerunterrichtliche Kommunikation. Die gemeinsamen Themen werden nicht didaktisch erzeugt, sondern „in der Interaktion selbst erst hervorgebracht" (Reiser 1991, 313)!

2.3 Subsidiäre Lernsituationen

In kommunikativen Lernsituationen spielt der Inhaltsaspekt, in koexistenten Lernsituationen der Beziehungsaspekt eine nach- oder nebengeordnete Rolle. In den nun zu erörternden subsidiären Lernsituationen kommen sowohl der Inhalts- als auch der Beziehungsaspekt zum Tragen, allerdings mit einer ungleichgewichtigen Verteilung auf die beteiligten Interakteure. Subsidiäre Lernsituationen sind nämlich durch Asymetrie gekennzeichnet. B geht eigenen Handlungsplänen nach, kann sie aber aus den verschiedensten Gründen nicht aus eigener Kraft realisieren. B ist zur Bewältigung seiner Aufgabe auf A angewiesen, A leistet subsidiäre Hilfe. Man kann zweierlei subsidiäre Situationen unterscheiden.

a. unterstützende Lernsituationen

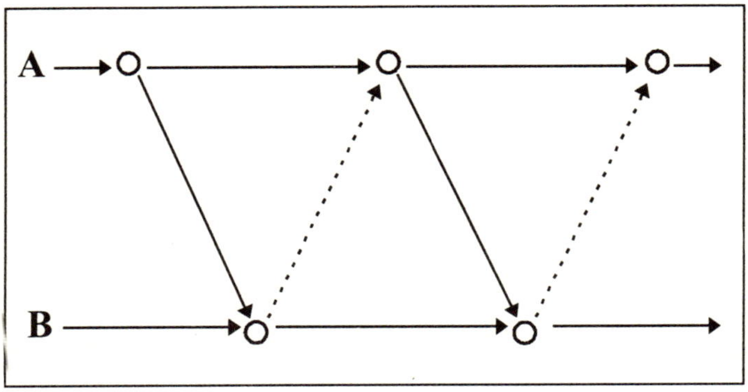

In unterstützenden Situationen leistet A Hilfe, ohne dabei die eigenen Ziele und Aufgaben aus dem Auge zu verlieren und hintanzustellen. Die Hilfe wird mehr oder minder nebenbei und vorübergehend gegeben. Paradigmatisch für alltägliche Unterstützungssituationen sind Hilfsaktionen bei Katastrophen. Zur Beseitigung einer akuten Notlage werden finanzielle Hilfen gewährt oder Pakete mit Lebensmitteln und Hilfsgütern versandt. Die Notleidenden werden dadurch in die Lage versetzt, sich selbst zu helfen und die bedrohliche Situation aus eigener Kraft zu meistern; das Leben der Unterstützer geht währenddessen seinen normalen Gang weiter.

Auch der alltägliche Unterricht ist durchsetzt mit vielen kleinen, unauffälligen Unterstützungssituationen. Eine Schülerin hat nicht genau mitbekommen, was sie in der Stillarbeit tun soll. Eine kurzer Hinweis vom Banknachbarn genügt, und beide können sich wieder der selbständigen Lösung der eigenen Aufgaben zuwenden. Unterstützende Leistungen werden eher episodisch gegeben; es sind vielfach nur flüchtige Gefälligkeiten: ein aufmunternder Arbeitsanstoß, das Vorsagen bei einer kleinen Gedächtnislücke, das Ausleihen eines Radiergummis, ein korrigierender Hinweis auf Fehler, ein hilfreicher Tip, und anderes mehr. In der Unterrichtsgestaltung werden die Unterstützungskompetenzen von Schülern systematisch als Tutorendienste genutzt, etwa indem bei Sitzordnungen, bei der Zusammenstellung von Lernpartnern, Tisch- und Arbeitsgruppen jeweils stärkere und schwächere Schülerinnen zusammengebracht werden.

b. Prosoziale Lernsituationen

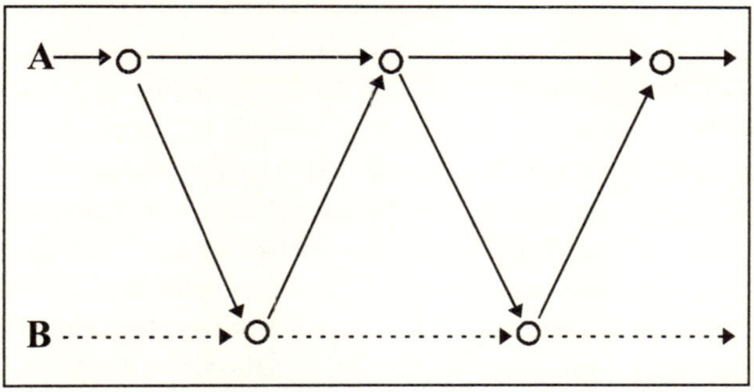

In dem Maße, in dem die subsidiären Hilfen an Intensität und Umfang zunehmen, wird es für den Helfer zunehmend schwieriger, weiterhin den eigenen Angelegenheiten nachzugehen. Der Helfer läßt nun die eigenen Pläne links liegen und stellt sich nun voll und ganz auf den Hilfsbedürftigen ein. Hilfehandeln ist darauf ausgerichtet, das Wohlergehen und Vorankommen anderer zu fördern, gegebenenenfalls in uneigennütziger, selbstloser Weise. Man denke etwa an einen Gebärdendolmetscher. Dieser klinkt sich selbst aus der Kommunikation aus und steht ganz und gar im Dienste der kommunikativen Absichten eines gehörlosen Menschen. Oder ein kleines Beispiel aus dem Schulalltag: In einer Sportstunde nimmt ein Schüler nicht an den Spielen der anderen teil, um mit dem Rollstuhlkind eine Bewegungsaufgabe durchzuführen oder auch nur, um mit ihm die Zeit zu vertreiben. In prosozialen Situationen werden eigene Tätigkeitsabsichten und Wünsche zurückgestellt, private Bedürfnisse geopfert. Das Ziel des sozialen Prozesses ist gleichsam der Andere. Der 'gemeinsame' Gegenstand wird einseitig durch die Wünsche und Anforderungen eines Hilfsbedürftigen definiert. In prosozialen Situationen ist der gemeinsame Gegenstand vielfach auch ein einsamer Gegenstand. Eine bekannte Methode, die auf prosozialen Lernsituationen aufbaut, ist das „Sekretärsystem". Einem Schüler, der des Schreibens nicht mächtig ist, wird ein schreibgewandter Schüler zugeordnet. Dieser schreibt nun als sein Sekretär die mündlich erzählte Geschichte als schriftlich fixierten Aufsatz auf.

In der integrationspädagogischen Literatur wird dem Helfen, also den prosozialen Aspekten eines gemeinsamen Unterrichts, nicht selten ein zu großes Gewicht eingeräumt. Man gewinnt gelegentlich den Eindruck, als sei integrativer Unterricht eine caritative Veranstaltung, die sich durch eine rührende Mitmenschlichkeit auszeichnet. Assistenz und Hilfe unter Kindern machen aber nur einen Anteil eines gemeinsamen Unterrichts aus. Die Befunde von Krappmann und Oswald über die „Probleme des Helfens unter Kindern" (1995) können eine Warnung sein, den integrativen Unterricht allzusehr in die Nähe von Caritas zu rücken. Ein integrativer Unterricht ist allemal mehr als ein Sozialpraktikum für nichtbehinderte Schüler.

2.4 Kooperative Lernsituationen

Die bekannteste Definiton der Kooperation stammt von Karl Marx: „Die Form der Arbeit vieler, die in demselben Produktionsprozeß oder in verschiedenen, aber zusammenhängenden Produktionsprozessen planmäßig neben- und miteinander arbeiten, heißt Kooperation“ (zit. nach Kreie 1985, 94). Konstitutiv für Kooperation ist, daß die Arbeitsinhalte und/oder die Arbeitsprozesse in einem verbindlichen Zusammenhang stehen. Dieser inhaltliche oder operative Zusammenhang kann dabei unterschiedlich eng sein. Entsprechend kann man kooperative Lernsituationen danach unterscheiden, ob eher unterschiedliche Zielsetzungen verfolgt werden (komplementäre Lernsituationen) oder auf ein gemeinsames Ziel hingearbeitet wird (solidarische Lernsituationen = kooperative Lernsituationen im engeren Sinne).

a. Komplementäre Lernsituationen

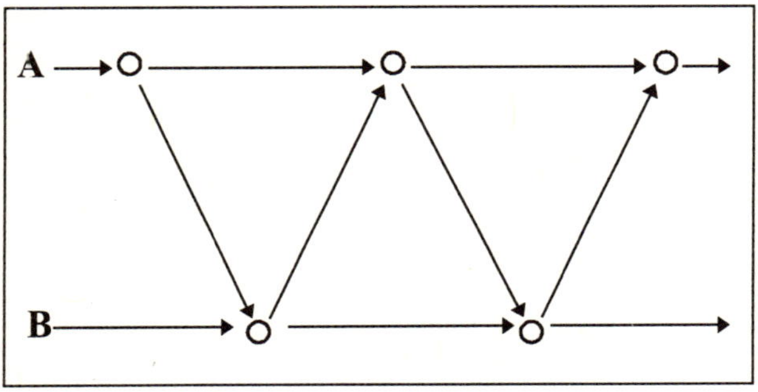

In komplementären Situationen verfolgen A und B unterschiedliche Ziele, aber: A und B können ihre Ziele nicht allein verwirklichen und sind auf die aktive Mitwirkung des anderen angewiesen. Der klassische Fall einer komplementären Situation ist der Kauf und Verkauf von Waren. Käufer und Verkäufer können ihre je individuellen Absichten nur verwirklichen, wenn sie zusammenwirken und jeder seinen Part spielt. Ähnlich verhält es sich bei vielen Spielen. Eine Mannschaft kann allein nicht Fußball spielen. Eine Person kann alleine nicht Schach spielen. Für viele Spiele ist die reale Existenz von anderen Mitspielern und ihre tätige Mitwirkung unabdingbar. In Situationen, in denen die beteiligten Partner verschiedene Ziele verfolgen, können die Zielsetzungen sich nicht nur komplementär ergänzen, sondern sich sogar wechselseitig ausschließen und miteinander konkurrieren. Aber auch Konkurrenzsituationen haben „kooperative“ Züge. Wenn zwei Schachspieler eine Partie miteinander austragen, verfolgen beide das gleiche (nicht das gemeinsame) Ziel: Beide wollen gewinnen, und sie können ihr Ziel doch nur erreichen auf Kosten des anderen. Beide Spieler haben schon vorher eigene Strategien und individuelle Pläne entwickelt, dennoch laufen die Spielzüge nicht stur nach Plan ab, sondern situationsangepaßt und in stetiger Abstimmung auf die Reaktionen des Mitspielers. Man „kooperiert“ zwar nicht mit dem anderen Spieler, aber steht mit ihm in einem unausweichlichen Tätigkeitszusammenhang. Ähnlich verhält es sich mit problemorientierten Diskussionen. Jeder Diskussionsteilnehmer versucht den anderen von seinen Auffassungen zu überzeugen, der Meinungsaustausch wird dabei in enger Abstimmung mit dem Argumentationsverhalten der Diskutanden geführt. Im Unterrichts- und Schulleben kommen komplementäre Lernsituationen immer dann zum Tragen, wenn mit verteilten Rollen gespielt wird: Der Leser liest dem Nichtleser eine Geschichte vor. Oder: Ein Text wird im Partnerdiktat geübt. Nicht zuletzt ist ein großer Teil der didaktischen Spiele, deren sich der Grundschulunterricht in großer Anzahl und Vielfalt bedient, dem Typus komplementärer Lernsituationen zuzuordnen. Wenn integrative Pädagogik sich wirklich zur Aufgabe macht, das 'Miteinander der Verschiedenen' (Adorno) einzuüben, dann gehören auch komplementäre Lernsituationen, dann gehören auch Wetteifer und Konkurrenz dazu; alles andere wäre frömmelnde Sozialromantik, die für eine menschliche Bewältigung kritischer Lebenssituationen nicht vorbereitet.

b. Solidarische Lernsituationen

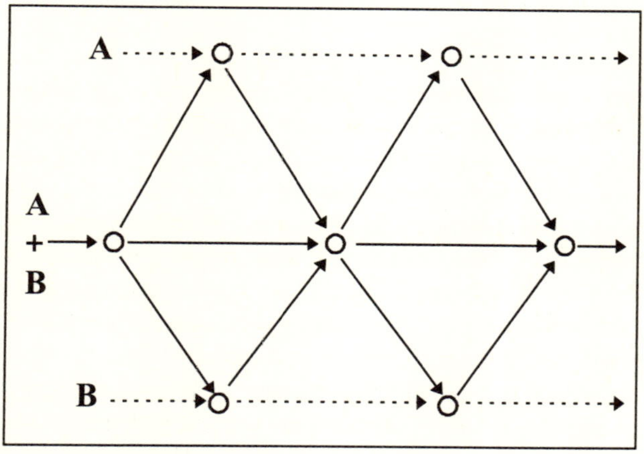

Kooperative Lern- und Arbeitssituationen werden in ihrer höchsten und reinsten Form dann erreicht, wenn die Handlungsziele der Beteiligten sich weitestgehend angenähert haben oder gar ein gemeinsames Ziel angestrebt wird. Als konkrete Beispiele aus dem Alltag seien das gemeinsame Tragen eines schweren Möbelstücks, die gemeinsame Jagd oder die Abstimmung und Zusammenarbeit innerhalb einer Mannschaft genannt. Es handelt sich dabei immer um eine konzertierte, solidarische Aktion. Der Erfolg des einen ist auch der Erfolg des anderen und ist ohne seine kooperative Mitwirkung gemindert oder gefährdet. Entscheidend für Kooperation sind gemeinsame Ziele und Inhalte, was weitaus mehr und grundsätzlich anderes ist als gleiche Ziele und Inhalte. Nur gemeinsame Ziele haben eine organisierende Funktion, sie lenken die Richtung aller Aktivitäten und entfalten eine steuernde, synergetische Kraft. Das didaktische Paradestück für kooperative Lernsituationen sind arbeitsteilige Vorhaben und Projekte. Eine Arbeitsgemeinschaft produziert für ein Schulfest eine Schülerzeitung, im Kunstunterricht werden für eine Collage an einzelne Schüler Teilaufträge vergeben, im Rahmen eines Gartenprojekts wird ein ökologischer Teich angelegt, in der Fahrradwerkstatt der Schule werden für einen Ausflug die Fahrräder aufgemöbelt, und so fort.

Kooperative, solidarische Lernsituationen vereinigen in höchster Form alle gemeinsamkeitsstiftenden, integrationsförderlichen Faktoren: Die Aufgaben und Ziele sind aufeinander bezogen, die Tätigkeiten und Arbeitsprozesse sind koordiniert und wechselseitig abgestimmt, es gibt einen Fundus an gemeinsamen Erfahrungen und Erlebnissen. Die hohe Wertschätzung kooperativer Lernsituationen darf nicht vergessen machen, daß sie nicht in beliebiger Menge didaktisch herstellbar sind und auch in einem guten Unterricht einen Anteil von etwa 10 Prozent selten überschreiten. Solidarische Lernsituationen sind Sternstunden. Es wäre bedenklich, wenn sie in einem integrativen Unterricht gänzlich fehlten. Es ist dagegen verfehlt, eine didaktische Idealfigur als alltägliche Minimalnorm eines integrativen Unterrichts einzufordern.

3. Schluß

Der Katalog gemeinsamer Lernsituationen mag unvollständig und ergänzungsbedürftig sein. Das Ziel der Ausführungen war in erster Linie der Aufweis, daß ein integrativer Unterricht mehr ist als die Kooperation am gemeinsamen Gegenstand und eine Vielzahl von gemeinsamen Situationen beinhalten kann, darf und sollte. Das Theorem des gemeinsamen Gegenstandes ist nicht falsch, aber doch nur die halbe Wahrheit. Es akzentuiert eine von vielen gemeinsamen Lernsituationen und erhebt sie in einer ausschließenden Weise zur alleingültigen Norm eines integrativen Unterrichts. Ein Integrativer Unterricht ist eine ausgewogene Balance zwischen differenzierenden und integrierenden Lernsituationen. „Die Lehrerinnen und Lehrer sind nach diesem Ansatz gehalten, die konkreten Möglichkeiten und das richtige Ausmaß von integrierenden und differenzierenden Maßnahmen in jedem einzelnen Unterrichtsvorhaben neu auszumitteln“ (Ramseger 1992, 60). Meier(1995, 114) hat eine sehr anschauliche Beschreibung gegeben, wie man sich eine ausgemittelte Balance vorstellen kann:

> „Also, die Kinder der integrativen Klasse sind den größten Teil der Zeit zusammen in einem oder mehreren Räumen. Sie leben so miteinander und werden auch miteinander erzogen. Sie arbeiten teilweise an einem gemeinsamen Gegenstand und da an einer gemeinsamen Aufgabe. Teilweise arbeiten sie auch an einem gemeinsamen Gegenstand, aber doch mit unterschiedlichen Beiträgen und vielleicht auch unterschiedlichen Aufgaben. Dann gibt es einen großen Teil der Zeit, in dem die Kinder an unterschiedlichen Aufgaben und in einer etwas unterschiedlichen Situation arbeiten. Weil sie miteinander Kontakt haben, können sie aber auch zusammenarbeiten. In einem

kleinen Teil der Zeit können die Kinder, und nicht nur die behinderten Kinder, auch für sich oder mit Erwachsenen in einem anderen Raum arbeiten, das ist möglich."

Die beschreibende Definition Meiers bezieht die Arbeit am gemeinsamen Gegenstand als wesentliches Bestimmungsstück eines integrativen Unterrichts ausdrücklich ein. Sie befreit indes von der verkrampften, angstmachenden Fixierung auf den gemeinsamen Gegenstand und den gleichen Raum. Zugleich relativiert sie die aspekthafte Focussierung und den exklusiven, normativen Geltungsanspruch des Theorems mit dem Verweis auf die Vielfalt unterrichtlicher Lernsituationen. Die Pädagogik der Vielfalt hat in einer Didaktik der Vielfalt ihr unterrichtliches Gegenstück. Das Theorem des gemeinsamen Gegenstandes ist aufzuheben in einer Theorie gemeinsamer Lernsituationen.

Das Plädoyer für eine Vielfalt gemeinsamer Lernsituationen soll abschließend durch ein Gleichnis illustriert werden. Eine sportliche Familie fährt gemeinsam in Urlaub. Vater ist ein passionierter Tennisspieler, Mutter hat sich dem Radsport verschrieben, die Tochter hat das Sporttauchen zu ihrem Hobby gemacht und der Sohn die ersten Kurse für Drachenfliegen absolviert. Nach dem Frühstück brechen alsbald alle auf und gehen bis zum Abend ihren individuellen sportlichen Interessen nach. Die „differenzierte" Urlaubsgestaltung der Familie veranlaßt zur skeptischen Anfrage, warum diese Familie überhaupt gemeinsam Urlaub macht? Wäre es zur Förderung der Gemeinsamkeit nicht besser, wenn anstelle der diversen Einzelinteressen eine gemeinsame Aktivität, etwa eine Tageswanderung durch die Berge, auf dem Programm stünde und auch für alle verbindlich wäre? Am Abend pflegt die Familie zu einem ausgiebigen Grillessen zusammenzukommen, wobei nicht allein die Tageserlebnisse, sondern auch manch anderes mehr Inhalt mußevoller, ausgiebiger Gespräche ist. Den Tag beschließt ein spannender Kriminalfilm, den alle gebannt und ohne Worte verfolgen. Ein „integrativer" Urlaub? Ein vielfältiger, gemeinsamer Urlaub!

Literatur

Cowlan, G.; Deppe-Wolfinger, H.; Kreie, G.; Kron, M.; Reiser, H.: Gemeinsame Förderung Behinderter und Nichtbehinderter in Kindergarten und Grundschule. Endbericht der Wissenschaftlichen Begleitung. Frankfurt 1991.

Deppe-Wolfinger, H.: Tutti uguali - tutti diversi. Oder: Die gemeinsame Schule für behinderte und nichtbehinderte Kinder in Italien. In: Demokratische Erziehung 11 (1985) 2, 16-19.

Feuser, G.: Integration = die gemeinsame Tätigkeit (Spielen/Lernen/Arbeiten) am gemeinsamen Gegenstand/Produkt in Kooperation von behinderten und nichtbehinderten Menschen. In: Behindertenpädagogik 21 (1982), 86-105.

Feuser, G.: Behinderte Kinder und Jugendliche. Zwischen Integration und Aussonderung. Darmstadt 1995.

Feuser, G.: Aspekte einer integrativen Didaktik unter Berücksichtigung tätigkeitstheoretischer und entwicklungspsychologischer Erkenntnisse. In: Eberwein, H. (Hrsg.): Handbuch Integrationspädagogik. Kinder mit und ohne Behinderungen lernen gemeinsam. Weinheim 4 1997. p. 215-226.

Feuser, G.; Meyer, H.: Integrativer Unterricht in der Grundschule. Ein Zwischenbericht. Solms-Oberbiel 1987.

Herkner, W.: Einführung in die Sozialpsychologie. Bern 2 1981.

Hinz, A.: Heterogenität in der Schule. Integration - Interkulturelle Erziehung - Koedukation. Hamburg 1993.

Krappmann, L.; Oswald, H.: Alltag der Schulkinder. Beobachtungen und Analysen von Interaktionen und Sozialbeziehungen. (Kindheiten, Band 5) Weinheim 1995.

Kreie, G.: Integrative Kooperation. Über die Zusammenarbeit von Sonderschullehrer und Grundschullehrer. Weinheim 1985.

Maikowski, R.; Podlesch, W.: Bausteine für eine integrative Didaktik. In: Projektgruppe Integrationsversuch (Hrsg.): Das Fläming-Modell. Gemeinsamer Unterricht für behinderte und nichtbehinderte Kinder an der Grundschule. Weinheim 1988. p. 130-153.

Meier, R.: Differenzierung - als Grundlage der Gemeinsamkeit in Schulleben und Unterricht. In: Evangelische Französisch-reformierte Gemeinde Frankfurt (Hrsg.): Spuren. Gemeinsamer Unterricht von Kindern mit und ohne Behinderung in Hessens Grundschulen. Ein Lesebuch zu 10 Jahren Integrative Schule Frankfurt. (Schriftenreihe Lernziel Integration, Nr. 15) Bonn 1995. p. 102-114.

Meier, R.; Heyer, P.: Grundschule - Schule für alle Kinder. Voraussetzungen und Prozesse zur Entwicklung integrativer Arbeit. In: Eberwein, H. (Hrsg.): Behinderte und Nichtbehinderte lernen gemeinsam. Handbuch der Integrationspädagogik. Weinheim 1988. p. 179-189.

Ramseger, J.: Was heißt 'gemeinsame Schule für alle'? - oder: Die Grenzen der Integration. In: Lersch, R.; Vernooij, M. (Hrsg.): Behinderte Kinder und Jugendliche in der Schule. Herausforderung an Schul- und Sonderpädagogik. Bad Heilbrunn 1992. p. 53-65.

Reiser, H.; Klein, G.; Kreie, G.; Kron, M.: Integration als Prozeß. In: Sonderpädagogik 16 (1986), 115-122 und 154-160.

Schwarz, H.: Lebens- und Lernort Grundschule. Prinzipien und Formen der Grundschularbeit, Praxisbeispiele, Weiterentwicklungen. Frankfurt 1994.

Sucharowski, W.; Lieb, B.; Kaak, S.; Nehlsen, L.: Verhalten zwischen Verständigung und Verstehen. Kommunikationsanalysen zum gemeinsamen Unterricht von behinderten und nichtbehinderten Kindern in der Grundschule. Kiel 1988.

Wocken, H.: Integrationsklassen in Hamburg. In: Wocken, H.; Antor, G. (Hrsg.): Integrationsklassen in Hamburg. Erfahrungen - Untersuchungen - Anregungen. Oberbiel 1987. p. 65-90.

Irmtraud Schnell

Wir konnten damals erst übermorgen anfangen... (K. Valentin)

Zur Geschichte der Bewegung für gemeinsames Spielen, Leben und Lernen von Kindern und Jugendlichen mit und ohne Behinderung unter besonderer Berücksichtigung der Verwirklichung und Entwicklung schulischer Integration und der politischen Bedingungen im Saarland

Die saarländische Integrationsgeschichte ist ohne Alfred Sander nicht zu denken. Selbstverständlich wird auch in diesem Beitrag seine unermüdliche Arbeit für die Weiterführung gemeinsamen Lebens von Behinderten und Nichtbehinderten deutlich.

Beabsichtigt ist, die saarländische Integrationsgeschichte darzustellen:

- Wie wurde das kleine Saarland zum ersten Bundesland mit schulgesetzlicher Würdigung einer wohnortnahen Schule für Kinder und Jugendliche mit und ohne Behinderung?
- Welche Entwicklung hat schulische und vorschulische Nichtaussonderung in den vergangenen zwölf Jahren genommen?

Für Leserinnen und Leser außerhalb des Saarlandes könnte die Betrachtung der saarländischen Geschichte von Interesse sein, weil sie beispielhaft Folgendes deutlich macht:

- Eine Innovation im Bildungswesen wie das gemeinsame Leben und Lernen behinderter und nichtbehinderter Schülerinnen und Schüler hat eine Chance, wenn sie vernetzt angelegt wird.
- Innovationen im Bildungswesen bedürfen kontinuierlicher Unterstützung durch Politik und Verwaltung vor allem in Form klarer Zielbestimmungen.
- Innovationen im Bildungswesen brauchen den Diskurs möglichst vieler Beteiligter.
- Innovationen im Bildungswesen brauchen Zeit.

- Einzelne Persönlichkeiten und ihre zielgerichtete und sorgsame Arbeit, um in vielen oft mühsamen Auseinandersetzungen über Detailfragen zu Ergebnissen zu kommen und deren Umsetzung mit Aufmerksamkeit zu beobachten, können auch in der parlamentarischen Demokratie eine große Wirksamkeit entwickeln. Vor allem mit dem entschiedenen und behutsamen Vorgehen von Menschen wie Alfred Sander oder Diether Breitenbach kann m.E. das Tempo erklärt werden, in dem integrationsorientierte Gedanken im Saarland zur Wirkung kamen.

Die Annahmen, die meiner Betrachtung zu Grunde liegen, beschreibe ich wie folgt:

- Eines der Rechte von Kindern, so Janusz Korczak, sei „das Recht des Kindes auf den heutigen Tag" (Pelzer 1988, S. 25). Wenn wir dieses Recht auch Kindern mit Behinderung zugestehen, heißt das, daß wir ihre Integration in die Gesellschaft nicht in besonderen Einrichtungen vorbereiten und damit verschieben dürfen, sondern daß wir ihnen die volle Teilhabe am gemeinsamen Leben nach den jeweiligen Möglichkeiten heute anbieten müssen.

- „Integration ist ein Grundrecht im Zusammenleben der Menschen, das wir als Gemeinsamkeit aller zum Ausdruck bringen. Es ist ein Recht, auf das jeder Mensch einen Anspruch hat. Der Mensch sei als zoon politicon zu verstehen..." (Muth 1992, S. 185). Mit jeder spezialisierten Bildungseinrichtung wird den Eingeschlossenen wie den Ausgeschlossenen etwas vorenthalten. Behinderte *und* Nichtbehinderte haben ein Recht auf Gemeinsamkeit (vgl. auch Dumke und Köbberling in diesem Band).

- Die chassidische Weisheit „In jedem anderen ist etwas kostbares, das in keinem anderen ist" variiert Annedore Prengel: „In jedem Kind mit einer Behinderung ist etwas kostbares, das in keinem anderen ist. Gleiches gilt für *jedes* Mädchen, *jeden* Jungen, aus welchen Kulturen auch immer sie kommen" (Prengel 1993, S. 196). Prengel weist wie z.B. Hinz (1993) darauf hin, daß die pädagogische Bewegung für gemeinsamen Unterricht für Behinderte und Nichtbehinderte, die interkulturelle Pädagogik und die feministische Pädagogik zwar jeweils spezifische pädagogische Fragestellungen thematisieren, aber zugleich wesentliche strukturelle Gemeinsamkeiten haben: Die Verschiedenheit von Kindern und Jugendlichen verlangen eine Pädagogik der Vielfalt.

- Vielerlei krisenhafte Zustände und Entwicklungen, in denen sich die Gesellschaft und der Erdball insgesamt befinden, erfordern ein Bildungsverständnis, dessen Leitfigur „lebensorientiert, friedensfähig, hartnäckig demokratisch, auf Neues und Fremdes neugierig, das Andere respektierend, einfühlsam, sozial orientiert und solidarisch gegenüber Benachteiligten" ist. „In ihr sind die Abspaltungen und Trennungen zwischen Erkenntnis und Moral überwunden. Eine europäische Leitfigur, nicht für das Gymnasium, nicht für das bürgerliche Subjekt, sondern für alle, für Jungen wie Mädchen, für Deutsche wie Nichtdeutsche", macht eine vielfältige Schule für alle Kinder notwendig. „Es widerspräche diesem einerseits an Vielfältigkeit, andererseits an einer verbindlichen, sozialen und lebensorientierten Moral orientierten Bildungsverständnis, an der homogenen Lerngruppe festzuhalten. Sitzenbleiben, Ausgrenzung Behinderter, religiöse oder weltanschauliche Privatschulen oder die faktische Ausgrenzung sozial Schwacher aus dem Bildungsprozeß stehen dazu im Widerspruch. Selektion hat in solch einem Bildungsverständnis nichts zu suchen" (Preuss-Lausitz 1989, i.d. Veröff. v. 1994, S. 44).

- Erst in jüngster Zeit, das sei am Rande erwähnt, befassen sich meines Wissens religionswissenschaftliche Autorinnen und Autoren mit gemeinsamem Unterricht behinderter und nichtbehinderter Kinder an Regelschulen. Müller-Friese entwickelt in ihrer Studie „Miteinander der Verschiedenen" ein „Bildungsverständnis, das Orientierung am Subjekt mit seiner individuellen Lebensgeschichte und Begegnung mit den anderen in ihrer Fremdheit ermöglicht" (Müller-Friese 1996, S. 5). Mir war immer schwer verständlich, daß die Integrationsbewegung in der Bundesrepublik nicht stärker auch innerhalb der Kirchen aufgegriffen wurde - in Kindergärten kirchlicher Träger konnten allerdings schon seit langem Kinder mit Behinderungen gemeinsam mit anderen spielen und lernen.

- Bei meiner 25jährigen Tätigkeit als Lehrerin an Realschule, Grundschulen und Sonderschulen und als sonderpädagogische Begleitung von hörgeschädigten Schüler/innen in verschiedenen Regelschulen wuchs meine Überzeugung, daß Gemeinsamkeit in der Vielfalt nicht nur für alle Beteiligten bereichernd, pädagogisch sinnvoll, ja notwendig, sondern auch methodisch-didaktisch gestaltbar ist. „Ich möchte nie mehr anders arbeiten", beschrieben zwei Integrationslehrerinnen der „ersten Stunde" ihre Erfahrungen im gemeinsamen Unterricht.

Das so skizzierte zeitgemäße Bildungsverständnis, eine an Rechten von Kindern orientierte Erziehungsvorstellung und meine eigenen pädagogischen Erfahrungen führen mich zum Ziel einer Erziehung und Bildung, die die Berücksichtigung von Individualität *und* Gemeinsamkeit in einer Schule für Alle anstrebt und die in meinen Augen die Richtschnur diesbezüglichen pädagogischen, wissenschaftlichen, bildungspolitischen und -behördlichen Handelns sein sollte.

Die Wege der Integrationsbewegung und -entwicklung im Saarland sollen an Hand von Daten und Ereignissen dargestellt und dann auf dem Hintergrund der zuvor erläuterten Annahmen bewertet werden.

Zu verschiedenen Aspekten der Entwicklung verweise ich auf andere Beiträge in diesem Band. Diether Breitenbach erläutert wissenschaftliche und bildungspolitische Arbeit, die vor 1985 im Saarland geleistet wurde, und die im Hinblick auf die Entwicklung nach 1985 wichtig war. Isolde Ries, MdL, stellt die Integrationsgeschichte aus der Sicht einer sozialdemokratischen Politikerin dar.

Im Beitrag von Klaus Christ wird die Bedeutung von Beratung offenkundig, und Hans Meister geht auf Fragen der Lehrerbildung ein: In Saarbrücken entstanden z.B. schon in den 70er Jahren Entwürfe, wie Regelschullehrerinnen und Lehrer dazu befähigt werden können, Kinder mit unterschiedlichem Lernverhalten zu unterrichten. Viele saarländische Grund- und Hauptschullehrer/innen waren während ihrer Ausbildung mit diesen Überlegungen konfrontiert.

Die saarländische Entwicklung im Bereich der Kindergärten lief weitgehend parallel zur schulischen Integration; nur am Rand können einzelne Fakten erwähnt werden.

Da sich die einzelnen Wahlperioden im Hinblick auf die Weiterentwicklung gemeinsamen Unterrichts stark voneinander unterscheiden, gliedere ich meine Darstellung entsprechend.

Als Blitzlicht zur politischen Ausgangslage zitiere ich aus der 44. Sitzung des saarländischen Landtages in der 8. Wahlperiode am 29. Juni 1983:

> Abg. Lindner (SPD):
> ... Wir Sozialdemokraten wollen nichts anderes als das, was die Empfehlung des Bildungsrates von 1973 aussagt. Ich nehme an, daß Sie sie auch kennen, Herr Kultusminister, unter der Überschrift „Statt Aussonderung von Behinderten lernen in der integrativen Schule". Ich möchte auf diese Empfehlung des Bildungsrates hinweisen. Ich kann sie aufgrund des gesunden Menschenverstandes - nicht nur als Schulpolitiker oder Bildungspolitiker - voll unterstützen, wenn es heißt, „daß der bisher vorherrschenden schulischen Isolation Behinderter durch eine schulische Integration entgegengetreten werden soll"....
>
> Abg. Jacoby (CDU):
> ... Wenn die Landesregierung aufgefordert werden soll, eine weitestgehende gemeinsame Unterrichtung von Behinderten und Nichtbehinderten an allgemeinbildenden und berufsbildenden Schulen einzuleiten, so will ich ganz klipp und klar zum Ausdruck bringen, daß wir als CDU-Fraktion nicht bereit sind, unser hervorragendes und in der Vergangenheit auch als besonders positiv dargestelltes Sonderschulwesen im Interesse der Betroffenen in Frage stellen zu lassen.... Wenn in diesem Zusammenhang die Sonderschule und ihr Auftrag durch Vokabeln wie Absonderungseinrichtung diffamiert wird, wer hier also glaubt, eine totale und möglicherweise erbarmungslose Integration dem gegenüberstellen zu können, der verkennt meines Erachtens die positiven Leistungen gerade des Sonderschulwesens in der Vergangenheit.
>
> Frau Minister Dr. Scheurlen (FDP)
> ... Behinderung ist etwas, was jedem zustoßen kann. Ein behindertes Kind ist ein Mensch, der in jeder Familie geboren werden kann, dieses Problem kann in jeder Familie zu jeder Zeit auftreten. Man muß deshalb großes Verständnis und große Behutsamkeit im Umgang mit Behinderten walten lassen....

1985-90
Daten und Ereignisse

1985

Nach mehr als 30jähriger Regierungszeit anderer Parteien erhält die SPD-Fraktion die absolute Mehrheit im saarländischen Landtag. Oskar Lafontaine wird Ministerpräsident und Prof. Dr. Diether Breitenbach Kultusminister. „Ja, dann fangt doch einfach damit an!" fordert dieser am 2. Mai 1985 bei einer von integrationsorientierten Kräften veranstalteten Podiumsdiskussion die Anwesenden auf.

Berufung der „Kommission für die Integration behinderter Schüler und Schülerinnen" (KIBS) unter Vorsitz von Prof. Dr. A. Sander.

Die Kommission, zusammengesetzt aus Vertretern von Lehrerverbänden, Gewerkschaften, Fachorganisationen, Elternbeiräten der Regel- und Sonderschulen, Schulärzten und Schulpsychologen, Elternvereinen, der Arbeitseinheit Sonderpädagogik der Universität des Saarlandes und aus einigen persönlich berufenen Fachleuten, erarbeitete allgemeine Richtlinien für die schulische Integration im Saarland (Sander 1987, S. 6).

Die Projektgruppe IBS (Integration Behinderter Schüler/innen) bei der Arbeitseinheit Sonderpädagogik an der Universität des Saarlandes wird „mit wesentlicher Unterstützung" durch den Kultusminister gebildet. „Aufgabe der Projektgruppe IBS (Leitung: Prof. Dr. Alfred Sander) ist die Förderung und wissenschaftliche Begleitung der schulischen Integration behinderter Kinder und Jugendlicher im Saarland im Rahmen der schulrechtlichen Bestimmungen" (Sander 1987, S. 3). Die Berichte der Projektgruppe Integration werden bis 1990 jährlich verfaßt. Sie referieren u.a. Untersuchungen zu Forschungsaufträgen des Kultusministers.

Auf Vorschlag der KIBS beruft der Kultusminister eine *„Kommission für die pädagogische Integration behinderter Kinder im Elementarbereich" (KIBKE) unter Leitung von Prof. Dr. Hans Meister*, ebenfalls Arbeitseinheit Sonderpädagogik der Universität des Saarlandes. Die Projektgruppe „IBKE" wird gebildet, IBS und IBKE verstehen sich als gemeinsame „Projektgruppe Integration".

Schuljahr 1985/86
Drei Kinder mit Behinderung besuchen saarländische Regelschulen.

1986

Änderung des Schulordnungsgesetzes im § 4:

„(1) Der Unterrichts- und Erziehungsauftrag der Schulen der Regelform umfaßt grundsätzlich auch die behinderten Schüler. Daher sind im Rahmen der vorhandenen schulorganisatorischen, personellen und sächlichen Möglichkeiten geeignete Formen der gemeinsamen Unterrichtung von Behinderten und Nichtbehinderten zu entwickeln; das Nähere regelt der Minister für Kultus, Bildung und Wissenschaft durch Rechtsverordnung" (SchoG).

Integrierte Gesamtschulen werden als Team-Kleingruppen-Modell-Schulen (TKM) gegründet. In ihrer Aufbauphase wollen diese noch keine Schülerinnen und Schüler mit Behinderung aufnehmen.

„Dezentrale Einführung und Unterstützung der gemeinsamen Förderung und Erziehung behinderter und nichtbehinderter Kinder im Elementarbereich", ein Projekt unter Leitung von Prof. Dr. Hans Meister und unter Mitarbeit von KIBKE und IBKE, das zuerst von Kultusminister Breitenbach, dann auch als BLK-Projekt durch Mittel des Bundes unterstützt wird (s. Meister 1991, S. 6).

Schuljahr 1986/87
20 SchülerInnen mit Behinderung besuchen die wohnortnahe Regelschule.

1987

Rundschreiben des Kultusministeriums bezüglich der Einrichtung eines Beratungsausschusses (Vorläufer des Förderausschusses lt. IVO) bei Vorliegen eines Integrationsantrages

Abordnung eines Sonderschullehrers mit halber Stelle ans Kultusministerium, als eigene Anlaufstelle für die im Zusammenhang mit der Integration auftretenden Verwaltungsfragen

Die lang erwartete Integrationsverordnung (IVO) tritt in Kraft. Sie regelt „Möglichkeiten, Formen und Voraussetzungen" und „Zuständigkeit und Verfahren zur Anordnung integrativer Unterrichtung".

Das Konzept, das der Rechtsverordnung zu Grunde liegt, ist „durch sieben Grundsätze gekennzeichnet:

1. Kind-Umfeld-Ansatz
2. Grundsatz der Einbeziehung aller Behinderungsarten und -grade
3. Grundsatz der Einbeziehung aller Schulstufen und -formen
4. Grundsatz der Wohnortnähe
5. Grundsatz der Vielförmigkeit von schulischer Integration
6. ökosystemische Teamdiagnostik mit Wiederholungen
7. Grundsatz der Freiwilligkeit" (Sander 1990, S. 10).

Die neuen Richtlinien für die Arbeit in der Grundschule sehen die Grundschule als Lern-, Lebens- und Erfahrungsraum, in dem sich „Kinder glücklich und geborgen fühlen und in einer freien Atmosphäre lernen können".

Im Zusammenhang mit schulischer Integration ist folgender Abschnitt wesentlich: „Eine Veränderung der Grundschule in Richtung einer humanen Schule kann ebenfalls unterstützt werden durch die grundsätzlich gemeinsame Unterrichtung von nichtbehinderten und behinderten Kindern, Kindern also, deren körperliche, geistige und/oder psychische Beeinträchtigungen deutlich vor Augen liegen. Auch hierbei geht es nicht nur um die Aufgabe der Integration behinderter Schüler, sondern ebenso wichtig ist das gemeinsame Leben und Lernen für die nichtbehinderten Schüler und Lehrer, um soziale Erfahrungen zu ermöglichen und Lernprozesse in Gang zu setzen, die der gesellschaftlichen Lebenswirklichkeit und ihren Veränderungen entsprechen" (Richtlinien p. 261).

Schuljahr 1987/88
63 Schüler/innen mit Behinderung sind in Regelschulen integriert.

1988

Konstituierung der Landeskommission für Integration (LKI) unter Vorsitz von Klaus Christ. „Dieses Gremium von Lehrerinnen und Lehrern aus allen Schulaufsichtsbezirken des Saarlandes berät über die in der Praxis aufgetretenen Probleme und erarbeitet Empfehlungen zu ihrer Lösung" (Sander 1990, S. 23).

Eigenes Referat „Integration behinderter Schüler/innen" beim Landesinstitut für Pädagogik und Medien (LPM). Herbert Krämer, zuvor Mitglied der Projektgruppe IBS, wird damit betraut.

Einrichtung einer dauerhaft tagenden AG für LehrerInnen in Integrationsmaßnahmen (AGIL) in Kooperation von IBS, ILF (Institut für Lehrerfort- und Weiterbildung der katholischen Kirche) und LPM.

Der Modellversuch „Kontakt- und Aufbaustudium Integrationspädagogik" wird von der Bund-Länder-Kommission für Bildungsplanung und Forschungsförderung bzw. vom Bundesbildungsministerium bewilligt.

Das 1. Saarländische Integrationsfest, veranstaltet von den Projektgruppen IBS und IBKE, findet statt, zeigt der Öffentlichkeit und den integrationsorientierten Menschen im Land selbst die Freude über die Fortschritte in der Integrationsentwicklung im Saarland und fordert Weiterentwicklung.

Die AG Integration der Gewerkschaft Erziehung und Wissenschaft (GEW) führt eine große Fachtagung „Schulische Integration als Innovationsaufgabe" durch, die vor allem Erfahrungsaustausch und Analysen der durch integrativen Unterricht veränderten Lehrer/innentätigkeit ermöglichen soll.

Schuljahr 1988/89
138 Schüler/innen mit Behinderung besuchen saarländische Regelschulen.

1989

Das 2. Saarländische Integrationsfest findet statt. Federführender Veranstalter: Verein Miteinander Leben Lernen e.V.

Erlasse

- zur Regelung der Beurteilung bei Schüler/innen, die „nach einem individuellen Förderplan auf der Grundlage der Richtlinien für den Unterricht in der Schule für Lernbehinderte bzw. Geistigbehinderte“ unterrichtet werden,
- zur Anrechnung von Fahrzeiten für „Ambulanzlehrer/innen“ und
- über Beratungsstunden für Regelschullehrer/innen und sonderpädagogische Lehrkräften.

„Arbeitsstellen für Integrationshilfen“ (AfI) werden eingerichtet zur Unterstützung der Integration behinderter Kinder im Elementarbereich. (Entwicklung und Konzept: Projektgruppe IBKE, Leitung Prof. Dr. Hans Meister an der Universität des Saarlandes in Zusammenarbeit mit dem Kultusministerium).

„Integrationspädagogisches Kolloquium“, eine neue Veranstaltungsreihe an der Universität des Saarlandes, gemeinsam veranstaltet von der Arbeitseinheit Sonderpädagogik und dem Landesinstitut für Pädagogik und Medien. Diese Kolloquien finden auch heute noch statt, allerdings nicht mehr regelmäßig und monatlich.

Eine Expertentagung „Integration behinderter Schüler/innen in Schulen der Sekundarstufe I“, von der Projektgruppe IBS und LPM gemeinsam veranstaltet, bildet den Auftakt einer verstärkten Beschäftigung mit der Fortführung schulischer Integration im Sekundarbereich (Sander 1990, S. 28).

Amtliche Eintragung des gemeinnützigen Vereins „AGLL - Arbeitsgemeinschaft Gemeinsames Leben und Lernen“, eines zweiten landesweiten Vereins für die Förderung der Integration behinderter Menschen, der mit dem Elternverein Miteinander Leben Lernen eng zusammenarbeitet. Patin: Arbeitseinheit Sonderpädagogik.

Alle Lehrer/innenfortbildungsinstitute bieten integrationsrelevante Fortbildungsveranstaltungen an, z.B. zu Fragen binnendifferenzierenden Unterrichts.

1990

Rundschreiben des Ministeriums an die Schulämter über „Fragen zur Integration unter besonderer Berücksichtigung des Überganges in die Sekundarstufe“. U.a. wird geregelt, daß Eltern keinen neuen Integrationsantrag zu stellen brauchen, wenn sie wünschen, daß die Integrationsmaßnahme in einer Schule der Sekundarstufe fortgeführt wird.

Schuljahr 1989/90
223 Schüler/innen mit Behinderung in Regelschulen

Problem: Wenige Kinder mit geistiger Behinderung, hohe Quote (7 %) von „Abbrüchen" (Übergänge aus Regelklassen in Sonderschulen) (s. Sander 1990, S. 12).

Blick in den Landtag:

9. Wahlperiode. 77. Sitzung am 20. September 1989

> Abg. Schoenen (CDU)
> ... Das Saarland muß nicht bei allen schulischen Reformbestrebungen an der Spitze der Bewegung marschieren. Gut Ding will Weile haben. Die Integration Behinderter ist ein zartes Pflänzchen und braucht Zeit zum Wachsen. Die Integration Behinderter darf unsere Sonderschulen nicht ersetzen wollen, sondern muß sinnvolle Ergänzung sein... Wenn ich zum Schluß meiner Rede komme, dann mit der Warnung an die Landesregierung, unsere Sonderschulen nicht aushöhlen zu wollen auf dem Weg zur Einheitsschule....
>
> Abg. Braun (SPD)
> ... Aber die saarländische Landesregierung mit der sie tragenden Fraktion und mit den Mitarbeiterinnen und Mitarbeitern der entsprechenden Projekte hat die Integration zu einem saarländischen Markenartikel gemacht.... Sowohl das Schulordnungsgesetz als auch die Integrationsverordnung begrenzen die Möglichkeiten der sonderpädagogischen Förderung in der Regelschule. Schon der Auftrag des Gesetzes, nach dem geeignete Formen der gemeinsamen Unterrichtung von Behinderten und Nichtbehinderten zu entwickeln sind, zeigt, daß eine kurzfristige, flächendeckende Umsetzung nicht in Frage kommt. Integration im Saarland vollzieht sich mit größter Behutsamkeit.... Ziel muß es bleiben, Rahmenbedingungen zu schaffen, um möglichst wenige behinderte Kinder zu separieren....
>
> Abg. Wagner (FDP)
> ... Ich darf abschließend sagen, daß für uns Integrationserziehung und Erziehung in Sonderschulen gleichrangig sind. Beide Möglichkeiten dienen den Behinderten. Wir hoffen, daß behinderte Kinder mit uns zusammen leben lernen, daß diese Gesellschaft sie aufnimmt als gleichberechtigte Bürgerinnen und Bürger unseres Landes.

Einschätzung der 9. Wahlperiode

Das Ziel war in der Regierungserklärung 1985 klar bestimmt: „Die Integration behinderter Schülerinnen und Schüler in Schule und Gesellschaft wird durch ein besonderes Programm gefördert" (SPD Saar 1985, 44).

Gesetzliche und rechtliche Grundlagen werden schnell geschaffen. Die Vorlagen dazu sind im Diskurs, in intensiven Auseinandersetzungen erarbeitet, wobei die Vermittlungsfähigkeit von Alfred Sander, seine Zielgerichtetheit einerseits und seine beharrliche Geduld im Zusammenführen unterschiedlicher Positionen andererseits eine bedeutende Rolle spielen.

Neue Richtlinien sehen die Grundschule als Ort, in dem Lerngruppen ihre Heterogenität als Bereicherung erfahren.

Beratungskapazität für alle Beteiligten wird bereitgestellt.

Integrationsrelevante Fortbildung findet statt.

Wissenschaftliche Begleitung des Innovationsvorhabens wird gesichert.

Der Kultusminister Diether Breitenbach beruft in das zuständige Referat im Kultusministerium Personen, von denen erwartet werden kann, daß sie ihr Verwaltungshandeln an der Förderung schulischer Integration orientieren.

Zwischen dem Kultusminister und seinen Mitarbeiter/innen im zuständigen Referat und anderen integrationsorientierten Kräften, v.a. Projekt IBS und IBKE und ihren Leitern, wird ein enger Austausch im Sinne der Weiterentwicklung und der Lösung anstehender Probleme gepflegt.

Notwendige Arbeitsbedingungen von Lehrkräften finden Berücksichtigung.

Die Öffentlichkeit wird informiert und motiviert.

Die Integration behinderter Kinder in Regelkindergärten kommt ein Stück voran.

TKM-Gesamtschulen werden gegründet - eine Etappe auf dem längerfristigen Weg zu einer Schule für Alle.

Die politische Entscheidung für die wohnortnahe Einzelintegration ermöglicht den gemeinsamen Unterricht von Kindern mit und ohne Behinderung vor Ort und bietet damit die Chance zu Veränderungen in umgebenden Zusammenhängen.

Die ausdrückliche Unterstützung der Reform durch den Dienstherrn bei gleichzeitiger vorläufiger Verankerung der Freiwilligkeit markiert den politischen Willen und fordert von Lehrkräften eine Auseinandersetzung mit veränderten Ansprüchen an ihre Tätigkeit. Beharrende Tendenzen werden als solche deutlich.

Aus dem Rückblick scheinen die *eindeutigen* politischen Signale der Landesregierung und die Kultur des Austauschens auf verschiedenen Ebenen zwischen den Beteiligten eine besonders wichtige Rolle zur Ein- und Fortführung des Reformvorhabens gespielt zu haben. Aber schulische Integration steht noch am Anfang.

1990-1994
Daten und Ereignisse

Die SPD geht aus den Landtagswahlen abermals als stärkste Fraktion hervor. Oskar Lafontaine als Ministerpräsident teilt das bisherige Kultusministerium. Diether Breitenbach wird Minister für Wissenschaft und Kultur, und Marianne Granz, die zuvor als bildungspolitische Sprecherin der SPD-Fraktion im Landtag des Saarlandes Bemühungen um Integration unterstützt hatte, wird zur Ministerin für Bildung und Sport berufen.

„Kommission zur Förderung der Integration behinderter Schüler/innen in Schulen des Sekundarbereichs“ (KOFIS) wird auf Anregung des Bildungsministeriums gebildet (Leitung: Prof. Dr. Alfred Sander). Sie besteht aus 19 Mitgliedern in bewußt „pluralistischer“ Zusammensetzung. Sie konzentriert sich auf „Fragen der Integration in Sekundarstufenschulen unter den Rahmenbedingungen des saarländischen Bildungswesens“ (Sander 1994, S. 24) und erarbeitet zwei größere Empfehlungen. Das Ministerium nimmt sie dankend entgegen, sieht aber „aus organisatorischen und rechtlichen Gründen bzw. wegen fehlender zusätzlicher finanzieller Mittel“ (Sander 1994, S. 24) keine Möglichkeit der Umsetzung.

Zwei Modellversuche, finanziert vom Saarland und vom Bundesministerium für Bildung und Wissenschaft (BLK-Projekte), werden unter der Leitung des Sonderschulreferates im Bildungsministerium und mit wissenschaftlicher Begleitung durch die Universität des Saarlandes (Projektgruppe IBS) eingerichtet. Sie greifen Fragen der Integration in Sekundarstufenschulen auf („Gemeinsamer Unterricht mit unterschiedlicher Zielvorgabe für nichtbehinderte und behinderte Schüler/innen im Bereich der Sekundarstufe I“) und suchen nach Möglichkeiten einer stärkeren Mitwirkung der Sonderschulen an der Integrationsentwicklung („Sonderpädagogische Förderzentren als Weiterentwicklung der Organisation sonderpädagogischer Arbeit für behinderte Schülerinnen und Schüler“) (s. Sander 1994, S. 24f.).

Die 27. Arbeitstagung der Dozentinnen und Dozenten für Sonderpädagogik in deutschsprachigen Ländern zum Thema „Integration und Sonderpädagogik“ findet in Saarbrücken statt.

Schuljahr 1990/91
317 Schülerinnen und Schüler mit Behinderung lernen gemeinsam mit anderen in der Regelschule.

1991

Die neue Ministerin Marianne Granz hält Anfang des Jahres einen Vortrag „Sonderpädagogk am Scheideweg“ auf einer landesweiten Veranstaltung des Saarländischen Lehrerinnen- und Lehrerverbandes (SLLV im VBE). Sie kündigt das „Einfrieren“ der quantitativen Entwicklung schulischer Integration an und außerhalb des offiziellen, später zugänglichen Redemanuskripts behauptet sie, in den vergangenen Jahren sei „einseitig“ und „ideologisch“ Integration vertreten worden. Sie wolle Sonderschulen „wieder zu ihrem Recht verhelfen“, denn dies seien Orte, an denen „hervorragend gearbeitet“ werde. Der „Aktuelle Bericht“, das saarländische TV-Regionalmagazin, sendet folgenden Nachrichtentext: „Stopp für Behindertenintegration. Neue Integrationsmaßnahmen für behinderte Kinder in Regelschulen wird es im Saarland nicht geben. Dies erklärte die saarländische Bildungsministerin Marianne Granz gegenüber dem Saarländischen Rundfunk. Sie begründete dies mit der Haltung der Sonderschullehrer, die sich nicht mehr an Regelschulen abstellen lassen wollten. Bernd Rupp vom Saarländischen Lehrerinnen- und Lehrerverband forderte eine Ausweitung dieser Integrationsmaßnahmen, weil sie sich bewährt hätten“ (s. Erziehung und Wissenschaft im Saarland 1991 (H. 5), S. 14).

Der GEW antwortet der zuständige Leiter des Referates im Bildungministerium: „Es ist richtig, daß die Mehrzahl der Integrationsmaßnahmen positiv zu beurteilen ist. Ich teile auch die Sichtweise, daß die Arbeit der Förderausschüsse wichtiger Bestandteil des gesamten Verfahrens ist und gehe davon aus, daß die Bedürfnisse eines betroffenen Kindes mit größter Sorgfalt bedacht werden. Das Engagement der meisten Lehrkräfte, die in Integrationsmaßnahmen tätig sind, steht auch für mich außer Zweifel. Tatsache ist aber auch, daß einige Integrationen eben nicht so erfolgreich verlaufen, wie dies sein müßte, daß in einer ganzen Reihe von Fällen die gemeinsame Unterrichtung mit Nichtbehinderten den Bedürfnissen der behinderten Kinder nicht gerecht wird (so werden z.B. zum Ende des Schuljahres mehr als 20 Maßnahmen wieder abgebrochen, und ich finde, daß abgebrochene Integrationsmaßnahmen besser nicht erst hätten begonnen werden sollen), daß die Argumente der Kolleginnen und Kollegen, die sich überfordert fühlen, nicht beiseite geschoben werden dürfen und daß zusätzliche Lehrkräfte für Integrationsmaßnahmen sich aus verschiedenen Gründen kaum noch melden“ (s. Erziehung und Wissenschaft im Saarland 1991 (H.6/7), S. 9).

Und in einem anderen Schreiben an die GEW : „aus meiner Sicht wird der Begriff ‘Einfrieren’ in keiner Weise der Sachlage bezüglich der gemeinsamen Unterrichtung Behinderter und Nichtbehinderter in Regelschulen gerecht. Richtig aber scheint mir, wenn eine Diskussion über die Kosten dieser Reform die gegebenen Realitäten deutlicher bewußt machen kann. Die schulische Integration der 325 Kinder im Schuljahr 90/91 verursacht gegenüber der gleichen Anzahl nichtbehinderter Kinder in Regelschulen rund vierfachen, gegenüber der dem Förderbedarf entsprechenden Unterrichtung in Schulen für Behinderte rund doppelten Personalbedarf. Letzterer addiert sich aus dem Bedarf für die Unterrichtung in der Regelklasse, die Bereitstellung der Ambulanzlehrerstunden und die mit diesen verbundenen Anrechnungsstunden für Beratung und Fahrzeit. Dabei ist mir der Hinweis wichtig, daß es sich um eine reine Kostenrechnung, nicht um den Versuch einer Kosten-Nutzen-Analyse handelt“. (s. Erziehung und Wissenschaft im Saarland 1991 (H.6/7, S. 10).

Der Elternverein MLL beklagt, daß das Ministerium den Schulräten „einen sogen. 'Kriterienkatalog' zur Hand" gegeben hat, „der offiziell nicht einzusehen ist. Darin werden u.a. der Integration in der Grundschule der Vorzug gegeben, die zielgleiche Integration vor die zieldifferente gestellt und formale Hürden aufgebaut" (zit. nach Sander 1994, S. 26).

Der Verein MLL ruft zu einer Demonstration „Integration statt Isolation" auf und 400 Personen protestieren lautstark gegen „die schleichende Aushöhlung der Integration behinderter Kinder in saarländischen Regelschulen" (a.a.O., S. 27).

Kurz darauf veranstalten GEW und Volkshochschule Saarbrücken eine Podiumsdiskussion „5 Jahre gemeinsamer Unterricht für behinderte und nichtbehinderte Kinder und Jugendliche im Saarland - was nun?" mit Jakob Muth, Peter Pape und der Bildungsministerin Marianne Granz, die in einem ihrer Statements betont, sie wolle das Wort „Aussonderung" nicht mehr hören.

3. Saarländisches Integrationsfest. Hauptveranstalter: Verein AGLL (s.o.).

Die Projektgruppe IBS, die von 1985 an Eltern, Lehrerinnen und Schulverwaltung im Zusammenhang mit schulischer Integration saarlandweit beraten hat, wird systematisch abgebaut. Damit gibt es, außer durch ehrenamtliche Tätigkeit, keine professionelle Beratung mehr in Fragen schulischer Integration.

Die GEW veranstaltet ein Fachgespräch: „Schulen für Behinderte und Integration behinderter SchülerInnen - Effektivität und Kosten" mit Günther Rüdell aus NRW und Dr. Peter Mertes, dem damaligen bildungspolitischen Sprecher der SPD in Rh-Pf. Von den eingeladenen betroffenen Ministerien (Finanz-, Sozial- und Bildungsministerium) ist nur das Sozialministerium vertreten.

Die SPD-Fraktion im saarländischen Landtag sieht im Haushalt für das Jahr 1992 10 zusätzliche Lehrervollzeitstellen speziell für Integrationsmaßnahmen vor.

Schuljahr 1991/92
315 Schüler/innen mit Behinderung besuchen Regelschulen.

1992

Das geänderte Schulordnungsgesetz weist in § 4 Absatz 4 den Schulen für Behinderte folgende, auch integrationsorientierte, Aufgaben zu: „Sie sollen

1. die Behinderung beheben oder deren Folgen mildern und dabei eine allgemeine Bildung vermitteln und auf die berufliche Bildung vorbereiten,
2. auf die Eingliederung der Schüler in die Regelform hinwirken,
3. sich an der Förderung behinderter oder von einer Behinderung bedrohter Schüler in den Schulen der Regelform beteiligen,

4. an der Planung und Durchführung gemeinsamen Unterrichts für behinderte und nichtbehinderte Schüler mitwirken,

5. Eltern von Kindern mit sonderpädagogischem Förderungsbedarf und deren Lehrkräfte beraten."

Diese Änderung entspricht dem neuen Schulgesetz Schleswig-Holsteins, bei dessen Entstehung Alfred Sander Pate stand.

Das Bildungsministerium erläßt ohne Vorankündigung und Anhörung kurz vor Schuljahresende neue Zeugnisformulare für zieldifferent unterrichtete Integrationsschüler/innen, die den Fächerkanon der Schule für Lernbehinderte bzw. Geistigbehinderte widerspiegeln. Das bedeutet, es gibt zweierlei Zeugnisse in einer Klasse. Lehrer/innen und Eltern gehen dagegen vor, auch gerichtlich. Die Ministerin stellt Revision und Anhörung in Aussicht.

4. Saarländisches Integrationsfest. Hauptveranstalter: GEW Saarland

Die SPD-Landtagsfraktion lädt zu einem Expertengespräch unter Leitung von MdL Isolde Ries über „Schulische Integration behinderter Kinder und Jugendlicher - Erfahrungen und Perspektiven" Fachleute aus Verwaltung, Wissenschaft und Schulpraxis zahlreicher Bundesländer und aus dem Saarland ein. Im Pressedienst heißt es: „Wichtig für die weitere Vorgehensweise ist, daß Integration gewollt sein muß. Integration heißt Kooperation und nicht Konfrontation. Nur gemeinsam mit den Sonderschulen kann das Bestmögliche für die behinderten Kinder getan werden.... Fazit: Trotz ökonomischer Sachzwänge wird die Integration von behinderten Schülerinnen und Schülern im Saarland weiterhin Priorität haben."

Das Bildungsministerium verpflichtet die für den sonderpädagogischen Bereich eingestellten Grund- und HauptschullehrerInnen zum Besuch einer Fortbildungsreihe, die von „erfahrenen" Schulleitern von Sonderschulen angeboten wird ohne Verbindung zur Projektgruppe IBS oder zum „Weiterbildenden Studium Integrationspädagogik" (Nachfolge des Modellversuchs) an der Universität des Saarlandes.

Schuljahr 1992/93
335 behinderte Schüler/innen lernen gemeinsam mit nichtbehinderten.

1993

Die geänderten Zeugnisformulare für Integrationsschüler/innen werden beibehalten und die Zeugnis-und Versetzungsordnung für Schulen für Lernbehinderte bzw. Geistigbehinderte wird geändert. Erklärtes Ziel des Vorhabens ist nach Auskunft des Ministeriums, Schüler/innen in Sonderschulen gegenüber Integrationsschüler/innen nicht zu benachteiligen, und - „die Zeugniswahrheit".

Die Zeugnisformulare für zieldifferent unterrichtete Schülerinnen und Schüler in Gesamtschulen unterscheiden sich allerdings immer noch allein vom Format her deutlich von denen der Mitschüler/innen.

Auf einer Veranstaltung der GEW „Sonderpädagogik im Saarland - Auftrag und Wege“ spricht Ministerin Granz von der Gleichwertigkeit der beiden Wege (Schulen für Behinderte/Gemeinsamer Unterricht).

5. Saarländisches Integrationsfest. Hauptveranstalter: Arbeitskammer des Saarlandes

Zum Abschluß des Modellversuchs „Zieldifferenter Unterricht in der Sekundarstufe I“ findet eine überregionale Fachtagung statt. Bildungsministerin Granz in der Pressemitteilung: die „Auswertung des Modellversuchs habe ergeben, daß Bildungspolitik und Schulverwaltung einen Rahmen für Integration in Regelschulen geschaffen hätten, den Lehrerinnen und Lehrer mit pädagogischer Kompetenz und persönlichem Engagement ausfüllten“ (s. Sander 1994, S. 33).

Die geplante Neugründung einer Schule für Erziehungshilfe in Saarbrücken - immerhin der vierten im kleinen Saarland - kann durch Proteste von Seiten der GEW, der Grünen und der LAG Schulsozialarbeit nur verzögert werden. Ein Hearing der SPD- Fraktion im Landtag (Isolde Ries) „Verstärkte Zunahme von erziehungsschwierigen Kindern“ hält die Bedeutung und die Möglichkeiten integrativer Arbeit mit „Erziehungsschwierigen“ fest.

Die Arbeitskammer, GEW, MLL und der Landesbeauftragte für Behindertenfragen laden zu einem Expertengespräch „Integration geistig behinderter Menschen in Schule und Arbeitswelt“ ein, um Möglichkeiten der Weiterentwicklung Gemeinsamen Lebens und Lernens von jugendlichen und erwachsenen Menschen mit und ohne Behinderung im Saarland zu diskutieren. Das Bildungsministerium ist nicht vertreten.

Im Schuljahr 1993/94 lernen 374 behinderte Schüler/innen in Regelschulen.

1994

Arbeitskammer des Saarlandes, GEW, MLL und der Landesbeauftragte für Behindertenfragen, inzwischen eine „Allianz“ für Integration, veranstalten eine große Fachtagung zum Thema „Integration geistig behinderter Menschen in Schule und Arbeitswelt“. Sie wollen Fragen des Überganges von der Schule zur beruflichen Bildung für Jugendliche mit geistiger Behinderung klären und fordern bildungs- und sozialpolitische Aktivitäten, da die ersten Jugendlichen mit geistiger Behinderung, die Regelschulen besucht haben, diese bald verlassen werden.

Gespräche des Vereins MLL mit der Spitze des Bildungsministeriums bringen keine Wende in der Integrationspolitik. Das „Verhältnis von Antragszahlen und

Genehmigungen (hat) sich zu Ungunsten der Genehmigungen verschlechtert. Für das kommende Schuljahr konnten 600 Förderstunden nicht personalisiert werden. Konkret heißt das, daß etwa 80 Kinder, für die ein Integrationsantrag gestellt wurde, in die Sonderschule eingewiesen wurden.... Gab es in diesem Schuljahr etwa 300 Anfragen für Integration, die nicht alle zu Anträgen geführt haben, so wird die Zahl im nächsten Jahr sicher auf 500 ansteigen. Diesem steigenden Bedarf muß das Bildungsministerium Rechnung tragen und kann nicht länger so verfahren, daß die Sonderschulen vorrangig personalisiert werden und der Rest für Integration bereitgestellt wird" (s. Erziehung und Wissenschaft im Saarland 1994, Heft 9, S. 20).

Immerhin kommt eine Vereinbarung zwischen MLL und Bildungsministerium zustande, daß Kinder mit Behinderung, die einen Regelkindergarten besucht haben, vorrangig in Regelschulen eingeschult werden, wenn die Eltern dies beantragen.

Eltern behinderter Kinder im Vorschulalter haben jetzt das Recht und die Möglichkeit, zwischen Regelkindergarten mit stützpädagogischer Begleitung und Sonderkindergarten zu wählen. Arbeitsstellen für Integrationshilfen werden nun in allen Teilen des Landes errichtet.

Im Schuljahr 1994/95 besuchen 386 Schülerinnen und Schüler mit Behinderung Regelschulen.

Einschätzung der 10. Wahlperiode

Diesen Zeitabschnitt bezeichnen integrationsorientierte Menschen im Saarland als sehr schwierige Zeit, weil nun wieder - als hätten die Landtagswahlen 1985 und 1990 nicht den politischen Willen der saarländischen Bevölkerung für ein bestimmtes Programm zum Ausdruck gebracht - wie vor 1985 Sonderschulen zu *den* Schulen für Schüler/innen mit Behinderung erklärt wurden. Für das begonnene Reformvorhaben kam dieser Rückschlag zu früh. Nachdem in den Jahren 1985-90 die Gemüter v.a. in den Sonderschulen sich zuerst erhitzt, dann aber nach und nach beruhigt hatten, konnte nun integrative Arbeit wieder diskreditiert werden.

Die Gefährdung der Innovation durch die Wendung im Reformprozeß sahen auch Wissenschaftlerinnen und Wissenschaftler aus dem ganzen Bundesgebiet und andere namhafte Personen wie z.B. Dieter Wunder. Sie verdeutlichten in Schreiben an die Bildungsministerin ihre Bedenken und ermutigten sie, die Integrationspolitik der Landesregierung fortzusetzen.

Ärgerlich war, daß die Beschränkung der Anzahl von Integrationsmaßnahmen mit deren mangelnder Qualität begründet wurde. Als wenn jemals der Zugang zu einer Bildungseinrichtung eingeschränkt worden wäre, weil deren Qualität für die Betroffenen in Frage stand!

Andererseits waren von Seiten des Bildungsministeriums - die personelle Besetzung des Referats Sonderschule und Integration hatte sich verändert - keinerlei Bemühungen erkennbar, die Qualität schulischer Integration und ihre Organisation zu verbessern bzw. insgesamt eine Weiterentwicklung gemeinsamen Unterrichts anzustreben.

Im Gegensatz zur 9. Wahlperiode, in der vernetztes Denken auch das Handeln der Exekutive leitete, hatten handelnde Personen im Bildungsministerium jetzt offenbar ihren Blick auf den Gegensatz: Sonderschule - Integration verengt. Fragen wie: Welche Bedingungen, welche Zusammenhänge fördern Integration? Wie fördern wir die integrierende Schule und die Qualität gemeinsamen Unterrichts? Welche Organisationsformen können zur Verbesserung und Öffnung der Regel- und Sonderschulen beitragen? wurden im Bildungsministerium anscheinend weder gestellt noch zu beantworten versucht.

Die 1992 vom Landtag im Schulordnungsgesetz neu beschriebenen integrationsorientierten Aufgaben der Schulen für Behinderte hatten keinen Einfluß auf das Handeln der Bildungsbürokratie. Auch diesbezügliche Anfragen blieben unbeantwortet.

Das Gespräch zwischen Bildungsverwaltung und im Zusammenhang schulischer Integration ausgewiesenen Experten bzw. Expertengruppen wurde selten gepflegt und wenn, dann ohne weiterführende Ergebnisse. An vielen Beispielen könnte aufgezeigt werden, daß leitende Beamte des Bildungsministeriums kein Interesse an der Weiterentwicklung schulischer Integration hatten, selbst wenn ihnen kostensparende oder kostenneutrale Vorschläge unterbreitet wurden. Nicht einmal Alfred Sanders Fach- und Sachkompetenz war erbeten.

Zu erwähnen ist, daß der Einsatz der Mittel für schulische Integration durchaus hätte optimiert werden können. Zu erwähnen ist auch, daß der Mangel an Austausch sich nicht nur im Zusammenhang schulischer Integration zeigte. (Die sonderschulfreundliche Haltung des Bildungsministeriums hat m.W. übrigens kein besonderes Engagement bei den Sonderschullehrkräften hervorgerufen.)

Gegenüber der Bildungsbürokratie hatte auch die gewählte Volksvertretung offenbar Schwierigkeiten, sich durchzusetzen. So „wanderten" zwei der zehn 1992 vom Parlament speziell für sonderpädagogische Förderung behinderter SchülerInnen in Regelschulen vorgesehenen Lehrervollzeitstellen in Schulen für Behinderte.

Am Beispiel der Zeugnisformulare für zieldifferent unterrichtete Schülerinnen und Schüler an Regelschulen wird besonders deutlich, wieviel Energie - und Geld - ohne Notwendigkeit vergeudet wurden. Die Arbeitskammer des Saarlandes bezeichnet in ihrem Bericht 1994 diese Auseinandersetzung als „sachlich kaum begründbare und bei näherem Hinsehen höchst überflüssige Zeugnis-Kontroverse" (Arbeitskammer des Saarlandes 1994, S. 81). Die GEW schrieb in einem Info an die Schulen:

„1. Der im Formular ausgedruckte Fächerkanon und die tatsächlich an der Regelschule erteilten Fächer stimmen nicht überein.

2. Für einen Teil des von RegelschullehrerInnen erteilten Unterrichts trifft der Satz „Der Unterricht wurde nach einem individuellen Förderplan auf der Grundlage der Richtlinien für den Unterricht in der Schule für Lernbehinderte erteilt", nicht zu.

3. KollegInnen werden genötigt, Noten zu geben in Fächern, die sie nicht unterrichtet haben. Umgekehrt dürfen fachliche Leistungen, die tatsächlich erbracht wurden, im Zeugnis nicht benotet werden.

4. Die Formulare berücksichtigen nicht die besonderen Versetzungsregelungen an Gesamtschulen.

Das Verfahren der Leistungsbeurteilung zieldifferent integrierter SchülerInnen ist in der IVO problemgemäß geregelt. Es hat sich in der Praxis bewährt" (Schnell 1994, S. 121).

Im folgenden Jahr wurden die Fächerbezeichnungen der Schulen für Lernbehinderte nicht achtend dessen, daß diese ja auch sonderpädagogische Fördermöglichkeiten widerspiegelten, an die der Regelschulen angeglichen, um einem wesentlichen Kritikpunkt zu begegnen. Andere Unterschiede wurden nicht ausgeglichen (s.o.) (Schnell a.a.O.). Beteiligte außerhalb des Ministeriums konnten sich des Eindrucks nicht erwehren, daß es dem Bildungsministerium um Machtdemonstrationen und vor allem um Durchsetzung von Verwaltungsmaßnahmen gegen Integration ging.

Auseinandersetzungen dieser Art hinterließen Spuren bei der integrationsorientierten Bevölkerung. Der Blick war darauf konzentriert, wenigstens das Bestehende zu erhalten, das Bemühen um Erweiterung, um Weiterentwicklung blieb dahinter zurück, kreative Kräfte drohten im Streit um Absicherung des Erreichten aufgezehrt zu werden. Anstatt weiter auf der Inhaltsebene zu bleiben und die Schule für alle Kinder in ihrer Wirksamkeit zu zeigen, haben sich Eltern und Lehrkräfte eingelassen aufs Feilschen um Sonderpädagogenstunden für schulische Integration.

Im Bemühen um ein Fortschreiten der Integrationsentwicklung kam es vor allem in Sekundarstufenschulen zu Klassenbildungen mit mehreren Schüler/innen mit Behinderung. Diese Ergänzung der Einzelintegration erscheint durchaus effektiv, weil so ein höheres Maß an doppelt besetzter Unterrichtszeit erreicht werden kann.

Beeindruckend für mich ist im Rückblick, wie viele Menschen Kraft und Phantasie eingesetzt haben, um einen Fortschritt in der Integrationsentwicklung zu erreichen. Wut, Enttäuschung mußten immer wieder überwunden, durch das Gefühl von Ohnmacht hindurch mußten neue Kräfte entwickelt werden. Geholfen hat den Beteiligten gewiß, daß sie gemeinsam für mehr Integration stritten - in dieser Zeit entwickelte sich eine enge und bis heute währende Zusammenarbeit zwischen der Arbeitskammer des Saarlandes, der Arbeitseinheit Sonderpädagogik der Universität, der GEW, dem Landesbeauftragten für Behindertenfragen und dem Verein Miteinander Leben Lernen e.V. Geholfen haben mag auch das Verständnis und die Unterstützung des Anliegens durch die gewählte Volksvertretung und nicht zuletzt die Kenntnis vielerorts erfolgreich verlaufender Beispiele gemeinsamen Lebens und Lernens im Saarland.

Zu bedenken bleibt, ob die Integrationsbewegung im Saarland die verschiedenen Wege sonderpädagogischer Förderung gleichgestellt hat, ähnlich wie später in der Denkschrift der Kommission „Zukunft der Bildung - Schule der Zukunft" im auf sonderpädagogische Förderung bezogenen Teil oder in den Empfehlungen der KMK „Zur sonderpädagogischen Förderung in den Schulen der Bundesrepublik Deutschland" geschehen. Vielleicht hat die Integrationsbewegung aus taktischen Gründen aufgehört, Sonderschulen, besonders z.B. die Schulen für Lernbehinderte, in Frage zu stellen.

Gemeinsamer Unterricht für nichtbehinderte und behinderte Kinder und Jugendliche ist ja nicht nur ein anderes Modell sonderpädagogischer Förderung. Es geht um eine andere Pädagogik und um anderen Unterricht für alle Kinder.

1994-1997
Daten und Ereignisse

Wieder geht die SPD als stärkste Partei aus den Landtagswahlen hervor.

Prof. Dr. Diether Breitenbach wird erneut Minister für Bildung, Kultur und Wissenschaft. Er macht alsbald seinen bildungspolitischen Kurs deutlich, zu dem an vorderster Stelle die Schule für alle Kinder gehört. Viele atmen auf.

1995

Minister Breitenbach lädt verschiedene Experten aus dem Saarland und dem Bundesgebiet zu einem Gespräch ein auf der Suche nach Möglichkeiten, Synergieeffekte zwischen schulischen und außerschulischen Hilfen für behinderte und benachteiligte Kinder herzustellen. Mitbeteiligt ist das Ministerium für Frauen, Arbeit, Gesundheit und Soziales.

Die Arbeitsassistenz im Saarland als landesweites Modellprojekt zur beruflichen Eingliederung von Menschen mit schweren, insbesondere geistigen Behinderungen, nimmt ihre Arbeit auf. Träger ist der Verein MLL. Die Hauptfürsorgestelle im Landesamt für Soziales und Versorgung des Ministeriums für Arbeit, Frauen, Gesundheit und Soziales finanziert das Modellprojekt aus Mitteln der Ausgleichsabgabe.

7. Saarländisches Integrationsfest. Veranstaltend: MLL

Die GEW gibt den „Ratgeber Integration. Informationen, Hilfen und Material“ heraus.

Minister Diether Breitenbach beruft, um sonderpädagogische Förderung und Integration weiterzuentwickeln, eine „Beratungsgruppe Integration“ mit Prof. Dr. Alfred Sander als Vorsitzenden. Themen, über die beraten wird, sind Fragen der Einrichtung „Sonderpädagogischer Förderzentren“, Bedingungen und Organisation sonderpädagogischer Förderung in Regelschulen und evtl. notwendige rechtliche Bestimmungen, Qualitätssicherung für gemeinsamen Unterricht und Beratung und Fortbildung von Lehrkräften.

Im Schuljahr 1995/96 lernen 505 Schülerinnen und Schüler mit Behinderung gemeinsam mit nichtbehinderten.

1996

Am Landesinstitut für Pädagogik und Medien wird nach vielen Jahren vergeblicher Forderungen eine „Beratungsstelle Integrationspädagogik“ eingerichtet. Klaus Christ wird damit betraut, Lehrkräfte und Eltern zu beraten, Fortbildungsangebote zu organisieren, in Studienseminaren über gemeinsamen Unterricht zu informieren und Kontakte zu integrationsrelevanten Entwicklungen außerhalb des Saarlandes zu halten.

Die GEW veranstaltet zusammen mit den Lehrerfortbildungsinstituten LPM und ILF eine Fachtagung „Sonderpädagogische Förderzentren“ (Hauptreferate: Hans Wocken und Alfred Sander). Sonderpädagogische Förderzentren im Sinne der GEW Saar sind eigenständige Einrichtungen ohne Schüler/innen, die, multiprofessionell personalisiert, in Zusammenarbeit mit dem Schulamt die sonderpädagogische Unterstützung der Integration behinderter Schülerinnen und Schüler in Regelschulen des Bezirkes organisieren und durchführen sollen. Um Sonderpädagogische Förderzentren wird im Saarland heftig gestritten.

„10 Jahre schulische Integration im Saarland“ werden gefeiert bei einer Fachveranstaltung, zu der die Arbeitskammer des Saarlandes, die GEW, der Verein MLL und der Landesbeauftragte für Behindertenfragen einladen.

Der Landtag des Saarlandes beschließt eine Änderung des Gesetzes zur Ordnung des Schulwesens im Saarland.

§ 4 lautet nun:

> „(2) Sonderpädagogischer Förderungsbedarf ist bei Kindern und Jugendlichen anzunehmen, die in ihren Bildungs-, Entwicklungs- und Lernmöglichkeiten so beeinträchtigt sind, daß sie im Unterricht der allgemeinbildenden Schule ohne besondere Hilfen nicht hinreichend gefördert werden können.
>
> (3) Der Unterrichtung und Erziehung von Schülern mit sonderpädagogischem Förderungsbedarf dienen die Formen gemeinsamer Unterrichtung von Behinderten und Nichtbehinderten, besondere Schulen für Behinderte (Son-

derschulen) oder Klassen (Unterrichtsgruppen), die nach sonderpädagogischen Grundsätzen arbeiten, sowie der Sonderunterricht für Schüler, deren Förderung auch in Schulen für Behinderte nicht möglich ist. Zur Förderung der gemeinsamen Unterrichtung von Behinderten und Nichtbehinderten kann die oberste Schulaufsichtsbehörde Sonderpädagogische Förderzentren einrichten“ (SchoG).

Im Schuljahr 1996/97 lernen 602 behinderte Schülerinnen und Schüler gemeinsam mit nichtbehinderten.

Zum ersten Mal werden, um Integrationsmaßnahmen zu personalisieren, den Schulämtern Stunden nach dem Schlüssel der Schüler-Lehrer-Relation an entsprechenden Sonderschulen zugewiesen. Je nach Bedarf wird mit Stunden aus dem im Schulaufsichtsbezirk vorhandenen Stundenpool aufgestockt (in früheren Jahren stand ein größeres Stundenkontingent zur Verfügung bzw. Integrationsmaßnahmen für z.B. hörgeschädigte oder körperbehinderte SchülerInnen erfordern nicht in jedem Fall die volle zustehende Stundenanzahl).

Im Herbst des Jahres 1996 tritt Henner Wittling, zuvor Leiter der Staatskanzlei, die Nachfolge von Diether Breitenbach an.

Er kündigt vor verschiedenen Gremien an, den integrationsorientierten Kurs seines Vorgängers im Rahmen der haushaltsrechtlichen Möglichkeiten fortzuführen.

Im Gespräch mit dem Verein MLL sichert Minister Wittling zu, in Zukunft die Personalisierung von Integrationsmaßnahmen entsprechend der Regelung des Vorjahres (Schüler-Lehrer-Relation + Stundenpool im Schulaufsichtsbezirk) vorzunehmen.

Es zeichnet sich ab, daß die Verwaltung nicht entsprechend handelt.

Was der Verein MLL und andere lange vorhergesagt haben, tritt ein: Es werden weit mehr Integrationsanträge gestellt, als die Bildungsverwaltung erwartet. 100 Anträge drohen abgelehnt zu werden, wobei unklar ist, wer welchen Antrag nach welchen Kriterien ablehnt.

Eine Reduzierung der Beratungsstelle Integrationspädagogik um die Hälfte wird angekündigt.

Am 5. Mai 1997 gründet sich das „Aktionsbündnis für die Gleichstellung behinderter Menschen im Saarland“. Die Arbeitseinheit Sonderpädagogik an der Universität des Saarlandes, die Arbeitskammer des Saarlandes, die GEW, der Landesbeauftragte für Behindertenfragen, der Leiter der Beratungsstelle Integrationspädagogik beim LPM und der Verein Miteinander Leben Lernen schließen sich zusammen. Das Bündnis veranstaltet eine Podiumsdiskussion zur schulischen Integration.

Auch der Landesbehindertenbeirat befaßt sich mit der Weiterentwicklung schulischer Integration und verabschiedet eine Resolution mit entsprechenden Forderungen.

Noch ist nicht sicher, wie steinig sich der Weg bis zum Ende der Legislaturperiode gestalten wird, wie Minister Wittling die Integrationsentwicklung im Saarland gestalten wird.

Er hat Prof. Dr. A. Sander und die Beratungsgruppe gebeten, weiter zu tagen, je nach Bedarf. Auch hat er, und das scheint mir wichtig, bisherige Vorbehalte ausschließlich finanziell begründet.

Blick in den Landtag:

11. Wahlperiode 23. Sitzung am 24. April 1996

> Abg. Schreier (CDU)
> ... Sie können alles machen, und Sie können auch eine wunderbare Integration machen, wenn Sie das Geld zur Verfügung haben. Sie haben das Geld dafür im Saarland aber nicht zur Verfügung und wollen dennoch Ihre ideologisch verbohrte Integration in den Sonderschulen durchsetzen. Dies geht entweder zu Lasten der Sonderschüler oder es geht zu Lasten der Integration. Einen anderen Weg gibt es nicht....
>
> Minister Prof. Dr. Breitenbach
> ... Berlin hat ebenfalls eine ganze Reihe von Maßnahmen zur Behindertenintegration durchgeführt mit dem Ergebnis, daß die Behindertenintegration in Regelschulen nicht zu Mehrkosten führt und von der gleichen Qualität ist. Bei diesem Punkt diskutiere ich gerne Arm in Arm mit Ihnen und gemeinsam mit den Lehrerinnen und Lehrern. Wir müssen eine neue Form der Pädagogik erreichen in unseren Regelschulen, die Form einer differenzierten Pädagogik, die auch den behinderten Schülerinnen und Schülern gerecht wird.... Wir müssen die Lehrerinnen und Lehrer, die solche Erfahrungen haben, zusammenführen....

Einschätzung der 11. Wahlperiode

Vernetztes Denken und die Weiterentwicklung schulischer Integration beleben sich.

Austausch findet wieder statt.

Konzepte werden entworfen.

Beratungskapazität, wenn auch angesichts der Haushaltslage in bescheidener Ausstattung, wird wieder bereitgestellt. (Die Reduzierung der Beratungsstelle wäre allerdings ein bedenkliches Zeichen im Hinblick auf Weiterentwicklung der Qualität gemeinsamen Unterrichts.)

Zusammenarbeit auf verschiedenen Ebenen und zwischen unterschiedlichen Gruppierungen kann wieder wirksam werden und - macht auch wieder mehr Freude!

Schluß und Ausblick

Es konnte aufgezeigt werden, wie im Saarland der Weg in Richtung einer Schule für alle Kinder und Jugendlichen eingeschlagen wurde.

Viele Vorarbeiten haben den Start begünstigt. Zur Ermutigung, die ersten Schritte zu wagen, haben wohl entscheidend die Einblicke in die tatsächlichen Möglichkeiten nichtaussondernder Förderung bei den Exkursionen nach Volterra, Berlin und Leicestershire beigetragen, an denen Eltern, Lehrkräfte, Wissenschaftlerinnen und Wissenschaftler, aber auch in der Schulverwaltung Tätige in den 80er Jahren teilnahmen.

Viele Beteiligte haben sich in Prozesse begeben, die sowohl den Kindern und Jugendlichen mit Behinderung als auch allen anderen in der Schule dienen.

Schwierig bleibt bis jetzt das Nebeneinander von schulischer Integration und Schulen für Behinderte, das zumindest in Hinsicht auf die Schulen für „Lernbehinderte“ und für „Erziehungsschwierige“ aus fachlicher Sicht in Frage zu stellen ist (vgl. Hildeschmidt und Sander 1996).

Über Weiterentwicklungen z.B. in der Gestaltung von Unterricht und Schulleben in der integrativen Schule, im Bereich der Diagnostik, der Lehrer/innenbildung, der Vernetzung von schulischen und außerschulischen Hilfen sollte auch in Zukunft ein Austausch auf möglichst vielen Ebenen stattfinden.

Der Weg in Richtung auf eine Schule für Alle ist für viele Kinder, Jugendliche und Erwachsene ein guter Weg. Prozeßbegleitend wie in der 9. Wahlperiode sollte beobachtet werden, welche Maßnahmen der Weiterentwicklung dienen.

Wenn wir mit unseren Bemühungen und dem Anfang gemeinsamen Lebens und Lernens so lange gewartet hätten, bis alle notwendigen Bedingungen geschaffen sind - wo stünden wir heute?

Literatur

Arbeitskammer des Saarlandes (Hrsg.): Zum Bildungswesen im Saarland. Bericht an die Regierung des Saarlandes Oktober 1994. Saarbrücken 1994.

Bildungskommission NRW: Zukunft der Bildung - Schule der Zukunft: Denkschrift der Kommission „Zukunft der Bildung - Schule der Zukunft“ beim Ministerpräsidenten des Landes Nordrhein-Westfalen. Neuwied (Luchterhand) 1995.

Christ, Klaus: Schulische Integration als Innovationsaufgabe. In: AG Integration der GEW -LV Saarland (Hrsg.): Schulische Integration als Innovationsaufgabe. Dokumentation der Fachtagung am 4.11.1988 in Homburg/Saar. Saarbrücken 1989. p. 9-10.

Die Ministerin für Bildung, Wissenschaft, Jugend und Kultur des Landes Schleswig-Holstein (Hrsg.): Schulgesetz in der 1990 geltenden Fassung. Kiel 1990.

Informationsdienst Saar ids, Mitteilungen der SPD Fraktion im Landtag des Saarlandes Nr. 8/92 vom 1.11.1992. p. 4.

IVO: Verordnung - Schulordnung über die gemeinsame Unterrichtung von Behinderten und Nichtbehinderten in Schulen der Regelform (Integrations-Verordnung). Vom 4. August 1987. In: Amtsblatt des Saarlandes 1987. p. 972-974. Geändert durch Verordnung vom 22. Mai 1993. In: Amtsblatt des Saarlandes 1993. p. 494.

Hildeschmidt, Anne, Alfred Sander: Zur Effizienz der Beschulung Lernbehinderter in Sonderschulen. In: Eberwein, Hans (Hrsg.): Handbuch Lernen und Lern-Behinderungen. Weinheim und Basel 1996.

Hinz, Andreas:Heterogenität in der Schule. Hamburg 1993.

KMK (Kultusministerkonferenz): Empfehlungen zur sonderpädagogischen Förderung in den Schulen in der Bundesrepublik Deutschland. Beschluß der KMK vom 6.5.1994. Bonn (Sekretariat der KMK) 1994.

Landtag des Saarlandes - 8. Wahlperiode - 44. Sitzung am 29. Juni 1983: Beschlußfassung über den von der SPD-Landtagsfraktion eingebrachten Antrag betreffend Integration Behinderter durch Verbesserung der Situation in Schule, Ausbildung und Beruf (Drucksache 8/1394).

Landtag des Saarlandes - 9. Wahlperiode - 77. Sitzung am 20. September 1989: Aussprache gemäß § 59 Abs. 3 der Geschäftsordnung des Landtages über die schriftliche Antwort der Landesregierung zu der Großen Anfrage der CDU-Landtagsfraktion betreffend Lage des Sonderschulwesens im Saarland und Frage der Integration Behinderter (Drucksache 9/2286).

Landtag des Saarlandes - 11. Wahlperiode - 23. Sitzung am 24. April 1996: Erste Lesung des von der SPD-Landtagsfraktion eingebrachten Gesetzes zur Änderung von Vorschriften auf dem Gebiet des Schulrechts und von anderen Gesetzen (Drucksache 11/679).

Meister, Hans: Gemeinsamer Kindergarten für nichtbehinderte und behinderte Kinder. St. Ingbert 1991.

Ministerium für Bildung und Sport. In: Erziehung und Wissenschaft im Saarland 38 (1991) 4, 9f.

Müller-Friese, Anita: Miteinander der Verschiedenen. Theologische Überlegungen zu einem integrativen Bildungsverständnis. (Forum zur Pädagogik und Didaktik der Religion; Bd. 13) Weinheim (Deutscher Studien Verlag) 1996.

Muth, Jakob: Schule als Leben. Prinzipien - Empfehlungen - Reflexionen. Eine pädagogische Anthologie. (Grundlagen der Schulpädagogik, Bd. 5) Hohengehren (Schneider) 1992.

Nachrichtentext „Aktueller Bericht“ vom 15.03.1991. In: Erziehung und Wissenschaft im Saarland 38 (1991) 4, 14.

Pelzer, Wolfgang: Erziehung in antipädagogischer Situation. Anmerkungen zu Janusz Korczak und zur pädagogischen Situation der Gegenwart. In: Ermert, Karl (Hrsg.): Erziehung in der Gegenwart. Zur aktuellen Bedeutung der pädagogischen Praxis und Theorie Janusz Korczaks. Loccum 1988.

Prengel, Annedore: Pädagogik der Vielfalt. Verschiedenheit und Gleichberechtigung in interkultureller, feministischer und integrativer Pädagogik. (Reihe Schule und Gesellschaft, Bd. 2) Opladen (Leske+Budrich) 1993.

Preuss-Lausitz, Ulf: Für ein neues Bildungsverständnis. In: Gewerkschaft Erziehung und Wissenschaft (Hrsg.): Bildung. Texte zur aktuellen Diskussion von 1790-1994. Frankfurt/M. 1994. p. 42-44.

Richtlinien für die Arbeit in der Grundschule. Vom 29. Juli 1987. In: Gemeinsames Ministerialblatt Saarland vom 25. August 1987. p. 259-267.

Sander, Alfred; Hildeschmidt, Anne; Jung-Sion, Joachim; Raidt-Petrick, Marianne und Schnitzler, Petra: Schulreform Integration. (Saarbrücker Beiträge zur Integration, Bd. 8) St. Ingbert (Röhrig) 1994.

Sander, Alfred; Christ, Klaus; Franck-Weber, Barbara; Fuchs Isolde; Hildeschmidt, Anne; Jung-Sion, Joachim; Molaro-Philippi, Iris; Raidt, Peter und Schuler, Sigrid: Gemeinsame Schule für behinderte und nichtbehinderte Kinder und Jugendliche. (Saarbrücker Beiträge zur Integration, Bd. 4) St. Ingbert (Röhrig) 1990.

Sander, Alfred; Christ, Klaus; Franck-Weber, Barbara; Fuchs Isolde; Hildeschmidt, Anne; Jung, Joachim; Molaro-Philippi, Iris; Raidt, Peter und Schuler, Sigrid: Integration behinderter Kinder und Jugendlicher in Regelschulen. Jahresbericht 1988 aus dem Saarland. (Saarbrücker Beiträge zur Integration, Bd.3) St. Ingbert (Röhrig) 1989.

Sander, Alfred; Christ, Klaus; Fuchs Isolde; Hildeschmidt, Anne; Jung, Joachim; Krämer, Herbert; Molaro-Philippi, Iris und Raidt, Peter: Behinderter Kinder und Jugendliche in Regelschulen. Jahresbericht 1987 über schulische Integration im Saarland. (Saarbrücker Beiträge zur Integration, Bd. 2) St. Ingbert (Röhrig) 1988.

Sander, Alfred; Backes, Ilse; Christ, Klaus; Hildeschmidt, Anne; Jung, Joachim; Krämer, Herbert und Molaro-Philippi, Iris: Schulische Integration behinderter Kinder und Jugendlicher im Saarland - Jahresbericht 1986. (Saarbrücker Beiträge zur Integration, Bd. 1) Saarbrücken 1987.

Schnell, Irmtraud: Das kann doch nicht alles gewesen sein. Zur Entwicklung der schulischen Integration im Saarland. In: Gemeinsam Leben 2 (1994) 3, 120-123.

SchoG: Gesetz Nr. 812 zur Ordnung des Schulwesens im Saarland (Schulordnungsgesetz: SchoG) in der Fassung der Bekanntmachung vom 26. August 1996. In: Amtsblatt des Saarlandes 1996. p. 864-863.

SPD Saar: Regierungsprogramm 1985. Saarbrücken: SPD Landesverband Saar 1985.

Verein Miteinander Leben Lernen e.V.: Presseerklärung des Verbandes. In: Erziehung und Wissenschaft im Saarland 41 (1994) 9, 20.

Isolde Ries (SPD, MdL)

Die Rolle von PolitikerInnen auf dem Weg zur schulischen Integration

Die Rolle von PolitikerInnen auf einem bestimmten Politikfeld kann in unseren Tagen nicht mehr losgelöst vom gesamten politischen Umfeld gesehen werden. Die Sachverhalte, mit denen sich die politischen Repräsentanten unserer Gesellschaft zu befassen haben, werden zunehmend komplexer und sind zum überwiegenden Teil eingebettet in ein Geflecht aus Problemlagen, das zu durchschauen immer schwieriger wird. Dies wird uns zur Zeit besonders deutlich und schmerzlich auf dem Feld der Wirtschafts- und Arbeitsmarktpolitik bewußt, die gerade einen Paradigmenwechsel durchläuft. Die Zeiten, in denen PolitikerInnen guten Gewissens einfache und schnelle Lösungen von erkannten Problemen versprechen konnten, gehören der Vergangenheit an. Oftmals ist es heute schon schwierig genug, Probleme in der Gesellschaft als solche überhaupt zu erkennen und ihre Folgewirkungen klar zu benennen.

Hinzu kommt, daß Entscheidungen der politisch Verantwortlichen auf einem bestimmten Politikfeld häufig in Wechselwirkung zu anderen Politikfeldern stehen. Gerade im Saarland können Entscheidungen nicht so gefällt werden, wie dies von der politischen Notwendigkeit her erforderlich wäre, da immer auch die durch den zu bewältigenden Strukturwandel verursachte prekäre Finanzsituation zu berücksichtigen ist. Notwendige Sparmaßnahmen engen den Handlungsspielraum der Politik immer mehr ein. Bei PolitikerInnen entsteht daher nicht selten der Eindruck, trotz ihrer Verantwortung, die sie tragen, nur relativ selten etwas bewirken und verändern zu können. Dies lediglich zu konstatieren, würde der Aufgabe von öffentlichen Amtsträgern jedoch nicht gerecht. Mangel darf nicht verwaltet, er muß beseitigt werden. Politik muß sich problem- und entscheidungsorientiert zeigen. Dazu ist es aus meiner Sicht unerläßlich, als PolitikerIn dem geänderten Umfeld, in dem sich Politik heute vollzieht, Rechnung zu tragen und sich neue Handlungsspielräume zur Wahrnehmung der übertragenen Aufgaben und zur Problemlösung zu erschließen. Wie das Beispiel der Integrationspolitik zeigt, kann dies zu einer mühsamen Angelegenheit werden.

Wenn ich hier die Rolle von PolitikerInnen im Bereich der Integrationspolitik darstelle, so stützt sich diese Darstellung im wesentlichen auf meine eigenen Erfahrungen, die ich bisher in meiner Tätigkeit als Abgeordnete des saarländischen Landtags gemacht habe.

Mit meiner Wahl in den Landtag im Jahre 1990, erhielt ich von der Landtagsfraktion meiner Partei zunächst die Zuständigkeit in den Bereichen Frauen-, Verbraucher- und Arbeitsmarktpolitik und wurde als Mitglied des Ausschusses für Frauen, Arbeit, Gesundheit und Soziales sowie des Europaausschusses benannt. Die Mitgliedschaft in diesen beiden Ausschüssen sagte mir aufgrund meiner vorangegangenen Tätigkeit als Gewerkschaftssekretärin bei der Gewerkschaft Nahrung, Genuß und Gaststätten zu, da ich dort ebenfalls mit der Frauenarbeit und der Verbraucherpolitik, die ja inzwischen zu einem beträchtlichen Teil auf der Ebene der Europäischen Union geregelt wird, beschäftigt war.

Ein leichtes Unbehagen und ein gewisser innerer Widerstand regte sich jedoch bei dem Gedanken an die Zuständigkeit im Ausschuß für Bildung, Kultur und Wissenschaft, da ich auf diesem Politikfeld bis dahin nur wenige Erfahrungen habe sammeln können. Mit der Teilung des Bereiches der Schulpolitik und der damit verbundenen Zuteilung der Zuständigkeit für Sonderpädagogik und Integration, entwickelte sich dieses Feld zu einem meiner Arbeitsschwerpunkte. Dazu beigetragen haben wesentlich die persönlichen Erfahrungen mit meinem 1985 verstorbenen geistig-behinderten Bruder Thomas, den meine Eltern gerne in der Grund- und Hauptschule Humes unterrichten lassen wollten. Da zu der damaligen Zeit die Unterrichtung von behinderten Kindern nicht in den Regelschulen erfolgte, konnte der Wunsch meiner Eltern jedoch nicht verwirklicht werden. Es war nur all zu selbstverständlich, daß Kinder mit Behinderungen in speziell für sie geschaffenen Institutionen, den Sonderschulen, unterrichtet werden sollten.

Diese Praxis entsprach der vorherrschenden Sichtweise, daß behinderten Kindern und Jugendlichen am besten mit besonderer Unterrichtung in gesonderten Einrichtungen geholfen werden könne. Diese Auffassung galt - nicht nur - im Saarland auch noch Mitte der 80er Jahre, obwohl die Bildungskommission des Deutschen Bildungsrates bereits 1973 in einem Gutachten eine neue „Konzeption zur pädagogischen Förderung behinderter und von Behinderung bedrohter Kinder und Jugendlicher“ vorgelegt hatte.

Nur mühsam konnte sich seither die Auffassung durchsetzen, daß durch die Unterrichtung behinderter Kinder und Jugendlicher in Sondereinrichtungen auch „Sondermenschen“ geschaffen werden. Diese Aussonderung bewirkte, daß Behinderten das Menschenrecht der vollen Teilnahme und Teilhabe am gesellschaftlichen Leben verwehrt wurde (und heute noch wird!). Demokratische Gesellschaften können jedoch auf Dauer nicht bestehen, wenn ganzen Bevölkerungsgruppen, dies betrifft nicht nur die Behinderten, die Respektierung ihrer Menschenwürde versagt wird.

Existierten in anderen Bundesländern wenigstens Modellprojekte zur gemeinsamen Erziehung von behinderten und nichtbehinderten Kindern und Jugendlichen, setzte die damals CDU-geführte Landesregierung im Saarland weiter auf Separation und damit auf Desintegration.

Erst 1983 mit der Verabschiedung des Beschlusses der GEW-Landesvertreterversammlung „Zur Integration von behinderten und nichtbehinderten Kindern im Elementarbereich und in der Schule“ sowie mit der Gründung des Vereines zur Förderung gemeinsamen Lebens und Lernens Behinderter und Nichtbehinderter e.V. „Miteinander Leben Lernen“ (MLL) kam Bewegung in die saarländische Integrationsdiskussion.

Während die GEW sich noch für die Einrichtung eines Schulversuchs zur gemeinsamen Unterrichtung aussprach, plädierte der Verein MLL für die Auswertung der bereits im übrigen Bundesgebiet durchgeführten Versuche, um „die optimale Förderung aller Kinder“ in den Regelschulen sicherzustellen. Auch für die sozialdemokratische Fraktion im Landtag war nach dem Regierungswechsel im März 1985 die Einrichtung lediglich von Modellprojekten zur gemeinsamen Unterrichtung nicht akzeptabel. Solche Modelle waren in anderen Bundesländern bereits eingerichtet worden, worauf es nun ankam, war deren Auswertung - und vor allem der politische Wille zur Integration in Kindergärten und Regelschulen.

Der politische Wille war sowohl in meiner Fraktion als auch bei der neugewählten Landesregierung bei ihrem Amtsantritt vorhanden. Auf Initiative des damaligen Kultusministers Diether Breitenbach beschloß der Landtag des Saarlandes eine Änderung des Schulordnungsgesetzes, die die Möglichkeit der gemeinsamen Unterrichtung behinderter und nichtbehinderter Kinder im allgemeinen Schulsystem eröffnete. Auch wenn das neue Schulordnungsgesetz mit einigen Vorbehalten versehen war (Integration „im Rahmen der vorhandenen schulorganisatorischen, personellen und sächlichen Möglichkeiten“) und den Eltern betroffener Kinder lediglich ein Antragsrecht statt eines Wahlrechtes zugestand, übernahm das Saarland damit zweifellos eine Vorreiterrolle in der Bundesrepublik, da sich die Möglichkeit zur Integration an Regelschulen nicht auf einige wenige Versuche beschränkte, sondern erstmals flächendeckend in einem Bundesland angeboten wurde.

Der Anteil der Schülerinnen und Schüler mit sonderpädagogischem Förderbedarf, die nach der Neufassung des Schulordnungsgesetzes nun also in Regelschulen sowohl zielgleich als auch zieldifferent unterrichtet wurden, stieg in den folgenden Jahren von 0,9 Prozent im Schuljahr 1986/87 auf beachtliche 16,5 Prozent im Schuljahr 1996/97. Diese rasche Entwicklung verlief jedoch nicht, wie man beim ersten Anblick dieser Zahlen annehmen könnte, völlig reibungslos. Erst recht bedeutete sie nicht, daß nun das Saarland das „Integrationsparadies“ schlechthin wurde.

Während die Eltern betroffener Kinder das neue Angebot dankbar aufnahmen, gab es bei einigen Angehörigen des Lehrpersonals zum Teil starke Vorbehalte, da sie nach der Änderung des Schulordnungsgesetzes ihre Beteiligung an Integrationsmaßnahmen nun nicht mehr verweigern konnten. Auch seitens der SonderpädagogInnen entstanden Unsicherheiten, da sie zuvor in einem abgeschlossenen System, der Sonderschule, tätig waren, und sich einige von ihnen nun, durch die anlaufenden Integrationsmaßnahmen bedingt, erst an den Gedanken gewöhnen mußten, sich selbst für neue Entwicklungen zu öffnen. Ein gewisses Maß an Unwissenheit führte auch an den Regelschulen zu Unsicherheiten: Wie geht man als LehrerIn an einer Regelschule plötzlich mit einem behinderten Kind in der eigenen Klasse um? Kann die Zusammenarbeit mit einer zweiten Lehrperson funktionieren? Führt die sonderpädagogische Betreuung eines behinderten Kindes nicht zwangsläufig zur Vernachlässigung der anderen SchülerInnen?

Zudem sah die eine oder andere Lehrkraft an den Schulen für Behinderte auch ihre liebgewonnene Sonderschule im Falle einer erheblichen quantitativen Ausweitung von Integrationsmaßnahmen gefährdet.

Nach 10 Jahren Integration im Saarland kann man sicherlich sagen, daß solche Vorbehalte, Ängste sowie Spannungen zwischen SonderschullehrerInnen, IntegrationslehrerInnen und LehrerInnen an Regelschulen weitgehend abgebaut werden konnten. Es ist vielmehr mit ein Verdienst zahlreicher engagierter Lehrerinnen und Lehrer, daß der Integration im saarländischen Bildungswesen der Erfolg beschieden war und ihr weitere Entwicklungspotentiale erschlossen werden konnten.

Im Verlauf der saarländischen Integrationsgeschichte entstanden jedoch auf der Seite der Bildungspolitik wesentlich größere Hindernisse auf dem Weg zur gemeinsamen Unterrichtung von behinderten und nichtbehinderten Kinder im allgemeinen Schulsystem, die es zu umgehen bzw. aus dem Weg zu räumen galt. Und es gab darüber hinaus auch Anlaß zu der Vermutung, daß die Integration im Saarland nicht nur etwas behutsamer vorangetrieben werden sollte, sondern das gesamte Projekt Integration in seiner Existenz gefährdet zu sein schien.

Kurz nach meiner Wahl in den Landtag gab es verschiedene Anzeichen dafür, daß der bisherige Kurs der Integrationspolitik dem Rotstift in der Bildungsverwaltung zum Opfer fallen würde. Die sonderpädagogische Förderung von behinderten Kindern in Regelschulen wurde bis dahin aus den personellen Überhangkapazitäten an den Sonderschulen sichergestellt, die nun ausgeschöpft zu sein schienen.

Das Bildungsressort stand also vor dem Problem, wie mit den vorhandenen, knappen, finanziellen wie personellen Ressourcen, die weitere Fortentwicklung der Integrationsmaßnahmen abzusichern war. Angesichts der desolaten Finanzlage des Saarlandes hätten sich die am Reformprojekt der Integration Beteiligten dieser Frage sicher nicht entzogen.

Die Äußerungen aus dem Ministerium offenbarten jedoch eine zunehmende Distanz zum politischen Ziel der Integration selbst. Der begonnene Prozeß der Integration müsse angesichts der Haushaltslage des Landes ohne Hektik weitergeführt werden, den Sonderschulen aber ebenfalls ein höherer Stellenwert zukommen, führte Ministerin Granz bei einer Veranstaltung des Saarländischen Lehrerinnen- und Lehrerverbandes aus. Es gelte die vorhandenen Ressourcen

„möglichst effektiv“ zu verwenden. Dabei bezog sie sich auf die gesetzliche Grundlage des Schulordnungsgesetzes von 1986, das Integration „im Rahmen der schulorganisatorischen, personellen und sächlichen Möglichkeiten“ zuläßt. Die lernzielgleiche Integration sollte davon jedoch nicht betroffen sein, aber die „personalintensiven“ zieldifferenten Integrationsmaßnahmen könnten nicht weiter ausgeweitet werden. In letzter Konsequenz hätte dies bedeutet, daß man einen neuen, wenn auch eingeschränkten, Kern von ausgesonderten Schülern an Sonderschulen definiert hätte, nämlich diejenigen geistig- und lernbehinderten Kinder, die einer besonderen sonderpädagogischen Förderung bedurft hätten. Ohnehin war die Anzahl der abgelehnten und abgebrochenen Integrationsmaßnahmen zu dieser Zeit bedenklich hoch. Ohne das „Herzstück“ der lernzieldifferenten Maßnahmen aber drohte das Reformprojekt Integration zur leeren Worthülse zu verkommen.

Das 1986 geänderte Schulordnungsgesetz und die Integrationsverordnung von 1987, die ja ursprünglich den Prozeß des gemeinsamens Lernens und Lebens behinderter und nichtbehinderter Kinder fördern sollten, drohten nun zur Argumentationsgrundlage einer neuen Separationspolitik umfunktioniert zu werden.

Auch wenn Vertreter des Ministeriums das Wort „Aussonderung“ im Zusammenhang mit den Sonderschulen nicht akzeptierten, so mußte ihnen doch mit diesem Hinweis auf die Folgen der sich abzeichnenden Kehrtwende, nochmals verdeutlicht werden, aus welchem Grunde die flächendeckende Integration mit der Möglichkeit des lernzieldifferenten Unterrichtes eigentlich eingeführt wurde.

Die Signale aus dem Ministerium verursachten sowohl in der saarländischen „Integrationsszene“ als auch in der Landtagsfraktion gewisse Irritationen. Allen Beteiligten war klar, daß bei solchen Reformvorhaben auch die Rahmenbedingungen mitbedacht werden müssen, insbesondere die verschärfte Haushaltsnotlage des Saarlandes. Hätte also die Absicherung des laufenden Integrationsprozesses unter schwieriger werdenden finanziellen Bedingungen im Mittelpunkt der Auseinandersetzungen gestanden, wäre dies nachvollziehbar gewesen. So aber mußte man vermuten, daß in der Integrationspolitik der Rückwärtsgang eingelegt werden sollte.

In der Folgezeit kam es innerhalb der SPD-Fraktion und des Ministerrates zu Diskussionen über den weiteren Kurs in der Integrationspolitik. Eine bundesweite ExpertInnentagung im Oktober 1992, veranstaltet von der Landtagsfraktion der SPD, sollte mit dazu beitragen, den aufgetretenen Widerspruch von Reform und Ökonomie aufzulösen. Ergebnis der ExpertInnentagung und der SPD-internen Diskussionen war die Bereitstellung weiterer zehn Stellen im Landeshaushalt, um die Integrationsentwicklung sowohl qualitativ als auch quantitativ abstützen zu können. Nachdem der Anteil der IntegrationsschülerInnen in den beiden zurückliegenden Jahren von 12,1 Prozent (1990) auf 11,5 Prozent (1992) gesunken war, stieg diese Zahl nach der Bewilligung der Planstellen erstmals 1993 wieder auf 11,9 Prozent an. Die stetige Ausweitung der Integrationsmaßnahmen setzte sich bis zum laufenden Schuljahr fort, so daß nunmehr 16,5 Prozent der Schüler mit sonderpädagogischem Förderungsbedarf integrativ unterrichtet werden.

Trotz dieses deutlichen Fortschritts ergaben sich noch im gleichen Jahr weitere Probleme, deren Ursachen in der Administration des Bildungsministeriums zu suchen waren. Wurde bisher allen integrativ unterrichteten SchülerInnen die Zeugnisse der Regelschulen, versehen mit einem Vermerk, nach welchem Lehrplan bzw. nach welchen Richtlinien der Unterricht erteilt wurde, ausgestellt, sollten 1992 besondere Zeugnisformulare für lernzieldifferent unterrichtete SchülerInnen ausgestellt werden. Diese entsprachen jedoch weitgehend den Formularen, die von den Sonderschulen angefertigt wurden und in vielen Gesichtspunkten nicht der in der Integrationsverordnung geregelten Leistungsbeurteilung. Die Neuregelung der Zeugniserteilung stieß auf den energischen Protest von Lehrerinnen und Lehrern, Elternschaft und auch der GEW, die in diesem Verfahren eine Diskreditierung der Integration sahen. Erst nach einem langen und quälenden Diskussionsprozeß schließlich wurden die Empfehlungen der Kultusministerkonferenz von 1994 übernommen, die die Anwendung der Regelungen der Integrationsverordnung vorsahen.

Dieses Beispiel ist nur eines von vielen, die belegen, daß ernsthafte Initiativen, das Bildungssystem zu reformieren immer wieder auf Barrieren treffen, die durch die Reglementierung und die Kontrolle seitens der Schulverwaltung aufgebaut werden und somit in der Lage sind, die politischen Zielsetzungen zu konterkarieren. Im Falle der Integration kommt hier im Saarland sicherlich erschwerend hinzu, daß wichtige Referentenstellen im Bildungsministerium nicht unbedingt mit Personen besetzt sind, die für ihre Integrationsfreundlichkeit bekannt wären. Hier gilt es für ParlamentierInnen, sowohl die Regierungsmitglieder als auch die in der Verwaltung zuständigen Referenten immer wieder an die politische Zielvorgabe zu erinnern und die Schaffung der Rahmenbedingungen zur Durchsetzung dieser Vorgaben einzufordern. Daß dies nicht immer einfach ist und die Bereitschaft voraussetzt, Konflikte mit Amtsträgern auch der eigenen Partei einzugehen, wissen sicherlich viele derjenigen, mit denen ich mich in den letzten Jahren gemeinsam für eine Stärkung der Integration eingesetzt habe.

Eine der zentralen Voraussetzungen für die kontinuierliche Fortsetzung der Integrationsbemühungen und die Stärkung des politischen Willens ist darüber hinaus die Bewußtseinsbildung und die Förderung der Motivation bei Eltern, Lehrpersonal, Politikern und Verwaltungsangehörigen gleichermaßen. Diesem Ziel dienten u.a. die zuvor erwähnte zweitägige ExpertInnendiskussion im Oktober 1992, im folgenden Jahr der ExpertInnenkreis zum Thema „Zunahme erziehungsschwieriger Kinder“ ebenso wie die vielen Gespräche 1994 mit VertreterInnen der Regelschulen, der Schulen für Behinderte, der beteiligten Verbände, der IHK und Handwerkskammer zum Thema der Fortsetzung der Integration im Übergang von Schule zum Beruf. Ein besonderer Schwerpunkt wurde im letzen Jahr schließlich mit einer Tagung zur Situation autistischer Kinder gelegt, die in diesem Jahr ihre Fortsetzung finden soll. Alle diese Initiativen, Veranstaltungen und Gespräche sollten das Bewußtsein wachhalten, daß Integration kein statischer Zustand ist, der sich alleine durch die Anzahl der Integrationsschüler definiert, sondern ein dynamischer Prozeß, der am Leben erhalten und ausgeweitet werden muß.

Die Ausweitung des Integrationsprozesses muß jedoch die finanzielle Lage des Landes mit berücksichtigen. Eine kurzfristige, schnelle Erhöhung der Anzahl der Integrationsmaßnahmen wird daher nicht zu realisieren sein. Dies bedeutet jedoch nicht, daß das von manchen Experten vorgebrachte Argument des Erfordernisses der Kostenneutralität zu einem Stillstand des Integrationsprozesses führen soll. Hinter diesem Argument steht die Vorstellung, Integrationsmaßnahmen seien für den Steuerzahler wesentlich teurer als der Besuch der Schulen für Behinderte. Diese oftmals unkritisch übernommene Annahme muß vielmehr ernsthaft hinterfragt werden.

So wie bei den verschiedenen Projekten zur Modernisierung der öffentlichen Verwaltung sollte in Zukunft auch bei den zu personalisierenden Integrationsmaßnahmen nicht mehr alleine auf den Personalkostenvergleich und die bereitzustellenden Lehrerwochenstunden abgezielt werden (obwohl auch diese für die Integration nicht notwendigerweise negativ ausfallen!), sondern der Vergleich der Gesamtkosten der Sonderschulen mit denen der Integrationsmaßnahmen angestellt werden. Eine solche Gesamtkostenrechnung steht für das Saarland noch aus. Sie müßte neben den Personalkosten u.a. auch die Kosten für Transport, die Betriebskosten für die zu unterhaltenden Gebäude, die Kooperationskosten sowie die gesamtgesellschaftlichen Folgekosten der Sonderschulen beinhalten.

Die bisher vorliegenden Untersuchungen zur Gesamtentwicklung der Kosten in den Sonderschulen und der Integrationsmaßnahmen an den Regelschulen haben ergeben, daß der Unterricht in Sonderschulen mit einem erheblichen finanziellen Mehraufwand verbunden ist. Nach einer Studie der Europäischen Union liegen die Kosten pro Schüler und Jahr bei den Sonderschulen je nach Mitgliedsstaat um das zwei- bis zehnfache höher als die der Regelschulen. Durch die allmähliche Verlagerung der sonderpädagogischen Förderung von den Sonderschulen zu den Regelschulen konnten beispielsweise im Schulratsbezirk Berlin-Kreuzberg innerhalb eines Jahrzehntes bei einem gleichbleibenden Anteil von behinderten SchülerInnen an der GesamtschülerInnenzahl die Kosten für 200-260 SonderschülerInnen bzw. für eine bis zwei Sonderschulen eingespart werden.

Dies ist eines von vielen Beispielen, die belegen, daß eine vorausschauende Politik und eine behutsame Entwicklung der Integrationsmaßnahmen nicht notwendigerweise zu einer stärkeren Belastung des Landeshaushaltes führen müssen. Die Kosten aller Schulträger für das Sonderschulwesen müssen daher zur Grundlage eines umfassenden Vergleichs mit den durch die Integration verursachten Kosten herangezogen werden.

Durch die sukzessive Verlagerung der sonderpädagogischen Förderung an die Regelschulen im Saarland würden für die Kommunen geringere Kosten durch die wohnortnahe Unterrichtung und den absehbaren Wegfall der Gebäude- und Betriebskosten entstehen. Die so freiwerdenden Mittel könnten dann für einmalige Investitionen beim behindertengerechten Umbau der Regelschulen verwendet werden, und die zusätzliche Bereitstellung von Planstellen für die Integration im Landeshaushalt würde entfallen.

Ein solches Verlagerungskonzept kann nicht von heute auf morgen umgesetzt werden. Ein mittelfristiges Konzept muß angestrebt werden. Die vom Bildungsministerium im Frühjahr 1997 bekanntgegebene Prognose hinsichtlich der zu erwartenden Entwicklung der SchülerInnenzahlen an den Sonderschulen bietet eine Chance, diesen Prozeß verantwortlich zu steuern. Danach erreicht die Zahl der SchülerInnen an den Schulen für Behinderte im kommenden Schuljahr mit ca. 3.400 ihren Höchststand und sinkt schließlich bis ins Jahr 2005/6 um 35 Prozent auf 2.200. Ein solcher Rückgang der SchülerInnenzahlen ist ohne Schließung einiger Sonderschulstandorte nicht zu bewältigen. Wir müssen daher jetzt dafür eintreten, daß mit dem Rückgang der SchülerInnenzahlen die an den Sonderschulen freiwerdenden Ressourcen in Zukunft wenigstens teilweise an den Regelschulen eingesetzt werden. Maßnahmen wie der im Juni 1997 beschlossenen Begrenzung der Höchstzahl von Integrationsmaßnahmen würden schließlich die Grundlage entzogen. Kurzfristig benötigte Personalressourcen könnten aus den Schulen für Behinderte bereitgestellt werden.

Der Integration förderlich ist auch die von der GEW schon lange angemahnte und vom Bildungsministerium im Sommer 1997 getroffene Entscheidung zugunsten der Einrichtung von regionalen sonderpädagogischen Förderzentren, die die weitere Entwicklung des integrativen Unterrichts für Kinder und Jugendliche mit allen Behinderungsarten unterstützen und absichern sollen. Diese fachrichtungsübergreifenden Förderzentren sind in der Lage, den Einsatz der Lehrkräfte im Integrationsunterricht flexibler zu gestalten, als dies bisher der Fall war. Zudem können sie, je nach personeller Ausstattung, auch die Verantwortung für den Bereich der Aus- und Fortbildung der Fachkräfte und für die Beratung von Eltern wahrnehmen.

Die Anbindung der Förderzentren erfolgt jedoch nicht, wie von der GEW vorgeschlagen, an die Regelschulen, sondern an die Schulen für Lernbehinderte. Trotz dieses Umstandes stellt die Entscheidung für die Förderzentren einen bedeutsamen Fortschritt dar, da nunmehr eine Grundlage für mehr Flexibilität im Integrationsbereich geschaffen wurde. Das Ziel, die Zentren an die Regelschulen anzubinden, sollte jedoch nicht aus den Augen verloren werden. Im Rahmen einer Auswertung der nun beschlossenen Konzeption wird dies noch einmal zu diskutieren sein.

Die Notwendigkeit zur Erarbeitung von auf mittlere Sicht angelegten Konzeptionen ergibt sich aus der Erkenntnis, daß in unseren zunehmend komplexer werdenden Gesellschafts- und Politikstrukturen Veränderungen und Reformen oftmals nur dann nachhaltig wirksam werden können, wenn die entsprechenden Prioritäten rechtzeitig gesetzt worden sind. In Zeiten restriktiver Haushaltsführung kann die bisherige Verfahrensweise der gesonderten Ausweisung von Integrationsstellen im Haushaltsplan bei gleichzeitiger Konservierung des Sonderschulwesens die Integrationspolitik nur in die Stagnation führen.

Nach zehnjähriger Laufzeit des Reformprojektes Integration scheint jetzt die Zeit und die Chance gekommen zu sein, sich über die weitere Entwicklung der Reform Gedanken zu machen und die Integration fest und unwiderruflich im saarländischen Bildungswesen zu verankern.

Aus meinen bisherigen Erfahrungen und Darstellungen läßt sich zur Rolle von PolitikerInnen im schulischen Integrationsprozeß folgendes zusammenfassen:

1. Die Aussonderung von behinderten Kindern und Jugendlichen in das Sonderschulwesen entspricht in keiner Weise einem humanen Miteinander in einer demokratischen Gesellschaft. Die volle Teilhabe und Teilnahme am gesellschaftlichen Leben steht behinderten Menschen ebenso zu wie Nichtbehinderten. Daraus erschließt sich die politische Dimension des Themas für die Gesellschaft und zugleich die Arbeitsaufgabe für die mit der schulischen Integration beschäftigten PolitikerInnen.

2. Es genügt nicht, einmal den politischen Willen zur Integration formuliert und erste Anstöße zu ihrer Verwirklichung gegeben zu haben. Nichts verblaßt so sehr wie die politischen Erfolge von gestern, wenn die ihnen zugrunde liegende Politik nicht in periodischen Abständen auf ihre Zielsetzung hin überprüft und gegebenenfalls neu ausgerichtet wird.

   Die Erfahrung zeigt nicht nur im Saarland, daß die Exekutive eine starke Neigung besitzt, zur Dominanten in der Politik zu werden und ihre Politik sich nur all zu leicht verselbständigen kann. Für die Integration bedeutet dies, daß seitens der ParlamentarierInnen immer wieder der Diskurs auch mit den AmtsträgerInnen der eigenen Partei über die ursprüngliche Begründung für das Projekt Integration geführt werden muß. Dies ist mitunter mühsam und zeitaufwendig, manchmal aber unerläßlich.

3. In der Tendenz zur Dominanz der Exekutive liegt auch die Gefahr der Verselbständigung des Verwaltungsapparates, der, mitunter oft unbewußt, politische Zielsetzungen zu konterkarieren in der Lage ist. Nicht selten ist ein sinnvolles Projekt schon deshalb zum Scheitern verurteilt, weil aus der Sicht der Administration die Kostenneutralität nicht gegeben ist. Von der Verwaltung ist daher einzufordern, daß sie die Rahmenbedingungen dafür schafft, daß die politische Zielvorgabe der Fortentwicklung der Integration auch unter der gegebenen Finanzlage des Landes durchzusetzen ist. Als Hil-

festellung habe ich hier die Stichworte Gesamtkostenrechnung und Umschichtung der sonderpädagogischen Förderung genannt.

4. Kurswechsel und Reformen in der Politik werden aufgrund der zunehmenden Komplexität der verschiedenen Politikfelder sowohl für PolitikerInnen als auch für die MitbürgerInnen immer seltener unmittelbar erfahrbar. Die Auswirkungen politischer Entscheidungen sind oft erst nach einer oder zwei weiteren Legislaturperioden sichtbar. Dies führt mitunter auch bei PolitikerInnen zu Verdruß und Resignation. Deshalb müssen wir für den Bereich der Integration uns selbst eingestehen, daß das Ziel einer weitestgehenden schulischen Integration behinderter Kinder und Jugendlicher von heute auf morgen nicht zu erreichen ist.

Dies kann aber nicht bedeuten, die Vision der Integration behinderter SchülerInnen selbst aufzugeben. Die Verantwortlichen im politischen Prozeß müssen sich vielmehr darüber im klaren sein, daß die Prioritäten, die sie heute setzen, in zehn oder zwanzig Jahren die Wirklichkeit prägen werden.

Christine Pluhar

Integration von behinderten und nichtbehinderten Kindern und Jugendlichen als Auftrag für die Bildungsverwaltung

1. Vorbemerkung

Mit diesem Artikel möchte ich Alfred Sander danken für seine Unterstützung beim Aufbau einer Infrastruktur für die integrative Arbeit in Schleswig-Holstein. In mehreren Reisen hat er uns Ende der 80er und zu Beginn der 90er Jahre Entwicklungshilfe geleistet durch konkrete Denkanstöße und durch das Eröffnen neuer Perspektiven. Insbesondere sein ökosystemischer Ansatz hat sowohl die rechtlichen Grundlagen als auch die Umsetzungspraxis in Schleswig-Holstein beeinflußt.

2. Die Richtung

Der Weg in Richtung Integration wird in den letzten Jahren (endlich) auch in Deutschland beschleunigt beschritten. 1994 findet diese Entwicklung in den KMK-Empfehlungen „zur sonderpädagogischen Förderung in den Schulen der Bundesrepublik Deutschland" ihren Ausdruck . Durch die Einführung des Art. 3 Abs. 3 Satz 2 des Grundgesetzes („Niemand darf wegen seiner Behinderung benachteiligt werden"), 1994, und die Auslegung des Bundesverfassungsgerichts im Juli 1996 zur Frage der integrativen Beschulung einer körperbehinderten Schülerin in Niedersachsen, wird auch von höchstrichterlicher Seite der integrativen Beschulung von Schülerinnen und Schülern mit Behinderungen ein hoher Stellenwert beigemessen. Die Schulgesetze in den meisten Bundesländern beinhalten inzwischen die Möglichkeit zu integrativem Unterricht. In einigen Bundesländern hat integrative Unterrichtung Vorrang: „Behinderte und nichtbehinderte Schülerinnen und Schüler *sollen* gemeinsam unterrichtet werden", allerdings mit der Einschränkung, „soweit es die organisatorischen, personellen und sächlichen Möglichkeiten erlauben und es der individuellen Förderung... entspricht" (Schleswig-Holsteinisches Schulgesetz § 5 Abs. 2). Diese „Generalklausel" gibt die Richtung an. Das heißt nichts mehr und nichts weniger, als daß das gesamte Schulwesen des Landes aufgefordert ist, Integration zu ermöglichen. Daß sich das Schulwesen Schleswig-Holsteins in die vom Gesetzgeber gewünschte Richtung entwickelt, ist Anliegen der Bildungspolitik und Auftrag der Bildungsverwaltung auf allen Ebenen.

In diesem Sinne ist es Aufgabe der Bildungsministerin, keinen Zweifel über die Richtung aufkommen zu lassen: „Eines der wichtigsten Felder der Bildungspolitik ist die Integration der behinderten und benachteiligten Kinder und Jugendlichen“, betont Bildungsministerin Gisela Böhrk (Kiel) immer wieder. „Durch gemeinsamen Unterricht lernen alle Kinder mit- und voneinander. Es gibt kein besseres Lernfeld für eine demokratische Zukunft, als wenn Kinder von frühester Kindheit an gemeinsam leben und lernen“. Diese Zielvorstellung der Landesregierung führt langfristig dazu, daß Integration immer mehr zur Regel und die Beschulung in Sonderschulen immer mehr zur Ausnahme wird. Um das zu erreichen, müssen die allgemeinbildenden und berufsbildenden Schulen integrationsfähiger werden. Es wird nur gelingen, wenn im ökosystemischen Sinne von Netzwerkarbeit die jeweils Beteiligten erfolgreich zusammenarbeiten. Beteiligt sind auf örtlicher Ebene Eltern, Kinder und Lehrkräfte (z.B. Grundschullehrerin und Sonderschullehrerin), Schulleitungen, Personalräte, Schulärztlicher Dienst, Schulträger und ggf. andere Kostenträger und die Schulaufsicht. In formalisierter Form begegnen sich die unmittelbar Beteiligten im Förderausschuß nach saarländischem Vorbild. Der „Runde Tisch“ ermöglicht, daß sich die Beteiligten über die Notwendigkeit und über die Art und Weise der Realisierung der integrativen Maßnahme verständigen oder feststellen, daß sie aus nachvollziehbaren Gründen nicht realisiert werden kann. Diese Art der Herangehensweise, nämlich Entscheidungen der Schulaufsicht durch Einbeziehung der Beteiligten vorzubereiten, war im traditionellen Verwaltungshandeln des Schulwesens zuvor unüblich und mußte gelernt werden, genauso wie der Umgang mit einer Fülle von weiteren Veränderungen, ohne die das gesamte Schulsystem nicht integrationsfähiger werden wird.

Es ist Aufgabe der Bildungsverwaltung, den Prozeß „in Richtung Integration“ zu beobachten, zu begleiten und zu steuern. Einerseits, indem sie rechtliche und organisatorische, personelle und sächliche Rahmenbedingungen setzt bzw. ausgestaltet, damit die skizzierte Weiterentwicklung vor Ort möglichst reibungslos erfolgen kann. Andererseits hat Bildungsverwaltung, eingeschlossen die Schulämter, zu prüfen, ob und wie die in ihrem Zuständigkeitsbereich Beschäftigten ihre Aufgaben erfüllen, sie zu beraten und ggf. korrigierend einzugreifen, Fehler im Anwendungsbereich oder Systemfehler zu erkennen und diese durch weitere Präzisierung oder durch Änderung der Rahmenbedingungen zu beseitigen. Dieser ständige Rückkopplungs- und Optimierungsprozeß ist notwendig, damit sich verfestigende Strukturen nicht eine lebendige Weiterentwicklung behindern. Sie hat entsprechende Personalqualifizierungskonzepte zu planen und realisieren zu lassen, und sie hat das Gesamtkonzept oder jeweils Teile davon mit den gesetzlich vorgeschriebenen Gremien und Personalräten, mit Gewerkschaften, Fachverbänden, Elternvereinen und -initiativen, den kommmunalen Landesverbänden und sonstigen relevanten Gruppierungen zu erörtern und abzustimmen. Gegenüber dem Parlament und dem Landesrechnungshof ist sie auskunfts- und rechenschaftspflichtig. Die Bildungsverwaltung leistet bzw. initiiert darüber hinaus auf Landes-, Kreis- und örtlicher Ebene Öffentlichkeitsarbeit, um letztlich die Einstellung der Bevölkerung in Richtung Integration von behinderten und nichtbehinderten Kindern und Jugendlichen zu beeinflussen.

Bildungsverwaltung unterscheide ich in dem (kleinen) Flächenland Schleswig-Holstein auf drei Ebenen:

- auf Landesebene (Bildungsministerium),
- auf Kreisebene (Schulamt) und
- auf örtlicher Ebene (allgemeine Schule mit Unterstützung durch das zuständige Förderzentrum, welches selbst auf einer anderen Ebene angesiedelt sein kann).

Auf allen drei Ebenen sind gleiche Aufgabenstellungen, aber auch Unterschiede auszumachen. Im Folgenden will ich einige der genannten Aufgabenbereiche der Bildungsverwaltung auf den drei Ebenen beschreiben.

Zur besseren Orientierung werde ich zunächst stichwortartig die Entwicklung der sonderpädagogischen Förderung in Richtung Integration in Schleswig-Holstein darstellen. bevor ich die neuen Aufgaben von Schulleitungen, der unteren Schulaufsicht und des Bildungsministeriums skizziere.

3. Der schleswig-holsteinische Weg

In Schleswig-Holstein vollzog sich der Wandel von der separierenden Sonderbeschulung behinderter Kinder in Richtung zu mehr Prävention und Integration in den letzten 15 Jahren, zunächst punktuell, dann, seit 1988, mit zunehmender Dynamik flächendeckend. Er ist gekennzeichnet durch folgende Wegmarken:

- Modellversuch „zur Vermeidung der Sonderschulbedürftigkeit" zu Beginn der achtziger Jahre.
- Gründung der Staatlichen Schule für Sehgeschädigte als Förderzentrum ohne Schüler, 1983.
- Einrichtung der ersten Integrationsklassenmodellversuche, 1985.
- Einrichtung der ersten 15 Förderzentren, die sowohl eigene Schülerinnen und Schüler haben als auch präventiv und integrativ in anderen Schulen arbeiten, 1985, und der nächsten 15 Förderzentren, 1986.
- Erlaß, daß Integrationsmaßnahmen und Unterricht in den Sonderschulen personell gleich versorgt werden sollen, Januar 1990. Dieser „Ausgewogenheitserlaß" bot die Grundlage, daß die Lehrkräfte an Sonderschulen durch die Gleichbehandlung der Kinder mit sonderpädagogischem Förderbedarf keine Benachteiligung ihrer „eigenen" Klientel empfanden und dadurch eher

bereit waren, die Unterstützung des gemeinsamen Unterrichts auch als ihre Aufgabe zu erkennen.

- Schulgesetzänderung, März 1990, bei der der gemeinsame Unterricht von behinderten und nichtbehinderten Schülerinnen und Schülern unter bestimmten Bedingungen im Sinne einer Generalklausel als Soll-Vorschrift aufgenommen wurde und alle Sonderschulen als Förderzentren mit der Aufgabe der Unterstützung der Integration betraut wurden.

- Einrichtung der Beratungsstelle für Integration bei der Bildungsministerin, 1990, als „Steuerungsinstrument“ zur Beratung und Unterstützung aller an Integration beteiligten Personen und Institutionen und zur Dokumentation der integrativen Entwicklung.

- Einrichtung der ersten von insgesamt 6 Lernwerkstätten des Lehrerfortbildungsinstituts (IPTS), in denen Grund- und Sonderschullehrerinnen und -lehrer gemeinsam Fortbildung anbieten. Beginn einer landesweiten „Fortbildungsoffensive“, 1991.

- Bildung einer „Projektgruppe Integration“ mit über 70 Mitgliedern aus allen Schulbereichen und sonderpädagogischen Fachrichtungen zur Vorbereitung einer Verordnung über Sonderpädagogik, 1991.

- Veröffentlichung der „Ordnung für Sonderpädagogik (OSP)“, im November 1992, die in insgesamt 24 Paragrafen das gesamte System der sonderpädagogischen Förderung neu regelt, Abschnitt I (§§ 1-12) den integrativen Unterricht und Abschnitt II (§§ 13-24) den Unterricht in den Sonderschulen.

- Erlaß über die Berücksichtigung der Fahrzeiten bei der Arbeitszeit der Förderzentrumslehrkräfte, 1993, damit die zunehmende Zahl der Lehrkräfte, die integrativ und präventiv in anderen Schulen arbeitet, Anerkennung erfährt.

- Inkrafttreten der Ausbildungs- und Prüfungsordnung Lehrkräfte II (OVP), 1993, in der geregelt ist, daß alle Sonderschullehreranwärterinnen und -anwärter sowohl in der Sonderschule als auch in integrativen Maßnahmen ausgebildet werden und daß Lehramtsanwärterinnen und -anwärter aller Schularten gemeinsam auch sonderpädagogische Inhalte während der zweiten Phase bearbeiten.

- Erlaß der neuen Schülerakte und damit eines veränderten diagnostischen Verfahrens, 1994, das den Grundschulen zunächst eine umfangreiche Darstellung bereits erfolgter eigener Förderung abverlangt, bevor eine sonderpädagogische Überprüfung eingeleitet wird.

- Änderung des Landesbesoldungsgesetzes, 1995, dahingehend, daß auch integrativ unterrichtete Schüler für die Besoldung der Schulleitungen der Förderzentren berücksichtigt werden. Hierdurch wurde der kontraproduktive

Zustand beseitigt, daß die Schulleitung einer Sonderschule um so geringer besoldet wurde, je weniger eigene Schüler sie aufgrund der von ihr integrativ beschulten Schüler hat.

- Überprüfung der Integration durch den Landesrechnungshof 1995, Veröffentlichung des Prüfberichts 1996. Ein Ergebnis war, daß der LRH festgestellt hat, daß die sonderpädagogische Förderung einschließlich der Integration bis zum Jahr 2004 ca. 500 neue Stellen benötigt.
- Änderung des Planstellenbemessungsverfahrens, 1996, Entkoppelung von der Schülerzahl in den Bereichen Lern- und Sprachbehinderung, pauschale Zuweisung nach der Schülergesamtzahl aller Schularten der Grund- und Sekundarstufe I jedes Kreises.
- Änderung des Ausgleichsstundenerlasses, 1997, mit Berücksichtigung der Lehrerwochenstundenzahl anstatt der Schülerzahl bei Förderzentren als Berechnungsgrundlage.
- Erlaß von Anwenderhinweisen zu Organisations- und Finanzierungsfragen der Integration als Ergebnis einer Einigung des Bildungs- und des Sozialministeriums mit den kommunalen Landesverbänden, 1997.
- Erlaß über „Nachteilsausgleich“ für alle Schularten, (für 1997 in Vorbereitung).

Mittlerweile wird in Schleswig-Holstein fast ein Viertel aller Schülerinnen und Schüler mit sonderpädagogischem Förderbedarf in integrativen Maßnahmen unterrichtet und dabei durch Lehrkräfte aus Förderzentren unterstützt, im Schuljahr 1996/97 waren es 3340 Schülerinnen und Schüler. Darüber hinaus leisten die Förderzentren präventive Arbeit in erheblichem Umfang, insbesondere im Bereich der Frühförderung (Sprachförderung sowie bei seh- und bei hörgeschädigten Kindern) und der Leseintensivförderung sowie der Psychomotorikförderung. Es gibt inzwischen neben der Staatlichen Schule für Sehgeschädigte eine Sprachheilgrundschule und mehrere Förderschulen ohne eigene Schülerinnen und Schüler (siehe auch Otte). Das bedeutet, daß alle Sonderschulen als Förderzentren (mehr oder weniger umfänglich) Beratung und Unterstützung behinderter und „von Behinderung bedrohter“ Kinder und Jugendlicher von der vorschulischen Zeit über alle Schularten und Schulstufen hin, bis zum Übergang von der Schule zum Beruf leisten.

Daß ich die Wegmarken aus der Sicht vom Bildungsministerium auf Landesebene beschrieben habe, zeigt das Überwiegen von organisatorischen und rechtlichen Punkten in der Aufzählung. Aus der Sicht einer Lehrerin, einer Schulleiterin oder einer Schulrätin können sie anders aussehen.

4. Die Basis der Bildungsverwaltung: die Schulleitung

Wenn Integration von behinderten und nichtbehinderten Schülerinnen und Schülern ermöglicht werden und gelingen soll, haben Schulleiterinnen und Schulleiter daran einen zentralen Anteil. Meiner Erfahrung nach (und ich beschränke mich hier ausschließlich auf die positive!) können sie mit Engagement, Elan und Augenmaß Integration befördern, indem sie ihre Lehrkräfte motivieren, begleiten und alle Aktivitäten in Richtung Integration fördern und, vor allem, indem sie selbst als Vorbild fungieren und in integrativen Klassen unterrichten. Die dabei gewonnenen Erfahrungen mit Teamarbeit im Unterricht werden sie reflektieren und in Konferenzen und Fortbildungsveranstaltungen einbringen und dadurch wiederum werden sie glaubwürdiger beraten und unterstützen können. Insbesondere die Einstellung der Lehrkräfte der Schule zu gemeinsamem Unterricht können sie auf diese Weise maßgeblich beeinflussen. Das Ganze wird sich auswirken auf die Qualität von Unterricht und auf das pädagogische Profil der Schule. Neben diesem *pädagogischen Arbeitsbereich* ist es Aufgabe der Schulleiterin oder des Schulleiters, integrative Maßnahmen in ihrer Grund- oder weiterführenden Schule vorzubereiten, Elterngespräche zu führen, mit der Leiterin oder dem Leiter des zuständigen Förderzentrums eine sonderpädagogische Überprüfung zu vereinbaren, die notwendigen Absprachen mit dem Schulträger vorab zu treffen und in einem Koordinationsgespräch oder- wenn dieses nicht den von den Eltern gewünschten Erfolg zeitigt - in einem Förderausschuß über die Einrichtung der integrativen Maßnahme zu verhandeln. Soll die Maßnahme dann in der eigenen Schule stattfinden, so ist die Vorbereitung der Realisierung wiederum Aufgabe der Schulleiterin bzw. des Schulleiters, denn „passende“ Lehrkräfte sind auszuwählen, Absprachen mit dem Personalrat sind zu treffen, der Schulelternbeirat ist zu informieren, ggf. sind Verhandlungen mit dem Schulträger, dem Bauamt, den Organisationen, die Zivildienstleistende zur Verfügung stellen, und evtl. noch weiteren Kostenträgern notwendig. Letzteres kann jedoch auch in Absprache mit der Leiterin oder dem Leiter des zuständigen Förderzentrums von diesem aus erfolgen. Dieser hier äußerst knapp dargestellte *organisatorische Arbeitsbereich* der Schulleitung wird bei Bestehen der Maßnahme ergänzt um die enge Kooperation mit dem Förderzentrum z.B. in Fragen der Vertretungsregelung, der Teilnahme der Sonderschullehrkraft an Konferenzen oder Schulveranstaltungen.

Schulleiterinnen und Schulleiter tragen Verantwortung für die pädagogische Arbeit und für die Verwaltung der Schule. Sie sind damit auch verantwortlich für die Weiterentwicklung der Schule in beiden Bereichen. Diese Organisationsentwicklung wird sich in den nächsten Jahren professionalisieren, insbesondere mit den zunehmenden Autonomiebestrebungen der Schulen, die in Schleswig-Holstein „Stärkung der Eigenverantwortung“ heißen. Auch hierbei spielen Schulleiterinnen und Schulleiter eine zentrale Rolle. Eine spezielle und bisher eher weniger akzentuierte Aufgabe dabei ist die Evaluation. Mir fällt es schwer, hierfür ein neutrales deutsches Wort zu finden, denn Überwachung, Überprüfung oder Kontrolle sind meist negativ besetzt. Fremdwörter wie Monitoring oder eben Evaluation können helfen, die so wichtige Ertkenntnis zu liefern, ob die (für Steuergelder) geleistete Arbeit erfolgreich war und was weiter zu verbessern ist. Die Schulleiterin oder der Schulleiter ist eben auch verantwortlich für die Qualität der Arbeit der Schule. Sie oder er haben zusammen mit dem Kollegium Qualitätskriterien zu vereinbaren und deren Erreichen zu überprüfen. Im Bereich der integrativen Arbeit gilt es, besonders sorgfältig Qualitätskriterien abzusprechen, weil ja immer mehrere Personen daran beteiligt sind.

Die bisherigen Ausführungen bezogen sich in erster Linie auf die Grund- und weiterführenden Schulen. Bei den Sonderschulen, die als Förderzentren Integration mit den allgemeinbildenden Schulen zusammen organisieren und den gemeinsamen Unterricht dort personell unterstützen, ist die Aufgabenstellung der Schulleitungen erheblich umfangreicher. Die Förderzentrumsleiterinnen und -leiter haben die gesamte sonderpädagogische Förderung in ihrem Einzugsbereich pädagogisch und organisatorisch zu verantworten, also den Unterricht in der eigenen Schule, Prävention und Integration im vorschulischen Bereich und in Schulen anderer Schularten. Ein ganz entscheidender Teil der Arbeit ist die Koordination, zunächst mit den Schulleiterinnen und Schulleitern der Schulen im Einzugsbereich.

In den letzten sechs Jahren seit Inkrafttreten des Schulgesetzes zeigten sich verschiedene Entwicklungsschritte: Bei Förderzentrumsleiterinnen und -leitern gab es zunächst die Sorge, daß sie mit ihren Schulleitungskolleginnen und -kollegen der Schulen in ihrem Einzugsbereich Kooperationsprobleme haben könnten, und diese traten auch mannigfaltig auf. Durch die in der Ordnung für Sonderpädagogik (in Kraft getreten 1993) festgelegten Verfahrensschritte und durch den Erlaß einer neuen Schülerakte (1994), deren Formulare diesen Verfahrensschritten entsprechen, sowie durch eine veränderte Diagnostik wurden auch die Aufgaben der Förderzentrumsleitungen und der Leitungen der Schulen im Einzugsbereich des Förderzentrums prinzipiell geklärt; dadurch wurde ein Orientierungsrahmen gesetzt, eine Geschäftsgrundlage, die die Zusammenarbeit erleichtert. Inzwischen hat sich in den meisten Regionen die Zusammenarbeit der Schulleitungen durch jährliche Wiederholung von Koordinationsgesprächen und Förderausschüssen eingespielt. Darüber hinaus hatten Schulleiterinnen und Schulleiter der Förderzentren häufig Befürchtungen, daß die Stunden, für die sie ihre Lehrkräfte „nach draußen“ gaben, ihnen für die „eigenen Schüler“ fehlten. Sie unterschieden zunächst die eigenen und die anderen Kinder, und es dauerte einige Zeit, bis ihnen klar wurde, daß sie verantwortlich sind für alle Schülerinnen und Schüler mit sonderpädagogischem Förderbedarf in ihrem Einzugsbereich, unabhängig vom Förderort. Das neue Planstellenbemessungsverfahren (1996), das keinen Unterschied macht zwischen Kindern in der Sonderschule und behindertern Kindern in integrativen Maßnahmen, wird ihnen bei dieser Klärung helfen.

Auch die Förderzentrumsleiterinnen und -leiter sind für die Organisationsentwicklung verantwortlich. Diese wird allerdings komplexer sein als die einer einzelnen Schule, denn ein Förderzentrum mit den Schulen in seinem Einzugsbereich bildet wiederum ein eigenes System mit eigenen Spielregeln und Aufgaben. Zielrichtung ist es, in einer Region eine für alle Schulen passende sonderpädagogische Förderung zu erreichen. Pädagogisch geht es im Grundsatz darum, die Grund- und weiterführenden Schulen integrativer zu machen. Den Förderzentren kommt dabei die Aufgabe zu, die pädagogischen Bemühungen der allgemeinen Schulen um differenzierende, offene Unterrichtskonzepte zu unterstützen z.B. durch gemeinsame Lehrerfortbildung. Darüber hinaus haben sie organisatorische Aufgaben, indem sie zusammen mit den Schulen im Einzugsbereich die verschiedenen Bedarfe analysieren und entsprechende Angebote abstimmen.

Dabei kann z.B. in einer ländlichen Gegend ein Förderzentrum 10 Grund- und weiterführende Schulen in seinem Einzugsbereich haben und Angebote zur Förderung von Kindern mit Lern- bzw. Sprachbehinderungen und Verhaltensstörungen machen. Da die Personalkapazitäten des Förderzentrums begrenzt sind, hat es mit den Schulen im Einzugsbereich auszuhandeln, an welchen Stellen im kommenden Schuljahr integrative Maßnahmen zustande kommen. Aus pädagogischen und aus ökonomischen Gründen ist es notwendig, die Maßnahmen zu bündeln. Ohne eine langfristig gelingende Koordination des Förderzentrums und eine professionelle Kooperation mit den Schulen im Einzugsbereich können sich ungelöste Konflikte potenzieren. Auch hieran wird deutlich, daß Schulleitungen insbesondere Beratungs- und Kooperationskompetenzen haben bzw. immer weiter ausbilden müssen. Dabei helfen ihnen Fortbildungsangebote und ihre Schulaufsicht.

5. Die mittlere Ebene: Untere Schulaufsichtsbehörden in Kreisen und kreisfreien Städten

Schulrätinnen und -räte haben in der Zeit der Umstrukturierung der Sonderschulen zu Förderzentren die Aufgabe, ihre Schulleitungen und Lehrkräfte zu motivieren, sie bei der Durchdringung der neuen Aufgabenstellung zu unterstützen, Umsetzungsmöglichkeiten mit ihnen zu erörtern und zur Erprobung und Evaluierung zu ermuntern. In allen Kreisen haben sie zahlreiche Schulleiterdienstversammlungen und -fortbildungen veranstaltet, einige reisten mit Schulleitungen und Lehrkräften zu gelungenen Beispielen von integrativer Arbeit innerhalb und außerhalb des Landes. Sie erarbeiteten zusammen mit den Schulleitungen und Schulträgern Konzepte zur pädagogischen Weiterentwicklung der Schulen sowie der Weiterentwicklung der sonderpädagogischen Förderung im gesamten Kreis bzw. in der kreisfreien Stadt; in den letzten Jahren geschah dies zunehmend unter dem Gesichtspunkt der Stärkung der Eigenverantwortung der einzelnen Schulen. Es geht ihnen darum, für die jeweilige Situation der konkreten Förderzentren mit den konkreten Schulen in ihrem Einzugsbereich passende Konzepte zu erarbeiten und zu erproben. Dabei sollen vorrangig die allgemeinbildenden Schulen integrationsfähiger werden. Außerdem sollen für den gesamten Aufsichtsbereich Konzepte über die sonderpädagogischen Angebote in den 10 verschiedenen sonderpädagogischen Sparten erarbeitet werden. „Wie soll die sonderpädagogische Förderung in unserem Kreis in 10 Jahren aussehen?“ ist z.B. eine Fragestellung, die sie zusammen mit den Schulträgern und allen Schulleitungen, aber auch mit Jugendamt und Sozialamt erörtern. Das sieht in einer ländlichen Region anders aus als in einem Großstadtbezirk, an der Nordseeküste anders als in Lübeck oder im Herzogtum Lauenburg. Diese Form der *Organisationsentwicklung auf Schulamtsebene* ist zur Errichtung einer integrationsorientierten Infrastruktur notwendig, damit die Schulrätinnen und Schulräte letztlich in *Einzelfallentscheidung* dafür sorgen können, daß Kinder mit sonderpädagogischem Förderbedarf - wann immer deren Eltern es wollen und die Voraussetzungen hergestellt werden können - zusammen mit nichtbehinderten Kindern unterrichtet werden.

Die schleswig-holsteinischen Schulrätinnen und Schulräte arbeiten zumeist nach dem Regionalisierungsprinzip, d.h. eine Schulrätin ist für alle Schularten (Grund-, Haupt-, Sonder- und Realschule) in ihrem Aufsichtsbezirk zuständig. In den 15 Kreisen und kreisfreien Städten arbeiten ein, zwei oder drei Schulrätinnen und Schulräte zusammen. Sie teilen sich Grundsatzfragen der Schularten auf, so daß z.B. ein Schulrat einerseits für Grund- und Hauptschulfragen und für die Personalverteilung zuständig ist und andererseits gleichzeitig in seinem Bezirk alle o.a. Schulen berät und beaufsichtigt. Dieses Prinzip hat zur Folge, daß tatsächlich alle Schulrätinnen und Schulräte mit Integration befaßt sind, denn sie genehmigen letztendlich die integrative Maßnahme oder weisen das Kind einer Sonderschule zu. Bei fortgeschrittener Kooperationserfahrung der Förderzentren mit den Schulen in ihrem Einzugsbereich regeln diese die meisten Fälle allein, in aller Regel wird dem Wunsch der Eltern auf Integration entsprochen und in einem Koordinierungsgepräch unter Vorsitz des Förderzentrumsleiters abgestimmt. In den ersten Jahren der Entwicklung haben die Schulrätinnen und Schulräte häufiger die Leitung der Koordinationsgespräche übernommen. Wenn hierbei nicht dem Elternwunsch entsprochen werden konnte, haben die Eltern das Recht, gem. § 5 der OSP einen förmlichen Förderausschuß zu beantragen, der dann unter Vorsitz der zuständigen Schulaufsichtsbehörde - für Gymnasien und Gesamtschulen ist die oberste Schulaufsichtsbehörde zuständig - stattfindet. In den letzten Jahren hat die Zahl der Förderausschüsse erheblich abgenommen, da meist dem Wunsch der Eltern schon in den Koordinationsgesprächen entsprochen werden konnte. Noch mehr gingen Widersprüche und Klagen gegen abgelehnte integrative Maßnahmen zurück. Schulrätinnen und Schulräte haben sich mit den Schulen zu beraten, aber sie haben auch Entscheidungen zu treffen z.B. über die Einrichtung einer integrativen Maßnahme oder über die Planstellenzuweisung auf die einzelnen Schulen. Wie die schleswig-holsteinischen Erfahrungen zeigen, hat sich diese Zweiteilung der Aufgaben der Schulaufsicht in Beratung und Entscheidung im Bereich der Integrationsentwicklung durchaus bewährt. Wenn sie getrennt wären, wie es derzeit in einigen Ländern in der Diskussion ist, hätte der Prozeß der Weiterentwicklung der sonderpädagogischen Förderung nicht so weit voranschreiten können. Zum Aufgabenbereich Entscheidungen gehört wiederum die (Qualitäts-) Kontrolle. Die Evaluation der Arbeit mit den Kindern in den Schulen und durch die Förderzentren wird in den kommenden Jahren einen viel größeren Stellenwert erhalten. Durch enge Kooperation zwischen der Schulaufsicht auf Kreis- und auf Landesebene tragen Rückmeldungen über gelungene und über nicht gelungene integrative Arbeit dazu bei, die Rahmenbedingungen zu verbessern.

6. Bildungsverwaltung auf Landesebene: Das Bildungsministerium

Die Einrichtung einer integrativen Maßnahme vor Ort erfordert - wie aufgezeigt - flankierende Tätigkeiten der Schulleitungen und der jeweiligen Schulaufsichtsbehörde. Diese benötigen für ihre Tätigkeit Rahmenbedingungen, innerhalb derer sie entscheiden können. Für die Schaffung der Rahmenbedingungen sind auf Landesebene das Parlament und das Bildungsministerium zuständig. Der Landtag beschließt das Schulgesetz und jährlich das Haushaltsgesetz. Damit sind die Grundlagen geschaffen, auf denen die Bildungsverwaltung arbeitet. Das Bildungsministerium ist zuständig für die *rechtliche Ausgestaltung* dieser Grundlagen z.B. durch Verordnungen wie etwa OSP oder durch o.a. Erlasse. Hierfür sind umfangreiche Vorarbeiten notwendig:

- die konzeptionelle Arbeit der Fachreferentinnen und -referenten im Bildungsministerium unter Einbeziehung von Fachleuten aus dem Schul- und dem Hochschulbereich, dem Lehrerfortbildungsinstitut und dem Kreis der Schulrätinnen und Schulräte,
- die Abstimmung mit Schulrechtlern, Haushältern und Personalbewirtschaftern im Haus sowie dem Hauptpersonalrat
- die Zustimmung der Abteilungsleiterinnen und -leiter, der Staatssekretärin und der Ministerin;
- in einigen Fällen auch ein Anhörungsverfahren mit Landesschulbeirat, Landeselternbeiräten, Landesschülervertretungen, Lehrer- und Elternverbänden, Gewerkschaften, durch synoptische Zusammenstellung der Änderungsvorschläge und ggf. der Veränderung der Verordnung oder des Erlasses.

Die *personellen Rahmenbedingungen* umfassen die Zuweisung der durch das jährliche Haushaltsgesetz von den Abgeordneten des Landtages für die einzelnen Schularten festgelegten Anzahl von Planstellen. Aufgabe des Bildungsministeriums ist es, diese in Schleswig-Holstein rund 1900 Stellen gerecht auf die Schulämter zu verteilen. Die Schulrätinnen und Schulräte benötigen ein transparentes Verfahren, das ihnen Planungssicherheit ermöglicht. Im Zuge der

Weiterentwicklung der sonderpädagogischen Förderung war es erforderlich, ein neues Planstellenbemessungsverfahren einzuführen, das diesen Kriterien entspricht. Gleichzeitig sollte es unerwünschte Nebeneffekte des Integrationsprozesses, nämlich die überproportionale Zunahme der Anzahl von Schülerinnen und Schülern, denen sonderpädagogischer Förderbedarf attestiert wurde, stoppen und auf das Normalmaß zurückführen. Im Bereich der Förderung von Schülerinnen und Schülern mit Lern- bzw. Sprachbehinderungen wurde die „Pro-Kopf-Zuweisung" auf ein an allen Schülerinnen und Schülern des Kreises orientiertes quotales System geändert, und dadurch wurde die „Ressourcen-Sicherungs-Diagnostik" (Kretschmann) deutlich eingedämmt.

Für *sächliche Rahmenbedingungen* sind andere Kostenträger zuständig: Schulträger auf Orts-, Amts-, Verbands- oder Kreisebene sind für Fragen der Finanzierung von Mobiliar, baulichen Maßnahmen oder personeller Unterstützung durch Hilfs- und Pflegepersonal und Beförderungskosten zuständig. Bei der integrativen Förderung können aber auch noch weitere Kostenträger hinzukommen wie örtliche bzw. überörtliche Sozialhilfeträger, Träger der Jugendhilfe u.a.m. Neben der Anwendung des Schulrechts werden die Rechtsbereiche der Sozialhilfe und der Jugendhilfe tangiert. Das Bildungsministerium greift die mit konkreten Fällen gemachten positiven und negativen Erfahrungen auf und sucht nach Wegen der Verwaltungsvereinfachung. Hierdurch sollen ausweglose oder gar entwürdigende Situationen für Eltern, die die Integration ihres Kindes wünschen, vermieden werden, z.B. im Rahmen der Zuständigkeiten für die Finanzierung eines Zivildienstleistenden. Auf Anregung aus dem Saarland richteten wir eine interministerielle Arbeitsgruppe aus Mitgliedern des Bildungs- und des Sozialministeriums, der Kommunalen Landesverbände und Fachleuten ein, die Anwenderhinweise zur Verfahrensoptimierung erarbeitete.

Grundsatzarbeit des Bildungsministeriums im Sinne der Weiterentwicklung von integrativer Schule besteht auch darin, pädagogische Weiterentwicklungen im Bereich der Sonderpädagogischen Förderung und im Bereich der Pädagogik anderer Schularten, insbesondere aber der Grundschulpädagogik zu beobachten, Anregungen von Fachleuten, Verbänden, Vereinen, Initiativen und Gremien aufzugreifen, zu bewerten und ggf. zur Umsetzung zu empfehlen. Grundsatzarbeit erfordert aber auch, selbst initiativ zu werden und pädagogische Entwicklungen anzustoßen durch Einrichtung von Arbeitsgruppen, Veranstaltung von Tagungen und Kongressen, mit Hilfe von Modellvorhaben und Projekten, durch Veröffentlichungen, durch Antworten auf kleine und große Anfragen von Abgeordneten des Landtages sowie durch Reden der Ministerin, der Staatssekretärin oder der Mitarbeiterinnen und Mitarbeiter des Ministeriums.

Aufgabe der Bildungsverwaltung auf Landesebene ist es auch, als oberste Schulaufsichtsbehörde *Einzelfälle*, die auf den anderen Ebenen nicht gelöst werden konnten oder bei denen die Eltern Widerspruch eingelegt haben, dem das Schulamt nicht abhelfen konnte, zu überprüfen und gerichtsverwertbar zu entscheiden. Darüber hinaus ist es deren Aufgabe, durch Unterrichts- und

Schulbesuche ein Bild von der Qualität der Arbeit der Schulen zu gewinnen, durch Beratung mit den Schulrätinnen und Schulräten und durch gemeinsame Fortbildungen sicherzustellen, daß die schon mehrfach zitierte *Organisationsentwicklung* auf allen Ebenen erfolgreich verläuft.

Zusammenfassend hat die Bildungsverwaltung auf Landesebene also die Entwicklung zu beobachten, zu dokumentieren, die jeweiligen Hemmnisse zu erkennen, bei Anwendungsfehlern festzustellen, auf welcher Ebene sie zu beseitigen bzw. zu mildern sind und - im Sinne von Subsidiarität - die Bearbeitung nicht unnötig an sich zu ziehen. Bei Systemfehlern ist es wichtig, rechtliche, organisatorische, personelle und sächliche Rahmenbedingungen zu setzen bzw. zu verändern oder - sofern nicht in der Zuständigkeit der Bildungsverwaltung - auf die anderen Verwaltungsbereiche einzuwirken, daß die Rahmenbedingungen verändert werden. Im übrigen ist es m.E. notwendig, so wenig wie möglich zu regeln, um den Spielraum für die Selbstorganisation der Beteiligten so groß wie möglich zu halten.

Bei den skizzierten Entwicklungen der letzten Jahre gibt es keineswegs nur positive Erfahrungen auf allen Ebenen, sondern auch eine Fülle von Problemen und Konflikten, die andererseits auch Herausforderungen darstellen. Es wird noch Jahre brauchen, um sie zu bewältigen, und es wird auch immer wieder neue geben. Im Prinzip aber erleichtert uns die Organisationsform des Förderzentrums mit Schulen in seinem Einzugsbereich als ein sich weitgehend selbst regulierendes System die heute so dringend benötigte flexible sonderpädagogische Förderung. Es kommt darauf an, diesen organisatorischen Rahmen vor Ort weiter auszugestalten und an den Bedarf und die Möglichkeiten in der jeweiligen Region anzupassen. Dazu leistet Bildungsverwaltung auf allen Ebenen einen nicht unerheblichen Beitrag.

Literatur

Füssel, J.-P./Kretschmann, R: Gemeinsamer Unterricht für behinderte und nichtbehinderte Kinder. Pädagogische und juristische Voraussetzungen. Bonn (Witterschlick) 1993.

Otte, Gerhild: Weiterentwicklung kleiner Förderschulen zu Förderzentren ohne eigene Schülerschaft. In: Zeitschrift für Heilpädagogik (1996) 10, 420-422.

Pluhar, Christine: Erfahrungen mit der Weiterentwicklung der Sonderschulen zu Förderzentren in Schleswig-Holstein. In: Die Sonderschule 40 (1995) 2, 130-142.

Pluhar, Christine: Der Weg in Richtung Integration aus der Sicht des Bildungsministeriums. In: Braband; Hausotter; Löwe; Techan: Integration auf dem Weg. Kiel 1997.

Birgid Oertel

Auf dem Weg zu einer integrativen Schulpraxis in Europa

HELIOS II - ein Programm zur Förderung der Eingliederung und Chancengleichheit von Menschen mit Behinderung

Die Integration von Kindern und Jugendlichen mit Behinderungen in die allgemeine Schule wird seit gut 20 Jahren erforscht, kritisiert, diskutiert, bewertet und reflektiert. Die Länder der europäischen Union haben den integrativen Weg eingeschlagen, wenn auch mit unterschiedlicher Intensität oder Konsequenz - je nach den Gegebenheiten vor Ort. Eine Erfahrung läßt sich europaweit verfolgen: Die Integration von Kindern und Jugendlichen mit einer Behinderung bzw. sonderpädagogischem Förderbedarf in die allgemeine Schule wird als positiver Weg und eine Möglichkeit in Richtung Chancengleichheit, Teilnahme am gesellschaftlichen Leben sowie als ein Schritt in Richtung selbstbestimmtes Leben bewertet.

Trotz unterschiedlicher Entwicklungen - hier spielen Kultur, Geschichte und politische Strukturen eine Rolle - wird eines deutlich:

Alle Länder setzen sich mit dieser Thematik auseinander und bemühen sich um schulische und bildungspolitische Entwicklungen in Richtung Schulische *Integration bzw. Gemeinsame Erziehung behinderter und nichtbehinderter Schülerinnen und Schüler.*

Die europäische Gemeinschaft hat sich bereits in den 70er Jahren für Belange Behinderter eingesetzt. Zu diesem Zeitpunkt allerdings noch mit der Priorität *soziale Rehabilitation und wirtschaftliche Eingliederung.* Der Bildungsaspekt gewann erst in den 80ern an Bedeutung:

In der Zeit zwischen 1984 und 1987 hat der EU-Rat eine Empfehlung zur Beschäftigung und somit eine Schlußfolgerung für die schulische Eingliederung verabschiedet.

In einer Resolution der Ministerkonferenz des EU-Rats im Jahre 1991 in Paris wurde das erste Mal der Begriff der Behinderung auf dieser Ebene differenziert bzw. in Frage gestellt. EU-Fachleute und Vertreter internationaler Behindertenverbände einigen sich auf den Begriff *Menschen mit Behinderung.* Der Mensch soll im Mittelpunkt stehen. Die Definition von Behinderung wird im Sinne der WHO übernommen, in der Behinderung als Benachteiligung bzw. Verlust oder Einschränkung der Möglichkeit gesehen wird, gleichberechtigt am Leben der Gemeinschaft teilzunehmen. In diesem Zusammenhang wird u.a. die Chancengleichheit durch Bildungsangebote - möglichst im allgemeinen Schulsystem (integrierte Angebote) gefordert. Ein Prozeß des Umdenkens setzt ein.

Auf Beschluß des EU-Rates vom 25. Februar 1993 wurde das Programm HELIOS II (Handicapped people in the European Community living independently in an open society) ins Leben gerufen, um die Chancengleichheit von Menschen mit Behinderungen zu fördern. Der Transfer innerhalb der HELIOS Aktivitäten sollte wesentlich dazu beitragen.

Ein individueller Transfer durch Beobachtung, Information und Austausch, der Transfer von Informationen an Kollegen und Kolleginnen, an Behörden sowie ein Transfer in Richtung Sensibilisierung der Öffentlichkeit war in Gang gesetzt worden. Auf dieser Grundlage deckte das HELIOS-Programm folgende vier Hauptbereiche ab:

- die funktionelle Rehabilitation
- die Eingliederung in das Bildungswesen
- die wirtschaftliche Eingliederung
- die soziale Eingliederung und eigenständige Lebensführung.

Das Programm HELIOS II erstreckte sich über einen Zeitraum von drei Jahren (1993 bis Ende 1996).

Die Teilnehmer der *Aktivitäten zum Erfahrungs- und Informationsaustausch (AEI)* wurden von den jeweiligen Regierungen entsandt:

1994 waren es insgesamt 676 Teilnehmer, 1995 aufgrund des Beitritts der drei neuen Mitgliedstaaten der Union bereits 780, aufgeteilt in 57 Themengruppen, von denen in der Regel drei Studienbesuche pro Jahr organisiert wurden. Am Ende jeden Jahres wurden zwei bis drei Seminare pro Sektor als Synthese der Arbeit organisiert. Parallel gab es in jedem der vier Sektoren eine *Studiengruppe,* die aus einem Vertreter pro Themengruppe sowie einem Vertreter einer europäischen NRO (Nichtregierungsorganisation) bestand und von einem Mitglied der HELIOS-Expertengruppe geleitet wurde. Die Studiengruppen dienten zur Sicherstellung der Koordinierung der Aktivitäten zum Erfahrungs- und Informationsaustausch in den jeweiligen Bereichen.

Der Bereich Bildung erhält mit den Aktivitäten des HELIOS-II-Programms erstmalig diesen Stellenwert.

Die Vereinten Nationen haben 1994 Richtlinien für nationale Aktionen in Richtung Chancengleichheit für Menschen mit Behinderung entwickelt: die „*UN-Standardregeln*". Auch hier gilt eine Regel dem Bereich *Bildung.* Sie fordert die *„Eingliederung behinderter Kinder und Jugendlicher in allgemeine Bildungssysteme"*.

Der Bereich Bildung im HELIOS-Programm umfaßt alle Bildungsstufen. 12 Arbeitsgruppen haben sich mit folgenden Themenschwerpunkten auseinandergesetzt:

I. Frühe pädagogische Förderung
Frühförderung

II. Erziehung und Bildung auf verschiedenen Schulstufen
Vorschule und Grundschule
Sekundarstufe
Erwerb der Hochschulreife
Wechsel zwischen den verschiedenen Bildungsstufen
Vorbereitung auf unabhängiges/autonomes Leben .

III. Integration und pädagogische Voraussetzungen
Multidisziplinarität von Integration
Individuelle Bildungsprojekte
Die Rolle von Klassenlehrern und unterstützenden Lehrkräften
Neue Technologien
Integration von tauben und hörgeschädigten Kindern
Die Rolle/Aufgabe von Förderzentren
Sonderpädagogen/Spezialisten: Kooperation und Transfer in die Regelschule

Mehrere Gruppen von Bildungsexperten der EU haben sich mit der Entwicklung des schulischen Bildungsangebots in den einzelnen Mitgliedstaaten auf dem Sektor „integrative Bildung" aktiv auseinandergesetzt. HELIOS diente als Forum, Konzepte guter integrativer Praxis zu beschreiben und zu entwickeln. Das Aufzeigen erforderlicher Rahmenbedingungen, bestehender Hindernisse und differenzierter Angebote sowie innovativer Ideen auf allen Stufen der Bildungsarbeit (Frühförderung bis berufliche Eingliederung und Universität) haben gleichrangige Bedeutung.

Die Gruppe hatte den Auftrag, einen Überblick über integrative Fragen der Zuständigkeit und Zielsetzung im Bereich von Bildung und Erziehung in den europäischen Ländern zu ermöglichen.

Eine weitere Aufgabe lag in der Analyse von Aspekten für die Integration von Schülern mit sonderpädagogischem Förderbedarf in die Regelschule sowie von Studierenden mit besonderen Bedürfnissen in Regeleinrichtungen, um somit eine Verbesserung von Bildungsqualität, die Förderung von Innovation und die Organisation von individuellen Hilfen voranzutreiben.

Bei einer ersten Zwischenbilanz der Ergebnisse aller Arbeitsgruppen wurde die Grundintention - daß alle Schüler und Schülerinnen mit sonderpädagogischem Förderbedarf soweit wie möglich mit ihren Freunden und Freundinnen gemeinsam in allgemeinen Schulen gefördert bzw. unterrichtet werden sollten - in der Mehrheit der Länder akzeptiert. Somit hat der Bereich der gemeinsamen Erziehung einen gebührenden Platz in der bildungspolitischen Arbeit eingenommen. Trotz unterschiedlicher Entwicklungsstufen bezüglich der Integration drehte sich die Diskussion um das -WIE- , d.h. wie kann die Entwicklung gesetzlicher, konzeptioneller und organisatorischer Rahmenbedingungen, so vorangetrieben werden, daß eine Realisierung individueller Bildungsprojekte ermöglicht wird?

Ein europäischer Vergleich des schulischen IST-Standes im Bereich der Integration von Kindern und Jugendlichen mit Behinderungen in die allgemeine Schule zeigt deutlich die Tendenz, daß sich alle Länder mehr oder weniger auf den (integrativen) Weg gemacht haben:

In einigen Mitgliedstaaten gibt es bereits eine gesetzliche Grundlage für die schulische Integration, andere Staaten befinden sich im Prozeß der Neuorientierung und Novellierung der Schulgesetzgebung. In den meisten Ländern sind die Bildungsmaßnahmen für Menschen mit Behinderung fester Bestandteil des allgemeinen Bildungssystems; in wenigen ist es noch eine Hürde, die genommen werden muß. Die Finanzierung und die praktische Umsetzung und Durchführung gelten auch in anderen europäischen Ländern als langwieriger und sensibler Prozeß. Einige europäische Länder haben eine Vorreiterrolle auf dem Gebiet der Gemeinsamen Erziehung gespielt. Sie haben frühzeitig ihre Gesetzgebung angepaßt. Sie haben den Prozeß offen und auf allen Ebenen der Gesellschaft durchgeführt. Aus diesem Grunde ist auch die Formulierung der politischen Zielsetzung sehr eindeutig. Hierzu zählen beispielsweise Spanien mit seinem jüngsten Bildungsgesetz sowie Dänemark, Norwegen oder Italien.

Länder, die kein ausgebautes differenziertes Sonderschulsystem hatten, haben es in dieser Entwicklung z.T. leichter. Berührungsängste und Unsicherheiten sind jedoch in allen Ländern anzutreffen; die Aussage *„Integration findet in den Köpfen statt"*, bewahrheitet sich immer mehr. Der Erfolg der Arbeit ist abhängig von den Personen, die diese Konzepte umsetzen und dem Grad der Bereitwilligkeit, Intensität und Kontinuität der Kooperation. Einen weiteren wichtigen Aspekt stellen die bildungspolitischen Rahmenbedingungen dar, die diese innovativen Entwicklungen deutlich stützen, unterstützen und forcieren können. Ein gemeinsames Curriculum wie in Norwegen, ein offenes, flexibles Curriculum wie in Spanien, die Wahlfreiheit der Eltern und gesetzlichen Bestimmungen wie in Italien, Spanien oder Skandinavien, eine veränderte Diagnostik, die das Umfeld des Kindes berücksichtigt, nicht nach Behinderungsarten einteilt, sondern einen individuellen Unterrichtsplan für das Kind mit speziellen Bedürfnissen entwickelt, sind wesentliche Schritte in diese Richtung.

Die einzelnen Arbeitsgruppen des HELIOS-Programms haben eine sorgfältige Analyse aller Aspekte der Integration von Schülern und Studierenden mit besonderen Bedürfnissen in die Regelschulen durchgeführt; eine grundsätzliche Frage war - die nach der Qualität von Bildung und ihrer Fähigkeit, mit allen denkbaren Formen des Mißerfolgs und des Versagens im System Schule umzugehen. Auf diese Weise soll ein besseres Verständnis der Bildungssysteme gefördert werden - ein Forum auf europäischer Ebene kann dazu beitragen, den Wert einer guten praktischen Arbeit hervorzuheben, um somit die Transparenz zwischen unterschiedlichen Schul- und Bildungssystemen zu verbessern.

Eines wurde in diesen drei Jahren in allen Gruppen deutlich: „Die schulische Integration von Schülerinnen und Schülern mit Behinderungen stellt eine gesellschaftliche Verpflichtung dar: sie ist eine Chance für alle Beteiligten. Es handelt sich dabei nicht um eine vorübergehende Modeerscheinung, sondern um eine Bereicherung für die ganze Gesellschaft.“ (Zitat: Gruppe 2; HELIOS II-Bericht 1995).

Ergebnisse positiver Praxisbeispiele und Vorschläge für umsetzbare Konzepte werden mit Abschluß des HELIOS-II-Projekts in Form einzelner Veröffentlichungen erscheinen bzw. sind bereits veröffentlicht.

Das Programm HELIOS-II wurde am 8. und 9. November 1996 in Luxemburg mit einem Festakt beendet. Alle Arbeitsgruppen stellten dabei ihre Ergebnisse aus den unterschiedlichen Aufgabenbereichen vor:

1. Frühe pädagogische Förderung

2. Erziehung und Bildung auf verschiedenen Schulstufen und

3. Integration und pädagogische Voraussetzungen

Der Präsident der Europäischen Union Santer dankte den Expertinnen und Experten für die ausführlichen Ergebnisberichte zur Integrationspraxis. Bis zu diesem Zeitpunkt hatte es keinen Gesamtüberblick über integrative Praxis in den Ländern der Europäischen Union gegeben. Die Arbeit im HELIOS-II-Programm hat somit einen Einblick in die vielfältigen Arbeitsansätze der integrativen Praxis geschaffen. Unterschiedliche integrative Wege für eine gemeinsame Erziehung und Bildung von Kindern und Jugendlichen mit und ohne Behinderung konnten in den Berichten aufgezeigt werden.

Der Festakt in Luxemburg zum HELIOS-II-Programm wurde mit folgender Erklärung beendet:

CHARTA VON LUXEMBURG
(Samstag, den 6. November 1996)

Grundprinzipien

Voraussetzung für die Chancengleichheit und die soziale Integration von Behinderten ist eine Schule für alle und gilt für jede/n als Ausbildungsgrundlage für das ganze Leben.

***

Die Schule für alle und für jede/n muß qualitativ hochwertigen Unterricht anbieten und allen zeitlebens den gleichen Zugang ermöglichen.

***

Die Schule für alle und für jede/n muß sich auf die individuelle Persönlichkeit einstellen. Diese steht im Zentrum jedes Bildungsvorhabens, wobei die Fähigkeiten und besonderen Bedürfnisse jedes/jeder Einzelnen zu berücksichtigen sind.

***

Die Eltern, die als erste die allgemeine Entwicklung ihres Kindes grundlegend beeinflussen, sind entscheidende Partner bei seiner Erziehung und Ausbildung. Sie haben das Recht, einen auf die Persönlichkeit ihres Kindes abgestimmten Bildungsgang zu wählen.

***

Eine frühzeitige Intervention unterstützt die soziale und schulische Integration und fördert die Selbständigkeit des Kindes durch spezifische pädagogische Maßnahmen, wobei die Erfordernisse der familiären Umgebung mit einbezogen werden.

***

Eine sorgfältige und kontinuierliche Überprüfung der persönlichen Entwicklung und des Prozesses muß während des gesamten Bildungsweges gegeben sein.

***

Durch neue Technologien und wissenschaftliche Erkenntnisse entstehende Möglichkeiten sind in jedem Ausbildungsabschnitt für alle zu nutzen.

Alle im Integrationsprozeß Tätigen sollen einem gemeinsamen und koordinierten Ansatz folgen.

***

Die Schaffung einer Schule für alle und für jede/n erfordert die Koordination des Integrationsprozesses und das gemeinsame Vorgehen aller daran Beteiligten. Diese sollen durch ein ständiges Fortbildungsangebot unterstützt werden und alle zur Erfüllung ihrer Aufgabe nötigen Mittel erhalten.

***

Jede Bildungsmaßnahme soll ihren Teil dazu beitragen, den Betroffenen zeitlebens ein selbständiges und unabhängiges Leben im sozialen und beruflichen Bereich zu ermöglichen.

***

Eine in einem normalen Umfeld stattfindende Ausbildung ist ein Leitgedanke der Schule für alle und für jede/n.

***

In allen Mitgliedsstaaten ist eine gesetzliche Grundlage zu schaffen, die allen Kindern im schulpflichtigen Alter sowie allen Erwachsenen das Recht auf freien Zugang zum Regelschulsystem garantiert.

Diese Gesetzgebung muß von der Bereitstellung entsprechender finanzieller Mittel begleitet werden.

Anfang 1997 erschien als Ergebnis der Arbeitsgruppenberichte des Aktionsprogramms

HELIOS II

Europäischer Leitfaden für empfehlenswerte Praktiken

Auf dem Weg zur Chancengleichheit für behinderte Menschen

Dieser Leitfaden enthält Grundsätze bzw. Schlüsselkonzepte empfehlenswerter integrativer Praktiken und beschreibt die Unterstützungsmöglichkeiten zur Verbesserung der integrativen Praktiken im sozialen, schulischen und beruflichen Lebensbereich.

Sowohl die Berichte der Arbeitsgruppen als auch der Leitfaden für empfehlenswerte Praktiken können bestellt werden:

c/o
Europäische Kommission
Referat GD V/E.3

Eingliederung behinderter Menschen
J 270/121
Rue de la LOI 200 Wetstraat
B-1049 Brüssel
Belgien
FAX: -32.2.295.10.12

Jutta Schöler

Stand und Perspektiven der gemeinsamen Erziehung behinderter und nichtbehinderter Schülerinnen und Schüler in Europa

Vorbemerkung

Mit Beginn der 80er Jahre verstärkte sich das Interesse von deutschen Pädagoginnen und Pädagogen, sich am Schulsystem anderer europäischer Länder zu orientieren.[1] Die Exkursionen, welche damals von verschiedenen Universitäten, von Gewerkschaften und vereinzelt auch von Schulämtern organisiert wurden, galten besonders dem Interesse an der Auflösung von Sonderschulen in den besuchten Ländern.

Etwa zeitgleich mit Australien, Kanada, Neuseeland und den USA[2] hatte Mitte der 70er Jahre in Großbritannien, den skandinavischen Ländern und in Italien eine allgemeine Schulreform begonnen, welche Kinder mit Behinderungen oder Benachteiligungen aus dem allgemeinen Schulsystem nicht mehr ausschloß.

Unter diesem Aspekt wurde in Deutschland zur selben Zeit die Weiterführung der Gesamtschulreform - bis auf wenige Ausnahmen - nicht diskutiert[3]. Ledig-

---

1 Vgl. hierzu exemplarisch Bürli 1985, Fröhlich 1981, Sander 1983 und 1985, Schöler 1983.

2 Exemplarisch für die USA ist auf die Veröffentlichung von Jülich 1996 zu verweisen, die die dortige Entwicklung seit 1975 umfassend dokumentiert.

3 An dieser Stelle kann die damalige spärliche Diskussion um die Integration von Kindern mit Behinderungen in Gesamtschulen nicht aufgearbeitet werden. Eine sehr wichtige Quelle für weitergehende Analysen bilden die vom Pädagogischen Zentrum Berlin (jetzt: Berliner Institut für Lehrerfortbildung) seit 1967 herausgegebenen „Gesamtschul-Informationen". Im Heft 4/1981 sind u.a. ein Beitrag von Jakob Muth, Peter und Margrita Appelhans, eine Modellbeschreibung der speziell für Jugendliche mit Körperbehinderungen eingerichteten Gesamtschule mit gymnasialer Oberstufe in Hessisch-Lichtenau sowie auch eine Kurzfassung einer Forschungsarbeit über die Integration in anderen Industrieländern zu finden.

lich wenige Autoren verwiesen auf die Kinder, welche wegen Lern- und Verhaltensproblemen auf Sonderschulen überwiesen wurden[4].

Aus heutiger Sicht erscheint es notwendig, auf die Tatsache zu verweisen, daß die ersten Gesamtschulplanungen in Berlin bereits 1964 begannen, also vor den Studentenunruhen von 1968.[5] Die damalige politische Diskussion um die Etablierung der Gesamtschule schloß in Deutschland weitgehend sowohl die zeitgleichen Reformdiskussionen in den anderen europäischen Ländern[6] als auch die Kinder aus, welche Schulen für Körperbehinderte, Sinnesbehinderte und Geistigbehinderte besuchten.

Mitte der 60er Jahre orientierten sich die meisten deutschen Pädagoginnen und Pädagogen, welche versuchten, das dreigliedrige (west)deutsche Schulsystem zu reformieren, an den Entwicklungen in den anglo-amerikanischen und den skandinavischen Ländern und grenzten sich zugleich gegen das System der Einheitsschule in der DDR ab.[7] 1967 fand z.B. eine vom Pädagogischen Zentrum Berlin aus organisierte zweiwöchige Exkursion nach Großbritannien und Schweden statt, bei der Gesamtschulen besucht wurden, an der ich als Mitglied der Planungsgruppe für die Berliner Gesamtschulen teilnahm. Ich kann mich an keine einzige Diskussion erinnern, bei der die Frage der Integration von Kindern mit Körper- oder Sinnesschäden angesprochen wurde. Damals galt die Einrichtung der sogenannten „Klinikklassen“ und die Auflösung von Schulen für Lernbehinderte in Schweden als die weitestgehende Reform.[8]

Wolfgang Klafki verwies 1971 darauf, daß im Zusammenhang mit der Gesamtschulreform die schulpolitische Diskussion in Deutschland „endlich den Anschluß an internationale Entwicklungen gefunden hat.“ (Klafki 1971, S. 136). Er verwies auf die Ergebnisse einer Erziehungs-Kommission, die 1946 im Auftrag der amerikanischen Besatzungsmacht zahlreiche Schulen besuchte und mit deutschen Bildungsexperten gesprochen hatte. Damals wurde das selektive

---

4 Vgl. hierzu vor allem die Veröffentlichungen von Preuss-Lausitz. Insbesondere in Preuss-Lausitz: „Fördern ohne Sonderschule“ (1981) sind zahlreiche weitere Literaturhinweise zu finden.

5 Im Anschluss an die politischen Bewegungen der 68er wurde die Integration der als „lernbehindert“ diagnostizierten Schüler mit der Notwendigkeit der „Wiedergewinnung und Verteidigung der körperlichen, psychischen, qualifikatorischen und politischen Stärke der Lohnarbeiterschaft insgesamt“ (Preuss-Lausitz 1981, S. 68) begründet.

6 Die Veröffentlichung: Die Schülerschule; Scuola di Barbiana, welche in Italien 1967 erschien und dort einer der wesentlichen Auslöser der umfassenden Schulreformen darstellte, ist meines Wissens trotz der 1970 bei Wagenbach erschienenen Übersetzung in der deutschen Diskussion um die Fortführung der Gesamtschulreformen nicht beachtet worden.

7 Vgl. hierzu die Einleitung von Carl-Heinz Evers in Rolff 1974, S. 9-20.

8 Aus heutiger Sicht wäre es sicherlich interessant, diejenigen, welche in den 60er und 70er Jahren als junge Lehrerinnen und Lehrer in Deutschland an den Schulreformen beteiligt waren, nach ihren (schul)politischen und pädagogischen Zielvorstellungen und nach ihren Kenntnissen über die jeweils parallelen Entwicklungen in anderen Ländern zu befragen.

deutsche Schulsystem als einer der entscheidenden Strukturmängel des nationalsozialistischen Bildungssystems benannt und festgestellt: „Dieses System hat bei einer kleinen Gruppe eine überlegene Haltung und bei der Mehrzahl der Deutschen ein Minderwertigkeitsgefühl entwickelt, das jene Unterwürfigkeit und jenen Mangel an Selbstbestimmung möglich machte, auf denen das autoritäre Führerprinzip gedieh" (Erziehung in Deutschland, Bericht und Vorschläge der Amerikanischen Erziehungs-Kommisssion. Zitiert nach Klafki 1971, S. 150).

Weder die Überlegungen der Amerikaner 1946 noch die Analysen von Klafki 1971 beachteten Fragen des Schulbesuchs von Schülerinnen und Schüler mit Behinderungen im engeren Sinne.[9]

Mit der zunehmenden Beteiligung Deutschlands an allen wesentlichen internationalen Organisationen (hier insbesondere UNESCO und OECD) und nach dem Fall der Mauer, sind nach meiner Einschätzung neue Möglichkeiten gegeben, um die in den 70er Jahren in Deutschland nur halbherzig vertretene Gesamtschulreform sowie die Aufgabe der gemeinsamen Erziehung von behinderten und nichtbehinderten Kindern konsequent und orientiert an den Erfahrungen in anderen Ländern zusammenzuführen.

Begründungen für diese optimistische Sicht der Weiterentwicklung lassen sich vielschichtig ableiten:

1. Die Integration von Kindern mit Behinderungen wurde in Deutschland seit Mitte der 70er Jahre im wesentlichen von den Eltern der Kinder mit Behinderungen durchgesetzt. An vielen Orten ist eine veränderte Praxis daraus entstanden, vor und unabhängig von wissenschaftlicher Theoriebildung. Die Kraft dieser Eltern der „ersten Generation" wird weitergetragen (vgl. Landesarbeitsgemeinschaft Gemeinsam Leben - Gemeinsam Lernen 1996).

2. Eltern von Kindern mit Behinderungen sind in allen gesellschaftlichen Gruppierungen und Parteien vertreten. Je mehr junge Eltern sich bundesweit und über die deutschen Grenzen hinweg vergleichend informieren, werden sie sich auch bei konservativen politischen Mehrheiten gegen die Isolierung ihrer Familie als Folge der Behinderung eines Kindes wehren.

3. In den vergangenen dreißig Jahren sind Menschen mit Behinderungen selbstbewußter geworden und zunehmend mehr in die Öffentlichkeit getreten. Sie lassen sich nicht mehr von „Fürsorge" betreuen sondern fordern für sich das Recht auf selbstbestimmtes Leben.

4. Durch die Grundgesetzergänzung im Jahre 1994 haben die von Behinderungen Betroffenen eine verbesserte Rechtsposition erhalten (vgl. Heiden 1996). Die Tatsache, daß die Überweisung eines Kindes auf eine Sonderschule eine

[9] Immer wieder muß in Deutschland darauf verwiesen werden, daß in allen anderen westlichen Industrienationen die Kinder mit Lern- und Verhaltensproblemen nicht als „Behinderte" klassifiziert werden. Dies ist eine Spezifik der deutschsprachigen Länder.

Benachteiligung bedeutet, wenn sie gegen den Willen seiner Eltern erfolgt, ist inzwischen allgemein anerkannte Rechtsposition unter Juristen (vgl. Regenspurger 1995 und Sachs 1996).

5. Gesamtschulreform muß sich seit dem Fall der Mauer nicht mehr gegen den Verdacht der „kommunistischen Einheitsschule" wehren.

6. Aufgrund der zunehmenden europaweiten Mobilität von Arbeitskräften werden in den nächsten Jahren auch Arbeitskräfte mit ihren Familien nach Deutschland kommen, für die es in ihrem Herkunftsland eine Selbstverständlichkeit ist, daß auch Kinder mit Behinderungen die allgemeine Regelschule besuchen. Diese Familien werden ähnliche schulische Möglichkeiten in Deutschland fordern.

7. Schließlich werden die Ergebnisse von umfassenden Leistungsvergleichen hoffentlich zum Nachdenken über den Sinn eines selektiven Schulsystems anregen, wenn deutlich wird, daß weniger selektive Schulsysteme anderer Länder zu besseren Leistungen führen (vgl. Baumert 1997).

8. Der Verweis auf mangelnde Finanzen erweist sich bei genauen Analysen zumeist als nicht haltbar (vgl. Preuss-Lausitz 1996). Notwendig sind veränderte, ressortübergreifende Strukturen (vgl. Pluhar 1996).

Unabhängig von der Frage der Veränderung äußerer Schulstrukturen muß derzeit auch die Frage nach *der Art* der notwendigen Qualifikationen am Arbeitsmarkt neu gestellt werden. Die Forderungen nach Kritikfähigkeit, Argumentationsbereitschaft, Empathie und vernetzendem Denken werden z.B. von Wolfgang Klafki als die grundlegenden Komponenten bezeichnet, welche als Basis für die Erarbeitung von international gültigen inhaltlich relevanten Schlüsselproblemen betrachtet werden (vgl. Klafki 1995, S. 7f.).

Zu Beginn der 60er Jahre boten die bildungsökonomischen Studien (Picht 1964) und der Bau der Mauer in Berlin wichtige Argumentationshilfen, welche letztlich die pädagogischen Reformen „politikfähig" machten. Nach dem „Sputnikschock" mußten alle „Bildungsreserven" mobilisiert werden. Die Ergebnisse der TIMSS-Studie (Baumert u.a. 1997) und der Fall der Mauern in Europa könnten der Anlaß werden, die notwendigen *inneren* Reformen des deutschen Schulwesens „politikfähig" zu machen.

Mit Sicherheit werden die Schulreformen des anbrechenden 21. Jahrhunderts den Abbau der Selektionsfunktion von Schule bewirken und die Sozialisations- und Integrationsfunktionen von Schule ins Zentrum der Aufmerksamkeit rücken, wie dies bereits in den meisten westlichen Industrienationen praktiziert wird.

Im folgenden Beitrag gehe ich auf den einen Reformstrang schwerpunktmäßig ein, nämlich den der gemeinsamen Erziehung von behinderten und nicht behinderten Kindern. Gleichzeitig soll aber immer im Bewußtsein bleiben, daß diese Teilreform, welche ca. 5-10 Prozent eines Schülerjahrgangs betrifft, niemals isoliert von den übrigen Reformen des Schulwesens betrachtet werden darf.

1. Allgemeine internationale Vereinbarungen

Die gemeinsame Erziehung aller Kinder ist eine Aufgabe, die in vielen Ländern mit großer Aufmerksamkeit und planerischem Aufwand sowie pädagogischem Engagement in den vergangenen dreißig Jahren vorangebracht wurde.

Seit Mitte der sechziger Jahre begannen die Vorreiter dieser Entwicklung mit den Überlegungen und ersten Versuchen, wie die separierende Erziehung von Kindern überwunden werden kann, wenn aus unterschiedlichen Gründen Lernschwierigkeiten festgestellt wurden.

Von den europäischen Ländern ist die Entwicklung in Italien und in Skandinavien richtungweisend. Auch eine Reihe anderer europäischer Länder hat gesetzliche Regelungen getroffen, durch die der Vorrang der gemeinsamen Erziehung von behinderten und nichtbehinderten Kindern gegenüber dem Ausbau eines Sonderschulsystems festgelegt wird. Interessant sind in Bezug auf diese Schulreform außerdem Großbritannien, Spanien und Österreich.[10]

Die UNESCO ist eine der wichtigsten internationalen Organisationen, die sich für „Erziehung ohne Ausgrenzung“ einsetzen. Bei der UNESCO-Konsultation Sondererziehung wurde 1988 mit einer Erklärung, aus der im Folgenden ein Abschnitt zitiert wird, die „Erziehung ohne Ausgrenzung“ als Hauptaufgabe für künftige Aktivitäten festgelegt:

> „Die Verantwortlichkeit für Sondererziehung liegt beim gesamten Erziehungssystem. Es sollte keine zwei getrennten Erziehungssysteme geben. Ein offeneres Erziehungssystem wird sogar von den notwendigen Veränderungen profitieren können, die es macht, um den Bedürfnissen behinderter Kinder zu entsprechen. Wenn wir innerhalb des Regelschulsystems wirksame Lernsituationen für behinderte Menschen schaffen können, so bereiten wir auch den Boden für eine für alle Schüler ideale Erziehungssituation“ (zitiert aus: „Getting there“, S. 4).

Die wichtigste jüngste UNESCO-Aktivität auf dem Gebiet der Erziehung ohne Ausgrenzung auf internationaler Ebene ist die gemeinsam mit dem spanischen Erziehungsministerium durchgeführte Organisation der *„Weltkonferenz Sondererziehung, Zugänglichkeit und Qualität“*, die im Juni 1994 in Salamanca (Spanien) stattfand. Mehr als 300 Menschen nahmen als Vertreter von 92 Regierungen und 25 internationalen Organisationen an dieser Konferenz teil und verabschiedeten die *„Salamanca-Erklärung zu Prinzipien, Politik und Praxis der Pädagogik für besondere Bedürfnisse“* und den sogenannten *„Aktionsrahmen zur Pädagogik für besondere Bedürfnisse.“*

Aus diesen beiden Teilen zitiere ich im Folgenden jeweils nur einen Abschnitt, der mir besonders wichtig erscheint.

---

[10] Vgl. Schöler 1993; dort ist die Integrtationsentwicklung der genannten drei Länder detaillierter dargestellt.

„Wir glauben und erklären, daß jedes Kind ein grundsätzliches Recht auf Bildung hat, und daß ihm die Möglichkeit gegeben werden muß, ein akzeptables Lernniveau zu erreichen und zu erhalten, (...) daß Regelschule mit dieser integrativen Orientierung das beste Mittel sind, um diskriminierende Haltungen zu bekämpfen, um Gemeinschaften zu schaffen, die alle willkommen heißen, um eine integrierende Gesellschaft aufzubauen und um Bildung für Alle zu erreichen; darüber hinaus gewährleisten integrative Schulen eine effektive Bildung für den Großteil aller Kinder und erhöhen die Effizienz sowie schließlich das Kosten-Nutzen-Verhältnis des gesamten Schulsystems" (Die Salamanca-Erklärung, S. 9).

„Das grundlegende Prinzip der integrativen Schule ist es, daß alle Kinder miteinander lernen, wo immer dies möglich, egal, welche Schwierigkeiten oder Unterschiede sie haben. Integrative Schulen müssen die unterschiedlichen Bedürfnisse ihrer Schüler und Schülerinnen anerkennen und auf sie eingehen, indem sie sich auf unterschiedliche Lernstile und Lerngeschwindigkeiten einstellen. Sie müssen durch geeignete Lehrpläne, organisatorische Rahmenbedingungen, Unterrichtsmethoden und Materialeinsatz sowie durch Partnerschaften mit ihren Gemeinden hochwertige Bildung für alle sichern. Es sollte ein Kontinuum an Unterstützung und Dienstleistungen geben, um dem Kontinuum an besonderen Bedürfnissen zu entsprechen, dem man in jeder Schule begegnet" (Die Salamanca-Erklärung, S. 16).

Auch die Bundesrepublik Deutschland hat die Salamanca-Erklärung unterschrieben. Wie weit diese Unterschrift eine rechtliche Bedeutung hat, kann ich nicht einschätzen. Auf jeden Fall bieten die Aussagen der Salamanca-Erklärung wichtige Argumente, mit denen in Deutschland politisch argumentiert werden kann.

Außerhalb von Deutschland, auf der Ebene der internationalen Vereinbarungen beteiligt sich die Bundesregierung an Deklarationen, in denen die integrative Schule als der Ort einer effektiveren Bildung für alle Kinder und Jugendlichen verstanden wird.

2. Schwierigkeiten eines internationalen Vergleichs

Grundlage für den im Folgenden aufgeführten zahlenmäßigen Ländervergleich sind die Datenerhebungen in 21 Ländern der OECD im Zeitraum von 1987-1991 (vgl. OECD 1995). Neben den in Tabelle 1 aufgeführten europäischen Ländern waren Australien, Japan, Kanada, die Türkei und die USA beteiligt; Portugal und Luxemburg sind an der OECD-Studie nicht beteiligt gewesen. In Tabelle 1 sind diese beiden Länder, welche seit ca. 1994/95 mit der schulischen Integration beginnen, aufgrund der Recherchen von Schindler (1997) mit aufgenommen worden.

Die Zusammenstellung von René Schindler wurde von mir in leicht vereinfachter und gekürzter Fassung übernommen. (Schindler 1997, S. 2). Er verweist darauf, daß der Anteil von Sonderschülern an allen Pflichtschülern als ein Maß für den Grad der institutionellen Aussonderung gesehen werden kann. Die relativ hohen Werte in der Schweiz und in der BRD werden als Indiz für den Widerspruch zwischen institutioneller Aussonderungspraxis und Integrationsbeteuerungen gewertet (Schindler 1997, S. 2).[11]

Kinder mit sonderpädagogischem Förderbedarf in Integrations- bzw. Sonderschulen

lfd. Nr.	Land	Integrations-quote	Anteil der Sonderschüler an allen Pflichtschülern	Kinder mit sonderpädagogischem Förderbedarf (SEN)
1.	Norwegen [1]	fast 100 %	nahezu 0 %	6 %
2.	Italien [1]	fast 100 %	0,03 %	1,30 %
3.	Island	92 %	0,60 %	15,70 %
4.	Portugal	70 %		
5.	Spanien [2]	50 %	1 %	2 %
6.	Schweden	36 %	1 %	1,60 %
7.	Dänemark	30 %	1,63 %	13 %
8.	Luxemburg	ca. 30 %		
9.	Großbritannien (Engl. u. Wales)	ca. 30 %	1,3 %	1,85 %
10.	Österreich	ca. 25 %	2,55 %	3,40 %
11.	Frankreich	8 %	2,90 %	3,60 %
12.	Finnland	0 %	2,80 %	16,50 %
13.	Belgien	unter 5 %	3 %	3 %
14.	Deutschland	unter 5 % geschätzt	6,7 % (nur BRD)	7 % (nur BRD)
15.	Schweiz	unter 5 %	5,60 %	5,80 %
16.	Griechenland	niedrig	0,38 %	0,86 %
17.	Irland	0,% ??	1,70 %	1,70 %
18.	Niederlande [3]	???	???	3,6 % bis 1996

Tabelle 1; Quelle: Betrifft: Schindler 1997, S. 2

„1) In Norwegen und in Italien wurden in den 70er bzw. 80er Jahren Sonderschulen (nach und nach, J. Sch.) systematisch geschlossen.

2) Die spanischen Daten beziehen sich auf den Zuständigkeitsbereich des Ministery of Education, dem 45 % aller Schulkinder unterstehen.

3) Die Niederlande haben mit dem Schuljahr 96/97 für alle Schulstufen die Integration eingeführt, und nicht wie in Österreich 1993 mit der 1. Klasse aufsteigend. Infolge dieser radikalen Umstellung liegen noch keine aktuellen Daten vor.“ (Schindler 1997, S. 2)

---

[11] Die Erhebung bezieht sich nur auf die alten Länder der Bundesrepublik Deutschland.

In der OECD- Studie, auf die sich René Schindler u.a. bezieht, wird auf die besondere Problematik einer länderübergreifenden vergleichenden Statistik verwiesen, da in den beteiligten Ländern extreme Unterschiede in Bezug auf Klassifizierungen, Terminologie, Methoden der Datenerfassung und Konzepte der Integration anzutreffen sind.

> „Allgemein betrachtet, sind gegenwärtig zwei Klassifikationssysteme in Gebrauch. Das erste umfaßt die Beschreibung von behinderten Kindern (disabled children), orientiert an einer Reihe von Kategorien der Behinderung oder Leistungsminderung (handicap or disability), welche ihren Ursprung in einem medizinischen Modell von Behandlungsmethoden haben, die die Beeinträchtigung oder die Unfähigkeit betonen. Dieses Modell, welches auf verschiedene Arten erweitert wurde, wird häufig benutzt; aber das von der Weltgesundheitsorganisation (WHO 1980) entwickelte konzeptionelle Rahmenwerk der internationalen Klassifikation von Schädigung, Leistungsminderung und Behinderung wird zunehmend gebraucht. Dieses Schema wurde entwickelt, um bei der Identifikation und Messung von körperlichen, funktionalen und sozialen Konsequenzen von Krankheit und psychischer Verletzung behilflich zu sein“ (OECD 1995, S. 33)[12].

Die OECD verweist darauf, daß ein zweites System entwickelt wurde und zunehmend mehr genutzt wird, weil sich das erste System als ungeeignet erwies, um pädagogische Entscheidungen über den Lernort von Kindern mit Leistungsminderungen zu treffen: „Viele Kinder mit Leistungsminderungen haben pädagogische Bedürfnisse, welche nicht notwendigerweise an dem Ort angeboten werden, der ihrer vorrangigen medizinischen Diagnose entspricht. Aus diesem Grund (...) haben viele Länder das System der Kategorisierungen verlassen und favorisieren den Begriff der „besonderen pädagogischen Bedürfnisse“ (special educational needs = SEN)“ (s.o. S. 34).

3. Allgemeine Veränderungen als Folge von schulischer Integration

Sowohl in der Theoriebildung als auch in der pädagogischen Praxis hat der Kategorienwechsel von sonderpädagogischen Zuschreibungen hin zur Formulierung von besonderen pädagogischen Bedürfnissen zu weitreichenden Veränderungen geführt. „Die Beschreibung des SEN erkennt an, daß pädagogische Ergebnisse abhängig sind von der Interaktion zwischen dem Kind, der in der Schule bereitgestellten Pädagogik, den Einflüssen von zu Hause und der generell umgebenden Gemeinschaft“ (s.o. S. 34).

---

[12] Zur Terminologie in Anlehnung an die WHO vgl. auch Sander 1997. Alle hier aus der OECD-Studie 1995 übernommenen Übersetzungen wurden von Jutta Schöler vorgenommen.

Die tatsächliche Situation eines Kindes mit einer Schädigung oder Leistungsminderung in einem Land muß in Beziehung gesetzt werden zur allgemeinen Organisation des Schulwesens und des Gesellschaftssystems und zu der speziellen Gesetzgebung und sozialstaatlichen Fürsorge, welche die Menschen beanspruchen können, die einer besonderen Zuwendung bedürfen. (Am Beispiel jeweils eines Kindes und seiner Familie aus Italien und aus den Niederlanden habe ich dies in Schöler 1993 dargestellt.)

Auch in den Ländern, in denen die gemeinsame Erziehung von behinderten und nicht behinderten Kindern aufgrund der Gesetzgebung und der tatsächlichen Erziehungspraxis so weit vorangeschritten ist, daß nahezu alle Kinder und Jugendlichen die Regelschulen besuchen, bleibt die Frage nach dem richtigen Lernort ein Thema skeptischer Diskussionen. Aus Norwegen, Island und Finnland wird von Mitarbeitern der Schulverwaltung, Lehrern und Eltern berichtet, die glauben, daß die Integration der Kinder mit besonderem Förderbedarf das Vorwärtskommen der Mehrheit behindere (vg. OECD 1995, S. 19).

In einem solchen Diskussionszusammenhang kann die genaue Analyse der Ergebnisse international vergleichender Leistungsmessungen eine besondere Bedeutung erhalten. (Vgl. Baumert 1997)

Die OECD-Studie verweist darauf, daß alle OECD-Staaten in den vergangenen 30 Jahren verstärkt eine Politik betrieben haben, welche integrative Erziehung favorisiert (s.o. S. 19). „Manche Länder haben getrennte Sondererziehungssysteme, wenig Gesetzgebung für Integration und auf Regierungsebene offensichtlich nur geringfügiges Interesse, diese voranzubringen. Andererseits ist in anderen Ländern die Integration eine wesentliche Komponente von Erziehungsreformen, wie z.B. in Deutschland, den Niederlanden und Spanien“ (s.o. S. 19).

> „Viele Länder haben festgestellt, daß die Zugänglichkeit zum Lehrplan *das* Schlüsselproblem darstellt, welches die Politik in grundsätzliche Klärungen drängt, wie z.B. die Bereitstellung von Ressourcen oder die Ausbildung der Lehrer. In der kanadischen Provinz „New Brunswick“ ist es z.B. die gesetzliche Pflicht (...) der Schule nachzuweisen, daß sie den Bedürfnissen des Kindes nicht gerecht werden kann, nicht daß das Kind sich den Anforderungen der Schule nicht anpassen könne“ (s.o. S. 19; Hervorhebung im Original).

Die Rolle der Sonderschule als Institution hat sich zwangsläufig in zahlreichen Ländern verändert: „In Ländern wie Kanada, Finnland, Island, Italien, Norwegen und Spanien, wo ein Kontinuum von Bereitstellungen bereits etabliert ist, hat ein Wandel der Rolle von Sonderschulen bereits stattgefunden. In Island ist es das Ziel, so viele Kinder wie möglich in die normalen Schulen zu schicken und dafür zu sorgen, daß die normalen Schulen mit Spezialisten unterstützt werden. In Norwegen wurden vergleichbar die Mehrheit der 40 Internats-Sonderschulen geleert und in nationale öffentliche Kompetenz-Zentren umgewandelt mit hoch spezialisiertem und qualifizierten Personal, welche speziellen

Service national und regional anbieten. Es ist beabsichtigt, daß diese Zentren die Forschung und die Entwicklungsarbeit weiterführen und als Ressourcen-Zentren zur Verfügung stehen" (s.o. S. 20).[13]

„In Spanien wurden Regelschulen aufgefordert, sich freiwillig zu melden, um Integrationsschulen zu werden, welche zusätzliche Mittel und Unterstützung von einem speziellen Zentrum erhalten" (s.o. S. 20). Dieses System ist in Spanien vor allem geplant worden, um die Bereitschaft der Schulen zu erhöhen, sich umfassend mit der Schulreform, hin zu einer Schule für alle Kinder auseinanderzusetzen (vgl. Marchesi 1991, Schöler 1990 und 1993).

Exemplarisch stelle ich im folgenden den aktuellen Stand der gemeinsamen Erziehung von behinderten und nichtbehinderten Kindern in Dänemark und in Italien dar. Nach meiner Einschätzung ist es wichtig, für die jeweiligen Länder die Rahmenbedingungen integrativer Erziehung zu beachten.

Italien kann als das Land bezeichnet werden, das am konsequentesten bereits seit Mitte der 70er Jahre die Sonderschulen aufgelöst und neue unterstützende Strukturen geschaffen hat. Spanien hat sich ca. zehn Jahre später weitgehend an Italien orientiert.

Dänemark steht hier stellvertretend auch für Norwegen und Schweden. Diese drei skandinavischen Länder haben seit Mitte der 70er Jahre sehr ähnliche Schulreformen umgesetzt. Für die beiden Länder Italien und Dänemark, die hier ausführlicher dargestellt werden, konnte ich neben der Literaturaufarbeitung die Gelegenheit nutzen, bei Praktikern und Experten persönlich nachzufragen.

4. Rahmenbedingungen integrativen Unterrichts in Dänemark und Italien:

In beiden Ländern sind die entscheidenden Veränderungen im Schulsystem, die eine gemeinsame Erziehung zum Ziel haben, Mitte der 60er bis Anfang der 70er Jahre begonnen worden und haben in den Jahren 1975/76 zu gesetzlichen Regelungen geführt.

In Italien gibt es seit Beginn der 80er Jahre keine Sonderschulen mehr, denn seit dem Schuljahr 1976 wurden alle Kinder in die Grundschule ihres Wohnortes eingeschult, unabhängig davon, ob das Kind eine Behinderung hat oder nicht. In Dänemark haben alleine die Eltern das Entscheidungsrecht zwischen

[13] Aus persönlichen Gesprächen mit Michael Cyrus, dem pädagogischen Konsulenten des staatlichen spezialpädagogischen Zentrums für taubblinde Menschen in Oslo, weiß ich, daß seit Anfang der 90er Jahre alle schulpflichtigen taubblinden Kinder Norwegens die Schulen an ihrem Wohnort besuchen. Sie werden dort von jeweils einem ausgebildeten Speziallehrer betreut. Die Kommunikation innerhalb dieses auf ganz Norwegen verteilten Kollegiums erfolgt über Videokonferenzen und Internet.

Sondergruppe oder Beteiligung am Regelunterricht. Da nur sehr wenige Eltern eine Sonderbeschulung wünschen, dies auch häufig nur für eine begrenzte Zeit, gibt es in Dänemark derzeit nur noch wenige Sondergruppen, z.B. für hochgradig hörgeschädigte Kinder, die Regelschulen angegliedert sind.

Bevor ich auf die speziellen Regelungen eingehe, die für die Anwesenheit von Kindern mit Behinderungen formuliert wurden, ist es notwendig, die Merkmale des Schulsystems beider Länder kurz zu skizzieren, die Gemeinsamkeiten generell begünstigen.

Diese Merkmale sind: *Die Rahmenpläne, die Abschaffung der Ziffernzensuren, eine nichtselektive Pflichtschulzeit von acht bis zehn Jahren, geringe Klassenfrequenzen, geregelte Ganztagsbetreuung und einheitliche Lehrerbildung.*

In Dänemark und in Italien gibt es für die gesamte Pflichtschulzeit für alle Kinder *einen gemeinsamen Rahmenplan*. Dieser Plan ist sehr weit formuliert und muß von den Lehrerinnen und Lehrern für die einzelnen Klassen den jeweiligen lokalen Rahmenbedingungen und der Zusammensetzung der Lerngruppe entsprechend konkretisiert und mit den Eltern abgestimmt werden.[14]

In beiden Ländern gibt es eine Leistungsbewertung, die sich *an dem individuellen Lernfortschritt* des einzelnen Schülers bzw. der einzelnen Schülerin orientiert.[15] *Klassenwiederholungen* sind nur als absolute Ausnahme möglich, wenn alle Beteiligten, vor allem die Eltern dies für die Entwicklung des einzelnen Kindes als förderlich einschätzen. Am Ende der Pflichtschulzeit erhalten alle Schülerinnen und Schüler einen formal gleichwertigen Abschluß. Dieser Abschluß bestätigt die Lernerfolge der zurückliegenden Schulzeit und hat für alle Jugendlichen keinerlei formale Bedeutung für den Zugang zur beruflichen Ausbildung oder der Zugangsberechtigung für die weiterführenden Schulen, welche auf eine spätere universitäre Bildung vorbereiten. Die Selektionsfunktion des Schulwesens beginnt in jenen Ländern erst nach der Pflichtschulzeit. *Abschluß der Pflichtschule und Berechtigungsfunktion* sind nicht miteinander verbunden. Dies ist ein wesentlicher Unterschied zum deutschen Sekundarschulsystem, auf den ich hier nur kurz verweisen kann. (Ausführlicher hierzu siehe Schöler, Kapitel 6 in Preuss-Lausitz/Maikowski 1997/98.)

Die *Pflichtschulzeit* umfaßt in Italien acht Jahre, die Ausdehnung auf zehn gemeinsame Jahre für alle ist bereits gesetzlich beschlossen, aber noch nicht umgesetzt. In Dänemark umfaßt die Pflichtschulzeit 10 Schuljahre, wobei einige

---

[14] Die ungekürzten Rahmenplantexte für die Fächer Mathematik und italienische Sprache (jeweils 13 Druckseiten für die fünf Schuljahre der Grundschule) sind im Anhang zu dem von mir 1987 veröffentlichten Buch über die „italienischen Verhältnisse" in den Schulen von Florenz abgedruckt. Die OECD-Studie verweist darauf, daß zunehmend mehr Länder von standardisierten, für alle Schüler einheitlichen Lehrplänen abrücken und benennt als jüngstes Beispiel die Grundschulreform in Frankreich. (Vgl. OECD 1995, S. 57)

[15] Vgl. hierzu Schöler 1996b, S. 86-95.

Schülerinnen und Schüler bereits nach neun Jahren in das weiterführende Schulsystem wechseln dürfen, wenn sie dies wünschen. Anderen Jugendlichen wird angeboten, daß sie in besonderen Einrichtungen, die stark praxis- und projektorientiertes Lernen durchführen, während eines Schuljahres in ihrer Berufswegentscheidung sicherer werden können. Auf Details kann ich hier wiederum nicht eingehen. Aber es ist wichtig, sich bewußt zu machen, daß in beiden Ländern das Sortieren nach unterschiedlicher Leistung nicht als die Aufgabe der staatlichen Schule angesehen wird.

Ganztagsbetreuung ist für die Dauer der Pflichtschulzeit als staatliches Angebot gesichert. In Dänemark kann eine durchgängige Ganztagsbetreuung in der Schule als Regelfall angesehen werden; in Italien haben die Eltern ein Wahlrecht zwischen der Halbtagsklasse bis ca. 13 Uhr („tempo normale"), einer vollen Ganztagsbetreuung bis ca. 14.30 Uhr („tempo pieno") oder einer „verlängerten Zeit" bis ca. 16 Uhr („tempo prolungato"). Es ist durchaus möglich, daß an einer Schule Klassen mit diesen unterschiedlichen Organisationsformen anzutreffen sind.

In der Sekundarstufe I wird die Ganztagsbetreuung in Italien zumeist in der Form organisiert, daß die Jugendlichen aus einem vielfältigen Angebot von unterrichtsbezogenen Kursen und Freizeitaktivitäten wählen können. In Dänemark erfolgt die Organisation des Nachmittagsangebotes für Jugendliche zumeist in eigenen „Jugendschulen". Grundlage der zuverlässigen Ganztagsbetreuung ist ein zuverlässiges Vertretungslehrersystem.[16]

Geringe *Klassenfrequenzen* als Regelfall, bereits unabhängig von der Tatsache der Anwesenheit eines Kindes mit besonderem Förderbedarf, ist *eine wesentliche Voraussetzung* für die gemeinsame Erziehung von behinderten und nichtbehinderten Kindern. Oder, anders formuliert: Allein die Tatsache, daß in der Bundesrepublik Deutschland relativ hohe Klassenfrequenzen der Regelfall sind, läßt die Frequenzsenkung im Zusammenhang mit integrativem Unterricht als relativ kostenaufwendig erscheinen.

In Italien ist die Klassenfrequenz für die gesamte Pflichtschulzeit *gesetzlich* auf 25, in Dänemark auf 28 Schülerinnen und Schüler begrenzt. Bei höherer Schüleranzahl *muß* die Klasse geteilt werden. Die Durchschnittsfrequenzen liegen in beiden Ländern bei ca. 17 Schülerinnen und Schülern. Die gesetzlichen Festlegungen sichern auch, daß bei kurzfristig notwendig erscheinenden Einsparmaßnahmen es politisch sehr schwer durchzusetzen wäre, die Erhöhung von Klassenfrequenzen in den Schulen als kostensenkenden Faktor anzuwenden.

Die *Lehrerbildung* ist in beiden Ländern sehr unterschiedlich und unterscheidet sich auch in wesentlichen Faktoren von der Ausbildung in Deutschland. In unserem hier interessierenden Zusammenhang ist wichtig, daß es eine grundstän-

---

[16] Zur Organisation des Vertretungssystems vgl. Kauermann in: Schöler 1996b, S. 103-108

dige Sonderausbildung für die Beschulung von Kindern mit besonderen Lernbedürfnissen nicht gibt. Die hierfür notwendigen Zusatzqualifikationen werden durch Zusatzausbildungen erworben. Alle Lehrerinnen und Lehrer müssen sich darauf einstellen, auch Kinder und Jugendliche mit Behinderungen zu unterrichten. Zusatzausbildungen für das Unterrichten von Kindern mit besonderem Förderbedarf führen genausowenig zu einer höheren Bezahlung oder geringeren Unterrichtsverpflichtung wie z.B. eine Zusatzausbildung für ein spezifisches Unterrichtsfach.

5. Spezielle Regelungen zur gemeinsamen Erziehung in Dänemark und Italien:

Spezielle Regelungen für Kinder und Jugendliche mit besonderen Lernbedürfnissen sind bei den oben skizzierten allgemeinen Rahmenbedingungen nur noch in einem sehr geringen Maße notwendig. In beiden Ländern sind diese aufgrund der knapp zwanzigjährigen Erfahrungen in jeweils einem umfassenden Gesetz zusammengefaßt worden; für Dänemark 1990 und für Italien 1994. Auf die Details dieser gesetzlichen Regelungen gehe ich hier nicht ein.[17]

Ich gehe hier nur auf vier Bereiche ein, die bei Anwesenheit eines Kindes mit besonderen Bedürfnissen in der Schule geregelt werden:

Die Bewilligungspraxis von zusätzlichem Betreuungs- und Lehrpersonal,
die Senkung der Klassenfrequenzen,
die Finanzierung und
den Übergang in die weiterführenden Schulen oder die Arbeitswelt.

Daneben hat für die Sekundarstufe I die Praxis der Leistungsbewertung eine besondere Bedeutung (vgl. Schöler, Kapitel 6 in: Preuss-Lausitz/Maikowski 1997/98).

Zu den Entscheidungskompetenzen und der Bewilligungspraxis von zusätzlichem Betreuungs- und Lehrpersonal:

In Dänemark wird auf Antrag der Eltern oder der unterrichtenden Lehrerinnen und Lehrer von einem „Pädagogisch-psychologischen Beratungsbüro“ der Vorschlag für die „Spezialpädagogische Unterstützung“ ausgearbeitet und anschließend den Eltern und dem Schulleiter vorgelegt. Gegen den Willen der Eltern darf nur in seltenen Ausnahmefällen und nur auf eine begrenzte Zeit ein Spezialunterricht durchgeführt werden. In dem Pädagogisch-psychologischen Beratungsbüro arbeiten Lehrerinnen und Lehrer mit Unterrichtserfahrungen und einem Zusatzstudium in Psychologie. Die formalen Entscheidungen über die zu treffenden Maßnahmen trifft der Schulleiter/die Schulleiterin. Der soge-

---

[17] Details sind dem Aufsatz in der Zeitschrift: „Recht der Jugend und des Bildungswesens“ zu entnehmen. siehe Schöler 1996a.

nannte „Spezialpädagogische Beistand" wird häufig nur für eine begrenzte Zeit beschlossen. Nach den Erhebungen der OECD erhielten 13,03 % aller Schülerinnen und Schüler eine solche Unterstützung (OECD 1995, S. 44), der größte Anteil liegt zwischen dem 3. und 7. Schuljahr.[18]

In Italien wird von den „Ambulatorien" der Sozial-Medizinischen Dienste („Unità Sanitarie Locale") das Gutachten ausgestellt, ob ein Kind als „Kind mit Behinderung" anerkannt wird. Dieses Gutachten („certificato") berechtigt die Schule, bei der staatlichen Schulverwaltung zusätzliche Ressourcen zu beantragen. Alle Entscheidungskompetenzen liegen danach bei der Schulleitung. Lern- und Verhaltensschwierigkeiten führen in der Regel in Italien nicht dazu, daß ein Schüler oder eine Schülerin den „Gutachtenstatus" erhält. Aufgrund der Tatsachen, daß die Klassenfrequenzen gering und die Rahmenpläne offen formuliert sind, Ganztagsbetreuung dort angeboten wird, wo Eltern dies wünschen und allgemeine schulorganisatorische Maßnahmen häufig zu Doppelbesetzungen im Unterricht führen, ist eine besondere Klassifizierung einzelner Kinder nur in wenigen Ausnahmefällen notwendig. Die OECD-Statistik gibt für Italien 1,27 % aller Schülerinnen und Schüler an (s.o. S. 44).[19]

Die Senkung *der Klassenfrequenzen* ist in Italien rechtlich sehr formal festgelegt: Sobald ein Kind mit Behinderung in der Klasse ist, darf die Klassenfrequenz nicht höher als 20 Kinder pro Klasse sein. Nach dem Gesetz dürfen nicht mehr als vier Kinder mit Behinderungen in der Klasse sein, faktisch sind es nicht mehr als zwei.

Vergleichbare formale Regelungen *gibt es in Dänemark nicht*. Jeder Einzelfall muß in seinen spezifischen Bedürfnissen berücksichtigt werden; im Gesetz von 1990 wird ausdrücklich darauf verwiesen, daß jegliche Form der Kategorisierung vermieden werden soll. Das pädagogisch-psychologische Beratungsbüro bezieht in seinen Vorschlag auch ein, wie hoch die Klassenfrequenz für die Unterrichtung des einzelnen Kindes sein sollte, über dessen schulische Förderung entschieden wird.

---

[18] So die persönliche Auskunft von Jorgen Hansen, dem „Generalinspector für Spezialunterricht" des dänischen Unterrichtsministeriums. An diesem Beispiel wird zugleich deutlich, wie wichtig es ist, die konkreten Grundlagen für derartige statistische Erhebungen zu kennen. Während in Dänemark der spezialpädagogische Beistand statistisch erfasst wird, auch wenn er nur vorübergehender Art ist, wird in Schweden - ähnlich wie in Italien - nur der langfristige besondere Bedarf statistisch erhoben. Deshalb gibt die OECD-Statistik für Schweden einen Wert von 1,60% und für Dänemark von 13% an (s.o. Tabelle 1 sowie OECD 1995, S. 42 und 44).

[19] Ähnlich gering ist der Anteil speziell kategorisierter Schülerinnen und Schüler in Japan. In Baumert 1997 wird darauf verwiesen, daß in Japan lediglich 5,7% der Mittelschüler selektive, private oder staatliche Schulen besuchen und weniger als 2% wegen körperlicher oder geistiger Behinderungen Sonderschulen bzw. Sonderklassen. „Die japanische Schule ist bis zur 9. Jahrgangsstufe eine Einheitsschule, die keine Niveaudifferenzierung kennt. Die Schüler werden in heterogenen Jahrgangsklassen unterrichtet. Klassenwiederholungen gibt es in Japan nicht" (Baumert 1997, S. 218).

Zur Finanzierung:

In beiden Ländern ist es keine Frage, daß die für die gemeinsame Erziehung notwendigen finanziellen Mittel zur Verfügung gestellt werden müssen. Interessant ist, mit welchen Regelungen eine Art „Finanzausgleich“ bereits bei der gesetzlichen Regelung bedacht wurde.

In Dänemark muß für die notwendige Finanzierung die Kommune sorgen. Das Gesetz legt sogar fest, daß für eine *möglicherweise notwendig werdende Finanzierung* von Spezialunterricht finanzielle Reserven geschaffen werden müssen:

> „Im Laufe des Schuljahres kann ein Bedarf an Spezialunterrichtsstunden entstehen, der über das Maß hinausgeht, das die einzelnen Schulen im voraus erkennen konnten. Dies kann z.B. dadurch entstehen, daß im Laufe des Jahres zugezogene Schüler aufgenommen werden, die einen Bedarf an eine große Anzahl von Spezialunterrichtsstunden haben. Da es auch in dieser Situation gesichert sein muß, daß Schüler mit einem dokumentierten Bedarf an Spezialunterricht in jedem Falle ihren Bedarf in erforderlichem Maße gedeckt bekommen, ist es zu empfehlen, daß die Gemeinden bei der dezentralen Regelung eine besondere Bewilligung festlegen, um solchen extraordinären Situationen gewachsen zu sein.“

Wenn in besonderen Fällen wegen der Schwere oder der Art der Behinderung überdurchschnittlich hohe Kosten über einen langen Zeitraum zu erwarten sind, dann wendet sich die Kommune an den Kreisrat und kann von dort zusätzliche finanzielle Mittel beantragen.

In Italien muß die staatliche Schulverwaltung sämtliche Mehrkosten tragen, die sich aus der Frequenzsenkung ergeben und dadurch, daß in der Regel acht bis zwölf Lehrerstunden zusätzlich für ein Kind mit einem „certificato“ als notwendig angesehen werden. Wenn der Vorschlag der „Sanitätsdienste“ und die Planungen der Lehrer nachweisen, daß diese Lehrerstunden nicht ausreichen, dann muß die Kommune zusätzliches Lehr- oder Betreuungspersonal finanzieren.

Übergang in die weiterführenden Schulen und in die Arbeitswelt:

Die beiden *entscheidenden Unterschiede* in Bezug auf die gemeinsame Erziehung von behinderten und nichtbehinderten Jugendlichen *in der Sekundarstufe I* zwischen Deutschland einerseits und Italien und den skandinavischen Ländern andererseits sind nach meiner Einschätzung die Tatsachen, daß

1. der Abschluß der Pflichtschule in jenen Ländern *nicht mit unterschiedlichen Berechtigungsfunktionen* verbunden ist und

2. während der Pflichtschulzeit keine Formen äußerer Differenzierung vorgesehen sind, die mit unserem deutschen Fachleistungssystem der Gesamtschulen, mit abschlußrelevanten Fächerwahlen im Wahlpflichtbereich oder gar mit der Dreigliedrigkeit des deutschen Schulsystems vergleichbar wären.

Die meisten Schülerinnen und Schüler in Dänemark und in Italien besuchen nach der Pflichtschulzeit eine weiterführende Schule, in der eine Berufsqualifikation erworben wird. Ein duales Berufsausbildungssystem gibt es in diesen Ländern nicht.

Insbesondere für Jugendliche mit Behinderungen ist wichtig: *Nicht ein privater Arbeitsgeber entscheidet* über die Möglichkeiten eines weitergehenden Schulbesuchs und einer Zusatzqualifikation, die für eine Arbeitstätigkeit geeignet ist, sondern *allein das staatliche Schulsystem.*

In Italien sind die weiterführenden Schulen seit 1992 verpflichtet, Jugendliche mit Behinderungen aufzunehmen und dort auch nach abweichenden Lernzielen zu unterrichten.[20]

In beiden Ländern gibt es vielfältige Erfahrungen mit der begleitenden Unterstützung von Jugendlichen mit Behinderungen an normalen Arbeitsplätzen.

Zusammenfassend und abschließend soll betont werden, daß die Akzeptanz von Verschiedenheiten innerhalb des staatlichen Pflichtschulsystems in den Ländern groß ist, die im Gegensatz zu Deutschland *allen* Kindern eine relativ lange Bildungsphase ohne Selektion gewähren.

In den Ländern, welche es nicht akzeptieren, daß Kinder vor dem Ende der Pflichtschulzeit verschiedenen Schulformen zugewiesen werden, ist es erheblich leichter, auch die besonderen Bedürfnisse von Kindern mit einem besonderen Förderbedarf im Rahmen der allgemeinen Lernprozesse für alle Kinder zu organisieren.

Im Rahmen autoritär geprägter Verwaltungsstrukturen wird in Deutschland immer noch der Wille von Eltern nicht respektiert. Wenn Eltern eine Sonderbeschulung für ihr Kind nicht wünschen, meinen viele Pädagoginnen und Pädagogen immer noch, man müsse diese Eltern mit ihren Kindern zu *„ihrem Glück"* zwingen.

Sonderbeschulung kann jedoch - im internationalen Vergleich betrachtet - aus Sicht der deutschen Verwaltungsbürokratie letztlich nur noch als Verwaltungsvereinfachung gerechtfertigt werden. Aus der Sicht der Betroffenen stellt die Überweisung an eine Sonderinstitution gegen den eigenen Willen einen schwerwiegenden Eingriff in demokratische Grundrechte dar. Im westlichen Ausland findet der deutsche Sonderweg für Kinder mit Behinderungen zunehmend weniger Verständnis.

---

[20] Vgl. Giusti 1996 und die Beispiele in Schöler 1996b, S. 147-161.

Literatur

Baumert, Jürgen & Lehmann, Rainer u.a.: TIMSS - Mathematisch-naturwissenschaftlicher Unterricht im internationalen Vergleich. Opladen 1997.

Bürli, Andreas: Zur Behindertenpädagogik in Italien, England und Dänemark. Luzern 1985.

Eberwein, Hans: Handbuch Integrationspädagogik. Kinder mit und ohne Behinderungen lernen gemeinsam. Weinheim 1997[4].

Fröhlich, Andreas: Die Förderung Schwerstbehinderter. Erfahrungen aus sieben Ländern. Luzern 1981.

Giusti, Mariangela: Disabilità e scuola superiore. Adolescenza, integrazione, percorsi scolastici con l'handicap. Firenze 1996.

„Getting there", Zeitschrift der Internationalen Liga von Gesellschaften für Menschen mit geistiger Behinderung, Heft 5, 1995.

Heiden, Hans Günter: Niemand darf wegen seiner Behinderung benachteiligt werden. Reinbek 1996.

Heyer, Peter; Preuss-Lausitz, Ulf; Schöler, Jutta (Hrsg.): „Behinderte sind doch Kinder wie wir!" Gemeinsame Erziehung in einem neuen Bundesland. Berlin 1997.

Hug, Reinhard (Hrsg.): Integration in der Schule der 10- bis 14jährigen. Innsbruck 1994.

Jülich, Martina: Schulische Integration in den USA. Bisherige Erfahrungen bei der Umsetzung des Bundesgesetzes „Public Law 94-142" - dargestellt anhand einer Analyse der „Annual Reports to Congress". Bad Heilbrunn 1996.

Kauermann, Nadja: „Il sistema delle supplenze" - Warum fällt der Unterricht (nicht) aus? In: Schöler, Jutta (Hrsg.): „Italienische Verhältnisse" Teil II. Menschen mit Behinderungen auf dem Weg von der Schule in die Arbeitswelt. Berlin 1996b. p. 103-108.

Klafki, Wolfgang: Restaurative Schulpolitik 1945-1950 in Westdeutschland. Das Beispiel Bayern. In: Oppolzer, Siegfried und Lassahn, Rudolf: Erziehungswissenschaft zwischen Herkunft und Zukunft der Gesellschaft. Wuppertal/Ratingen 1971.

Klafki, Wolfgang: Bildungsperspektiven - Grundzüge internationaler Erziehung. In: Klement, Karl; Oswald, Friedrich; Rieder, Albert (Hrsg.): Bildung - Schwelle zur Freiheit.11. Europäisches Symposium. Wien 1995. p. 2-10.

Landesarbeitsgemeinschaft Bayern . Gemeinsam Leben - Gemeinsam Lernen e. V. (Hrsg.): Sonderheft Integration für Einsteiger. Bernried 1996.

Marchesi, Alvaro u.a.: Assessment of the integration project in Spain. In: European Journal of special needs Education, Vol. 6, Number 3, October 1991, p. 185-200.

Organisation for Economic Co-operation and Development (OECD): Integrating students with special needs into mainstream schools. Paris 1995.

Picht, Georg: Die deutsche Bildungskatastrophe. Analyse und Dokumentation. Olten und Freiburg 1964.

Pluhar, Christine: Auf dem Weg zu verbesserter Kooperation zwischen Schule und Kostenträgern bei der Integration behinderter Schülerinnen und Schüler. In: Recht der Jugend und des Bildungswesens 44 (1996) 2, 216-222.

Preuss-Lausitz, Ulf: Fördern ohne Sonderschule. Weinheim und Basel 1981.

Preuss-Lausitz, Ulf: Integration Behinderter zwischen Humanität und Ökonomie. Zu finanziellen Aspekten sonderpädagogischer Unterrichtung. In: Pädagogik und Schulalltag (1996) 1. p. 17-30.

Preuss-Lausitz, Ulf/Maikowski, Rainer (Hrsg.): Integrationspädagogik in der Sekundarstufe. Gemeinsame Erziehung behinderter und nichtbehinderter Jugendlicher. Konzepte - Erfahrungen - Probleme. Weinheim 1997/98; erscheint im Winter 1997/98 im Beltz-Verlag.

Regenspurger, Otto (Hrsg.): Der neue Diskriminierungsschutz für Behinderte im Grundgesetz. Entstehung und Tragweite des Benachteiligungsverbotes (Art. 3 Abs. 3 Satz 2 GG). Bonn 1995 (Die Broschüre wird kostenlos zugesandt: Postfach 14 02 80 (BMA), 53107 Bonn.

Rolff, Hans-Günter: Strategisches Lernen in der Gesamtschule. Reinbek 1974.

Sachs, Michael: Das Grundrecht der Behinderten aus Art. 3 Abs. 3 Satz 2 GG. In: Recht der Jugend und des Bildungswesens 44 (1996) 2, 154-174.

Die Salamanca-Erklärung: Pädagogik für besondere Bedürfnisse. Verabschiedet in Salamanca/Spanien am 10. Juni 1994. Hrsg. von der Österreichischen UNESCO-Kommission. Wien 1996.

Sander, Alfred: Notizen aus den Schulen von Volterra. In: Behindertenpädagogik 221 (1983) 4, 329-335.

Sander, Alfred: Ein zweiter Besuch in Volterra. In: Behindertenpädagogik 24 (1985) 1, 53-59.

Sander, Alfred: Behinderungsbegriffe und ihre Konsequenzen für die Integration. In: Eberwein, Hans: Handbuch Integrationspädagogik. Kinder mit und ohne Behinderungen lernen gemeinsam, 4. Auflage. Weinheim 1997. p. 99-107.

Schindler, René: Integres Europa. In: Betrifft:Integration:Österreich, Nr. 2, 1997, p. 1f. und 4.

Schöler, Jutta (Hrsg.): Schule ohne Aussonderung in Italien. Eine Exkursionsgruppe berichtet von ihren Erfahrungen. Berlin 1983.

Schöler, Jutta (Hrsg.): „Italienische Verhältnisse“ - insbesondere in den Schulen von Florenz. Berlin 1987.

Schöler, Jutta (Hrsg.): Ansätze zur Integration behinderter Kinder und Jugendlicher in den Ländern der Europäischen Gemeinschaft. Berlin 1990.

Schöler, Jutta: Gemeinsame Erziehung und gemeinsamer Unterricht in anderen Ländern. In: Zehn Jahre wohnortnahe Integration. Behinderte und nichtbehinderte Kinder gemeinsam an ihrer Grundschule. Hrsg. von Peter Heyer u.a., Frankf./M. 1993. p. 21-29.

Schöler, Jutta: Gewaltprävention durch integrative Erziehung. In: Gemeinsam Leben 3 (1995), 132-138.

Schöler, Jutta: Die schulische Integration von behinderten Kindern in Dänemark und Italien. In: Recht der Jugend und des Bildungswesens (1996a) 2, 207-216.

Schöler, Jutta (Hrsg.): „Italienische Verhältnisse“ Teil II. Menschen mit Behinderungen auf dem Weg von der Schule in die Arbeitswelt. Berlin 1996b.

Schöler, Jutta: Integrative Förderung bei Kindern und Jugendlichen mit besonderen Bedürfnissen - ein Beitrag zu einem Bildungssystem ohne Selektion. In: Die neue Sonderschule (1997) 3, 225-233.

Schöler, Jutta: Leitfaden zur Kooperation von Lehrerinnen und Lehrern - nicht nur in Integrationsklassen. Heinsberg 1997.

Die Schülerschule. Brief an eine Lehrerin. Berlin 1970. (Erstveröffentlichung: Lettera a una Professoressa. Florenz 1967) ohne Autor (Don Milani-Comparetti leitete seine Schüler zu diesem Buch an.).

Andreas Hinz

Pädagogik der Vielfalt - ein Ansatz auch für Schulen in Armutsgebieten?

Überlegungen zu einer theoretischen Weiterentwicklung

Mit der Entwicklung in den letzten 20 Jahren ist ein zunehmender Grad quantitativer Ausweitung gemeinsamer Erziehung im Sinne einer Verallgemeinerung in der Praxis zu verzeichnen. Daneben entwickeln sich auch auf theoretischer Ebene Ansätze einer Integration der Integration innerhalb der Schulpädagogik. Hier ist vor allem die Pädagogik der Vielfalt zu nennen. Sie bildet für das neue Jahrtausend „eine pädagogische Leitidee, die für unsere tägliche Schularbeit so etwas wie kritische Orientierung und Ermutigung bietet," „greift die Pluralisierung positiv auf und ist doch zugleich auf Gerechtigkeit, Friedfertigkeit und Lebenserhaltung bezogen" (Preuss-Lausitz 1993, 10). Die Pädagogik der Vielfalt zielt darauf, „für alle Schülerinnen- und Schülergruppen auf den unterschiedlichen Ebenen der Schulpädagogik den gleichberechtigten Zugang zu den materiellen und personellen Ressourcen der Schule zu schaffen, um auf der Basis solcher Gleichberechtigung die je besonderen, vielfältigen Lern- und Lebensmöglichkeiten zu entfalten" (Prengel 1993, 183f). So kommen auf der Grundlage eines dialektischen Verständnisses von Gleichheit und Verschiedenheit neben der Heterogenität der Begabungen auch andere Dimensionen von Heterogenität in den Blick - vornehmlich die der Geschlechter und die der ethnischen und kulturellen Hintergründe.

Es ist kein Zufall, daß die Integrationspilgerer am Beginn der Gemeinsamen Erziehung ihre Ziele in Berlin - Schöneberg hatten, also dort, wo artikulationsstarke Elterninitiativen erste Erfahrungsmöglichkeiten durchgesetzt hatten - und nicht in Kreuzberg. Auch die bisher betrachteten Aspekte der Pädagogik der Vielfalt werfen die Frage auf, ob es sich um eine mittelschichtsorientierte, bildungsbürgerlich fortschrittliche und in der Tradition der 68er-Bewegung stehende Theorie mit emanzipatorischem Impetus handeln könnte.

Was aber ist mit Schulen in solchen Gegenden, in denen nicht primär die Bedürfnisse nach Emanzipation, nach 'Vielfalt in Gemeinsamkeit' im Vordergrund stehen, sondern zunächst Notwendigkeiten wie die einer regelmäßigen und gesunden Ernährung, in denen vielfach allein schon um die Voraussetzungen für Lernprozesse gerungen werden muß und tagtäglich das psychische

Elend auf irgendeine Weise bewältigt oder zumindest wahrgenommen und ausgehalten werden muß? So wenig die Sonderpädagogik nach den 70er Jahren das „randständige" (Iben 1996, 453) Thema der Armut im Blick hat, so wenig hat sich die Integrationspädagogik mit dieser Frage auseinandergesetzt. In dem Maße, wie sich die Gemeinsame Erziehung - in Hamburg mit der 'Integrativen Grundschule' - sozialen Brennpunkten zuwendet, muß sich auch die Pädagogik der Vielfalt den Fragen und Herausforderungen stellen, die in Armutsgebieten anstehen.

Im vorliegenden Beitrag soll der Versuch unternommen werden, den Ansatz der Pädagogik der Vielfalt mit der Situation von Schulen in Armutsgebieten zu konfrontieren und herauszuarbeiten, in welcher Weise die Pädagogik der Vielfalt ergänzt und weiterentwickelt werden sollte. Dies soll nach einer einführenden kurzen, holzschnittartigen Charakterisierung des Ansatzes am Beispiel der Grundschule Grumbrechtstraße in Hamburg-Heimfeld geschehen. Hierzu werden die Bedingungen dieser Schule und ihre konzeptionelle Entwicklung der letzten Jahre nachgezeichnet. Bei der Komplexität der anstehenden Fragen zur Konzeptentwicklung treten in der Schule Konflikte auf, inhaltliche Widersprüche tauchen auf und es müssen Prioritäten für nächste Schritte gesetzt werden. Am Schluß des Beitrags steht der Versuch eines vorläufigen Fazits.

1. Essentials der Pädagogik der Vielfalt

Im folgenden orientiere ich mich an der Theorie integrativer Prozesse, die von der Frankfurter Forschungsgruppe um Helmut Reiser entwickelt worden ist (vgl. Deppe-Wolfinger u.a. 1990, Reiser 1991). Grundlage dieser Theorie ist das dialektische Verhältnis von Gleichheit und Verschiedenheit. Ihr Zentrum liegt in der Aussage, daß Integration nicht ein Zustand ist, der irgendwann erreicht wird, sondern daß es bei Integration um Prozesse geht, die sich in einer dynamischen Balance von Annäherung und Abgrenzung vollziehen. Bei diesen Prozessen lassen sich verschiedene Ebenen unterscheiden, die miteinander verwoben sind und aufeinander einwirken. Meiner Modifikation entsprechend (vgl. Hinz 1992) geht es dabei um die Ebenen der Person, der Interaktion, der Handlung, der Institution und der gesellschaftlichen Normen (vgl. hierzu ausführlich Hinz 1993). Die Theorie integrativer Prozesse bietet mit ihren fünf Ebenen eine hilfreiche Systematik für die Darstellung der Pädagogik der Vielfalt, hier bezogen auf die Heterogenitätsdimensionen des Geschlechts, der Kultur und der Begabung.

Auf der *Ebene der Person* geht es um die Herausforderung, nicht nur die 'Hochglanz-Seiten' der eigenen Person wahrzunehmen, mit denen wir uns gerne nach außen präsentieren, sondern sich auch den 'dunklen Seiten', den eigenen Seiten der Kleinheit, des Zweifelns, des Nicht-Könnens, der Ratlosigkeit zuzuwenden. Häufig versuchen wir diese Seiten aggressiv von uns zu weisen (und bei anderen um so schärfer zu verfolgen) oder sie zu verleugnen und uns auf die 'angenehmen Seiten' zu fixieren. Beide Strategien verhindern jedoch Akzeptanz der eigenen Person. Die Hinwendung zum 'Fremden' in der eigenen Person, es als zu uns zugehörig zu akzeptieren, ist das Ziel.

Auf die Dimensionen von Heterogenität bezogen bedeutet dies, zu versuchen, sich von der einengenden Fixiertheit der Selbstwahrnehmung zu befreien: Es gilt, bei Menschen mit Behinderungen auch und vor allem ihre Kompetenzen in den Blick rücken zu helfen und bei denen ohne zugeschriebene Behinderung Prozesse zu unterstützen, die dazu verhelfen, daß sie auch ihre eigene Unvollkommenheit sehen und annehmen lernen. Gleiches gilt für die geschlechtliche Ebene: Wer vor allem bei sich auf Durchsetzungsfähigkeit und Aggressivität - typischerweise dem männlichen Verhaltensspektrum zugeordnet - setzt, ist herausgefordert, auch die eigenen Seiten der Weichheit und Abhängigkeit - typischerweise als weibliches Verhalten gesehen - zu entdecken und umgekehrt. Und schließlich ist von der Illusion der Vorurteilslosigkeit Abschied zu nehmen und zu lernen, daß wir alle einer kulturellen Beschränktheit unterliegen, schon deshalb, weil wir unter bestimmten kulturellen Bedingungen aufgewachsen sind und uns nur in gewissem Maße anderen Kulturen verstehend annähern können.

Auf der *Ebene der Interaktion* liegt die Herausforderung entsprechend der Ebene der Person darin, zu einer Begegnung, zu einem Dialog zu kommen, in dem wir uns der anderen Person in ihrer Ganzheit und Widersprüchlichkeit zuwenden und in diesem Dialog die andere verstehen und uns selbst treu bleiben. Häufig tendieren wir dazu, uns bei Kontroversen schnell voll und ganz von anderen zu distanzieren und uns bei Übereinstimmungen mit anderen stark zu verbinden und individuell Unterschiedliches verschmelzend zu übergehen. Beide Verhaltensstrategien sind gleich darin, daß sie Homogenität anstreben. Ein ganzheitlicher Dialog im Sinne Bubers kann so nicht entstehen, denn wenn wir gleich und verschieden sind, gehören zu ihm immer Konsens und Dissens und damit auch harmonische und konflikthafte - oder zumindest nicht verstehende - Anteile.

Für die Dimensionen von Heterogenität bedeutet dies die Herausforderung, sich den anderen in ihren je individuellen Gaben, also dem Können und dem Nicht-Können zuzuwenden, gleichermaßen, auch die je individuellen Ausdrucksformen geschlechtlichen Seins, also die realen sozialen Gestaltungen von Weiblichkeit und Männlichkeit bei anderen wahrzunehmen, und ebenso, die je individuellen kulturellen Ausdrucksformen in den Blick zu bekommen. Dabei geht es um die Annäherung an eine innere Logik von Verhaltensweisen und Einstellungen bei anderen und um die eigene individuelle Stellungnahme aufgrund unserer eigenen inneren Logik. Beide Anteile gilt es in die Betrachtung einzubeziehen - nicht aber dominierende Beurteilung.

Auf der *Ebene der Handlung* stellt sich die Herausforderung, bei Kindern und PädagogInnen und zwischen ihnen im Unterricht Kooperation zu ermöglichen. Weder sollen sie in Situationen der Verweigerung noch in Situationen der Vereinnahmung geraten. Im Bereich des Unterrichts geht es damit nicht um verschiedene Spezialdidaktiken für unterschiedliche Kinder in einer Klasse, sondern um eine allgemeine Didaktik mit spezifischen Qualitäten: Sie soll bei gleichzeitiger Wahrung von Gemeinsamkeit auf die Voraussetzungen und Möglichkeiten aller Kinder eingehen. Die Herausforderung liegt dementsprechend nicht in der Entwicklung verschiedener individueller Curricula, sondern vielmehr gerade in einem gemeinsamen, allgemeinen Curriculum, das die Unterschiedlichkeit der Kinder in der Lerngruppe berücksichtigt. In der konkreten Unterrichtsgestaltung wird das Primat deutlich beim gemeinsamen Unterricht liegen, jedoch sind auch Möglichkeiten flexibler, zeitlich begrenzter, in der Zusammensetzung wechselnder Differenzierung in verschiedenen Lerngruppen wichtig und sinnvoll. Schließlich ist mit der Vielfalt und Unterschiedlichkeit von Voraussetzungen, Bedürfnissen, Interessen und Zugängen in einer bewußt heterogenen Lerngruppe eine pädagogisch ausgebildete Person überfordert, wenn sie eine Kultur der Heterogenität und eine Pädagogik der Vielfalt pflegen will. Da die Komplexität von Unterricht nicht mehr durch Aussonderung von Kindern reduziert werden soll, muß sie durch ein Mehr-PädagogInnen-System reduziert werden. Die zweite PädagogIn begründet sich damit nicht primär in der Anwesenheit bestimmter 'Problemkinder', die Unterstützung durch SpezialistInnen brauchen, sondern in der Problematik der komplexen Unterrichtssituation selbst (vgl. Hinz 1993, 91-93).

Bezogen auf die Heterogenitätsdimensionen müssen unter curricularen und didaktischen Gesichtspunkten die Lebenswelten der Kinder berücksichtigt werden: Bei den unterschiedlichen sprachlich-kulturellen Kontexten müßte u.a. die Erstsprache der Kinder in den Unterricht der allgemeinen Schule einbezogen und damit als wichtiges Kulturgut anerkannt werden, anstatt ihre Pflege in die Zuständigkeit von Konsulaten abzuschieben. Ebenso müßte die implizite Bewertung von Inhalten hinterfragt und verändert werden, wenn etwa bei dem Thema 'die Türken vor Wien' häufig immer noch unbewußt der drohende Untergang des Abendlandes durch die Barbaren vermittelt und nicht auch die Morbidität eines europäischen Herrschaftsimperiums thematisiert wird. Bei den weiblichen und männlichen Existenzweisen sollten ebenso wie die Berufswelten auch die Haushalts- und Familienwelten behandelt und reflektiert werden, daß die Geschlechter nicht naturgegebenerweise bestimmte Funktionen wahrnehmen, sondern aufgrund gesellschaftlicher Normen. Und schließlich sollten nicht implizit immer nur die 'normalen', 'nichtbehinderten' Lebenswelten im schulischen Leben und Lernen repräsentiert sein, sondern das gesamte Spektrum menschlichen Lebens mit seinen Möglichkeiten und Erschwernissen - und dies nicht nur unter dem Thema 'Randgruppen' im Sozialkunde-, Ethik- oder Religionsunterricht.

Auf der *Ebene der Institution* gilt es, ein Höchstmaß an Gemeinsamkeit in Unterschiedlichkeit zu ermöglichen und Anpassungsdruck und Aussonderungsdrohung zu überwinden. Dazu bedarf es vielfältiger Prozesse administrativer Öffnung: die Überwindung von zeitlichen, räumlichen und inhaltlichen Begrenzungen; die Möglichkeit der Entwicklung zu einer realen 'Schule für alle', die alle Kinder des Einzugsbereiches aufnehmen kann und nicht aussondern muß; die Erweiterung der Möglichkeiten zur Entwicklung eines pädagogischen Profils für die einzelne Schule im Sinne der Autonomieentwicklung im Rahmen klar gesetzter demokratischer Rahmenbedingungen; die Fortentwicklung des Schulwesens von einem hierarchisch strukturierten zu einem integrativen - und dies schließt ausdrücklich auch die Notwendigkeit von Veränderung und Weiterentwicklung der Gesamtschule ein; schließlich die Überwindung der gleichen Begrenzungen wie in den Schulen auch in der Schulverwaltung. Auf allen Ebenen ist bei Konflikten zwischen hierarchischen Entscheidungs- und Verkündungsstrukturen einerseits und kooperativen Beratungsprozessen unmittelbar Beteiligter andererseits den kooperativen Beratungsergebnissen Vorrang zu geben.

Für die Dimensionen von Heterogenität gilt es administrative Absicherungen zu erreichen, daß nicht alle Kinder die gleichen kognitiven Leistungen erbringen müssen, um in einer Klasse bleiben zu können, daß die vorhandene Mehrsprachigkeit und Multikulturalität zu ihrem Recht kommt und daß Mädchen und Jungen auch unterschiedlichen Interessen und Zugängen nachgehen können - und das zeitlich begrenzt auch in selbstgewählten, unter bestimmten Aspekten homogen zusammengestellten Gruppierungen.

Auf der *Ebene der Gesellschaft* und ihrer Normen schließlich stellt sich die Herausforderung der Normalisierung - nicht in dem Sinne, daß alle 'normal werden' sollen, sondern daß der Begriff von Normalität ein erweitertes Spektrum von Menschen, ihren Verhaltensweisen, Einstellungen, Möglichkeiten und Unmöglichkeiten umfaßt. Hier gilt es, normativ ausgrenzende Prozesse der Exotisierung wie unterdrückende Prozesse der Kolonialisierung zu überwinden. Dieses schließt insbesondere die Kritik an allen Konzepten von Normalität ein, die alle Menschen an einem Maßstab messen, damit eine 'Normalität', gleichzeitig mit ihr eine Hierarchie von Wertigkeiten schaffen und Ausgrenzung und Abwertung produzieren.

Bezogen auf die Dimensionen von Heterogenität gilt es, diskriminierenden Normalitätskonzepten mit rassistischen, sexistischen und sozialdarwinistischen Tendenzen entgegenzutreten. Sie frönen der Überlegenheit des Deutschen, des Männlichen und des Starken und erlebten in der Phase des Nationalsozialismus ihren Höhepunkt; doch auch heute wirken sie in anderen Formen weiter. Wir sind weiter aufgefordert, jene Förder- und Therapieansätze zu hinterfragen, die Kinder mit kompensatorischen Absichten an bestehende Standards heranführen wollen, sei es mit sonderpädagogischem, ausländerpädagogischem oder feministischem Hintergrund. Dies gilt, obwohl dabei das Dilemma „positiver Diskriminierung" (Czock & Radtke 1984) besteht: Einerseits hat jedes Kind Anspruch auf die möglichen und hinreichenden Hilfen, andererseits gerät es schnell unter Anpassungsdruck, allgemeine Leistungsnormen erfüllen zu sollen und auf seine defizitäre Bedürftigkeit fixiert zu werden. Zu hinterfragen sind die - häufig auch unbewußten - Normalitätsstandards bei solchen speziellen Förder- und Therapiekonzepten, die gleichzeitig auch Abweichung definieren. Anders formuliert: Die kollektiv vorhandenen kleinen Rassismen, Sexismen und Sozialdarwinismen bei uns PädagogInnen sollen reflektiert werden, die sich womöglich in solchen kompensatorisch eingefärbten Förderkonzepten widerspiegeln.

2. Pädagogik der Vielfalt unter den Bedingungen eines Armutsgebietes?

Mit dem Schulversuch 'Integrative Grundschule' (vgl. Bürgerschaft 1990) hat Hamburgs sozialdemokratisch geführte Regierung die integrative Elterninitiative durch die Schulinitiative ergänzt und somit einen Schritt zu mehr Bildungsgerechtigkeit beim Gemeinsamen Unterricht getan. Im Rahmen dieses Schulversuchs wurde die Schule Grumbrechtstraße über mehrere Jahre bei der kollegiumsinternen Diskussion über eine mögliche innere Umstrukturierung begleitet. Ausgangspunkt waren Konflikte um die unterschiedlichen Rahmenbedingungen für Integrationsklassen und Integrative Regelklassen, die zu Überlegungen führten, ob die zugewiesenen Ressourcen nicht in einem möglichst weitgehenden Zwei-PädagogInnen-System in allen Klassen der Schule sinnvoller genutzt werden könnten als in den bisherigen Formen (vgl. hierzu Hinz 1994, 1997). Im Zuge dieses Prozesses gerät die ganze Breite der konzeptionellen und praktischen Entwicklung dieser Schule unter den Bedingungen ihres Umfeldes in den Blick.

2.1 Umfeld der Schule

Die Grundschule Grumbrechtstraße liegt im Stadtteil Heimfeld, einem anerkannten 'Pilotgebiet zur Armutsbekämpfung'. Das Umfeld der Schule wird charakterisiert durch sehr beengte Schlichtwohnungen, die schlecht isoliert sind, teilweise befinden sich die Toiletten im Treppenhaus; es gibt so gut wie keine Spielmöglichkeiten für Kinder, vielmehr massiven Verkehr, auch Schwerguttransporte zum Hafen. In diese Gegend zieht nur, wer im Moment keine andere Möglichkeit hat, und er sieht zu, möglichst schnell wieder woanders hinzuziehen. Fast drei Viertel der Erwachsenen werden durch Drittleistungen unterstützt (Sozialhilfe, Arbeitslosengeld etc.). Alkoholismus, Drogenkonsum, Mißbrauch sowie Existenz- und Versagensängste sind weit verbreitet; Strategien der Konfliktlösung sind in vielen Fällen ausschließlich laute Konfrontation und das Schlagen. In der Zeit vieler AsylbewerberInnen wurden hier zusätzlich Wohnschiffe plaziert. Vor ca. zwei Jahren wurde mit der Sanierung des Stadtteils begonnen.

Die Kinder, die in diesem Umfeld aufwachsen, leiden vielfach unter der Situation und dem Verhalten ihrer Eltern, sie wachsen mit geringen Wahrnehmungsanregungen auf - außer mit z.T. extensivem Fernseh- und Videokonsum - und weisen von daher in vielen Bereichen Entwicklungsrückstände auf. Der Einschulungsstatistik der Schule zufolge hat ca. ein Drittel der Kinder im sprachlichen, sozialen und/oder psychischen Bereich Therapiebedarf (Schule Grumbrechtstrasse 1996, 6).

2.2 Linien der Konzeptentwicklung

Angesichts der sozialen und psychischen Probleme hier in diesem Umfeld steht Pädagogik quasi mit dem Rücken an der Wand. Vor diesem Hintergrund sind im Kollegium in den letzten Jahren deutliche Veränderungen und konzeptionelle Entwicklungen eingeleitet worden. Trotz der vorhandenen - im Vergleich zu anderen Grundschulen höheren - Ressourcen für 'Sondermaßnahmen' war der Problemsituation innerhalb der vorhandenen Strukturen kaum beizukommen.

Beginnend mit einer pädagogischen Ganztagskonferenz 1993 werden Aspekte eines künftigen Schulkonzepts zusammengetragen, systematisiert und der Meinungsbildung zugeführt. Betrachtet man die Ergebnisse dieser Konferenz, so zeigen sich die folgenden programmatischen Schwerpunkte:

- Intensivierung der Kooperationsbeziehungen mit Kindern und Eltern, innerhalb des Kollegiums und mit außerschulischen Fachleuten,
- ein Schulprofil als integrative, multikulturelle, jahrgangsübergreifend arbeitende Stadtteilschule,
- das Primat des Sozialen und des Lebens in der Schule,
- ein Unterricht, der ganzheitliches, kindorientiertes Lernen ermöglicht, und
- die qualitative Verbesserung der Rahmenbedingungen.

Betrachtet man die Schwerpunkte im Zusammenhang, so sind dies Aspekte, die gemeinhin auch in der Literatur für eine 'gute Schule' charakteristisch sind, hier gehen aber auch drängende Notwendigkeiten mit pädagogischen Grundüberzeugungen einher: Die Not, die gewendet oder mit der zumindest umgegangen werden soll, ist die Situation der Kinder und ihrer Eltern; sie erfordert intensive Kooperationsbeziehungen innerhalb des Kollegiums wie multiprofessionelle Kooperation mit Fachleuten von außen sowie eine starke Aufmerksamkeit für die geringen bzw. problematischen sozialen und Wahrnehmungserfahrungen der Kinder im gemeinsamen (Schul-)Leben und bei der Gestaltung des Unterrichts.

Den beschriebenen Notwendigkeiten entsprechen pädagogische Grundüberzeugungen: das kindorientierte Lernen, das individualisierte Lernen im sozialen Kontext, die lernanregende, bewußt heterogene Lerngruppe - Kinder unterschiedlicher Fähigkeiten und Schwierigkeiten, verschiedener ethnischer und kultureller Hintergründe und unterschiedlichen Alters sollen sich ergänzen können. Hinzu kommt der enge Bezug zum Lernen an realen Gegebenheiten im Stadtteil und die Öffnung der Schule als zentraler Ort für den Stadtteil.

2.3 Schulkonzept

Das vorläufige Ergebnis der Diskussionen um die Konzeptaspekte wird zum Schulkonzept verdichtet, in dem folgende Diskussions- und Entwicklungsstränge enthalten sind (vgl. Schule Grumbrechtstrasse 1996).

Der Prozeß der *Entwicklung zur Integrationsschule* läßt sich als schrittweiser Integrationsprozeß der Integration in Schule und Kollegium charakterisieren:

- die jährliche Einrichtung einer Integrationsklasse seit 1987, für die im ersten Jahr ein Klassenlehrer von außen an die Schule kommt,
- die Einrichtung von Integrativen Regelklassen seit 1991,
- die Abschaffung von Ziffernzeugnissen und Versetzungen innerhalb der Grundschulzeit 1995 entsprechend den Regelungen der Hamburger Schulbehörde,
- die Integrative Grundschule mit weitgehendem Zwei-PädagogInnen-System und Offenheit für die Zuordnung der offiziell behinderten Kinder in alle Parallelklassen, beginnend 1995.

Mit diesen Entwicklungsschritten ist die Grundschule Grumbrechtstraße in der Lage, entsprechend der Weimarer Verfassung auch in der Praxis eine 'Schule für alle Kinder des Volkes' zu sein.

Mit der *Entwicklung zur Stadtteilschule* bemüht sich die Schule vor dem Hintergrund der schwierigen sozialen Situation des Einzugsbereichs seit Jahren um enge Vernetzung mit bestehenden Institutionen des Stadtteils. Darüberhinaus wird sie bei der Mitgründung und/oder Mitgestaltung von Initiativen und Institutionen im Stadtteil zur Verbesserung der sozialen Situation aktiv:

- Seit 1993 nimmt die Schulleitung an der Stadtteilkonferenz Heimfeld-Nord teil, an der alle im Stadtteil arbeitenden Institutionen beteiligt sind.
- Der Arbeitskreis Heimfeld-Nord hat sich die Veränderung des Stadtteils zur Aufgabe gemacht und begleitet seine Sanierung unter sozialen Aspekten. Er kümmert sich um die von der Stadtteilkonferenz benannten Problemlagen und organisiert ihre Bearbeitung.
- Gegründet wird ein ABM-Projekt, das für eine kostenlose Zubereitung eines 'gesunden Frühstücks' für jene Kinder der Schule sorgt, die von ihren Eltern nicht ausreichend versorgt werden.
- Zusätzlich existiert seit Oktober 1995 eine Vernetzungsgruppe des Schuleinzugsbereiches, die sich zum fallbezogenen Informationsaustausch trifft; seit

1995 ist darüberhinaus eine Sozialdiakonin zur Krisenintervention in Familien vorhanden.

- Geplant ist der Aufbau eines Bildungsangebots über die Volkshochschule, die mit der Koordination und dem Ausbau der bisherigen Angebote einhergehen soll.
- Weiter bestehen Kooperationsbeziehungen mit Sportvereinen, mit der Deutsch-Ausländischen Arbeitsgemeinschaft (die u.a. Träger des Mittagstisches in der Schule ist), der Jugendmusikschule und anderen Institutionen.

Insgesamt läßt sich sagen, daß die Schule Grumbrechtstraße durch ihr sozialpolitisches Engagement ein wichtiger Treffpunkt und ein zentraler Kommunikationsort innerhalb des Stadtteils geworden ist; manche der Gremien treffen sich in der Schule. Nicht zuletzt hat sich die Schule seit Jahren um einen Hort bemüht, der in der Trägerschaft des Hamburger Schulvereins auf dem Schulgelände für 40 Kinder ein Nachmittagsangebot bereithält.

Mit der *Entwicklung zur 'gesunden Schule'* will die Grumbrechtstraße den eingeschränkten Entwicklungsmöglichkeiten von Kindern in Armutsgebieten, aber auch den zahlreichen und zunehmenden Frühpensionierungen bei PädagogInnen im Schulbereich entsprechen:

- Mit Mitteln des Revitalisierungsprogramms der Hamburger Stadtentwicklungsbehörde erfolgt 1994 der Umbau des Schulhofes zu einer Landschaft mit vielfältigen Spielangeboten. die auch nachmittags zur Verfügung steht.
- Seit dieser Zeit wird zusätzlich von Kindern der vierten Klassen eine 'aktive Pause' organisiert, d.h. sie leihen in den großen Pausen Spielmaterialien aus und sorgen für deren Verwaltung.
- Im Unterricht wird entsprechend auf das 'Lernen mit allen Sinnen' Wert gelegt. Wahrnehmung und Entspannung sind wichtige Themen des Unterrichts.
- Die Teams der Klassen gestalten die Arbeits- und Pausenzeiten autonom. Lediglich zwei 30minütige Kernpausen sind für die ganze Schule verbindlich.
- Der Sportunterricht der Schule wird mit den entsprechenden Materialien psychomotorisch ausgerichtet.
- Für alle Kinder findet morgens ein gemeinsames 'gesundes Frühstück' statt; für die von den Eltern unversorgten Kinder wird es vom ABM-Projekt bereitgestellt. Geplant ist darüberhinaus ein 'offener Mittagstisch'.
- Am Nachmittag gibt es seit August 1994 ein psychomotorisches Angebot für 36 Kinder der Schule in mehreren Gruppen, zusätzlich wird seit kurzem von einer Frühförderstelle für Kinder der Vorschul- und der ersten Klassen eine

psychomotorische Einzeltherapie angeboten, für die allerdings eine ärztliche Verordnung notwendig ist.

- Darüberhinaus werden seit 1994 weitere Einzeltherapien in den Räumen der Schule angeboten.
- In der Schule insgesamt wird multiprofessionelle Teamarbeit praktiziert, Angehörige verschiedener Berufsgruppen planen, praktizieren und reflektieren Unterricht und die Situation der Kinder gemeinsam. Darüberhinaus gibt es eine multiprofessionelle Kooperation mit anderen Berufsgruppen außerhalb der Schule.
- Im Rahmen des Programms 'gesunde Schule' der Robert Bosch Stiftung, in das die Schule 1996 aufgenommen wird, soll nach einer Versuchsphase in zwei Klassen in der ganzen Schule ergonomisch kindgerechtes Mobiliar eingeführt werden. Zudem wird eine Fortbildung für das Kollegium und interessierte Eltern über Haltungsprobleme angeboten.
- Wichtig ist weiterhin die Vernetzung mit den vorhandenen Gesundheitsstellen im Stadtteil, wenn es etwa um regelmäßige Sprechstunden der ÄrztInnen für Kinder und KollegInnen oder um eine Beschleunigung der Kostenübernahme für Therapien geht.

Ergänzend zu den stadtteilbezogenen Aktivitäten wird hier auch ein sozialpolitisches Engagement deutlich - bezogen auf die Belange einzelner Kinder, aber auch allgemein für den Stadtteil.

Auch die Diskussion über eine mögliche *Entwicklung zur Schule mit jahrgangsübergreifenden Lerngruppen* wird vor dem Hintergrund der Sozialisationssituation der Kinder dieser Schule, hier insbesondere in Bezug auf geringe und problematische soziale Erfahrungen, begonnen. Die erhofften Effekte beziehen sich zum einen auf vielfältigere soziale Erfahrungen mit wechselnden Positionen für alle Kinder (jünger und älter, eher am Anfang schulischen Lernens und schon fortgeschritten, Schulanfänger und 'alter Schul-Hase') sowie auf ein Bewußtsein der Normalität des Verschiedenseins, zum anderen auf eine Intensivierung des individuellen Lernens in heterogenen Gruppen, speziell auch der Kinder voneinander.

- Ein erster kleiner Schritt ist die Einführung eines Kurssystems 1993, in dem in zwei Wochenstunden klassenstufenbezogen bei einer Gruppengröße von acht bis zehn Kindern mit einer PädagogIn unterschiedliche Angebote gemacht werden. Im zweiten Halbjahr wird dieses System unter den gleichen Bedingungen so modifiziert, daß der zweite und dritte Jahrgang gemischt werden.
- In den Jahren 1995 und 1996 kommt es zu einer Erkundungsphase mit Hospitationen in verschiedenen Schulen mit jahrgangsgemischten Lerngruppen. Parallel erarbeitet eine Arbeitsgruppe innerhalb des Kollegiums Planspiele zur stufenweisen Einführung jahrgangsübergreifender Lerngruppen bis zum

Jahr 2001 mit dann nur noch zwei Klassenstufen: der Klasse 0-2 und der Klasse 3/4.

- 1996 wird von der Konferenz der Beschluß gefaßt, ab dem Schuljahr 97/98 in die Organisation mit jahrgangsübergreifenden Lerngruppen einzusteigen, dies soll eine durchgängige Einschulung der Kinder im Alter von fünf Jahren ermöglichen.

Mit der *Entwicklung zur interkulturellen Schule* reagiert die Grumbrechtstraße auf die multikulturelle Situation mit einem Anteil von ca. 45 % Kindern anderer Muttersprache:

- Seit Jahren wird in der Schule muttersprachlicher Unterricht für türkische Kinder angeboten. Zudem gibt es sozialarbeiterische Unterstützung für Eltern, die nicht Deutsch sprechen, etwa bei Gesprächen mit Behörden.

Die *Entwicklung zur Angebotsschule* schließlich erwächst - aufgrund der geringen sozialen Mischung des Einzugsbereiches der Schule, der deckungsgleich ist mit den Grenzen sozialer Milieus in diesem Stadtteil - aus dem Interesse der Schule, zwar primär für die Kinder des unmittelbaren Umfeldes zur Verfügung zu stehen, jedoch auch für Interessierte von außen offen sein zu können. Der Status der Angebotsschule würde der Schule ermöglichen, sich für Eltern aus anderen - auch aus sozial besser gestellten - Gebieten zu öffnen. Damit würde das Prinzip der Bezirksgrundschule den Anfragen aus anderen Schulbezirken und dem Bedürfnis nach besserer sozialer Mischung untergeordnet.

Bestärkt und unterstützt werden diese Linien der Konzeptentwicklung durch zwei Momente. Zum einen sind im Zuge der Einführung der Verläßlichen Halbtagssgrundschule in Hamburg alle Grundschulen aufgefordert, ein Schulprogramm auszuarbeiten, in dem sie ihre Entwicklungsperspektiven umreißen. Darüberhinaus verbessert die Verläßliche Halbtagsgrundschule die Möglichkeiten zur Realisierung der angestrebten Entwicklungen.

Zum anderen besteht im neuen Hamburgischen Schulgesetz von 1997 nach § 10, Abs. 1 die Möglichkeit, Schulversuche und Versuchsschulen einzurichten: „Mit ihnen können Abweichungen von Aufbau und Gliederung des Schulwesens, Veränderungen oder Ergänzungen der Unterrichtsinhalte, der Unterrichtsorganisation und der Unterrichtsmethoden sowie neue Formen der Schulverfassung und der Schulleitung erprobt werden“ (BSJB 1997, 7). Folgerichtig stellt die Schule bereits im Vorwege einen „Antrag auf Umwandlung der Grundschule Grumbrechtstraße in eine Versuchsschule mit Modellcharakter“ (Schule Grumbrechtstrasse 1996). Beide Momente - die Verläßliche Halbtagsgrundschule und das neue Schulgesetz - bestärken die Entwicklung schulspezifischer Profile und haben so sicherlich eine unterstützende Funktion im Prozeß der Schulkonzeptentwicklung.

2.4 Schule im Armutsgebiet auf dem Weg zur Pädagogik der Vielfalt?

Betrachtet man die bisher im Vordergrund stehenden Heterogenitätsdimensionen in Bezug auf diese Schule und ihr Konzept, so wird eine unterschiedliche, insgesamt aber eher hohe Kongruenz zwischen der Pädagogik der Vielfalt und dem Konzept dieser Schule deutlich.

Bezogen auf die Heterogenität der Begabungen zeigt die Schule eine beeindruckende Entwicklung; mit Hilfe der zusätzlichen Ressourcen hat sie stufenweise zunächst eine Parallelklasse als Integrationsklasse, sodann alle anderen Parallelklassen als Integrative Regelklassen geführt und schließlich die ganze Schule in ein insgesamt integratives System überführt. Mit diesen Schritten ist gleichzeitig auch strukturell die Theorie der Andersartigkeit von Kindern mit Behinderungen zugunsten einer inklusiven Pädagogik mit pädagogisch unteilbaren heterogenen Lerngruppen überwunden worden. Vor dem Hintergrund des Umfeldes liegt der Schwerpunkt bei Kindern mit psychischen und Verhaltensproblemen, die auch zu großen sozialen Problemen und mitunter an die Grenzen der Einflußmöglichkeiten des Systems führen. Die Heterogenität der Begabungen bildet einen Entwicklungsschwerpunkt dieser Schule.

Die Heterogenität der Kulturen findet ebenfalls - schon aufgrund der Umfeldsituation mit ca. 45 % Kindern anderer Muttersprache - große Beachtung, deren Eltern bei Sprachproblemen auch bei offiziellen Terminen unterstützt werden. Gleichwohl findet muttersprachlicher Unterricht für türkische Kinder stundenweise additiv und eher unverbunden statt; Ansätze einer zweisprachigen Alphabetisierung finden gerade Eingang in die Diskussion. Wie weit hier tatsächlich die Weiterentwicklung von einer eher traditionellen Ausländerpädagogik zur Interkulturellen Erziehung realisiert wird, ist nicht eindeutig zu klären - es mag auch sein, daß die Praxis widersprüchlich ist.

Die Heterogenität der Geschlechter hat in dieser Schule für die pädagogische Orientierung bisher wenig Relevanz. In den Konferenzergebnissen taucht 1993 zwar der Wunsch nach teilweiser Aufhebung der Koedukation auf, spielt aber im späteren Schulkonzept keine Rolle. Dies dürfte mit den anderen drängenden Problemrichtungen, evtl. aber auch mit der Schulstufe zusammenhängen, denn in der Grundschule scheinen die Fragen geschlechtstypischer Entwicklungen noch nicht die Brisanz zu besitzen wie später in der Sekundarstufe I.

Insgesamt zeigt diese Schule ein klar integratives, tendenziell interkulturelles und wenig koedukatives Profil. Dennoch, die Frage, ob sich diese Schule auf dem Weg zu einer Pädagogik der Vielfalt befindet, kann eindeutig bejaht werden.

Über das Bisherige hinaus findet sich jedoch vieles, was in der Heterogenitätstheorie bestenfalls kurz erwähnt oder implizit mitgedacht wird, nicht aber elaboriert entwickelt worden ist: jene Bereiche, die einerseits in den Entwicklungssträngen der 'gesunden Schule', der Stadtteilschule und andererseits im jahrgangsübergreifenden Arbeiten enthalten sind.

Die gesunde und die Stadtteilschule können - ohne hier weiter auf theoretische Hintergründe eingehen zu können - in Anlehnung an Bronfenbrenner (1989) und Hassenpflug (1993) unter dem Begriff der Sozialökologie zusammengefaßt werden. Er zielt hier vor allem auf die Notwendigkeit, die psychischen, physischen und sozialen Voraussetzungen der Kinder und die Wechselwirkungen mit und in ihrer Lebenswelt als zentralen Bezugspunkt der pädagogischen Praxis zu berücksichtigen und im Falle dieser Schule zu allererst eine Grundversorgung sicherzustellen. Sozialökologie bezeichnet hier eine Heterogenitätsdimension, nicht eine Ebene integrativer Prozesse (vgl. Reiser 1991, 15). Dieser Zielsetzung dient zunächst die 'gesunde Schule' über direkte Versorgung (gesundes Frühstück, offener Mittagstisch) und indirekte Aktionsmöglichkeiten durch psychomotorische (Schulhof, aktive Pause, flexible Pausen und Ruhephasen, Nachmittagsgruppen) und therapeutische Angebote, unterstützt durch die multiprofessionelle Kooperation, auch mit Gesundheitsstellen im Stadtteil.

Die Entwicklung zur Stadtteilschule erhält unter diesem Blickwinkel vor allem eine durch Vernetzung mit bestehenden Institutionen unterstützende Funktion, zum einen als Hilfen und evtl. Krisenintervention bezogen auf einzelne Kinder bzw. Familien, zum anderen auf allgemeinerer Ebene bezogen auf die soziale Situation im Stadtteil, an deren Verbesserung die Schule mitarbeitet und die sich dann wiederum z.B. über ein ABM-Projekt in der Bereitstellung gesunder Nahrung konkretisiert. Dieser Aspekt der Stadtteilschule steht hier deutlich im Vordergrund in Relation zur sonst primär gedachten Öffnung des Unterrichts zum Stadtteil und die Einbeziehung seiner EinwohnerInnen.

Die jahrgangsübergreifenden Lerngruppen bilden darüberhinaus eine eigene pädagogische Diskussion, in der jedoch mit der gleichen Struktur - geradezu janusköpfig - entgegengesetzte Zielsetzungen verfolgt werden (vgl. Rossbach 1996). Mit dem Prinzip der Stammgruppen (Petersen) soll auf den tendenziellen Funktionsverlust der Familie und auf geringe bzw. problematische soziale Erfahrungen innerhalb einer veränderten Kindheit reagiert werden - dieses bildet den Berührungspunkt mit dem sozialökologischen Aspekt. Einerseits soll durch eine Flexibilisierung der Durchlaufzeit durch die Grundschule die Anschlußfähigkeit an die Sekundarstufe I gesichert werden, was eine Reduzierung von Heterogenität im Sinne allgemeinverbindlicher Entwicklungsstände für Übergänge bedeutet. Andererseits wird gerade auf die Chance verwiesen, in unterschiedlichen Rollen als jüngere und ältere, beginnende und erfahrene Mitglieder der Lerngruppe vielfältigere soziale Erfahrungen sammeln zu können als dies in der Jahrgangsklasse der Fall wäre; darüber hinaus wird die Normalität von Unterschiedlichkeit, die stärkere Sinnhaftigkeit des Lernens der Kinder mit- und voneinander, den damit verbundenen Abbau von Konkurrenz und nicht zuletzt die Unmöglichkeit gleichschrittigen Unterrichts herausgestellt - und dies bedeutet eine gewollte Erhöhung von Heterogenität durch jahrgangsübergreifende Lerngruppen. Daß diese Grundschule das zweite Ziel verfolgt, liegt auf der Hand.

Schließlich soll auch durch den geplanten Versuchsschulstatus die sozialökologische Heterogenität in den Lerngruppen erhöht werden; in einem vorwiegend sozial belasteten Einzugsgebiet wird eine stärkere soziale Mischung in den Lerngruppen erhofft. Wie immer man auch die Entwicklung weg von der Bezirksgrundschule und hin zur Profilgrundschule einschätzen mag, dieser geplante Schritt hat Logik und ist nachvollziehbar.

Betrachtet man die verschiedenen Diskussions- und Entwicklungslinien im Zusammenhang, so muß man feststellen, daß in der Grundschule Grumbrechtstraße in einem hohen Maße in einem kooperativen System konzeptionell gearbeitet und Entwicklung angestoßen wird. Mitunter drängt sich der Eindruck auf, daß hier die Entwicklung- und Veränderungsarbeit bis nahe an die Belastungsgrenze mancher KollegInnen herangeht. Dabei entspringen die zentralen Impulse nicht etwa einem innovativen Aktionismus der Schulleitung, sondern es sind je unterschiedliche Personen und Gruppen, die Entwicklungsschritte anstoßen und vorantreiben.

In der Gesamtbetrachtung ist ein weiterer Aspekt wichtig: Angesichts der massiven sozialökologischen Problemlagen hat sich für diese Schule die Frage einer zweisprachigen Alphabetisierung - eine zentrale Forderung unter interkulturellem Aspekt in der Literatur - bisher nicht konkret als praktisches Vorhaben gestellt, muttersprachlicher Unterricht wird nach wie vor stundenweise additiv für türkische Kinder erteilt. In dieser Situation muß abgewogen und konkret entschieden werden, inwieweit eine zweisprachige Alphabetisierung für die Kinder dieser Schule verträglich oder überfordernd wäre. Einerseits ist eine Entscheidung gegen sie angesichts der großen sprachlichen Probleme im Deutschen vertretbar, andererseits bleibt die theoretische Forderung zugleich richtig. Auf jeden Fall besteht die Notwendigkeit, den muttersprachlichen Unterricht und die Förderung in Deutsch für Ausländer konzeptionell mit dem anderen Unterricht stärker zu verzahnen - wie auch bei der Auswertung der Erfahrungen zum Zwei-PädagogInnen-System gefordert wird (vgl. Hinz 1997, 24).

Hier wird deutlich, daß in der einzelnen Schule innerhalb der Eckpunkte einer Pädagogik der Vielfalt ihre konkrete Ausgestaltung und die nächsten Entwicklungsschritte in einem fortlaufenden Reflexionsprozeß innerhalb des Kollegiums und mit allen anderen Beteiligten verhandelt und gemeinsam beschlossen werden muß. Deshalb ist die Pädagogik der Vielfalt auf Schulentwicklung im Sinne eines reflexiven „Wandels durch Selbstorganisation“ (Rolff 1993) angewiesen. Schulentwicklung im Sinne einer integrativen Grundschule für alle Kinder erfordert „ein pädagogisches Konzept der Schule, das von der Schule als Organisation erarbeitet und verwirklicht wird, das eine Hinzuziehung außerschulischer Ressourcen, eine Öffnung der Schule vorsieht und Diskriminierungsprozesse reflektiert“ (Reiser 1997, 268). Eine solche Entwicklung ist auf längerfristige Prozesse angelegt; in der Schule Grumbrechtstraße hat sie zweifellos begonnen und wird weiter voranschreiten.

3. Vorläufiges Fazit

Abschließend soll nun versucht werden, in sieben Punkten thesenartig ein vorläufiges Fazit aus der Konfrontation der Pädagogik der Vielfalt mit der Entwicklung einer Schule in einem Armutsgebiet zu ziehen.

Eine differenziertere Ausformulierung der Pädagogik der Vielfalt ist notwendig, vor allem mit Blick auf mögliche mittelschichtsorientierte, fortschrittlich-bildungsbürgerliche Tendenzen. Anders formuliert: Es gilt insbesondere die Tragfähigkeit der Pädagogik der Vielfalt für Armutsgebiete zu klären und zu stärken.

Pädagogik der Vielfalt begreift sich nicht nur als integrative, koedukative und interkulturelle, sondern darüberhinaus auch als sozialökologische und jahrgangsübergreifende Pädagogik. Zu den Heterogenitätsdimensionen der Begabung, der Geschlechter und der Kulturen tritt die der sozialökologischen Lebenswelten und die des Alters hinzu.

Mit dem sozialökologischen Aspekt wird auf die Bedeutung der Wechselwirkungen mit und in den physischen, psychischen und vor allem sozialen Bedingungen der Lebenswelt fokussiert. Je nach Umfeldbedingungen kann sich wie im Beispiel der Grumbrechtstraße eine dominierende Armutsproblematik, eine Vereinsamungsproblematik im 'goldenen Käfig' oder eine Mischung zwischen diesen beiden Extremen stellen. Unter dem Aspekt von Diskriminierung wird die Alltagstheorie der Andersartigkeit des in Armut lebenden Kindes, das im Zuge der self-fulfilling prophecy häufig schnell in die Förderschule ausgesondert wird, überwunden zugunsten eines gleichberechtigten, nichthierarchischen Miteinanders von unter unterschiedlichen sozialökologischen Bedingungen lebenden Kindern und Erwachsenen, deren Gleichheitsanteile ebenso wie die der Unterschiedlichkeit Raum erhalten.

Der Aspekt der Jahrgangsmischung durch Stammgruppen nimmt im Sinne einer Zunahme der Altersheterogenität die verbesserten sozialen und kognitiven Erfahrungsmöglichkeiten innerhalb jahrgangsübergreifender Lerngruppen in den Blick - jedoch ohne das Anliegen der Leistungshomogenisierung. Mit dieser Ablösung des Systems der Jahrgangsklasse wird quasi die Alltagstheorie einer Andersartigkeit einer Viertklässlerin gegenüber einer Drittklässlerin, vor allem in Bezug auf Lernvoraussetzungen und anstehende Inhalte und Verfahren sowie die Vorstellung des kollektiven stufenweisen Voranschreitens in homogenen Lerngruppen, aufgegeben und ersetzt durch eine dialektische Theorie der Gleichheit und Verschiedenheit in altersheterogenen Lerngruppen, die sich in einer Balance von dominierenden heterogenen und ergänzenden homogeneren Gruppierungen konkretisiert.

Für die beiden zusätzlichen Aspekte der Sozialökologie und der Jahrgangsmischung lassen sich für die Ebenen der Theorie integrativer Prozesse skizzenhaft folgende Orientierungen benennen:

Auf der Ebene der Person geht es unter sozialökologischem Aspekt um die Wahrnehmung der Beschränktheit der eigenen Lebenswelt und die Wahrnehmung - und ggf. das Aushalten - von Diskrepanzen zu anderen. Die Jahrgangsmischung rückt die Wahrnehmung individueller Maßstäbe und persönlicher Kompetenzen noch weiter in den Mittelpunkt.

Auf der Ebene der Interaktion gilt es, sozialökologisch die ggf. unterschiedlichen Lebenswelterfahrungen zur Geltung kommen zu lassen und insbesondere Diskriminierungserfahrungen zu thematisieren, weiter muß es mit Blick auf die Jahrgangsmischung um die Anerkennung des individuellen Entwicklungsstandes gehen ohne die Abwertung des Kleinen und eine Überlegenheit des Großen.

Für die Ebene der Handlung steht unter dem Aspekt der Jahrgangsmischung die Intensivierung des Lernens der Kinder mit- und voneinander aufgrund ihrer unvergleichlich größeren Nähe in der Verständigung untereinander als mit Erwachsenen (Montessori) im Mittelpunkt, damit verbunden die größte Sicherheit vor einem Rückfall in gleichschrittigen Unterricht. Sozialökologisch gesehen geht es darum, bei jedem Thema die ganze Bandbreite der Lebenswelten zu erschließen, darüber hinaus ist die Arbeit von Schlüsselsituationen (Freire) ausgehend, kombiniert mit der Einbeziehung von ExpertInnen aus dem Stadtteil, sinnvoll.

Die Ebene der Institution hat unter sozialökologischem Blick vor allem Bedeutung als Vernetzung mit den Institutionen des Stadtteils, auf der Ebene der Verbesserung der Unterstützungsmöglichkeiten für einzelne Kinder und Familien, aber auch im Sinne des sozialpolitischen Engagements der Schule zur Verbesserung der Gesamtsituation. Der Ansatz der Stadtteilschule ist hier in einem erweiterten Sinne zu sehen, nicht nur als inhaltliche Öffnung des Unterrichts. Unter dem Aspekt der Jahrgangsmischung wird eine Ergänzung von Lernsituationen in heterogener Gruppierung durch solche in homogenerer notwendig sein; die Aufnahme der Kinder in jahrgangsübergreifende Lerngruppen unterstreicht darüberhinaus die Überflüssigkeit eines selektiven Schulanfangs mit der Feststellung 'schulunreifer' Entwicklungsstände.

Auf der Ebene der Gesellschaft schließlich liegt unter sozialökologischem Aspekt angesichts zunehmender Verarmung die Herausforderung darin, mittelschichtsorientierte Normalitätskonzepte zu überwinden, ebenso wie mit jahrgangsübergreifendem Blick hierarchisch-lineare Vorstellungen von Lernen und Entwicklung aufzuweichen. Auch unter diesen beiden Aspekten sind jene Förderkonzepte, die auf Angleichung an Normalstandards und Zielgleichheit ausgerichtet sind, sei es mit kompensatorischem oder bildungsbürgerlichem - ebenso wie schon mit sonderpädagogischem, feministischem und ausländerpädagogischem - Hintergrund kritisch zu hinterfragen.

Die Pädagogik der Vielfalt ist auf Schulentwicklungsprozesse angewiesen, denn sie muß jeweils von den Beteiligten als 'Schule für alle' konkretisiert werden; so erst kann pragmatisch mit Widersprüchen sinnvoll umgegangen und es können Prioritäten für nächste Schritte gesetzt werden.

Wie sich die verschiedenen Aspekte der Pädagogik der Vielfalt beeinflussen, wo sie sich bestärken, abschwächen, widersprechen oder korrigieren, bleibt in weiteren theoretischen Studien zu klären.

Literatur

Bronfenbrenner, Urie: Die Ökologie der menschlichen Entwicklung. Frankfurt (Fischer) 1989.

Bürgerschaft (der Freien und Hansestadt Hamburg): Integration behinderter Kinder in der Grundschule. Mitteilung des Senats an die Bürgerschaft. Drucksache 13/6477 vom 11.07.1990.

BSJB (Behörde für Schule, Jugend und Berufsbildung): Hamburgisches Schulgesetz (HmbSG) vom 16.4.1997. Hamburg (Selbstverlag) 1997.

Czock, Heidrun & Radtke, Frank-Olaf: Der heimliche Lehrplan der Diskriminierung. In: Päd extra 12 (1984) 10, 34-39.

Deppe-Wolfinger, Helga; Prengel, Annedore & Reiser, Helmut: Integrative Pädagogik in der Grundschule. Bilanz und Perspektiven der Integration behinderter Kinder in der Bundesrepublik Deutschland 1976-1988. München (DJI) 1990.

Hassenpflug, Dieter: Sozialökologie. Ein Paradigma. Opladen (Westdeutscher Verlag) 1993.

Hinz, Andreas: (Wieder-)Entdeckung der Heterogenität in der Schule? In: Schley, Wilfried; Boban, Ines & Hinz, Andreas (Hrsg.): Integrationsklassen in Hamburger Gesamtschulen. Erste Schritte zur Integrationspädagogik im Sekundarstufenbereich. Hamburg (Curio) 2. Aufl. 1992. p. 49-74.

Hinz, Andreas: Heterogenität in der Schule. Integration - Interkulturelle Erziehung - Koedukation. Hamburg (Curio) 1993.

Hinz, Andreas: Entwicklung einer Schule mit Integrationsklassen und Integrativen Regelklassen zur integrativen Grundschule. Interner Zwischenbericht. Hamburg (Arbeitsstelle Integration der Universität) 1994.

Hinz, Andreas: Von der Grundschule mit Integrationsklassen und Integrativen Regelklassen zur Integrationsschule. Veränderungen von Organisationsstrukturen als Teil von Schulentwicklungsprozessen. Hamburg (Arbeitsstelle Integration der Universität) 1997.

Iben, Gerd: Armut als Thema der Sonderpädagogik. In: Zeitschrift für Heilpädagogik 47 (1996), 450-454.

Prengel, Annedore: Pädagogik der Vielfalt. Verschiedenheit und Gleichberechtigung in Interkultureller, Feministischer und Integrativer Pädagogik. Opladen (Leske + Budrich) 1993.

Preuss-Lausitz, Ulf: Die Kinder des Jahrhunderts. Zur Pädagogik der Vielfalt im Jahr 2000. Weinheim (Beltz) 1993.

Reiser, Helmut: Wege und Irrwege zur Integration. In: Sander, Alfred & Raidt, Peter (Hrsg.): Integration und Sonderpädagogik. Referate der 27. Dozententagung für Sonderpädagogik in deutschsprachigen Ländern im Oktober 1990 in Saarbrücken. St. Ingbert (Röhrig) 1991. p. 13-33.

Reiser, Helmut: Lern- und Verhaltensstörungen als gemeinsame Aufgabe von Grundschul- und Sonderpädagogik unter dem Aspekt der pädagogischen Selektion. In: Zeitschrift für Heilpädagogik 48 (1997), 266-275.

Rolff, Hans-Günter: Wandel durch Selbstorganisation. Theoretische Grundlagen und praktische Hinweise für eine bessere Schule. Weinheim, München (Juventa) 1993.

Rossbach, Hans-Günther: Der Forschungsstand zu jahrgangsübergreifendem und altersgemischtem Lernen. In: Burk, Karlheinz (Hrsg.): Jahrgangsübergreifendes Lernen in der Schule. Mehr gestalten als verwalten Teil 12. Frankfurt am Main (Arbeitskreis Grundschule) 1996. p. 37-45.

Schule Grumbrechtstrasse: Antrag zur Umwandlung der Schule Grumbrechtstraße in eine Versuchsschule mit Modellcharakter. Fassung vom Dezember 1996. Hamburg (Unveröff. Skript) 1996.

Helmut Reiser/Hiltrud Loeken/Andrea Dlugosch

Aktuelle Grenzen der Integrationsfähigkeit von Grundschulen

Ergebnisse einer empirischen Studie

1. Untersuchungsziel und Untersuchungsrahmen

Grenzen müssen genau untersucht werden, um Möglichkeiten zu finden, wie sie verändert werden können. Weder die Leugnung von gegenwärtig bestehenden Grenzen noch deren Absolutsetzung dienen der Entwicklung.

Die Nichtaussonderung von Kindern mit Lern- und Verhaltensstörungen in Grundschulen stößt gegenwärtig auch in den Bundesländern, die durch Veränderungen der gesetzlichen Rahmenbedingungen und Verordnungen den Weg geebnet haben, auf Grenzen. Wenn man die Erfahrungen mit den vielfältigen Formen der Nichtaussonderung von Kindern, denen Lern- und Verhaltensstörungen zugeschrieben werden, bedenkt, scheint dies überraschend. Wenn man in Rechnung stellt, daß die Nichtaussonderung von bestimmten pädagogischen Haltungen und Unterrichtsweisen abhängt, die zwar allenthalben in der pädagogischen Literatur als selbstverständlich angenommen werden, die jedoch in der Mehrheit der Grundschulen nicht in der organisatorischen Struktur der Schule, der Kommunikationsform der Kollegien und der Mentalität der Lehrkräfte verankert sind, war es zu erwarten, daß ab einem bestimmten Entwicklungsstand Grenzen zutage treten. In der Organisations- und Leitungsstruktur, den Kommunikationsweisen und den Mentalitäten, die eine Grundschule prägen, liegen Grenzen ihrer Integrationsfähigkeit begründet.

Ein Untersuchungsauftrag des Hessischen Kultusministeriums gab uns in den Jahren 1994 und 1995 Gelegenheit, diese Grenzen näher zu untersuchen. Der Auftrag des Ministeriums ging von der Tatsache aus, daß sich nach dem Inkrafttreten der neuen Schulgesetzgebung, die Kindern mit sonderpädagogischem Förderbedarf das Verbleiben an der Grundschule ermöglichte, in verschiedenen Teilen des Landes unterschiedliche Entwicklungen zeigten: In einigen Gebieten stiegen die Anmeldungen von Überprüfungen des sonderpädagogischen Förderbedarfs, in anderen blieben sie konstant. In unterschiedlichen Regionen wurden unterschiedlich viele Kinder mit sonderpädagogischem Förderbedarf in den gemeinsamen Unterricht oder in die Schulen für Lernhilfe eingewiesen. Der Auftrag des Ministeriums lautete, die Hintergründe dieser Differenzen auszuleuchten und die Bestimmungsmerkmale der Unterschiede von örtlichen Entwicklungen herauszuarbeiten. Es entstand die Studie: „Bedingungen der Problemwahrnehmung von Leistungsversagen in der Grundschule am Beispiel zweier Hessischer Landkreise". Untersucht wurde die Problemwahrnehmung durch die Verantwortlichen von Schulamtsbezirken, von Sonderschulen, von Grundschulen und von Grundschullehrkräften. Wir werden im folgenden aus dieser Studie nur einige Teilergebnisse herausgreifen, die für die Integrationsfähigkeit von Grundschulen relevant sind.[1]

Das empirische Material, auf das wir uns stützen, wurde aus folgenden Untersuchungsschritten gewonnen:

Es wurden zwei vergleichbare Schulamtsbezirke, die sowohl ländliche wie mittelständisch-industrielle Gebiete aufweisen und die unterschiedliche Entwicklungen in der sonderpädagogischen Förderung aufzeigten, ausgewählt. Mit Mitarbeit der zuständigen SchulaufsichtsbeamtInnen und SchulpsychologInnen wurde die zahlenmäßige und inhaltliche Entwicklung des gemeinsamen Unterrichts und der sonderpädagogischen Förderung im Bereich Lernhilfe nachgezeichnet. In jedem Schulamtsbereich wurden nach bestimmten Kriterien zwei Sonderschulen für Lernhilfe ausgewählt und aus dem Einzugsbereich dieser vier Sonderschulen jeweils drei Grundschulen. Die Schulleitungen wurden mit einem strukturierten Leitfaden interviewt. Im letzten Schritt erfolgte ein Leitfaden-Interview mit 2-3 Lehrkräften aus jeder der 12 Grundschulen, insgesamt 31 Personen. Die Befragung der so ausgewählten Stichprobe lieferte statistisch hochsignifikante Ergebnisse.[2]

2. Aussagen von Grundschulleitungen zu Kindern mit Lernbeeinträchtigungen an der Grundschule

Bei den Interviews der Grundschulleitungen fällt auf, daß die Tatsache der Existenz der Sonderschule für Lernhilfe für viele GesprächspartnerInnen automatisch im Denken zur Folge hat, daß es auch „den oder die SonderschülerIn" gibt, der momentan evtl. noch als potentieller Sonderschüler in der Grundschule ist. In der Folge dieser Denkfigur geht es dann darum, den oder die echte(n) SonderschülerIn herauszufinden und um die Frage des Grenzbereiches zwischen „Grund- und SonderschülerIn". Die Frage dieses Grenzbereiches ist diejenige, die vielen Befragten Sorge bereitet, zumal die meisten den Wunsch äußern, möglichst viele SchülerInnen an der Grundschule zu behalten.

---

[1] Die gesamte Studie ist zu beziehen über das Hessische Landesinstitut für Pädagogik (HELP), Informations- und Koordinationsstelle für sonderpädagogische Förderung, Im Apfelgarten 3, 65428 Rüsselsheim, Telefon/Fax: 06142-561231.

[2] Die statistischen Berechnungen wurden von Dr. Paul Walter mit dem SPSS/PC+ vorgenommen.

Daß nicht alle SchülerInnen gehalten werden können, wurde unterschiedlich begründet. Häufig wurde uns gesagt, daß der Verbleib von Kindern mit Lernschwierigkeiten an der Grundschule zwar wünschenswert sei, aber unter den momentanen Bedingungen nicht zu realisieren. „Selbst bei Differenzierung sei das nicht zu schaffen", wurde uns beispielsweise gesagt. Als häufigste Gründe, die dem entgegenstehen, wurden zu große Klassen, schlechte räumliche Bedingungen und zu wenig Arbeitsmaterial genannt und von den Leitungen, die sonderpädagogische Unterstützung in ihrer Schule wünschen, zu wenig Personal.

Gleichzeitig wurden wir auf innere Bedingungen hingewiesen, die erforderlich seien. Hier wurden vor allem die Bereitschaft und Fähigkeit von Grundschullehrkräften zur Kooperation und zum Differenzieren genannt, teilweise auch mangelnde Innovationsbereitschaft oder zumindest Zurückhaltung des Kollegiums. Andere GesprächspartnerInnen sehen Grenzen der Integrationsfähigkeit bei den Kindern. Häufig scheint die Grenze dort angesiedelt zu werden, wo auch bei guten Bedingungen und weitestgehender Förderung Kinder nicht lernzielgleich unterrichtet werden können. Als kindbezogene Gründe, die ein Halten an der Grundschule unmöglich machen, wurden mangelnde Begabung und Intelligenz genannt oder völlig fehlende Unterstützung durch die Eltern. In einem Fall wurden auch genetische Zusammenhänge vermutet.

Zusammenfassend läßt sich feststellen, daß die Behandlung des Problems des „Lernversagens" gekennzeichnet ist von einem Zuständigkeitsproblem, das sich an der Grenze zwischen dem Subsystem Grundschule und dem Subsystem Sonderschule festmacht; diese Grenze wird kindbezogen gewendet auf die Grenze zwischen Grundschulkind und Sonderschulkind und handlungsbezogen auf die Grenze zwischen pädagogischer und sonderpädagogischer Förderung. In etwa ein Drittel der Grundschulleitungen favorisieren die Vision der Grundschule für alle Kinder und wollen dazu alle Ressourcen, auch die sonderpädagogischen, in das eigene Subsystem ziehen. Die Mehrheit laviert zwischen verschiedenen Grenzziehungs-Versuchen, wobei die Argumentationsfigur einer Grenze der Differenzierungsfähigkeit, also der Wunsch nach Aufrechterhaltung einer wenn auch minimalen Homogenisierung, ins Auge fällt, die oft mit milieutheoretischen Erklärungen verbunden ist. Eine Minderheit geht nach wie vor von der konstitutionellen Begabungstheorie zur Unterscheidung zwischen GrundschülerInnen und SonderschülerInnen aus. Auf die Frage:

> Bisweilen wird gesagt, „Kinder, die zur Zeit an die Lernhilfeschule überwiesen werden, können unter bestimmten Bedingungen an der Grundschule verbleiben und dort - auch lernzieldifferent - unterrichtet werden. - Halten Sie dies für eine wünschenswerte Zielvorstellung?"

hörten wir nur von 3 der 12 Schulleitungen eine dezidierte Zustimmung und von 3 Schulleitungen eine dezidierte Ablehnung. Die Hälfte der Schulleitungen äußert zwar den Wunsch, sonderpädagogische Hilfen in der Grundschule zu haben, macht jedoch gleichzeitig stark einschränkende oder gar widersprüchliche Aussagen zu den Grenzen, die in den Defiziten der Kinder liegen; eine

Aussage, SonderschullehrerInnen in der Grundschule würden für das Alltagsgeschäft benötigt, aber nicht die Überweisungen an Sonderschulen erübrigen, illustriert diesen Trend.

In den Grundschulen mit dezidiert zustimmenden Schulleitungen überwiegen auch bei den Aussagen der LehrerInnen, die sich zur Befragung zur Verfügung stellten, die Zustimmungen zu dieser Frage; in zwei Fällen machen die Schulleitungen zögerlich zustimmende Aussagen mit allerlei Einschränkungen, während jeweils alle drei befragten LehrerInnen sich dezidiert ablehnend äußerten. Dezidiert zustimmende Aussagen kommen auch aus Schulen, bei denen die Schulleitung sich ablehnend äußert.

Zieht man noch die in mehreren Fällen von Schulleitungen gegebenen Hinweise auf kontroverse Standpunkte zum oder innerhalb des Kollegiums heran, dann verstärkt sich der Eindruck, daß die Schulleitungen sich in dieser Frage mitunter in einer schwierigen Situation befinden.

Die Grenzen der Integrationsfähigkeit der Grundschule werden so von den Schulleitungen einerseits recht plastisch beschrieben, andererseits kommen sie in den Argumentationsfiguren und Unsicherheiten der Grundschulleitungen selbst zum Ausdruck.

3. Aussagen von Grundschullehrkräften zum Antrag auf sonderpädagogische Überprüfung

Die Aussagen der Lehrkräfte zu diesem Themenbereich lassen den Schluß zu, daß die Beratung über Anträge auf sonderpädagogische Überprüfung keine Angelegenheit der gesamten Schule oder der Schulleitungen ist. In erster Linie beraten sich die Grundschullehrkräfte mit anderen Kolleginnen in informellen Kontakten, die persönliche Entlastung zum Ziel haben. An zweiter Stelle werden Kontakte zu den Sonderschullehrkräften genannt, denen hohe Kompetenz für diese Fragen zugesprochen wird und an die gerne die Verantwortung abgegeben wird. Nur in seltenen Fällen werden Kontakte in dieser Angelegenheit zu der Schulleitung genannt, die aber als wenig hilfreich erachtet werden.

Der Charakter der persönlichen Entlastung tritt auch dadurch zutage, daß bei der Beantragung einer sonderpädagogischen Überprüfung Verhaltensprobleme eine dominierende Rolle spielen und in vielen Fällen auch die Einschätzung der familiären Verhältnisse mit beteiligt ist.

Bei den befragten Personen, die sich entschieden hatten, einen Antrag für ein Überprüfungsverfahren auf Feststellung von sonderpädagogischem Förderbedarf zu stellen, überwiegt die Zielvorstellung, daß das Kind zukünftig die Sonderschule besuchen sollte, da die Fördermöglichkeiten der Grundschule erschöpft waren (14 Nennungen). In diesem Zusammenhang äußerten einige Lehrkräfte ihren Unmut darüber, daß dieses nach Beendigung des Verfahrens nicht geschehen sei. 12 befragte LehrerInnen gaben die Zielvorstellung an, das Kind an der Grundschule zu halten. Im Kontext dieser Frage wiesen Lehrkräfte darauf hin, daß nach Beendigung des Überprüfungsverfahrens die Schule für Lernhilfe als Förderort festgelegt worden war, obwohl dies nicht dem Ziel, das mit der Antragstellung verbunden war, entsprach.

In Bezug auf die Antragstellung zeichnet sich ein Trend nach Absicherung ab. Vorhandene Fragen und das Abwägen, welche Fördersituation für das Kind als sinnvoll erscheint, sollen im Vorfeld der Antragstellung abgeklärt werden. Der Antrag selbst fungiert als Weg, das Kind in die Zuständigkeit der Sonderpädagogik zu bringen oder für sich sonderpädagogische Unterstützung zu erhalten und wird nicht im Sinne eines Instrumentes verstanden, um einen Entscheidungsprozeß einzuleiten.

Der entscheidende Punkt bei der Zuerkennung sonderpädagogischer Förderungsbedürftigkeit liegt in der Entscheidung der Grundschule, ein Kind zu melden oder nicht. Die Aussagen der Schulleitungen und die Aussagen der Lehrkräfte zum Ablauf des sonderpädagogischen Überprüfungsverfahrens machen deutlich, daß diese Entscheidung in den meisten Fällen eine quasi-persönliche Angelegenheit der Lehrkraft bleibt. Um so bedeutsamer werden die persönlichen Einstellungen und Meinungen der Grundschullehrkräfte.

4. Aussagen zur Integrationsfähigkeit der Grundschule für Kinder mit Lernbeeinträchtigungen

Als besonders interessant erwiesen sich die Antworten auf die Frage, bei der dieselbe Hypothese wie den Schulleitungen zur Stellungnahme vorgelegt wurde:

> Bisweilen wird gesagt, „Kinder, die zur Zeit an die Lernhilfeschule überwiesen werden, können unter bestimmten Bedingungen an der Grundschule verbleiben und dort - auch zieldifferent - unterrichtet werden“. Was halten Sie von dieser Aussage?

Die Antworten zu dieser Frage wurden inhaltsanalytisch ausgewertet; sie konnten in vier Gruppen eingeordnet werden:

Gruppe 1: Zustimmende Antworten: 7 von 31 Personen
Gruppe 2: Eingeschränkt zustimmende Antworten: 4 Personen
Gruppe 3: Unklare oder nicht zuzuordnende Antworten: 9 Personen
Gruppe 4: Ablehnende Antworten: 11 Personen

Die Antworten der Gruppe 1 zeichnen sich dadurch aus, daß spontane Zustimmung zu der Hypothese geäußert wird und daß Bedingungen genannt werden, die im Rahmen des realistisch Machbaren - gemessen am gegenwärtigen Austattungsstandard der hessischen Verordnung zum gemeinsamen Unterricht - bleiben, sowie dadurch, daß keine Grenzen durch zu starke Lernbeeinträchtigungen genannt werden. Die Antworten der Gruppe 2 nennen neben der Zustimmung zur Hypothese weitergehende Bedingungen, zum Beispiel zur Schulorganisation. Der Unterschied zur Gruppe 1 ist jedoch nicht besonders scharf und kann auch auf weniger klare sprachliche Ausdrucksweisen zurückgehen. Die Antworten der Gruppe 3 sind teilweise widersprüchlich, knapp und von inhaltlicher Unsicherheit gekennzeichnet. Die Antworten der Gruppe 4 sind klar ablehnend, wobei die Ablehnung häufig über die Nennung von Bedingungen formuliert wird, die so unrealistisch sind, daß sie die Hypothese ad absurdum führen.

Diese Verteilung bestätigt den Befund aus den Befragungen der Grundschulleitungen, daß sich in etwa einem Drittel der Fälle eine Befürwortung und in etwa einem Drittel der Fälle eine Ablehnung des Integrationsgedankens zeigt, während ein weiteres Drittel widersprüchliche und/oder unklar erscheinende Antworten gibt.

Dieses Ergebnis gewinnt seine Bedeutung jedoch nicht aus den absoluten Zahlen dieser kleinen - wenn auch gezielt zusammengesetzten - Stichprobe, sondern aus der Korrelation mit einem weiteren Untersuchungsteil. Dieser kann die Hintergründe dieses Ergebnisses aufklären und liefert eine statistisch hochsignifikante Validierung.

5. Bildungspolitische Grundeinstellungen

Wir legten den Lehrkräften 17 Aussagen zu „ kontroversen Thesen und Argumenten der gegenwärtigen pädagogischen Diskussion“ vor, die mit Zustimmung oder Ablehnung gekennzeichnet werden konnten. 10 Items erwiesen sich als aussagekräftig. Es sind dies:

Nr. 2: „Die Aufgabe der Grundschule ist in erster Linie die leistungsmäßige Förderung der Schüler und Schülerinnen“ (Zustimmung bei 11 von 31 LehrerInnen). Abkürzung im folgenden: Leistung.

Nr. 3: „Grundschüler und Grundschülerinnen sollten in den Klassen verbale Beurteilungen (ohne Ziffernoten) erhalten.“ (Zustimmung: 16). Abkürzung im folgenden: Verbale Noten.

Nr. 4: „Das dreigliedrige Schulsystem mit seiner Differenzierung ab der Klasse 5 hat sich bewährt.“ (Zustimmung: 12). Abkürzung im folgenden: Dreigliedrigkeit.

Nr.10: „Kinder mit Lernbehinderungen können in der Sonderschule besser gefördert werden, da dort die entsprechende Ausstattung vorhanden ist und die Sonderschullehrkräfte speziell ausgebildet sind.“ (Zustimmung: 18). Abkürzung: Sonderförderung.

Nr.11: „Eine Abstimmung des Unterrichts auf viele verschiedene Lernbedürfnisse ist bei den heutigen Klassengrößen zu aufwendig.“ (Zustimmung: 17). Abkürzung: Aufwendigkeit.

Nr.12: „Die Grundschule sollte eine Schule für alle Kinder eines Einzugsgebietes sein, d.h. auch für Kinder mit Behinderungen." (Zustimmung: 21) Abkürzung: GS für alle.

Nr.13: „Die Grundschule sollte verstärkt mit anderen Einrichtungen und Berufsgruppen zusammenarbeiten." (Zustimmung: 26). Abkürzung: Kooperation.

Nr.14: „Die Schule für Lernhilfe ist unverzichtbar, da sie die Kinder entlastet, die in der Grundschule ständig durch ihre schlechten Leistungen frustriert werden." (Zustimmung: 20). Abkürzung: Entlastung.

Nr.16: „Unterrichtsformen wie freie Arbeit geben den Kindern zu wenig notwendige Strukturen in die Hand." (Zustimmung: 3). Abkürzung: Strukturen.

Nr.17: „Der Besuch der Sonderschule für Lernhilfe stellt immer noch einen großen Nachteil dar, der einem Kind erspart werden sollte." (Zustimmung: 11). Abkürzung: Stigmatisierung.

Bis auf das Item 13 Kooperation gaben jeweils 1-5 Personen keine Antwort oder entschieden sich nicht für Ja oder Nein. Diese Fälle wurden in der statistischen Auswertung mit dem Mittelwert des jeweiligen Items gerechnet.

Eine Clusteranalyse ergab, daß sich die befragten Grundschullehrkräfte gut drei Clustern zuordnen lassen: Das erste Cluster ist mit 14 Fällen belegt. Es kann als integrationszustimmend bezeichnet werden. Die ihm zugeordneten Personen lehnen die These der Aufwendigkeit der Individualisierung, die These der Entlastung durch Sonderschulunterricht, die These der besseren Förderung durch Sonderschulen und die These der Bewährtheit des dreigliedrigen Schulsystems ab. Dagegen stimmen sie den Aussagen zu, die Grundschule solle Schule für alle Kinder sein, der Sonderschulbesuch sei ein Nachteil und in der Grundschule sollten nur verbale Beurteilungen gegeben werden. Das entgegengesetzte Cluster 3 ist mit 12 Fällen belegt und zeigt in allen diesen Punkten die Gegenposition. Interessant ist das Cluster 2: das intermediäre Cluster, das mit 5 Fällen belegt ist. Es ist offensichtlich durch die Tendenz gekennzeichnet, die Kinder zu entlasten und zu diesem Zweck die tradierte Außendifferenzierung einzusetzen; es drückt die Tendenz zu einer kindgerechten Veränderung der Grundschule bei gleichbleibender Separation der Lernbeeinträchtigten aus.

Die Aussagerichtungen werden durch eine Faktorenanalyse deutlich, die 52,7 % der Gesamtvarianz aufklärt.

Tabelle 1: Faktorenanalyse (Rotierte Factor Matrix nach Varimax)

	Leistungseffizienz Factor 1	Organisationskritik Factor 2
11 Aufwand	.72868	
04 Dreigliedrigkeit		-.78388
14 Entlastung	.68804	-.45908
13 Kooperation		.54141
02 Leistung	.80616	
12 Grundschule für alle	-.51580	
10 Sonderförderung	.78474	
17 Stigmatisierung		.72132
16 Strukturen		-.45523
03 Verbale Noten	-.67698	
Aufgeklärte Varianz:	Factor 1 38.7 %	Factor 2 14.0 %

Der 1. Faktor enthält hohe Ladungen bei Item 11 (Aufwendigkeit von Individualisierung), Item 14 (Entlastung durch die Schule für Lernhilfe), Item 2 (Leistung als primäre Aufgabe der Grundschule), Item 10 (Sonderförderung) und negative bei Item 3 (Verbale Beurteilungen) sowie negative bei Item 12 (Grundschule für alle). Dieser Faktor kann als Betonung von Leistungseffizienz bezeichnet werden. Er überschneidet sich nur im Item 14 (Entlastung) mit Faktor 2, der mit diesem Item negativ korreliert. Der Faktor 2 enthält eine sehr hohe negative Ladung bei Item 4 (Dreigliedrigkeit des Schulsystems), eine sehr hohe positive bei Item 17 (Stigmatisierung durch die Sonderschule), hohe negative bei Item 16 (Strukturen bei freier Arbeit) und eine positive bei Item 13 (Kooperation). Der Faktor 2 kann als Betonung der Organisationskritik bezeichnet werden. Während Cluster 1 und Cluster 3 beide Faktoren jeweils in eine Richtung verbinden, sind sie im intermediären Cluster gegenläufig miteinander gekoppelt.

6. Bildungspolitische Grundeinstellungen und Aussagen zur Integrationsfähigkeit

Die Pointe unserer Untersuchungsergebnisse liegt nun darin, daß die Aussagen der Lehrkräfte zur Integrationsfähigkeit der Grundschule für Kinder mit Lernbeeinträchtigungen eng korrelieren mit den bildungspolitischen Grundeinstellungen der Lehrkräfte.

Sowohl bei Korrelationsberechnungen wie bei Rangvarianzanalysen, bei denen die Gruppierungen aus der offen zu beantwortenden Frage zur Integrationsfähigkeit der Grundschule in Beziehung gesetzt wurden zu den aus den bildungspolitischen Items ermittelten Faktoren, zeigt sich eine statistisch hoch signifikante Übereinstimmung. Trägt man die aus der offenen Frage gewonnenen Gruppierungen in die Clusteranalyse ein, dann zeigt sich eine weitgehende Deckungsgleichheit. Bei der integrationsablehnenden Gruppe zeigt sich der Zusammenhang am deutlichsten, weil die Gruppe stabil bleibt. Bei den integrationsbefürwortenden Personen ist die Abgrenzung zum intermediären Cluster weniger scharf. Es wird deutlich, daß in der mittleren Gruppe eine starke Aussagerichtung vorhanden ist, die die Leistungsbetonung der Grundschule eher ablehnt und eher die Grundschule für alle wünscht, jedoch an der Dreigliedrigkeit des Schulsystems festhält und die positive Wirkung der Förderung in der Sonderschule bejaht.

Die Kreuztabellenanalyse belegt die hohe Übereinstimmung: In der Horizontalen sind die Gruppierungen aus der Auswertung der offenen Frage zur Integrationsfähigkeit der Grundschule eingetragen, in der Vertikalen die der Cluster aus der Analyse der bildungspolitischen Items.

Tabelle 2: Kreuztabellenanalyse: Cluster X Integration

	Integration				
Count Row Pct	zustimmend	bedingt zustimmend	unklar	ablehnend	**Row Total**
1	7	2	5	0	**14** **45.2**
3	0	1	2	2	**5** **16.1**
2	0	1	2	9	**12** **38.7**
Column Total	**7** **22.6**	**4** **12.9**	**9** **29.0**	**11** **35.5**	**31** **100.0**

Test	Chi^2	DF	Signifikanz
Pearson	20.24189	6	< .01
Craddock-Flood			< .01*

* Der Craddock-Flood-Test ermöglicht eine zuverlässigere Bestimmung des Signifikanzniveaus, da die erwarteten Häufigkeiten e_{ij} (mit 1 Ausnahme) $1 < e_{ij} < 5$ sind.

Bei weiteren Kreuztabellen-Vergleichen zwischen der integrationszustimmenden und der integrationsablehnenden Gruppe tritt zutage, daß nicht nur die Wichtigkeit der Förderung in der Sonderschule extrem unterschiedlich eingeschätzt wird, sondern daß die integrationsablehnenden Lehrkräfte signifikant häufiger Gründe für die Anmeldung zur sonderpädagogischen Überprüfung des Kindes nennen, die auf die Familie des Kindes bezogen sind.

7. Zusammenfassung der Ergebnisse

Faßt man die hier referierten Teilergebnisse der Studie zusammen, dann zeigt sich folgendes Bild:

Im Hinblick auf die Möglichkeiten der Grundschule, Kinder mit Lernbeeinträchtigungen zu beschulen, zeigt sich die Mehrheit der Grundschulleitungen verunsichert oder widersprüchlich. Nach ihren Aussagen kann geschätzt werden, daß in etwa ein Drittel der Grundschulen Integrationstendenzen unterstützt, während ein anderes Drittel einen Gegenstandpunkt einnimmt. Bei den Lehrkräften ist eine ähnliche Verteilung sichtbar. Die Frage des Scheiterns von Kindern an den Leistungs- und Verhaltensstandards der Grundschule ist eine weitgehend persönliche Angelegenheit der Grundschullehrkräfte, die sich zwar informell mit Kolleginnen besprechen, aber weder die Schulleitung noch ein anderes offizielles Gremium der Schule bei diesen Problemen als besonders hilfreich empfinden. Mehrheitlich werden die beigezogenen Sonderschullehrkräfte als hilfreich erlebt, wenngleich der Ausgang des Überprüfungsverfahrens in vielen Fällen enttäuscht. Bei der Einschätzung der Integrationsfähigkeit der Grundschule werden die Lehrkräfte geleitet von bildungspolitischen Grundeinstellungen, die sich in zwei Faktoren bündeln lassen: Stellung zum Leistungsgedanken und Stellung zur selektierenden Organisation des Schulsystems. Das Drittel der Lehrkräfte, das die Vorherrschaft des Leistungsgedankens und die organisatorische Gliederung des Schulsystems kritisiert, entwickelt Zustimmung und konkrete Vorstellungen zur Steigerung der Integrationsfähigkeit der Grundschule. Das Drittel mit genau entgegengesetzten Aussagerichtungen lehnt die Nichtaussonderung von SchülerInnen, die derzeit die Lernhilfeschule besuchen, ab. Im mittleren Drittel zeigt sich bei einer Personengruppe die Tendenz zur Zurücknahme des Leistungsgedankens bei Befürwortung der organisatorischen Gliederung des Schulsystems und der Beschulung in der Lernhilfeschule, bei anderen Personen Unklarheiten und Widersprüche.

8. Diskussion und Interpretation der Ergebnisse

Gegen eine Generalisierung dieser Ergebnisse könnte eingewendet werden, daß es sich um eine sehr kleine Stichprobe handelt. Es ist jedoch zu bedenken, daß die Untersuchung in einem Raum mit weit fortgeschrittener Grundschul- und Integrationsentwicklung stattfand. Sowohl die Rahmenbedingungen des Landes

Hessen wie auch die besonderen Anstrengungen der beiden ausgewählten Schulamtsbezirke, in denen kompetente und hochmotivierte leitende BeamtInnen die Entwicklung zu befördern suchen, liegen sicherlich oberhalb des westdeutschen Durchschnitts. Durch die sequentielle Auswahl der Stichprobe ist eine mögliche Zufälligkeit der Ergebnisse stark verringert. Zudem deckt sich das Ergebnis mit nicht überprüfbaren Erfahrungswerten, nach denen in etwa einem Drittel der Grundschulen mit tatkräftiger und sachkundiger Unterstützung bei der Nichtaussonderung von Kindern, denen Lern- und Verhaltensstörungen zugeschrieben werden, gerechnet werden kann.

Es mag dahingestellt bleiben, ob dieses zahlenmäßige Ergebnis aus der Sicht des Wunsches, die Nichtaussonderung zu befördern, als befriedigend oder eher unbefriedigend betrachtet wird. Wichtiger scheinen uns die qualitativen Ergebnisse:

Zustimmung oder Ablehnung von Integration beruhen auf bildungspolitischen Grundeinstellungen, die sozusagen zum persönlichen Bestand von Lehrereinstellungen gehören, und werden meist nicht durch Diskussionen in Schulkollegien, durch Schulprofile oder Schulleitungen entschieden. Im Gegenteil scheint in den meisten Fällen die Ausprägung einer spezifischen Diskussionskultur und einer Leitung durch die Schulleitung gegenüber den persönlichen und informellen Orientierungspunkten schwächer zu sein. Dies birgt nach unserer Ansicht die Gefahr, daß sich die integrationsablehnende Gruppe, bei der sich deutlich Vorbehalte gegen Familien mit abweichenden Kindern und gegen Verhaltensschwierigkeiten einzelner Kinder zeigen, als relativ erfahrungsresistent erweisen wird.

Der Trend in der mittleren Gruppe, den Leistungsdruck in der Grundschule zu verringern, aber das selektierende Schulsystem beizubehalten, kann auch als realistische Reaktion auf die Antinomien des Schulsystems und auf die wachsenden Belastungen der Lehrertätigkeit betrachtet werden. Die mittlere Gruppe wird sich im Konfliktfall meist dem Mehrheitstrend anschließen, sofern von ihm keine weitere Belastung der Arbeitsbedingungen zu erwarten ist.

Wir haben dieses Ergebnis unter Hinzuziehung von drei theoretischen Gesichtspunkten diskutiert:

Als Ausdruck der Selektivität des Schulsystems, als Ausdruck einer schwach entwickelten Organisationsstruktur der Mehrheit der Grundschulen und als Ausdruck einer Verleugnungs- und Abspaltungstendenz des mit der pädagogischen Arbeit notwendigerweise verbundenen Risikos des Scheiterns.

Um diesen Befund zu erklären, liegt es nahe, zunächst das Theorem der Selektionsfunktion des Schulsystems heranzuziehen, die als primäre Funktion des Schulsystems zu gelten habe. Dieses Theorem kann in der Tat den Befund erklären, daß die überwiegende Strömung in der Grundschule zur Ausgrenzung des Problems des Leistungsversagens neigt. Der Befund ist jedoch differenzierter, was durch die Hypothese der Selektionsfunktion nicht hinreichend zu erklären ist. Das Leistungsversagen ist ein notwendiger, aber kein hinlänglicher Grund für die Ausweisung des Problems aus der Grundschule. Hinzu treten in erster Linie Einschätzungen der Verhaltensprobleme und Einschätzungen der Familiensituation des Kindes. Das Leistungsversagen von Kindern betrifft eine ca. 2 bis 3 mal so hohe Population, als die Population in Lernhilfeschulen. Die Ausgliederung aus der Grundschule erfolgt also nicht nur entlang der Leistungsbeurteilung, sondern entlang der Beurteilung von psychosozialen Sachverhalten.

Da es zu beobachten ist, daß die Grenzziehung im Einzelfalle höchst zufällig oder willkürlich erscheint, könnte man nun als weiteres Theorem heranziehen, daß die Organisation Grundschule die Grenzziehung mit einem hohen Grad von Beliebigkeit festlegt. Dies entspricht der Beobachtung, daß in den meisten Fällen der von uns untersuchten Grundschulen keine geschlossene inhaltliche Konzeption gegenüber dem Problem des Leistungsversagens ersichtlich ist und auch keine Organisations- oder Leitungsstruktur für die Behandlung derartiger Probleme. Die These, die diesen Befund stützen würde, wäre die einer unterentwickelten Organisationsstruktur in den einzelnen Grundschulen und einer nicht ausgeprägten Professionalisierung des LehrerInnenberufs in den Grundschulen, was zur Folge hat, daß individuelle Grundüberzeugungen und informelle Meinungen die Einzelentscheidungen bestimmen. Diese These ist nicht von der Hand zu weisen. Sie erklärt den Zugriff auf den Einzelfall, sie erklärt aber nicht, daß über die Einzelfallentscheidungen hinaus sich Muster abzeichnen. So ist die Einschätzung des Verhaltens und das Verhältnis der/des LehrerIn zur Familie des Kindes ein solches Muster. Außerdem ist zu beobachten, daß in etwa in einem Drittel der Grundschulen eine Organisationsstruktur mit pädagogischer Leitung deutlich wurde, in der das Problem des Leistungsversagens bearbeitet und in die Zuständigkeit der Grundschule aufgenommen wird.

Auf der Suche nach einer Theorie, die dieses Bild erklären kann, sind der Rekurs auf die Theoreme der primären Selektionsfunktion und der mangelnden Organisationsstruktur und Professionalisierung in Grundschulen sicher Hinweise, jedoch nicht ausreichend. Eine Theorie, die an der Nahtstelle zwischen dem individuellen Verhalten der LehrerInnen und dem organisatorischen Verhalten angesiedelt ist, kann Hypothesen über unbewußte Abwehrformationen heranziehen.

Die These besagt, daß das Leistungsversagen in der Schule mit unbewußten Abwehrstrategien beantwortet wird.

Das Schulsystem hat von seiner Wurzel in der Aufklärung her die Aufgabe, die Perfektibilität des Menschen herzustellen, möglichst alle Bürger so zu bilden, daß sie produktiv zum bürgerlichen Gemeinwohl beitragen können und ihre Anlagen zur Vernunft entfalten (vgl. Moser 1995, S. 50ff). Bereits die Didaktika Magna von Comenius folgt dieser Vision, die zugleich auch eine Illusion ist, da die Tatsache des Scheiterns als zwangsläufig auch auftretende Folge pädagogischen Tuns nicht bedacht wird. Im Laufe der Geschichte entwickelte sich zur Bearbeitung dieses Problems die Hilfsschulpädagogik. Die Sonderpädagogik und die Sonderschulen gestatteten es durch die Abnahme dieses Problems den allgemeinen Schulen, das Problem des Leistungsversagens weiterhin auszugrenzen. Diese Ausgrenzung hat gegenüber den davon betroffenen Personen sowohl eine philanthropische wie eine diskriminierende Variante. Entscheidend ist, daß die Sonderpädagogik dieses Problem monopolartig bearbeitet und damit die allgemeine Schule und die allgemeine Pädagogik freistellt. Es ist dabei nicht entscheidend, daß alle Personen, die real Leistungsversagen zeigen, von der Sonderpädagogik übernommen werden. Es genügt auch, wenn ein bestimmter Bruchteil dieser Personengruppe in die Zuständigkeit der Sonderpädagogik fällt, um die symbolische Nicht-Zuständigkeit für das Leistungsversagen in der allgemeinen Schule aufrechtzuerhalten, selbst wenn leistungsversagende SchülerInnen in relativ hoher Anzahl in der allgemeinen Schule verbleiben.

Von Beginn der Hilfsschulpädagogik an war jedoch das Leistungsversagen nur die oberste, dem Bewußtsein zugängliche Schicht des Problems. Immer handelte es sich auch um abweichendes Verhalten und um Ausschluß von abweichendem Verhalten auf dem Boden von Subkulturen. Leistungsversagen war stets nur die notwendige, aber nicht die hinreichende Bedingung für die Einweisung in die Zuständigkeit der Sonderpädagogik. Die zusätzliche Bedingung äußert sich in der Einschätzung der Familiensituation und vor allem in der Beurteilung des Verhaltens der Kinder, das auf familiäre, milieubedingte, subkulturelle Einflüsse zurückgeführt wird.

Die Idee der Grundschule für alle Kinder steht seit jeher der Abspaltung dieses Problems entgegen. Aus unserem Material kann gefolgert werden, daß hier in etwa ein Drittel der Grundschullehrkräfte und ein Drittel der Grundschulen von dieser Idee der Grundschule für alle Kinder überzeugt sind, und daß sich in Schulkörpern, in denen diese Idee offensiv verhandelt wird, Organisationsstrukturen und pädagogische Leitungen einstellen können, die die Bearbeitung des Problems des Leistungsversagens und des abweichenden Verhaltens einschließen.

Die Abwehr des Scheiterns und des Versagens in der schulischen Interaktion hat so eine schulorganisatorische, eine sozialpsychologische und eine individuelle Seite. Die Abwehr läuft über begabungstheoretische Konstruktionen, über milieutheoretische Konstruktionen, über die schulorganisatorische Begründung der Nützlichkeit des Status Quo und über die Beteuerung von psychischer Überbeanspruchung und Belastung. Die Abwehr des Problems des Versagens und Scheiterns in der Schule hat für die Lehrkräfte eine psychohygienische Entlastungsfunktion. Die Gefahr, daß das Kind im Unterricht scheitert, wird verbunden mit der Gefahr, daß der Unterricht scheitert und somit der Gefahr, daß der/die LehrerIn am Unterricht scheitert. Eine nicht voll entwickelte Professionalität führt dazu, daß die Erfolgskriterien für erfolgreichen Unterricht am Endprodukt, dem Verhalten der Kinder, festgemacht werden, und nicht an der eigenen Methodensicherheit und an sachangemessenem Verhalten. Die Untersuchung von Podell (1993), daß LehrerInnen, die sich in ihrer eigenen Tüchtigkeit sicherer einschätzen, weniger geneigt sind, Diskriminierungen gegen ethnische Minderheiten zu folgen, bestätigt diese These.

Erforderlich wäre in dieser Situation eine pädagogische Kultur in der Grundschule, die es den LehrerInnen ermöglicht, die persönliche Betroffenheit und die Gefahr des Scheiterns zu artikulieren. Bleibt jedoch das Problem des Leistungsversagens und des abweichenden Verhaltens aus der schulischen Kommunikation ausgeklammert oder wird sie in der Kommunikation zwischen den LehrerInnen nur in einer verfremdeten und abgewehrten Form verhandelt, wie z.B. in gegenseitigem Klagen, Bestätigungen von Überforderung und gemeinsamem Suchen nach Außenursachen, dann muß die in einen solchen Prozeß verstrickte LehrerIn individuell zu Entlastungsmechanismen greifen.

Die Möglichkeiten, die Grenzen der Integrationsfähigkeit der Grundschulen zu erweitern, können unseres Ermessens deshalb in zwei verschiedenen Richtungen gesucht werden:

1. In einer Profilierung der Grundschule als Institution, die auch die Folgen der pädagogischen Selektion bearbeitet. Dies würde eine obligatorische Einführung von Diskussionszusammenhängen, in denen die Folgen von nichtgelingenden schulischen Lern- und Sozialisationsprozessen bearbeitet werden, bedeuten und eine deutliche Leitungsstruktur der Grundschulen auch und gerade in pädagogischen Fragen, die bislang in die Binnenstruktur des Geschehens hinter verschlossenen Klassenzimmertüren und in die persönliche Problemlösung der Lehrkräfte verwiesen werden, erfordern.
2. Durch eine Lehrerausbildung, die Lernprozesse in ihrer Vielfalt und Breite subjektiver Lösungen nachvollziehbar macht und nicht versucht, die Normalformerwartungen eines gelingenden Unterrichts einzuüben. Auch offener und differenzierter Unterricht, der als Lösung der heutigen Erziehungs- und Unterrichtsprobleme propagiert wird, wird zur Verengung und führt zur Ausblendung der Realität, wenn er als normgebender Verhaltensablauf mißverstanden wird (vgl. Grüntgens 1997). Erzieherische Professionalität erfordert die Fähigkeit, mit den unerwünschten Nebenwirkungen von Bildungs- und Erziehungsprozessen selbstreflexiv umzugehen.

Zugleich müßten auch die Grenzen angegangen werden, die die Sonderschule aufbaut. Die Ergebnisse zu dieser Frage und zur Kooperation zwischen Grundschule und Sonderschule (vgl. Reiser 1997), die unsere Untersuchung liefern, können hier nicht ausgebreitet werden. Es ist uns jedoch wichtig, darauf hinzuweisen, daß in unserem Material auch Grenzen der Integrationsfähigkeit deutlich wurden, die im Beharrungsvermögen der Sonderpädagogik liegen.

Die schulische Integration bei Lern- und Verhaltensproblemen ist aus der Phase der enthusiastischen Erfolge herausgewachsen. Ihre Konsolidierung und Erweiterung erfordert eine erzieherische Professionalisierung der Lehrkräfte,

Nüchternheit der Beurteilung und eine Strategie, die die aktuellen Grenzen des Schulsystems in Rechnung stellt.

Literatur

(vollständige Liste siehe in der Studie)

Grüntgens, Willi: Offener Unterricht und verantwortliches Lernen - eine kritische Anfrage. In: Behindertenpädagogik 36 (1997) 2, 114-138.

Moser, Vera: Die Ordnung des Schicksals. Zur ideengeschichtlichen Tradition der Sonderpädagogik. Butzbach-Griedel 1995.

Podell, D.H.: Teacher Efficacy and Bias in Special Education. In: The Journal of Educational Research, Vol. 86, Nr.4, 1993, Washington, 247-253.

Reiser, Helmut: Lern- und Verhaltensstörungen als gemeinsame Aufgabe von Grundschul- und Sonderpädagogik. In: Zeitschrift für Heilpädagogik 48 (1997) 7, 266-275.

Urs Haeberlin

Das Scheitern der schulischen Integrationsbewegung verhindern!

1. Realitäten gesellschaftlicher Ausgrenzung

1.1 Die 'Normalität' der Ausgrenzung

Körperlich oder geistig leistungsschwachen Menschen ist seit jeher der Anspruch auf gesellschaftliche Integration abgesprochen worden. Die Ausgrenzung reichte im Verlaufe der europäischen Geschichte immer wieder bis zur Aberkennung des Lebensrechts. Den letzten Höhepunkt bildeten die Ereignisse vor und während des zweiten Weltkriegs. Der wirtschaftliche Aufschwung nach dem Krieg ließ auch dies zur Vergangenheit werden. Schon in den 60er Jahren setzte sich wieder ein neuer Glaube an die Machbarkeit aller Lebensverhältnisse durch instrumentelle Vernunft und technologische Planung durch. Auch die Bildungsfachleute waren der Meinung, mit technologisch begründeten, organisatorischen Maßnahmen lasse sich fast jedes Kind gescheiter, leistungsfähiger und vernünftiger machen und damit besser als nützliches Mitglied in die Gesellschaft integrieren. Der neuerblühte Glaube an Organisation und Technologie ließ auch das Sonderschulwesen nicht unberührt; von der organisatorischen Ausdifferenzierung und Separierung schien man sich Wunder zu erhoffen. Manch ein Sonderschulkonstrukteur schien beinahe zu vergessen, daß nicht jeder Mensch nach dem Maßstab der Normalität 'vernünftig' und 'als brauchbarer Mensch integrierbar' gemacht werden kann (vgl. Haeberlin 1996 a, b, d, e).

Erst gegen Ende der 70er Jahre verlor sich allmählich der Fortschritts- und Machbarkeitswahn. Im Bildungsbereich setzte eine breite Pädagogik- und Schulkritik ein. Es wurden zunehmend Zweifel an der Humanität des separierenden und sortierenden Sonderschulwesens hörbar, wie es in den 60er Jahren ausgebaut worden war. Man wies auf Probleme wie Stigmatisierung und Ausgrenzung durch das Sonderschulsystem selbst hin. 'Integration statt Separation' ist damit zum Schlagwort in der Sonderpädagogik des ausgehenden zwanzigsten Jahrhunderts geworden.

Aber schon wird wieder vor Gefahren von Ausgrenzungen gewarnt, die sich auch in einer bloß technologisch verstandenen Integration als vornehmlich organisatorische Maßnahme verstecken können. Der Integrationspädagoge Hans Wocken warnt vor den Folgen eines organisatorisch erzeugbaren Mechanismus' des 'Bedarfs-Angebots-Junktims'. Bei entsprechender Organisation könne Integration vermehrt 'Behinderung' bzw. 'Förderbedarf' produzieren. Denn jede Diagnose könne als Belohnung zusätzliche Förderstunden nach sich ziehen und damit in Integrationsschulen „die unersättliche Gier nach immer mehr Lehrerstunden" wecken (Wocken 1996, 35). Wenn sich die gesteigerte Sensibilität der Lehrpersonen „für Probleme von Kindern und für Problemkinder" mit dieser Motivation koppelt, könne sie - so die Warnung von Wocken - „mit einer schwindenden Normalitätstoleranz einhergehen" (Wocken 1996, 36). „Gerade in integrativen Schulen kann man ja ohne sonderliche Gewissensbisse Kinder als behindert etikettieren, weil Etikettierungen nicht mehr mit der negativen Konsequenz der schulischen Aussonderung verbunden sind. ... Die Ausgrenzung behinderter Kinder findet nicht mehr institutionell, sondern im Kopf der Pädagogen statt. Schwierige Kinder werden gedanklich ausgesondert und von der Normalität ausgegrenzt. Die Grenze zwischen Normalität und Behinderung hat sich in bedenklicher Weise verschoben. Integration - so scheint es - steigert nicht die Normalitätstoleranz, sondern fördert umgekehrt die Abgrenzungsbereitschaft" (Wocken 1996, 35/36).

Es ist offenbar nicht auszuschließen, daß sich sogar unter dem hoffnungsvollen Etikett 'schulische Integration' neue Formen von Etikettierungs- und Ausgrenzungsprozessen anzudeuten beginnen. Wenn dem so ist, stellt sich die bedrohliche Frage: Wird auch diesmal einer pädagogischen Reformbewegung der Ausbruch aus dem europäischen Teufelskreis der Ausgrenzung nicht gelingen?

1.2 Zunehmende Armut und soziale Benachteiligung

Als Folge der durch Betriebsrationalisierungen schwindenden Arbeitsplätze und des erneuten gesellschaftlichen Sozialabbaus zeichnen sich zunehmend neue Formen der Ausgrenzungen bereits so deutlich ab, daß sich der Verband deutscher Sonderschulen mit einem Aufruf an Parteien, Ministerien und Organisationen wendet und die zu beobachtende „'schulische Entsorgung' von Kindern und Jugendlichen als die gefährliche Verdrängung eines gravierenden sozial- und bildungspolitischen Problems" (vds 1996, 257) brandmarkt. Die Mißachtung des Anspruchs manifestiert sich beispielsweise auch in den Verstößen vieler Arbeitgeber gegen das Schwerbehindertengesetz: „Nach dem Schwerbehindertengesetz müssen Arbeitgeber mit mehr als sechzehn Arbeitsplätzen sechs Prozent ihrer Arbeitsplätze Schwerbehinderten zur Verfügung stellen. Doch 895'000 besetzten Pflichtplätzen stehen 472'000 offene gegenüber. Drei Viertel der 167'900 relevanten Arbeitgeber beschäftigen zu wenig Schwerbehinderte. Bei 56'700 Unternehmen steht sogar kein einziger Betroffener auf der Lohnliste" (Scharff 1995, 435).

Die Differenz zwischen Armen und Reichen innerhalb unserer Gesellschaft scheint sich wieder zu vergrößern. Die Ausgrenzung von Schwachen und Armen erweist sich als Gesetzmäßigkeit einer neuen wirtschaftlichen Entwicklung. Dieser Gesetzmäßigkeit fallen zur Zeit wieder vermehrt Behinderte, schulisch Schwache und sozial Benachteiligte zum Opfer. Für die Sonderpädagogik ist von besonderer Bedeutung, daß darunter zunehmend Kinder und Jugendliche sind.

Indikatoren für zunehmende Armut und daraus resultierende soziale Benachteiligung sprechen eine deutliche Sprache (vgl. Weiss 1996): 1992 lebten 10,2 % der Bevölkerung in der BRD unterhalb der Armutsgrenze; in den alten Bundesländern 7,5 % und in den neuen 14,8 %. Der Anteil von Sozialhilfebeziehern an der Gesamtbevölkerung „hat sich in den alten Bundesländern von 1972 bis 1990 von 1,3 % auf 4,5 % mehr als verdreifacht“ (Weiss 1996, 152). Die Altersstruktur der Sozialhilfebezieher hat sich zu einem dramatisch vergrößerten Anteil der Kinder und Jugendlichen verändert. Die Zahl der in Obdachlosigkeit und sonst prekären Wohnverhältnissen lebenden Kinder wird in der Bundesrepublik auf ca. eine halbe Million geschätzt. „Von 2,8 Millionen Menschen, die 1990 in den alten Bundesländern Hilfe zum Lebensunterhalt bezogen, waren 45 % Kinder, Jugendliche und junge Erwachsene bis 25 Jahre, 32 % unter 18 und 14,5 % unter 7 Jahren (in Einrichtungen lebende Kinder nicht mitgezählt). (...) Jährlich flüchten rund 40’000 Kinder aus desolaten Familienverhältnissen in die Obdachlosigkeit bzw. Nichtseßhaftigkeit. (...) Insgesamt wachsen schätzungsweise 10 % aller Kinder in Familien auf, in denen durch Vernachlässigung ihre Entwicklungschancen gravierend gefährdet sind. Über 90 % von ihnen kommen aus Armutsfamilien“ (Weiss 1996, 153).

Trotzdem scheint das Interesse der Sonderpädagogik an der Erforschung sozialer Ausgrenzung und Benachteiligungen, die mit Armut und gesellschaftlicher Unterprivilegierung zu tun haben, seit 1972 bis 1994 kontinuierlich gesunken zu sein; jedenfalls hat sich die Anzahl von Publikationen zu dieser Thematik jährlich verkleinert, von 46 im Jahre 1972 auf ganze 4 im Jahre 1994 (Klein 1996, 142). Dies deutet darauf hin, daß die Sonderpädagogik heute von einem Ausgrenzungs- und Entsolidarisierungsschub überrumpelt wird.

Viele der sozial Benachteiligten sind beruflich nur mit hohem Kostenaufwand integrierbar. Die Bereitschaft dazu ist im Sinken. Ausgrenzungen vom Anspruch auf Arbeit und gesellschaftliche Anerkennung bis hin zur Aberkennung des Rechts auf Leben sind wieder zu befürchten. Es versteht sich so von selbst, daß auch der immer deutlicher formulierte Gedanke, daß man sich ‘unbrauchbarer’ Menschen mit schweren Behinderungen zu entledigen habe, am unauffälligsten und moralisch saubersten schon durch vorgeburtliche, selektive Maßnahmen, dem Zeitgeist entspricht.

Es erstaunt nicht, daß die gestiegene Bereitschaft zum Sozialabbau und zur Ausgrenzung von Schwachen wieder Elite-Theorien zuläßt, welche die Bereitschaft ideologisch stützen und weiter fördern können. Neue amerikanische Publikationen (Henry 1994; Herrnstein/Murray 1994) verbreiten wieder die Thesen vom vererbten Intelligenzquotienten und den darauf gegründeten gesellschaftlichen Eliten. Einseitigste erbbiologische Sichtweisen bezüglich Intelligenz scheinen wieder zunehmend Akzeptanz zu finden (vgl. Mönks 1996). Was in dieser Einseitigkeit letztmals 1969 von Jensen vertreten worden ist, stößt in neuer Verpackung wieder auf Interesse und Zustimmung. Und dies, obschon seit den 70er Jahren für viele Sozialwissenschaftler geklärt schien, daß „die wissenschaftliche Anfechtbarkeit der Hereditätstheorie nicht mehr ausdrücklich betont werden müsse“ (Neuland 1975, 60). Die selektionistische Gefahr des hereditären Weltbildes erweist sich nun als ganz und gar nicht überwunden. Es liefert wieder einmal die willkommene, ideologische Begründung für den Sozialabbau und für den überhöhten Selbstwert der in dieser Gesellschaft Erfolgreichen (vgl. Haeberlin 1996 e).

2. Die Vision einer integrationsfähigen Schule

Auf diese neuen Realitäten gesamtgesellschaftlicher Ausgrenzung und Entsolidarisierung trifft heute die integrationspädagogische Bewegung. Diese setzt den Realitäten der Ausgrenzung und der Entwertung von Schwachen das Ideal der Partnerschaftlichkeit und der integrativen Kräfte gegenüber. Dies will sie zunächst in den Schulen durchsetzen und hofft, daß sich schulische Integration korrigierend auf die gesellschaftliche Entwicklung auswirken wird.

Als ethisch-pädagogischer Begriff meint 'Integration' die Vision einer humanen Schule, welche für alle Kinder integrationsfähig ist und welche Gleichwertigkeit und Würde jedes Kindes bei unterschiedlichster Leistungsfähigkeit Realität werden läßt (vgl. Freiburger Projektgruppe 1993). Diese Vision ist verbunden mit der Vision einer integrationsfähigen und nicht ausgrenzenden gesellschaftlichen Umwelt. Erfahrung der eigenen Würde schon in der Schulumwelt wird als Voraussetzung für eine integrationsfähige Gesellschaft gesehen. In einer integrationsfähigen Schulumwelt würden alle Kinder als gleichwertige Partner in das Beziehungsnetz der Regelklasse aufgenommen; es gäbe keine Geringschätzung wegen unterdurchschnittlicher Schulleistungsfähigkeit, wegen Abweichungen von der Durchschnittsintelligenz und wegen anderer Gründe zum schulischen Scheitern. Diese Schulumwelt wäre getragen vom allgemeinen Wunsch nach dialogischer Begegnung (Bleidick 1994, Buber 1979, Haeberlin 1988a) zwischen allen in und außerhalb der Schule in Beziehung stehenden Menschen. Die integrationsfähige Schule würde eine Drehung der Fragerichtung um 180 Grad verlangen, so daß ausschließlich nach der Integrationsfähigkeit der Schule (nicht der Schüler!) gefragt und nur noch von einer mehr oder weniger ausgrenzenden und integrationsunfähigen Schule und Gesellschaft gesprochen würde.

Die integrationspädagogische Bewegung schöpft ihre Kraft letztlich aus der Hoffnung, es könne durch integrative Reformprozesse in der Schule zur Entlarvung gesellschaftlicher Inhumanität und damit zur Einsicht in die Notwendigkeit einer Umkehr der entsolidarisierenden Entwicklung kommen. In einem

Rückblick auf die Integrationsentwicklung im Saarland hat Alfred Sander dies deutlich zum Ausdruck gebracht: „Fortschreitende Integration wird - so ist zu erwarten - mit der Zeit den Unterricht und das gesamte schulische Leben verändern helfen und über die Schule hinaus auf andere Umfelder, auf andere 'Systemebenen' einwirken. Zielvorstellung ist eine integrative Schulkultur und eine integrationsfähige Gesellschaft" (Sander 1994, 35).

3. Systemerhaltung als Gefährdung der Integrationsbewegung

Öffentliche Schule wird traditionellerweise mit dem Zweck organisiert, Kinder und Jugendliche auf die Eingliederung in Beruf, Staat und Gesellschaft vorzubereiten. In einer marktwirtschaftlich funktionierenden Gesellschaft bedeutet diese Eingliederung Herstellung und Erhaltung von produktions- und konsumationsfördernder sowie solidaritätshemmender Leistungsmotivation und -fähigkeit der Individuen. Das für das wirtschaftliche Wachstum erforderliche Schwergewicht der Entwicklung eigener Leistungs- und damit Konsumfähigkeit fördert die Motivation, in beruflicher Arbeit weniger oder gar nicht Leistungsfähige - und damit Nicht-Konsumfähige - auszugrenzen. Der solidarisierende Wert der Gleichwertigkeit aller Menschen bei unterschiedlichsten, zum Teil im Produktionsprozeß überhaupt nicht verwertbaren, Leistungspotentialen steht im Widerspruch zum Zweck einer wirtschaftlichen Wachstumsgesellschaft.

Wenn Integrationsversuche, die sich vorerst durchaus an der pädagogischen Vision einer humanen Schule für alle orientieren können, im öffentlichen Schulwesen von der Vervorschriftung durch die leistungsideologisch gelenkte Schulbürokratie erfaßt werden, müssen wir mit der Möglichkeit rechnen, daß das pädagogische Ziel, Regelklassen für schulisch scheiternde und gescheiterte Kinder integrationsfähiger werden zu lassen, bürokratisch pervertiert wird. Es ist zu befürchten, daß Integration in erster Linie unter dem Aspekt der bürokratischen Verwaltbarkeit von neuartigen, subtileren separierenden Maßnahmen zur Förderung der gesellschaftlich genormten Leistungsfähigkeit und -motivation gesehen und realisiert wird. Es besteht die Gefahr, daß das bisherige Subsystem 'Sonderschule' von der Schulbürokratie in das Regelschulsystem 'hineinorganisiert' wird. Dabei droht eine Verdrehung der pädagogischen Idee von Integrationsfähigkeit einer humanen Schule für alle, auch für die nicht an die Schulleistungsnorm Heranführbaren und die nicht vor dem traditionellen schulischen Scheitern zu Bewahrenden. Für diese wird nach den Kriterien des Sonderschulwesens ein wiederum separierendes und etikettierendes Stütz- und Förderlehrersystem organisiert und verwaltet. Der im ursprünglichen, pädagogischen Sinne für die Humanisierung der Schule eingeführte Begriff 'Integration' könnte damit durch subtile Verdrehungskünste von Schulpolitik und -verwaltung zum Etikett einer Schule werden, die sich zum Ziele setzt, leistungsschwache und vom Scheitern bedrohte Schüler, denen bisher noch der Schonraum einer weniger leistungsorientierten Sonderschule offenstand, zur Leistungsnorm der traditionellen Regelschule zu 'trimmen'. Welches Leiden dies für jene bedeuten kann, die auch durch ein zusätzliches System von Stütz- und Fördermaßnahmen nicht leistungsnormkonform 'gemacht' werden können und als Gescheiterte etikettiert und ausgegrenzt bleiben müssen, ist eine Frage, die leicht aus dem bildungs- und gesellschaftspolitischen Blickfeld verloren geht.

So gesehen kann es zu bildungspolitischen bzw. gesetzgeberischen Verdrehungskünsten kommen, die oft schwer zu entlarven sind und wahrscheinlich auch von den Bildungspolitikern und Gesetzgebern nicht explizit als solche verstanden werden. Dazu ein willkürlich herausgegriffenes Beispiel: Die Verfassung von Nordrhein-Westfalen bestätigt die Vision einer Volksschule für alle; denn die einschlägigen Verfassungsartikel lauten folgendermaßen: „Art. 8: (1) Jedes Kind hat Anspruch auf Erziehung und Bildung. ... (2) Es besteht allgemeine Schulpflicht; ihrer Erfüllung dienen grundsätzlich die Volksschule und die Berufsschule. ... Art. 10: (1) Das Schulwesen des Landes baut sich auf einer für alle Kinder verbindlichen Grundschule auf, die Teil der Volksschule ist. ... Art. 12: (1) Die Volksschule umfaßt die Grundschule als Unterstufe des Schulwesens und die Hauptschule als weiterführende Schule. ..." (Nordrhein-Westfalen 1950). Es findet sich kein Hinweis auf das Recht oder die Pflicht des Staates, Kinder von der für alle verbindlichen Grundschule als Grundstufe der Volksschule fernzuhalten und abzusondern. Ebenso ist nicht festgelegt, daß neben der Hauptschule absondernde Schulen wie Realschule und Gymnasium zu bilden sind. Nach der Verfassungsvision erscheint der Besuch der Volksschule durch alle Kinder der Regelfall.

Verfassungsvision und Schulrealität scheinen aber so weit auseinanderzuklaffen, daß in der Begründung zur Vorlage des neuen Sonderschulentwicklungsgesetzes für Nordrhein-Westfalen die verfassungsmäßige Auffassung vom Regelfall um 180 Grad gedreht werden mußte, indem die Sonderschulung als Regelfall bezeichnet und der Regelschulbesuch als begründungspflichtig gilt: „Neben dem Besuch der Sonderschule, der der Regelfall bleibt, wird zusätzlich die Möglichkeit eröffnet, Kinder nach Maßgabe der Absätze 2 und 3 in allgemeinbildenden Schulen sonderpädagogisch zu fördern. Die Einzelheiten zur Feststellung des sonderpädagogischen Förderbedarfs und zur Festlegung des Förderortes werden durch eine Rechtsverordnung nach Absatz 6 getroffen. Dort soll auch bestimmt werden, bei welchen Behinderungsarten Schulpflichtige sonderpädagogischer Förderung bedürfen. In allen Fällen sonderpädagogischer Förderung in allgemeinen Schulen ist erforderlich, daß der Schulträger seine Zustimmung erteilt" (Nordrhein-Westfalen 1993a). Daß der Träger einer allgemeinen Schule, die nach Verfassungsvision eine Volksschule für alle sein müßte, die Macht der Zustimmung und Abweisung behält, zeigt die Abkehr in unserem gesellschaftlich geformten Denken von der Volksschulidee als Schule für alle.

Es erstaunt dann nicht mehr, wenn unter dem Etikett 'Integration' ein Förder- und Stützsystem angestrebt wird, das an der Schulleistungsnorm für homogene Altersgruppen festhält und damit folgerichtig zwischen klassenzielkonform und klassenzielabweichend unterrichtbaren ehemaligen Sonderschülern unterscheidet. So hieß es beispielsweise in der bereits erwähnten Begründung des Sonderschulentwicklungsgesetzes für Nordrhein-Westfalen: „Die sonderpädagogische Förderung in Grundschulen kann 'zielgleich' (Orientierung an den Richtlinien und Lehrplänen der Grundschule) oder 'zieldifferent', d.h. nach den Richtlinien und Lehrplänen der Sonderschule für Lernbehinderte oder Schule für Geistigbehinderte erfolgen (Nordrhein-Westfalen 1993a). 'Zielgleiche' und 'zieldifferente' Förderung wurde folgendermaßen definiert: „zielgleich" = „Unterricht nach den Lehrplananforderungen der allgemeinen Schule"; „zieldifferent" = „Unterricht nach den Lehrplananforderungen der jeweiligen Sonderschule" (Nordrhein-Westfalen 1993b).

Als weiteres Beispiel sei in diesem Zusammenhang die von Alfred Sander mitinitiierte und von ihm aus heutiger Sicht kritisch reflektierte und kommentierte Integrationsentwicklung im Saarland erwähnt (Sander 1994). Man findet auch hier ein ähnliches Festhalten an den traditionellen Schulnormen. Beispielsweise geht aus § 3 der saarländischen Integrations-Verordnung deutlich hervor, daß am Grundsatz des verbindlichen Klassenziels festgehalten wird. Damit ein saarländisches Kind mit Schulschwierigkeiten bezüglich der Lernziele individualisiert unterrichtet werden darf, muß es ein kompliziertes Verfahren durchlaufen und sich sogar einem der traditionellen Sonderschultypen zuteilen lassen; d.h. sogar bei einer allfälligen Zusprache einer 'lernzieldifferenten' Individualisierung wird wieder auf den Lehrplan eines Schultyps verwiesen. Nach § 3 „wird der behinderte Schüler je nach seiner Leistungsfähigkeit entweder nach dem für die nicht behinderten Schüler geltenden Lehrplan (integrative Unterrichtung mit gleicher Zielvorgabe) oder nach dem Lehrplan des Typs der Schule für Behinderte, der seiner Behinderung entspricht (integrative Unterrichtung mit unterschiedlicher Zielvorgabe), unterrichtet" (Sander u.a. 1994, 339). Wenn Integration und Individualisierung bedeuten, daß die Schule jedem einzelnen Kind anzupassen ist und nicht die Kinder den Schultypen angepaßt werden sollen, dann stoßen wir beim Beispiel der Integrationsentwicklung im Saarland ebenfalls auf Hinweise für die Gefahr der Verdrehung der pädagogischen Vision einer integrationsfähigen Schule.

So droht wieder einmal eine pädagogisch fortschrittliche Schulreform eher zum Rückschritt zu werden: Zweck der von der Schulbürokratie bevorzugten leistungsideologisch pervertierten 'integrativen' Subsysteme scheint die Angleichung der Schulleistungen von bisherigen Behinderten und schulisch Gescheiterten zumindest an das untere Leistungsniveau von Regelschülern zu werden. Dies ist mit der Vision einer humanen Schule für alle nicht gemeint. Die Selektion und Separation derjenigen, die trotz bürokratisch intelligent organisierter Maßnahmenpakete 'integrationsunfähig' und damit zum endgültigen Scheitern verurteilt bleiben, dürften bei der pervertierten Zwecksetzung noch gravierendere Folgen für diese Menschen haben, als es beim derzeitigen Stand der Separation in Sonderschulen bereits der Fall ist. Die 'Integrationsunfähigkeit' einer Restgruppe von hoffnungslos Gescheiterten wäre dann öffentlich und mit bürokratischer und 'wissenschaftlicher' Genauigkeit dokumentiert und legitimiert. Die dann 'Nicht-Förderbaren' und somit am Prinzip der Schulleistungsfähigkeit definitiv Gescheiterten könnten zu einer noch negativer bewerteten, unter Umständen wieder einmal 'wertlos' werdenden Restgruppe und zur liquidierbaren Ware werden (vgl. Haeberlin 1997 b).

4. Hoffnung auf das Reformpotential der Lehrer und Lehrerinnen

Vom Staat erlassene und organisierte schulische Integration scheint das pädagogisch-ethische Anliegen der Integrationsbewegung stets in irgend einer Form so zu pervertieren, daß das Erfordernis gesellschaftlicher Ausgrenzungen von Schwachen und Erfolglosen erfüllt bleibt. Dies veranlaßt zur Schlußfolgerung, daß die humane, integrationsfähige Schule nicht allein von behördlichen Anordnungen und bürokratischen Planungen erhofft werden kann. Sondern die Lehrerinnen und Lehrer selbst, in Solidarität mit den Kindern und Eltern, müßten es sein, welche den Umbruch in Richtung einer pädagogischen Vision vollziehen. Eine Entwicklung zur Humanisierung der Schule kann nur erfolgreich verlaufen, wenn sie von der Basis (Lehrer und Eltern) aus initiiert wird. Ausgangspunkt einer solchen Entwicklung wäre die gewollte, geübte und praktizierte Zusammenarbeit zwischen allen an Schule direkt Beteiligten zugunsten der Vision einer integrativen Menschlichkeit. Wenn die Zusammenarbeit in visionsgeleitete Solidarität münden würde, wäre auch auf ein politisches Potential zur Durchsetzung neuer Rahmenbedingungen für die humane Schule zu hoffen.

Allerdings sind wir professionellen Schulleute mit unserer marktwirtschaftlich erzeugten Profilierungs- und Abgrenzungsmentalität (z.B. Abgrenzung des Sonder- vom Regelpädagogen, des Gymnasiallehrers vom Hauptschullehrer, des Schulpsychologen von dem und dem, usw.) für eine partnerschaftliche und solidaritätsstiftende Zusammenarbeit am schlechtest-möglichen gerüstet. Wir haben dadurch schwer überwindbare Schwierigkeiten, vor andern Lehrpersonen unsere eigene Person zu enthüllen, unsere Fehler preiszugeben, unsere Schwächen zu zeigen. Aber ohne dies wird die Zusammenarbeit zwischen allen an Schule Beteiligten nicht gehen und die Integrationsfähigkeit der Schule sich nicht entwickeln. Die Probleme bei den ersten Versuchen der Zusammenarbeit werden uns vielleicht größer erscheinen als die Chancen (vgl. Haeberlin, Jenny-Fuchs, Moser Opitz 1992, Freiburger Projektgruppe 1993). Den Durchhaltewillen können wir wohl nur aus der Vision eines partnerschaftlichen Menschseins in einer humaneren Schule und Gemeinschaft und aus der Hoffnung auf die Entstehung eines politisch wirksamen Potentials human denkender und handelnder Pädagogen schöpfen.

Wir Pädagogen und Pädagoginnen selbst müßten es sein, welche, überzeugt von der Vision einer humaneren Schule, den Umbruch zur pädagogisch richtigen Reform einleiten und in zäher politischer Arbeit die dafür erforderlichen Strukturen dem Staat abtrotzen werden. Eine in Übereile und Übergeschäftigkeit 'von oben' staatlich angeordnete und organisierte Integrationsentwicklung könnte kaum zum Ziel der humanen Schule führen. Wir müssen uns endlich radikal vom Aberglauben befreien, Weltanschauung und damit verbundene Wertgrundlagen ließen sich staatlich anordnen und organisieren. Letztlich ist Menschlichkeit nichts anderes als Vertrauen in die anderen Menschen. Statt dessen aber erwerben wir zum Bestehen in dieser Gesellschaft das Mißtrauen. Deshalb ist Zusammenarbeit ein Schritt zur humaneren Schule.

5. Vermittlung der ethischen Grundlagen in der Ausbildung

Eine integrationsfähige Schule kann nur entstehen, wenn sie als zentrales berufsethisches Anliegen aller zukünftigen Lehrpersonen in Primar- und Sekundarschule verankert ist. Die Frage nach den Konsequenzen der Zielvorstellung einer integrationsfähigen Schule für die Lehrerinnen- und Lehrerausbildung ist deshalb in erster Priorität eine Frage der Vermittlung von grundlegenden berufsethischen Prinzipien und Haltungen an die zukünftigen Lehrkräfte (vgl. Gröschke 1993, Haeberlin 1988b, 1994a, 1995b, 1996a, Meister/Sander 1993). Entsprechende Aussagen zur Aus- und Fortbildung von Lehrpersonen hat Alfred Sander gemacht: „Wichtiger als die Vermittlung von vielem Sachwissen aus der Differentiellen Behindertenpädagogik und ihren Hilfswissenschaften ist die Vermittlung von Einsicht in die humanistische Begründung der Integration und die Weckung der einstellungsmäßigen Bereitschaft zu Mitarbeit“ (Sander 1993, 194). Einige Elemente einer integrativen Grundhaltung werden nachfolgend erläutert.

5.1 Offenheit für andere Menschen

Wer in einer integrationsfähigen Schule unterrichtet, soll sich um Distanz zu jeder ideologisch verengten und erstarrten Festschreibung von Merkmalen anderer Menschen bemühen und als höchste Tugend die Offenheit gegenüber den konkreten Bedürfnissen und Nöten von hilfsbedürftigen Kindern, Jugendlichen und Erwachsenen anstreben. Das Prinzip der Offenheit ist grundlegend für eine pädagogische Haltung, welche ausnahmslos jeden Menschen für bildbar hält und den Bildungsbegriff an die individuellen Bedürfnisse und Voraussetzungen des einzelnen Kindes anpaßt (Speck 1994). Diese Haltung ist kennzeichnend für die gesamte pestalozzianische Tradition in der Pädagogik (vgl. Haeberlin 1995a). Sie prägte auch das Denken von Heinrich Hanselmann (Haeberlin 1990b), der als Begründer der Heilpädagogik als universitäre Wissenschaftsdisziplin gilt und Heilpädagogik in pestalozzianischer Tradition als spezialisierte

Pädagogik verstand: „Unser Blick richtet sich zuerst und zuletzt auf die ewig ferne Idee vom Menschen, statt auf den Menschen, der neben uns geboren wird, weint, lacht, leidet und stirbt.“ ... „Wer als Heilpädagoge helfen will, muß zunächst wagen, die gegenwärtige Wirklichkeit anzuerkennen. Sie ist ihm mehr als bloße Erscheinung, mehr als bloße Relation zur Idee“ (Hanselmann 1932, 16).

5.2 Ablehnung jeder Relativierung von Lebensrecht

Zur Zeit verbreitet sich eine utilitaristische Ethik (z.B. Singer 1984), welche das uneingeschränkte Lebensrecht jedes menschlichen Wesens relativiert. Dadurch wird die Gefahr vergrößert, daß sich die negative Bewertung von Menschen mit geistigen, psychischen oder schweren körperlichen Behinderungen in unserer Gesellschaft zunehmend verstärkt (Haeberlin 1990a). Die integrationsfähige Schule setzt jedoch eine Berufsethik aller Lehrpersonen voraus, welche eindeutig gegen die Relativierung des Lebensrechts infolge jeder Form von Behinderung oder Abweichung Position bezieht. Diese Berufsethik orientiert sich am Prinzip der Verantwortung für jedes Kind, für jeden Jugendlichen und für jeden auf Hilfe angewiesenen Erwachsenen ohne Wenn und Aber. Sie anerkennt, daß außer der Spezies ‘Mensch’ keine Gattung von Lebewesen existiert, welche die Freiheit der Entscheidung für Übernahme von Verantwortung für sich selbst, für andere Menschen, für die ganze Menschheit, für die Tiere, für die Pflanzen und für die ganze Natur hat. Sie schließt auch das Wissen mit ein, daß menschliche Freiheit die Möglichkeit der Entscheidung für Würdelosigkeit, Ungerechtigkeit und Grausamkeit gegenüber andern Menschen und andern Lebewesen mitenthält.

Aber nicht nur der moderne Utilitarismus, sondern auch die kantianische Tradition stellt keine geeignete ethische Grundlage für die integrationsfähige Schule dar. Eine Berufsethik der Lehrerinnen und Lehrer auf kantianischer Basis würde sich nämlich erstens für ein einseitig rationalistisches Menschenbild und zweitens für Abstinenz von inhaltlichen Aussagen über moralische Normen entscheiden. Die erste Entscheidung enthält kein Argument gegen die gesellschaftliche Selektionsmoral nach dem Kriterium einer minimalen Vernunftbegabung. Die zweite Entscheidung vermag der Gefahr der Perversion der zwar aufklärerisch-idealistisch begründeten, aber rein formalen Lehre von moralischen Maximen zur Selektionsethik nichts Inhaltliches entgegenzusetzen.

Die ethische Grundlage für die Achtung des Lebensrechts jedes Menschen können wir jedoch beispielsweise in der pestalozzianischen Tradition finden (vgl. Haeberlin 1996 c). Pestalozzi hat Kants rationalistische Ethik durch Begriffe wie ‘Liebe’ und ‘Religion’ ergänzt. Im Zentrum pestalozzianischer Ethik steht die menschliche Möglichkeit, zeitüberdauernde Bindungen im Sinne der Liebe zum Du und von religiöser Bindung einzugehen. Das zentrale Anliegen Pestalozzis ist gerade nicht die Idee einer Ethik als Handeln aus Pflicht, sondern der Eintritt in einen Zustand, welcher dem einzelnen ermöglicht, zeitüberdauernde, nicht auf einen gesellschaftlichen Zweck gerichtete Ich-Du-Beziehungen einzugehen (vgl. Pestalozzi 1797, Haeberlin 1996a).

5.3 Ablehnung jeder Relativierung von Bildbarkeit und Bildungsrecht

Mit dem Prinzip des Lebensrechts muß notwendigerweise das Prinzip des absoluten Rechts auf Erziehung und Bildung aller Menschen ethisch verankert sein. Hilfe zur Teilhabe an Bildung für jeden Menschen, unabhängig vom Grad der individuellen Erschwernisse, ist der zentrale Gedanke einer integrationsfähigen Schule für alle. Eine für alle Kinder und Jugendlichen integrationsfähige Schule ist nur möglich, wenn in der berufsethischen Haltung aller Lehrpersonen das absolute Vertrauen in die Bildbarkeit eines jeden Menschen verankert ist (vgl. Haeberlin 1994b, 70). Die mit dem Grundprinzip des absoluten Rechts auf Bildung für alle Menschen verbundene Haltung hat Leyendecker (1992) als das „Zutrauen in Künftiges" und die „Hoffnung auf Entwicklung" bezeichnet. Dazu gehört die Bereitschaft zur unbedingten Annahme jedes Gegenübers als Partner. Dem steht oft unsere 'Untugend' im Wege, Denken, Fühlen und Verhalten des Gegenübers vorwiegend auf die eigenen Probleme und Wünsche zu beziehen und deshalb den anderen Menschen eher als Teil von sich selbst anstatt als eigenwertige Ganzheit zu sehen (vgl. Haeberlin 1994b, 69f.).

Beschreibungen solcher 'Haltungsethik' (Wolf 1994, 107) können in Publikationen mit modernem Wissenschaftsanspruch kaum gefunden werden (vgl. dazu Haeberlin 1988b). Gelegentlich findet man sie in Darstellungen von Leben und Werk pädagogisch wirksamer Persönlichkeiten (vgl. z.B. bezogen auf Klassiker der Schweizer Heilpädagogik Haeberlin 1988a, 1995a). Sie wird beispielsweise in einer Darstellung von Janusz Korczak im Gedenken an dessen fünfzigsten Todestag beschrieben: „Obwohl er oft systematisch vorgeht, widersetzt er sich jeglicher Systematik. Korczak beobachtet seine Kinder, führt Tabellen und Statistiken, hält seine Erfahrungen immer wieder fest. Dies alles tut er nicht in der Absicht, allgemein gültige Gesetze zu finden und verbindliche Regeln aufzustellen. (...) Es ist in keiner Weise opportun, alle Kinder über den gleichen Leisten zu schlagen. Im Gegenteil: Gerade das Besondere, die Ausnahme der Regel ist immer wieder entscheidend: Wenn allen Kindern verboten wurde, im Fluß zu schwimmen, kann Korczak es einem einzelnen trotzdem erlauben - vorausgesetzt, dieser habe gute Gründe dafür. Daß er damit den Grundsatz der Gleichheit und Gerechtigkeit bricht, ist ihm bewußt. Doch beweist er damit, daß es ihm mit der Achtung des Kindes ernst ist: Jedes Kind ist anders, und so kann, was für das eine richtig ist, für das andere falsch sein - und umgekehrt. Vielleicht wird der gute Schwimmer sonst immer ausgelacht - so kann er immerhin zeigen, was er kann. (...) Für Korczak ist das Kind sein eigener Sachkenner (Korczak 1979, 23), wir Erwachsenen haben nicht das Recht, über es zu bestimmen. Wir haben zwar mehr Erfahrung, aber daraus läßt sich kein Verfügungsrecht über die kindliche Entwicklung ableiten, in Korczaks

Worten: '... wir können Kornblumen nicht befehlen, Getreide zu werden' (Korczak 1979, 36)" (Kahn 1992, 322/323).

5.4 Engagement für Selbständigkeit und Lebensqualität für alle

Als allgemeines Grundprinzip zur Frage des Ziels von Erziehung und Bildung muß die höchstmögliche Selbständigkeit und Lebensqualität für jeden Menschen (Hahn 1994, Seifert 1994) von allen Lehrerinnen und Lehrern anerkannt sein. Da sich diese Begriffe nicht inhaltlich definieren lassen, schlage ich vor, daß sich alle Lehrpersonen in der integrationsfähigen Schule an Kants Grundgesetz der praktischen Vernunft orientieren und sich in der realen Einzelsituation jeweils die Frage nach dem Verhältnis zwischen dem Einzelfall und seiner Bedeutung gegenüber einer Verallgemeinerung in der folgenden Weise stellen: 'Wenn ich unsicher bin, ob dieser Schüler in seiner derzeitigen Unselbständigkeit und sozialen Abhängigkeit (Hahn 1981) sein soll, so muß ich mich fragen, ob ich selbst wollen kann, daß alle Menschen die festgestellte Unselbständigkeit und soziale Abhängigkeit zu ihrem Prinzip machen.' Ebenso soll mit der Frage nach der Lebensqualität verfahren werden. Zwar wird ein großer Anteil an subjektiver Sichtweise die inhaltliche Antwort beeinflussen, aber die dauerhafte Verpflichtung zum Bezug der konkreten Einzelsituation auf die allgemeine Erwartung an Selbständigkeit und Lebensqualität vermag das Bewußtsein für überwindbare Abhängigkeiten und verbesserbare Lebensqualität für Kinder, Jugendliche und Erwachsene mit großen Erschwernissen zu schärfen.

In verblüffender Einfachheit ist die Anwendung des kantianischen Grundsatzes der praktischen Vernunft auf Selbständigkeit und Lebensqualität von Menschen mit Behinderungen durch Nirje unter dem Begriff des 'Normalisierungsprinzips' formuliert worden: „Das Normalisierungsprinzip bedeutet, daß man richtig handelt, wenn man für alle Menschen mit geistigen oder anderen Beeinträchtigungen oder Behinderungen Lebensmuster und alltägliche Lebensbedingungen schafft, welche den gewohnten Verhältnissen und Lebensumständen ihrer Gemeinschaft oder ihrer Kultur entsprechen oder ihnen so nahe wie möglich kommen." (Nirje, 1994, 13) Es wird zwar immer wieder kritisiert, das Normalisierungsprinzip enthalte die Tendenz zur unkritischen Anpassung an gesellschaftliche Standards. Dies trifft jedoch deshalb nicht zu, weil gerade die Pflicht, die Situation Behinderter auf das Allgemeine zu beziehen, zur kritischen Auseinandersetzung mit den gesellschaftlichen Standards veranlaßt (vgl. zum ganzen Kapitel: Haeberlin 1996 a).

6. Ausbildung als Vorbereitung auf Zusammenarbeit

In der integrationsfähigen Schule erhält die Zusammenarbeit der Grund- und Sekundarlehrerschaft mit den bisherigen Sonderschullehrpersonen entscheidende Bedeutung (vgl. zu diesem Abschnitt Haeberlin, Jenny-Fuchs, Moser Opitz 1992 und Freiburger Projektgruppe 1993). Die bisherigen Sonderschullehrkräfte müssen sich neu als innerhalb der Grund- und Sekundarklassen mitarbeitende, spezialisierte Pädagoginnen und Pädagogen definieren. Ihre zentrale berufliche Aufgabe besteht weiterhin darin, Lösungen für die besondere pädagogische Situation von Schülern zu finden, deren Erziehung, Bildung und Förderung in überdurchschnittlichem Ausmaß und langandauernd erschwert ist. Sie müssen die Lösungen unter den neuen Bedingungen einer integrationsfähigen Schule realisieren. Es handelt sich somit um Lehrpersonen, die sich auf bestimmte Arten von Erschwernissen in der pädagogischen Förderung spezialisiert haben.

Das Berufsverständnis als spezialisierte Pädagoginnen und Pädagogen wird im Rahmen von Diskussionen zur 'Integrationspädagogik' gelegentlich in Frage gestellt. Wenn das arbeitsteilige Spezialisierungsprinzip negiert wird, müßte allerdings begründet werden, daß und wie ein mit sämtlichen Spezialkenntnissen qualifizierter, allgemeiner Pädagogenberuf möglich ist; dieser 'omnipotente' Pädagoge müßte für sämtliche ungewöhnlichen Erschwernisse im Erziehungs- und Bildungsprozeß die geeignete Hilfe anbieten können. Die Reduktion auf einen pädagogischen Einheitsberuf ist genauso wenig vorstellbar wie etwa der Gedanke, daß sich in der Medizin eines Tages die verschiedenen Arten von Spezialisten durch den Einheitsberuf eines Allgemeinmediziners ersetzen lassen sollen.

Während in der traditionellen Schule ein Abgeben der Verantwortung für Kinder mit überdurchschnittlichen Schulschwierigkeiten an die Lehrkräfte in Sonderschulen möglich war, zeichnet sich die integrationsfähige Schule durch die gemeinsame Verantwortung der unterschiedlich ausgebildeten und spezialisierten Lehrpersonen aus. Alle beteiligten Lehrpersonen müssen auf die Zusammenarbeit in der integrationsfähigen Schule vorbereitet werden. Lehrerbildung bedeutet deshalb in Zukunft auch Vorbereitung und Einübung von Offenheit, Bereitschaft und Kenntnissen der Grundregeln für Zusammenarbeit mit andern Lehrpersonen im Unterrichtsraum, im Vorbereitungsraum, in der gemeinsamen Analyse von beobachtetem Schülerverhalten, in der Elternbesprechung und in der gemeinsamen Fortbildung.

Schon während der Ausbildung muß Zusammenarbeit als ein Prozeß des gemeinsamen Arbeitens in der Schule erfahren werden, der sich im Spannungsfeld zwischen 'Konflikt' und 'Einigung' ereignet. Als derzeitiges allgemeines Hindernis der Zusammenarbeit zwischen Lehrpersonen gilt deren Isolierung aus Angst vor der Preisgabe von pädagogischen Schwächen. Die Lehrerbildung muß der Meinung vorbeugen, daß erfolgreiche Lehrer und Lehrerinnen keine Probleme im Klassenzimmer haben dürfen. Sonst wird später Zusammenarbeit mit anderen Lehrpersonen als oft geradezu unerträgliche Konkurrenz- und Kontrollsituation empfunden. Durch die Zusammenarbeit und die dadurch mögliche zeitweise Anwesenheit einer weiteren Lehrperson im Klassenzimmer wird die bisher übliche Unterrichtssituation verändert. Neue Unterrichtsformen, bei denen jede der anwesenden Lehrkräfte ihren Fähigkeiten entsprechend eingesetzt werden sollte, müssen gefunden werden. Auch darauf muß die Lehrerbildung vorbereiten.

Die Vorbereitung auf die Zusammenarbeit muß auch den Aspekt der Klärung der unterschiedlichen und speziellen Kompetenzen der an der Zusammenarbeit beteiligten Lehrpersonen aufzeigen. Effiziente Zusammenarbeit macht erforderlich, daß unter Beibehaltung der ausbildungs-, berufs- und persönlichkeitsspezifischen Kompetenzen die Verantwortlichkeiten ausgehandelt, genau festgelegt und die Aufgabenbereiche abgegrenzt werden. In der Ausbildung soll geübt werden, wie zusammen ausgehandelte Abgrenzungen von Verantwortlichkeiten und Zuständigkeiten mit Vorteil schriftlich fixiert werden. Es soll auch an Beispielen gezeigt werden, wie für jede Zusammenarbeitskonstellation neue und eventuell ganz andere Absprachen erforderlich werden können. Neben den Absprachen über Verantwortlichkeiten erweisen sich auch Absprachen organisatorischer Art als sehr wichtig für das Gelingen der Zusammenarbeit; beispielsweise geht es um Dinge wie die Festlegung eines längerfristigen Terminplans für gemeinsame Besprechungen, um Absprachen über außerordentliche Termine wie z.B. Schulreise, Stundenplanverschiebungen u.ä.

Was die Lehrerbildung für die integrationsfähige Schule bezüglich der Fähigkeit zur Zusammenarbeit erreichen soll, ist zwar unendlich schwierig, läßt sich jedoch in einem Satz zusammenfassen: Die für die integrationsfähige Schule entscheidende Fähigkeit der beteiligten Lehrpersonen „beinhaltet das Vermögen, Kritik äußern und annehmen sowie gelegentliches Versagen - eigenes Versagen ebenso wie dasjenige der Kollegin - ausdrücken zu können“ (Haeberlin, Jenny-Fuchs, Moser Opitz 1992, 131). Je mehr sich diese Fähigkeit bei den Lehrpersonen im Grund- und Sekundarschulwesen entwickelt, umso eher können wir darauf hoffen, daß ein Scheitern der schulischen Integrationsbewegung verhindert wird.

Literatur

Bleidick, U.: Menschenbild und dialogisches Handeln. Grundlagenprobleme der sonderpädagogischen Förderung. In: Die Sonderschule 39 (1994), 420-429.

Buber, M.: Elemente des Zwischenmenschlichen. In: Buber, M.(Hrsg.): Das dialogische Prinzip. 4. Auflage. Heidelberg 1979. p. 268 - 298.

Freiburger Projektgruppe: Heilpädagogische Begleitung in Kindergarten und Regelschule. Dokumentation eines Pilotprojektes zur Integration. Bern, Stuttgart und Wien (Haupt) 1993.

Gröschke, D.: Praktische Ethik der Heilpädagogik. Individual- und sozialethische Reflexionen zu Grundfragen der Behindertenhilfe. Bad Heilbrunn 1993.

Haeberlin, U.: Das Dialogische bei Heinrich Hanselmann. In: Iben, G. (Hrsg.): Das Dialogische in der Heilpädagogik. Mainz 1988a. p. 298-308.

Haeberlin, U.: Heilpädagogische Haltung. In: Blickensdorfer, J., Dohrenbusch, H., Klein, F. (Hrsg.): Ethik in der Sonderpädagogik. Festschrift zum 65. Geburtstag von Prof. Dr. Heinz Bach. Berlin 1988b. p. 117-135.

Haeberlin, U.: Umwelt und Menschenwürde - Gedanken zur Bedrohung der Würde behinderter Menschen durch die Umwelt. In: Geistige Behinderung 29 (1990a), 322 - 329.
Haeberlin, U.: Werte und Normen bei Heinrich Hanselmann. In: Heese, G./ Jeltsch, B./Stoffel, A.-M. (Hrsg.): Über Hanselmann nachdenken. Zürich 1990b. p. 81-91.
Haeberlin, U.: Kritische Aspekte der Integrationsentwicklung im Saarland. In: Lehrer und Schule heute. Zeitschrift des Saarländischen Lehrerinnen- und Lehrerverbandes e.V. 43 (1992), 79-83.
Haeberlin, U.: Das Menschenbild für die Heilpädagogik. 3. Auflage. Bern, Stuttgart und Wien (Haupt) 1994 a.
Haeberlin, U.: Autonomie der wertgeleiteten Geistigbehindertenpädagogik. In: Hofmann, Th., Klingmüller, B. (Hrsg.): Abhängigkeit und Autonomie. Neue Wege in der Geistigbehindertenpädagogik. Festschrift zum 60. Geburtstag von Prof. Dr. Martin Th. Hahn. Berlin 1994b. p. 64-82.
Haeberlin, U.: Das Postulat der Ganzheitlichkeit bei Klassikern der Schweizer (Heil)Pädagogik. Rückbesinnung auf eine Grundgestalt (heil)pädagogischen Denkens. In: Schweizerische Zeitschrift für Heilpädagogik 1 (1995 a) 1, 11-16.
Haeberlin, U.: Zur Berufsethik für Heilpädagogen. In: Antor, G., Bleidick, U.: Recht auf Leben - Recht auf Bildung. Aktuelle Fragen der Behindertenpädagogik. Mit Beiträgen von Urs Haeberlin, Reiner Seifert, Otto Speck und Ansgar Stracke-Mertens. Heidelberg 1995 b.
Haeberlin, U.: Heilpädagogik als wertgeleitete Wissenschaft. Eine propädeutische Einführung in eine parteinehmende Pädagogik für Benachteiligte und Ausgegrenzte. Bern, Stuttgart und Wien (Haupt) 1996 a.
Haeberlin, U.: Behindertenarbeit - zwischen Visionen der Selbstbestimmung und Realitäten der Abhängigkeit. In: Die neue Sonderschule 41 (1996 b), 22-33.
Haeberlin, U.: Klassiker der Heilpädagogik in pestalozzianischer Tradition - Ein Beitrag zum 250. Geburtstag von Johann Heinrich Pestalozzi. In: Vierteljahresschrift für Heilpädagogik und ihre Nachbargebiete VHN 65 (1996 c), 1-14.
Haeberlin, U.: Gesellschaftliche Entsolidarisierungsprozesse: Braucht die Heilpädagogik neue ethische Grundlagen? In: Opp, G., Peterander, F. (Hrsg): Focus Heilpädagogik - Projekt Zukunft. München (Reinhardt) 1996 d. p. 172-184.
Haeberlin, U.: Selbständigkeit und Selbstbestimmung für alle - pädagogische Vision und gesellschaftliche Realität. In: Zeitschrift für Heilpädagogik 47 (1996 e), 486-492.
Haeberlin, U.: Allgemeine Heilpädagogik. 4. Auflage. Bern, Stuttgart und Wien (Haupt) 1996 f.
Haeberlin, U.: Gesellschaftlicher Wandel: Chance für den Umbruch zur gemeinsamen Schule für alle Kinder oder für die Weiterentwicklung des Sonderschulunterrichts? In: Vierteljahresschrift für Heilpädagogik und ihre Nachbargebiete VHN 66 (1997 b), 163-171.
Haeberlin, U.; Jenny-Fuchs, E.; Moser Opitz E.: Zusammenarbeit - Wie Lehrpersonen in integrativen Kindergärten und Schulklassen Kooperation zwi-

schen Regel- und Sonderpädagogik erfahren. Bern, Stuttgart und Wien (Haupt) 1992.
Hahn, M.: Behinderung als soziale Abhängigkeit. Zur Situation schwerbehinderter Menschen. München 1981.
Hahn, M.: Selbstbestimmung im Leben, auch für Menschen mit geistiger Behinderung. In: Geistige Behinderung (1994) 2, 81-93.
Hanselmann, H.: Was ist Heilpädagogik? Antrittsvorlesung an der Universität Zürich am 30.1.1932. Zürich 1932.
Henry, W.A.: In Defense of Elitism. New York (Doubleday) 1994.
Herrnstein, R.J. & Murray, C.: The Bell Curve: Intelligence and class structure in America. New York (Times Books) 1994.
Kahn, G.: 'Vielleicht ist für jeden von euch der eigene Weg - und wenn es auch der allerschlimmste wäre - der einzig richtige?' (Janusz Korczak 1878-1942) - Zum Gedenken an den vor 50 Jahren ermordeten Arzt, Dichter und Pädagogen Janusz Korczak. In: Vierteljahresschrift für Heilpädagogik und ihre Nachbargebiete VHN 61 (1992), 318-325.
Klein, G.: Soziale Benachteiligung: Zur Aktualität eines verdrängten Begriffs. In: Opp, G., Peterander, F. (Hrsg.): Focus Heilpädagogik. Projekt Zukunft. München 1996. p. 140-149.
Korczak, J.: Das Recht des Kindes auf Achtung. Göttingen [3]1979.
Leyendecker, Ch.: Zutrauen und Verantworten: Ein praxisnaher Essay und empirischer Aufweis der Prinzipien „Hoffnung“ (Bloch) und „Verantwortung“ (Jonas) in der Pädagogik Körperbehinderter. In: Zeitschrift für Heilpädagogik 43 (1992), 656-666.
Meister, H.; Sander, A. (Hrsg.): Qualifizierung für Integration. Saarbrücker Beiträge zur Integrationspädagogik Band 7. St. Ingbert 1993.
Mönks, F. J.: Elite Debatte im Scheinwerfer. In: Psychologie in Erziehung und Unterricht 43 (1996), 219-224.
Neuland, Eva: Sprachbarrieren oder Klassensprache? Untersuchungen zum Sprachverhalten im Vorschulalter. Frankfurt a.M. (Fischer Taschenbuchverlag) 1975.
Nirje, B.: Das Normalisierungsprinzip - 25 Jahre danach. In: Vierteljahresschrift für Heilpädagogik und ihre Nachbargebiete VHN 63 (1994), 12-32.
Nordrhein-Westfalen: Verfassung für das Land Nordrhein-Westfalen vom 28.6.1950, zuletzt geändert durch Gesetz vom 24.11.1992.
Nordrhein-Westfalen: Begründung zum Entwurf des Sonderschulentwicklungsgesetzes im Formulierungsstand vom 7.12.1993 (a).
Nordrhein-Westfalen: Vorlage des Kultusministeriums für den Ausschuß für Schule und Weiterbildung in der Sitzung am 1.9.1993 (b) zum Beschluß des Landtages vom 28.1.1993 „Zur Weiterentwicklung der sonderpädagogischen Förderung“.
Sander, A.: Integration behinderter Schüler und Schülerinnen als Gegenstand der Lehreraus- und -fortbildung. In: Meister, H., Sander, A. (Hrsg.): Qualifizierung für Integration. Saarbrücker Beiträge zur Integrationspädagogik Band 7. St. Ingbert 1993. p. 191-201.
Sander, A. u.a. (Hrsg.): Schulreform Integration. Entwicklungen der gemeinsamen Erziehung behinderter und nichtbehinderter Kinder und Jugendlicher im Saarland 1990-1993/94. Saarbrücker Beiträge zur Integrationspädagogik Band 8. St. Ingbert 1994.

Sander, A.: Entwicklung der schulischen Integration behinderter Kinder und Jugendlicher im Saarland 1990 bis 1993/94. In: Sander, A. u.a. (Hrsg.): Schulreform Integration. Entwicklungen der gemeinsamen Erziehung behinderter und nichtbehinderter Kinder und Jugendlicher im Saarland 1990-1993/94. Saarbrücker Beiträge zur Integrationspädagogik Band 8. St. Ingbert 1994. p. 9-37.

Scharff, G.: Berufliche Bildung. Berichte der Bundesreferenten des vds. In: Zeitschrift für Heilpädagogik 46 (1995), 435-436.

Seifert, M.: Autonomie als Prüfstein für Lebensqualität von Menschen mit schwerer geistiger Behinderung in Wohneinrichtungen. In: Hofmann, Th.; Klingmüller, B. (Hrsg.): Abhängigkeit und Autonomie. Neue Wege in der Geistigbehindertenpädagogik. Festschrift zum 60. Geburtstag von Prof. Dr. Martin Th. Hahn. Berlin 1994. p. 223-252.

Singer, P.: Praktische Ethik. Stuttgart 1984.

Speck, O.: Bildung, ein Grundrecht - wirklich für alle? In: Die Sonderschule 39 (1994), 405-419.

Verband deutscher Sonderschulen: Erziehung und Unterricht für sozial benachteiligte und verhaltensauffällig gewordene Kinder und Jugendliche sowie für unbeschulte Kinder. vds wendet sich an Parteien, Ministerien und Organisationen. In: Zeitschrift für Heilpädagogik 47 (1996), 257.

Weiss, H.: Armut als gesellschaftliche Normalität: Implikationen für die kindliche Entwicklung. In: Opp, G., Peterander, F. (Hrsg.): Focus Heilpädagogik. Projekt Zukunft. München 1996. p. 150-162.

Wocken, H.: Sonderpädagogischer Förderbedarf als systemischer Begriff. In: Sonderpädagogik 26 (1996), 34-38.

Wolf, J.-C.: Grundpositionen der neuzeitlichen Ethik. In: Hastedt, H./ Martens, E. (Hrsg.): Ethik. Ein Grundkurs. Reinbek 1994. p. 82-113.

Wolfgang Jantzen

Integration heißt Ausschluß vermeiden!

Kritische Bemerkungen zum Verhältnis von Integrations- und Enthospitalisierungsdebatte

25 Jahre nach den Empfehlungen der Bildungskommission des Deutschen Bildungsrates „Zur pädagogischen Förderung behinderter und von Behinderung bedrohter Kinder und Jugendlicher" und 22 Jahre nach der Psychiatrie-Enquête des Deutschen Bundestages hat sich durchaus einiges geändert. Integrative Vorschulerziehung gilt als selbstverständlich, im Grundschulbereich liegen überaus positive Erfahrungen vor und auch im Sekundarbereich erweist sich Integration als möglich. Besonders wichtig war hierbei die Erkenntnis, daß die Möglichkeit der Integration nicht vom Schweregrad der Behinderung, sondern weit eher vom (gestörten) Sozialverhalten bei Schülern aber auch Lehrern abhängig ist. So verweist die Arbeit von Feuser und Meyer (1987) sehr deutlich darauf, daß die Teamfähigkeit von LehrerInnen und ErzieherInnen eine für das Gelingen von Integration wesentliche Variable ist (in gleiche Richtung zeigt auch Kriwets Auswertung der schwedischen Entwicklung, 1996).

Auf der Basis des Normalisierungsprinzips entstanden für erwachsene geistig behinderte Menschen gemeindenahe Versorgungsstrukturen und auch die Enthospitalisierung von in psychiatrischen Kliniken fehlplazierten geistig behinderten Menschen hat erhebliche Fortschritte gemacht. Andererseits erweist sich die Umsetzung dieser Erfahrungen in das Schulsystem aber auch in das System institutioneller Versorgung erwachsener, insb. geistig behinderter Menschen als ernüchternd.

Für das Schulsystem hat Opp (1996) vor kurzem die Werte zusammengefaßt. Nur ein verschwindend geringer Teil behinderter Kinder wird derzeit integrativ beschult. Ein entsprechend ernüchterndes Bild ergibt sich für die Wohnsituation erwachsener behinderter Menschen. Laut Zwischenbericht der Forschungsstelle „Lebenswelten behinderter Menschen" in Tübingen vom 1. Dezember 1995 (Hornung u.a.1995) existieren derzeit hochgerechnet 146.777 Heimplätze für behinderte Menschen. Bei insgesamt 2065 Trägern von Einrichtungen. Im Rahmen der erfaßten Stichprobe von 80.395 Wohnplätzen bei 1384 Trägern ergab sich eine Zusammenballung von Wohnheimplätzen in Großeinrichtungen. In Einrichtungen mit maximal 49 Plätzen lebten 28,1 % (u.a. 48,9 % der psychisch Kranken sowie 26,5 der Körperbehinderten und 25,7 % der geistig Behinderten), in Einrichtungen zwischen 50 und 99 Plätzen 19,5 % und in Einrichtungen mit mehr als 100 Plätzen 52,4 % (davon in Einrichtungen >200 immerhin 33,4 %).

Und schließlich ist die Akzeptanz in den betreffenden Berufsgruppen, die eine weitergehende Reform tragen sollten, keineswegs so hoch, daß dies zu besonderem Optimismus Anlaß geben könnte (allerdings auch nicht zu Pessimismus). So berichtet Reiser von einer Akzpetanzquote von ca. 1/3 der Grundschulen und Grundschullehrkräfte in Hessen für integrative Erziehung und vermutet, daß damit der Prozeß bereits bei einer kritischen Grenze angelangt sein könnte, „an der er vorerst steckenbleibt, weil sich jetzt die Gegenkräfte artikulieren“ (1997, S. 268).

Selbst im Bereich der behindertenpädagogisch ausgebildeten Fachkräfte (SonderschullehrerInnen, DiplompädagogInnen, SozialpädagogInnen und ErzieherInnen mit Schwerpunkten in Behindertenpädagogik, HeilerziehungspflegerInnen usw.) herrscht z.T. eine ausgesprochene Skepsis gegenüber Integration.

Und diese Werte dürften sich in nächster Zeit eher zum Negativen als zum Positiven verändern, wenn es den Reformkräften nicht gelingt, in neuer Weise initiativ zu werden. In Auswertung der europäischen Situation hält Beatrix Lumer (1997, S. 61) fest: „Wenn Lehrer die Vielfalt von Aufgaben, die unter den Aspekten Integration, Kooperation und Beratung dargestellt wurden, bewältigen sollen, müssen ihnen die jeweiligen Gesellschaften und politischen Instanzen auch die entsprechenden Bedingungen und notwendigen Ressourcen bereitstellen. Geschieht dies nicht - und leider gilt dies in mehr oder weniger krasser Weise für ganz Europa - reagieren Lehrer mit Resignation und Rückzug“.

Um so mehr erstaunt es, daß seitens der Integrationsbewegung relativ wenig die gravierend veränderten ökonomischen und sozialen Prozesse in den 90er Jahren reflektiert werden. Und ebenso unterentwickelt ist die Suche nach Bündnispartnern, um sich als ungeduldiger Zwerg mit anderen Zwergen gegen die Trägheit des Riesen zu organisieren (Alfred Sander meinte mit dem Zwerg die Elternbewegung, mit dem Riesen die Schuladministration; aber es geht wohl um ganz andere Riesen!). Immerhin: Günter Opp (z.B. 1996) macht mehrfach auf die um sich greifende Armut aufmerksam, Ingeborg Kriwet (1996) zeigt am Schweden der 90er Jahre die tiefgreifende Deformation der Integration durch die neoliberale Rechtfertigung von Begabungseliten und Ulrike Schildmann (1997) fragt, wie es zu einer Kooperation der Integrationsbewegung und den Vertretern des Normalisierungsprinzips kommen könne.

Werfen wir einen Blick auf die aktuelle Situation um Enthospitalisierung, so sieht es hier noch weit dramatischer aus, als für den Integrationsbereich. Als Resultat der durch die Pflegegesetzgebung in Gang gesetzten sozialpolitischen Entwicklung verschärfen sich die Bedingungen der Enthospitalisierung erheblich, bzw. kommen, wie bei den aus dem psychiatrischen Bereich ausgegliederten heilpädagogischen Heimen in Hessen, gegenläufige Trends ins Spiel. Und die Bestrebungen der Kostenträger auf die Ausgestaltung der Änderungen im Bundessozialhilfegesetz (§§ 93 ff) lassen, so Frühauf im Editorial des gerade erschienenen Heftes 3, 1997 der Zeitschrift „Geistige Behinderung", auch in dieser Hilfeart Schlimmes fürchten. Das sog. Haas-Gutachten kehrt zu einer weitgehenden Defizitorientierung zurück statt zur förderdiagnostischen Ermittlung von individuellem Eingliederungsbedarf. „Zyniker könnten fragen, ob ein solches Schubladenverfahren den Namen Eingliederungshilfe verdient und der Pflege von Menschen überhaupt überlegen sein kann", so Frühauf (ebd. S. 234).

Und dahinter tauchen ganz andere Verhältnisse auf, in der Behinderte mehr und mehr nach der Formel, ob es sich rechnet oder nicht, auf ihren nackten ökonomischen Wert reduziert werden, und wenn schon ihre Arbeitskraft ökonomisch nichts erbringt, so vielleicht doch noch die Vernutzung ihres Körpers. Die Bioethik-Konvention des Europarates ermöglicht die Forschung an nicht einwilligungsfähigen Menschen. Die UNESCO-Deklaration zum menschlichen Genom und zu den Menschenrechten macht die Rechte und die Würde des einzelnen Individuums gegenüber kollektiven Interessen, insbesondere gegenüber Forschungsinteressen abwägbar. Und die Patentierungsrichtlinie des Europaparlaments öffnet den Weg in die Patentierung von biologischen Entdeckungen (bisher waren nur Erfindungen patentrechtlich schützbar) und damit patentrechtlichen Schutz und ökonomische Nutzung sowohl von Tieren als von Teilen des menschlichen Genoms oder des menschlichen Organismus nach Eintreten des Todes (vgl. Stellmach 1997). Anenzephale Menschen werden durch solche Rechtsverlagerungen endgültig dahin definiert, wo ForscherInnen der Transplantationsmedizin sie schon heute haben möchten: Als „Sonderfälle der Natur" sind sie „bloße biologische Einheit" und damit ein „nonpersonales Derivat, eine Ressource, die wir kapitalisieren sollten" (vgl. Macke 1997, S. 23). Und natürlich reden geschäftige BioethikerInnen bereits von der Einbeziehung alter Menschen in die ökonomische Nutzung.

Ressourcen, die existieren, sind zu nutzen und sei es bloß zur invasiven Forschung oder zur Organausschlachtung, ansonsten aber ist Behinderung tunlichst schon vorgeburtlich zu entsorgen. Mit dem Fortschreiten der Kostendiskussion im Gesundheitswesen ist vergleichbar zu anderen westlichen Ländern damit zu rechnen, daß in Zukunft Krankenkassen die Kosten für die medizinische Versorgung behinderter Kinder nicht mehr übernehmen, sofern nicht die Inanspruchnahme pränataler Diagnostik nachgewiesen wird und die Behinderung insofern als unvermeidbar erscheint.

Kosten für Gesundheit, Bildung, Alter, Soziales erscheinen unter dem Stichwort „Lohnnebenkosten" in der neoliberalen Perspektive als unnötige Standortkosten und verlangen die Entsorgung aus von der Solidargemeinschaft zu tragenden Lasten ins Private, so der Haupttrend neoliberaler Gesellschaftspolitik.

Der Sozialstaat als solches gilt in dieser Betrachtungsweise als typisches Produkt des „Kalten Krieges“, das in der heutigen Standortkonkurrenz nicht mehr zu halten ist und zur Disposition gestellt werden muß (Deppe 1995, S. 6).

Wie dies von statten gehen kann, zeigt exemplarisch die Entwicklung in den USA. Der Wohlfahrtsstaat - als hätte es diesen mit Europa vergleichbar jemals in den USA gegeben - sei nicht mehr finanzierbar, heißt es, der „New Deal“ wird aufgekündigt („Man muß die Leiche entsorgen, bevor sie stinkt“, so Newt Gingrich). Durch das 1996 beschlossene Paket der Sozialreformgesetzgebung (New York Times: „Das ist keine Reform sondern Bestrafung“), werden gravierend Tendenzen der Verarmung großer Bevölkerungsteile und der Kriminalisierung der Armut verstärkt, so u.a. durch die Begrenzung von Sozialhilfe auf max. 5 Jahre im Leben. Dies hat, so zeigt eine unlängst erschienene Analyse von Wacquant (1997), auch eine Reihe direkter Auswirkungen im Behindertenbereich, so u.a. jene, daß in den nächsten sechs Jahren 315000 körperbehinderte Kinder ihre Unterstützung verlieren werden.

Postmoderne bedeutet eben nicht nur, unterschiedliche Perspektiven in pluralistischer Weise als gleichberechtigt anzuerkennen, so die bisherige Diskussion zu diesem Topos in der Behindertenpädagogik, Postmoderne bedeutet auch, das Keynesianische Wirtschaftsmodell für gescheitert zu erklären, das Vollbeschäftigung und Wirtschaftswachstum als zentrale Säulen prosperierender Ökonomie formulierte.

Massenarbeitslosigkeit und mit ihr einhergehender Abbau des Sozialstaates wären so betrachtet die Normalbedingungen der Postmoderne.

Andererseits ist durch diese ökonomischen Tendenzen die Funktion einer entwickelten kritischen Zivilgesellschaft nicht außer Kraft gesetzt, die Tendenzen sind durchaus gegenläufig. Die Aufnahme des Antidiskriminierungszusatzes in Art. 3.3 des Grundgesetzes sowie die ihr folgende Rechtsprechung durch das Bundesverfassungsgericht zeigen ermutigende Entwicklungsprozesse, ob sie sich aber durchsetzen, oder ob das Projekt der Postmoderne derartige zivilgesellschaftliche Widerstände nivellieren wird, das darf gegenwärtig zumindest als offen gelten.

Um so wichtiger ist es in dieser aus den Fugen geratenen Zeit, eine in der gegenwärtigen intergrationspädagogischen Diskussion aufgeworfene zentrale Frage vertieft zu reflektieren. Sie lautet für mich in Auswertung der vorweg dargestellten Argumente: Wie kann Skepsis gegenüber der Integration überwunden werden (Reiser 1997) in Anbetracht einer Situation, wo sich in Folge fehlender Unterstützung und scheinbar mangelnder ökonomischer Ressourcen überall Resignation auszubreiten beginnt (Lumer 1997)?

Allgemein betrachtet kann die Antwort nur lauten: Durch Vertiefung der Reflexion und durch die Gewinnung neuer Bündnispartner. Hierzu im folgenden einige Überlegungen, die selbstverständlich keinerlei Anspruch auf Vollständigkeit beanspruchen.

Ich denke, daß die Integrationsdebatte nicht weiterhin in schon fast fahrlässiger Weise jene gefährdenden Prozesse vernachlässigen darf, die außerhalb des Schulbereiches sich artikulieren. So finde ich in den neueren Publikationen von Hans Eberwein, den ich exemplarisch herausgreife, lediglich in einer fußnotenähnlichen Passage einen Verweis auf die durch Singer „ausgelöste Euthanasie-Diskussion und Ethik-Debatte" (1996, S. 11). Wie kommt es, daß in der Auseinandersetzung mit dieser Debatte, soweit ich dies verfolgen kann, selbst der VdS, Fachverband für Behindertenpädagogik, also die eher ständische Vertretung der Sonderschullehrer, aktiver ist, als ich es bei der Integrationspädagogik wahrnehmen kann?

Und wie kommt es, daß der gleiche Hans Eberwein permanent die Abschaffung der Behindertenpädagogik als historisch erledigt verlangt (z.B. 1995), ohne überhaupt nur zur Kenntnis zu nehmen, daß diese als universitäres Fach keineswegs nur für den schulischen Bereich ausbildet. Und selbst wenn es sie an den Universitäten nicht gäbe, an Fachhochschulen wird ebenso wie an Fachschulen (HEP-Ausbildung) in Behindertenpädagogik ausgebildet. Wohin sollen sich diese Studiengänge integrieren, falls eine mit der Grundschulpädagogik eng liierte Integrationspädagogik tatsächlich Zukunft hätte? Zumindest in der Position Eberweins sehe ich deutliche Bezüge zur Position von Szasz in der Antipsychiatrie-Debatte. Ähnlich, wie Toresini namens der Demokratischen Psychiatrie Szasz vorhielt, durch die Aufstellung der Theorie der Krankheit als Mythos die ehemaligen Patienten des Irrenhauses in New York, „die in den Straßen der Stadt sich selbst überlassen wurden", vergessen zu haben, also „sich das Problem der Krankheit vor dem Menschen zu stellen" (Toresini 1983 S. 31), könnte man Eberwein vorhalten, mit der Theorie des Mythos der Behinderung alle jene vergessen zu haben, die außerhalb von Schule und Vorschule als Behinderte in dieser Gesellschaft gelten, insbesondere jedoch jene 100.000 Menschen, die noch in Großeinrichtungen leben. Eberwein sei nicht repräsentativ für die Integrationsbewegung? Ich denke kaum, denn insgesamt ist die Auseinandersetzung mit der Frage der Enthospitalisierung in diesem Kontext weitgehend unterentwickelt.

Nun ist es keineswegs meine Absicht, Schelte gegenüber KollegInnen zu betreiben, deren Arbeit ich in vielerlei Hinsicht schätze. Vielmehr kommt es mir darauf an, einige Punkte als Anlaß zu notwendigem Nachdenken hervorzuheben. Der Hauptpunkt scheint mir hierbei zu sein, daß die bisherige Integrationsdebatte sich zuwenig gesellschaftsanalytischer Instrumentarien bedient (das es im einzelnen immerhin versucht wird, zeigt der Aufsatz von Schumann 1994). Ettiketierungstheoretische Ansätze wie bei Eberwein oder die Bemühung des systemtheoretischen Ansatzes von Luhmann und Schorr (aufgegriffen bei Reiser und bei Opp) sind m.E. in keiner Weise hinreichend, um jene komplexen Prozesse sozialen Wandels zu analysieren, deren Teil die Integrationsbewegung ebenso wie der soziale Widerstand gegen sie sind. Um derartige, zu enge Bezugspunkte zu überwinden, ist es höchst wichtig, die eigene Situation mit vergleichbaren Entwicklungen in anderen Bereichen zu konfrontieren und gemeinsam nach Reflexionsmöglichkeiten und Lösungen zu suchen. Ich denke, daß in dieser Beziehung Enthospitalisierungsdebatte und Integrationsdebatte für einander von großer Bedeutung sind.

Vier Punkte sind es, die durch eine derartige Auseinandersetzung stärker in den Mittelpunkt treten könnten, wobei ich keineswegs behaupte, daß sie im Unterschied zur Integrationsdebatte in der Enthospitalisierungsdebatte präsent seien.

Es sind dies: 1. Die Frage nach dem Wesen und den Entstehungsbedingungen von persönlicher Verantwortung; 2. Die Frage nach dem angemessenen Verhältnis von Kategorisierung und Dekategorisierung; 3. Die Fragen nach den psychologischen und sozialpsychologischen Wirkungsbedingungen komplexer didaktischer Ansätze (Projektunterricht, reformpädagogische Intervention, normalisierungspädagogische Ansätze wie z.B. die SIVUS-Methode); 4. Die Frage nach einem gesellschaftstheoretischen Instrumentarium mit politischer Relevanz, das gegenwärtig sowohl der Integrationspädagogik, als auch den aus dem Normalisierungsprinzip begründeten Teilen der Enthospitalisierungsdebatte zu fehlen scheint.

Ich behandele diese Punkte skizzenhaft und unterschiedlich ausführlich. Soweit ich mich selbst bereits ausführlicher zu einzelnen Aspekten geäußert habe, gestatte ich mir den einen oder anderen Verweis.

1. Wesen und Entstehungsbedingungen persönlicher Verantwortung

Zygmunt Bauman, einer der hervorragendsten Soziologen der Gegenwart, sieht den Übergang von persönlicher Verantwortung in technisch-formale Verantwortung als eine der Bedingungen der Möglichkeit, die in ihrer Verknüpfung zum Holocaust als inhärenter Struktur der Moderne führen können. Weitere Bedingungen der Möglichkeit sind eine funktionierende Bürokratie, eine gesellschaftliche Utopie, die ein utopisches Morgen höher stellt als die mögliche Humanität heute, sowie eine politische Führungsgruppe, die auf Gedeih und Verderb derartige Utopien durchzusetzen versucht und hierzu die Macht hat (Bauman 1992). Insofern bedarf die postmoderne Situation, gekennzeichnet durch den „Tod Gottes", so die französische philosophische Diskussion, einer neu begründeten Ethik, in deren Mittelpunkt persönliche Verantwortung steht. „Tod Gottes" bedeutet Verlust des Glaubens an ein transzendentes Wesen ebenso wie an den Prozeß des Fortschritts als Gottesersatz. Für Bauman eröffnet die Postmoderne insofern eine Vielzahl persönlicher Ambivalenzen, in deren Mittelpunkt die Notwendigkeit steht, persönliche moralische Verantwortung zurückzugewinnen. Für ihn ist sie der Ankerpunkt einer auf Pluralismus aufbauenden Gesellschaft als wirksamer Gegenpol gegen totalitäre Entwicklungen. Insbesondere im Philosophieentwurf von Emanuel Lévinas sieht er Anknüpfungspunkte für eine derartige „Postmoderne Ethik" (Bauman 1995). Ohne auf die Details eingehen zu können (vgl. Jantzen 1997 a), berührt dies genau jene Fragen, die Kriwet (1996) am Ende ihres Aufsatzes über die gegenwärtige Situation in Schweden anspricht: Wie kann unter Bedingungen der Krise innerpsychische Beziehungsfähigkeit stabilisiert bzw. aufgebaut werden, um auch unter widrigen Bedingungen stand zu halten? Dieses Standhalten kann nur gelingen, wenn Persönliches und Politisches hierbei nicht auseinanderfallen. Ein neuer „Jargon der Eigentlichkeit" (Adorno) wäre das letzte, was wir brauchen. Ich denke, daß eine Debatte über diese Fragen ebenso von hohem Nutzen für Integration und Enthospitalisierung als sozialem Prozeß wäre als auch für jede und jeden an ihr beteiligten Einzelne(n).

2. Kategorisierung und Dekategorisierung

Helmut Reiser macht in einem gerade erschienenen Aufsatz darauf aufmerksam, daß Selektion ein dem Schulsystem notwendig immanentes Geschehen ist. „Der Zusammenhang von Selektion und Integration im Schulsystem ist komplexer, tiefer ineinander verwoben, als daß wir die Abschaffung der Selektion durch die Integration propagieren dürften" (1997, S. 208). Dies wirft auch ein anderes Licht auf Kategorisierung und Dekategorisierung von Kindern. Eine Umkategorisierung (z.B. als sonderpädagogischer Förderfall) führt zur Selektion, ist aber, wenn ich Reiser richtig verstehe, nicht immer vermeidbar, wie es in seinen Vorschlägen zur Zusammenarbeit von Integrationspädagogik und den Schulen für Erziehungshilfe aufscheint (S. 271). Umgekehrt wirft eine Dekategorisierung ohne Diagnostik „Legitimationsfragen des Ausschlusses von den Bildungsinhalten der Mehrheit auf, kann zur stillen Selektion werden" (S. 268). Integration kann also im Gewande der Selektion und Selektion im Gewande der Integration stattfinden.

Niemand hat dies schärfer gesehen als Franco Basaglia, wenn er von der doppelten Realität des psychisch kranken (wir dürfen hinzusetzen: behinderten) Menschen spricht. Wir lesen in „Was ist Psychiatrie" (1974, S. 15): „Wenn tatsächlich der Kranke die einzige Realität ist, auf die wir uns zu beziehen haben, dann müssen wir uns eben gerade mit beiden Seiten dieser Realität befassen: mit der, daß er ein Kranker mit einer (dialektischen und ideologischen) psychopathologischen Problematik ist, und mit der anderen, daß er ein Ausgeschlossener, ein gesellschaftlich Gebrandmarkter ist. Eine Gemeinschaft, die therapeutisch sein will, muß sich diese doppelte Realität - Krankheit und Brandmarkung - vor Augen halten, um nach und nach die Gestalt des Kranken so rekonstruieren zu können, wie sie gewesen sein mußte, bevor die Gesellschaft mit ihren zahlreichen Schritten der Ausschließung und der von ihr erfundenen Anstalt mit ihrer negativen Gewalt auf ihn einwirkte".

Insofern hätte sich Basaglia auch niemals der Illusion hingegeben, eine therapeutische Gemeinschaft als außerhalb von Gesellschaft stehend bestimmen zu können, ohne Teilhabe am institutionellen Prozeß der Selektion. Durch die Negation dieses Auftrags der Institution kann jedoch die Verantwortung der Intellektuellen in nicht verdinglichter Weise (wir bemerken die Parallele zu Bauman!) wahrgenommen werden, indem der alleinige Bezugspunkt der Kranke wird. Hierdurch erlangt das Verhältnis von Selektion und Integration eine tiefere Bestimmung. Ein Mensch mit einer psychopathologischen Problematik, die es ideologisch und dialektisch zu entschlüsseln gilt, dies ist die zweite Seite der Realität. Die ideologische Entschlüsselung liegt ohne Zweifel in der Auflösung der Verdinglichung durch medizinische und sozialpolitische Kategorisierungen. Auf dieser Ebene ist Feusers Formulierungen zuzustimmen „Das autistische Kind ist nicht autistisch“ (1979) und „Geistig Behinderte gibt es nicht“ (1996). Für die dialektische Entschlüsselung reicht jedoch eine einfache Negation nicht. Die zahlreichen ausschließenden Schritte der Gesellschaft unter den jeweiligen Bedingungen der Psychopathologie bzw. Behinderung sind zu rekonstruieren. Und hier ist es schon ein Unterschied, ob durch Autismus oder Trisomie 21, ein Krampfgeschehen spezifischer Genese, Blindheit oder Gehörlosigkeit usw. die Verhältnisse zu den Menschen und zur Welt so verändert sind, daß adäquater sozialer Verkehr nicht mehr stattzufinden vermag und folglich die sogenannte Normalität der Umgebung die sogenannte Behinderung (in jeweils spezifischer Weise) hervorbringt. Insofern erklärt sich aus diesen Bedingungen der Isolation auch, daß die einfache Veränderung inhumaner in humane Bedingungen bereits einen erheblichen Schritt zur Reorganisation des eigenen Selbst bietet. „Freiheit heilt“, so lautete die Überschrift eines Buches über die italienische Psychiatriereform (Schmid 1977). Aber auch unter Bedingungen der Freiheit, wo sich der sogenannte „harte Kern“ verflüchtigt (als Kern von biologistisch gedachter Entwicklungsbeschränkung und pädagogischer Hoffnungslosigkeit) können, so Antonio Slavich (1983), harte Probleme bleiben, die ein ganzes Leben dauern. Genau hier ist eine rehistorisierende Diagnostik zwingend erforderlich, die im methodologisch kontrollierten Übergang vom Erklären zum Verstehen, jene Strukturen von Dialog, Kommunikation und Kooperation sichert, die sonst allzu leicht immer wieder verloren gehen (vgl. Jantzen u. Lanwer-Koppelin 1996, Jantzen 1997 b).

Gerade weil die Enthospitalisierungsdebatte einen Kern von Kategorisierungen nicht leugnen kann und darf, auch um die neuen Kategorisierungen durch Pflegegesetz und BSHG-Änderung adäquat negieren zu können, und die Integrationspädagogik erneut auf das Problem von Kategorisierung und Dekategorisierung zurückverwiesen wird, ist Austausch über diese Fragen und gemeinsame Perspektiventwicklung unumgänglich.

3. Wirkungsbedingungen komplexer didaktischer Ansätze

Basaglia wäre gänzlich falsch verstanden, wenn die Rekonstruktion der Gestalt des Kranken als allein diagnostischer Prozeß verstanden würde. Vielmehr geht es hier um den Binnenprozeß einer therapeutischen Gemeinschaft, die über die Anerkennung des Individuums (im Hegelschen Sinne, vgl. Jantzen 1997 c) das Individuum wieder in den Zustand von Würde und Ehre versetzt und damit die Bedingung der Möglichkeit von Entwicklung schafft. Die verkürzte Formel „Freiheit heilt" zielt auf diesen Zusammenhang, allerdings muß es eine menschenwürdige Freiheit sein. Die Erfahrungen mit reformpädagogischen Ansätzen, Feusers Versuch einer am Projektunterricht orientierten entwicklungslogischen Didaktik, welche das gemeinsame Lernen am gemeinsamen Gegenstand in den Mittelpunkt stellt, aber auch die mit dem SIVUS-Konzept verbundenen positiven Erfahrungen verweisen darauf, daß wesentliche Erfolge innerhalb von Pädagogik und Therapie bereits durch die Rücknahme institutioneller Gewalt erreicht werden können. Lesen wir die SIVUS-Methode (Garnholz u.a. 1989) gegen Goffmans „Asyle" (1972) oder die inhaltliche Gestaltung von Integration gegen vorherrschende Schulwirklichkeiten, so ist ohne Zweifel ein in befriedigende Gemeinschaftsformen eingebettetes soziales und instrumentelles Lernen Kern jeder gelingenden Reform. Wie aber sind die psychologischen und sozialpsychologischen Details solchen Lernens zu verstehen? Welche Rolle spielen Dialog, Orientierung, Kommunikation, Kooperation, Experiment usw.? Insbesondere scheinen mir noch zahlreiche interne Widersprüche zwischen unterschiedlich hervorgehobenen Dimensionen des Didaktischen vorhanden zu sein. Nach wie vor spielt im reformpädagogischen Vorgehen und auch in der Integrationspädagogik, die Anschauung eine große Rolle. Ungeklärt ist in der bisherigen Diskussion völlig das Verhältnis von Anschauung und Orientierung, für die deutsche Diskussion spätestens aufgeworfen seit Aeblis „Psychologischer Didaktik" (1970). In der angloamerikanischen und skandinavischen Diskussion spielt das Problem der Orientierung eine weitaus größere Rolle, als bei uns. Eine gewisse Ausnahme im deutschsprachigen Bereich bildet gegenwärtig das „Interdisziplinäre Zentrum für Kern- und Lehrforschung" an der Universität Potsdam, wo die von Davydov und Lompscher entwickelte Strategie des Aufsteigens vom Abstrakten zum Konkreten empirisch erforscht wird. Immerhin sollten ja die Befunde von Reuben Feuerstein nachdenklich machen, daß gezieltes Begriffsbildungstraining (instrumental enrichment) bei leichter geistig behinderten und lernbehinderten Schülern erstaunliche und weitaus bessere Erfolge erbracht hat als „social enrichment" (Feuerstein 1980). Und mit Georg Feusers entwicklungslogischer Didaktik (1989) ist bei weitem nicht das letzte Wort über psychologische und sozialpsychologische Dimensionen in didaktischen Prozessen gesprochen (vgl. auch Jantzen 1990, Kap. 11, 1997 d).

4. Gesellschaftstheoretisches Instrumentarium

Wenn ich die gegenwärtigen sozialpolitischen Aspekte der Integrationsdebatte lese, so fällt mir zweierlei auf: Zum einen ein erheblicher Verlust eigener Geschichte durch Beschränkung auf die Betrachtung der Schule, zum anderen Verzicht auf jegliches gesellschaftstheoretisches Instrumentarium, das auch nur den Anschein von Nähe zu einer marxistischen Diskussion erwecken könnte. Als ob es die wesentlichen Einblicke in die politische Ökonomie des Bildungswesens Anfang der 70er Jahre nie gegeben, als ob nie eine Diskussion um Bildungs- und Sozialpolitik unter dem Aspekt Werterhaltung der Arbeitskraft stattgefunden hätte. Und wenn schon dies alles nicht, warum Beck oder Luhmann als Referenzen und nicht Bourdieu?

Beginnen wir mit dem ersten. Ulrike Schildmann (1997) ordnet die Normalisierungsbewegung dem skandinavischen und angloamerikanischen Bereich zu und klassifiziert sie gegenüber der Integrationsbewegung, welche auf die radikale italienische Debatte zurückgehe, eher als reformistisch. Diese Einschätzung ist schlichtweg falsch. Über die Diskussionen in der DGSP war die italienische Demokratische Psychiatrie permanent präsent. Sie hat in Theorie und Praxis der Forderung nach der Auflösung der Großanstalten in der Psychiatriereform immer eine Rolle gespielt, wenn auch meist nur die einer deutlich artikulierten Minderheit. Ersichtlich hat Ulrike Schildmann zentrale Ereignisse wie Basaglias Auftritt auf dem Gesundheitstag in Berlin 1980, die DGSP-Tagung über den „Mythos vom harten Kern“ in Wuppertal 1983, die engen Kontakte zur Psychiatrie in Triest bei der Auflösung von Kloster Blanckenburg restlos übersehen. Wenn sie ein breites Spektrum hervorhebt, das die Integrationsbewegung getragen habe (Reformpädagogik, materialistische Interpretation von Behinderung, Psychoanalyse, TZI, Kritische Theorie, ökosystemische Betrachtungsweisen, Kommunikationstheorie) so kann das mit Fug und Recht genau so als „gemäßigter Reformansatz“ gekennzeichnet werden, wie sie diesen im Normalisierungsprinzip sieht (S. 93f.). Immerhin bedient sie sich später eines eingeschränkten Begriffs von Radikalität in der Integrationspädagogik, für die sie kritische und materialistische Behindertenpädagogik, Anti-Psychiatrie und Foucault bemüht (S.94). Ein vergleichbarer Bezug, wenn man ihn überhaupt so vornehmen will, gilt auch für die Enthospitalisierungsdebatte. Und überhaupt, was heißt radikal in der postmodernen Situation?

Wenn radikal sein ist, die Sache an der Wurzel zu fassen, so ist dies in unserem Falle der Mensch selbst. Der Maßstab für eine radikale Bewegung bleibt somit jener, den Marx in der Einleitung zur Kritik der Hegelschen Rechtsphilosophie diesem Gedanken folgend als den kategorischen Imperativ formuliert hat, „*alle Verhältnisse umzuwerfen*, in denen der Mensch ein erniedrigtes, ein geknechtetes, ein verlassenes, ein verächtliches Wesen ist“ (MEW Bd. 1, S. 385). Daß im Falle von Behinderung Menschen gesetzmäßig in diese Situation kommen, dies zeigen Integrations- und Enthospitalisierungsdebatte. Es wird demgemäß

Zeit von den *Verhältnissen* zu reden. Hierzu einige abschließende Bemerkungen.

Die große Entdeckung von Karl Marx ist es, daß in der Produktion materieller Güter, die Menschen - sozusagen hinter ihrem Rücken - gesellschaftliche Verhältnisse produzieren, die gegenüber ihnen mit der gleichen Mächtigkeit wie Naturgesetze ein Eigenleben führen. Der Kern dieser Verhältnisse ist es, daß jenseits der sichtbaren Naturalform der Güter deren Wertform produziert wird (MEW Bd. 23, Kap. 1). Abstrakte Arbeit, als Verausgabung menschlicher Arbeitskraft unter historischen Bedingungen schafft Austausch- und Verwertungsverhältnisse, denen die Menschen vermittelt über Warentausch und Geld unterworfen sind. In diesen Kontexten hat die italienische Demokratische Psychiatrie, insbesondere gestützt auf Gramsci, das Verhältnis von Integration und Ausschluß thematisiert und untersucht (vgl. Basaglia 1974, Pirella 1975). Es sieht so aus, als sei in der gegenwärtigen Debatte von dieser Analyseebene nicht mehr die Rede. Christoph Türcke (1996) hat unlängst in den Traditionen der Kritischen Theorie in einem großen Artikel in der Frankfurter Rundschau das Verhältnis von Integration und Ausgrenzung erneut zur Debatte gestellt. Als ausgegrenzt gelten heute alle, „denen verwehrt wird, für sich selbst gebührend zu sorgen - weil sie zu alt, zu krank, zu mittellos, zu ungebildet dazu sind“. Es ist aber nur der Mechanismus der sekundären Ausgrenzung, der hiermit beschrieben ist. Der primäre Mechanismus der Ausgrenzung ist der Verkauf der Arbeitskraft als Ware. „Wo Waren verkauft werden, werden andere als unverkäuflich liegengelassen. Der Markt ist der Ort der Selektion oder er ist kein Markt“. Von Ausbeutung, welche die primäre Ausgrenzung hervorbringt, so Türcke, ist in der heutigen Diskussion nicht mehr die Rede, obwohl die primäre Ausgrenzung in den westlichen Gesellschaften bereits ein Viertel der Bevölkerung betrifft und in Dritte-Welt-Ländern noch größer ist.

Entsprechend der primären Ausgrenzung gibt es eine primäre Integration: Ausplünderung der Rohstoffe fremder Länder, Unterdrückung bis hin zur Ermordung ihrer Völker und Einbezug in das in Europa entstehende Sozial- und Wirtschaftssystem. Primäre Integration wäre demzufolge auf unseren Bereich bezogen die sozialpolitische Einbeziehung behinderter und kranker Menschen in den Bereich der staatlichen und gesellschaftlichen Gestaltung, also in den Bereich der politischen Ökonomie. Gerade der Zerfall des Menschlichen - häufig gedeutet als Abwesenheit von Integration - ist gesellschaftspolitisch gesehen ein Akt primärer Integration (bei Zunahme der Arbeitslosigkeit steigen die Aktienkurse). Die Errichtung von Großanstalten oder von Sonderschulen ist zunächst nichts anders als ein Akt der Sicherung gesellschaftlicher Funktionalität, wie dies Susanne Graf (1973) für die Funktion der Sonderschule Anfang der 70er Jahre festgestellt hatte. Daß sie noch mehr ist, nämlich Resultat humanen Engagements, das sich hinter dem Rücken der Akteure in wertgesteuerte Sozialstruktur (Lohn-, Preis- und Produktionsgefüge) wandelt, das wissen wir heute. Wir beginnen aber auch zu begreifen, daß dieses humane Engagement in der herrschenden politischen Debatte, insbesondere auch in der um Bioethik, zur notwendig zu entsorgenden Restgröße wird. Im Alltagsgeschehen erscheint die primäre Integration jedoch als Ausgrenzung. Türcke nennt sie daher sekundäre Ausgrenzung.

Vielleicht sprechen wir auch besser statt primärer Ausgrenzung und Integration von gesellschaftlicher Ausgrenzung und Integration (auf der Ebene der Wirkung des Wertgesetzes) und statt sekundärer Ausgrenzung und Integration von gemeinschaftlicher Ausgrenzung und Integration. Die primäre Integration in Sonderschule und Großanstalt jedenfalls ist es, die als sekundäre, gemeinschaftliche Ausgrenzung erscheint, und die nach sekundärer, d.h. gemeinschaftlicher Integration verlangt. Nicht daß dies falsch wäre. Nur die Inflationierung des Begriffs der sekundären Ausgrenzung in Theorie und Praxis hat ihren Preis. Wenn alle mehr oder weniger ausgegrenzt sind („von den Amazonasindianern bis zu den Rauchern, Homosexuellen, Kleinwüchsigen, Untermietern und Künstlern") verliert der Ausgrenzungsbegriff theoretisch und praktisch jede Kontur. Und dies lenkt ab von der „weltweiten Geschäftsgrundlage aller aktuellen Zerfalls- und Ausgrenzungsvorgänge", welche Türcke „primäre Integration" nennt. Türckes Aufsatz schließt: „Eine Gesellschaftsanalyse, die nur noch von sekundärer Integration handelt, weil ihr die primäre zu gigantisch geworden ist, verfährt wie eine Psychoanalyse, die von Narzißmus, Verdrängung, Traumbildung, Assoziation nur noch die Sekundärvorgänge behandelt, weil ihr die primären außer Reichweite sind. Sie kann einpacken." Ob ihr die Integrationspädagogik dabei den Koffer aufhält, bleibt abzuwarten.

Literatur

Aebli, H.: Psychologische Didaktik. 4.Auflage. Stuttgart (Klett) 1970.

Basaglia, F.: Was ist Psychiatrie? Frankfurt/M. (Suhrkamp) 1974.

Bauman, Z.: Dialektik der Ordnung. Die Moderne und der Holocaust. Hamburg (EVA) 1992.

Bauman, Z.: Postmoderne Ethik. Hamburg (Hamburger Edition) 1995.

Deppe, F.: Politik am Ende des 20. Jahrhunderts. Bilanzen und Perspektiven. Vortrag Februar 1995. Marburg 1997 (über Internet-Adresse des BdWi erhältlich).

Eberwein, H.: Zur Kritik des Behinderungsbegriffs und des sonderpädagogischen Paradigmas. Integration als Aufgabe der allgemeinen Pädagogik und Schule. In: Eberwein, H. (Hrsg.): Einführung in die Integrationspädagogik. Weinheim (Deutscher Studien Verlag) 1996. p. 9-37.

Eberwein, H.: Zur Kritik des sonderpädagogischen Paradigmas und des Behinderungsbegriffs. In: Zeitschrift für Heilpädagogik 46 (1995) 10. p. 468-476.

Feuerstein, R.: Instrumental Enrichment. Baltimore (University Park Press) 1980.

Feuser, G.; Meyer, Heike: Integrativer Unterricht in der Grundschule - Ein Zwischenbericht. Solms/Lahn (Jarick-Oberbiel) 1987.

Feuser, G.: Grundlagen zur Pädagogik autistischer Kinder. Weinheim (Beltz) 1979.

Feuser, G.: „Geistigbehinderte gibt es nicht!“ Projektionen und Artefakte in der Geistigbehindertenpädagogik. In: Geistige Behinderung 35 (1996) 1. p. 18-25.
Feuser, G.: Allgemeine integrative Pädagogik und entwicklungslogische Didaktik. In: Behindertenpädagogik 28 (1989) 1. p. 4-48.
Frühauf, T.: Eingliedern statt Ausgliedern! In: Geistige Behinderung 36 (1997) 3. p. 233-236.
Garnholz, D. u.a.: Die Sivus-Methode. Menschen mit geistiger Behinderung entwickeln sich durch gemeinschaftliches Handeln. Stuttgart (Diakonie) 1989.
Goffman, E.: Asyle. Über die soziale Situation psychiatrischer Patienten und anderer Insassen. Frankfurt/M. (Suhrkamp) 1972.
Graf, Susanne: Zur politischen und ökonomischen Funktion der Sonderschule für Lernbehinderte. Aus: Abé, Ilse u.a. (Hrsg.): Kritik der Sonderpädagogik. Gießen (Achenbach-Verlag) 1973. p. 11-105.
Hornung, Claudia u.a.: Wohn- und Betreuungseinrichtungen der Behindertenhilfe - Strukturergebnisse einer bundesweiten Stichprobenerhebung. Untersuchung im Auftrag des BMFSFJ Tübingen (Univ. Forschungsst. Lebenswelten) 1995.
Jantzen, W.: Allgemeine Behindertenpädagogik. Bd. 2. Neurowissenschaftliche Grundlagen, Diagnostik, Pädagogik und Therapie. Weinheim (Beltz) 1990.
Jantzen, W.: Die Zeit ist aus den Fugen ... - Behinderung und postmoderne Ethik. Aspekte einer Philosophie der Praxis. Marburg (BdWi) 1997.(a)
Jantzen, W.: Deinstitutionalisierung. In: Geistige Behinderung 36 (1997) 4, i.Dr. (b)
Jantzen, W.: Anerkennung statt Normalisierung. Aus: Jantzen, W. (Hrsg.): Geschlechterverhältnisse in der Behindertenpädagogik. Subjekt/Objekt-Verhältnisse in Wissenschaft und Praxis. Luzern (SZH) 1997. i.Dr. (c)
Jantzen, W.: Menschen mit geistiger Behinderung - veränderte Sichtweisen. Vortrag Juli 1997 in Mariaberg. Tagung des LV Baden-Württemberg des VdS. (d)
Jantzen, W.; Lanwer-Koppelin, W. (Hrsg.): Diagnostik als Rehistorisierung. Methodologie und Praxis einer verstehenden Diagnostik am Beispiel schwer behinderter Menschen. Berlin (Edition Marhold) 1996.
Kriwet, Ingeborg: Die Grenzen der Integrationsbewegung in Schweden. In: Zeitschrift für Heilpädagogik 47 (1996) 8. p. 318-329.
Lumer, Beatrix: Integration, Kooperation und Beratung als zentrale Aufgabe von Lehrern und Lehrerinnen in Europa. Konsequenzen für die Lehrerbildung. In: Zeitschrift für Heilpädagogik, 46 (1995) 2. p. 56-61.
Macke, V.: Judilogische Biosprudenz. Zur Verrechtlichung bioethischer Fragen. In: Forum Wissenschaft 14 (1997) 3. p. 22-25.
Marx, K.: Das Kapital. Bd. 1. MEW Bd. 23. Berlin (Dietz) 1970.
Marx, K.: Zur Kritik der Hegelschen Rechtsphilosophie. MEW Bd. 1. p. 201-333. Berlin (Dietz) 1974.
Opp, G.: Schulische Integration: Impulse für eine Neubestimmung der Diskussion. In: Zeitschrift für Heilpädagogik, 47 (1996) 9. p. 354-359.
Pirella, A.: Sozialisation der Ausgeschlossenen. Praxis einer neuen Psychiatrie. Reinbek (Rowohlt) 1975.

Reiser, H.: Lern- und Verhaltensstörungen als gemeinsame Aufgabe von Grundschul- und Sonderpädagogik unter dem Aspekt der pädagogischen Selektion. In: Zeitschrift für Heilpädagogik 48 (1997) 7. p. 266-275.

Schildmann, Ulrike: Integrationspädagogik und Normalisierungsprinzip - ein kritischer Vergleich. In: Zeitschrift für Heilpädagogik 48 (1997) 3. p. 90-96.

Schmid, Sil: Freiheit heilt. Bericht über die demokratische Psychiatrie in Italien. Berlin/W. (Wagenbach) 1977.

Schumann, Monika: Gemeinsame Erziehung nichtbehinderter und behinderter Kinder - ihre Möglichkeiten und Grenzen im gesellschaftlichen Modernisierungsprozeß. In: Behindertenpädagogik 33 (1994) 1. p. 3-32.

Slavich, A.: Mythos und Realität des harten Kerns. In: Sozialpsychiatrische Informationen 13 (1983) 1. p. 34-38.

Stellmach, Claudia: Detailhandel mit der menschlichen Natur. In: Forum Wissenschaft 14 (1997) 1. p. 40-46.

Toresini, L.: Der Mythos vom harten Kern. In: Sozialpsychiatrische Informationen 13 (1983) 1. p. 26-33.

Türcke, C.: Ausgrenzung. Die Aktualität eines Begriffs oder: Das andere Gesicht der Integration. In: Frankfurter Rundschau, 2.11.96, Nr. 256, S. ZB 3.

Wacquant, L.J.D.: Vom wohltätigen Staat zum strafenden Staat. Über den politischen Umgang mit Armut und Elend in den USA. In: Frankfurter Rundschau, Nr. 159 vom 12.06.1997.

Ines Boban

„Voll peacy!?!" - Sicht der SchülerInnen

> Menschlich zu werden ist relativ einfach. Es ist das Böse im Menschen, das eine komplizierte Entwicklung braucht.
> (Arno Gruen)

Es sind noch nicht viele SchülerInnen, die die Erfahrung machen, in integrativ gestalteten Lebenswelten aufzuwachsen. Sie haben die Gelegenheit zu lernen, daß es normal ist, nicht ganz normal zu sein, sondern in vielem verschieden und in vielem gleich zu sein. Wie äußern sich Integrationsklassen-SchülerInnen in verschiedenen Phasen ihrer Schulzeit zu ihrer Erfahrung von Schule? Es ist wichtig, von ihnen direkt Rückmeldung zu erhalten, wie unsere Absichten, für sie eine von Akzeptanz geprägte Schulwirklichkeit aufzubauen, bei ihnen ankommen.

Integration ist die Antwort - wie war noch mal die Frage?!

Daß „Auschwitz nicht noch einmal sei" (Adorno 1970, 92), ist die Aufgabe, eine nichtselektive Schule für alle Kinder, in der sich alle in ihrer Gleichheit und in ihrer Verschiedenheit erleben können, ist die schulorganisatorische Orientierung, die diesem Anspruch zufolge zu entwickeln ist. Die Nichtaussonderung von Kindern mit Behinderungen auch durch Integrationsklassen in der Sekundarstufe I ist der kleinste gemeinsame Nenner. Denn in einem grundsätzlich selektiv orientierten Schulsystem stellen sie eine anfällige Enklave für ein anderes Denken, Fühlen und Handeln dar. Und es fällt vielen Beteiligten schwer, selbst in dem vorgehaltenen Rahmen der Integrationsklasse integrativem Geist zur Entfaltung zu verhelfen - oder ihn nicht an seiner Entwicklung zu hindern.

Für das grundlegende Anliegen, durch Schule zu 'menschlicheren Menschen' beizutragen, will Integration einen zentralen Teil leisten. So wurde in der Legitimations- und Durchsetzungsphase oft argumentiert, daß es nicht nur um (be-) stärkende Erfahrungen für Kinder mit Behinderungen gehe. Vielmehr soll das Erleben menschlicher Vielfalt und das Gefühl aller, willkommen und angenommen zu sein in der menschlichen Gemeinschaft, auch 'andere' Ingenieure, Krankenschwestern, Ärzte wie auch Taxifahrer usw. entwickeln helfen, die die Verschiedenheit von 'Anderen' nicht als befremdlich und angstauslösend, sondern als Quelle der Anregung und Ergänzung zu einer großen bunten Gruppe,

Gemeinschaft, Gemeinde, Gesellschaft empfinden und wahrnehmen; Menschen mit einem erweitertem Bewußtsein über die vielfältigen gleichen und verschiedenen Bedürfnisse von darin gleichen Menschen. Die Frauen(bildungs)bewegung und die FürstreiterInnen für eine multikulturelle (Schul-) Gesellschaft sind auf dem gleichen Weg und halten die Utopie der Vielfaltsgesellschaft für realisierbar (vgl. Hinz 1993, 1996b).

Daß dabei das Leben innerhalb der Integrationsklasse nicht ein Rosengarten ist, sondern die gesamte Palette der Erfahrungen ermöglicht und auf der Ebene der Individuen Phasen einschließt, die von Abgrenzung, Stagnation oder Regression geprägt sind, gehört zum Bild der menschlichen Schule. Denn es ist menschlich, in Krisen zu geraten und durch Reibung Entwicklungen zu vollziehen (vgl. Boban 1996b, Boban & Hinz 1997).

Als wir uns auf den Weg machten, meinten wir, Integration sei Teil der Antwort auf die Frage, wie wir zu einer humaneren Schule und Gesellschaft kommen könnten. Nun haben wir die Möglichkeit, denen, die in die ersten Integrationsklassen gehen und rollen konnten und können, Fragen zu stellen und ihre Antworten aufzunehmen. Sind sie Bestätigung oder Korrektiv? Sind sie unklar oder weisen sie in andere Richtungen? Einige Aussagen von diesen 'neuen ExpertInnen' für Integration sind hier gesammelt und zu einem bunten Strauß von 'Stilblüten' zusammengestellt.

Reflexionen gegen Ende der Grundschulzeit

Integrative Prozesse haben sich spürbar vollzogen, wenn das Sosein des einen Spuren im Denken, Fühlen und Handeln des je anderen hinterlassen hat:

Als Axel, ein Junge mit Down-Syndrom, während des dritten Schuljahres mit seiner Familie aus der Stadt fortzieht, verändert sich Peter, sein nichtbehinderter Schulfreund, auffällig. Er ist still, in sich gekehrt, traurig-gereizt. Als er endlich weinen und sprechen kann, sagt er: „*So einen Freund wie den Axel find ich nie mehr wieder! Axel kann ja nicht lügen, der meint es immer so ganz ehrlich mit mir!*“

Am Ende der Grundschulzeit berichten zwei Schüler aus einer Klasse (H und R) dem Interviewer (A), welche Entwicklungen sie sehen (Hinz 1996a, 1996b):

A: *Ich glaube, daß Emily, Martin und Clara ganz viel in der Integrationsklasse gelernt haben, ganz viel Erfahrung gemacht haben...*

H: *Ja, auf alle Fälle! Martin hat Laufen gelernt und ein bißchen auf seinem Dreirad fahren. Und Clara hat auch viele große Fortschritte im Sprechen gemacht. Erst konnte man sie überhaupt nicht verstehen. Und sie konnte auch ziemlich schlecht gehen und laufen.*

R: *Und jetzt läuft sie schon super! Also, sie läuft spitzenmäßig! Und ...*

H: *Zwar nicht so schnell wie wir, aber trotzdem - für ihre Verhältnisse läuft sie sehr schnell.*

A: *Und was meint ihr, was Emily gelernt hat?*

R: *Ja, die hat Fühlen gelernt, sehr viel.*

H: *Und auch „Ja" und „Nein" sagen. „Ja" ist, glaube ich, dann macht sie Mund auf, wenn man sie fragt, und wenn sie „Nein" sagt, bleibt der Mund zu. Und halt auch ... sie ... also, Chris hat ihr auch so Sachen mitgebracht so zum Riechen, glaube ich.*

R: *Ja, das war toll.*

A: *Und hat Emily auch etwas von euch gelernt?*

H: *Bestimmt!*

R: *Ja, garantiert!*

H: *Uns kann sie bestimmt erkennen. Also, sie kann es nicht sagen, wer das ist, aber. Ja ja!*

R: *Martin lernt vielleicht auch noch sprechen und Emily vielleicht auch noch - vielleicht.*

H: *Nee, Emily bestimmt nicht, die wird vielleicht so wie Martin mal werden, aber... In der ersten Klasse hat Emily eigentlich nur geschlafen in der Schule und jetzt tut sie es nicht mehr, nä!*

R: *Sie bleibt jetzt fast immer wach, aber manchmal schläft sie auch ...*

H: *Ja, das würde ich auch gerne machen ...*

A: *Habt ihr denn auch was von Emily und Martin gelernt?*

H: *Ja, man lernt auch sie zu akzeptieren auch. Und sie zu verstehen, daß sie ja eigentlich auch normal sind.*

R: *Martin hat aber auch Fortschritte gemacht im Malen, im eigene Buchstaben schreiben und ...*

H: *Martin kann auch schon „Till" sagen.*

R: *„D i l l"*

H: *Und „Ja-Nein", „Papa", „Mama", das konnte er wahrscheinlich vorher auch schon, aber ...*

R: *Na, nicht so gut.*

H: *... weiß ich nicht.*

R: *Aber jetzt kann er es spitzenmäßig.*

A: *H., du hast eben gesagt, du hast gelernt, sie zu akzeptieren, wie sie sind.*

H: *Also ja, also davor ... ich wußte gar nicht, daß es sowas auch gibt eigentlich.*

Eine Mitschülerin analysiert den Zusammenhang zwischen Verhaltensmöglichkeiten und Sympathie: *„Emily kann man schwer finden, die verhält sich ja so wenig. Bei anderen weiß ich schnell, ob ich sie eher nett oder doof finde."*

In diesen Aussagen wird ein - unterschiedlich - differenziertes Wissen um Emily und die anderen Kinder mit Behinderungen deutlich, das die individuelle Dimension von Leistung und Entwicklung ausdrücklich betont ('für ihre Verhältnisse') und sich unter den Bedingungen eines kontinuierlichen gemeinsamen Lebens und Lernens so hat entwickeln können. Darüberhinaus vermitteln sich auch gegenseitige Anteilnahme und individuelle Maßstäbe, die zu - natürlich wiederum unterschiedlich differenzierten und wahrscheinlichen - Überlegungen zu Entwicklungsperspektiven führen.

Der Sender n-tv zeigt in seinem Schwerpunktthema Integration im Juli 1996 Aufnahmen aus der fünften Klasse der Fläming-Grundschule in Berlin. Am Ende des Berichts nimmt Marcel, ein Junge mit Down-Syndrom, der Reporterin das Mikrophon ab und stellt seinen MitschülerInnen immer die eine wichtige Frage: *„Magst du mich?"* Einer antwortet: *„Na klar mag ich dich. Wenn du mich auch manchmal tierisch nervst, wenn du immer dasselbe von mir willst oder so - aber trotzdem mag ich dich auch!"* Und ein anderer, körperbehinderter Junge sagt: *„Ja, Marcel, ich mag dich. Wir nerven uns auch oft. Aber ich find's total blöd, wenn du nicht mit uns allen zur Gesamtschule darfst, sondern auf die Sonderschule mußt. Sonderschulen sind sowieso die hirnrissigsten Einrichtungen, die man sich nur vorstellen kann."*

Zum Problem des 'sozial Erwünschten'

Während des sechsten Schuljahres werden SchülerInnen zur Untersuchung zur sozialen Distanz von Hans Wocken (1993) befragt, wie viel Nähe zu unterschiedlichen Kindern mit Auffälligkeiten sie sich jeweils vorstellen können. Ob sie mit ihnen ins Schwimmbad gehen würden, sie sich gut als Tischnachbarn vorstellen können, sie zum Geburtstagstfest einladen würden usw. Am Schluß steht die Frage, ob u.a. ein(e) Mitschüler(in) mit Down-Syndrom ihr(e) beste(r) Freund(in) sein könnte oder nicht.

Nach der Durchführung mit der Jungengruppe kommt es zu folgender Situation: Don fragt mich: *„Sag mal, Ines, was würdest du eigentlich tun, wenn wir überall NEIN angekreuzt hätten?"* Er signalisiert mir, könnte man kritisch einwenden, kokett, daß er diesen 'Test' durchschaut und weiß, was das sozial Erwünschte ist. Vielleicht weiß er auch, daß es durchaus noch nicht selbstverständlich ist, ehrlich JA zu sagen zu all diesen Fragen und interessiert sich für diese Seite. Ich antworte: *„Dann würde ich mich auf mein Sofa werfen, einen Heulkrampf bekommen und mich fragen, was wir hier verkehrt gemacht ha-*

ben.“ Nun meldet sich Marc und sagt: *„Naja, ich konnte einmal nicht mit JA antworten, nämlich als gefragt wurde, ob der Junge auch mein bester Freund sein könne. Denn guck mal, wenn ich da also an Rike denke, sie versteht ja nicht alles so wie ich es verstehe, verstehst du? Und ich denke, ein bester Freund, der muß mich echt hundert Prozent verstehen können. Wenn ich Probleme oder Ansichten hab, dann muß der genau raffen, worum's mir gerade geht!“* In die Nachdenklichkeit hinein beginnt Tim den Kopf zu schütteln: *„Nee, also das sehe ich ganz anders. Mit einem besten Freund muß man sich ohne Worte vom Gefühl her verstehen. Mit dem muß man auch ohne viel zu erklären oder Rumgequatsche gut was zusammen machen können. Darauf kommt es an - und das kann man gerade mit Rike! Deshalb habe ich auch hier JA angekreuzt!“* Jörg, der einen jüngeren Bruder mit Behinderungen hat, gibt zu bedenken: *„Man kann das nicht so oder so eindeutig sagen. Ich mußte z.B. an Sören denken, und der nervt mich manchmal unheimlich. Und* ***er*** *könnte nicht mein bester Freund sein, so wie er drauf ist. Man kann nicht sagen, bloß weil einer behindert ist, ist er so oder so. Das ist Quatsch. Und zum Glück kann man ja auch mehrere gute, unterschiedliche Freunde haben.“* Insgesamt ergab diese Untersuchung, um ein wesentliches Ergebnis zu nennen, daß die geringste soziale Distanz in Integrationsklassen in Gesamtschulen besteht und die größte in Förderschulklassen! Dies ist eine klare Orientierung für BildungspolitikerInnen.

In der Sek I: Abgrenzung und Coolheit - egal warum, Hauptsache daß...

Von Marc stammt der Titel dieses Aufsatzes. Als er 15 Jahre alt ist, gibt er zu verstehen, daß er mich und mein Handeln, meine offen thematisierten Hoffnungen auf Veränderungen in der (Schul-)Welt für ‘voll peacy’ hält. Trotz seiner Rastahaare und offenen Sympathie für Hanfpflanzen werte ich es als negative Einschätzung meines Engagements. Ich erinnere mich, wie Marc mit Chris den Auftritt von Rikes Mutter in der Fernsehsendung PRO & CONTRA diskutiert hat. Sie waren noch in der fünften Klasse, aber haben sich sehr ernsthaft mit ihrer Position auseinandergesetzt, daß sie ihre Tochter niemals sterilisieren lassen würde, sondern auch für sie eine Mutterschaft akzeptieren und gegebenenfalls für deren Unterstützung sorgen wollte. Diese Differenziertheit war mir eine Bestärkung. Jörg sagt zu meiner Beruhigung nach dem Abschluß der Sekundarstufe I (Klasse 10): *„Die Tatsache, daß Rike hier war, hat keinen von uns unberührt gelassen, auch die nicht, die immer einen auf cool machen!“*

Gerade während der Sekundarstufenzeit läßt ja die Neigung zu sozial erwünschtem Verhalten nach, so es von Eltern, PädagogInnen u.ä. gewünscht ist, zugunsten der Peergroup-Normen. Sie legt zuweilen eine Coolnis nahe, daß es allen frostig werden kann. Die vermeintlich selbstauferlegte äußerliche Gefühlskühle kann dann alle Beteiligten in ungeahnte Täler führen.

Hierzu die Schilderung eines jungen Mannes im Rahmen des Bundeselterntreffens 1991 in Berlin zu den Wandlungen in seiner Beziehung zu seinem Freund mit Down-Syndrom, die ich im ungefähren Wortlaut wiedergebe: *„Ich hab ja eigentlich schon immer mit Uli zusammengelebt, aber dann kam so'ne Zeit - ich glaub' ungefähr so ab Klasse sieben, da wollte ich einfach nicht mehr mit ihm gesehen werden. Ich wußte, du kannst nicht mit ihm zusammen im Schwimmbad auftauchen, dann bist du bei den anderen Typen unten durch. Ulis Mutter hat mich gefragt, wieso und warum und sogar geweint, daß ich ihn nicht mehr wie früher mitnehme. Ich hab irgendwann mitgeheult, aber mitnehmen mochte ich ihn trotzdem nicht ... Die Phase hat so ungefähr zwei oder drei Jahre gedauert, bis ich endlich kapierte, daß die Typen, bei denen ich wegen Uli unten durch gewesen wäre, sowieso keine Freunde für mich waren!"*

Diese Aussage wurde unschätzbar wertvoll, da sie durch die Durststrecke der Abgrenzungsdominanz unter den SchülerInnen hindurch nährte. Und sie half, die Krise meiner Schülerin Rike anders zu sehen und durchzustehen. Zudem beeindruckte der junge Mann schon während eines Plenums, als er ans Mikrophon ging und ungefähr sagte: *„Ich habe hier immer wieder gehört, daß die behinderten Kinder ein Recht darauf hätten, mit ihren nichtbehinderten gleichaltrigen Nachbarskindern zur Schule zu gehen. Leider habe ich hier noch gar nichts davon gehört, daß auch nichtbehinderte Kinder ein Recht darauf haben, mit den behinderten Kindern ihrer Nachbarschaft gemeinsam zur Schule zu gehen. Ich möchte jedenfalls nicht auf meine Zeit mit Uli verzichtet haben!"* In der Arbeitsgruppe zur Praxis der Integrationsklassen in den Sekundarstufen der Gesamtschulen konnte er sich zu vielen Phänomenen und Problemen - z.B. kuriosem Verhalten von SonderpädagogInnen - äußern. Gut, bei solchen Veranstaltungen mehr von solchen GesprächspartnerInnen zu haben, da eben sie es sind, die am eigenen Leibe erfahren haben, was der Effekt ist von dem, was - Eltern und PädagogInnen mit besten integrativen Absichten - auch an Übertreibungen verzapfen.

Wie schneidet die Schere, die immer weiter auseinanderklafft?

Die oben mehrfach erwähnte Rike - was hat sie uns zu sagen zu ihrem Leben unter den Bedingungen u.a. eines Down-Syndroms und einer integrativ ambitionierten Gesamtschule? Eine gewisse Abwehr und Nüchternheit der immer stärker nach außen bzw. in die eigene Peer-Group oder Clique oder gar schon Zweierbeziehungskiste drängenden MitschülerInnen sorgt für eine zunehmende Fixierung Rikes auf uns PädagogInnen. Die latent schwelenden Identitätskrisen während dieser Lebensphase führen zu Gereiztheiten unter den Jugendlichen, die für Rike oft unerklärlich bleiben, solange die Betroffenen sich selbst kaum verstehen. Auch Rike gerät am Ende der achten Klasse schließlich in eine heftige Krise, in der sie die Fragen *„Wer bin ich? Warum bin ich wie ich bin? Was* *ist anders an mir?"* bearbeitet. Ihr Satz *„Ich fühle mich einsam und elend..."* (Boban & Matthies 1994) stammt aus dieser Phase. Sie hadernd zu erleben ist nicht leicht zu ertragen, vielleicht auch wegen des Erfolgsdrucks, daß 'es einem Kind mit Behinderung in einer integrativen Situation nie schlecht gehen darf'. Nur langsam verändert sich unsere Sicht der Dinge dahingehend, daß es vor allem ein Zeichen einer normal verlaufenden Pubertät ist, was Rike uns - allerdings deutlicher als ihre MitschülerInnen - an kriseligem Selbst-verzweifeln zeigt. Es ist ein Zeichen für die Tragfähigkeit des sozialen Netzes, daß sie uns nicht die immer positive Emotionalität des 'Sonnenscheins' zeigen muß, sondern uns ihre Krise zumuten kann.

Wenn das Spektrum von Leistungen, Interessen, Leitbildern, Idealen und Lebensentwürfen ebenso wie körperliche Entwicklungen immer größer wird, dann werden Spannungen, aber auch Anregungspotentiale größer. Statt wie fixiert auf die Scherenspitzen zu starren, gilt es eben einen erweiterten und zugleich erweiternden Blick auf die Schere als Ganzes zu entwickeln (vgl. Köbberling 1994, 4 und in diesem Band).

In das neunte Schuljahr fällt der Besuch unserer Klasse bei einer Beratungsstelle von Pro Familia, wo Rike sich gegen Ende wie folgt zu Wort meldet: *„Was meinen Sie, sollte ich als behinderte Frau ein Kind bekommen oder nicht?"* Bis dahin haben viele im wesentlichen aufgenommen, daß eine Abtreibung ca. fünf Minuten dauere, man nüchtern kommen müsse und hinterher ein Frühstück bekomme. Nun jedoch tritt atemlose Stille ein. Sehr zur Erleichterung der gefragten Beraterin setzt Rike selbst fort: *„Ich denke eher nicht, denn ich sehe ja bei Mama und meinem kleinen Bruder, wie schwer das ist, ein Kind zu erziehen; ich glaube nicht, daß ich das schaffen könnte."* Es entsteht eine echte Nachdenklichkeit (Boban 1996a).

Es tut gut, das pädagogische Handlungsfeld von der Besorgnis und dem ständigen Starren auf die gespreizten Scherenschenkel zu befreien! Ein ganzheitlicher Begriff der Schere, das Erfassen der Bedeutung des Dreh- und Haltepunktes, die Inangriffnahme von Gemeinschaftserlebnis führt uns weiter. Integrative Pädagogik mischt sich ein bei der Gestaltbarkeit von Prozessen der Abgrenzung und der (Wieder-)Annäherung, zum Beispiel durch die Schaffung von solchen Gelegenheiten der 'Begegnung', des Dialogs und eines integrativen Schulklimas, einer Schule der Empathie (Boban 1996b).

Gerade in Krisenzeiten ist es unverzichtbar, über das Sprechen und Zuhören Prozesse von Empathie und Anteilnahme anzustoßen. Als Rike sich im Kunstraum immer - mit dem Gesicht zur Wand - in die letzte Ecke verzieht, sich förmlich verbarrikadiert, allenfalls uns Erwachsene zu sich ruft, 'paßt' uns dieses Verhalten, ihre 'Konfliktlösungs- bzw. Vermeidungsstrategie' oder ihr Ausdruck von Protest oder von Verzweiflung nicht: Wir können und wollen dies so nicht mehr mitansehen! Wenn wir nachfragen, dann sagt sie: *„Ich weiß ja auch nicht, was das soll und warum ich mich so abschließe. Vielleicht weil ich manchmal so oft von Ben und Dennis geärgert werde!"* Uns kann sie das sagen, nicht aber der Klasse. Um diese Abgrenzungsverhärtung aufzuweichen und Annäherungsprozesse wieder zu ermöglichen, fordern wir Rike auf, während zweier Kunststunden mit einer Schülerin ihres Vertrauens in die Eisdiele zu gehen und ihr dort ihre Gedanken und Gefühle mitzuteilen, damit diese später für Rike der Klasse einen Einblick in ihre Sicht der Situation geben könne. Die Mitschülerin bitten wir, genau hinzuhören, nichts zu erklären oder zu diskutieren. Als die beiden zurückkommen und Rike 'ihrer Anwältin' das Sprechen überlassen kann, bitten wir die Gruppe, sich hineinzuversetzen in das, was ihr geschildert wird. Wir erwarten keine Lösungen oder Veränderungsentwürfe, sondern lediglich, daß sie ab nun wissen, wie es Rike geht. Nach jedem Satz, den sie ihre Mitschülerin von sich sagen hört, beginnt sie, selbst ergänzende Erklärungen zu geben. Sie redet sich stotternd, aber entschieden und höchst geladen etwas von der Seele. Unterstützt von ihrer 'Mediatorin' (Canevaro 1996) spricht sie so wohl eine halbe Stunde - und alle anderen hören 'nur' zu. Später wird sie zu einem 'Circle of friends' einladen und sich aktiv um die Verbesserung ihrer Situation weiter bemühen (vgl. Boban 1996b, Boban & Hinz 1996).

„Geil! Behindert müßte man sein!“

Als Rike im neunten Schuljahr nicht wie alle anderen eine Physikarbeit schreiben muß, sondern statt dessen, weil den PädagogInnen nichts Gescheiteres eingefallen ist, zum Töpfern gehen darf, zischt ihr Dennis mit wütig seufzendem Unterton diesen Satz hinterher: *„Geil! Behindert müßte man sein!“* Die positive Diskriminierung von SchülerInnen mit Behinderungen, der auf sie weniger ausgeübte Anpassungs- und Leistungsdruck, die Monotonie des zeitweiligen Hürdenlaufs für Schulabschlüsse, all das entlädt Dennis über diesen Kommentar, von dem er genau weiß, daß er uns damit trifft. Bei allen guten Absichten - wir haben diverse zusätzliche Widersprüche geschaffen und noch lange nicht gelöst. Was angemessen, gerecht und das eigentlich Bessere, für alle Förderlichere wäre, die Veränderung von Unterricht und Schule also für alle Beteiligten - was Canevaro (1996) strukturelle Integration nennt - ist noch viel intensiver und konsequenter zu betreiben.

Vom Wir-Sie-Denken zum Wir-Und-Ihr-Bewußtsein?

Bei der Abschlußfeier des ersten Jahrgangs 10 'mit Integration' ergreift Rike nach der Aushändigung ihres Zeugnisses spontan das Mikrophon des Schulleiters und sagt: *„Ich möchte mich bedanken für alles, was ihr mir beigebracht habt, vor allem, daß ihr mir alles über Anne Frank gesagt habt!“* Wenn wir versuchen dies zu interpretieren, so ist es sicher bedeutsam, daß sie sich bei den PädagogInnen für Inhalte bedankt und dabei einen besonders hervorhebt. Warum gerade Anne Frank? Zum anderen ist von Bedeutung, was sie nicht sagt! Und zum dritten mag es etwas bedeuten, daß Rike im Unterschied zu ihren

MitschülerInnen als einzige zum Mikrophon greift. Sie weiß sehr wohl, wie besonders die Tatsache immer noch ist, daß sie sich mit der Französischen Revolution wie mit dem Nationalsozialismus u.v.a.m. beschäftigen mußte/durfte/konnte. Später in der Berufsschule wendet sie sich wiederum diesem Thema zu, mit dem sie sich intensiv auseinandersetzt. Sie hat sicher wahrgenommen, daß es in unserer Gesellschaft ein Wir-Sie-Denken gibt und dessen Auswirkungen latent und direkt zu spüren bekommen - auch in integrativen Kontexten. Dieses Denken steht für einen biologistischen bzw. medizinisch-defektologischen Blick, der 'das Andersartige' hervorhebt, Abgrenzung betont und sprachlich die Menschheit zweiteilt (nach Forest, Pearpoint & Snow 1992):

Die Sprache von UNS und *IHNEN*

Wir mögen Dinge. *Sie sind fixiert auf Objekte.*

Wir schließen Freundschaften. *Sie zeigen aufmerksamkeitsheischendes Verhalten.*

Wir machen Pausen. *Sie zeigen Vermeidungsverhalten.*

Wir sorgen für uns. *Sie sind eingefahren.*

Wir haben Hobbys. *Sie stimulieren sich selbst.*

Wir haben Durchhaltevermögen. *Sie verharren.*

Wir lieben Menschen. *Sie sind abhängig von anderen.*

Wir bestehen auf etwas. *Sie haben Wutanfälle.*

Wir haben Talente. *Sie haben Begabungsinseln.*

WIR SIND MENSCHLICH. *SIE SIND ....?*

Expliziter als Rike formuliert es Georg in einem Gespräch während der Abschlußevaluation aller zehnten Integrationsklassen an Gesamtschulen, daß auch er etwas von dieser heimlichen 'Theorie der Andersartigkeit' auch im Rahmen der 'Schule für alle' wahrgenommen hat: *„Ich wollte mich bedanken bei Euch allen für die schöne Zeit. Denn für einen wie mich, der nicht geht, aber rollt, ist es sehr wichtig, mit Menschen anderer Art zusammen zu sein."* Auch er nimmt die gemeinsame Reflexion zum Anlaß, zu danken! - *„O nein, jetzt red' doch nicht so! Wie oft haben wir dich nicht richtig im Bewußtsein gehabt und völlig an dir und deinen Bedürfnissen vorbeigehandelt!?! Du warst doch nicht immer nur froh hier!"* entgegnet seine Klassenlehrerin abwehrend. - *„Nee, stimmt, da gab es mal einen Tag, an dem ich unglücklich war, nämlich weil du krank warst!"* - *„Oh, no!"* ist die einhellige Reaktion der Klasse auf seine unverblümt gezeigte Liebe zur Lehrerin; die Sicht vom 'Menschen anderer Art' und seinen Dank lassen sie unkommentiert.

Zunächst halten wir diese Bekundung eines Bewußtseins vom 'Anderssein', wie es sich hier im Rahmen dieser Integrationsklasse bei diesem Schüler mit Behinderung entwickelt hat, für seine individuelle 'Spezialität'. Um so überraschter sind wir, als auch in der nächsten Abschlußklasse Dirk, ebenfalls im

Rollstuhl sitzend, bei der Diskussionsrunde zur Schulpolitik ungefähr folgendes äußert: *„Also ich wollt' einfach mal sagen, wie schön ich es hier mit euch fand. Ich hab mich echt gut amüsiert mit euch."* Daraufhin schließt Bärbel, ein Mädchen mit Down-Syndrom, an: *„Also ich finde auch schade, daß ich jetzt die meisten verliere, besonders Gino, daß ich ihn verlieren werde für immer... Und noch, ich hab das Gefühl, daß ich alle Leute liebe hier und daß ich es toll und schön fand. Und mit den anderen zusammenzusein. ... Mir hat es einfach Spaß gemacht! Besonders hab ich das ein bißchen abgeguckt, was ich machen kann mit Dirk, weil ich immer auf seiner Seite bin wegen seiner Behinderung. ... Und - naja, daß er nicht alleine ist, sondern daß wir alle auch da sind und ihm beistehen, ihm helfen auch. Und dieses Gefühl hab ich auch von meiner Behinderung her, daß ich die anderen auch brauche! Und ich denke immer, es ist nur Gino, der mir hilft aus meiner Behinderung raus, aber das stimmt nicht ganz: Die anderen haben ja auch mitgemacht an dem, was ich kann!"*

Diese Äußerungen über ihre Beziehung zu sich, einen Mitschüler im Rollstuhl und zu 'den anderen' (aus Köbberling 1995) zeigen, daß SchülerInnen mit Behinderungen, die im Rahmen der allgemeinen Schule groß werden, Gelegenheit zur Reflexion der eigenen Situation in der Beziehung zu 'allen anderen' haben. Sie zeigen, daß Bärbel zu diesem Zeitpunkt das Gemeinsame und Verbindende ebenso sehen kann wie das Eigene und Unterscheidende, während Georg und Dirk an dieser Stelle vor allem letzteres sehen. Vielleicht ist es auch der dem Stand der Integrationsentwicklung angemessenste Ausdruck: Wir sind noch auf dem Wege zu einem bewußten Akzeptieren des jeweiligen Soseins mit seinen Anteilen von Gleichsein und Verschiedensein. Dies bestärkt die Herausforderung, offensiv eine Sprache von 'uns allen' zu pflegen, die den Blick verändert und auf das Verbindende, das Vielfältige in uns allen richtet (Boban & Hinz 1997):

Die Sprache von UNS ALLEN

Wir alle mögen Dinge und sind auch fixiert auf Objekte.

Wir alle schließen Freundschaften und zeigen auch aufmerksamkeitsheischendes Verhalten.

Wir alle machen Pausen und zeigen auch Vermeidungsverhalten.

Wir alle sorgen für uns und sind auch eingefahren.

Wir alle haben Hobbys und stimulieren auch uns selbst.

Wir alle haben Durchhaltevermögen und verharren auch.

Wir alle lieben Menschen und sind auch abhängig von anderen.

Wir alle bestehen auf etwas und haben auch Wutanfälle.

Wir alle haben Talente und haben auch Begabungsinseln.

WIR ALLE SIND MENSCHLICH UND SIND AUCH ....?

Gesellschaftlich ist diese Sprache noch kaum vorhanden - und es ist herausfordernd, sie gerade mit Menschen in einer Lebensphase zu entwickeln, in der

Abgrenzung eine große Rolle spielt für die Identitätsbildung. Während der Pubertät sind die Zugehörigkeit zu einer und die Distanzierung von anderen Gruppen offenbar notwendig, wie sich auch bei der Betrachtung der Entwicklungsdynamiken von Integrationsklassen zeigt.

Eine Zwiebel, die nicht nur in die Augen beißt

Beim Rückblick auf die gemeinsame Schulzeit wird in allen Klassen erkennbar, daß Phasen der Neugier aufeinander und solche der Abgrenzung voneinander und ein allmähliches Wiederaufeinanderzugehen überall in ähnlicher Dynamik durchlaufen werden (vgl. Köbberling 1996 und in diesem Band). Am krassesten, radikalsten und manchmal auch wirklich als brutal werden solche Abgrenzungen und Peergroup-Orientierungen im achten Schuljahr erfahren (wo auch oft Eltern an ihren Kindern eine neue Enge, Fixiertheit und Verschlossenheit erleben). Eine typisch 'zwiebelige Verlaufsbeschreibung' ist die von Fabian: *„Schon am Ende des siebten Schuljahres geht der Klassenzusammenhalt auseinander, es bilden sich Gruppen in der Klasse, die zusammenhalten und andere nicht so gut an sich heranlassen. Ein starkes Ausschließen der unsportlichen Behinderten und Nichtbehinderten erinnere ich. Sportlichkeit ist da hauptausschlaggebend, wie einzelne Personen in den Klassenverband integriert werden. Gegen Ende Klasse 7 gibt es auch immer stärkere Probleme im Klassenverband; teilweise werden die Behinderten nur dann angemessen integriert, wenn es darum geht, gut vor bestimmten Personen aus anderen Klassen oder Beobachtern von Institutionen wie Presse, Uni usw. dazustehen. Ansonsten werden die Behinderten immer mehr ausgeschlossen und teilweise verbal und physisch verletzt ... Später wird zwar der Klassenzusammenhalt wieder stärker und es herrscht ein freundliches Umgehen miteinander, es geht auch kein Leistungsdruck mehr von seiten der Schüler insbesondere im sportlichen Bereich aus, man versteht sich wieder besser mit einem Großteil der alten Mitschüler, auch in den Leistungskursen - aber man bekommt kaum mit, wie es Jascha und Rike geht.“* Dieser letzte Punkt wird häufig als Kritik an der Schulorganisation geäußert. Direkt an die PädagogInnen wird etwa folgende Aussage adressiert: *„Mann, in Klasse 8, da mußten wir uns einfach fetzen, egal um was, Hauptsache Anmache - und ihr habt euch da immer völlig übereifrig und überflüssig reingehängt. Dadurch wurde es nur noch ätzender ... ihr hättet all euer gruppendynamisches Problemlösungsgetue besser gelassen.“* Tja. Harte Schule.

Gute Schule

Fabian beschreibt, daß das Zusammengehörigkeitsgefühl zum Ende der Sekundarstufe I wieder wächst, und insbesondere SchülerInnen, die erst im neunten oder zehnten Schuljahr aus anderen Klassen in Integrationsklassen gekommen sind, bescheinigen diesen während der Abschlußuntersuchung ein sehr gutes soziales Klima: *„Ja, wie soll ich sagen, hier wird einander wirklich zugehört* *und man geht mit Konflikten viel konstruktiver um, als ich das aus meiner alten Klasse gewohnt war. Und, also ich will hier jetzt keine Bonuspunkte sammeln, aber das Verhältnis zwischen Erwachsenen und Schülern ist schon auch sehr anders, sehr gut - hoffentlich wißt ihr, wie gut ihr das habt, auch so mit der Sozialpädagogin und so. Man wird eben einfach sehr ernst genommen als Person, habe ich das Gefühl.*"

Gefragt, was sie der konservativen Bildungspolitikerin entgegnen würden, die bei der letzten Anfrage in der Hamburgischen Bürgerschaft die Effizienz integrativer Klassen anzweifelt, kommen etwa solche Antworten: *„Also ich würde immer für Integrationsklassen plädieren, nicht nur weil ich denke, daß sie zum Beispiel für Dirk und Bärbel total gut waren, besser als jede Sonderschule garantiert, weil es hier einfach heftiger zu geht (lacht), auch für mich war das wichtig mit Dirk und Bärbel - und ohne die zusätzlichen Pädagogen hätte ich meine Schulzeit hier längst nicht so gut geschafft!"* Wir führen ihnen die Bedenken der konservativen Bildungspolitikerin nochmals vor Augen, daß die Kosten für das Zweipädagogenteam und die niedrigere Klassenfrequenz in Integrationsklassen vielleicht nicht im angemessenen Verhältnis stünden zu den Effekten des gemeinsamen Lernens. *„Also ich war ja erst hier in dieser Klasse und bin dann 'ne Zeit lang in ein Internat für Hochbegabte gegangen. Ich hab's da nicht lange ausgehalten - obwohl es leistungsmäßig glatt lief - einfach, weil mir das Klima dort mißfiel und ich in die Atmosphäre hier zurück wollte"*, so eine Äußerung. *„Ich finde es total gut an dieser Schule, daß hier behinderte und nichtbehinderte Schüler zusammen sind. Man kann was verbessern, zum Beispiel, daß man in der Freizeit mehr zusammen macht und so was"*, sagt ein Junge, der sonst auf einer Sonderschule für Lernbehinderte oder für Verhaltensgestörte gewesen wäre, *„aber so im Unterricht geht es gut, weil wir eben zwei LehrerInnen in jeder Stunde haben und nicht so viele Leute insgesamt sind." - „Ja, auch daß man mit Leuten aus allen Schichten zusammentrifft,"* ergänzt ein Schüler, der zum neunten Schuljahr aus einem besonders renommierten Gymnasium kam, *„das finde ich sehr gut - und dafür braucht man eben auch solche Bedingungen, wie sie hier sind."* Seine Mitschülerin führt fort: *„Auch für die Leute mit Behinderungen ist es so doch viel besser, als wenn man sie irgendwie 'wegsteckt', am Ende noch in eine Anstalt oder so. Nee, die sollen ganz normal in Schulen gehen wie alle, einfach mit mehr Unterstützung von den Lehrern und Sozialpädagoginnen, und von uns Mitschülern gehts ja auch."* Und Fatima betont: *„Naja, am Anfang war das gar nicht so leicht für mich, wenn jemand irgendwie so anders, so komisch ist. Da war das auch wichtig, daß man mit jemandem drüber reden konnte und auch was über die Ursache von so einem Verhalten oder eben die Behinderung erklärt bekam. Jetzt ist das okay so, halt ganz normal eigentlich, für mich ... wenn ich anderen davon erzähle, die fassen das gar nicht richtig. Aber für mich ist das gebongt."*

Also so ist das - relativ einfach.

Literatur

Adorno, Theodor W. (1970): Erziehung zur Mündigkeit. Frankfurt: Suhrkamp.

Arbeitsstelle Integration, Universität Hamburg (Hrsg.) (1994): Die Schere geht auseinander. Integrative Prozesse in Integrationsklassen der Sek I. Bericht vom Fachtag im Mai 1994. Hamburg: Universität.

Boban, Ines (1996a): „Ist Liebe, wenn man ganz nahe bei jemandem sein will?“ Ein Rückblick auf sechs Jahre Gesamtschulzeit. Behinderte in Familie, Schule und Gesellschaft, 19, H.3, 5-12.

Boban, Ines (1996b): Integratives Schulklima - Lebendigkeit wahrnehmen und erhalten. In: Meissner, 188-209.

Boban, Ines & Hinz, Andreas (1996): Kinder verstehen - mit Kindern gemeinsam Schritte entwickeln. Annäherungen an die Lebens- und Lernsituation von Kindern mit Hilfe eines diagnostischen Mosaiks. Hamburg: Selbstverlag.

Boban, Ines & Hinz, Andreas (1997): „Mein Problem ist nicht, wie ich aussehe. Mein Problem ist, wie Du mich siehst.“ Menschen mit Down-Syndrom und Integration in der Schule. In: Wilken, Etta (Hrsg.): Dokumentation des Kongresses Down-Syndrom September 1996 in Hannover (in Vorbereitung).

Boban, Ines & Matthies, Irene (1994): „Ich fühl mich einsam und elend“ - Identitätskrisen von Jugendlichen mit Behinderungen während der Pubertät. In: Arbeitsstelle Integration, 25-30.

Canevaro, Andrea (1996): Behinderte Menschen im Spannungsfeld zwischen Problemen und Möglichkeiten. In: Schönwiese, Volker (Hrsg.): Bericht zum 11. Gesamtösterreichischen Symposium in Innsbruck. Innsbruck (in Vorbereitung).

Forest, Marsha, Pearpoint, Jack & Snow, Judith (1992): The Language of US and THEM. Learning Together Magazine Issue No.3, 22.

Hinz, Andreas (1993): Heterogenität in der Schule. Integration - Interkulturelle Erziehung - Koedukation. Hamburg: Curio.

Hinz, Andreas (1996a): Körperbehindertenpädagogik zwischen spezieller Förderung und gemeinsamen Lernsituationen. Zeitschrift für Heilpädagogik 47, 201-205.

Hinz, Andreas (1996b): Zieldifferentes Lernen in der Schule. Überlegungen zu einem integrativen Umgang mit Heterogenität. Die Deutsche Schule 88, 263-279.

Köbberling, Almut (1994): „Wenn die Schere auseinandergeht...“ Gedanken im Vorfeld der Vorbereitungen zum Fachtag. In: Arbeitsstelle Integration, 1-6.

Köbberling, Almut (1995): Jugendliche blicken zurück: Gemeinsam leben, gemeinsam lernen - wie war das? In: LAG Bayern Gemeinsam Leben - Gemeinsam Lernen (Hrsg.): Dokumentation 10. Bundeselterntreffen im April 1995 in München. Bernried: Selbstverlag, 193-195.

Köbberling, Almut (1996): Längsschnittuntersuchungen zur Entwicklung geistig behinderter Jugendlicher in Integrationsklassen. In: Meissner, 280-301.

Meissner, Klaus (Hrsg.) (1996): Integration. Schulentwicklung durch integrative Erziehung. Berlin: Diesterweg.

Wocken, Hans (1993): Untersuchungen zur sozialen Distanz in verschiedenen Schulen. In: Gehrmann, Petra & Hüwe, Birgit (Hrsg.): Forschungsprofile der Integration. Bochumer Symposium 1992. Essen: Neue Deutsche Schule, 86-106.

Peter Heyer

Die integrationsfähige Grundschule

1. Soll die Grundschule eine Vorschule des Gymnasiums sein oder *die* grundlegende Schule für *alle* Kinder?

Die Grundschule ist die einzige staatliche Einrichtung, die (fast) alle Menschen einer bestimmten Altersgruppe unter einer für alle gemeinsamen Aufgabe zusammenfasst, der Aufgabe der Erziehung der nachwachsenden Generation.

Damit kommt ihr für die Zukunft unseres Gemeinwesens eine große Bedeutung zu, ganz besonders jetzt in Zeiten einer allgemeinen Entsolidarisierung als Folge des sich verschärfenden Wettbewerbs um Märkte, Produktionsstandorte und Arbeitsplätze. Kinder im Grundschulalter unterscheiden sich auf vielfältige Weise. Sie sind Mädchen oder Jungen, Einzelkinder oder Kinder mit Geschwistern, Kinder aus verschiedenen Familienformen, von arbeitslosen oder gut verdienenden Eltern, Kinder mit verschiedenen Muttersprachen und mit gesellschaftlich-kulturell von einander abweichenden vor- und außerschulischen Bildungserfahrungen, Kinder mit unterschiedlicher körperlicher und geistiger Vitalität, mit oder ohne speziellen Beeinträchtigungen, sportliche oder unsportliche, mehr oder weniger kreative, langsam und schnell lernende Kinder u.a.m.

Für die Grundschule ist grundsätzlich zu reflektieren: Welche integrativen und welche selektiven Funktionen hat diese Schulform faktisch und welche sollte sie haben? Jede einzelne Grundschule, alle in ihr und für sie Tätigen und Verantwortlichen müssen darüber nachdenken und entscheiden: Wie soll sich unsere Grundschule weiter entwickeln? In Richtung auf mehr Selektion oder mehr Integration?

Worin besteht der Unterschied zwischen einer stärker selektiven und einer integrationsfähigen Grundschule? Die *selektive Grundschule* dient, pointiert gesagt, vor allem der Vorbereitung der späteren Gymnasiasten auf das Gymnasium. In ihr träumen die in ihr und für sie Tätigen wie eh und je den Traum relativ homogener Lerngruppen. Toleriert werden die Unterschiede zwischen den Kindern nur deshalb im begrenzten Rahmen, weil sie faktisch nie völlig vermeidbar sind. Die selektive Schule bzw. die für sie Verantwortlichen setzen die Normen und entscheiden dadurch, wer in einer Lerngruppe bleiben darf und wer nicht, wer vom Schulbesuch zurückzustellen ist, eine Jahrgangsklasse zu wiederholen hat oder eine Sonderschule besuchen muß. In der selektiven Grundschule werden die Lern- und Entwicklungsprobleme einzelner Kinder nicht wirklich pädagogisch bearbeitet, sondern zum Anlass entsprechender Sortiermaßnahmen. Die Unterschiede in der Lernfähigkeit werden grundsätzlich als Behinderung effektiven Lernens verstanden und die von Schuljahr zu Schuljahr größer werdende „Schere" der Lernentwicklung der Kinder einer Klasse wird beklagt und möglichst gering gehalten.

Die *integrative Grundschule* dagegen versteht sich als die grundlegende Schule für *alle* Kinder. In ihr werden die Unterschiede der Kinder respektiert und mit allen Konsequenzen für Unterricht und Schulleben als pädagogische Chance gesehen, als vielfältige Möglichkeit der Bereicherung individueller Bildungserfahrungen durch das gemeinsame schulische Lernen. In der integrativen Grundschule wird grundsätzlich darauf verzichtet, Kinder nur deshalb aus den ihnen vertrauten Lerngruppen herauszunehmen, weil sie z.B. „leichter" oder „schwerer" als andere lernen, mehr oder weniger und zum Teil auch anderes. In der integrativen Grundschule geht es nicht mehr darum, daß alle Kinder das Gleiche lernen, sondern darum, daß jedes einzelne Kind einer Lerngruppe im gemeinsamen Lernen mit allen anderen Kindern der Klasse in seiner eigenen Gesamtentwicklung gut gefördert werden kann. In der integrativen Grundschule können die Kinder - und ihre Eltern - grundsätzlich sicher sein, für die Dauer der Grundschulzeit auch dann eine stabile Bezugsgruppe zu haben, wenn es größere Lernprobleme gibt und ein Kind nicht so „funktioniert", wie sich das die Erwachsenen wünschen.

Vor dem Hintergrund heutiger Aufgaben der Grundschule kann m.E. die Entscheidung nur lauten: Die Grundschule ist in ihrer Integrationsfähigkeit zu stärken. Dies ist keine pädagogisch, sondern eine bildungspolitisch begründete Entscheidung. Zweckmäßiger, effektiver Unterricht kann grundsätzlich in jeder Organisationsform realisiert werden.

Im Mittelpunkt heutiger Grundschularbeit stehen m.E. drei Aufgaben (Faust-Siehl u.a. 1996, S. 14 ff.):

- der erzieherische Auftrag, Lernen in der Gemeinschaft mit anderen möglich zu machen,
- der staatsbürgerliche Auftrag, Demokratie erfahrbar werden zu lassen und
- der Unterrichtsauftrag, Kindern die Aneignung der Welt zu ermöglichen.

Wie sollen Kinder in einer selektiven Anfangsschule z.B. das lernen, was sie für das gedeihliche Zusammenleben und Zusammenarbeiten in einer pluralen Gesellschaft besonders nötig brauchen werden: Die Bereitschaft und die Fähigkeit, Verantwortung für sich, für andere und für die Gemeinschaft zu übernehmen und Verständnis und Toleranz im Umgang mit anderen Menschen zu entwickeln? Meine Phantasie reicht nicht aus, mir vorzustellen, wie dies in einer grundsätzlich selektiv funktionierenden Grundschule gelernt werden könnte.

2. Prinzipien der integrationsfähigen Grundschule

Wodurch ist eine *integrative Grundschule* bestimmt, die sich darum bemüht, wirklich allen Kindern in ihrer vielfältigen Unterschiedlichkeit gerecht zu werden und die entstehende Probleme nicht einfach „wegzusortieren" oder „unter den Teppich zu kehren", sondern pädagogisch zu bearbeiten? Welches Schulklima und welche Qualitätsmerkmale bestimmen ihren Unterricht und ihr Schulleben? Was ist notwendig, damit in heterogenen Lerngruppen, die auch Kinder einschließen, die aufgrund einer Beeinträchtigung einen besonderen Förder- und Betreuungsbedarf haben, alle Kinder beim gemeinsamen Lernen in ihrer individuellen Gesamtentwicklung gut gefördert werden können? Was macht eine Grundschule integrationsfähig?

In der Praxis des gemeinsamen Unterrichts behinderter und nichtbehinderter Kinder und in der wissenschaftlichen Auseinandersetzung mit dieser Praxis haben sich nach meiner Erfahrung und meinem Wissen einige integrationsfördernde Prinzipien als besonders wichtig herausgestellt (Heyer 1990 und 1997). Die gemeinsame schulische Erziehung von Kindern, die sich z.B. hinsichtlich des Geschlechts, der Muttersprache, bestimmter kultureller Tradionen oder der Bildungsinteressiertheit des Elternhauses unterscheiden, funktioniert auch in stärker selektiv wirksamen Grundschulen trotz vielfältiger Probleme so wie eine selektive und abweichende Entwicklungen weitgehend nivellierende Schule eben funktioniert: Sie wird der Individualität aller Kinder zwar nicht gerecht, aber die meisten Kinder und ihre Eltern sind es zufrieden, weil sie anderes nicht kennen. Die besonders bildungsinteressierten Eltern - das sind die, die in der Grundschule am meisten zu sagen haben - , messen die Qualität „ihrer" Grundschule daran, wie gern ihre Kinder zur Schule gehen und wie gut ihre Kinder auf das höhere Schulwesen vorbereitet werden. Die Eltern von Kindern dagegen, die die Schule später nur mit einem Hauptschulabschluß oder ganz ohne Abschluß verlassen werden, haben in einer selektiven Grundschule, deren Ziele und Inhalte sich mehr an den Bildungserwartungen des Gymnasiums orientieren als an dem, was Kinder für ihr gegenwärtiges und zukünftiges Leben brauchen, sowieso nicht viel zu sagen. Sie verhalten sich still und hoffen, daß ihre Kinder erstmal einigermaßen gut durch die Grundschule kommen.

Der gemeinsame Unterricht behinderter und nichtbehinderter Kinder dagegen funktioniert nur in einer weitgehend integrativ arbeitenden und integrationsfähigen Grundschule. Er ist unter den selektiven Bedingungen nichtintegrativer Grundschularbeit von vornherein zum Scheitern verurteilt. Die m.E. wichtigsten Merkmale einer integrationsfähigen Grundschule fasse ich zu zehn Prinzipien zusammen, die ich im Folgenden skizziere.

2.1 Prinzip der integrativen Grundhaltung aller Beteiligten

Die wichtigste Voraussetzung einer integrativ arbeitenden Schule besteht m.E. darin, daß die an Unterricht und Schulleben Beteiligten, die Lehrerinnen und Lehrer, die Kinder und ihre Eltern, der Hausmeister, die Reinigungskräfte, Schulräte, Schulärzte und -psychologen und wer sonst noch in der und für die Grundschule tätig ist, verstanden haben, warum es für alle Kinder wichtig ist, trotz aller Unterschiede in ein und derselben Schule gemeinsam leben und lernen zu können, ohne drohende Trennung bei Lernschwierigkeiten, und daß es pädagogisch keinen Sinn macht, Kinder nur deshalb voneinander zu trennen, weil sie unterschiedlich gut lernen oder auf unterschiedliche Weise in ihrem Lernen zu unterstützen sind. Nur wenn das ganze Kollegium einer Schule für dieses Prinzip relativ geschlossen eintritt und bei seiner Umsetzung in die Alltagspraxis auch gegenüber den Kindern und ihren Eltern sowie im Umfeld der Schule an einem Strang zieht, hat die Integrationsentwicklung eine Chance. Integration gegen den Willen der Mehrzahl der Beteiligten schnell durchzusetzen, bringt den betroffenen Kindern wenig und blockiert die integrative Weiterentwicklung der Schule oft auf Jahre.

2.2 Prinzip der Individualisierung des Unterrichts

Eine gute Förderung der individuellen Entwicklung aller Kinder beim gemeinsamen Lernen ist nur möglich, wenn die Verschiedenheit der Kinder, ihre bisherige Entwicklung und ihre vor- und außerschulischen Bildungserfahrungen von allen am Prozeß der gemeinsamen Erziehung Beteiligten wahrgenommen, respektiert und zur Grundlage des gemeinsamen Lernens gemacht werden; je heterogener eine Lerngruppe ist, um so vielfältiger sind die grundlegenden vor- und außerschulischen Bildungserfahrungen, auf die sich die Grundschule in ihrer pädagogischen Arbeit zu beziehen hat, um sie zu vertiefen und zu erweitern. Gemeinsamer Unterricht von Kindern, die sich in ihrer Lernentwicklung teilweise sehr voneinander unterscheiden, ist nur möglich, wenn als Normalität akzeptiert wird,

- daß die Kinder einer Lerngruppe beim Erreichen von für alle wichtigen Zielen unterschiedlich weit kommen und
- für die Kinder einer Klasse zur gleichen Zeit unterschiedliche Lernziele gelten können.

Für wichtig halte ich, daß nicht krampfhaft versucht wird, die zunehmend größer werdende „Schere" in der Lern- und Leistungsentwicklung jeder binnendifferenzierend arbeitenden Schulklasse möglichst klein zu halten, sondern daß die zunehmend größer werdende Leistungsbreite ausdrücklich bejaht wird. Für die Unterstützung der unterschiedlichen Lern- und Leistungsentwicklungen der Kinder müssen zweckmäßige in den Schulalltag integrierte Unterrichtsformen entwickelt werden, z.B. klassenübergreifende Projektarbeit und altersheterogene Arbeitsgruppen zur Interessenförderung. Formen der „äußeren Differenzierung“ stehen dabei keineswegs im Widerspruch zu den Prinzipien der Binnendifferenzierung: Für alle Kinder einer Lerngruppe ist es wichtig, auch mit anderen Kindern außerhalb der eigenen „Stammgruppe“ zusammenzuarbeiten. Formen „äußerer Differenzierung“ schaden nur dann der Gemeinsamkeit des Lernens und dem sozialen Klima einer Schulklasse, wenn innerhalb dieser Gruppe kein gegenseitiger Austausch mehr stattfindet über die Inhalte, Arbeitsweisen, Ergebnisse und Erfahrungen in der Arbeit außerhalb der Klasse. Die Beziehungsqualität einer Kindergruppe besteht nicht darin, daß immer alle alles zusammen machen. Jedes Kind braucht für seine Entwicklung genau wie in der Familie auch in der Schule genügend Freiräume, z.B. Möglichkeiten, sich zurückzuziehen und Erfahrungen außerhalb der eigenen Bezugsgruppe machen zu können. Für die soziale Entwicklung der Kinder ist es wichtig, für die Dauer der Grundschulzeit Teil einer verläßlichen Bezugsgruppe zu sein. Das Zusammengehörigkeitsgefühl der Kinder innerhalb dieser Gruppe entsteht nur, wenn die Mitglieder der Gruppe an einander interessiert sind, ihre Erfahrungen austauschen und sich für einander verantwortlich fühlen.

2.3 Prinzip der differenzierenden Förderung und Betreuung von Kindern mit Beeinträchtigungen und speziellen Lernproblemen

Kinder mit Beeinträchtigungen sind in erster Linie Kinder mit ganz normalen Bedürfnissen und mit vielen normalen Fähigkeiten. Ihre Defizite betreffen meist Teilaspekte ihrer Entwicklung. Wenn sie zusammen mit Nichtbehinderten zur Schule gehen, brauchen sie keineswegs ständig spezielle sonderpädagogische methodische und didaktische Vorgehensweisen oder besondere technische Hilfsmittel. Das, was Kinder mit speziellen Beeinträchtigungen an individueller Zuwendung brauchen, deckt zum großen Teil ein guter kindorientierter binnendifferenzierender Grundschulunterricht ab. Die wichtigste Hilfe für das Kind mit Beeinträchtigungen ist in einer integrativen Grundschulklasse die Normalität der Situation, das Zusammenleben mit nichtbehinderten Kindern, das miteinander und voneinander Lernen und die daraus entstehenden vielfältigen Anregungen für die eigene Entwicklung.

Es gibt allerdings darüber hinaus spezielle behinderungsspezifische sonderpädagogische Hilfen, die Kindern mit Beeinträchtigungen nicht vorenthalten werden dürfen, wenn sie gemeinsam mit Nichtbehinderten unterrichtet werden. Solche ggf. für einzelne Kinder zusätzlich erforderliche behinderungsspezifische Förderung und/oder Betreuung darf keine Sondermaßnahme sein; sie muß in Unterricht und Schulleben integrativ einbezogen werden (Schöler 1993, S. 156).

Die Leitidee der gemeinsamen schulischen Förderung behinderter und nichtbehinderter Kinder besteht in Folgendem: Nicht das Kind mit der sein Lernen behinderten Beeinträchtigung wird dahin transportiert, wo die entsprechenden

Ressourcen üblicherweise gesammelt werden, und damit aus seiner normalen Lebenswelt heraus genommen und zusätzlich behindert, sondern die Ressourcen werden da bereit gestellt bzw. dorthin verlagert, wo sie gebraucht werden, um eine Aussonderung in Spezialeinrichtungen unnötig zu machen. Entgegen weit verbreiteter Meinung ist, wenn alle Kostenaspekte berücksichtigt werden, die gemeinsame Beschulung nicht teurer als die Sonderbeschulung (Preuss-Lausitz 1996).

2.4 Prinzip der Gemeinsamkeit in der Vielfalt

Die Schule hat auch die Aufgabe, die Kinder zum Zusammenleben mit anderen Menschen und zur Mitgestaltung der gemeinsamen Angelegenheiten zu befähigen.

Dadurch, daß Kinder zunehmend in Kleinfamilien und als Einzelkinder aufwachsen, wird insbesondere die Grundschule mit ihren vielfältigen Erfahrungs- und Handlungsmöglichkeiten für viele Kinder zum wichtigsten Lebensraum. Hier finden sie unter den Kindern, mit denen sie tagtäglich zusammen sind, ihre Freunde, lernen sich durchzusetzen, anzupassen und Konflikte sozialverträglich auszutragen. Die große Heterogenität in der Zusammensetzung integrativer Grundschulklassen spiegelt die gesellschaftliche Vielfalt und ermöglicht so gegenseitig bereichernde Erfahrungen und Beziehungen auch zwischen Kindern, die sich zunächst fremd sind. Wichtig ist, daß in Unterricht und Schulleben der Gemeinschaftsförderung genügend Raum gegeben wird und die Kinder lernen können, für sich und für die Gruppe Verantwortung zu übernehmen und daß gerade auch solche Kinder, die sich in ihrer Entwicklung sehr unterscheiden, Gelegenheit zum gemeinsamen Tun finden. Die Entfaltung der Sozialkompetenz ist ein wichtiger Teilaspekt schulischer Leistungsförderung. Zu den Voraussetzungen der Integrationsfähigkeit einer Grundschule gehört es, daß auch die Eltern verstanden haben, daß die schulische Förderung der sozialen Entwicklung der Kinder für ihre Zukunft zumindest ebenso bedeutsam ist wie die Erweiterung ihres fachlichen und methodischen Wissens und Könnens.

2.5 Prinzip der Nähe zwischen schulischer und außerschulischer Lebenswelt

Für die Entwicklung der sozialen Erfahrungen und Beziehungen der Kinder ist es zweckmäßig, wenn ihr schulischer und ihr außerschulischer Erfahrungsraum räumlich nicht voneinander getrennt sind, sondern zu einem ganzheitlichen Lebensbereich werden, in dem die Kinder selbständig agieren und schulische und außerschulische Erfahrungen aufeinander beziehen können. Das ist für Kinder mit Behinderungen besonders wichtig, weil sie oft größere Schwierigkeiten als nichtbehinderte Kinder haben, selbständig Freizeitkontakte zu knüpfen. Kinder im Grundschulalter brauchen eine wohnungsnahe Schule. Für Grundschulen sollte deshalb strikt das Prinzip der wohnortnahen Integration angestrebt werden, nach dem auch Kinder mit sonderpädagogischem Förderbedarf die Grundschule ihres Wohnbezirks besuchen können. Schulisches Lernen gelingt generell besser, wenn es auf den außerschulischen Erfahrungen der Kinder aufbaut bzw. diese mit einbezieht. Dies gilt besonders für sozial randständige Kinder, deren außerschulische Lebens- und Lernbedingungen sich oft in besonderem Maße von den üblichen Normen schulischer Lern- und Leistungserwartungen unterscheiden. Gemeinsamer Unterricht, der allen Kindern Entwicklungs- und Lernanregungen bieten will, muß sich gegenüber der außerschulischen Lebenswelt aller Kinder öffnen und ihre Alltagserfahrungen und -erlebnisse, ihre Ängste und Wünsche in das Unterrichtsgeschehen einbeziehen (Werning 1996, S. 465). Ohne konstruktive Zusammenarbeit mit den Eltern ist dies nicht möglich.

2.6 Prinzip der lernanregenden und behindertengerechten Gestaltung von Schulraum und Schulgelände

Vorgegebene Raumstrukturen können den pädagogischen Absichten förderlich sein oder sie beeinträchtigen. Die heute üblichen schulischen Raumstrukturen sind immer noch weitgehend die der alten „Vermittlungsschule", in die die Lehrerinnen und Lehrer mit vorbereiteten Unterrichtsstunden kommen und in der sie sich ebenso wie die Kinder nur stundenweise aufhalten (Faust-Siehl u.a. 1996, S. 194 ff.). Dies gilt leider auch für die Grundschulen, in denen sich Ansätze einer kindorientierten Pädagogik weit mehr entwickeln konnten als in den Schulen des Sekundarbereichs. Schulräume und Schulgelände orientieren sich bisher zu wenig an den notwendigen Voraussetzungen einer kindorientierten integrativen Grundschularbeit und vernachlässigen meist fast völlig die speziellen Erfordernisse von Kindern mit Beeinträchtigungen im gemeinsamen Unterricht. Eine integrativ arbeitende Schule, die für alle, die in ihr tätig sind, für Kinder wie für Erwachsene, mehr sein will als eine Unterrichtsanstalt, die Lebens- und Lernstätte sein will, muß auch baulich so angelegt sein, daß sich arbeitende Menschen in ihren Räumen wohl fühlen können und in ihr tatsächlich forschendes, aktives Lernen stattfinden kann. Die Schulräume und das Schulgelände haben in erster Linie Werkstattfunktionen; sie sollten so angelegt sein, daß sie den Kindern vielfältige Handlungsmöglichkeiten und eine lernanregende Umwelt bieten. Grundsätzlich gilt, daß Kinder im Grundschulalter weitaus größere Bewegungsbedürfnisse haben als ältere Schülerinnen und Schüler. Schon deshalb brauchen sie mehr Platz als die Grundschulen in der Regel zur Verfügung haben. Grundschulen brauchen genügend Raum

- für die differenzierende Arbeit in größeren und kleineren Gruppen,
- für das Sich-zurückziehen-Können des Einzelnen,
- für behinderungsspezifische Erfordernisse,
- für das über den Unterricht hinausgehende Schulleben und
- für die vielfältigen Kommunikations- und Kooperationsaufgaben der Lehrerinnen und Lehrer.

Bei Grundschulneubauten sollten von vornherein integrationspädagogische Prinzipien zum Tragen kommen und spezielle behinderungsspezifische Erfordernisse berücksichtigt werden. Die derzeit geltenden Grundschul-Bauprogramme sind zu überarbeiten, die vorgesehenen Flächenrichtwerte zu erweitern. Außerdem ist dafür zu sorgen, daß bei Grundschul-Neubauten und -Erweiterungsbauten behinderungsspezifische Erfordernisse berücksichtigt werden. Im Übrigen gilt, daß auch bei unzureichenden baulichen Voraussetzungen gute integrative Grundschularbeit geleistet werden kann, sofern alle Beteiligten an einem Strang ziehen und gemeinsam nach wenig kostenaufwendigen Möglichkeiten für eine pädagogisch zweckmäßigere Nutzung des vorhandenen Schulbaus und Schulgeländes suchen.

Die Erfahrung zeigt, daß wiederholte „Begehungen" des Schulgeländes und Schulgebäudes hierzu wichtige Anregungen geben, vor allem, wenn kompetente Fachleute unter den Eltern hinzugezogen werden.

2.7 Prinzip der Anerkennung des Fehlers als einer Lernchance

Die Diffamierung des Fehlers ist eine pädagogische Erbsünde. Ganzen Schülergenerationen, die neugierig, wissensdurstig und lernbereit in die Schule kamen, wurden binnen kürzester Zeit die Schule, das Lernen in der Schule, ja das Lernen generell dadurch vergällt, daß sie immer wieder Abwertung und Ablehnung erfuhren, wenn sie etwas falsch gemacht hatten. Fehler gehören zum Lernen. Fehler sind eine unverzichtbare Voraussetzung jeglichen Lernfortschritts. Fehler vermeiden zu wollen, drängt den Lernenden in eine lernhemmende Passivität. In einer Schule, in der das Lernen der Kinder als ihre Aktivität verstanden wird, brauchen die Kinder einen Unterricht, in dem sie ohne Angst vor Sanktionen und negativen Bewertungen Fehler machen und sich mit ihren Fehlern auseinandersetzen können. Jeder Fehler ist eine Lernchance, wenn der Lernende ihn wahrnimmt, zu ihm steht und als Lernanlaß nutzt. Fehler können helfen zu erkennen was richtig bzw. richtiger ist.

2.8 Prinzip der zunehmenden Eigenverantwortung des Lernenden

Wer will, daß Kinder selbständig denkende, Verantwortung für sich, für andere und für die Gestaltung der gemeinsamen Angelegenheiten übernehmende, aktive und kooperative Erwachsene werden, muß ihnen in der Schule von Anfang an die Gelegenheit geben, dies handelnd Schritt für Schritt zu lernen. Ein Belehrungsunterricht, der die Kinder durch einengende Lenkung überwiegend in die Objektrolle drängt, behindert diesen Prozeß (Faust-Siehl u.a. 1996, S. 37). Dies gilt für lernstarke Kinder ebenso wie für Kinder mit Lernschwierigkeiten. Auch Kinder mit Lernentwicklungsverzögerungen sollten nicht in die passive Rolle derjenigen gedrängt werden, denen ständig geholfen werden muß. Kinder müssen lernen, sich selbst Hilfe zu holen, wenn sie Hilfe brauchen. Lernstarke wie lernschwache Kinder brauchen einen Unterricht, der sie von Anfang an in die Verantwortung nimmt. Jedes Kind braucht die seinem Entwicklungsstand entsprechenden Herausforderungen, um lernstärker zu werden. Eine grundlegende Voraussetzung für die Realisierung eines Unterrichts, in dem die Kinder Subjekt ihrer Lernentwicklung sind, nicht Objekt der Belehrung, besteht darin, daß die Lehrerinnen und Lehrer ihre Lehrerrolle reflektieren und wenn nötig ändern. Dadurch, daß die Lehrerinnen und Lehrer in der integrationsfähigen Grundschule nicht mehr „Belehrende" sind, sondern „das Lernen der Lernenden Unterstützende", verlieren sie weitgehend ihre Mittelpunktsrolle. Sie werden zu einem

- Begleiter der kindlichen Gesamtentwicklung;
- Berater des Kindes bei der Entscheidung für seine eigenen vorrangigen Lernziele;
- Erwachsenen, der das Lernen jedes einzelnen Kindes als seine Aktivität ernst nimmt, der die Anstrengungen des Kindes und seine Lernfortschritte würdigt, der das Kind beim Lernen unterstützt und bei Mißerfolgen ermutigt, der hilft, wenn das Kind nicht weiter weiß oder wenn „Sand im Getriebe" ist, der einfach da ist, wenn das Kind ihn braucht;
- Lotsen, der dafür sorgt, daß das Kind beim Lernen nicht in Untiefen gerät und Kurs behält.

Die integrationspädagogische Grundschularbeit führt zwangsläufig dazu, daß Kontrollfunktionen zunehmend durch die Kinder selbst wahrgenommen werden. Vielen Lehrerinnen und Lehrern fällt es schwer, auf ihre Mittelpunktsrolle zu verzichten und ihr überhöhtes Kontrollbedürfnis zu reduzieren.

2.9 Prinzip der differenzierenden Bewertung

Die Fragen der Form schulischer Leistungsbeurteilung werden nach wie vor kontrovers diskutiert (Ramseger/Schroeter 1993). Unstrittig ist, daß einerseits die Kinder selbst die kontinuierliche wertende Auseinandersetzung mit ihrer Lernentwicklung und mit ihren Leistungen durch andere brauchen, um zu lernen, sich selbst besser einzuschätzen, andererseits die Eltern ein Recht darauf haben, kontinuierlich über die Lern- und Leistungsentwicklung ihrer Kinder informiert zu werden. Das Verfahren, die Lernentwicklung der Kinder und ihre Leistungen in den verschiedenen Lernbereichen durch Ziffern zu bewerten, ist für eine integrative pädagogische Arbeit nicht geeignet. Wenn es im Unterricht nicht mehr darum geht, daß alle Kinder das Gleiche lernen, sondern darum, daß jedes Kind eine individuell möglichst gute Lernentwicklung hat, dann sind Ziffernzensuren schon allein deshalb ungeeignet, weil eine Zahl nicht gleichzeitig zwei verschiedene Informationen vermitteln kann: die über die individuelle Lernentwicklung und eine andere zum Vergleich der individuellen Lernentwicklung mit bestimmten schulischen Anforderungen bzw. Leistungserwartungen. Kinder und Eltern brauchen aber diese beiden Informationen zu ihrer Orientierung über den Stand der individuellen Lernentwicklung aus Sicht der Schule. Für eine integrative Grundschularbeit muß deshalb die übliche Ziffernzensierung durch andere Formen einer differenzierenden Bewertung der individuellen Lern- und Leistungsentwicklung ersetzt werden, und zwar nicht nur auf den Zeugnissen, sondern auch im Schulalltag. Brauchen wir wirklich noch schriftliche Zeugnisse am Ende eines Schuljahres oder Halbjahres? Es gibt längst bessere und lernfördemdere Formen der gegenseitigen Verständigung über die individuelle Lernentwicklung der Kinder (Bambach 1994).

2.10 Prinzip der Kooperation in Unterricht und Schulleben

Den oft sehr unterschiedlichen Kindern einer Grundschulklasse gerecht zu werden, ihnen allen gemeinsames Lernen und individuelle Förderung zu ermöglichen, ohne Kinder auszusondern, die in ihrer Lernentwicklung oder in ihrem Verhalten sehr vom Üblichen abweichen, verlangt meist mehr individuelle Zuwendung, als eine einzelne Lehrerin oder ein einzelner Lehrer zu leisten imstande ist. Integrativer, grundsätzlich nicht mehr aussondernder Grundschulunterricht kann m.E. nur im Zwei-Pädagogen-System realisiert werden (Projektgruppe 1988). Ob in allen Unterrichtsstunden zwei Lehrer in der Klasse notwendig sind oder nur für einen Teil oder für bestimmte Lernbereiche, kann allein in Kenntnis des Einzelfalls entschieden werden und hängt von der Zusammensetzung der jeweiligen Lerngruppe ab. Grundsätzlich brauchen Kinder in den ersten Schuljahren mehr individuelle Lehrerzuwendung als später. Wichtig ist, daß die Lehrerinnen und Lehrer im integrativen Unterricht nicht als „Einzelkämpfer“ agieren müssen und in Krisensituationen einen Gesprächspartner haben, der die Zusammenhänge aus eigener Erfahrung kennt.

Die Tatsache, daß Lehrerinnen und Lehrer in ihrer Ausbildung bisher meist noch nicht gelernt haben, kooperativ zu unterrichten, hat sich in der Integrationspraxis oft als großes Problem herausgestellt. Es bedeutet für viele Lehrerinnen und Lehrer eine mit großen Ängsten verbundene Umstellung, nicht mehr mit „ihren“ Kindern allein in der Klasse zu sein, Verantwortung und Zuwendung teilen zu müssen, sich ständig kollegial beobachtet und bewertet zu fühlen und sich der direkten professionellen Auseinandersetzung mit Kolleginnen und Kollegen nicht mehr entziehen zu können. Wenn die Kooperation allerdings durch Rollenfindungs- und Kompetenzklärungsprozesse gelingt, bedeutet sie eine große Qualitätsverbesserung des Unterrichts, nicht nur für die Kinder, sondern auch für die Lehrer. Die Möglichkeit, nicht mehr ständig allein auf alles aufpassen zu müssen, Verantwortung zu teilen und Probleme mit einzelnen Kindern oder dem Unterricht insgesamt gemeinsam reflektieren zu können, bietet Entlastung und stärkt die Berufszufriedenheit der Lehrer. Für die Kinder ist es darüber hinaus auch wichtig, konkret wahrzunehmen, wie Erwachsene zusammen arbeiten. Vielen fehlt dies als Modellverhalten außerhalb der Schule.

3. Widerstände gegen die Entwicklung der Grundschule zur integrationsfähigen Schule für alle Kinder

Wenn in Deutschland trotz zwanzigjähriger positiver Erfahrungen mit der gemeinsamen schulischen Erziehung Behinderter und Nichtbehinderter immer noch weniger als 5 % der Kinder mit sonderpädagogischem Förderbedarf integrativ beschult werden, also die große Mehrzahl der Kinder mit speziellen Beeinträchtigungen nach wie vor auf Sonderschulen geht, kann es mit der Integrationsfähigkeit der allgemeinen Schulen noch nicht so sehr weit her sein (Sander 1996, S. 179). Woran liegt das? Sicher, es gibt Unterschiede zwischen den Schulstufen und den Bundesländern. An den Grundschulen werden weit mehr Kinder mit besonderem Förderbedarf integrativ gefördert als an den Schulen des Sekundarbereichs, in einigen Bundesländern mehr als in anderen. Die Frage bleibt: Warum hat sich die Integrationspädagogik und -didaktik als notwendige Voraussetzung der gemeinsamen schulischen Erziehung Behinderter und Nichtbehinderter auch im Grundschulbereich bisher noch nicht breiter durchsetzen können? Welche Widerstände gibt es? Was läuft falsch? Woran liegt es? Vielleicht daran, daß sich viele Lehrerinnen und Lehrer nach wie vor gegen eine integrative pädagogische Arbeit sperren, weil sie immer noch denken, daß Unterricht in möglichst leistungshomogenen Gruppen leichter und letztlich doch effektiver sei und außerdem die Kinder mit Beeinträchtigungen in Sonderschulen einfach besser gefördert werden können? Oder daran, daß bisher zwar viele einzelne Lehrerinnen und Lehrer aber noch kaum ganze Kollegien die gemeinsame Erziehung und den gemeinsamen Unterricht Behinderter und Nichtbehinderter als Aufgabe angenommen haben und sich dafür engagieren? Liegt es daran, daß es den meisten Kollegien schwer fällt, konstruktiv zusammen zu arbeiten und als Team von Lehrern, Kindern und Eltern für die Entwicklung ihrer Schule zur integrationsfähigen Schule gemeinsam an einem Strang zu ziehen? Oder aber liegt es vor allem an fehlenden Ressourcen, daran, daß kürzungsbedingt die schulischen Rahmenbedingungen an den Grundschulen zunehmend schlechter werden und die Realisierung eines an den einzelnen Kindern orientierten binnendifferenzierenden Unterrichts damit zusätzlich erschwert wird? Liegt es an den Schulbehörden der Bundesländer? Daran, daß die politisch Verantwortlichen zwar für Integration reden, aber im Verwaltungshandeln dagegen agieren? Vermutlich gibt es viele Gründe für die Ursachen der Stagnation der Integrationsentwicklung. 200 Jahre Separierung haben nachhaltig wirkende Spuren hinterlassen. Die Grundschule braucht mehr Zeit als die bisherigen zwanzig Jahre Integrationsentwicklung, um zur voll integrationsfähigen Schule zu werden.

Was können die Lehrerinnen und Lehrer, was die politisch Verantwortlichen zur Unterstützung dieser Entwicklung tun?

4. Was können und sollten die Lehrerinnen und Lehrer für die Stärkung der Integrationsfähigkeit ihrer Grundschule tun?

Für das Wichtigste halte ich es, daß sich alle an einer Grundschule Beteiligten, das Kollegium der Lehrerinnen und Lehrer mit ihrer Schulleitung, die Kinder und ihre Eltern sowie die nichtpädagogischen Mitarbeiterinnen und Mitarbeiter darüber verständigen, ob und wie sie die Stärkung der Integrationsfähigkeit ihrer Schule als Ziel anstreben wollen (v. Ilsemann 1997). Nur wenn sich darin alle mehr oder minder einig sind, sehe ich Chancen für den Erfolg. Im Rahmen dieses Verständigungsprozesses sind Grundsatzdiskussionen unerläßlich, z.B. zu folgenden Fragen: Was bringt den Kindern, was den Lehrern die gemeinsame Erziehung Behinderter und Nichtbehinderter? Hat Jakob Muth recht, wenn er vom „Menschenrecht auf Integration" spricht (Muth 1992, S. 185)? Welche Veränderungen unserer Schulpraxis sind für alle Kinder gleichermaßen wichtig, nicht nur für die Kinder mit sonderpädagogischem Förderbedarf? Für solche Grundsatzdiskussionen sollte sich eine Schule Zeit nehmen. Je größer die Gemeinsamkeit in den grundsätzlichen Fragen, um so höher die Chance, daß bei der konkreten Umsetzung später dann alle an einem Strang ziehen. Die Integrationsfähigkeit einer Grundschule kann nicht von heute auf morgen erreicht werden. Nach der Verständigung über das grundsätzliche Ziel scheint mir vordringlich wichtig, Bilanz zu ziehen und zu prüfen, wo fördert und wo behindert unsere Schule bisher die Integration? Es gibt keine zwingende Reihenfolge der einzelnen Innovationsschritte. Ich persönlich würde allerdings drei Schwerpunkte ggf. notwendiger Veränderungen in den Vordergrund stellen:

1. *Öffnung und Individualisierung des Unterrichts.* Auch Kinder ohne spezielle Beeinträchtigungen brauchen einen handlungs- und kindorientierten Unterricht, der die außerschulischen Erfahrungen aller Kinder einbezieht und ihnen im gemeinsamen Lernen individuelle Lern- und Entwicklungsprozesse ermöglicht. Ein Unterricht, in dem das Kind Subjekt seiner Entwicklung ist, nicht Objekt normierter Beeinflussung, wird nur möglich, wenn für die Kinder einer Lerngruppe zur gleichen Zeit unterschiedliche Lernziele gelten können und Formen einer differenzierenden Leistungsbewertung praktiziert werden.

2. *Veränderung der Lehrerrolle.* Unterricht und Schulleben einer integrationsfähigen Grundschule verändern zwangsläufig das Lehrerverhalten (vgl. 2.8). Lehrer werden vom die Kinder dominierenden und alles kontrollierenden Leiter zum unterstützenden Begleiter, vom „Einzelkämpfer" zum kooperationsfähigen Teammitglied, das sich mit den Kolleginnen und Kollegen professionell auseinandersetzt. Die Prozesse der Veränderung der eigenen Berufsrolle sind meist mit Krisen verbunden und brauchen Zeit. Lehrerinnen und Lehrer, die sich auf das Infragestellen der in einem langen Berufsleben

erworbenen Lehrerrolle einlassen, sollten hierbei durch Fortbildung und Supervision unterstützt werden.

3. *Umgestaltung von Schulbau und Schulgelände.* Jede Schule, die sich vornimmt, den Paradigmenwechsel von der selektiven lehrerzentrierten Belehrungsschule zum integrationsfähigen kindorientierten Lern- und Lebensraum konkret zu realisieren, muß zugleich die Umgestaltung der Unterrichtsräume und des Schulgeländes in Angriff nehmen und dafür sorgen, daß diese nicht im Widerspruch zu ihren pädagogischen Absichten stehen. Es geht dabei oft weniger um große und kostenaufwendige Umbauten, mehr um das kreative Nachdenken über alternative, zweckmäßigere Nutzungsmöglichkeiten (vgl. 2.6).

5. Was können und sollten die politisch Verantwortlichen und die Schulbehörden der Länder für die Verbreiterung integrativer Grundschulpraxis tun?

Die regionalen Unterschiede in der Integrationsentwicklung lassen vermuten, daß diese Unterschiede vor allem von den bildungspolitischen Positionen der für den Schulbereich in den einzelnen Bundesländern politisch Verantwortlichen und vom Verwaltungshandeln der ihnen unterstellten Schulbehörden abhängig sind. Abschließend fasse ich zu fünf Empfehlungen zusammen, was m.E. vorrangig für die Verbreiterung integrativer Grundschulpraxis zu tun wäre:

– Die Parlamente aller Bundesländer sollten *die rechtlichen Voraussetzungen* für den gemeinsamen Unterricht schaffen. In einigen Bundesländern ist dies inzwischen zumindest in der Weise erfolgt, daß die Eltern von Kindern mit Behinderungen zwischen allgemeiner Schule und Sondereinrichtung wählen können, allerdings mit der Einschränkung, daß dieses Wahlrecht nur für den Fall gilt, daß genügend Geld für die erforderlichen Rahmenbedingungen da ist. Ich kritisiere diese eingeschränkte Form der rechtlichen Absicherung der Integration, weil ich wie Jakob Muth die gemeinsame Erziehung Behinderter und Nichtbehinderter für ein Menschenrecht halte, das den betroffenen Kindern weder aufgrund fehlender Ressourcen noch auf Wunsch ihrer Eltern vorenhalten werden darf (Muth 1992, S. 185). Die Verwirklichung von Integration darf m.E. im Rahmen der allgemeinen Schulpflicht nicht von der Bereitstellung finanzieller Ressourcen abhängig gemacht werden.

– Die Regierungen der Länder und die Parlamente sollten *die erforderlichen Rahmenbedingungern* für eine integrationsfähige Grundschule politisch durchsetzen. Zieldifferenter Unterricht und behinderungsspezifische Förderung und/oder Betreuung in integrativen Klassen verlangen zusätzliche personelle Ressourcen. Die für erforderlich gehaltenen Rahmenvorgaben müssen landesweit festgelegt werden, um Mindeststandards zu sichern.

- Die Schulbehörden der einzelnen Bundesländer sollten dafür sorgen, daß die Unterricht und Erziehung regelnden *Verwaltungsvorschriften* die Integrationsfähigkeit der Grundschule stärken, nicht schwächen. Dies betrifft insbesondere die Ausführungsvorschriften zur Zurückstellung von Kindern vom Schulbesuch, zur Wiederholung einer Klassenstufe, zu Klassenarbeiten, Noten und Zeugnissen. Aber auch die Lehrpläne der einzelnen Länder stehen bisher im Widerspruch zu integrativen Zielsetzungen. Gebraucht werden gemeinsame Lehrpläne für alle Kinder, die die Ungleichheit der Kinder respektieren (Schwarz 1993. S. 176 ff.).

- Es sollte gewährleistet werden, daß alle Lehrerinnen und Lehrer integrationspädagogisch fortgebildet werden. Besonders wichtig ist es, daß alle Lehrerinnen und Lehrer, die erstmals in einer Integrationsklasse unterrichten, die Möglichkeit zu einer *theorie-praxis-bezogenen unterrichtsbegleitenden integrationspädagogischen Intensivfortbildung* erhalten. Außerdem sollten auch Schulleiter, Schulräte, Schulärzte und Schulpsychologen in die Fortbildung zu allen Fragen und Entwicklungen der gemeinsamen Erziehung Behinderter und Nichtbehinderter einbezogen werden.

- *Integrationspädagogik sollte zum verbindlichen Studieninhalt der ersten und zweiten Phase der Lehrerbildung werden.* Die Schulbehörden müssen in den von ihnen zu erlassenden Prüfungsordnungen Integrationspädagogik als verbindlichen Studieninhalt festlegen, weil sich die lehrerbildenden Universitäten bzw. Hochschulen in ihren Studienordnungen für das Studium zur Ersten Staatsprüfung auf diese zu beziehen haben. Wichtig ist, daß die Förderung der Kompetenz, zieldifferentes Lernen in heterogenen Lerngruppen zu organisieren, in allen Fach- bzw. Lernbereichsdidaktiken Berücksichtigung findet. Auch in der Zweiten Phase der Lehrerbildung sind integrationspädagogische Inhalte verbindlich einzubeziehen.

Literatur

Bambach, Heide: Ermutigungen, nicht Zensuren. Lengwies 1994.

Faust-Siehl, Gabriele u.a.: Die Zukunft beginnt in der Grundschule. Empfehlungen zur Neugestaltung der Primarstufe. Beiträge zur Reform der Grundschule, Bd 98, Frankfurt/M 1996.

Heyer, Peter: Integrativer Unterricht und Schulleben. In Heyer, Peter; Preuss-Lausitz, Ulf; Zielke, Gitta: Wohnortnahe Integration. Gemeinsame Erziehung behinderter und nichtbehinderter Kinder in der Uckermark-Grundschule in Berlin. Weinheim/München 1990. p. 63-94.

Heyer, Peter: Ambivalenzen und Widersprüche in der allgemeinen Schulerneuerung und bei der Entwicklung einer integrativen Schulpraxis. In: Heyer, Peter; Preuss-Lausitz, Ulf; Schöler, Jutta: „Behinderte sind doch Kinder wie wir!" Gemeinsame Erziehung in einem neuen Bundesland. Berlin 1997.

v. Ilsemann, Cornelia: Schulprogramm. In: Die Grundschulzeitschrift, 105 (1997), p. 4.

Muth, Jakob: Schule als Leben. Susteck, Herbert; Birr-Chaarana, Edith (Hrsg). Hohengehren 1992.
Preuss-Lausitz, Ulf: Integration Behinderter zwischen Humanität und Ökonomie. Zu finanziellen Aspekten sonderpädagogischer Unterrichtung. In: Pädagogik und Schulalltag (1996) 1, 17-30.
Projektgruppe Integrationsversuch (Hrsg.): Das Fläming-Modell. Gemeinsamer Unterricht für behinderte und nichtbehinderte Kinder an der Grundschule. Weinheim/Basel 1988.
Ramseger, Jörg & Schröter, Gottfried: Für und wider Ziffernbenotung und Verbaleinschätzung. Zwei Wissenschaftler im Meinungsstreit. In: Deutsche Lehrerzeitung 45, 46 und 47 (1993).
Rösner, Ernst (Hrsg.): Sechsjährige Grundschule. Qualität und Chancen eines Reformmodells. Essen 1994.
Sander, Alfred: Neue Formen der sonderpädagogischen Förderung in deutschen Schulen. In: Recht der Jugend und des Bildungswesens, (1996) 2.
Schöler, Jutta: Integrative Schule - integrativer Unterricht. Ratgeber für Eltern und Lehrer. Reinbek 1993.
Schwarz, Hermann: Lehrpläne in der gemeinsamen Schule für alle. In: Heyer, Peter u.a. (Hrsg.): Zehn Jahre wohnortnahe Integration. Behinderte und nichtbehinderte Kinder gemeinsam in ihrer Grundschule. Beiträge zur Reform der Grundschule, Band 88/89, Frankfurt/M 1993.
Werning, Rolf: Anmerkungen zu einer Didaktik des Gemeinsamen Unterrichts. In: Zeitschrift für Heilpädagogik (1996) 11, 463-69.

Ulf Preuss-Lausitz

Bewältigung von Vielfalt - Untersuchungen zu Transfereffekten gemeinsamer Erziehung

1. Soziale Nähe und Distanz zu Behinderten

Gemeinsame Erziehung von Kindern mit und ohne Behinderungen befördert nicht nur individualisierenden und zugleich kooperativen Unterricht. Sie soll auch „soziale Integration" erzeugen, also die Einbettung der behinderten Kinder in die vielfältig miteinander vernetzte und verwobene Alltagswelt aller Kinder weit über den Unterricht hinaus, in das Schulleben und in die Nachmittagsaktivitäten der Kinder. Ganz im Sinne des sozialökologischen Theoriezugangs von Alfred Sander (1985) hoffen wir alle, daß die gemeinsame Unterrichts- und Schulerfahrung auf die gesamten Verflechtungen der Familien mit behinderten Kindern im Sinne der „sozialen Kohäsion" wirken, die die UNESCO-Kommission unter der Leitung von Jaques Delors von der Schule im 21. Jahrhundert erwartet (Learning 1996). Soziale Kohäsion, d.h. die gleichberechtigte Interaktion von Mehrheit und Minderheit, oder, in der Sprache der Differenztheoretiker, der prinzipiell unendlich vielen Differenten, wird nur erreicht, wenn wenigstens ein Mindestmaß an gemeinsamen Gesprächs- und Interaktionsebenen gegeben ist, und wenn die Vorbehalte gegeneinander oder von einer Seite nicht so groß sind, daß Kommunikation unmöglich wird und in Abneigung, ja in Diskriminierung umschlägt. Integrationspädagogik ist daher, vom Anspruch her, nicht nur eine individualisierende und kommunikative Pädagogik, sondern auch eine die demokratische Gesellschaft stabilisierende Pädagogik, indem sie als sozialer Kitt in einer von Segregation bedrohten Gesellschaft wirkt. Insofern ist Integrationspädagogik ein Teil politischer Sozialisation zur Stärkung der Kommunikationsfähigkeit zwischen sehr unterschiedlichen Menschen unter Bedingungen der individualisierenden und pluralistischen Risikogesellschaft (Preuss-Lausitz 1993a).

Hans Wocken hat nun vor einigen Jahren in Hamburg untersucht, inwieweit eine der Grundvoraussetzungen für Kommunikationsbereitschaft, nämlich ein gewisses Maß sozialer Nähe, unter Schülern verschiedener Schulformen zu bestimmten Behindertengruppen gegeben ist (Wocken 1993). Nähe mißt Wocken gleichsam negativ am Umfang der „Sozialen Distanz“. Bei aller Notwendigkeit von Behinderten im Umgang mit Nichtbehinderten und dieser mit Behinderten, eine *Balance* zwischen Nähe und Distanz herzustellen, und zwar je nach individueller Person und Situation, braucht es doch eine grundsätzliche Bereitschaft, zu Nähe überhaupt bereit zu sein, d.h. zu realer Interaktion, und sie nicht aufgrund von Gruppenmerkmalen abzulehnen. Wocken schreibt: „Bedenklich werden Distanzierungen allenthalben dann, wenn sie sich unterschiedslos und pauschal auf eine ganze Gruppe richten...Pauschalisierende Distanzierungen schlagen leicht um in Distanzierung, Ausgrenzung, Verbannung, Ghettoisierung“ (Wocken 1993, S. 89). Wocken stellt zu Recht die Frage nach Nähe und Distanz zu (und von) Behinderten in den Zusammenhang mit Vorurteilsbildung und politischer Diskriminierung. Wir könnten auch sagen, daß das Ausmaß sozialer Distanz nach Gruppenmerkmalen auf die Segmentierung der Gesellschaft und auf die Gefahr der Stigmatisierung bestimmter Gruppen hinweist. Umgekehrt ist davon auszugehen, daß ein geringes Maß sozialer Distanz eine geringe Vorurteilshaftigkeit und die Bereitschaft zur Aufnahme individualisierender, partnerschaftlicher Kontakte signalisiert. Geringe soziale Distanz ist dann ein Maßstab für eine offene, demokratische Haltung.

Hans Wocken hat eine Bildgeschichte zu einem türkischen Jungen bzw. einem türkischen Mädchen einbezogen und sie als „Ausländer“ eingeordnet. Grund ist die Annahme, daß es einen inneren Zusammenhang der Nähe - bzw. Distanz - zu Fremden, zu „Andersartigen“ gibt. Wer Behinderte abwehrt, wehrt auch Ausländer ab. Diese der Sozialpsychologie entnommene These kann erweitert werden: Es geht immer um stigmatisierbare Gruppen, also in unserer Gesellschaft außerdem um Schwule, Verbrecher, Asylbewerber, Andersfarbige usw. Adorno hat (1973) beschrieben, wie die „Autoritäre Persönlichkeit“ zur Überdekkung der eigenen Ich-Schwäche jene Gruppen als abgewertete Aggressionsobjekte „braucht“, um vor sich selbst (und seinen Freunden) stark zu erscheinen.

Wocken stellte als Ergebnis seiner Untersuchung fest, daß von allen Schülern innerhalb der ausgewählten Gruppen der „Andersartigkeit“ die „Verhaltensgestörten“ am unbeliebtesten waren, gefolgt von „Geistigbehinderten“, „Ausländern“ und „Körperbehinderten“. Am wenigsten Distanz zeigten die Schüler zu „Lernbehinderten“[1]. In dieser Rangreihe zeigten sich nicht nur die allgemeinen Abneigungen von Kindern (und Lehrern) beiderlei Geschlechts zu störenden, aggressiven Schülern, sondern auch jene oft in der pädagogischen und außerschulischen Lebenswelt beobachtbaren Bewertungen: Zu sichtbar geistig Behinderten besteht eine gößere soziale Distanz als zu Körperbehinderten, Schwierigkeiten beim Lernen - die viele Schüler haben - werden dagegen weniger als „Behinderung“ eingeordnet und daher in geringerem Maß als Distanzgrund angesehen.

---

[1] Die Kategorien sind in Anführungszeichen, weil diese Begriffe nicht den Kindern vorgegeben wurden, sondern Zusamenfassungen Wockens für den fachlich kundigen Leser sind. Den Kindern selbst wurden Bildsituationen mit Texten vorgelegt, die (bis auf eine Ausnahme) den „Behinderten“begriff vermeiden. Vgl. dazu unten zur Methode.

Wocken stellte fest, daß mit Ausnahme der „Verhaltensgestörten" alle seine übrigen vier Gruppen je nach Schulformen gleich bewertet wurden: Mittlere soziale Distanz äußerten Grund-, Gesamt-, Hauptschüler und Gymnasiasten, die geringste die Schüler in Integrationsklassen, die größte Distanz die Sonderschüler[2]. Das Ablehnungsniveau ist also bei Schülern in Integrationsklassen am geringsten, bei Sonderschülern am größten.

Wocken unterscheidet innerhalb der Integrationsklassen nicht zwischen nichtbehinderten und behinderten Schülern[3]. Daher kann er sein für Integrationsklassen erfreuliches, für Sonderschulen „bestürzendes" (Wocken) Ergebnis nicht eindeutig interpretieren. *Entweder*, so Wocken, gehen Behinderte (die Sonderschüler) auf Distanz zu anderen Behinderten, um sich selbst ein Stück Gleich- oder Höherwertigkeit zuzuordnen. Die soziale Distanz zu anderen Behinderten - und zu Ausländern - wäre dann erklärt durch die verbreitete These, daß diese Kinder ein schwaches Ich hätten und zur Aufwertung andere abwehren und abwerten. Trifft diese Erklärung zu, dann müßte sie allerdings auch für die behinderten Kinder *in Integrationsklassen* gelten, eine Frage, die, wie gesagt, Wocken nicht untersucht[4]. Als mögliche *alternative* Erklärung schlägt Wocken vor, die Sonderschule als Ursache der hohen sozialen Distanz auszumachen. Nach dieser Erklärung bereitet „die Sonderschule behinderte Schüler also gerade nicht auf ihre spätere gesellschaftliche Integration vor, sondern begünstigt und verfestigt im Gegenteil die Bereitschaft zur Abgrenzung von anderen und damit zur sozialen Selbstisolation" (Wocken 1993, S. 105).

Hans Wocken kann und will sich nicht für eine der beiden möglichen Erklärungen entscheiden, ja er warnt ausdrücklich: „Es ist nicht statthaft, unter Berufung auf diese Untersuchung die Sonderschulen als den Bösewicht hinzustellen und sie für die Selbstdistanzierung der Sonderschüler verantwortlich zu machen" (ebda.). Das mag zwar nicht statthaft sein, aber auch nicht befriedigend. Deshalb habe ich - mit Einverständnis Hans Wockens - die Gelegenheit genutzt, seine Studie im Rahmen einer größeren vergleichenden Integrationsuntersuchung in Brandenburger Grundschulen zu wiederholen. Dabei konnte die soziale Distanz der behinderten Kinder und der nichtbehinderten Kinder in Integrationsklassen *getrennt* ausgewertet werden. Darüber hinaus wurden diese Schüler denen aus nichtintegrativen Vergleichsklassen gegenüber gestellt. Wenn Wockens erste der beiden Erklärungen zutrifft, daß Behinderte aus psychischen Gründen (der Selbstaufwertung) eine größere Distanz zu - anderen - Behinderten brauchen, dann müßten die Distanzwerte der integrierten Behin-

---

2 Mädchen zeigen geringere soziale Distanz als Jungen (Ausnahme: „Verhaltensgestörte").

3 Ich verwende diese Begriffe hier im Sinne eines durch Förderausschuß festgestellten „sonderpädgogischen Förderbedarfs". Auch der Begriff „Förderkinder" wird synonym verwendet.

4 Dies liegt nach Wockens Auskunft daran, daß die Integrative Hamburger Regelklasse grundsätzlich keine Förderausschüsse und damit keine Definition „Behinderter" bzw. „Kinder mit sonderpädagogischem Förderbedarf" zuläßt; außerdem wurden die Fragebögen nicht mit den (Vor-)Namen der Kinder gekennzeichnet.

derten höher liegen als die der nichtbehinderten Schüler in Integrations- und in Vergleichsklassen.

Hinzu kommt, daß Sonderschüler bekanntlich mehrheitlich sowohl Jungen sind als auch aus sozial eher randständigen Familien mit geringem Bildungshintergrund stammen, insbesondere bei Lern-, Verhaltens- und auch Sprachbehinderungen. Beide Faktoren müßten nach allen empirischen Kenntnissen über den Zusammenhang von Bildung, sozialem Milieu und Toleranz dazu führen, daß Sonderschüler wie behinderte Integrationsschüler eher eine größere soziale Distanz zu Behinderungsgruppen und Ausländern zeigen.

Wir haben zum Vergleich keine Sonderschulen, die in Brandenburg Förderschulen heißen, in die Untersuchung aufnehmen können. Vielmehr wurden *nichtintegrative Vergleichsklassen* aus den gleichen Schulen herangezogen. Unsere Vermutung ist, daß soziale Distanz bei den - nichtbehinderten - Schülern der Integrationsklassen *geringer* ist als bei denen der Vergleichsklassen, weil die gemeinsame Schulerfahrung von Behinderten und Nichtbehinderten innerhalb der Integrationsklassen zu einem Abbau von Distanz und darüber hinaus zu einem demokratisierenden Gewinn an Kommunikationsbereitschaft gegenüber „Andersartigen“ führt.

Wir befragen Kinder, *die in der DDR geboren wurden* und von Lehrern und Eltern erzogen werden, die vor der Wende weder Behindertenintegration kannten noch allzuviel „Vielfalt“ zuließen, sondern der Einordnung gegenüber dem Kollektiv einen großen Wert beimaßen; darüber hinaus galt offiziell den „Fremden“ nur dann die Solidarität, wenn diese den „sozialistischen Bruderländern“ entstammten (vgl. Liebers 1997). Wir vermuten daher, daß das Ablehnungsniveau in Brandenburg im Vergleich zu dem der Hamburger Schüler gegenüber Behinderungsgruppen und den „Ausländern“ höher ist.

Unsere Hypothesen lauten also:

1. Die Integrationserfahrung führt zu geringerer sozialer Distanz gegenüber Behinderten und anderen Stigmatisierbaren, d.h. zu größerer Toleranz.
2. Die Integrationserfahrung bewirkt bei Behinderten., daß sie *keine* größere soziale Distanz gegenüber anderen Behinderten und anderen Stigmatisierbaren zeigen (Null-Hypothese).
3. Die Brandenburger Kinder haben ein generell höheres Distanzniveau.

Darüber hinaus prüfen wir folgende Ergebnisse Wockens:

4. Mädchen haben geringere soziale Distanz zu Behinderten.
5. Die Rangreihe der Ablehnungen führt von Verhaltensgestörten über Kinder mit geistigen Behinderungen, Körperbehinderungen, Ausländern zu Lernbehinderten.

Trifft unsere erste Hyothese zu, dann kann die gemeinsame Erziehung auch empirisch als ein Königsweg der „Pädagogik der Vielfalt in der Gemeinsamkeit“ (Preuss-Lausitz 1993b) und damit der Demokratisierung der Schule angesehen werden. Trifft die zweite Hypothese zu, dann wäre Wockens erste Erklärung zurückzuweisen und doch die Sonderschule als Institution ein erklärender Faktor für die Abwertung Behinderter (und Ausländer) durch Sonderschüler.

2. Zur Methode und Stichprobe

Brandenburg hat seit 1991 systematisch in allen 10 Pflichtschuljahren auf Wunsch von Eltern die gemeinsame Unterrichtung behinderter und nichtbehinderter Kinder ermöglicht. Gesetzlich ist gemeinsamer Unterricht 1991 eingeführt worden und hat seit 1996 Vorrang vor der Sonderbeschulung. Real waren im Schuljahr 1996/97 rd. 20 % aller Kinder mit sonderpädagogischem Förderbedarf im Primarbereich in Grundschulen, einige Hundert auch in den Oberschulen (Obenaus 1997).

Im Rahmen der Wissenschaftlichen Begleitung wurden 1995 Grundschüler in Klassen mit und ohne Integration[5] im Hinblick auf ihre Schulzufriedenheit, ihre Einstellungen zur Integration, ihre Änderungswünsche und ihre schulische Selbsteinschätzung befragt. Außerdem wurden ihre Freunde und ihre soziometrische Position in der Klasse ermittelt. In 14 Schulen aus 10 (von 18) Kreisen bzw. kreisfreien Städten des Landes wurde je eine Integrationsklasse und eine nichtintegrative Klasse ausgewählt, so daß das Milieu der jeweiligen Klassen pro Schule ähnlich blieb. Hinzu kamen zwei Integrationsklassen aus einzügigen Grundschulen, so daß schließlich 268 Schüler aus 14 nichtintegrativen Klassen und 316 Schüler aus 16 integrativen Klassen (darunter 43 Kinder mit festgestelltem sonderpädagogischen Förderbedarf) befragt worden waren. Die Schulen wurden zwischen April und August 1995 von mindestens zwei Interviewern - je mindestens eine Frau und ein Mann - direkt aufgesucht, nachdem die Zustimmung der Schulen, der Klassen und der Eltern gewonnen worden war. Grundlage der Befragung war ein überwiegend geschlossener, teilweise offener Fragebogen (z.B. für Begründungen, Änderungswünsche usw.), der in der Klasse ausgefüllt wurde. Auf Nachfrage wurden die Fragen für einzelne Kinder individuell vorgelesen oder erläutert. Die Integrations- und Vergleichsklassen unterschieden sich nicht in ausgewählten statistischen Merkmalen, wie der Zusammensetzung nach Geschlecht, des Hortbesuchs, der Geschwisterzahl oder der Nationalität[6]. Die Auswahl der Klassen kann als repräsentativ für die Grundschulen Brandenburgs angesehen werden.

---

[5] 3. bis 6. Schuljahr, davon 35% 3. Schuljahr, 45% 4. Schuljahr, 20% 5.-6. Schuljahr.

[6] Die soziale Herkunft bzw. das Bildungsniveau der Eltern konnte nicht ermittelt werden, weil dies einerseits Grundschüler selten ausreichend beantworten können und außerdem datenschutzrechtliche Gründe dagegen gestanden hätten. In einer parallel stattgefundenen Elternbefragung gaben die Eltern ihre Schul- bzw. Ausbildungsabschlüsse an. Sie korrelierten *nicht* mit der Haltung zur Integration. Vgl. Heyer/Preuss-Lausitz/Schöler, Kap. 7, Berlin 1997.

Unter den 43 Behinderten[7] waren 27 Jungen und 16 Mädchen.

Die wichtigsten Ergebnisse der Befragung werden hier nicht referiert, weil sie an anderer Stelle berichtet werden (Preuss-Lausitz 1997)[8]. Vielmehr konzentrieren wir uns im wesentlichen auf die Auswertung jener Bildgeschichten, die wir am Ende der Befragung den Schülern vorlegten. Die Kinder hatten großen Spaß nicht nur an der Befragung - die etwa eine Zeitstunde dauerte, bei manchen Schülern allerdings bis zu 100 Minuten -, sondern ganz besonders auch an den Bildgeschichten. Ganz fixe malten zuweilen die Bilder aus, wenn sie mit der Beantwortung fertig waren.

Da jeder Fragebogen mit dem Vornamen der Schüler versehen und eine (Vor-) Namensliste für jede Klasse erstellt wurde, und außerdem (Vor-)Name und Behinderung der Kinder mit festgestelltem sonderpädagogischem Förderbedarf durch die Lehrer nach der Befragung mitgeteilt wurden, konnten folgende Gruppierungen untersucht werden:

1. Alle Schülerinnen und Schüler gemeinsam (N = 584);
2. Die nichtbehinderten Schülerinnen und Schüler in den nichtintegrativen Vergleichsklassen gegenüber denjenigen in Integrationsklassen ohne Behinderung (bzw. Förderbedarf);
3. Die (behinderten) Schülerinnen und Schüler mit anerkanntem Förderbedarf gegenüber den übrigen (nichtbehinderten) Schülerinnen und Schülern in Integrationsklassen und gegenüber den Schülerinnen und Schülern in den nichtintegrativen Vergleichsklassen;
4. Jungen gegenüber Mädchen.

Jungen und Mädchen erhielten im Sinn gleiche, in Bild und Text unterschiedliche Vorlagen. Für die einzelnen „Behinderungsgruppen" bzw. für die Gruppe der „Ausländer" sehen diese Bilder und Texte wie folgt aus[9]:

---

7 In den Tabellen nennen wir diese Gruppe „Förderkinder".- Von den 43 „Förderkindern" waren 16 im Förderausschußverfahren hauptsächlich als „lernbehindert", 14 als „körperbehindert", 4 als „sehbehindert", 2 als „hörbehindert", 2 als „verhaltensauffällig" und ein Kind als „autistisch" eingeordnet worden (ohne eindeutige Zuordnung: 4).

8 Die statistische Auswertung führte Doris Meyer, Dipl.-Soz., Berlin, durch. Bei der Durchführung der Befragung war die Wiss. Mitarbeiterin Helena Munín, und bei der Fragebogenkonzeption Akad. Rat Dr. Fred Mengering, beide TU Berlin, beteiligt. Allen sei hier Dank gesagt. Ohne ihre Mitwirkung hätte das Vorhaben in Umfang, Qualitität und Differenziertheit nicht durchgeführt werden können.

9 Dabei werden die Zeichnungen von Hans Wocken und seine Texte aus Vergleichsgründen identisch übernommen, auch wenn wir gegen manche Formulierung und gegen das Beispiel der türkischen Kinder zuerst Bedenken hatten, weil es solche Kinder in Brandenburg - im Gegensatz zu Hamburg - praktisch nicht gibt. Die Bedenken erwiesen sich jedoch als unbegründet: Es gab bei keiner Klasse Kommentare beim Ausfüllen, die auf Unverständnis oder Unwillen schließen ließen. Im Gegenteil: Mehrfach wurde gesagt, daß die in der Schule gelegentlich vorhandenen Aussiedlerkinder (mit deutschem Paß) aus Rußland oder der Ukraine so seien wie diese türkischen Kinder der Bildgeschichten.

Jürgen kann nicht gut lernen. Er braucht viel Zeit für seine Hausaufgaben. Im Rechnen macht er viele Fehler.

Eva kann nicht gut laufen. Sie hat eine Schiene am Bein.

Alexandra ist geistig behindert. Sie kann vieles nicht richtig verstehen, und sie ist nicht so geschickt und selbständig wie andere Kinder. Überhaupt sieht Alexandra ein bißchen komisch aus, ihr Mund steht meistens offen.

Regina ist manchmal richtig gemein. Neulich hat sie auf dem Schulhof ein anderes Mädchen mit einer Nadel in den Arm gestochen. Im Unterricht kann Regina nicht so gut stillsitzen; ständig rennt sie durch die Klasse und ärgert die anderen Kinder.

Mustafa ist ein Türke. In der Pause spielt er meistens mit anderen türkischen Kindern. Mustafa spricht nicht gut Deutsch, und auch sonst ist er etwas anders als deutsche Jungen.

Als Maß der „sozialen Distanz" wählte Hans Wocken sieben fiktive Situationen aus dem Alltag von Kindern, die wir übernahmen. Wir fragten:

Kannst du dir vorstellen,	**ja**	**vielleicht**	**nein**
1 daß X in deiner Klasse ist			
2 daß du in der Klasse neben X sitzt			
3 daß X dein bester Freund/deine beste Freundin ist			
4 daß X an einem Wochenende bei dir übernachtet			
5 daß du X zu deiner Geburtstagfeier einlädst			
6 daß du mit X schwimmen gehst			
7 daß du X ein Geheimnis erzählst			

Die Erwartung, daß diese sieben Items in einer Rangreihe von „Nähe" bis „Distanz" - im Sinne einer Goodman-Skala - anzuordnen sind, so daß die Anwesenheit in der Klasse als weniger „nah" angesehen wird als etwa jemanden zum

Geburtstag einzuladen oder „ein Geheimnis zu erzählen“, konnte in der statistischen Auswertung nicht bestätigt werden. Es gab für uns Erwachsene überraschende Zustimmungs- bzw. Ablehnungskombinationen. So hatten manche Kinder überhaupt kein Problem damit, sich vorzustellen, daß das Kind mit geistiger Behinderung ihr bester Freund sei, konnten dieses Kind sich aber nicht in der Klasse vorstellen. Manche Kinder wollten einem bestimmten behinderten Kind ein Geheimnis erzählen, es jedoch nicht übernachten lassen (was vielleicht auch eine „westdeutsch-akademische“ Vorstellung von Nähe impliziert, weil zusammen übernachten von Kindern keine ostdeutsche Tradition hat). Wir haben uns daher, wie Wocken, entschlossen, keine Interpretation der einzelnen Fragen vorzunehmen, sondern einen Gesamtwert als Maß „sozialer Distanz“ zu berechnen. 0 bedeutet, daß keine soziale Distanz besteht, daß also alle Fragen mit „ja, kann ich mir vorstellen“ beantwortet wurden, 7 bedeutet, daß alle Fragen mit nein beantwortet wurden, also die rechnerisch größtmögliche soziale Distanz zu der jeweiligen Behinderungsgruppe bzw. zu „Ausländern“ besteht.

Aufgrund der Pretests in zwei Klassen haben wir den Wunsch vieler Kinder übernommen, zwischen „ja“ und „nein“ ein Mittelding wählen zu dürfen. Daher fügten wir das „vielleicht“ ein[10].

3. Die Ergebnisse der Befragung

Zuerst die Gesamtergebnisse in Brandenburg im Vergleich mit den Gesamtergebnissen aus Hamburg:

Tabelle 1: Rangreihe der sozialen Distanz in Brandenburger Grundschulen und in Hamburg[11] (alle Schulformen) zu Behinderungsgruppen und zu Ausländern

Soziale Distanz zu:	Brandenburg (N = 584)	Hamburg (N = 1055)
„Verhaltensgestörte“	5,15	5,6
„Geistigbehinderte“	3,42	3,9
„Körperbehinderte“	2,93	2,0
„Lernbehinderte“	2,68	1,3
„Ausländer“	2,55	2,3

10 Dadurch ist die völlige Vergleichbarkeit mit Wockens Zahlen nicht gesichert. Wir gehen jedoch davon aus, daß sich durch „vielleicht“ die Reduktion von Zustimmung oder Ablehnung die Waage halten.

11 Wocken teilt uns keine genauen Werte, sondern Grafiken mit, aus denen die hier verwendeten Zahlen abgelesen wurden.

Soziale Distanz zu:

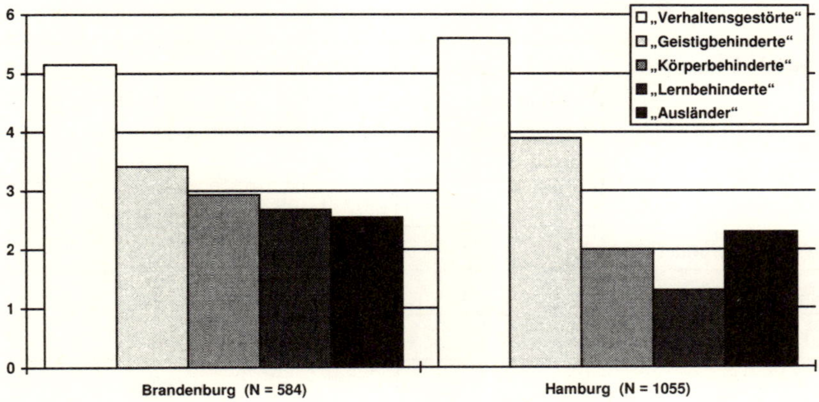

Im Vergleich zu Hamburg zeigt sich in Brandenburg eine fast gleiche Rangreihe: Am meisten abgelehnt werden von allen Schülern beider Bundesländer jene, die andere ärgern, die nicht kooperativ sind, die aggressiv sind, die in der Sprache der Erwachsenen „*verhaltensgestört*" oder mindestens „verhaltensauffällig" sind. Sie erhalten denn auch in soziometrischen Untersuchungen die Rolle der „Schwarzen Schafe" zugewiesen. Danach folgen Kinder mit geistiger Behinderung, Körperbehinderte und lernschwache Schüler. Die Unterschiede in der sozialen Distanz zu den hier ausgewählten Behinderungsgruppen sind statistisch signifikant[12]. Erstaunlicherweise wird zu „Geistigbehinderten" in der Brandenburger Stichprobe erheblich weniger soziale Distanz gezeigt[13].

„Ausländer" rangieren in der Brandenburger Befragung als jene, zu denen die *geringste* soziale Distanz gezeigt wurde, allerdings sind die absoluten Werte höher als in Hamburg. „Lernbehinderte" haben in Hamburg einen sehr viel positiveren Wert als unter Brandenburger Grundschülern. Sie sind aber dennoch Kinder mit relativ hoher Akzeptanz.

In einem zweiten Schritt untersuchen wir die Unterschiede zwischen den (nichtbehinderten) Kindern in Vergleichsklassen, den (nichtbehinderten) Kindern in Integrationsklassen und den behinderten Schülern mit „festgestelltem sonderpädagogischem Förderbedarf" in Integrationsklassen, die wir hier „Förderkinder" nennen:

---

12 Statistische Signifikanz: Zw. „Verhaltensgestörten" und „Geistigbehinderten" t=-19,32; p> .001 h.s.; zw. „Geistigehinderten" und „Körperbehinderten" t=-8.00; p>.001 h.s.; zw. „Körperbehinderten" und „Lernbehinderten" t=4.5; p>.001 h.s.- Zw. „Lernbehinderte" und „Ausländer" besteht kein sign. Unterschied.

13 Der Wert sozialer Distanz zu „Geistigbehinderten" liegt in Wockens Integrationsklassen allerdings niedrig bei 2,1, in nichtintegrativen Grundschulen/Gesamtschulen bei 3,9, in Sonderschulen bei 4,8.

Tabelle 2: Soziale Distanz zu Behinderungsgruppen und Ausländern in Integrationsklassen, Vergleichsklassen und bei Förderschülern in Brandenburg

Soziale Distanz zu:	Nichtbehinderte Schüler in Vergleichsklassen (N = 268)	Nichtbehinderte Schüler in Integrationsklassen (N = 273)	Förderkinder in Integrations-klassen (N = 43)
„Verhaltensgestörte"	5,30	5,02	5,14
„Geistigbehinderte"	3,65	3,25	3,12
„Körperbehinderte"	3,23	2,73	2,37
„Lernbehinderte"	2,93	2,48	2,35
„Ausländer"	2,72	2,39	2,53

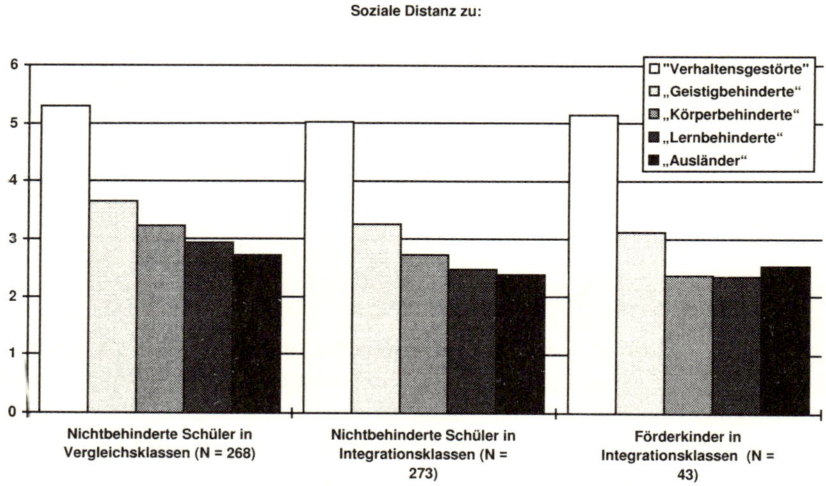

Die Ergebnisse sind beeindruckend: Die Rangreihe der sozialen Distanz ist bei nichtbehinderten Kindern identisch, gleichgültig, ob sie in einer Integrationsklasse oder in einer nichtintegrativen Klasse sind. Die Werte allerdings sind *für alle Behinderungsgruppen und für Ausländer in den Integrationsklassen günstiger*[14]. Darüber hinaus: Wer *eine* Gruppe ablehnt, lehnt auch die anderen

[14] Stärkere Ablehnung in nichtintegrativen Vergleichsklassen gegenüber Integrationsklassen (ohne Förderschüler) zu „Lernbehinderten": t=2.91; p<.01 s.s.; zu „Geistigbehinderten": t=2,43; p<.05 s.; zu „Körperbehinderten": t=3.19; p<.001 h.s.- Gegenüber den „Verhaltensgestörten" und den „Ausländern" wird das Signifikanzniveau knapp verfehlt.

Gruppen ab[15]. Das gilt auch für die „Ausländer“: Deren Ablehnung korreliert hochsignifikant (jeweils p<.001) mit der Ablehnung „Lernbehinderter“, „Körperbehinderter“ und Geistigbehinderter“[16]. Das bestätigt die sozialpsychologische Erkenntnis, daß Ausländerfeindlichkeit, Behindertenfeindlichkeit und Ablehnung anderer potentiell stigmatisierbarer Gruppen eng zusammenhängen. Wer in der Bildgeschichte Nähe zu dem türkischen Kind zeigt, hat zugleich auch generell eine große Bereitschaft zur Integration - gemessen an einem allgemeinen Integrationsindex - und zeigt eine größere Bereitschaft, daß behinderte Kinder „Sachen können, die ich nicht kann“[17].

Der Vergleich der drei Gruppen zeigt, *daß die Erfahrung des gemeinsamen Lernens Behinderter und Nichtbehinderter insgesamt bei nichtbehinderten Schülerinnen und Schülern zu geringerer sozialer Distanz, also zu größerer Toleranz und Nähebereitschaft führt.* Darüber hinaus hat diese Erfahrung einen wichtigen Transfereffekt: Ausländische Kinder, die es ja in brandenburgischen Schulen nur in Einzelfällen gibt, werden in Integrationsklassen eher akzeptiert als in Vergleichsklassen (wenngleich in beiden Gruppen zu den „Ausländern“ die geringste soziale Distanz besteht). Es bestätigt sich also die Hoffnung und Hypothese, daß gemeinsame Erziehung generell zu mehr Toleranz und Akzeptanz von „Andersartigkeit“ führt. Die gemessenen Differenzen mögen nicht groß sein, und auch die Streuung zwischen den Klassen ist zu berücksichtigen, aber der Trend geht in die vermutete Richtung.

Besonders aufschlußreich sind die Antworten der *Förderkinder* im Vergleich zu denen der übrigen Schüler. Träfe die Wockensche alternative Vermutung zu, daß Kinder mit Behinderung die Ablehnung anderer Behinderter bräuchten, um sich selbst aufzuwerten, müßten die Distanzwerte der Förderkinder durchweg *höher* sein, also eine größere soziale Distanz ausdrücken. Das Gegenteil ist der Fall: *Gegenüber Geistigbehinderten, Körperbehinderten und Lernbehinderten zeigen Förderkinder die geringste soziale Distanz aller drei Gruppen, gegenüber Verhaltensauffälligen und Ausländern immerhin geringere Distanz als die nichtbehinderten Schüler in Vergleichsklassen.* Das Ergebnis geht also über die Null-Hypothese hinaus[18]. Die gemeinsame Lern- und Spielsituation führt für diese behinderten Schüler nicht zu Abgrenzungsbedürfnissen gegenüber ande-

---

[15] Die hochsignifikanten Korrelationen variieren zwischen r=.297 und r=.771.

[16] Ablehnung „Ausländer“ zu „Lernbehinderte“ r=.59, zu „Körperbehinderte“ r=.66, zu „Geistigbehinderte“ r=.62, zu „Verhaltensgestörte“ r=.29.-

[17] Index für Integrationsakzeptanz (13 Items) und soziale Distanz zu „Ausländern“ r=-23, p<.001 h.s.- Geringe soziale Distanz zu „Ausländern“ und Anerkennung behinderter Kinder, die „Sachen können, die ich nicht kann“: Kendalls tau=.079.

[18] Die Differenzen sind nur für die Gruppe der Körperbehinderten - statistisch signifikant (Duncan-Test), wo es Unterschiede zugunsten der Förderkinder sowohl im Vergleich zu den Nichtintegrationsklassen als auch zu den nichtbehinderten Schülern der eigenen Integrationsklassen gibt. Statistisch gilt für die übrigen Gruppen die Null-Hypothese, deskriptiv geht die Tendenz in die nichterwartete Richtung einer geringeren sozialen Distanz bei Förderkindern.

ren Behinderten. Im Gegenteil ist diese Distanz, soweit sie existiert haben sollte, noch stärker als bei anderen Kindern ihrer Integrationsklassen abgebaut worden. Das ist um so beachtlicher, als ein Teil der Förderkinder, der als „lernbehindert" eingruppiert ist, sich gar nicht als „behindert" definiert und die Geschichten-Kinder mit der geistigen Behinderung, mit der Fußschiene und das türkische Kind teilweise als das ganz Andere, als das Fremde ansahen. Hinzu kommt, daß unter den Förderkindern *mehr Jungen* als Mädchen sind. Auch diese Zusammensetzung müßte eher in Richtung größerer sozialer Distanz führen, wie unten dargestellt wird. Die Gesamtwerte für die Förderkinder belegen also in mehrfacher Hinsicht die positive Wirkung der integrativen Erfahrung und lassen sich nicht nur nicht auf *soziokulturelle Bedingungen* zurückführen, sondern wirken diesen entgegen.

Die Werte für die brandenburgischen Förderkinder und die Sonderschüler aus Hamburg sollen in einem weiteren Schritt vergleichend gegenüber gestellt werden:

Tabelle 3: Soziale Distanz zu Behinderungsgruppen und Ausländern durch Behinderte in brandenburgischen Integrationsklassen und in Hamburger Sonderschulen

Soziale Distanz zu:	Förderkinder in Brandenburg (N = 43)	Sonderschüler in Hamburg (N = 307)
„Verhaltensgestörte"	5,14	5,3
„Geistigbehinderte"	3,12	4,8
„Körperbehinderte"	2,37	2,9
„Lernbehinderte"	2,35	2,2
„Ausländer"	2,53	2,9

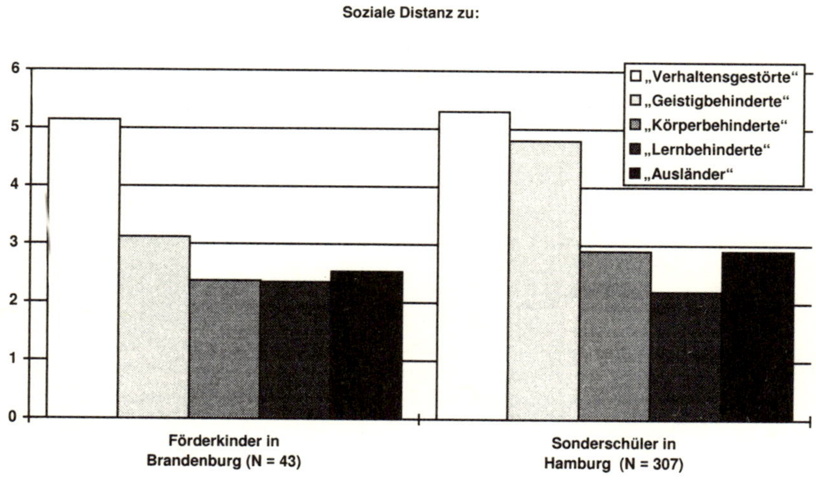

Die Werte für soziale Distanz liegen - bis auf die gegenüber „Lernbehinderten“ - bei Hamburger Sonderschülern durchweg höher als bei Brandenburger Förderkindern. Damit können die großen Distanzwerte, die Wocken für die Sonderschüler im Vergleich zu Schülern anderer Schulformen, insbesondere aber zu Kindern in Integrationsklassen feststellte, doch institutionell erklärt werden: Die Sonderschule als Institution führt durch ihre behinderungsspezifische (und teilweise sozialstrukturelle) Homogenisierung, die ja von den Schülern meist als Aussonderung aus der normalen Schule und/oder aus den Freundschaftsnetzen der nichtbehinderten Gleichaltrigen erlebt wird, doch zu Abwertungsbedürfnissen. Vor allem in der Sonderschule für Lernbehinderte (und in Schulen/ Klassen für Verhaltensauffällige) dürfte dies zu einem auf Abwertung anderer Stigmatisierbarer gerichtetem informellen Jugendmilieu führen. Die Sonderschule ist für Toleranz gegenüber „Andersartigkeit“, „Fremdheit“ und letztlich Pluralismus ein *ungünstiges Erfahrungsmilieu.*

Hans Wocken hat festgestellt, daß *Mädchen* „durchweg eine größere soziale Nähe zu Schülern mit Andersartigkeit“ zulassen als Jungen, mit Ausnahme der „Verhaltensgestörten“ (Wocken 1993, S. 99). Er erklärt dies mit der unterschiedlichen geschlechtsspezifischen Sozialisation, die die Mädchen „eher zu Gutmütigkeit, Nachsicht, Hilfsbereitschaft“ erzöge, den Jungen eher das Ausagieren aggressiver Impulse gestatte. In der Brandenburger Untersuchung sind wir dieser Frage ebenfalls nachgegangen, und zwar in mehrfacher Weise: In der geschlechtsspezifischen Untersuchung der *generellen* Haltung zur Integration[19], in der Analyse der *Bildgeschichten* und in der direkten Untersuchung geschlechtsspezifischer *Einstellungen zur Rolle* von Jungen und Mädchen. Über die dichotome Differenzierung hinaus haben wir die Gruppen der „traditionellen Jungen“, der „traditionellen Mädchen“ und der jeweiligen „modernen“ Jungen bzw. Mädchen gebildet. Da die gesamten Daten einer gesonderten Auswertung unterliegen, soll hier nur berichtet werden, daß sich Jungen und Mädchen beim Gesamtindex Integrationsakzeptanz im Durchschnitt *nicht* unterscheiden. Bei genauerer Analyse ist aber festzustellen, daß „traditionelle Jungen“ und „moderne Mädchen“ eher *geringere* Akzeptanz von Integration zeigen. Männliche Förderkinder sind besonders häufig „traditionelle Jungen“. Daß sie dennoch nicht größere, sondern *geringere* soziale Distanz zu Behinderungsgruppen (und Ausländern) zeigen, ist ein integrationspädagogisch - und politisch - wichtiges Ergebnis.

In der geschlechtsspezifischen Auswertung der *Bildgeschichten* zeigt sich jedoch in Brandenburg tendentiell das gleiche Ergebnis wie in Hamburg:

---

[19] Der Akzeptanzindex Integration wurde gebildet auf der Grundlage von 13 Items, die miteinander hoch korrelierten. Vgl. Preuss-Lausitz 1997.

Tabelle 4: Soziale Distanz zu Behinderungsgruppen und Ausländern bei Mädchen und Jungen in Brandenburg und Hamburg

Soziale Distanz zu:	Jungen Brandenburg	Mädchen Brandenburg	Jungen Hamburg	Mädchen Hamburg
„Verhaltensgestörte“	5,10	5,21	5,5	5,6
„Geistigbehinderte“	3,69	3,18	4,2	3,4
„Körperbehinderte“	3,22	2,67	2,4	1,7
„Lernbehinderte“	3,27	2,27	1,6	0,9
„Ausländer“	2,78	2,35	2,7	1,8

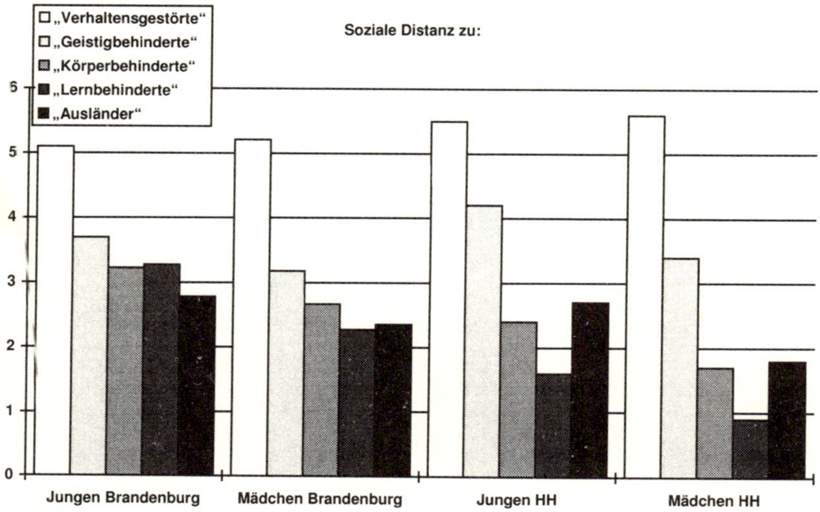

Konkretisiert an den einzelnen Bild-Situationen, lehnen Mädchen „Verhaltensgestörte“ noch etwas stärker ab als Jungen, sind ansonsten jedoch in beiden Bundesländern gleichermaßen toleranter. Die Mittelwertdifferenzen zwischen Jungen und Mädchen in Brandenburg sind statistisch signifikant, mit Ausnahme der „Verhaltensgestörten“[20]. Zwischen den Mädchen beider Länder gibt es jedoch starke Differenzen, die auf regionale Faktoren hinweisen könnten, und die deutlich machen, daß ein bloßer Hinweis auf (herkömmliche) geschlechtsspezifische Sozialisation wenig erhellend ist. Neuere empirische Studien belegen überdies eine erhebliche Angleichung der sozialen Haltungen von Jungen und Mädchen (vgl. dazu Preuss-Lausitz 1996), und der Widerspruch zu der all-

[20] „Geistigbehinderte“ t=-2.94; p<.01 s.s.; „Körperbehinderte“ t=-3,25; p<.001 h.s.; „Lernbehinderte“ t=--5.48; p<.001 h.s.; „Ausländer“ t=-2.46; p<.05 s.- Wählt man die Auswertung der Kreuztabellen und nicht die einfchen Mittelwertvergleiche, wird das Signifikanzniveau bei den „Ausländern“ verfehlt.

gemeinen Integrationsakzeptanz, die wie erwähnt im Durchschnitt von Jungen und Mädchen nicht unterschiedlich ist, verweist auf die Notwendigkeit interpretatorischer Vorsicht und weiterer Untersuchungen.

4. Zusammenfassung

Zusammenfassend können die zentralen Hypothesen überprüft werden:

1. *Die integrative Schulerfahrung führt zu* einer *Zunahme von Akzeptanz* von „Andersartigkeit", soweit sich diese nicht auf aggressives Verhalten bezieht, sondern auf Merkmale wie Behinderung oder Ausländerstatus bzw. andere Kultur.

2. Dies gilt auch, ja geradezu in unerwartetem Ausmaß, für *die integrierten behinderten Schülerinnen und Schüler*. Bei ihnen ist tendenziell die Akzeptanz von Andersartigkeit sogar am stärksten ausgeprägt und geht teilweise über die Null-Hypothese hinaus. Damit wird das Ziel der sozialen Kohäsion und die demokratische und pluralistische Einstellung gerade auch der „Kinder mit sonderpädagogischem Förderbedarf" unterstützt. Das ist - vor der Folie der Daten über Sonderschüler - von besonderem positivem Gewicht.

3. Die Hypothese, daß *Brandenburger Kinder* aufgrund der DDR-Sozialisation ihrer Familien und ihrer Lehrer *generell* eine größere soziale Distanz zu allen ausgewählten Gruppen als die Hamburger Kinder zeigen, weil letztere eine längere Erfahrung mit Pluralismus haben, kann nicht bestätigt werden. Die Ergebnisse sind uneinheitlich.

4. *Mädchen* zeigen in den Bildgeschichten auch in Brandenburg eine geringere soziale Distanz gegenüber Behinderten. Im Zusammenhang mit den übrigen Ergebnissen der Befragung - die diese Differenz so nicht zeigen - ist jedoch Zurückhaltung gegenüber sozialisationstheoretischen Schlüssen geboten. „Moderne" Jungen und „traditionale" Mädchen gleichen sich in ihrer Nähebereitschaft an.

5. Die *Rangreihe* der sozialen Distanz bzw. Nähebereitschaft gegenüber den verschiedenen Behinderungsgruppen ist länderübergreifend ähnlich und gesellschaftlich tief verankert.

Insgesamt kann festgehalten werden, daß der Anspruch der gemeinsamen Erziehung, zur sozialen Kohäsion in der Gesellschaft durch die Kommunikationsbereitschaft zwischen Behinderten und Nichtbehinderten beizutragen, in den vorhandenen Daten seine Bekräftigung erfährt. Dabei erscheint die Wirkung nicht nur auf die nichtbehinderten Schülerinnen und Schüler, sondern vor allem auf die behinderten Kinder als besonders bedeutsam. Wenn wir die komplexen Ursachen für Einstellungen berücksichtigen, die weniger durch Schule als durch die außerschulischen sozialen, kulturellen und regionalen Milieus geprägt werden, dann überrascht es eigentlich, daß in den untersuchten Schulen tatsächlich insgesamt Differenzen zwischen den Integrationsklassen und den Vergleichsklassen statistisch nachweisbar waren. Um so stärker sollten solche Ergebnisse in der fachlichen und öffentlichen Diskussion beachtet werden. Weitere Studien, vor allem auch über innere Prozesse in verschiedenen Sonderschularten, sind dringend erforderlich.

Literatur

Adorno, Theodor W.: Studien zum autoritären Charakter. Frankfurt/M. 1973.

Heyer, Peter, Ulf Preuss-Lausitz, Jutta Schöler: „Behinderte sind doch Kinder wie wir!“ Gemeinsame Erziehung in einem neuen Bundesland. Berlin 1997.

Learning: The Treasure Within. Report to UNESCO of the International Commission on Education for the 21. Century. Chairman: Jaques Delors. Paris 1996.

Liebers, Katrin: Sonderpädagogik und Sonderschulwesen der DDR als Ausgangspunkt für gemeinsame Erziehung nach der Wende in Brandenburg. In: Heyer u.a. 1997, Kap. 3.

Obenaus, Harald: Realisierung der Integration in Brandenburg 1992-1996. In Heyer u.a. 1997, Kap. 2.

Preuss-Lausitz, Ulf: Die Integrationsbewegung zwischen Individualisierung und Solidarität als Teil widersprüchlicher Modernisierungsprozesse pluraler Gesellschaften. In: Gehrmann/Hüwe, a.a.O., 1993a. p. 22-27.

Preuss-Lausitz: Die Kinder des Jahrhunderts. Zur Pädagogik der Vielfalt im Jahr 2000. Weinheim und Basel 1993b.

Preuss-Lausitz, Ulf: Gender Patchwork: Fremd- und Selbstbilder der Geschlechter im Umbruch. In: Zeiher, Helga, Peter Büchner, Jürgen Zinnecker (Hrsg.): Kinder als Außenseiter? Weinheim und München 1996. p. 189-206.

Preuss-Lausitz, Ulf: Integration und Toleranz. Erfahrungen und Meinungen von Kindern innerhalb und außerhalb von Integrationsklassen. In: Heyer u.a. 1997, a.a.O., Kap. 8.

Sander, Alfred: Zum Problem der Klassifikation in der Sonderpädagogik. Ein ökologischer Ansatz. In: Vierteljahresschrift für Heilpädagogik und ihre Nachbargebiete 54 (1985) 1, 15-31.

Wocken, Hans: Bewältigung von Andersartigkeit. Untersuchungen zur Sozialen Distanz in verschiedenen Schulen. In: Gehrmann, Petra/Hüwe, Birgit (Hrsg.): Forschungsprofile der Integration von Behinderten. Essen 1993. p. 86-106.

Dieter Dumke

Schulische Integration in der Sekundarstufe

Die Integrationsbewegung kann auf teilweise beachtliche Fortschritte bei der Realisierung des gemeinsamen Lernens von behinderten und nichtbehinderten Schülern zurückblicken. Diese Entwicklung hin zu einer Schule für alle Schüler fand bisher jedoch hauptsächlich in der Grundschule statt. Selbst in den Bundesländern, in denen der gemeinsame Unterricht durch schulgesetzliche Regelungen generell bzw. weitgehend zugelassen wird - wenn auch stets unter gewissen Auflagen - ist der relative Anteil an behinderten Schülern in der Sekundarstufe durchweg deutlich niedriger als in der Grundschule. Das bedeutet nicht nur eine insgesamt ungünstigere Situation für das gemeinsame Lernen in den Sekundarschulformen. Damit sind auch Probleme des Übergangs von einer zur anderen Schulstufe insbesondere für die behinderten Schüler angesprochen.

1. Erschwernisse für den gemeinsamen Unterricht in der Sekundarstufe

An einem Beispiel aus Nordrhein-Westfalen soll gezeigt werden, daß die Integration behinderter Schüler auch eine Frage der Schulstufe ist: Im Jahre 1986 begann in Bonn ein Schulversuch zum gemeinsamen Unterricht, in dem flächendeckend in einem gesamten Stadtbezirk (Bonn-Beuel) mit neun Grundschulen die wohnortnahe Integration erprobt werden sollte, d.h. alle Schüler, behinderte und nichtbehinderte, besuchen die für das Wohngebiet zuständige Schule. Nach vier Schuljahren stand für die 18 behinderten Schüler des ersten Durchlaufs die Frage des Übergangs in die Sekundarstufe an. Abgesehen davon, daß es für Eltern und Grundschullehrer nicht leicht war, einen Platz in einer allgemeinen Schule zu finden, gab es für sieben lernbehinderte Schüler keine Fortsetzung ihrer Schullaufbahn in der Regelschule; sie mußten ab Klasse 5 die Sonderschule für Lernbehinderte besuchen. Lehrer, Eltern und nicht zuletzt die betroffenen Kinder selbst erlebten diese Entscheidung vor dem Hintergrund der bisher geleisteten Integrationsarbeit als einen schmerzlichen Bruch in der Entwicklung dieser Schüler.

Inzwischen gibt es in Nordrhein-Westfalen, ähnlich wie in mehreren anderen Bundesländern, gesetzliche Regelungen, wonach behinderte Kinder und Jugendliche grundsätzlich auch in allgemeinen Schulen unterrichtet werden können, allerdings mit der Auflage: sofern die erforderlichen personellen und sächlichen Voraussetzungen vorliegen. Für die Sekundarstufen I und II kommen jedoch noch weitergehende Einschränkungen hinzu, wie sie bereits in dem obigen Beispiel wirksam waren: Die sonderpädagogische Förderung darf nur dann in allgemeinen Schulen erfolgen, wenn das Bildungsziel der jeweiligen weiterführenden Schule erreicht werden kann (zielgleiche Integration). Dies trifft für Lernbehinderte und Geistigbehinderte in aller Regel nicht zu. Für sie ist eine zieldifferente Förderung nach den Lehrplänen der entsprechenden Sonderschule erforderlich.

Fragt man nach den Gründen, warum die Vorbehalte gegenüber dem gemeinsamen Lernen von behinderten und nichtbehinderten Schülern in der Sekundarstufe erheblich größer sind als in der Grundschule, so lassen sich vor allem zwei Arten von Argumenten unterscheiden: formal-rechtliche Bedenken sowie methodisch-didaktische Aspekte des Unterrichts.

Unter formalem Aspekt kann gegen den gemeinsamen Unterricht in der Sekundarstufe eingewendet werden, daß der Besuch von weiterführenden Schulen generell an bestimmte Zulassungsvoraussetzungen geknüpft ist. So wird beispielsweise einem nichtbehinderten Schüler der Besuch der Realschule verwehrt, wenn er die Leistungsanforderungen nicht erfüllt. Entsprechend könnte gefragt werden, warum ein lernbehinderter oder geistigbehinderter Schüler am Unterricht einer Realschulklasse teilnehmen darf, während ein nichtbehinderter Mitschüler die Schule aufgrund mangelnder Leistungen verlassen muß. So stellt auch Maikowski (1997) fest, daß das dreigliedrige Schulsystem die größte Barriere für die Fortsetzung der integrativen Erziehung in der Sekundarstufe darstellt. Diese Probleme bedürfen der gesetzlichen Regelung, wie es in einigen Bundesländern bereits geschehen ist.

Einen nicht unerheblichen Beitrag zur Konfliktlösung kann die Gesamtschule von ihrem Konzept her leisten. Daher wurde auch an Gesamtschulen in einer Reihe von Schulversuchen die zieldifferente Förderung behinderter Schüler erprobt. Doch allein können die Gesamtschulen - schon aus Kapazitätsgründen - das Problem nicht lösen. Hinzu kommt hier noch die Befürchtung, daß bei einer zu weiten Öffnung im unteren Leistungsbereich die Gesamtschule nicht in ausreichendem Maße von leistungsstarken Schülern bzw. deren Eltern gewählt wird.

Die zweite Art von Gründen, warum der gemeinsame Unterricht in der Sekundarstufe mit mehr Widerständen zu rechnen hat als in der Grundschule, betrifft den Unterricht selbst. Dahinter steht die generelle Annahme, daß bei der zunehmend fachlichen Orientierung des Unterrichts in der Sekundarstufe nicht mehr alle Schüler angemessen gefördert werden können, wenn die Lernvoraussetzungen in der Klasse zu heterogen sind.

2. Art der Behinderung und Bereitschaft zum gemeinsamen Unterricht

Die Bereitschaft von Lehrern zum gemeinsamen Unterricht hängt entscheidend von ihrer Überzeugung ab, daß Art und Schweregrad der Behinderung Kriterien für die angemessene Einbeziehung von behinderten Schülern in den Unterricht darstellen. So sind Lehrer bei zielgleich zu fördernden Schülern in deutlich höherem Maße zum gemeinsamen Unterricht bereit als bei zieldifferent zu fördernden Schülern (Dumke, Krieger & Schäfer 1989). Das gilt insbesondere für Lehrer an Gymnasien im Gegensatz zu Lehrern an Gesamtschulen. Berücksichtigt man außerdem den Schweregrad der Behinderung, so ergibt sich folgende Situation: In gewissen Grenzen wird der gemeinsame Unterricht auch bei Behinderungen mittleren und schweren Grades für möglich gehalten, dann allerdings wiederum mit der Einschränkung auf solche Schüler, die bei weitgehend zielgleichem Unterricht spezielle sonderpädagogische Betreuung erfordern.

Damit gibt bei den Behinderungen mit kognitiven Beeinträchtigungen von vornherein die Art der Behinderung den größten Ausschlag für die Bereitschaft der Lehrer zum gemeinsamen Unterricht. In diesem Zusammenhang mag zunächst überraschen, daß neben der Gesamtschule auch das Gymnasium im Vergleich zu den anderen Schulformen höhere Werte der Zustimmung hat, wenn es um den Schweregrad der Behinderung geht. Bedenkt man jedoch, daß Gymnasien in Einzelfällen schon immer vor allem körperbehinderte, aber auch sinnesgeschädigte Schüler aufgenommen haben, sind die Befunde nachvollziehbar. Sie können als Auswirkung bisheriger Erfahrungen angesehen werden.

Die Bereitschaft, behinderte Schüler aufzunehmen, muß auch im Zusammenhang mit der jeweiligen Organisationsform des gemeinsamen Unterrichts bzw. mit dem jeweiligen Integrations-Modell gesehen werden. Hier ist das wohngebietsübergreifende Integrationsklassen-Modell von dem der wohnortnahen Integration zu unterscheiden. In Integrationsklassen mit vier bis sechs behinderten Schülern ist der Anteil an Sonderschullehrer-Stunden deutlich höher als bei der wohnortnahen Integration, wo in der Regel ein bis zwei behinderte Schüler die integrativ geführte Klasse besuchen. Mit der größeren Zahl der doppelt besetzten Stunden steigt auch die Bewertung der Kompetenz. Daher wird das Integrationsklassen-Modell als eher geeignet angesehen, auch schwerere Fälle von Behinderung zu integrieren; das gilt insbesondere für die zieldifferent zu unterrichtenden Schüler. Diese Bewertung deckt sich allerdings nicht mit dem Ausmaß an Bereitschaft von Sekundarstufen-Lehrern, nach diesem Modell zu arbeiten. Insbesondere Lehrer des Gymnasiums halten das wohngebietsübergreifende Integrationsklassen-Modell kaum für wünschenswert, dafür sind sie eher bereit, einzelne behinderte Schüler aufzunehmen.

Mehr oder weniger unausgesprochen stehen hinter solchen Urteilen von Lehrern zur Bereitschaft oder Nicht-Bereitschaft zum gemeinsamen Unterricht Einstellungen hinsichtlich der Integrierbarkeit bestimmter behinderter Schüler. Auf die Problematik einer solchen Sichtweise hat Sander (1993, S. 197) aufmerksam gemacht. Die zentrale Frage darf nicht lauten, ob ein Schüler integrierbar ist oder nicht. Es geht vielmehr um die Integrationsfähigkeit der Schule. Daher stellt sich die Frage: „Welche Bedingungen in dieser Schule und dieser Klasse müßten geändert werden, um den besonderen Förderbedürfnissen dieses Kindes entsprechen zu können, ohne die Förderbedürfnisse der anderen Kinder zu schmälern?" Eine solche ökosystemische Sichtweise des Person-Umwelt-Bezuges bedeutet für Sander eine neue Basis für integrationspädagogisches Denken und Handeln (s. auch Sander 1991).

3. Der gemeinsame Unterricht als Grundlage der integrativen Erziehung

Im Sinne einer ökosystemischen Sichtweise stellt sich konkret die Frage, ob sich der Unterricht in der Sekundarstufe nicht in ähnlicher Weise wie in der Grundschule den veränderten Lernvoraussetzungen anpassen ließe. Als kritisch erweist sich vor allem der Übergang von der Grundschule in den Sekundarbereich. Hierauf hat Sander (1994) aufgrund entsprechender Erfahrungen im Saarland nachdrücklich hingewiesen. Entschiedener als bisher müsse versucht werden, die relativ große Zahl von abgebrochenen Integrationsmaßnahmen zu reduzieren. Daher hat im Saarland eine Kommission unter Vorsitz von Sander „Empfehlungen zur Förderung der Bereitschaft von Schulen der Sekundarstufe I für die Integration behinderter Kinder und Jugendlicher" erarbeitet. Von den als verantwortlich angesehenen Faktoren für den Abbruch von Integration beim Übergang in die Sekundarstufe I seien hier die auf den Unterricht bezogenen möglichen Ursachen verkürzt wiedergegeben (Sander et al. 1994, S. 350f.):

- Der gefächerte Unterricht mit seiner verstärkten Orientierung am Unterrichtsstoff und an der Klasse erschwert die Berücksichtigung von Schülern mit individuellem Förderbedarf.
- Die Art der Leistungsbeurteilung regt zu wenig die Möglichkeiten für binnendifferenzierenden und individualisierenden Unterricht an.
- Absprachen bezüglich individueller Bedürfnisse einzelner Schüler sind durch das Fachlehrersystem erschwert.
- Das Unterrichten im Zwei-Lehrer-System könnte eher als unangenehm und bedrohlich empfunden werden.
- Bei nur stundenweisem Einsatz des zweiten Lehrers kann bei einzelnen Fachlehrern die zusätzliche Unterstützung ganz entfallen.
- Der Fremdsprachenunterricht wird bei zieldifferenter Integration als problematisch angesehen.

Das zentrale Problem, das der gemeinsame Unterricht zu lösen hat, besteht in der Berücksichtigung der heterogenen Lernvoraussetzungen, um allen Schülern angemessene Lernfortschritte zu ermöglichen. In der Sekundarstufe verschärft sich die Situation insofern, als zum verstärkt einsetzenden Fachunterricht noch die Tradition des lehrerzentrierten Klassenunterrichts hinzukommt. Für die Sekundarstufe I haben Hage et al. (1985) in einer umfangreichen Beobachtungsstudie das Methoden-Repertoire von Lehrern untersucht. Danach läßt sich der Unterricht als methodische Monostruktur beschreiben: Rund 80 % des Unterrichts wird vom Lehrer gesteuert. Dementsprechend gering fallen die Anteile für andere Sozialformen wie Gruppen-, Partner- oder Einzelarbeit aus. Für die ungünstigen Auswirkungen eines stark lehrerzentrierten Klassenunterrichts sowohl hinsichtlich der kognitiven als auch der sozial-emotionalen Entwicklung gibt es genügend Belege (Tausch & Tausch 1991).

Im Hinblick auf den gemeinsamen Unterricht ist festzustellen, daß der herkömmliche Klassenunterricht nicht geeignet ist, der Heterogenität der Lernvoraussetzungen gerecht zu werden. Ganz abgesehen davon: Auch für die Regelklasse hat sich der Klassenunterricht wegen seiner selektiven Funktion und der geringen Möglichkeit zur Anpassung an den einzelnen Schüler als nachteilig erwiesen. Gemeinsamer Unterricht verlangt konsequent Maßnahmen der Differenzierung und Individualisierung unter Berücksichtigung des selbstgesteuerten Lernens. Aber nicht allein die Veränderungen bei den Unterrichtsmethoden sind wichtig, einhergehen muß eine aktive Verbesserung der Lernkompetenz der Schüler sowie die Schaffung förderlicher Lernumwelten (Dumke 1993).

Inzwischen liegen Untersuchungen zum gemeinsamen Unterricht vor, die bestätigen, daß auch im Sekundarbereich eine entsprechende Umorientierung in der Unterrichtsgestaltung möglich ist. Es handelt sich um Ergebnisse aus der wissenschaftlichen Begleitung zu einem Modellversuch in der Grundschule Bonn-Friesdorf und in der Gesamtschule Bonn-Beuel. Insgesamt fünf Schülerjahrgänge wurden über sechs Schuljahre hinweg erfaßt. Die folgenden Befunde beziehen sich auf systematische Beobachtungen zur Unterrichtsorganisation in der Sekundarstufe. Einbezogen waren Integrations- und Parallelklassen des 5. bis 7. Schuljahres (Dumke, Kellner & Kranenburg 1993):

- Der lehrerzentrierte Klassenunterricht macht weniger als die Hälfte der Unterrichtszeit aus.
- Entsprechend nehmen die Sozialformen wie Einzel-, Partner- und Gruppenarbeit zu.
- Mehr als 10 % der Unterrichtszeit steht der Freien Arbeit zur Verfügung.
- Bezogen auf alle Schüler, beträgt der zeitliche Anteil an differenzierten Aufgabenstellungen rund ein Viertel.
- Zu fast 40 % der beobachteten Zeit erhalten einzelne behinderte Schüler zusätzliche Förderung durch gezielte Einzeldifferenzierung.

- In 30 % der Unterrichtszeit befindet sich der unterrichtende Lehrer (unabhängig von der Anwesenheit eines zweiten Lehrers) bei einem einzelnen Schüler, einem Paar oder einer Gruppe von Schülern.

Gerade der letztgenannte Befund zeigt die Veränderungen gegenüber dem herkömmlichen Unterricht. Zum gemeinsamen Unterricht gehört ein intensiverer Kontakt des Lehrers zu einzelnen Schülern, und zwar zu behinderten und zu nichtbehinderten Schülern. Der Lehrer wird zunehmend zum Lernhelfer und zum Berater des Schülers.

Auch wenn die intensivere Betreuung in den integrativ geführten Klassen durch das Zwei-Lehrer-System begünstigt wird, ist das keineswegs allein der Grund. In den Beobachtungsergebnissen spiegeln sich systematische Unterschiede in der Unterrichtsorganisation wider. Das zeigt sich besonders deutlich bei Anwesenheit nur eines Lehrers. Dann erhalten die Lehrverfahren, die die Schülerselbsttätigkeit anregen, eine noch stärkere Beachtung.

Die Untersuchungen zur Unterrichtsorganisation haben ein weiteres zunächst überraschendes Ergebnis geliefert: Die in die Beobachtungen einbezogenen Parallelklassen unterscheiden sich bei einzelnen Kategorien kaum von den Integrationsklassen. Dabei ist die Frage sekundär, ob der gemeinsame Unterricht an der Schule dazu beigetragen hat oder ob eine generelle Veränderung herkömmlicher Unterrichtsmethoden dahintersteht. Unabhängig davon stellt der gemeinsame Unterricht ein Modell für die Realisierung von Unterrichtsorganisation dar, wie sie in den verschiedenen reformpädagogischen Ansätzen seit langem gefordert wird.

Die Vorbehalte vieler Sekundarstufen-Lehrer gegenüber der Aufnahme behinderter Schüler betreffen den Fachunterricht. Insbesondere der Wechsel von Fach zu Fach und von Fachlehrer zu Fachlehrer im 45-Minuten-Takt stellt Anforderungen, denen zieldifferent zu unterrichtende Schüler kaum entsprechen können. Winheller (1997) weist aufgrund langjähriger Erfahrung darauf hin, daß in Integrationsklassen, in denen in der überwiegenden Zeit eine Doppelbesetzung vorhanden ist, der zweite Lehrer am ehesten für die Kontinuität des Lernens sorgen kann, notfalls auch in der nachfolgenden Stunde eines anderen Fachlehrers.

In diesem Zusammenhang sind aber auch die von Schley und Köbberling (1993) angeführten Bedenken hinsichtlich der traditionellen Rolle von Fachlehrern zu beachten: Wenn im Unterricht die fachsystematische Vermittlung dominiert, zumal nach einem lehrerzentrierten Unterrichtsmuster, kommen die entwicklungsgerechten Angebote für die behinderten Schüler zu kurz. Außerdem ist zu befürchten, daß die Verantwortung für das Lernen dieser Schüler an den zweiten Lehrer in der Doppelbesetzung abgegeben wird. Daher fordern die Autoren die Veränderung von Teamstrukturen. Einige wenige Lehrer sollten möglichst über einen längeren Zeitraum zusammenarbeiten. Kleinere Jahrgangsteams können die unterrichtlichen Maßnahmen besser aufeinander abstimmen und flexibler auf die individuellen Bedürfnisse der Schüler reagieren.

Eine enge Zusammenarbeit mehrerer Lehrer in einem Team wird seit längerem in der Gesamtschule Köln-Holweide praktiziert (Brokamp, v. Daniels & Wieners 1997). Jeweils drei Parallelklassen werden während der gesamten Schullaufbahn in der Sekundarstufe I von einer Gruppe von Lehrern begleitet. Darüber hinaus bilden fünf bis sechs Schüler eine Kleingruppe, in der nicht nur das fachliche, sondern auch das gemeinsame Lernen gelebt werden kann. Die Kombination von Lehrerteams und Schülergruppen kennzeichnet das Team-Kleingruppen-Modell. Nach diesem Modell wurde in Köln-Holweide bereits vor Einführung des gemeinsamen Lernens von Behinderten und Nichtbehinderten gearbeitet. Für die Realisierung des gemeinsamen Unterrichts lag damit eine Organisationsform vor, die sich inzwischen vielfach bewährt hat.

Auch wenn sich die angeführten Beispiele zur Organisation des gemeinsamen Unterrichts vor allem auf die Gesamtschule bezogen, so sind die anderen Schulformen doch gleichermaßen in die Diskussion um die integrative Erziehung einzubeziehen. Hildeschmidt und Sander (1995, S. 23) kommen aufgrund von Untersuchungen im Rahmen eines Modellversuchs an verschiedenen saarländischen Sekundarschulformen zu dem Ergebnis, daß keine Schulart für den gemeinsamen Unterricht ungeeignet wäre. Umgekehrt erwies sich, daß eine Organisationsform, wie beispielsweise das Team-Kleingruppen-Modell der Gesamtschule, allein noch nicht ausreicht, um die bestmögliche Verwirklichung von zieldifferenter Integration zu gewährleisten. Für den pädagogischen Erfolg ist der systemische Kontext aller Variablen wichtig.

4. Entwicklung der behinderten Schüler

4.1 Leistungsentwicklung

Auch wenn ein Teil der Lehrer der Sekundarstufe dem Integrationsgedanken durchaus positiv gegenübersteht und selbst zum gemeinsamen Unterricht bereit ist, stimmen nahezu zwei Drittel der Lehrer an Hauptschulen und an Gymnasien folgendem Statement voll bzw. weitgehend zu: Der behinderte Schüler wird entsprechend seinen Fähigkeiten und Lernmöglichkeiten in der Sonderschule am besten gefördert (Dumke, Krieger & Schäfer 1989). Gesamtschullehrer urteilen hier allerdings deutlich zurückhaltender. In diesen teilweise recht widersprüchlichen Aussagen dürfte, unabhängig von grundsätzlichen Einstellungen, eine gewisse Unsicherheit darüber zum Ausdruck kommen, inwieweit behinderte Schüler in der Regelschule angemessen gefördert werden können.

Um so wichtiger ist die Frage nach den bisher vorliegenden Erfahrungen zur Leistungsentwicklung behinderter Schüler im gemeinsamen Unterricht. Es ist jedoch kaum möglich, Gruppenvergleiche anhand statistischer Kennwerte durchzuführen. Selbst innerhalb der Behinderungsarten sind die Unterschiede zwischen den einzelnen Schülern so groß, daß Zusammenfassungen wenig aussagen, zumal bei kleinen Stichproben. Methodisch bietet sich daher die Analyse von Einzelfällen an.

Eine differenzierte Darstellung von Entwicklungsverläufen behinderter Schüler aus dem Schulversuch an der Gesamtschule Bonn-Beuel geben Dumke und Schäfer (1993) für verschiedene Behinderungsarten. Alle diese Schüler wurden bereits in der Grundschule (Bonn-Friesdorf) integrativ unterrichtet. Wenn in den allermeisten Fällen die Leistungsentwicklung als positiv bzw. als angemessen bewertet werden kann, muß häufig doch von diskontinuierlichen Verläufen ausgegangen werden. Dies kann aufgrund von Defiziten in einzelnen Bereichen durchaus erwartungsgemäß sein, die Zusammenhänge sind dennoch nicht immer direkt erkennbar und erfordern von den Lehrern ein hohes Maß an ausdauernder pädagogischer Arbeit. Auszüge aus der Beschreibung eines Entwicklungsverlaufs sollen dies verdeutlichen (s. auch Dumke 1992, S. 37f.):

Am Beispiel eines körperbehinderten Jungen mit spastischen Lähmungen an Armen und Beinen wird deutlich, wie wichtig die langjährige Kontinuität in der individuellen Förderung für den Lernerfolg ist. Noch im 3. und 4. Schuljahr waren intensive Maßnahmen für das Lesenlernen erforderlich. Zeitweise tauchte sogar die Frage auf, ob seine Schwierigkeiten im Erlernen des Lesens und Schreibens allein auf die Körperbehinderung und die psychischen Verarbeitungsprobleme zurückzuführen seien oder ob eine generalisierte Lernbeeinträchtigung vorliege. Denn auch im 5. Schuljahr konnte er so gut wie nicht lesen und schreiben. Erst ab dem 6. Schuljahr waren Fortschritte unverkennbar. Die Buchstaben wurden kleiner und deutlicher lesbar. Aus dem Zusammenziehen von Silben entwickelte sich ein stockendes Lesen. Während noch im 6. Schuljahr notwendige Texte für ihn entweder von anderen abgeschrieben oder fotokopiert werden mußten, konnte er am Ende des 7. Schuljahres zumindest Notizen selbst aufschreiben.

Die positive Entwicklung ab dem 6. Schuljahr spiegelt sich auch im Fach Englisch wider. Allerdings scheiterte zunächst der Versuch, ihn voll in das Leistungs- und Arbeitsniveau der Klasse einzubeziehen. Auch im mündlichen Unterricht gab es deutliche Reaktionen im Verhalten, die als Hinweise auf eine Überforderung zu verstehen waren. Durch Differenzierungsmaßnahmen und intensive Einzelbetreuung durch die Sonderschullehrerin konnten die Schwierigkeiten allmählich überwunden werden. Allerdings waren für den schriftsprachlichen Umgang weiterhin besondere Hilfen und Regelungen notwendig. So sprach er beispielsweise Englischarbeiten teilweise auf Kassette oder diktierte sie der Sonderschullehrerin. Am Ende des 7. Schuljahres konnte er vom Grundkurs in den Erweiterungskurs wechseln.

Ein besonderes Ereignis stellte das Erreichen der Qualifikation für den Besuch der gymnasialen Oberstufe dar. Diese Entwicklung konnte selbst im 7. und

8. Schuljahr nicht vorhergesagt werden. Inzwischen hat dieser Schüler das Abitur bestanden und das Studium an der Universität begonnen.

Insgesamt lassen sich aus den Beobachtungen und Analysen zur Leistungsentwicklung der behinderten Schüler in der Grundschule und in der Sekundarstufe I, durchgeführt im Rahmen des oben bereits angeführten Bonner Modellversuchs über sechs Jahre hinweg, folgende Bewertungen ableiten (Dumke 1992, S. 39):

- Die meisten der behinderten Schüler haben angemessene und zum Teil große Lernfortschritte erzielt.
- In einer Reihe von Fällen konnte aufgrund der jeweiligen Ausgangssituation diese positive Entwicklung nicht erwartet werden.
- Die Erfolge beruhen vor allem auf dem flexiblen Einsatz der verschiedenen Organisationsformen des integrativen Unterrichts einschließlich einer ausreichenden und zum Teil therapieorientierten Einzelförderung.
- Die nichtbehinderten Mitschüler stellten positive Modelle für das Sozial-, Arbeits- und Lernverhalten dar und erleichterten damit die Übernahme komplexerer Verhaltensweisen.
- Die jeweilige Förderung konnte an den behinderungsspezifischen Bedürfnissen und dem Leistungsniveau der einzelnen behinderten Schüler ansetzen.
- Behinderungsspezifische Defizite ließen sich teilweise durch Leistungen in anderen Bereichen kompensieren.
- Die Leistungsentwicklung verläuft häufig diskontinuierlich; über längere Zeitabschnitte hinweg konnte bei einigen behinderten Schülern in bestimmten Bereichen so gut wie kein Lernfortschritt beobachtet werden.
- Die integrative Erziehung gelang nicht nur in der Grundschule, sie konnte in der Sekundarstufe I erfolgreich fortgesetzt werden.
- Die für eine Zulassung zur integrativen Erziehung gelegentlich erhobene Forderung, die behinderten Schüler müßten am Lernfortschritt der Klasse teilhaben können, schließt von vornherein bestimmte Behinderungsgruppen aus. Aufgrund der Ergebnisse der Schulleistungsentwicklung der lern- und geistigbehinderten Schüler ist diese Forderung nicht begründet.

Daß zieldifferent zu unterrichtende Schüler in Regelklassen der Sekundarstufe I angemessen gefördert werden können, bestätigt eine Untersuchung von Hildeschmidt und Sander (1995). In dem bereits angeführten saarländischen Modellversuch zur Evaluation des gemeinsamen Unterrichts in der Sekundarstufe I wurde unter anderem die Leistungsentwicklung lernbehinderter Schüler im 5. und 6. Schuljahr anhand der Zeugnisnoten (bezogen auf die Lernziele der Sonderschule) erfaßt. Die Durchschnittsnoten der lernbehinderten Schüler glichen sich im Laufe der beiden Schuljahre denen der nichtbehinderten Schüler weitgehend an. Damit konnten die behinderten Schüler in der Regelschule, gemessen an den Durchschnittsnoten der nichtbehinderten Schüler, ein vergleichbares Leistungsniveau erreichen.

4.2 Soziometrische Beziehungen

Mit dem gemeinsamen Lernen von behinderten und nichtbehinderten Schülern verbindet sich der Anspruch, das soziale Lernen und die soziale Integration zu fördern. Aber der gemeinsame Lernort stellt noch keine hinreichende Bedingung für die Realisierung dieses Anspruchs dar (Benkmann 1990). Kritiker des gemeinsamen Lernens befürchten gar, daß der behinderte Schüler aufgrund der Auseinandersetzung mit seinem Status innerhalb der Gruppe der nichtbehinderten Schüler leicht in eine Außenseiterrolle gedrängt wird. Gerade im Jugendalter kann das Erleben und Verarbeiten von Beeinträchtigungen zu Problemen bei der Entwicklung des Selbstkonzepts führen. Eine zentrale Frage ist daher, ob durch den gemeinsamen Unterricht ein soziales Netz entsteht, das Behinderte und Nichtbehinderte gleichermaßen einschließt.

Im Rahmen der wissenschaftlichen Begleitung zum bereits angesprochenen Bonner Integrationsklassen-Modell, das sowohl die Grundschule als auch die Sekundarstufe (Klassen 5 bis 10) umfaßt, wurden sechs Jahre lang einmal jährlich soziometrische Erhebungen in Integrations- und Parallelklassen durchgeführt (Dumke 1992; Dumke & Schäfer 1993). Die Erfassung von Sympathie und Antipathie erfolgte aufgrund der Frage nach der Beliebtheit der Mitschüler als mögliche Sitznachbarn. Über die sechs beobachteten Jahre hinweg liegt das arithmetische Mittel des Wahlstatus im Durchschnittsbereich, sofern man die übliche Klassifizierung der Testnormen heranzieht. Das bedeutet, daß die Gruppe der behinderten Schüler insgesamt keine besondere bzw. abweichende Position hinsichtlich ihrer Wertschätzung als Sitznachbar einnimmt. Entsprechendes gilt für den Ablehnungsstatus. Mit dieser Einordnung der Gesamtgruppe ist jedoch nichts über die Statuswerte der einzelnen behinderten Schüler ausgesagt, die genauso wie die der nichtbehinderten Schüler einer Streubreite unterliegen.

Bei den soziometrischen Wahlen spielt die Unterscheidung nach dem eigenen und dem anderen Geschlecht eine wesentliche Rolle. Der durchschnittliche Wahlstatus der behinderten Schüler weist für das andere Geschlecht zahlenmäßig etwas höhere Werte aus als für das eigene Geschlecht. Die behinderten Schüler, die in der überwiegenden Zahl Jungen sind, erhalten ihre Wahlen hauptsächlich von Mädchen.

Das bedeutet, daß sich die durchschnittliche soziometrische Position der behinderten Schüler nicht von der der nichtbehinderten Schüler unterscheidet, wenn die Wahlwünsche für den Sitznachbarn des jeweils anderen Geschlechts zugrunde liegen. Die Normalität in der Sitzplatzwahl zeigt sich damit besonders bei den Mädchen. Gemessen an der Testnorm, liegt die soziometrische Position der behinderten Schüler auch beim eigenen Geschlecht eindeutig im Durchschnittsbereich.

Bei einer Differenzierung der Befunde nach der jeweiligen Behinderungsart finden sich für die körper- und für die gehörbehinderten Schüler enge Streuungen der Statuswerte im Bereich des Klassenmittels. Ungünstige Statuswerte treten häufiger bei den lernbehinderten und den erziehungsschwierigen Schülern auf. Uneinheitlich mit größeren Schwankungen über die Erhebungszeitpunkte hinweg sind die Befunde für die geistigbehinderten Schüler.

Hinsichtlich der Zuordnung zu den soziometrischen Typen in Anlehnung an die Klassifikation von Petillon (1980) findet sich etwa die Hälfte der behinderten Schüler in der Durchschnittskategorie „unauffällig“. Darüber hinaus kommen bei den behinderten Schülern negative Typisierungen häufiger und positive Typisierungen seltener vor, verglichen mit den nichtbehinderten Schülern. Es werden aber alle soziometrischen Typen auch von den behinderten Schülern besetzt.

Neben der Auswertung nach soziometrischen Positionen wurden auch Clusteranalysen durchgeführt. Diese können Auskunft darüber geben, inwieweit behinderte Schüler an den informellen Gruppen ihrer Klassen beteiligt sind oder ob sie eher isolierte Subgruppen bilden. Die Ergebnisse widersprechen deutlich der These einer systematischen Konzentration oder Isolierung der behinderten Schüler in gesonderten Gruppierungen in ihren Klassen. Insgesamt wird damit eine gelungene soziale Integration der behinderten Schüler belegt: Behinderung stellt kein vorrangiges Gruppierungskriterium dar.

5. Auswirkungen auf die nichtbehinderten Schüler

Werden Lehrer nach den Vorteilen des gemeinsamen Unterrichts für die nichtbehinderten Schüler gefragt, so lassen sich über 90 % der Anworten in die Kategorie „soziales Lernen und soziale Kontakte zum behinderten Menschen“ einordnen (Dumke, Krieger & Schäfer 1989). Bei der entsprechenden Frage nach den Schwierigkeiten gibt es insgesamt deutlich weniger Anworten. Offensichtlich werden für die nichtbehinderten Schüler insgesamt weniger Schwierigkeiten angenommen als für die behinderten Schüler. Bei den genannten Schwierigkeiten steht der Leistungsbereich eindeutig an erster Stelle. Insbesondere werden Unterforderung und Ablenkungsgefahr befürchtet. Daher ist für die Bewertung des gemeinsamen Unterrichts die Antwort auf die Frage wichtig, ob denn am Ende auch die Schulleistungen stimmen.

5.1 Schulleistungen

Im Rahmen des Bonner Schulversuchs zum Integrationsklassen-Modell wurde die Schulleistungsentwicklung in der Sekundarstufe I hauptsächlich anhand von Lehrer-Einschätzungen beschrieben. Nur im 5. und 6. Schuljahr kamen auch standardisierte und informelle Tests zum Einsatz (Dumke 1991). Aus Gründen der Einheitlichkeit beziehen sich die folgenden Aussagen auf die Beurteilungen durch die Lehrer (Dumke & Schäfer 1993). Für die Fächer Deutsch, Mathematik und Englisch schätzten die Lehrer in den Integrations- und in Parallelklassen jeden Schüler auf fünfstufigen Skalen danach ein, inwieweit er die jeweiligen Lernziele der Jahrgangsstufe erreicht hat. Dabei sollte nach mündlicher und schriftlicher Leistung sowie nach dem Arbeitsverhalten unterschieden werden. Erfaßt wurden für ein Schuljahr die Klassenstufen 7 bis 9 und für das folgende Schuljahr die Klassenstufen 6 bis 10.

In Mathematik und Englisch fallen alle Mittelwertsvergleiche (schriftlich, mündlich, Arbeitsverhalten) in beiden Schuljahren zugunsten der Integrationsklassen aus. Für das Fach Deutsch besteht die gleiche Tendenz, auch wenn nicht alle Unterschiede signifikant sind. Damit erfahren die Schüler der Integrationsklassen insgesamt eine günstigere Beurteilung ihres Arbeitsverhaltens und ihrer Schulleistungen als die Schüler der Parallelklassen. Bei den standardisierten Tests zeigten sich hinsichtlich der durchschnittlichen Leistungen meistens keine bedeutsamen Unterschiede. Faßt man die Ergebnisse zusammen, so sprechen die Befunde dafür, daß die nichtbehinderten Schüler der Integrationsklassen zumindest nicht schlechter abschneiden als Schüler in Regelklassen.

Berücksichtigt man neben den durchschnittlichen Leistungen auch die Verteilungsform, dann lassen sich die Schulleistungen durch eine größere Streubreite kennzeichnen. Das betraf vor allem den positiven Bereich. Das heißt, daß nicht nur die lernschwachen Schüler, sondern vor allem auch die leistungsstärkeren Schüler in Integrationsklassen eine angemessene Förderung erfahren.

Das bestätigt auch eine Untersuchung von Bless und Klaghofer (1991). Sie gingen der Frage nach, ob die Anwesenheit behinderter Schüler Auswirkungen auf begabte nichtbehinderte Schüler hat. Der Anstieg der Schulleistungen vom 4. zum 6. Schuljahr unterschied sich nicht signifikant von dem einer Kontrollgruppe. Die Autoren heben daher auch hervor, daß die Integration behinderter Schüler - in diesem Fall handelte es sich um Lernbehinderte - keine Nachteile für die Entwicklung der begabten Schüler zur Folge hat.

Offensichtlich ist in Integrationsklassen die Förderung von unterschiedlich leistungsfähigen Schülern in einer größeren Breite als in Regelklassen möglich. Damit widersprechen die Befunde solchen Ansätzen, die eine Leistungsverbesserung bei gleichzeitiger Verringerung der Leistungsstreuung im Sinne eines Chancenausgleichs anstreben (Helmke 1988). Das Konzept der Qualifizierung des einzelnen Schülers bei gleichzeitiger Egalisierung der Gruppenleistung birgt die Gefahr, den herkömmlichen lehrerzentrierten Klassenunterricht mit seiner selektiven Komponente zu begünstigen. Demgegenüber stellen sich die integrativ unterrichtenden Lehrer bewußt der Heterogenität der Lerngruppe und reagieren mit einer Unterrichtsorganisation, die für alle Schüler angemessene Lehr-Lern-Prozesse in Gang setzen kann. Wocken (1987, S. 70) hat es so auf eine Kurzform gebracht: „Eine Integrationsklasse ist bejahte und gewollte Heterogenität." Im gemeinsamen Unterricht erhalten alle Schüler optimale Entwicklungschancen. Ausdrücklich sind hier die gutbegabten Schüler einbezogen.

5.2 Integration in der Beurteilung der Schüler

Im Rahmen des Bonner Schulversuchs zum Integrationsklassen-Modell wurden auch die unmittelbaren Erfahrungen von Schülern mit der integrativen Erziehung durch eine direkte Befragung erfaßt. Die Erhebung fand jeweils im 7. Schuljahr statt und erfolgte in Form eines ausführlichen strukturierten Interviews. Es liegen Aussagen aus vier Integrations- und sechs Parallelklassen vor (Dumke 1992; Dumke & Schäfer 1993).

Die nichtbehinderten Schüler der Integrationsklassen äußern sich insgesamt sehr zufrieden über ihre Schule. Sie erleben den Unterricht als wenig angstauslösend und haben eine positive Einstellung gegenüber ihren Lehrern. Dabei handelt es sich keineswegs nur um eine globale Sichtweise; die Beurteilung des Lehrerverhaltens erfolgt recht differenziert und auch kritisch.

An weitaus erster Stelle stehen die sozial-emotionalen Beziehungen. Die Jugendlichen erwarten von ihren Lehrern, daß sie freundlich und nicht so streng sind, ein berechenbares statt wechselhaftes Verhalten zeigen und daß sie auf den Schüler eingehen und ihn als Partner akzeptieren. Diese Verhaltensweisen bestätigen sie auch bei ihren Lehrern. Daneben ist den Schülern ebenfalls der Hinweis wichtig, daß man bei ihren Lehrern etwas lernen und hierfür die erforderlichen Hilfen bekommen kann.

Entsprechend der Bedeutung der sozial-emotionalen Beziehungen zu den Lehrern, wird das Verhältnis der Schüler untereinander bewertet. Auch hier werden kompetente Vorschläge und Kriterien für ein positives Sozialklima genannt. Vor allem aber steht das gute Auskommen miteinander im Vordergrund. Das zeigt sich auch an den Freundschaften in der Klasse. Diese sind nicht auf das eigene Geschlecht begrenzt; außerdem gibt es hier keine Trennung zwischen Behinderten und Nichtbehinderten. Gemessen an dem zahlenmäßigen Verhältnis von Behinderten und Nichtbehinderten, haben nichtbehinderte Schüler einen entsprechend hohen Anteil an Freunden unter den behinderten Schülern.

Zu der Frage „Was findest Du gut am gemeinsamen Unterricht von behinderten und nichtbehinderten Schülern?" lassen sich die allermeisten Antworten folgender Kategorie zuordnen: Behinderte und Nichtbehinderte profitieren entweder gemeinsam oder als jeweilige Gruppe vom gemeinsamen Unterricht. Die weitaus häufigsten Nennungen beziehen sich auf den sozial-emotionalen Bereich. Die nichtbehinderten Schüler der Integrationsklassen sind jedoch wesentlich stärker davon überzeugt, daß sie selbst am meisten profitieren, während die Schüler der Parallelklassen eher die gegenseitigen Vorteile sehen. Darüber hinaus weisen die Schüler der Integrationsklassen nachdrücklich darauf hin, daß Integration etwas Selbstverständliches ist.

In den Interviews wird immer wieder die Bedeutung der zwischenmenschlichen Beziehungen angesprochen. Es wäre jedoch einseitig, sähe man hier nur den direkten Zusammenhang zum Gelingen der Integration. Vielmehr ist von Wechselwirkungen auszugehen. Hier besteht eine gewisse Parallele zu der Untersuchung der sozialen Kognitionen in 4. bis 6. Klassen (Dumke & Mergenschröer 1990). Schüler der Integrationsklassen erwiesen sich dort in höherem Maße zur Rollenübernahme fähig. Im Vergleich zu Regelschülern konnten sie sich besser in andere Personen hineinversetzen und auf einer moralisch höheren Stufe urteilen. Solche Fähigkeiten, wie sie auch in den Interviews sichtbar werden, stellen nicht in erster Linie Voraussetzungen für die integrative Erziehung dar, sie sind vielmehr ein Ergebnis.

Wenn sich die Schüler der Integrationsklassen zum gemeinsamen Unterricht äußern, so tun sie das zum Teil - man könnte fast sagen - sehr fachmännisch. In der Beurteilung haben negative Aspekte zwar eine ziemlich untergeordnete Bedeutung, dennoch können die Schüler differenziert die Problembereiche aufzeigen und auch gezielt Verbesserungsvorschläge unterbreiten. Sie wissen sehr wohl um die Nachteile der äußeren Differenzierung und setzen sich nicht nur begründet für innere Differenzierung ein, sondern geben auch weitere Anregungen zur inhaltlichen und methodischen Gestaltung des gemeinsamen Unterrichts.

Die Kritik der Schüler der Parallelklassen richtet sich zum Teil gegen Bereiche, die auch sonst in der Öffentlichkeit eine gewisse Rolle spielen, für die Schüler der Integrationsklassen jedoch so gut wie keine Bedeutung haben. Hauptsächlich geht es dabei um die Befürchtung, daß erstens Behinderte entweder diskriminiert oder bevorzugt werden könnten und zweitens eine Beeinträchtigung in der Leistungsentwicklung bei den Behinderten und/oder Nichtbehinderten nicht auszuschließen sei. Offensichtlich entsprechen diese Aussagen eher vorgefestigten Meinungen, wie sie auch in der öffentlichen Integrationsdiskussion von Außenstehenden häufiger abgegeben werden.

Für eine solche Interpretation spricht auch, daß bei den Schülern der Parallelklassen, die Kontakte zu behinderten Schülern haben (z.B. in gemeinsamen Kursen), aufgrund ihrer persönlichen Erfahrungen eine ganz andere Sichtweise in den Vordergrund tritt. Es werden dann zwar auch kritische Bereiche angesprochen, doch insgesamt überwiegen die positiven Urteile. So weisen diese Schüler der Parallelklassen ausdrücklich darauf hin, daß sie gut mit den behinderten Schülern auskommen. Diese Vorgänge lassen sich im Sinne der Kontakthypothese (Cloerkes 1985; Homans 1972) verstehen: Durch die Qualität der Beziehungen in den gemeinsamen Situationen des integrativen Unterrichts verändert sich die Einstellung der nichtbehinderten Schüler gegenüber den behinderten Schülern.

Verallgemeinernd läßt sich daraus erneut die Wichtigkeit der Erfahrung für eine positive Beurteilung des gemeinsamen Unterrichts ableiten: Eltern, Lehrer und Schüler sind um so zufriedener, je mehr Erfahrungen sie mit ihm gesammelt haben. Hierin liegt auch eine gute Chance für die Weiterentwicklung der integrativen Erziehung in der Sekundarstufe.

Literatur

Benkmann, R.: Probleme sozialen Verhaltens lernauffälliger und nichtauffälliger Kinder als Aufgabe schulischer Integrationsforschung. In: Zeitschrift für Heilpädagogik 41 (1990), 369-388.

Bless, G. & Klaghofer, R.: Begabte Schüler in Integrationsklassen. In: Zeitschrift für Pädagogik 37 (1991), 215-223.

Brokamp, B., von Daniels, S. & Wieners, T.M.: Integration in der Sekundarstufe I. Momentaufnahmen eines Prozesses. In AKILAB (Hrsg.): Pädagogik und Didaktik für Menschen mit besonderen Erziehungsbedürfnissen. Aachen (Wissenschaftsverlag Mainz) 1997. p. 129-145.

Cloerkes, G.: Einstellung und Verhalten gegenüber Behinderten, 3. erw. Auflage. Berlin (Marhold) 1985.

Dumke, D.: Schulleistungen nichtbehinderter Schüler in Integrationsklassen. In: Zeitschrift für Pädagogische Psychologie (1991) 5, 33-42.

Dumke, D.: Gemeinsamer Unterricht von Behinderten und Nichtbehinderten in der Grundschule und in der Sekundarstufe I. Frechen (Ritterbach) 1992.

Dumke, D.: Integrativer Unterricht: eine neue Lehrmethode? In: Dumke, D. (Hrsg.): Integrativer Unterricht, 2. Auflage. Weinheim (Deutscher Studien Verlag) 1993. p. 33-56.

Dumke, D., Kellner, M. & Kranenburg, M.: Unterrichtsorganisation in Integrationsklassen. In: Dumke, D. (Hrsg.): Integrativer Unterricht, 2. Auflage. Weinheim (Deutscher Studien Verlag) 1993. p. 109-160.

Dumke, D., Krieger, G. & Schäfer, G.: Schulische Integration in der Beurteilung von Eltern und Lehrern. Weinheim (Deutscher Studien Verlag) 1989.

Dumke, D. & Mergenschröer, B.: Soziale Kognitionen von Schülern in Integrationsklassen. In: Psychologie in Erziehung und Unterricht 37 (1990), 111-122.

Dumke, D. & Schäfer, G.: Entwicklung behinderter und nichtbehinderter Schüler in Integrationsklassen. Weinheim (Deutscher Studien Verlag) 1993.

Hage, K., Bischoff, H., Dichanz, H., Eubel, K.-D., Oehlschläger, H.-J. & Schwittmann, D.: Das Methoden-Repertoire von Lehrern. Eine Untersuchung zum Schulalltag der Sekundarstufe I. Opladen (Leske & Budrich) 1985.

Helmke, A.: Leistungssteigerung und Ausgleich von Leistungsunterschieden in Schulklassen: unvereinbare Ziele? In: Zeitschrift für Entwicklungspsychologie und Pädagogische Psychologie (1988) 20, 45-76.

Hildeschmidt, A. & Sander, A.: Integration behinderter Schüler und Schülerinnen in der Sekundarstufe I. In: Heilpädagogische Forschung, 21 (1995), 14-26.

Homans, G.C.: Theorie der sozialen Gruppe (6. Aufl.). Opladen (Westdeutscher Verlag) 1972.

Maikowski, R.: Gemeinsames Lernen in der Sekundarstufe I - eine Standortbestimmung. In: Eberwein, H. (Hrsg.): Handbuch Integrationspädagogik, 4. Auflage. Weinheim (Beltz) 1997. p. 195-201.

Petillon, H.: Soziale Beziehungen in Schulklassen. Weinheim (Beltz) 1980.

Sander, A.: Integration behinderter Schüler und Schülerinnen auf ökosystemischer Grundlage. In: Sander, A. & Raidt, P. (Hrsg.): Integration und Sonderpädagogik. Saarbrücker Beiträge zur Integrationspädagogik, Band 6. St. Ingbert (Röhrig) 1991. p. 41-47.

Sander, A.: Integration behinderter Schüler und Schülerinnen als Gegenstand der Lehreraus- und -fortbildung. In: Meister, H. & Sander, A. (Hrsg.): Qualifizierung für Integration. Saarbrücker Beiträge zur Integrationspädagogik, Band 7. St. Ingbert (Röhrig) 1993. p. 191-201.

Sander, A.: Entwicklung der schulischen Integration behinderter Kinder und Jugendlicher im Saarland 1990 bis 1993/94. In: Sander, A. et al.: Schulreform Integration. Saarbrücker Beiträge zur Integrationspädagogik, Band 8. St. Ingbert (Röhrig) 1994. p. 9-37.

Sander, A., Hildeschmidt, A., Jung-Sion, J., Raidt-Petrick, M. & Schnitzler, P.: Schulreform Integration. Saarbrücker Beiträge zur Integrationspädagogik, Band 8. St. Ingbert (Röhrig) 1994.

Schley, W. & Köbberling, A.: Integrationsklassen in der Sekundarstufe I. Universität Hamburg (Arbeitsstelle Integration) 1993.

Tausch, R. & Tausch, A.M.: Erziehungspsychologie. Begegnung von Person zu Person, 10. Auflage. Göttingen (Hogrefe) 1991.

Winheller, D.: Gemeinsamer Unterricht im Fachunterricht der Sekundarstufe. Bericht zum Workshop: Didaktik des gemeinsamen Unterrichts. Düsseldorf (Ministerium für Schule und Weiterbildung) 1997.

Wocken, H.: Integrationsklassen in Hamburg. In: Wocken, H. & Antor, G. (Hrsg.): Integrationsklassen in Hamburg. Erfahrungen - Untersuchungen - Anregungen. Solms-Oberbiel (Jarick) 1987. p. 65-87.

Almut Köbberling

Gemeinsamkeit und Vielfalt in der Sekundarstufe: Wege in verschiedene Lebenswelten teilen

„Also, ich finde schade, daß ich die meisten verliere, besonders Heiner - daß ich ihn verlieren werde für immer... Ich habe das Gefühl, daß ich alle Leute hier liebe, und daß ich es schön und toll fand, mit den anderen zusammen zu sein. Mir hat es einfach Spaß gemacht!" Maja, ein Mädchen mit Down-Syndrom verabschiedet sich so nach Jahrgang 10 von ihrer Klasse. Heiner hat seinen Behinderungsstatus hinter sich gelassen und wird die Ausbildung zum Erzieher beginnen.

1. „Es gab eine Zeit, da hab' ich gedacht: Der Wocken hat recht gehabt. Aber am Ende hat er nicht recht!"

In den Auswertungsgesprächen zum Abschluß der Wissenschaftlichen Begleitung der Hamburger Integrationsklassen in Sekundarschulen erinnerten sich vor allem Eltern wiederholt an die Prognosen des Integrationsexperten, der in der Grundschule engagierter Mitstreiter und Begleiter der ersten Integrationsklassen gewesen war, einer Weiterführung in der Sek I aber skeptisch gegenüberstand: Er - wie viele andere - sah voraus, daß die Entwicklungsprozesse in der Pubertät einerseits und die Strukturen und Unterrichtskonzepte in den Sekundarschulen andererseits den entwickelten Integrationsverständnissen entgegenstanden. Bei den zunehmend divergierenden Lern- und Leistungsentwicklungen der SchülerInnen und im starren System des fächergegliederten, leistungsdifferenzierten Unterrichts würde gemeinsamer Unterricht bald an Grenzen der Realisierbarkeit stoßen, und in den spannungsvollen Prozessen der Identitätssuche unter Jugendlichen würden SchülerInnen mit Behinderungen heftigen Konflikten ausgesetzt sein und leicht in soziale Randpositionen geraten.

Recht hat er gehabt. Alle Schwierigkeiten haben sich eingestellt und wurden inzwischen mehrfach beschrieben (vgl. Boban & Matthies 1994, Boban 1995, Köbberling 1997, Maikowski 1995, Schley & Köbberling 1994, Völz 1996). Und doch hat er am Ende auch nicht recht, denn mit den Erfahrungen haben sich Blickweisen und vielleicht auch der Alltag in den Schulen verändert.

SchülerInnen, Eltern und PädagogInnen kommen zu positiven Bilanzen, und Schulleitungen stimmen dem Statement einmütig zu: „Integrationsklassen sind fester Bestandteil der Schule geworden.“ Kernpunkte dieser Entwicklung sollen hier auf der Basis der vielfältigen Auswertungsgespräche mit den SchülerInnen aus 17 Abschlußklassen in Jahrgang 10 und den 79 Pädagogenteams des Schulversuchs festgehalten werden.

2. Integration und „die Schere der Entwicklungen“

Integrationsklassen in Hamburg sind für SchülerInnen aller Behinderungen zugänglich. In der Sekundarstufe werden inzwischen in 13 Gesamtschulen und 3 integrierten Haupt- und Realschulen Integrationsklassen der Grundschule fortgeführt. Die aus 17 nichtbehinderten und 3 unterschiedlich behinderten SchülerInnen zusammengesetzten Klassen werden von einem Dreipädagogen - Team, geführt, das eine durchgängige Doppelbesetzung im Unterricht gewährleisten kann. Ca. 30 % der behinderten SchülerInnen haben geistige und mehrfache Behinderungen und werden daher dauerhaft und in erheblicher Weise lernzieldifferent unterrichtet.

Im Rückblick der PädagogInnen wie auch der SchülerInnen stellt sich wiederkehrend heraus, daß im Verlauf der Sekundarstufe „gemeinsames Lernen“ sich erheblich gewandelt hat. Der wiederkehrende Prozeß sei kurz skizziert:

– In Jahrgang 5/6 wird auf den Erfahrungen der Grundschule aufbauend mit offenen, methodisch vielfältigen Lernformen der gemeinsame Unterricht in der heterogenen Klasse entwickelt, und dabei haben die Prozesse des sozialen Lernens einen hohen Stellenwert: Arbeitsformen und Methoden der Zusammenarbeit werden aufgebaut, und immer wieder haben soziale Konflikte und persönliche Schwierigkeiten einzelner SchülerInnen „Vorrang“ vor fachlichen Planungen. Gerade diese Qualität eines sehr persönlich begleiteten und methodisch vielfältigen Unterrichts schätzen die Jugendlichen im Rückblick hoch ein, und die Erfahrung der sozialen Zusammengehörigkeit wird lebendig erinnert.

– Ab Jahrgang 7 tritt dann zunehmend die Auseinandersetzung mit der Unterschiedlichkeit der Heranwachsenden und den je besonderen persönlichen Bedürfnissen in den Vordergrund. Gemeinsames Lernen, Zusammengehörigkeitsgefühl oder soziale Verantwortlichkeit zu erhalten, wird ein schwieriges pädagogisches Anliegen, das sowohl den schulischen Strukturen, als auch den Bedürfnissen der SchülerInnen zuwiderzulaufen scheint: Diese begrüßen durchaus auch, im beginnenden Kurssystem den Rahmen der Klasse zu verlassen, in differenzierten Leistungs- und Wahlpflichtkursen neue soziale Kontakte zu knüpfen und sich veränderten Lernanforderungen zu stellen.

- In veränderten Kooperationsstrukturen mit einer Vielzahl integrationsunerfahrener Fachlehrer, zudem bei zunehmend kognitiv verengten Lehrplänen und abschlußorientierten Unterrichtskonzepten wird nun oft schwierig, im Rahmen des Fachunterrichts „gemeinsamen Unterricht" für alle Schüler in der Bandbreite der Lernbedürfnisse zwischen Hochbegabung und geistiger Behinderung zu gestalten. Für SchülerInnen mit geistiger Behinderung treten Einzelunterricht oder Arbeit in Kleingruppen zunehmend an die Stelle gemeinsamen Lernens in der Klasse. Rückblickend kritisieren Jugendliche mitunter, daß ihnen so die Chance zum Kontakt und zu gemeinsamen Erfahrungen mit den behinderten MitschülerInnen genommen wurde.

- Kontakte zwischen behinderten und nicht behinderten SchülerInnen werden in dieser Zeit aber oft spannungsvoll und gehen zurück: Nachmittagsverabredungen kommen nur noch selten zustande, und besonders SchülerInnen mit geistiger Behinderung finden schwer Partner oder gar Freunde. Die „Schere der Entwicklungen" geht weit auseinander, und die verunsichernde und anstrengende Suche nach der eigenen Identität macht die Jugendlichen zeitweise ungeduldig und abweisend im Umgang miteinander.

- SchülerInnen mit Behinderungen werden sich ihres „Andersseins" bewußt und setzen sich in oft schmerzhafter Weise mit der Bedeutung ihrer Behinderung auseinander. Sie leben möglicherweise auf, wenn sie in jahrgangsübergreifenden Angeboten für behinderte SchülerInnen oder im Kontakt zu Jugendlichen anderer Schulen Erfahrungen mit Menschen ähnlicher Interessen und Fragestellungen machen können.

So bestätigt sich die Prognose:

- Gemeinsamer Unterricht kommt in starren Fachleistungsstrukturen an Gestaltungsgrenzen und bleibt nicht tragfähig für integrative Prozesse.

- Einsamkeit, Kränkungen, auch Erfahrungen mit gewaltvollen Konflikten für die ohnehin benachteiligten Kinder machen ratlos;

- Enttäuschung, Mitleiden, Trauer und Bitterkeit bei Eltern und

- Gefühle des Versagens, Scheiterns, Schuldigwerdens bei den PädagogInnen müssen bewältigt werden.

Abbildung 1: „Die Schere geht auseinander..."

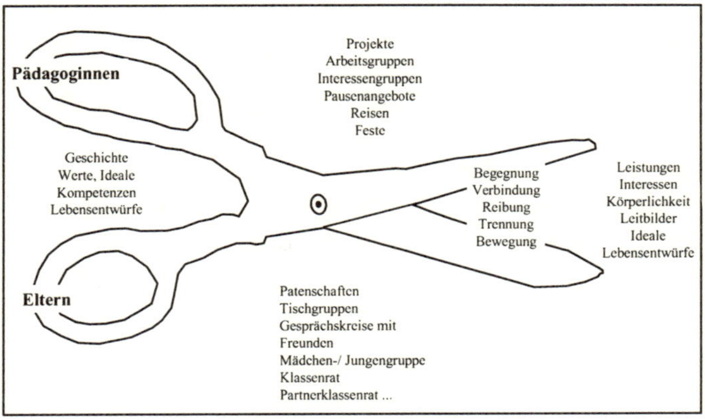

In dieser Situation hat im Hamburger Schulversuch das Bild der Schere dazu beigetragen, Integrationsverständnisse neu zu betrachten und alters- bzw. stufenspezifische Schwerpunkte verstärkt ins Blickfeld zu rücken.

Die auseinanderweisenden Scherenmesser kennzeichnen die zunehmende Unterschiedlichkeit der Leistungen, Interessen und Bedürfnisse, die wachsende Vielfalt und Individualität der Menschen. Sie anzuerkennen, zu stärken und als Reichtum zu nutzen, ist Anliegen der Integration; ihr zu entsprechen muß Anliegen der Schule sein - auf Kosten von Gemeinsamkeit?

Der Blick aufs Ganze der Schere eröffnet eine veränderte Perspektive: Die Messer der Schere sind in einem Drehpunkt verbunden, der Beweglichkeit im Wechsel von Annäherung und Entfernung ermöglicht und das Wesen der Schere erst ausmacht.

So auch vollzieht sich Entwicklung in der Dynamik der Bedürfnisse zwischen Zugehörigkeit und Autonomie, Gehaltensein und Loslösung. Im Spannungsfeld zwischen beiden Bedürfnissen stehen die SchülerInnen im Prozeß des Heranwachsens zu Jugendlichen, und sie bedürfen sowohl der Erfahrung des Gehaltenseins in tragender Einbindung wie auch der Trennung und Besonderung (vgl. Kegan 1986).

In der Sekundarstufe mag in besonders ausgeprägter Weise Aufgabe integrativer Pädagogik sein, die Balance zwischen den gegensätzlichen Polen von Unterschiedlichkeit und Gemeinsamkeit zu halten und die SchülerInnen darin zu unterstützen, die Ausbalancierung bzw. Integration ihrer widersprüchlichen Grundstrebungen zu finden. Die Erfahrung von Verschiedenheit und Unterscheidung zuzulassen, für sich selbst anzunehmen und im Zusammenleben zu akzeptieren steht in dieser Entwicklungsphase im Zentrum persönlicher wie sozialer Integrationsprozesse.

Das Auseinanderdriften in verschiedene Richtungen, in unterschiedliche Kurse und soziale Bezüge braucht nicht den Abbruch von Beziehungen und gemeinsamer Erfahrung zu bedeuten, wenn in den Schulen gleichsam „Drehpunkte“ der Annäherung und Wiederbegegnung geschaffen werden. Um das ausgewogene Verhältnis von gemeinsamem Unterricht und spezifischen Kursen bzw. individuellen Angeboten muß es gehen, und um soziale Erfahrungen unter „Gleichgesinnten“ ebenso wie in der Gruppe der Verschiedenen. So kann die „Behindertengruppe“ ein wichtiger Ort für innerpsychische Integrationsprozesse werden, zugleich aber die „Mädchengruppe“ die Entdeckung der gemeinsamen Erfahrung von Sehnsüchten und Konflikten aller Mädchen ermöglichen. So werden Strukturen benötigt, die Raum zur Abgrenzung geben, den Faden des Dialogs zwischen den Verschiedenen aber nicht abreißen lassen. Pädagogische Hilfen zur Bewältigung der oft schmerzhaften Suche nach persönlicher Identität können vor allem durch Angebote zum Dialog gegeben werden; sie tragen die Chance in sich, bei behinderten wie nicht behinderten Jugendlichen zur Versöhnung mit der Notwendigkeit von Unterscheidung und Verschiedenheit beizutragen.

Die Schulen sind unterwegs, sich in ihren Strukturen und Angeboten um eine verbesserte Ausbalancierung von Differenzierung und Gemeinsamkeit zu bemühen. Stundenpläne und Organisationsformen des Unterrichts sollen in den oberen Jahrgängen der Zergliederung in Kursen verläßliche und zusammenhängende Klassenzeiten entgegensetzen. Dabei werden vor allem Projekte mit gesellschaftlichem „Ernstcharakter“ von SchülerInnen wie PädagogInnen als persönlich wertvoll und integrativ tragfähig erlebt: Möbel werden gebaut und (z.B. zur Finanzierung einer Reise) verkauft oder zur Verbesserung der Schulgestaltung genutzt, ein Schulrestaurant oder eine Pausencafeteria geführt, ein Eisenbahnwaggon als Denk-Mal an das Verschwinden von jüdischen Kindern und Erwachsenen der Schule gestaltet. In Ergänzung zum Fachunterricht und in unterschiedlichen Fächerkombinationen wird Lernen und Arbeiten am „gemeinsamen Gegenstand“ neu entwickelt und insbesondere im Zusammenhang mit den Aufgaben der Berufsvorbereitung als produktiv erfahren.

Im Blick auf ein Integrationskonzept für die Sekundarstufe zeichnet sich ab, daß sich dieses nicht mehr auf gemeinsamen Unterricht im Rahmen der Klasse begrenzen läßt: In dem Maße, in dem sich der soziale Bezugsrahmen aller Schüler erweitert, kann auch die Integration von SchülerInnen mit Behinderung nicht auf die Klasse beschränkt bleiben. Vielmehr wird die Schule zum Ort integrativen Lernens, an dem Jugendliche mit und ohne Behinderungen vielfältige Möglichkeiten für individuelle Lernwege und vielfältige Erfahrungen nutzen können (vgl. Boban 1997). Schule wird ein Haus des Lernens mit sehr unterschiedlichen Angeboten für unterschiedliche Jugendliche (vgl. Bildungskommission NRW 1995, v. Hentig 1993; Kösel 1993), in dem zugleich die Kultur des Zusammenlebens in einer „fürsorglichen und gerechten Schulgemeinschaft“ (vgl. Oser/Althoff 1992) gepflegt wird. Fachliche Kurse, Projekte, Klassenstunden, Neigungs- und Interessengruppen, Erkundungen, Reisen, Feste, Gespräche und vielfältige Begegnungsmöglichkeiten in Pausen-

und Freizeiträumen werden auf unterschiedliche Weise zur Integration beitragen:

- zur Stabilisierung des einzelnen Jugendlichen in dem schwierigen Prozeß, sich selbst anzunehmen und zu integrieren,
- zum Zusammenleben mit sehr verschiedenen anderen Menschen und
- zu Möglichkeiten selbstbestimmten Handelns und Entscheidens in einem gesellschaftlich integrierten Leben nach der Schulzeit.

3. Entwicklungsverläufe

Die Entwicklungen der Jugendlichen gingen weiter und können von ihnen selbst wie den Pädagogen nun bis zum Ende der Schulzeit dargestellt und reflektiert werden. Im Folgenden sollen Ergebnisse aus der Abschlußevaluation vorgestellt werden, die ein Licht auf Situation und Sichtweisen der Jugendlichen am Ende ihrer Schulzeit werfen. Dabei soll - den belastenden Erfahrungen der Pubertät nachgehend - zunächst die Entwicklung von Jugendlichen mit Behinderungen betrachtet werden.

Im Rahmen der Wissenschaftlichen Begleitung des Schulversuchs wurde in den Integrationsklassen der ersten 3 Jahrgänge nach Absprache mit den PädagogInnen die Entwicklung eines Schülers bzw. einer Schülerin mit Behinderung über den Verlauf der Schulzeit hin begleitet und dokumentiert. In den 8 Klassen des Abschlußjahrgangs 1996 stellten diese Jugendlichen parallel zu einem persönlichen Interview ihre erinnerte Entwicklung bildhaft in einer „Wetterkarte" dar, nachdem anhand von Fotos und in einem auswertenden Klassengespräch Erinnerungen aktualisiert worden waren. Die Darstellungen der Jugendlichen dekken sich weitgehend mit den Beschreibungen und Einschätzungen der Pädagogen, die die Entwicklung dieser SchülerInnen im auswertenden Gespräch ebenfalls rekonstruierten und reflektierten. Abweichende Einschätzungen zu bestimmten Phasen geben Aufschluß über spezifische Sichtweisen und Verarbeitungsprozesse. Im selbst und fremd erinnernden Rückblick bilden sich zwei Entwicklungs- bzw. Verarbeitungsmuster heraus, die auch bei SchülerInnen der vorausgegangenen Jahrgänge erkennbar waren: Ein Muster der zunehmenden persönlichen Stabilisierung und eines der Bewältigung deutlicher Entwicklungskrisen im Verlauf der Schulzeit. Sie seien hier anhand einiger markanter biographischer Notizen erläutert.

Abbildung 2: Wege der Stabilisierung

Emotionales Befinden im Verlauf der SekI im Rückblick von SchülerInnen mit Behinderung (N=5)

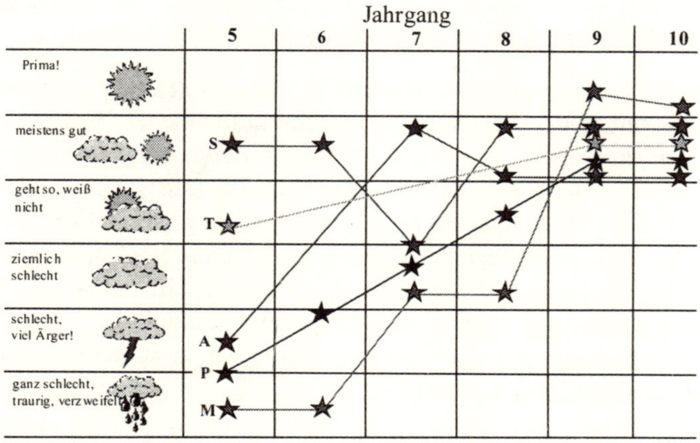

Alle Abbildungen der ersten Gruppe haben Jungen erstellt, die aufgrund von cerebralen Schädigungen unklarer Art und Genese anstelle der Integrationsklasse vermutlich Schulen für Lern- oder Körperbehinderte besucht hätten. Alle bis auf S. erinnern sich an häufige Konflikte, Auseinandersetzungen und Raufereien in der Anfangszeit und geben an, daß sie sich in der Klasse zunehmend wohler fühlten und gelernt haben, sich nicht provozieren zu lassen oder sich verbal statt körperlich zu wehren. In der Klasse fühlen sich die Jungen jetzt akzeptiert, und sie sind stolz und beruhigt, viel gelernt zu haben.

S. verknüpft seine negativen Erinnerungen erst mit dem Teamwechsel in Klasse 7, aber nach Aussagen der Pädagogen war er aufgrund gesundheitlicher und familiärer Belastungen (Tod der Mutter) zuvor häufig äußerst müde und unkonzentriert.

Von P. berichten die Pädagogen, daß er anfangs kaum in der Schule zu halten war und daß er mit seinen aggressiven Ausbrüchen allen Angst machte; nur die Sonderpädagogin, die ihn von der Grundschule her weit ruhiger kannte, wagte, ihn beruhigend festzuhalten ... Er selbst empfand als deutlichen Einschnitt, wie er ca. 2 Jahre später ein Referat über seine Therapie hielt und so vor der Klasse offen von sich berichtete. In seinen schulischen Leistungen hat er sich kontinuierlich verbessert; aber er weiß, daß er Hilfe braucht und akzeptiert sie. Er ist froh, von einer ihm sympathischen Clique anerkannt zu sein; als „Mitraucher“ hat er sich Zugang zu ihr verschafft, und freundlich, humorvoll und voll Phantasie ist er auch für sie ein liebenswerter Mitschüler.

Für A. war es ein Durchbruch, als er sich in Klasse 7 entschied, doch noch Lesen lernen zu wollen; wesentlicher Motor zu der großen Anstrengung war, daß er nicht zunehmend separiert unterrichtet werden wollte. A. erhielt den Hauptschulabschluß, nachdem er erst in Jg. 8 zu lesen begonnen hatte. Beeinträchtigend sind für ihn - wie auch für M. - weiterhin Erfahrungen, von anderen (nun meist jüngeren Mitschülern aus Klasse 7 oder 8) geärgert zu werden; das kostet Kraft. Verschiedentlich klingt an, daß auch diese Jungen damit zu kämpfen hatten, sich selbst mit ihren Beeinträchtigungen zu akzeptieren, aber sie sehen sich selbst in einem fortschreitenden Prozeß der Stabilisierung, der zu sozialer Akzeptanz und zu deutlichen Lernerfolgen geführt hat.

In der Reflexion der Pädagogen wurde deutlich: Es hat sich gelohnt, Geduld zu haben. Unter den verläßlichen Bedingungen steter individueller Zuwendung und Hilfe und in einem Lernklima, das gerade in der Anfangszeit immer wieder Raum für Konfliktklärungen gab, konnten diese Kinder sich selbst in ihren Schwierigkeiten kennen und regulieren lernen; sie konnten positive Lernstrukturen aufbauen, die es ihnen ermöglichten, ihre Lernfähigkeiten auszuschöpfen. In der gesamten Breite des Schulversuchs zeigt sich (vgl. Tabelle 5): 2/3 der Kinder mit Lernbehinderungen konnten den Hauptschulabschluß erreichen. Ihnen kommt die Ausstattung und das stützende Klima der Integrationsklassen offenbar in besonders nachhaltiger Weise zugute.

In der zweiten Gruppe finden sich Jugendliche, die eine deutliche Krise durchlaufen haben. Es sind 2 Mädchen und 1 Junge mit geistiger Behinderung. Auch Majas Entwicklung, deren Abschiedsworte am Anfang dieser Darstellung stehen, verlief nach diesem Muster. Solche offenkundigen Krisen gibt es auch bei SchülerInnen mit Lernbehinderungen; 2 Mädchen haben aus eigenem Wunsch die Schule verlassen, um unter eher gleichfähigen Mitschülern bessere Chancen für Freundschaften zu suchen. Bei Jungen scheint diese Form der Entwicklungskrise seltener offen in Erscheinung zu treten.

Abbildung 3: Wege durch Krisen

Emotionales Befinden im Verlauf der SekI im Rückblick von SchülerInnen mit Behinderung (N=3)

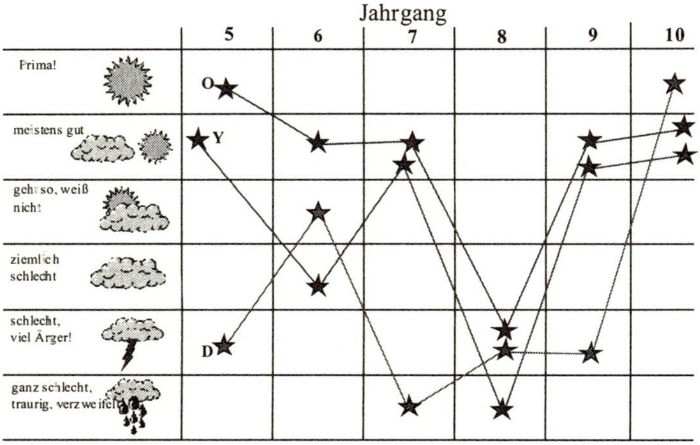

Kennzeichnend ist zunächst bei den Mädchen (O und Y), daß sie neugierig und guter Dinge die Sekundarstufenzeit begonnen haben. Der geistig behinderte Junge (D) dagegen geriet durch sein Bedürfnis nach körperlicher Kontaktaufnahme von Beginn an in Konflikte mit Schülern und Lehrern der Schule.

Gegen Ende von Jg.6 beginnt dann die deutliche Pubertätskrise, die die Pädagogen aufgrund beginnender Distanzierungen auf Seiten der Mitschüler früher einsetzen sehen, als die SchülerInnen erinnern. Aus der Sicht der Mädchen war mit dem Kennenlernen neuer MitschülerInnen in den Wahlpflichtfächern ein Aufschwung verbunden, dann aber wurde die Auseinandersetzung mit dem „Anderssein", mit dem was „Behindertsein" eigentlich heißt, unausweichlich. Y. verweigerte alle individualisierenden Unterrichtsmaßnahmen, beharrte auf der passiven Anwesenheit in einem Unterricht, in dem sie nicht aktiv werden konnte, und begann zu weinen, wenn das Wort „behindert" in ihrer Nähe fiel. Für O., die ein großes Bedürfnis nach vielfältigen sozialen Kontakten hat, war es ein „Absturz", als in Jg. 8 der Kontakt zu den Mädchen ihrer Klasse „abbrach". Beide Mädchen konnten sich in Jg.9/10 indessen in der schulischen Spiel- und Erfahrungsgruppe für SchülerInnen mit Behinderungen stabilisieren, dort Freundinnen finden und vor allem in individuellen, überwiegend praktischen Lernprogrammen umweltbezogene Kompetenzen und Selbstbewußtsein entwickeln.

D. hatte lange Zeit unter Hänseleien und Gemeinheiten, auch aggressiven Übergriffen anderer Jungen zu leiden, ohne dies nach außen deutlich werden zu lassen. Erst der Weggang des bedrohlichen Mitschülers, der sich selbst an der Grenze zum Behindertenstatus erlebte und D.s Existenz seinerseits als Bedrohung erlebte, gab D. Raum zum Auftauchen.

All diese Schüler und SchülerInnen verlassen die Schule in dem Bewußtsein, schwierige Zeiten durchlebt zu haben, aber viel geleistet und gelernt zu haben, in der Klasse anerkannt zu sein und dort ihren Ort zu haben. Der nahende Abschied erfüllt sie mit Wehmut.

4. Das Netz sozialer Beziehungen von Jugendlichen mit Behinderungen

Belastend und verunsichernd ist für Eltern und PädagogInnen immer wieder mitzuerleben, wenn SchülerInnen mit Behinderungen nur wenige soziale Kontakte haben, bedrückt oder traurig sind oder hektisch nach Anknüpfungsmöglichkeiten suchen. In den Gesprächen mit den eben vorgestellten 8 Jugendlichen stellten diese auch ihr soziales Netzwerk dar, indem sie ihre sozialen Kontakte in 4 Kreisen zunehmender Distanz um den Mittelpunkt ihrer eigenen Person anordneten („Soziales Atom", vgl. Tabelle 1).

Tabelle 1: Das soziale Netz von SchülerInnen mit Behinderung (Selbstdarstellung im „sozialen Atom“, N=8, 1996)

SchülerIn	1. Kreis	2. Kreis	3. Kreis	4. Kreis	außerhalb
A (m)	Eltern	4 Freunde aus verschiedenen Bezügen	3 Freunde der Eltern	Mitschüler: 2 ärgernde Jungen in der Schule	
M (m)	Klassenkameraden	die Mädchen der Parallelklasse	das Team	„kann man weglassen“ (Campingplatz)	
P (m)	(imaginierte) Freundin	Clique der Klasse	weitere Mitschüler		2 behinderte Mitschüler
S (m)	Vater, Schwester	4 Freunde in der Klasse	Mitschüler, Nachbar, Schlagzeuglehrer	(Parallelklasse)	
T (m)	Mutter, Bruder, 2 Freunde	„ein paar aus der Klasse“	„blöde Frage“		
D (m)	Eltern	das Team, behinderte Mitschülerin	„niemand sonst“	die Jungen der Klasse	ein aggressiver Junge
O (w)	das Team	Eltern 2 Freundinnen 3 weitere Mädchen	3 lose Cliquen: Abenteuerspielplatz, skatepipe, Clique des Bruders	Fußballspieler	
Y (w)	4 Jungen der Klasse (Wunsch)	Jungen und Mädchen der Klasse	verschiedene Lehrer		

In den Darstellungen der SchülerInnen werden verschiedene Strukturen sozialer Kontakte sichtbar, die sich auch in anderen Klassen und bei anderen SchülerInnen mit Behinderungen finden.

- *Im ersten, personnahen Kreis* haben die SchülerInnen ihre nächsten Bezugspersonen genannt: Überwiegend sind dies Eltern und/oder Geschwister. Einmal ist das Team an erste Stelle getreten; auch für andere SchülerInnen mit Behinderung sind Pädagogen des Teams ausdrückliche Vertrauenspersonen geworden, besonders, wenn es um die Loslösung von den Eltern und die Suche nach Gesprächspartnern ging; die Gestaltung von Beziehungen zu Gleichaltrigen ist für die Jugendlichen oft schwieriger. Bei 4 Jugendlichen stehen indes Freunde im ersten Kreis der Bezugspersonen. Die Schwelle zur Loslösung vom Elternhaus ist erreicht.

- *Im 2. Kreis* werden vertrauensvolle Beziehungen zu Freunden (peers) angesiedelt. Manche der Jugendlichen haben persönliche Freunde aus unterschiedlichen Lebenszusammenhängen: aus der eigenen Klasse, einer anderen Klasse der Schule, der Nachbarschaft, der Grundschulzeit, dem familiären Bekanntenkreis; wie eng, verläßlich und persönlich bedeutsam diese Freundschaften sind, ist kaum abzuschätzen; im Erleben von 4 Jugendlichen gibt es jedenfalls solche nahen Freunde. Weniger persönliche Beziehungen sind indes bei 3 Jugendlichen anzunehmen, die in diesem Kreis undifferenziert „ein paar Mitschüler" angegeben haben. Dennoch fühlten sich diese Schüler in ihrer sozialen Situation geborgen und zufrieden.
- *Im 3. Kreis* stehen lockere Kontakte: Weitere Mitschüler, Nachbarn, Freizeit-Cliquen, Lehrer... In den spärlichen Angaben deutet sich an, daß persönliche Kontakte im Freizeitbereich und Möglichkeiten zum Anknüpfen an andere Gruppen noch wenig entwickelt sind.
- *Der 4. Kreis* hat nur noch eine sehr eingegrenzte Bedeutung für die Jugendlichen: Es sind punktuelle Kontakte, die zwar subjektiv bedeutungsvoll sein können und z.T. verstärkt ersehnt werden, aber im realen Alltag einen geringen Raum haben.
- *In einem 5. Bereich*, außerhalb der Kreise, haben 3 SchülerInnen sodann Menschen angesiedelt, von denen sie sich ausdrücklich abgrenzen wollen: Jungen, die Ärger bringen, oder andere - als „peinlich" erlebte - behinderte SchülerInnen. Solche Abgrenzungen kenntlich zu machen, war auch in anderen Klassen ausdrückliches Anliegen mancher SchülerInnen mit Behinderungen.

Einsam fühlt sich von diesen Jugendlichen D., der zu den Jungen seiner Klasse keinen Zugang finden konnte und viel geärgert wurde. Sehnsucht nach einem nahen Freund oder einer Freundin drücken 3 weitere Jugendliche aus, und diese Sehnsucht teilen sie vermutlich mit vielen nichtbehinderten MitschülerInnen.

Insgesamt aber zeigt sich durchaus eine Vielfalt der sozialen Bezüge der Jugendlichen. „Einsamkeit" kennzeichnet nicht vorrangig ihr Erleben am Ende der Schulzeit, wenngleich es sicherlich Sehnsucht nach mehr und nach engeren Freundschaftsbeziehungen gibt.

5. Emotionales Erleben in der Klasse und Selbstkonzept in Jahrgang 10

Um ähnlich wie in den Studien bei Haeberlin u.a. (1989) und im Saarland (Hildeschmidt/Sander 1995) Aussagen zum Erleben des Sozialen Integriertseins und zum Selbstkonzept der Jugendlichen machen zu können, bearbeiteten die SchülerInnen einen Fragebogen, der für die integrativen Regelklassen in Hamburger Grundschulen unter dem Titel „SOKON“ entwickelt worden ist (vgl. Engelbart u.a.1995). Er enthält 37 Items aus verschiedenen Fragebögen und läßt Indices zur Einschätzung des Selbstkonzepts der Fähigkeit (15 Items), des Sozialen Integriertseins (11 Items) und des Klassenklimas (11 Items) ermitteln. Fragebogenlänge, Itemformulierungen und Antwortmodus (Zustimmung oder Ablehnung von Aussagen in 4 Stufen) sind auf die Fähigkeiten von Grundschülern abgestimmt und ermöglichten bei individueller Durchführung auch den Jugendlichen mit geistiger Behinderung die Beantwortung. Die nichtbehinderten Jugendlichen konnten - um der Anpassung an die Möglichkeiten der Mitschüler und um der Vergleichbarkeit mit Grundschulergebnissen willen die eher kindlichen Formulierungen ohne Schwierigkeiten akzeptieren.

In 7 Klassen des Abschlußjahrgangs 1996 wurde der Fragebogen in großer Bereitwilligkeit und Ernsthaftigkeit ausgefüllt. Insgesamt nahmen 124 Schülerinnen und Schüler an der Befragung teil, darunter 22 mit ausgewiesenen Behinderungen und 3 weitere mit erheblichen Lern- und Leistungsstörungen. Die Ergebnisse sind in den Tabellen 2-4 zusammengefaßt.

Einschätzungen zum Klassenklima

Tabelle 2: Klassenklima im Urteil der SchülerInnen in Jg. 10 (Fragebogen „SOKON“, N=124)

Merkmal		M	Sign.
Status	nicht behindert	18,2	.0068
	behindert	22,3	
Geschlecht	männlich	17,5	.0124
	weiblich	20,3	
Klassen (N=7)	min.	15,33	.0016
	max.	23,25	

Grundsätzlich wird das Klassenklima von den SchülerInnen als höchst bedeutsam für ihr Lernen eingestuft. Unter der Frage, was aus ihrer Sicht für eine gute Schule wichtig sei, hatten sie unabhängig vom SOKON unterschiedliche Gestaltungsmerkmale von Schule und Unterricht hinsichtlich ihrer Bedeutung und der erlebten Qualität in der Klasse eingeschätzt. Danach steht das soziale Klima in der Klasse für die SchülerInnen an erster Stelle, gefolgt von Klassenreisen, der Atmosphäre zwischen Lehrern und Schülern, Wahlpflicht-Kursen, Projekten, Gruppenarbeit und dem Umgang mit Konflikten sowie mit Schwierigkeiten von Schülern. Es sei hier nur am Rande angemerkt, daß die Schüler hiernach ihre eigene Schulerfahrung ausdrücklich positiv bewerteten.

Im SOKON wird das Klassenklima ebenfalls unter dem Aspekt des sozialen Umgangs der Schüler miteinander erfaßt, wobei Akzeptanz und sozialer Zusammenhalt im Vordergrund stehen. Typische Items sind „Alle Kinder dürfen mitspielen“ oder „Manche Kinder ärgern oft Klassenkameraden.“

Die einfachen Varianzanalysen der Daten des SOKONs zeigen bedeutsame Unterschiede in den Einschätzungen des Klassenklimas sowohl unter der Variable der Klassenzugehörigkeit, als auch des Geschlechts und des Behinderungs-Status auf. Am stärksten ausgeprägt ist das Ergebnis, daß in den verschiedenen Integrationsklassen das Klassenklima in unterschiedlichem Ausmaß positiv erlebt wird. Den niedrigsten Wert erzielt eine Klasse, in der sich durch einen Wechsel in der Zusammensetzung der nicht behinderten Schüler in den letzten Jahren eine Verschlechterung des sozialen Klimas vollzogen hatte. Die höchsten Einstufungen geben die „Pionierklassen“ in einer integrierten Haupt- und Realschule und in einer Gesamtschule ab.

Mädchen schätzen das Klima ihrer Klasse freundlicher ein als Jungen, und Jugendliche mit Behinderungen bewerten es positiver als nichtbehinderte. In einem Merkmal, das die Jugendlichen für ihr Lernen als hoch bedeutsam einstufen, kommen also Mädchen wie behinderte SchülerInnen zu besonders positiven Einschätzungen ihrer Klasse.

Erleben des Sozialen Integriertsein

Das Maß des Sozialen Integriertseins bezieht sich auf das Erleben eigenen Angenommenseins und Beteiligtseins in der Gruppe. Ein typisches Item ist „Meine Mitschüler sind nett zu mir.“

Tabelle 3 zeigt, daß auch unter dem Aspekt des persönlichen Angenommenseins Unterschiede am ehesten zwischen den Klassen hervortreten. Für die Variablen des Geschlechts und des Behinderungs-Status werden keine bedeutsamen Gruppenunterschiede erkennbar. Jugendliche mit Behinderungen erleben sich in Jahrgang 10 in vergleichbarer Weise sozial akzeptiert und angenommen wie ihre nichtbehinderten MitschülerInnen.

Tabelle 3: Soziales Integriertsein im Urteil der SchülerInnen in Jg. 10 (Fragebogen „SOKON“, N=124)

Merkmal		M	Sign.
Status	nicht behindert	25,4	.5448 n.s.
	behindert	24,6	
Geschlecht	männlich	25,2	.8289 n.s.
	weiblich	25,4	
Klassen (N=7)	min.	23,4	.1022 n.s.
	max.	27,1	

Selbstkonzept der Fähigkeit

Das Selbstkonzept der Fähigkeit wird in Items erfaßt, die auf ein generalisiertes Fähigkeitsbild abzielen und damit Hinweisfunktion auf Erfolgs- oder Mißerfolgsorientierung bzw. Vertrauen in subjektive Kontrollmöglichkeiten haben können. Typische Items lauten „Ich kann nur leichte Aufgaben lösen" oder „Ich kann ganz gut lernen."

Tabelle 4: Selbstkonzept der Fähigkeit der SchülerInnen in Jg. 10 (Fragebogen „SOKON", N=124)

Merkmal		M	Sign.
Status	nicht behindert	33,2	.0850 T.
	behindert	30,3	
Geschlecht	männlich	33,5	.2272 n.s.
	weiblich	32,0	
Klassen (N=7)	min.	30,9	.5721 n.s.
	max.	35,1	

Hinsichtlich dieses Merkmals unterscheiden sich weder die Klassen, noch Mädchen und Jungen, aber auch behinderte und nicht behinderte Jugendliche unterscheiden sich in ihrem Selbstbild der Fähigkeit nur der Tendenz nach.

Das ist ein erstaunliches Ergebnis, da von der Bezugsgruppenwirkung her zu erwarten wäre, daß die meist zieldifferent unterrichteten SchülerInnen mit Behinderungen sich deutlich niedriger einstufen: Erleben sie doch oft eindeutig, daß sie leichtere Aufgaben erhalten und im gemeinsamen Unterricht viele Vorgänge und Erklärungen nicht verstehen.

Aus dem Prozeß der Aufgabenbearbeitung wurde indes deutlich und verständlich, daß das Bewußtsein dieser Unterschiede für die SchülerInnen nicht zu einem negativen Selbstbild führen muß. Sie gerieten mehrfach in das Dilemma, nach welchem Maßstab sie urteilen sollten. Eine geistig behinderte Schülerin, die ihr erstes Buch selbständig liest, kann z.B. den Satz „Ich kann gut lesen", selbstbewußt bejahen oder aber - gemessen an den Anforderungen an ihre Mitschüler - in Zweifel ziehen. Zugleich kann sie in realistischem Bezug zur Klasse der Aussage „Ich kann nur leichte Aufgaben" ebenso zustimmen wie der selbstbewußten Aussage „Ich kann ganz gut lernen".

Das Zaudern der SchülerInnen bei der Beantwortung gerade solcher Fragen machte deutlich, daß sie sich der Unterschiedlichkeit ihrer Leistungen im Vergleich zu anderen bewußt sind. Daß sie in ihren Selbsteinschätzungen dennoch zu ähnlich hohen Werten kommen wie nicht behinderte MitschülerInnen kann darin begründet liegen, daß sie - begünstigt durch zieldifferenten Unterricht - gelernt haben, sich und andere mit unterschiedlichen Maßstäben zu beurteilen und von daher ihre eigene Fähigkeit durchaus selbstbewußt einzuschätzen. Hierin kann ein ausdrücklich positives Integrationsergebnis im Sinne der Akzeptanz für Unterschiedlichkeit gesehen werden: Die SchülerInnen können sich in ihren unterschiedlichen Fähigkeiten erfahren und - je nach Blickwinkel - unterschiedliche Bezugssysteme anwenden.

Anders als bei Haeberlin und ausgeprägter noch als bei Hildeschmidt und Sander verweisen diese Ergebnisse darauf, daß der Grundgedanke „gemeinsamen Lebens und Lernens“ bei den Jugendlichen tragfähig geworden ist: Trotz großer Unterschiede in den Lernanforderungen und Leistungen erleben sich diese Jugendlichen mit Behinderungen sozial zugehörig und angenommen, und zugleich schätzen sie sich in ihren Fähigkeiten - eigenen Maßstäben folgend - selbstanerkennend positiv ein.

6. Soziale Prozesse in Integrationsklassen im Rückblick

In der Zusammenschau der Entwicklungsverläufe einzelner Jugendlicher mit Behinderungen und der Fragebogenergebnisse aus 7 Abschlußklassen zeigt sich so für den Gesamtverlauf der sozialen Prozesse in der Sekundarstufe I ein verändertes Bild. Die Ergebnisse werden unterstrichen durch offene Klassengespräche zur Auswertung der Erfahrungen. Nach den schwierigen Auseinandersetzungen in der Phase der Pubertät können wieder Prozesse der Beruhigung und Annäherung eintreten, mit dem Ergebnis, daß sich die SchülerInnen zum Abschluß ihrer Schulzeit deutlich in ihrer Unterschiedlichkeit sehen und zugleich anerkennend als zusammengehörig erleben.

Abbildung 4: Soziale Entwicklung in Integrationsklassen der SEK I im Bild der Zwiebel

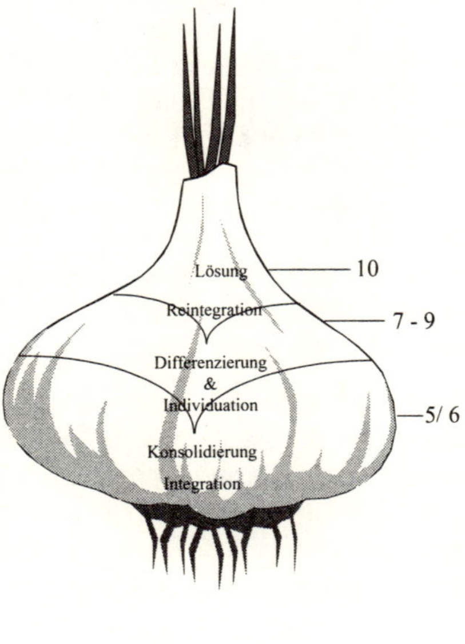

Das Bild der Zwiebel macht den Entwicklungsprozeß sichtbar, der sich im Prinzip immer wieder in sozialen Gruppen und so auch in den Integrationsklassen vollzieht: Nach einer Phase des Aufbaus der sozialen Gruppe in Jahrgang 5/6, setzt in Jahrgang 7/8 der Differenzierungsprozeß ein, der über spannungsvolle Abgrenzungsprozesse Unterschiede sichtbar werden läßt und Individuation ermöglicht; dann aber wird in geklärten Selbstverständnissen erneut soziale Zuwendung und auch Kooperation möglich - sei dies bei letzten Klassenreisen, in berufsvorbereitenden Projekten oder im wieder vermehrten Zusammentreffen in Pausengesprächen.

Verklärende Wehmut des nahenden Abschieds mit der Gewißheit, bald eigene, getrennte Wege zu gehen, wird sich in das positive Erleben des wiedergefundenen Zusammenhalts mischen. Auch sind die spannungsvollen Prozesse der Auseinandersetzung um Gleichheit und Verschiedenheit im Zusammenleben keineswegs abgeschlossen, ambivalente Gefühle finden Ausdruck in kritischem Nachdenken über erlebte Widersprüchlichkeiten. Neben der großen Zufriedenheit mit der erlebten Schulzeit insgesamt und mit den persönlich bereichernden Erfahrungen im Zusammenleben gibt es auch Empörung über ungerechte Bevorzugungen für SchülerInnen mit Behinderungen, Ratlosigkeit über eine gewachsene und kaum noch zu überbrückende Distanz zu schwer behinderten Mitschülern und Enttäuschung, nicht mehr zu gemeinsamem Tun herausgefordert worden zu sein. Kritik richtet sich gegen das Ausmaß der äußeren Differenzierung im Unterricht, die zwar als notwendig aber auch trennend erlebt wurde, und vor allem gegen die Sonderstellung von Integrationsklassen im Rahmen der Schule: Normal sollte Integration für alle sein! In einer Abschlußklasse kritisierten die Schüler insbesondere, daß geistige oder sonst schwerere Behinderungen in der Klasse gefehlt hatten: So war es eigentlich keine „richtige“ Integrationsklasse gewesen, und die SchülerInnen fühlten sich um Erfahrungen betrogen, die sie ausdrücklich gesucht hatten.

Für all diese SchülerInnen war Leben und Lernen in Unterschiedlichkeit Normalität gewesen, die teils schwierig und konflikthaft war, aber eben normal - so wie Gruppenprozesse im Prinzip in allen Klassen verlaufen. Vielleicht wurden manche Spannungen tiefgehender durchlebt, dafür aber gab es auch verläßlichen Halt in der überwiegend stützenden sozialen Gruppe und die stärkende Begleitung des Teams.

Tabelle 5: Schulabschlüsse der Jugendlichen mit Behinderung aus Integrationsklassen (Jg. 1994-1996)

Anzahl/ Behinderung Abschluß	N	geistig behindert	lernbehindert MCD	körperbehindert	sprachbehindert	blind
ohne Abschluß	29	24	4	1		
Hauptschule	21		16	2	2	1
Realschule	2		1		1	
Empfehlung für gymnasiale Oberstufe	4		2	2		

7. Wege in verschiedene Lebenswelten

In der Sekundarstufe II trennen sich die Bildungswege. Das bedeutet auch, neue Menschen kennenzulernen und Wegstrecken neu zu teilen. Die Jugendlichen mit Behinderungen sind je nach ihren individuellen Fähigkeiten und Wünschen nach der Sek I in sehr verschiedene Richtungen gegangen: in weiterführende Schulen, in unterschiedliche Berufsausbildungen, in Berufsbildungswerke und Förderlehrgänge, und schließlich in - ausdrücklich für SchülerInnen mit geistiger Behinderung neu geschaffene - integrative Berufsvorbereitungsmaßnahmen. Die Jugendlichen der ersten beiden Jahrgänge haben die 3jährig laufenden Maßnahmen abgeschlossen und sind entlassen, ihren Ort im gesellschaftlichen Leben, insbesondere in der Arbeitswelt, nun ohne schulische Begleitung zu finden. Hiervon sei abschließend kurz berichtet.

4 Berufsschulen sind in Hamburg inzwischen daran beteiligt, integratives Leben und Lernen in der Sekundarstufe II fortzusetzen: 2 Gewerbeschulen, 1 Handelsschule und 1 Hauswirtschaftsschule.

- In der Hauswirtschaftsschule bereitet sich eine Gruppe unterschiedlich behinderter Jugendlicher auf ein Arbeitsprojekt im Gastronomie- und Hotelgewerbe vor.
- In 2 Schulen wird eine integrative Berufsvorbereitungsklasse mit den Arbeitsbereichen Gartenbau, Hauswirtschaft, Handel und EDV geführt (vgl. Krohn 1996).
- In Kooperation von Schulbehörde und Arbeitsamt wurde ein integrativer Förderungslehrgang als Modellversuch durchgeführt und inzwischen als solcher abgeschlossen. Charakteristisch für dieses Modell ist der systematische Aufbau einer schrittweisen Eingliederung in die Arbeitswelt (vgl. Sturm/ Glenz 1996):

- Berufsvorbereitung beginnt mit berufsorientierenden Jahresprojekten in Jg. 9 und 10 in der Gesamtschule in Verzahnung mit der kooperierenden Gewerbeschule;
- die 2jährige Berufsvorbereitungsphase im anschließenden Förderungslehrgang erfolgt in Projekten mit Ernstcharakter (Laden, Bistro), woran
- eine einjährige Berufsqualifizierungsphase im Betrieb anschließt.

– Für die Abgänger aus den Förderungslehrgängen und den BVK-Klassen ist zur beruflichen Eingliederung der jungen Erwachsenen mit geistiger Behinderung dann die Begleitung durch den Fachdienst der Hamburger Arbeitsassistenz geplant.

Zu Beginn dieser weiterführenden Integrationsmaßnahmen stellte sich die Frage, ob denn eine Zusammenarbeit zwischen Menschen mit geistiger Behinderung und gerade solchen Jugendlichen, die nach negativen Schulerfahrungen selbst der Förderung bedürfen, gelingen könne: Können integrative Prozesse ohne alle Vorerfahrungen mit gefährdeten Jugendlichen aufs Neue beginnen?

Vor wenigen Tagen war *„Abschlußball" im integrativen Förderungslehrgang*, und wiederum haben die Jugendlichen ihre Erfahrungen in Auswertungsgesprächen engagiert reflektiert.

– Viele der nicht behinderten Jugendlichen, die ein Jahr lang am Förderungslehrgang teilnehmen, haben den Hauptschulabschluß nachholen können, hoffen auf Lehrstellen oder Anschlußhilfen. Sie wollten gern über ihre Erfahrungen aus der Zusammenarbeit mit den geistig behinderten Jugendlichen berichten: Für manche war es anfangs eine schwer anzunehmende Herausforderung gewesen, mit „Behinderten" zusammen leben und arbeiten zu sollen, und Abwehr hatte sie zum Ärgern und Lachen gereizt. „Mut gehörte schon dazu", sich den noch fremden Menschen schließlich ernsthaft zuzuwenden. Jetzt zum Abschluß schildern die Jugendlichen, wie sie sich durch das Zusammenleben mit den eigenen mehr oder weniger offensichtlichen Behinderungen haben auseinandersetzen können und Stärken und Schwächen neu erfahren haben. Die Unzuverlässigkeit mancher nicht behinderter MitschülerInnen war die größte Schwierigkeit im Arbeitsprozeß gewesen, die Verläßlichkeit der behinderten Jugendlichen gerade ihre Stärke. Eigene Stärken hatten die zuvor wenig erfolgreichen Jugendlichen auf andere Weise entdeckt: Zusammenarbeit im Laden und im Bistro fordert Aufmerksamkeit dafür, wo der Partner Hilfen braucht, und beim wiederholten Helfen kann man unversehens erfahren, für andere wichtig zu sein, ja wichtigste Bezugsperson oder Freund(in) zu werden...

  So ist wiederum Nähe entstanden zwischen den anfangs so fremden, so unterschiedlichen Menschen, und die Trennung fällt aufs Neue schwer, auch wenn innere Kämpfe und offen ausgetragener Streit mit zur Wegstrecke gehörten. „Ich würd' gern immer hier arbeiten" faßt einer die Erfahrung zusammen.

- Die ersten „Integrationskinder" mit geistigen Behinderungen verlassen die Sekundarstufe II, und auch ihre Wege teilen sich. Selbstbewußt und frei stellen sie für alle dar, wie es weitergeht:
  - Eine junge Frau wird nun zur Werkstatt gehen, ein geeigneterer Arbeitsplatz wurde nicht gefunden; ein Schüler aus der BVK-Klasse hatte im Vorjahr von sich aus und ausdrücklich diese Wahl getroffen.
  - Zwei andere junge Frauen arbeiten nach ihrem einjährigen Praktikum weiter im Hotel: die Arbeit hat ihnen gefallen, und sie haben sich bewährt. Entsprechend wird der junge Mann mit Down-Syndrom in der Küche eines Kindergartens weiterarbeiten. Sie alle erhalten zur weiteren Verselbständigung Unterstützung durch die Hamburger Arbeitsassistenz. Für einen jungen Mann ist sein langjähriger Berufswunsch, als Bäcker zu arbeiten, mit Hilfe der Arbeitsassistenz inzwischen Wirklichkeit geworden.
- Drei der ehemaligen „Integrationskinder" aus den ersten 3 Jahrgängen wohnen inzwischen in Wohngruppen und sind stolz auf ihr eigenes Zuhause. Andere wohnen gern noch in der Familie, genießen aber Kontakte sowohl zu ehemaligen Mitschülern der Grund- und Gesamtschulzeit, als auch zu verschiedenen anderen Jugendlichen, die sie im Lehrgang, im Freizeithaus der Lebenshilfe oder über andere Freizeitangebote kennengelernt haben; sie treffen ihre Verabredungen, haben ihre „Clique" und Freunde gefunden.

Ein Blick zurück: Ausgehend vom Integrationsklassenmodell der Grundschule hat auch Reiser (1991) die Möglichkeiten gemeinsamen Lebens und Lernens in der Sekundarstufe anfangs skeptisch eingeschätzt: Vorrangig hatte er gesehen, daß die Schule die Jugendlichen auf unterschiedliche Lebensperspektiven vorbereiten müsse, was unterschiedliche Aufgaben und Lernwege mit sich bringe. Dieser Abschiedsball zeigte, daß die Jugendlichen über vielfältige Formen integrativen, *gemeinsamen und besonderen Lernens* dorthin gekommen sind, wo sie sich Partner, Lebensformen und Arbeitsplätze selbst suchen, und sie haben zumindest gewisse Spielräume für *eigene* Wahlen und Entscheidungen hinzugewonnen.

Literatur

Arbeitsstelle Integration der Universität Hamburg (Hrsg.): Die Schere geht auseinander. Integrative Prozesse in Integrationsklassen der Sek I. Bericht vom Fachtag im Mai 1994. Hamburg 1994.

Bildungskommission NRW: Zukunft der Bildung - Schule der Zukunft. Neuwied 1995.

Boban, Ines: Gemeinsames Leben und Lernen in der Sekundarstufe I. In: Lernen Konkret. 14 (1995) 2, 25-29.
Boban, Ines: Integratives Schulklima. Lebendigkeit wahrnehmen und erhalten. In: Meißner, Klaus (Hrsg.): a.a.O. 1997 p. 188-209.
Boban, Ines & Irene Matthies: „Ich fühle mich einsam und elend“. In: Arbeitsstelle Integration der Universität Hamburg (Hrsg.): a.a.O. 1994. p. 25-30.
Bundesarbeitsgemeinschaft für unterstützte Beschäftigung e.V. (Hrsg.): Impulse Nr.2 , Juni 1996, Hamburg.
Dumke, Dieter & Georg Schäfer (Hrsg.): Entwicklung behinderter und nichtbehinderter Schüler in Integrationsklassen. Weinheim 1993.
Engelbart, F.; Hinz, A.; Rauer,W.; Schuck, K.D.; Wocken, H.; Wudtke, H.: Entwicklung von Kindern in integrativen Regelklassen. Interner Bericht, Hamburg 1995.
Haeberlin, U.; Moser, U.; Bless,G.; Klaghofer, R: Integration in die Schulklasse. Fragebogen zur Erfassung von Dimensionen der Integration von Schülern. Bern 1989.
Hentig, v. Hartmut: Die Schule neu denken. München 1993.
Hildeschmidt, Anne & Alfred Sander: Integration behinderter Schüler und Schülerinnen in der Sekundarstufe I. In: Heilpädagogische Forschung 21 (1995), 14-26.
Kegan, Robert: Die Entwicklungsstufen des Selbst. München 1986.
Köbberling, Almut (Hrsg.): Bilder aus Hamburger Integrationsklassen der Sek I. unv. Skript, Hamburg 1994.
Köbberling, Almut & Ulrich Schmidt: Welche Förderung braucht Sven? In: Jahresheft Schüler 1995. Gewaltlösungen. Seelze 1995. p. 66-68.
Köbberling, Almut: Längsschnittuntersuchungen zur Entwicklung von Jugendlichen mit geistiger Behinderung in Integrationsklassen der Sekundarstufe I. In: Meißner, Klaus (Hrsg.), a.a.O. 1997. p. 280-301.
Kösel, Edmund: Die Modellierung von Lernwelten. Eltztal-Dallau 1993.
Krohn, Johanna: Integrative Berufsvorbereitung an der Gewerbeschule 13 im Gartenbaubereich. In: Impulse No.2, Hamburg 1996.
Maikowski, Rainer (Hrsg.): Bericht der Wissenschaftlichen Begleitung nach 5 Jahren des überbezirklichen Schulversuchs „Gemeinsame Unterrichtung und Erziehung von behinderten und nichtbehinderten Schülerinnen und Schülern im Sekundarbereich I in Berlin. Berliner Institut für Lehrerfort- und -weiterbildung und Schulentwicklung (BIL). Berlin 1995.
Meißner, Klaus (Hrsg.): Integration. Schulentwicklung durch integrative Erziehung. Berlin 1997.
Oser, Fritz & Wolfgang Althof: Moralische Selbstbestimmung. Stuttgart 1992.
Reiser, Helmut: Wege und Irrwege zur Integration. In: Sander, Alfred & Peter Raidt, a.a.O. p. 13-33.
Sander, Alfred & Peter Raidt (Hrsg.): Integration und Sonderpädagogik. Saarbrücker Beiträge zur Integrationspädagogik Band 6. St. Ingbert 1991.
Sturm, Hartmut & Volker Glenz: Auf dem Weg ins Berufsleben. In: Impulse No.2, Hamburg 1996.
Schley, Wilfried & Almut Köbberling: Integration in der Sekundarstufe I. Hamburg 1994.
Völz, Heide: Integration in der Sekundarstufe I. In: Die neue Sonderschule. 41 (1996) .3, 209-217.

Hans Hovorka

Plädoyer für eine umfeldbezogene Integrationspädagogik[1]

Anmerkungen zur schulischen Integrationsentwicklung in Österreich

Weil in Österreich seit 1993 der integrative Unterricht in der Volksschule als Wahlmöglichkeit zur Sonderschule gesetzlich verankert ist, wird dem kleinen, oftmals vom mächtigen Schatten des „großen Nachbarn Deutschland" verdeckten Land von manchen eine Pionierrolle in der schulischen Integrationsentwicklung zugeschrieben. Tatsächlich wurde vor wenigen Jahren in einem sonst sehr selektiven Schulwesen die bisherige Feststellung der Sonderschulbedürftigkeit und die damit verbundene Aufnahme in eine Sonderschule mit dem gutachterlichen Begriff „Sonderpädagogischer Förderbedarf (spF)" ersetzt. Mit dem Schuljahr 1997/98 wird zudem das „Elternrecht" auf Integration auf die Sekundarstufe 1 ausgedehnt, womit Österreich hinsichtlich der Integrationsquote ins erste Drittel im europäischen Vergleich aufrücken wird (Wetzel 1997). Dem Verfasser war die Möglichkeit gegeben, die Geschichte der (nicht nur) schulischen Integrationsbewegung in Österreich persönlich mitzuverfolgen, mit mehrjährigen Forschungsarbeiten zu begleiten (Hovorka 1993, 1994 a, b, 1996 a, b), und er versucht, in seinem Aufsatz diese keineswegs widerspruchsfreie Entwicklung skizzenhaft nachzuzeichnen. Die Darstellung ist wegen der gebotenen Kürze lückenhaft und wichtige Entwicklungsstränge, die außerhalb der schulischen Integrationsdebatte verliefen (z.B. Vorschule, Wohnen, Arbeit, Beruf, Pflegegeld usw.) bleiben ausgespart.

Eingangs wird die Struktur des stark differenzierten österreichischen Schulwesens in Erinnerung gerufen, dem sich Mitte der 80er Jahre zunehmend kraftvoller werdende Initiativen von Eltern mit der Forderung auf Nicht-Aussonderung ihrer behinderten Kinder entgegenzustellen begannen. Einer quantitativen Darstellung der steigenden Integrationsrate in der Regelschule und Hinweisen auf die damit verbundenen Gefahren folgt eine kritische Würdigung des ambivalenten Integrationsbeitrags von seit 1993 österreichweit etablierten

[1] Im Sinne einer besseren Lesbarkeit wird im folgenden für Lehrerinnen und Lehrer usw. das Maskulinum verwendet.

„Sonderpädagogischen Zentren (SPZ)“, die nicht unwesentlich zu einer Aufwertung der bisher ausschließlich segregierend arbeitenden Sonderschulen beigetragen haben. Der Beitrag schließt mit grundsätzlichen Überlegungen zu einer umfeldbezogenen Integrationspädagogik insbesondere im universitären Bereich, die Behinderung als soziale Relation und Integration als schulübergreifend und unteilbar begreift. Wertvolle Anregungen dazu verdankt der Autor Kolleginnen und Kollegen aus dem deutschen Sprachraum, besonders aber seiner persönlichen Bekanntschaft mit Alfred Sander, dessen berufliches und persönliches Wirken schon sehr früh kompromißlos von dem Bemühen um Nicht-Aussonderung aller sozial benachteiligten und behinderten Kinder geprägt war.

1. Selektives Schulwesen versus Integration

Österreich hat ein stark gegliedertes Schulwesen mit einer neunjährigen Schulpflicht, das bereits zehnjährige Kinder in künftige „Handarbeiter“ (vier Jahre Hauptschule plus ein Jahr Polytechnischer Lehrgang) und künftige „Kopfarbeiter“ (Allgemeinbildende Höhere Schule - AHS) vorsortiert. Mehr als zwei Drittel der Volksschulabgänger wandert in die Hauptschule ab, wobei die Rate im ländlichen Bereich höher, in städtischen Ballungsräumen oft wesentlich niedriger ist (Hauptschule als „Restschule“). Wenngleich die Lehrpläne für die Hauptschule und für die vierjährige AHS-Unterstufe wortident sind, weist die jeweilige Lehrerausbildung gravierende Unterschiede auf, die sich auf die spätere Bezahlung und den sozialen Status niederschlagen. Volks-, Haupt- und Sonderschullehrer werden nach der Matura an dreijährigen Pädagogischen Akademien ausgebildet, AHS-Lehrer absolvieren an der Universität ergänzend zu einem Fachstudium ein Lehramtsstudium und schließen mit dem akademischen Grad eines Magisters/einer Magistra ab. Langjährige Schulversuche in den 70er- und 80er-Jahren zur Erprobung einer „Integrierten Gesamtschule“ aller sechs- bis fünfzehnjährigen Kinder blieben mit Ausnahme der Einführung sogenannter Leistungsgruppen in der Hauptschule folgenlos. Von einem derart selektiven Schulwesen, das ein soziales Miteinander von Kindern unterschiedlicher Herkunft früh zu verhindern weiß, das sich zunehmend von noch schärfer auslesenden Privatschulen konkurrenziert sieht und das behinderten Kindern den Zugang zu sonderpädagogischen Ressourcen über Jahrzehnte hinweg fast ausschließlich nur in Sonderschulen gewährt hat, von einem solchen auf äußere Differenzierung festgelegten Schulsystem, wagten selbst eingefleischte Optimisten keine Reform zugunsten einer integrativen Pädagogik zu erwarten. Dennoch wurde im Jahr 1993 in Österreich das Recht behinderter Kinder auf Integration in die Volksschule bundesweit gesetzlich verankert (15. Novelle zum Schulorganisationsgesetz), dem eine fast zehnjährige Erprobung verschiedener Schulversuchsmodelle zugrunde gelegt worden war. Wie kam es so rasch zur Möglichkeit, behinderte und nichtbehinderte Kinder gemeinsam zu unterrichten? Eine Forderung, die klar ausformuliert den Schulbehörden schon 1981 im

Internationalen Jahr behinderter Personen bekannt war (vgl. z.B. österreichische UNESCO-Kommission 1981, Forster/Schönwiese 1982), die aber vorerst zu keiner Neuordnung der sonderpädagogischen Förderung geführt hat?

Abbildung 1: Schüler-Laufbahnen 1995/96

Übertrittsraten an den wichtigsten Schnittpunkten

in Prozent

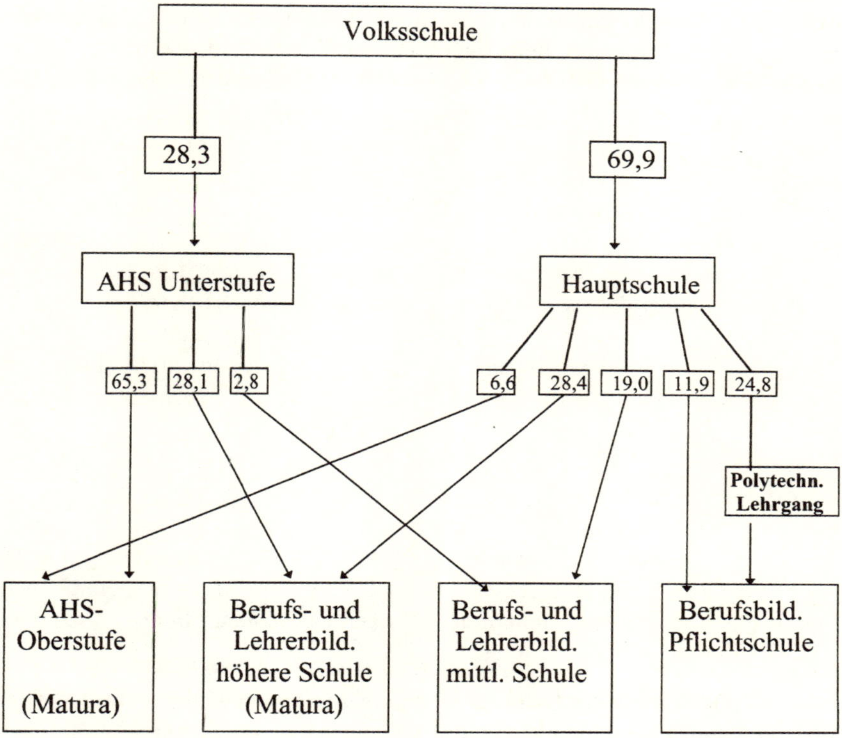

Grafik: APA, Quelle: BMUK

2. Integrationsbewegung „von unten“

Nun, die schulische Integrationsentwicklung in Österreich kann rückblickend durchaus als singuläres gesellschaftspolitisches Phänomen gewertet werden, das den vorläufigen Abschluß von in den 70er-Jahren in Gang gekommenen Demokratisierungsprozessen insbesondere in nichtschulischen Lebensbereichen kennzeichnet und mit dem Einlösen vom Menschenrecht auf Nicht-Aussonderung bei Wahrung des Rechts auf „Anderssein“ umschrieben werden kann. Schulische Integration ist also vorwiegend auf soziologische Veränderungen in der österreichischen Gesellschaft und auf einen Generationenwechsel hin zu mündigeren Konsumenten öffentlicher Dienstleistungen zurückzuführen. Integratives Gedankengut hat sich nicht plötzlich in der Schulbehörde eingenistet und Reformeifer hervorgerufen. Seine Wurzeln sind auch nicht in der traditionell und erfolgreich segregierenden Sonder(schul)pädagogik zu finden. Es waren vielmehr Eltern behinderter Kinder vorwiegend aus der oberen sozialen Mittelschicht, also ausdrucksstarke und durchsetzungsfähige Bürger- und Basisinitiativen, die oftmals gegen heftigen bildungs- und sozialpolitischen sowie gegen Behördenwiderstand zu einem deutlichen Strukturwandel in der sonderpädagogischen Förderung beigetragen haben. Zunehmend unterstützt von engagierten (Sonderschul-)Lehrern wurden von den Eltern wesentliche Prinzipien des selektiven österreichischen Schulsystems in Frage gestellt und der Vorrang von sozialer Integration in die öffentliche Diskussion eingebracht. Eine wissenschaftliche Begleitung der ersten schulischen Integrationsschritte (erste Versuchsklasse 1984 aufgrund einer lokalen Initiative in Oberwart/Burgenland) fehlte anfangs völlig, wenngleich es ad personam Unterstützung insbesondere von den Universitäten Innsbruck und Klagenfurt sowie sehr früh schon wichtige Hilfestellungen von anerkannten Erziehungswissenschaftlern vor allem aus Deutschland gab. Die seit 1985 jährlich durchgeführten gesamtösterreichischen Tagungen zur schulischen Integration sind sehr gut dokumentiert (Behinderte und Nichtbehinderte gemeinsam in Schulen 1985). Sie haben wesentlich zur Verbreiterung und Festigung der Eltern- und Lehrerplattform sowie zu darüber hinausreichenden Publikationen geführt, die auf die Schwierigkeiten aber auch die Erfolge des Kampfes für eine „Schule ohne Aussonderung“ verweisen (vgl. u.a. Bews 1992, Anlanger 1993, Schleichert 1993, Hug 1994). Als Basisinitiative für „Recht statt Gnade“ war die schulische Integrationsbewegung in Österreich lange Zeit hindurch offensiv, fordernd, kraftvoll und phantasiereich, während die Schulbehörde systemimmanent darauf beschränkt blieb, zu reagieren statt zu agieren („Gnade vor Recht“).

In etwas abgeschwächter Form (die Pioniere wurden müde und verbraucht) haben die Elterninitiativen auch nach der „von unten“ durchgesetzten Gesetzesnovelle zur schulischen Integration in der Grundschule erfolgreich weitergekämpft. So wurden die Schulversuche in der Volksschule nach 1993 in der Sekundarstufe 1 (Hauptschule, Unterstufe der AHS) fortgesetzt und im Rahmen von Fallstudien (Specht 1997) sowie bundesländerweise mit unterschiedlicher Intensität wissenschaftlich begleitet (vgl. z.B. Zöhrer 1996, Feyerer 1997). Das österreichische Parlament hat die Übertragung der Schulversuche in das Regelschulwesen ab dem Schuljahr 1997/98 beschlossen, ohne sich allerdings näher auf die Durchführungsbedingungen auf Länderebene festzulegen. Von den im integrationspädagogischen Geschehen Beteiligten werden für die Sekundarstufe 1 - wie zuvor für die Volksschule - zwei Formen der Integration favorisiert: die Integrationsklasse (16 nichtbehinderte plus vier behinderte Kinder) und die sogenannte Einzelintegration (Stützlehrersystem), die vor allem in ländlichen Gebieten eine wohnortnahe schulische Integration gewährleisten soll.

Abbildung 2: Die Schritte zur Integration im Überblick

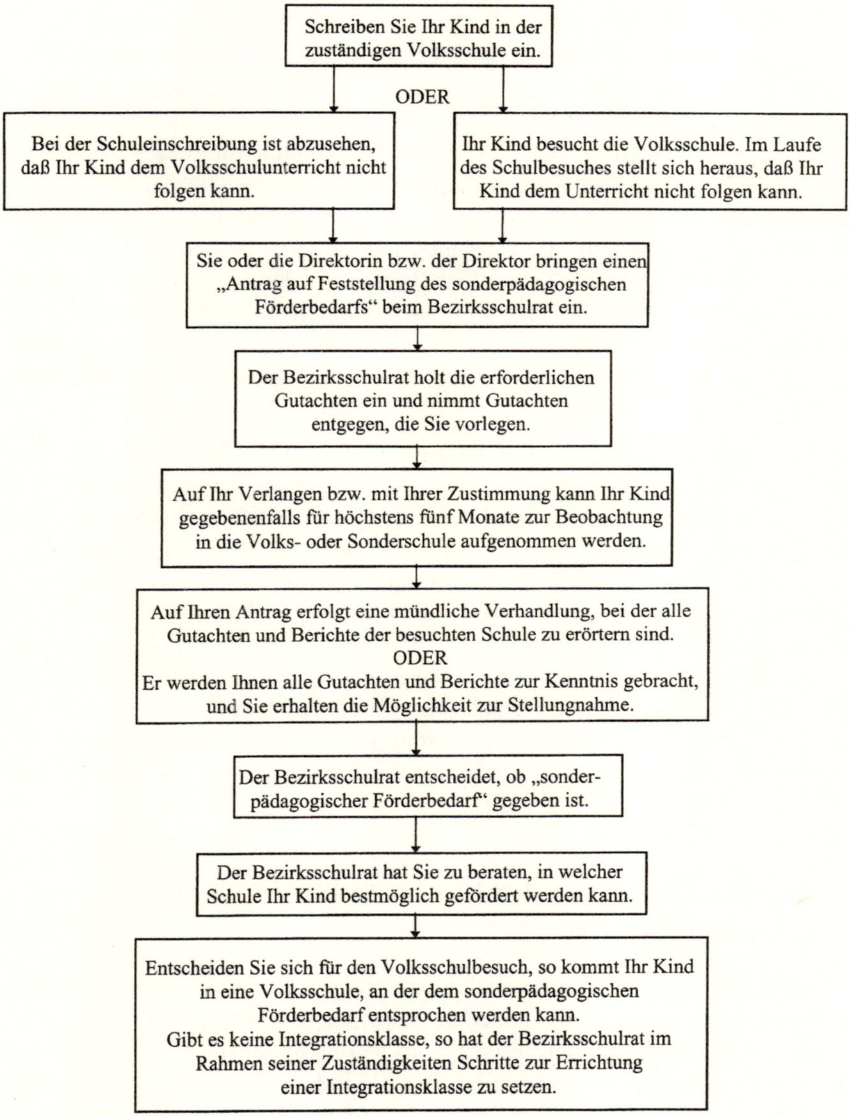

Quellennachweis: Voneinander Lernen, BMJF

3. Schulische Integration in Zahlen

Andere „Modelle“ (sogenannte kooperative Klassen, Förderklassen oder die Aufnahme einiger nichtbehinderter Kinder in eine Sonderschule) sind nach vorliegenden Forschungsergebnissen und den mehrheitlichen integrationspädagogischen Erfahrungen als Etikettenschwindel einzuschätzen, da sie den Prinzipien einer Pädagogik der Nicht-Aussonderung und damit dem Menschenrecht auf ungeteilte gesellschaftliche Teilhabe widersprechen.

Die Schulstatistik 1994/95 (aktuelle Daten werden erst 1997 veröffentlicht) weist ca. 24.900 behinderte Kinder als schulpflichtig aus, das sind 3,40 Prozent aller Pflichtschüler. Etwa 19.000 davon besuchen weiterhin die Sonderschule, davon nahezu zwei Drittel die allgemeine Sonderschule mit Schwerpunktförderung (z.B. für blinde, gehörlose oder mehrfachbehinderte Kinder). Die Zahl der „schulunfähigen“ Kinder konnte auf unter 300 gesenkt werden, worin auch diejenigen enthalten sind, die Hausunterricht erhalten bzw. nicht im eigentlichen strengen Sinn von der Schulpflicht befreit, sondern de facto zurückgestellt sind. Ungefähr 5.900 Kinder mit sonderpädagogischem Förderbedarf (spF) wurden 1994/95 in insgesamt 632 Integrationsklassen in Regelschulen unterrichtet. Daraus errechnet sich eine Integrationsquote von ca. 25 Prozent (Wetzel 1997).

Dieser Integrationsanteil wird stetig ansteigen, weil die Integration in Österreich seit 1993 mit der 1. Klasse aufsteigend eingeführt wurde und ab 1997/98 auf die Sekundarstufe erweitert wird. Die jüngste Statistik des Unterrichtsministeriums über laufende Schulversuche zeigt, daß Integration in der Sekundarstufe 1 derzeit in 374 Versuchsklassen erprobt wird (davon 14 Klassen in der Unterstufe des Gymnasiums), wobei Wien mit 130 Klassen den Spitzenrang einnimmt (Betrifft:Integration 1997). Obwohl die schulische Integration im Bundesstaat Österreich mit einem „einheitlichen“ Gesetz verankert ist, und auch die Lehrpläne der neun Bundesländer einheitlich gestaltet sind, bestehen regional große Unterschiede beim Anteil von Schülern, die an integrativen Maßnahmen teilnehmen (von 0,3 Prozent in Kärnten bis 12,7 Prozent in Burgenland und Steiermark, vgl. Wetzel 1997).

4. Sonderpädagogischer Förderbedarf (spF) als Integrationsbarriere

Mit dem Recht auf Integration auch in die Hauptschule bzw. in die Unterstufe der AHS werden Eltern aber zunehmend mit Ungereimtheiten des österreichischen Schulsystems und den weiterhin als Wahlmöglichkeit bestehenden Sonderschulen schmerzlich konfrontiert. Denn Kinder mit sonderpädagogischem Förderbedarf in Integrationsklassen dürfen derzeit nur neun Jahre die Schule besuchen. Kinder mit sonderpädagogischem Förderbedarf in Sonderschulen hingegen haben das Recht auf elf Jahre Schulbildung. Schüler ohne Behinderung haben sogar das Recht auf eine fünfzehnjährige Schulbildung (12 Jahre bis zur Matura plus dreimaliges Wiederholen). Diese Regelung widerspricht dem Gleichheitsgrundsatz und wird von den Eltern als diskriminierend empfunden. So wurde beispielsweise in Wien das Ansuchen einer Schülerin einer Integrationsklasse auf ein freiwilliges zehntes Schuljahr vom Unterrichtsministerium mit der Begründung abgelehnt, daß ein erfolgreicher Hauptschulabschluß damit nicht garantiert sei und es zudem dem Integrationsgedanken widerspräche, erfolgreich integrierte Kinder „mehr oder weniger freiwillig" ein Schuljahr wiederholen zu lassen (Aktion Gemeinsam Leben - Gemeinsam Lernen 1997). Mit dieser merkwürdigen Begründung wird ein weiteres Problem sichtbar, das Kinder mit sonderpädagogischem Förderbedarf vom Besuch weiterführender Schulen auszuschließen droht, obwohl die Fördermaßnahmen unabhängig davon gegeben werden, nach welchem Lehrplan ein Kind unterrichtet wird. Nicht unterschätzt werden darf die Gefahr, daß Kinder, die früher nur als „schwierig" galten und nie als „behindert" betrachtet und auch nicht in die Sonderschule geschickt worden wären nun als „Bescheidkinder" etikettiert in ihrer weiteren schulischen Ausbildungslaufbahn „behindert" werden.

Tatsächlich ist die Zahl der Kinder mit spF seit 1993 stark angestiegen und hat eine heftige Diskussion über die weitere „Finanzierbarkeit" der schulischen Integration insbesondere in der Sekundarstufe 1 ausgelöst. Noch aus der Zeit der Begutachtung des Integrationsgesetzes soll es nämlich ein Abkommen zwischen dem Unterrichts- und dem Finanzministerium geben, daß der Anteil der Kinder mit spF nicht größer werden darf, als er vor der Integration war (Rutte 1996). Dieser vereinbarte Prozentsatz von 2,7 Prozent ist bundesweit überschritten worden. Die allseits gewünschte Kostenneutralität kann jedoch, das zeigen auch die Erfahrungen in anderen Ländern, nur mit erhöhter Schülerzahl oder mit weniger Lehrerstunden erreicht werden. Ist einem Kind einmal sonderpädagogischer Förderbedarf zuerkannt worden, wird es später recht schwierig, diese Beurteilung zu ändern, auch wenn den Eltern das Recht eingeräumt wird, selbst Gutachten vorzulegen und gegen eine sonderpädagogische „Etikettierung" zu berufen. Um zu verhindern, daß der sonderpädagogische Förderbedarf inflationär zur „Beruhigung" des Klassenklimas herangezogen wird, ist es wichtig, Lehrer bereits während der Ausbildung mit integrationspädagogischen Inhalten theoretisch und praktisch ausreichend zu informieren. Mit der gesetzlichen Verankerung der Integration in der Sekundarstufe 1 wurden zwar die Pädagogischen Akademien zu einer adäquaten Ausbildung verpflichtet, nicht jedoch die universitären Lehramtsstudien für die AHS. Einen integrationsorientierten Lehrplanentwurf für die Pädagogischen Akademien mit interdisziplinären Inhalten hat das zuständige Unterrichtsministerium abgelehnt und statt dessen einen besonders knapp gehaltenen Erlaß vorgelegt, der nicht einmal das Mindeststundenausmaß für integrationspädagogische Ausbildungsinhalte vorgibt.

5. Sonderpädagogische Zentren (SPZ)

Schon vor der Übernahme der Integration in das Regelschulwesen 1993 war deutlich zu erkennen, daß eine derart gravierende schulorganisatorische Maßnahme nur erfolgreich etabliert werden kann, wenn die darin eingebundenen Lehrer, Schulleiter und Eltern ausreichend Unterstützung, Fortbildung und Beratung erhalten. Angelehnt an Modellbeispiele in Deutschland, und wohl auch um den bestehenden Sonderschulen die Möglichkeit zu geben, ihre sonderpädagogischen Ressourcen in das Integrationsgeschehen einzubringen, enthält deshalb die 15. Novelle zum Schulorganisationsgesetz eine Verfassungsbestimmung, mit der die Installierung von „Sonderpädagogischen Zentren (SPZ)“ an Sonderschulen gesichert werden sollte.

„Sonderpädagogische Zentren sind Sonderschulen, die die Aufgabe haben, durch Bereitstellung und Koordination sonderpädagogischer Maßnahmen in anderen Schularten dazu beizutragen, daß Kinder mit sonderpädagogischem Förderbedarf in bestmöglicher Weise auch in allgemeinen Schulen unterrichtet werden können“ (15.SchOG-Novelle, Bundesgesetzblatt Nr. 512 vom 30. Juli 1993, § 27a (1)). Die Festlegung, welche Sonderschulen als SPZ festzulegen sind, obliegt also in bester föderalistischer Schulpolitiktradition dem Bezirksschulrat (Antrag) und dem Landesschulrat (Beschluß), ohne daß sich der Bund als Gesetzgeber hinsichtlich der Zahl und des Zeitpunkts ihrer Einrichtung sowie der qualitativen Mindeststandards und Kontrollinstrumente festgelegt hat. Angestrebt werden sollte eine möglichst flächendeckende Betreuung der Integration in den Regelschulen, wobei keine Hinweise zur erwünschten Standortauswahl und auch kein allgemein verbindlicher Aufgabenkatalog für die SPZ vorgegeben wurden. Die meisten Sonderschulen hatten bald erkannt, daß die Integration von Kindern mit sonderpädagogischem Förderbedarf beträchtliche Auswirkungen auf die Entwicklung ihrer eigenen Institution haben würde, weshalb sie großteils bestrebt waren, rasch zu einem Zentrum ernannt zu werden. Die Bundesländer reagierten auf diese Herausforderung recht unterschiedlich, mit der Ernennung aller Sonderschulen zu SPZ (z.B. Wien) bis hin zur leider seltenen Variante der situations- und bedarfsgerechten Standortauswahl unter Analyse des lokalen und regionalen Umfelds in Hinblick auf die Vernetzungsmöglichkeiten mit nichtschulischen fachlichen Ressourcen. Die österreichischen Elterninitiativen schenkten in der Formulierungsphase des Integrationsgesetzes und dem darin enthaltenen Passus zur Einrichtung von SPZ nur wenig Aufmerksamkeit und unterschätzten die auch eingetretene Entwicklung, daß die Zentren lediglich zum Weitererhalt und zur Aufwertung von Sonderschulen mit erweiterten Funktionen dienen könnten. Tatsächlich ist es nun so, daß wenn von der Schule oder den Erziehungsberechtigten ein Antrag auf Feststellung des sonderpädagogischen Förderbedarfs gestellt wird, es in erster Linie die SPZ-Leiter sind, die ein sonderpädagogisches Gutachten erstellen. Die Zentrumsleitung ist nach dem Gesetz ident mit der Sonderschulleitung, weshalb es nicht verwundert, daß ein Teil der Schüler weiterhin die Sonderklassen im

Zentrum besucht, während andere behinderte Schüler in den Regelschulen ihrer Wohngemeinden von Sonderschullehrern des Zentrums betreut werden. Vor dieser Entwicklung hat schon Alfred Sander bei der vom Verfasser im Mai 1993 in Wien organisierten gesamtösterreichischen ExpertInnentagung gewarnt und zumindest für die Innovationsphase eines SPZ die Erarbeitung eines handbuchähnlichen Leitfadens angeregt, der auf die wachsende Angebots- und Managementfunktion der Zentren situations- und bedarfsgerecht abgestimmt ist und eine wissenschaftlich begleitete Organisationsentwicklung des Zentrums nach innen und nach außen zuläßt (Sander 1993).

Im Rahmen des Forschungsprojekts „Sonderpädagogische Zentren als Kooperationsbeispiele netzwerkorientierter Gemeinwesenarbeit" (Hovorka 1994 a) entstand dann als Ergebnis eines mehrphasigen interdisziplinären Expertendialogs ein vom Unterrichtsministerium approbierter „Leitfaden für Sonderpädagogische Zentren (SPZ)" (Hovorka 1994 b), der als erweiterbare Ringbuchmappe an allen österreichischen Sonderschulen zur Verteilung kam. Sonderpädagogische Zentren werden darin als „Drehscheibe" für die wohnortnahe Integration und als multiprofessionelle „Ressourcenzentren" definiert, deren gemeinde- und stadtteilnahe Dienstleistungspalette auf die vor- und nachschulische Lebensphase ausgedehnt und mit sozialpädagogischen Angeboten erweitert sein sollte. Die SPZ-Publikation erreichte einen weit über das sonderpädagogische Berufsfeld hinausreichenden Leser- und Anwenderkreis. Bestellungen des „Leitfadens" treffen noch mehr als drei Jahre nach dem Erscheinen regelmäßig beim Verfasser ein. Daraus kann geschlossen werden, daß viele Zentren trotz nicht vorhandener ökonomischer Anreize zunehmend bemüht sind, sich zu regionenbezogenen „Kompetenzzentren" auch für den Sekundarbereich 1 zu entwickeln (vgl. dazu Hauer 1997).

6. Universitäre umfeldbezogene Integrationspädagogik

Zusammenfassend besteht kein Zweifel darüber, daß die schulische Integration in Österreich weder aufzuhalten, noch rückgängig zu machen ist. Nicht gesichert scheint jedoch ihre Qualität, die von einer längst fälligen grundlegenden Schulreform und Demokratisierung der Erziehung sowie vom Bekenntnis zu einem schulübergreifenden und ungeteilten Integrationsbegriff abhängig sein wird. Es gibt bereits sichtbare Fortschritte in der Integration (vgl. BMAS 1993) und in der Beachtung der Menschenwürde von behinderten Menschen, wie beispielsweise eine 1997 von der österreichischen „Selbstbestimmt-Leben-Bewegung" durchgesetzte neue Verfassungsbestimmung zur Nicht-Diskriminierung und „Gleichbehandlung von behinderten und nichtbehinderten Menschen in allen Bereichen des täglichen Lebens" (Art. 7 Abs. 1 des Bundes-Verfassungsgesetzes 1997). Dieser Erfolg wäre ohne die schulische Integrationsbewegung nicht möglich gewesen. Er wird jedoch überschattet von einer Zunahme an direkter persönlicher Gewalt gegen behinderte Menschen bis hin zu einer - indirekt gewalttätigen - öffentlich geführten „Bio-Ethik-Debatte“, die das Lebensrecht behinderter Menschen überhaupt in Frage stellt oder zumindest die laufenden budgetären Einsparungen im Sozial-, Bildungs- und Gesundheitsbereich feindbildähnlich rechtfertigen hilft.

Abbildung 3: Die Innen- und Außenanalyseebenen von umfeldbezogener Integrationspädagogik

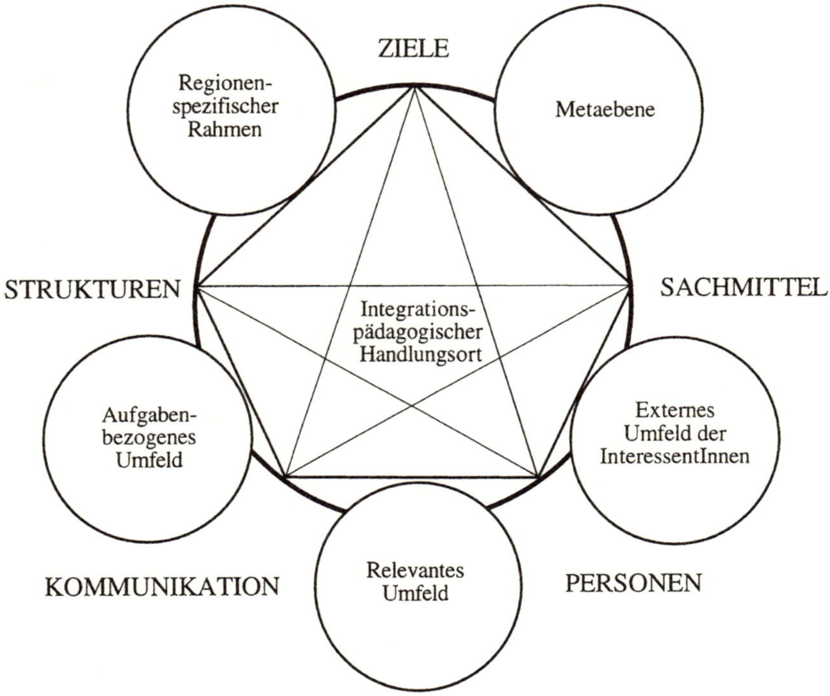

Die Prozeßhaftigkeit inner- und außeruniversitärer Integrationspädagogik stellt sich als Schnittpunkt von fünf Innen- und fünf Außenaspekten dar, die miteinander in Wechselwirkung stehen.

Lebensweltorientierung und sozialer Umfeldbezug von Integrationspädagogik soll mit dem didaktischen Dreischritt SEHEN (territoriale Behinderungen) - VERSTEHEN (funktionale Behinderungen) - VERÄNDERN (kategoriale Behinderungen) entsprochen werden.

Hans Hovorka, Juni 1997

Von den teilweise massiven Einsparungen sind in Österreich natürlich auch die Universitäten betroffen, und hier vor allem die Sozial- und Erziehungswissenschaften. Schon allein aus Selbsterhaltungsinteresse müßten sie gerade jetzt ihren Auftrag verstärkt wahrnehmen, Forschung und Lehre zugunsten sozial benachteiligter und behinderter Menschen auszurichten und ihre noch vorhandenen Ressourcen mit dem integrationspädagogischen Praxisfeld zu vernetzen. Vor dem Hintergrund der schrittweisen Rückführung der Sonderpädagogik in die Allgemeine Erziehungswissenschaft wäre deshalb eine universitäre Pädagogik der Nicht-Aussonderung und Vielfalt anzustreben, die den hier abschließend zusammengefaßten schulübergreifenden und umfeldbezogenen Grundsätzen folgt:

1. Begriff und Bezeichnung *Behinderung* werden aus sozialer bzw. soziologischer Sicht nicht als Eigenschaft oder Defekt bestimmter Personen sondern als Entstehung und Folge sozialer Definitionsprozesse verstanden. Dieses Verständnis von Behinderung erfordert in jedem Fall die sorgfältige Erfassung der jeweiligen Umfeldbedingungen in den pädagogischen Handlungsplan. Dieser geht nicht von der Schädigung eines Individuums aus sondern von der Diagnose der *behindernden Lebensbedingungen*, die zu sozialer Benachteiligung führen.

2. Mit *Integration* wird die umfassende gesellschaftliche und soziale Teilhabe aller Individuen in allen Lebensphasen und Lebensbereichen bezeichnet. Das Paradigma der *ungeteilten sozialen Integration* verneint jede Form der Aussonderung und hebt gleichzeitig das *Recht auf Anderssein* hervor. Wird Nicht-Aussonderung bzw. Integration als unteilbar verstanden, ist damit nicht nur der Einbezug von Menschen mit körperlichen, geistigen oder psychischen Beeinträchtigungen gleich welchen Schweregrades gemeint. Das soziale Miteinander gilt ebenso für die Generationen, für Kulturen und Konfessionen und ist von der Parteinahme zugunsten wirtschaftlich, sozial und räumlich an den Rand des „mainstream“ gedrängten Menschen geprägt.

3. Weil Integration alle Lebensbereiche umfaßt, sich keinesfalls auf den klassischen Adressatenkreis von Sonderpädagogik und auch nicht auf die Schule beschränkt, kann *Integrationspädagogik* auch nicht auf ein Teilgebiet von Sonderpädagogik reduziert werden. Unter Integrationspädagogik ist vielmehr eine höher entwickelte Qualitätsstufe von Pädagogik zu verstehen, die alle Teildisziplinen der Erziehungs- und Sozialwissenschaften umfaßt. Als *pädagogisches Prinzip* innerhalb der gesamten Erziehungswissenschaft ist Integrationspädagogik einem *ungeteilten Menschenbild* und einer *Pädagogik der Nicht-Aussonderung* und Vielfalt verpflichtet. Diese soll individuell und sozial Benachteiligten die gleichberechtigte und gleichwertige Teilhabe am gesellschaftlichen Leben ermöglichen.

Abbildung 4: Universitäre umfeldbezogene Integrationspädagogik

Verschränkung/Wechselbezug von sonderpädagogischer Lehre, Forschung und Praxis

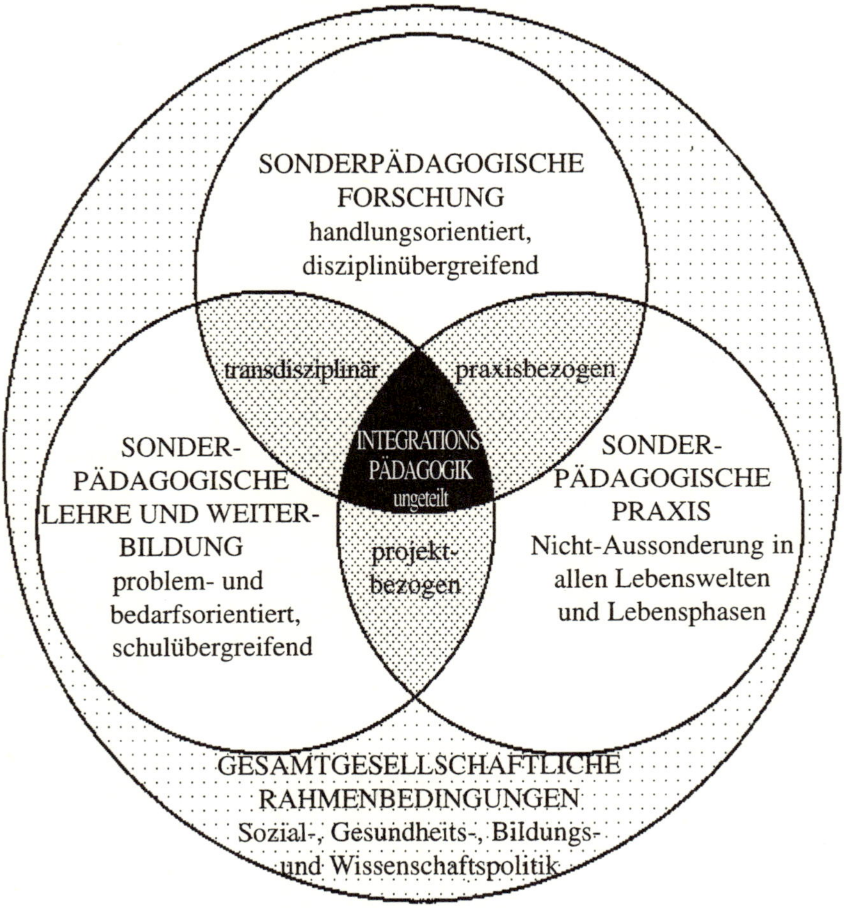

INTEGRATIONSPÄDAGOGISCHE LEITPRINZIPIEN
Prinzip der Menschenrechte
Prinzip der lebenslangen Lern- und Entwicklungsfähigkeit
Normalisierungsprinzip

Univ.-Prof. Dr. Hans HOVORKA — Klagenfurt, Juni 1997

4. *Universitäre Integrationspädagogik* kann ihre Bedarfsnähe und Praxisrelevanz nur rechtfertigen, wenn berufsfeldübergreifende kooperative Forschungs-, Lehr- und Handlungszusammenhänge hergestellt werden, die zu einem inner- und außeruniversitären Fachdiskurs zur sozialen Dimension und zur Relativität von Behinderung führen. Didaktisch ist dabei der Hete-

rogenität von *Projektarbeit* sowie der *Transdisziplinarität* Vorrang einzuräumen, anstatt Bildungsinhalte additiv zu parzellieren und integrative Fragestellung fachlich ungleichgewichtig zu bearbeiten. Vor dem Hintergrund der sich rasant ändernden inneruniversitären Rahmenbedingungen (Einsparungen, Universitätsorganisations-, neues Universitätsstudiengesetz/neue Studienpläne, zu erwartende FHS-Konkurrenz) steht die universitäre Integrationspädagogik vor großen inhaltlichen, strukturellen und organisatorischen Aufgaben. Deren Bewältigung sollte u.a. dem *didaktischen Dreischritt SEHEN* (territoriale Behinderungen forschend entdecken) - *VERSTEHEN* (funktionale Behinderungen be"greifen" lernen) - *VERÄNDERN* (kategoriale Behinderungen praktisch abbauen helfen) folgen.

5. Eine ungeteilte und umfeldbezogene Integrationspädagogik ist *alltags- und lebensweltorientiert*. Sie möchte allen Beteiligten ein differenziertes Lern- und Arbeitsspektrum eröffnen und mithelfen, den Menschen als Träger und als Adressaten einer Pädagogik der Nicht-Aussonderung und Vielfalt anzuerkennen. Diese Bemühungen werden derzeit durch massive Restriktionen vor allem im Bildungs-, Sozial- und Gesundheitsbereich „behindert". Politische und legistische Lippenbekenntnisse zur sozialen Integration behinderter und sozial benachteiligter Menschen werden von gesellschaftlichen Ausgrenzungs- und Selektionstendenzen in allen Lebensbereichen konterkariert. Diese reichen bis zur Wunschvorstellung mittels der *neuen Biowissenschaften* Behinderungen und Krankheiten vermeiden oder überhaupt abschaffen zu können. Dieses Bedrohungsszenario weist der Integrationspädagogik eine hohe *ethische Verantwortung und demokratiepolitische Bedeutung* zu, die sich in Forschung, Lehre und sozialer Berufsarbeit bewähren muß. Um einer rein betriebswirtschaftlich verengten Außenbeurteilung des sensiblen Fachbereichs qualitätssichernd und qualitätssteigernd begegnen zu können, wird es zudem notwendig sein, die eigenen Ressourcen rasch mit themenverwandten universitären sowie außeruniversitären Aus- und Weiterbildungsangeboten zu ergänzen/zu vernetzen und die so erweiterten Kompetenzen und Potentiale der praktischen Integrationarbeit stützend zur Verfügung zu stellen.

Literatur

Aktion „Gemeinsam Leben - Gemeinsam Lernen" (Hrsg.): Rundbrief 6. Wien (Eigenverlag) 1997.

Anlanger, Otto: Behinderten Integration. Geschichte eines Erfolges. Dokumentation. Wien (Schulheft 70) 1993.

Behinderte und Nichtbehinderte gemeinsam in Schulen (Hrsg.): Behinderte und Nichtbehinderte gemeinsam in Schulen. Tagungsbericht Bad Tatzmannsdorf. Markt Allhau: (Eigenverlag) 1985.

Betrifft:Integration: Rundbrief von Integration: Österreich 1a, 13. Wien 1997.

Bews, Susanna: Integrativer Unterricht in der Praxis: Erfahrungen - Probleme - Analysen. Innsbruck (Österreichischer Studienverlag) 1992.

Bundesministerium für Unterricht und kulturelle Angelegenheiten (Hrsg.): Voneinander Lernen. Integration behinderter Kinder an Volksschulen. Ein Ratgeber für Eltern, 26-27, Wien (Eigenverlag) 1996.

Bundesministerium für Arbeit und Soziales (Hrsg.): Das Behindertenkonzept der österreichischen Bundesregierung. Wien (Eigenverlag) 1993.

Feyerer, Ewald: Behindern Behinderte? Auswirkungen integrativen Unterrichts auf nichtbehinderte Kinder. In: Miteinander 2, 11-12. Linz 1997.

Forster, Rudolf/Schönwiese, Volker (Hrsg.): Behinderten Alltag. Wie man behindert wird. Wien (Jugend & Volk) 1982.

Hauer, Karl: Die spezifischen Aufgaben der Sonderpädagogischen Zentren bei der Integration behinderter Kinder in Hauptschulen und AHS. In: Heilpädagogik 2, 9-16. Höbersdorf (Verlag Kaiser) 1997.

Hovorka, Hans (Hrsg.): „Schulische Integration und Soziales Umfeld. Eine Bestandsaufnahme der stützenden und hemmenden Bedingungen auf lokaler Ebene im Rahmen der Schulversuche zum gemeinsamen Unterricht behinderter und nichtbehinderter Kinder". Forschungsprojekt. Klagenfurt/Wien (Eigenverlag) 1993.

Hovorka, Hans (Hrsg.): „Sonderpädagogische Zentren als Kooperationsbeispiele netzwerkorientierter Gemeinwesenarbeit". Forschungsprojekt. Klagenfurt/Wien (Eigenverlag) 1994a.

Hovorka, Hans (Hrsg.): „Leitfaden für Sonderpädagogische Zentren". Klagenfurt/Wien (Eigenverlag) 1994b.

Hovorka, Hans (Hrsg.): „Gemeindenahe schulübergreifende Integrationspädagogik". Forschungsprojekt. Klagenfurt/Wien (Eigenverlag) 1996a.

Hovorka, Hans (Hrsg.): „Qualifizierung für Integration - Integration Lernen und Lehren". Forschungsprojekt. Klagenfurt/Wien (Eigenverlag) 1996b.

Hug, Reinhard (Hrsg.): Integration in der Schule der 10- bis 14jährigen. Innsbruck (Österreichischer Studienverlag) 1994.

Österreichische UNESCO-Kommission: Schule und Behinderte. Lehrerseminar der österreichischen UNESCO-Kommission zum Internationalen Jahr der Behinderten. Schlußbericht. Wien (Eigenverlag) 1981.

Rutte, Volker: Schulische Integration in Österreich. Ein Situationsbericht anläßlich des 11. Österreichischen Integrationssymposiums in Innsbruck. In: Betrifft:Integration. Rundbrief von Integration: Österreich, 3, 4-6. Wien 1996.

Sander, Alfred: Der umfeldbezogene Vernetzungsauftrag Sonderpädagogischer Zentren im Rahmen der Integration. In: Hovorka, Hans (Hrsg.): Tagungsdokumentation ExpertInnentagung (15. Mai 1993 in Wien) „Sonderpädagogische Zentren als Kooperationsbeispiele netzwerkorientierter Gemeinwesenarbeit", 11-27, Wien (Eigenverlag) 1993.

Schleichert, Gertraud: Behinderte und Nichtbehinderte gemeinsam in Schulen. Integrierte Klasse in Oberwart - Dokumente aus acht Jahren Schulversuch. Innsbruck (Österreichischer Studienverlag) 1993.

15. SchOG-Novelle, Bundesgesetzblatt Nr. 512 vom 30. Juli 1993, § 27a (1)

Specht, Werner (Hrsg.): „Fallstudien zur Integration behinderter Schüler in der Sekundarstufe 1". Forschungsprojekt/ ZfS-Report Bd. 1, 2, 3, 4. Graz (Eigenverlag) 1997.

Wetzel, Gottfried: Integres Europa. In: Betrifft:Integration. Rundbrief von Integration: Österreich, 2, 1-4. Wien 1997.
Zöhrer, Dagmar: Integration in Kärnten. In: Betrifft:Integration. Rundbrief von Integration: Österreich, 4, 7-9. Wien 1996.

Adressenhinweis:

INTEGRATION:ÖSTERREICH, Elterninitiativen für gemeinsames Leben behinderter und nichtbehinderter Menschen, Wurzbachgasse 20/8, A-1150 Wien, Tel.: ++43 (0)1/7891747, Fax.: ++43 (0)1/7891746, e-mail: integration.oesterreich@magnet.at

Reimer Kornmann

Förderdiagnostik zur schulischen Integration

In vielen Äußerungen zur Konzeption und Realisierung einer auslesefreien Schule für Alle wird die besondere Bedeutung der „Förderdiagnostik“ hervorgehoben. Dabei entsteht oft der Eindruck, daß dieser Tätigkeitsbereich unverzichtbar sei. Ich möchte diese Auffassung zunächst mit einigen Argumenten in Frage stellen. Eigentlich sind diese Argumente recht einleuchtend und schlicht. Trotzdem sind sie bisher nur selten oder gar nicht geäußert oder diskutiert worden. Das ist erstaunlich und vielleicht am ehesten mit der von Feuser (1995) in die Diskussion gebrachten Figur des „Mythos Sonderpädagogik“ (S. 20-83) zu erklären.

Nach einer kritischen Zwischenbilanz werden im dritten Teil Schlußfolgerungen für den Stellenwert und Aufgaben der Förderungsdiagnostik im Rahmen einer nicht aussondernden Pädagogik gezogen werden. Alle diese Überlegungen gehen von den heutigen schulischen Problemen aus. Diese resultieren jedoch zu großen Teilen aus strukturellen Bedingungen des ausleseorientierten Schulsystems. Schulische Lern- und Vermittlungsprobleme werden aber auch dann noch auftreten, wenn einmal - ganz im Sinne der von Alfred Sander beschriebenen Stufenfolge der schulischen Entwicklung - Auslese und Kategorisierung nicht mehr notwendig sein sollten. Dann aber wird eine besonders hohe Qualität pädagogischen Denkens und Handelns gefordert sein: Einfache Beschreibungen, Erklärungen und Lösungen der Probleme, die der Logik der Institution entsprechen, wird es nämlich nicht mehr geben. Daher habe ich meine Überlegungen schon im Hinblick auf diese Entwicklung formuliert. Ich denke aber, daß sie auch auf den früheren Stufen nicht schaden werden, wenngleich sie hier nur gegen die Logik des ausleseorientierten Schulsystems umgesetzt werden können.

1. Förderdiagnostik: Tradierung des „Mythos Sonderpädagogik“?

Diagnostik - ein formales Qualifikationsmerkmal!

Diagnostik war und ist der einzige Tätigkeitsbereich, der das besondere Qualifikationsprofil von Sonderpädagoginnen und Sonderpädagogen bildet. Noch immer arbeiten in vielen Sonderschulen Lehrerinnen und Lehrer ohne sonderpädagogische Ausbildung. Ein Teil dieser Kolleginnen und Kollegen tut dies schon seit Jahren, ohne daß von offizieller Seite irgendwelche Beanstandungen ihrer Unterrichtsqualität geäußert worden oder allgemein bekannt geworden wären. In ihrer praktischen Tätigkeit unterscheiden sie sich von den ausgebildeten Sonderschullehrerinnen und Sonderschullehrern lediglich dadurch, daß sie „nicht testen dürfen“. Allein die Qualifikation für diesen Aufgabenbereich begründet - zumindest in lebensgeschichtlich langfristiger Sicht, also nach Kompensierung der unterschiedlichen Ausbildungsdauer - den Gehaltsunterschied zwischen den beiden Berufsgruppen zugunsten der Sonderschullehrerinnen und Sonderschullehrer. Diagnostik als spezifisch sonderpädagogischer Aufgabenbereich dient damit auch der Wahrung des Besitzstands. Im Zuge der organisatorischen Veränderungen hin zu einer auslesefreien Schule muß sich die Sonderpädagogik neu rechtfertigen. Dabei erscheint es zunächst am einfachsten, die angestammte Klientel weiterhin für sich zu reklamieren. Für diesen Zweck erscheint Diagnostik unverzichtbar: Zum einen müssen die entsprechenden Kinder und Jugendlichen identifiziert werden - und zwar als solche, die einen „sonderpädagogischen Förderbedarf“ aufweisen; zum anderen ist festzulegen, mit welchen Mitteln und mit welchem Aufwand die gewünschte „Integrationsmaßnahme“ verwirklicht werden kann. Mittel und Aufwand werden dabei vor allem über Deputatsanteile von Sonderschullehrerinnen und Sonderschullehrern bestimmt. Hier schließt sich also - genau wie im traditionellen separierten Sonderschulwesen - der Kreis: Die Diagnostik ist der wirklich einzige Aufgabenbereich, durch den sich der sonderpädagogische Berufsstand eindeutig kennzeichnen läßt, und die Ergebnisse der Diagnostik sichern das sonderpädagogische Aufgabenfeld.

Diagnosen: entweder desintegrativ oder wirkungslos!

Bei der schulpraktischen Arbeit im Rahmen von „Integrationsmaßnahmen“ wirken sich die gestellten Diagnosen - so meine These - entweder desintegrativ oder gar nicht aus. Sie wirken dann desintegrativ, wenn die Sonderpädagogin oder der Sonderpädagoge unter Verweis auf die Kategorie der Behinderung, orientiert am Lehrplan der entsprechenden Sonderschulform, mehr oder weniger stark abgekoppelt vom sonstigen Unterrichtsgeschehen mit den entsprechenden Kindern arbeitet. Dies ist zwangsläufig dann der Fall, wenn sich die Klassenlehrerin oder der Klassenlehrer an die Zielsetzungen des Lehrplans der

Regelschule gebunden fühlt und nicht bereit oder in der Lage ist, konsequent individualisierend zu unterrichten. (Genau hieraus und aus nichts anderem resultiert ja - nebenbei bemerkt - die Legitimation der Sonderpädagogik!). Hingegen wirken sich die Diagnosen überhaupt nicht auf die schulpraktische Arbeit aus, wenn nach individualisierenden Prinzipien, etwa im Sinne offenen oder projektorientierten Unterrichts, pädagogisch gearbeitet wird. So liest man immer wieder in Berichten von Hospitanten, daß sie bei bestimmten Formen des gemeinsamen Unterrichts sogenannter Behinderter und Nichtbehinderter weder die Lernenden mit festgestelltem sonderpädagogischen Förderbedarf noch die sonderpädagogisch ausgebildete Lehrkraft im Unterricht als solche identifizieren konnten. Dies legt dann die Frage nahe, worin denn die für notwendig erachteten sonderpädagogischen Qualifikationen bestehen und ob sie überhaupt für einzelne Kinder eingebracht werden.

Individualisierender Unterricht auch ohne Diagnostik!

Nun ist auch denkbar, daß Kinder und Jugendliche, denen üblicherweise aufgrund bestimmter Persönlichkeitsmerkmale sonderpädagogischer Förderbedarf zuerkannt worden wäre, von einer Lehrkraft unterrichtet werden, die ein konsequent individualisierendes Unterrichtskonzept verwirklicht. Denkbar ist zugleich, daß sich diese jungen Menschen nicht ungünstiger entwickeln als vergleichbare Schülerinnen und Schüler, die sonderpädagogisch gefördert werden. Zufällig ist mir ein solches Beispiel von einem Jungen mit Trisomie 21 bekannt geworden, über das ich kürzlich berichtet habe (Kornmann, 1995). Wahrscheinlich gibt es noch zahlreiche vergleichbare Fälle, die einfach nur deswegen nicht bekannt werden, weil alle betroffenen und beteiligten Personen mit der bisher geleisteten pädagogischen Arbeit und den Entwicklungen der Lernenden zufrieden sind. So geben auch die von Hildeschmidt & Sander (1996) zusammengetragenen Ergebnisse von Untersuchungen zur Effizienz der Beschulung sogenannter Lernbehinderter in Sonderschulen Hinweise auf ein durchaus respektables Potential an Förderungsmöglichkeiten in der Regelschule, das ohne diagnostisch abgesicherte sonderpädagogische Ressourcen erzielt worden ist.

2. Zwischenbilanz

Selbstverständlich ist mir bewußt, daß die zuvor dargestellten Überlegungen auf schulorganisatorische Rahmenbedingungen verweisen, welche die am weitesten fortgeschrittene Stufe der Entwicklung in Richtung auf eine Schule ohne Aussonderung kennzeichnen. Auf einer solchen Stufe muß kein „sonderpädagogischer Förderbedarf" für einzelne Kinder oder Jugendliche mehr festgestellt werden, weil unterschiedliche Lernvoraussetzungen und Lernmöglichkeiten der jungen Menschen als normal gelten und ein auf diese Vielfalt abgestimmtes Unterrichtskonzept als ebenso normal gilt. Vielerorts ist die Entwicklung jedoch noch längst nicht so weit fortgeschritten. Dort, wo noch „sonderpädagogischer Förderbedarf" im Sinne einer individuellen Merkmalszuschreibung festgestellt werden muß, hat man nicht nur mit dem „Etikettierungs-Ressourcen-Dilemma" (Füssel & Kretschmann, 1993), sondern auch mit vielen „selbstgemachten" organisatorischen Problemen zu kämpfen. Diese Probleme lassen sich mit diagnostischen Mitteln nicht lösen. Eine allzu intensive und ausführliche Beschäftigung mit den diagnostischen Aufgaben und Problemen auf diesen Übergangsstufen würde also lediglich den notwendigen Veränderungsprozeß - so er denn wirklich gewollt ist - nur verlangsamen oder gar aufhalten. Trotz dieser Bedenken darf man aber seine Augen nicht vor der Tatsache verschließen, daß in der Praxis diagnostiziert werden muß und daß die mit der Diagnostik beauftragten Kolleginnen und Kollegen ihre Aufgabe ernst nehmen und gewissenhaft erfüllen möchten. Gerade der Respekt vor ihrer Arbeit verbietet es aber, die hierbei auftretenden grundsätzlich unlösbaren Probleme als lösbar auszugeben. Wenn nun dennoch Perspektiven aufgezeigt werden, dann können diese nur zu einer umfassenderen Problemsicht verhelfen. Mögliche Hoffnungen auf irgendwie glatte, routinefähige Lösungen müssen aber enttäuscht werden.

3. Diagnostische Aufgaben im Rahmen einer nicht aussondernden Pädagogik

Eine Schule ohne Auslesemechanismen stellt ja nun keinesfalls von selbst sicher, daß alle jungen Schülerinnen und Schüler die ihnen möglichen Lern- und Entwicklungsfortschritte auch tatsächlich erzielen. Gerade dies sollte aber der Anspruch jeglicher pädagogischer Arbeit - unabhängig vom schulischen Organisationsrahmen - sein. Was kann man in der praktischen Unterrichtstätigkeit dafür tun, diesem Anspruch gerecht zu werden? Zur Aufschlüsselung und Klärung dieser Fragestellungen habe ich zusammen mit Studierenden einige Vorstellungen entwickelt, die sich aus Erfahrungen bei der praktischen Arbeit zur Überwindung von Lern- und Entwicklungsproblemen einzelner Kinder und Jugendlicher als hilfreich und sinnvoll erwiesen haben. Die Vorschläge betreffen die Inhalte bewußter, entscheidungsbezogener Wahrnehmungen in realen Alltagssituationen. Man kann sich durchaus darüber streiten, ob man eine solche Wahrnehmungstätigkeit als Diagnostik bezeichnen soll oder nicht. Die Struktur des Vorgehens entspricht aber weitgehend den üblichen psychologisch-diagnostischen Handlungsmodellen (Jäger, 1983). Ausgangspunkt sind dabei stets Fragestellungen, die sich auf bevorstehende Entscheidungen beziehen. Die Fragestellungen gründen sich auf eine subjektive Ungewißheit bezüglich der Auswahl der verfügbaren und in Frage kommenden Handlungsalternativen. Die Zielsetzungen, die mit den Handlungen erreicht werden sollen, stehen dabei in der Regel fest, können aber im weiteren Verlauf des diagnostischen Prozesses noch präzisiert und modifiziert werden. Durch den diagnostischen Prozeß soll die Unsicherheit bezüglich der entscheidungsbezogenen Handlungsalternativen verringert werden. Dies kann nur dadurch geschehen, daß möglichst gezielt neue Informationen gewonnen werden. Folglich ist in einem nächsten Schritt zu überlegen, unter welcher präzise eingegrenzten Fragestellung und mit welchen Mitteln diese neuen Informationen am besten gewonnen werden können. Dies führt zu einem Plan für die weitere diagnostische Vorgehensweise, der anschließend umgesetzt wird. Wird durch diese Phase der Sammlung, Sichtung und Auswertung von Daten die subjektive Ungewißheit reduziert, kann der diagnostische Prozeß beendet und die Entscheidung getroffen werden, andernfalls muß der Prozeß fortgesetzt werden. Alle handlungsrelevanten Überlegungen und Planungen, die Vorgehensweise selbst sowie die gewonnenen Informationen müssen so dargestellt und dokumentiert werden, daß sie für andere Personen eindeutig verstehbar und nachvollziehbar sind. Eine Orientierung an diesem Postulat ist notwenig, damit das gesamte Verfahren transparent und kritisierbar wird. Anders als manche Fachvertreter lege ich dabei wesentlich stärkeres Gewicht auf die Auswahl und Begründung der Fragestellungen als auf die der Methoden: Wenn man weiß und begründen kann, was man wissen will, dann wird man seine Wahrnehmungen entsprechend ausrichten und auch geeignete Methoden finden und daraus die jeweils ergiebigsten und ökonomischsten auswählen. Eine allzu starke Fixierung auf bestimmte, routinemäßig anwendbare Verfahrenstechniken läßt dagegen den Verdacht aufkommen, daß keine klaren diagnostischen Fragestellungen und Handlungsperspektiven entwickelt worden sind, sondern daß man sich mit der Wahl der Methode auf ein bestimmtes Handlungskonzept festgelegt hat („Inversionsprinzip" nach Jüttemann, 1984).

Nun werden die Entscheidungen, die durch die einzuholenden Informationen begründet oder abgesichert werden sollen, von bestimmten Personen in realen pädagogischen Situationen, in der Regel also im Unterrichtsgeschehen selbst, getroffen. Nur hierauf können die Fragestellungen bezogen werden. Das bedeutet, daß auch nur solche Fragestellungen in Betracht kommen, die auch im Rahmen der Denk- und Handlungsmöglichkeiten der jeweils verantwortlichen Lehrkraft liegen. Eine allgemeine Systematik solcher Denk- und Handlungsmöglichkeiten findet sich bei Hofer (1986). Für einen nicht separierenden Unterricht müßten jedoch speziellere Kategorien formuliert werden, an denen sich das Denken und Handeln der jeweiligen Lehrkräfte zu orientieren hätte. Deshalb müßten diese je individuellen Denk- und Handlungsmöglichkeiten und deren aktuelle Begrenzungen zunächst bekannt sein, wenn sich hierauf die Fragestellungen für die künftige Unterrichtsgestaltung beziehen sollen. Wie aber lassen sich die Möglichkeiten und Grenzen der Unterrichtskonzepte einzelner Lehrerinnen und Lehrer erkennen? Bereits an dieser noch eindeutig „vorgelagerten" Frage entscheidet sich, ob es überhaupt sinnvoll ist, weiteren Fragestellungen, die die Unterrichtsgestaltung betreffen, nachzugehen. So haben wir die Erfahrung gemacht, daß es manchen Lehrkräften kaum denkbar erscheint, ihr Unterrichtskonzept zu modifizieren. Offensichtlich wollen oder können sie sich keine Alternativen zu ihren jeweils praktizierten Tätigkeiten vorstellen.

Folglich gibt es für sie oder aus ihrer Sicht auch keine Fragestellungen für Entscheidungen, die ihre eigene Unterrichtsgestaltung betreffen. Solche Lehrkräfte können oder wollen in der Regel keine nachvollziehbare Auskunft darüber geben, wie sie ihren Unterricht konkret gestalten, an welchen Prinzipien sie sich dabei orientieren, was sie genau tun, um Lern- und Arbeitsproblemen einzelner Schülerinnen und Schüler vorzubeugen oder zu begegnen. Sie sind auch nicht oder nur ungern bereit, gemeinsam mit anderen Kolleginnen oder Kollegen Unterricht zu planen, durchzuführen und nachträglich darüber zu reflektieren. Sie nutzen auch nicht gebotene Möglichkeiten, sich über andere Unterrichtskonzepte zu informieren - kurzum: Die entscheidenden Fragestellungen für eine unterrichtsbezogene Diagnostik lassen sich mit und von solchen Lehrkräften gar nicht bearbeiten. Eine kurzfristig greifende Lösung dieses Problems sehe ich nicht. Es ist also davon auszugehen, daß die von uns erarbeiteten Vorschläge sich nur verwirklichen lassen, wenn sie von den beteiligten und betroffenen Personen verstanden, akzeptiert und auf ihre jeweilige Unterrichtspraxis bezogen werden. Sie funktionieren also nicht im Sinne technologischer Regeln, die unter kontrollierten Randbedingungen zu zuverlässig vorhersagbaren Ergebnissen führen. Der Gültigkeitsbereich unserer Vorschläge bezieht sich somit nur auf solche Lehrkräfte, die ihre Unterrichtspraxis bewußt als ein Gegenmodell zur herkömmlichen ausleseorientierten Schule verstehen und organisieren. Dabei ist es im Prinzip unerheblich, ob und inwieweit solche Gegenmodelle von der offiziellen Schulpolitik gewünscht, unterstützt, geduldet, nicht vorgesehen oder gar mißbilligt werden. Entscheidend ist, daß die pädagogische Arbeit persönlich verantwortet und transparent dargestellt werden kann. Die Transparenz der Darstellung muß sich insbesondere auf die pädagogische Situation der einzelnen Kinder beziehen. Die pädagogische Situation ist entscheidend dafür, ob und inwieweit die Lernenden Impulse und notfalls auch Hilfen erhalten, um ihr gegebenes Entwicklungspotential weiter zu entfalten oder ob sie in ihren Lern- und Entwicklungsmöglichkeiten behindert werden. Dabei wird man unterrichtsbedingte Lern- und Entwicklungsbehinderungen niemals sicher ausschließen können. Bei einer transparenten Darstellung der pädagogischen Situation lassen sich aber für einzelne Kinder Indikatoren für günstige und ungünstige Entwicklungsverläufe erkennen. Günstige Entwicklungsverläufe zeigen sich im allgemeinen an einer Erweiterung realitätsbezogener Denk- und Handlungsmöglichkeiten und zwar sowohl bezüglich größerer Unabhhängigkeit und Selbständigkeit als auch bezüglich zunehmender sozialer Kompetenz und Verantwortlichkeit für die menschliche Gemeinschaft. Hierfür lassen sich bei jedem einzelnen Menschen Indikatoren formulieren, die - im zeitlichen Verlauf betrachtet - Hinweise auf günstige und ungünstige Entwicklungen geben. Die Indikatoren, an denen sich eine einzelne Lehrerin oder ein einzelner Lehrer orientiert, werden von den jeweiligen, durchaus subjektiv gefärbten Entwicklungskonzepten und den damit verbundenen Leitvorstellungen bestimmt. Trotz subjektiver Färbung sollte es jedoch möglich sein, diese Entwicklungskonzepte und pädagogischen Leitvorstellungen, sowie die daraus ableitbaren Indikatoren für günstige und ungünstige Entwicklungsverläufe intersubjektiv nachvollziehbar darzustellen und zu begründen. Immer dann nämlich, wenn sich bei einzelnen Schülerinnen oder Schülern Indikatoren für eine ungünstige Entwicklung zeigen, ist der Anlaß für eine förderungsorientierte Analyse der pädagogischen Situation gegeben. Diese Analyse kann von der verantwortlichen Lehrkraft zunächst alleine vorgenommen werden, es empfiehlt sich aber, diese Analyse und die dabei gewonnenen Erkenntnisse im pädagogischen Tagebuch festzuhalten. Die gewonnenen Erkenntnisse sollten sich vor allem in einem besseren Verständnis für den betroffenen jungen Menschen, in Folgerungen für eine Änderung seiner pädagogischen Situation auswirken und zu einem günstigeren Entwicklungsverlauf führen. Nicht immer läßt sich dieses wichtige pädagogische Ziel in Einzelarbeit erreichen. In solchen Fällen ist es sinnvoll, die weitere Analyse kooperativ durchzuführen. Denn oft kann man die im Unterrichtsgeschehen wichtigen entwicklungsförderlichen und entwicklungsbehindernden Bedingungen nur erkennen, wenn man sich hierauf aus einer gewissen persönlichen Distanz und aus etwas veränderter theoretischer Perspektive konzentrieren kann. Mit dieser Möglichkeit der kooperativen Problemlösung ist das Grundverständnis des förderdiagnostischen Ansatzes umschrieben. Das Problem selbst muß inhaltlich gefaßt sein: Was ist zu tun, damit alle Lernenden - ohne Ausnahme! - in ihrer Lerngruppe solche Bedingungen vorfinden, unter denen sie sich - jede und jeder auf ihre und seine Weise, aber dennoch alle miteinander - möglichst gut entwickeln können? Lehrerinnen und Lehrer, die sich diesem Problem stellen und es immer wieder zu lösen versuchen, werden nicht nur „die unvermeidliche Zweckentfremdung der Förderungsdiagnostik in einem selektionsorientierten Bildungssystem“ (Kretschmann, 1983) unterlaufen, sondern auch die Mechanismen der Auslese durch ihre praktische pädagogische Arbeit in Frage stellen.

Literatur

Feuser, G.: Behinderte Kinder und Jugendliche. Zwischen Integration und Aussonderung. Darmstadt (Wissenschaftliche Buchgesellschaft) 1995.

Füssel, H. P. & Kretschmann, R.: Gemeinsamer Unterricht für behinderte und nichtbehinderte Kinder. Witterschlick/Bonn (Wehle) 1993.

Hildeschmidt, A. & Sander, A.: Zur Effizienz der Beschulung sogenannter Lernbehinderter in Sonderschulen. In: H. Eberwein (Hrsg.): Handbuch Lernen und Lern-Behinderungen. Weinheim (Beltz) 1996. p. 115-134.

Hofer, M.: Sozialpsychologie erzieherischen Handelns. Göttingen (Hogrefe) 1986.

Jäger, R. S.: Der diagnostische Prozeß. Eine Diskussion psychologischer und methodischer Randbedingungen. Göttingen (Hogrefe) 1983.

Jüttemann, G.: Klinisch-psychologische Diagnostik in neuer Sicht. In: G. Jüttemann (Hrsg.): Neue Aspekte klinisch-psychologischer Diagnostik. Göttingen (Hogrefe) 1984. p. 35-60.

Kornmann, R.: Die Feststellung des sonderpädagogischen Förderbedarfs: Grundlage oder Hemmnis der integrativen Pädagogik? In: G. Siepmann &

K. Salzberg-Ludwig (Hrsg.): Gegenwärtige und zukünftige Aufgaben der Lernbehindertenpädagogik. Potsdam (Universitätsdruckerei) 1996. p. 85-92.
Kretschmann, R.: Die unvermeidliche Zweckentfremdung der Förderdiagnostik in einem selektionsorientierten Bildungssystem. In: R. Kornmann, Meister, H., Schlee, J. (Hrsg.): Förderdiagnostik. Heidelberg (Schindele) 1983. p. 43-48.

Marianne Raidt-Petrick/Peter Raidt

Zur schulischen Integration hörgeschädigter Kinder

Vorbemerkungen

In der neuesten Veröffentlichung zur schulischen Integration Hörgeschädigter wird Deutschland eher als ein „Entwicklungsland“, was Möglichkeiten der Integration schwerhöriger und gehörloser Schulkinder angeht, bezeichnet (vgl. Leonhardt 1996, 18). Auch in dieser Veröffentlichung werden die schulischen Bemühungen und Erfahrungen zum gemeinsamen Unterricht hörgeschädigter Schülerinnen[1] im Saarland der vergangenen Dekade nicht berücksichtigt. Zumindest erfolgt eine Erwähnung (a.a.O., 20 u. Müller 1997, 236).

Bis heute wird das Thema unter den deutschsprachigen Fachleuten entweder kontrovers behandelt oder nicht oder unzureichend diskutiert (vgl. Leonhardt 1996, 11).

Im Saarland dagegen wurden bereits seit Beginn der 80iger Jahre durch die Schule für Schwerhörige in Kooperation mit der Allgemeinen Schule erste Schritte zur gemeinsamen Unterrichtsarbeit getan.

Einen wesentlichen Schub erhielten die Bemühungen Mitte der 80iger Jahre durch persönliche Schulerfahrungen von Teilen des Kollegiums in Großbritannien (Leicestershire), wo die schulische Integration Hörgeschädigter erfolgreich durchgeführt wird. Zeitgleich erfolgte im März 1985 die Änderung des § 4 des Schulordnungsgesetzes durch den Landtag des Saarlandes. Diese politische Vorgabe ermöglichte jetzt die offizielle Realisierung der gemeinsamen Unterrichtung Hörgeschädigter.

> „(1) Der Unterrichts- und Erziehungsauftrag der Schulen der Regelform umfaßt grundsätzlich auch die behinderten Schüler. Daher sind im Rahmen der vorhandenen schulorganisatorischen, personellen und sächlichen Möglichkeiten geeignete Formen der gemeinsamen Unterrichtung von Behinderten und Nichtbehinderten zu entwickeln; das Nähere regelt der Minister für

[1] Was die Verwendung der weiblichen und der männlichen Form betrifft, so werden wir in unsystematischer Weise zwischen den Geschlechtern abwechseln.

Kultus, Bildung und Wissenschaft durch Rechtsverordnung (Sander 1994, 336).“

Als weitere Faktoren für die rasante Entwicklung der schulischen Integration Hörgeschädigter in unserem kleinen Bundesland sehen die Autoren u.a.:

- Die Elternmitbestimmung bei Schullaufbahnentscheidungen und Schulaufnahmeverfahren wurde in Einzelfällen bereits vor der gesetzlichen Regelung insofern anerkannt, als die Schule für Schwerhörige bereits Anfang der 80er Jahre Schüler in Regelschulen unterstützen bzw. ihre Lehrerinnen beraten konnte.
- Dadurch kam es zu ersten Kontakten von Hörgeschädigtenpädagogen mit verschiedenen Regelschultypen.
- Die Orientierung der Frühbetreuung am Konzept des hörgerichteten Spracherwerbs hatte eine gute lautsprachliche Kompetenz auch bei gehörlosen Kindern bewirkt. Dies bestärkte die Schule für Schwerhörige in ihrem Grundsatz, jedes hörgeschädigte Kind als potentiellen Schüler von Regelschulen - mit fachpädagogischer Unterstützung - anzusehen.
- Eine Elterninitiative im deutschen Schwerhörigenbund, Ortsverband Neunkirchen, bemühte sich zusammen mit Lehrern der Schule für Schwerhörige um die Einschulung ihrer Kinder in die Allgemeine Schule. Der Informationsaustausch zur gelungenen schulischen Integration ermutigte die meisten Eltern, ihre Kinder in der Regelschule anzumelden. Diese Arbeit wurde in den letzten Jahren durch die Frühfördergruppe der Schule für Gehörlose unterstützt.
- Die Fortentwicklung pädagogischer Konzepte in Richtung individualisierendem Lehren und Lernen kam der Unterrichtung hörgeschädigter Kinder entgegen.
- Die Bereitschaft vieler Schulträger, schallisolierende Maßnahmen in Klassenräumen vorzunehmen, erleichtert das Lernen für hörgeschädigte Kinder u.a. dadurch, daß technische Hörhilfen effizienter ausgenutzt werden können.
- Als Parameter, die z.T. indirekt die Entwicklung beeinflußten, sind zu nennen:
  - die Möglichkeit der Beratung durch die Projektgruppe „Integration behinderter Schülerinnen und Schüler“ (IBS) in der Fachrichtung Erziehungswissenschaft der Universität des Saarlandes und deren Veröffentlichungen,
  - der Erfahrungsaustausch in einer Arbeitsgemeinschaft Integration saarländischer Lehrerinnen, die integrativ arbeiten,
  - ein Kontakt- und Aufbaustudium Integrationspädagogik, das den Kolleginnen mit spezifischen Veranstaltungen offen stand.

1. Angaben zum Schülerbesuch der Schulen für Behinderte

1.1 Die Schule für Schwerhörige in Lebach (früher Püttlingen bzw. Püttlingen-Köllerbach)

Für die Schule für Schwerhörige ergeben sich folgende Angaben:

Tabelle 1: Schülerinnenbesuchszahlen - Lehrerinnenzuweisung - Klassenbildung

Schuljahr	Schülerinnen	Lehrerinnen	Klassen
1986/87	48	21	11
1987/88	46	20	10
1988/89	46	16	7
1989/90	57	16	7
1990/91	51	13	7
1991/92	50	12	5
1992/93	47	10	5
1993/94	52	13	5
1994/95	62	15	6
1995/96	59	14	6
1996/97	57	14	6

1.2 Die Schule für Gehörlose in Lebach

Folgende Angaben verdeutlichen die Entwicklung:

Tabelle 2: Schülerinnenbesuchszahlen - Lehrerinnenzuweisung - Klassenbildung

Schuljahr	Schülerinnen	Lehrerinnen	Klassen
1986/87	67	17	12
1987/88	55	16	10
1988/89	47	12	9
1989/90	47	15	9
1990/91	59	14	8
1991/92	58	14	11
1992/93	50	12	9
1993/94	50	12	9
1994/95	53	12	9
1995/96	52	12	9
1996/97	52	12	9

2. Angaben zum Schülerbesuch in den Schulen der Regelform

Nachstehende Tabellen geben einen Gesamtüberblick über die schulorganisatorische Realisierung des gemeinsamen Unterrichts seit dem Schuljahr 1986/87. In Tabelle 3 ist die Gesamtzahl der hörgeschädigten Kinder pro Schuljahr in den Schulen der Regelform aufgeschlüsselt:

Tabelle 3: Hörgeschädigte Kinder in Regelschulen

Schuljahr	Insgesamt	Grundschule	Weiterführende Schule
1986/87	8	2	6
1987/88	16	8	8
1988/89	22	7	15
1989/90	24	9	15
1990/91	22	12	10
1991/92	21	10	11
1992/93	21	6	15
1993/94	28	13	15
1994/95	29	18	11
1995/96	38	24	14
1996/97	41	25	16

Die nachstehende Tabelle dokumentiert die besuchten Klassenstufen:

Tabelle 4: Integrationsschülerinnen nach besuchter Klassenstufe

Klassenstufe	86/87	87/88	88/89	89/90	90/91	91/92	92/93	93/94	94/95	95/96	96/97
1	2	5	1	3	-	3	2	6	5	8	5
2	-	2	4	1	5	2	3	4	5	7	7
3	-	1	1	4	3	3	-	3	3	6	8
4	-	-	1	1	1	2	1	-	5	3	5
5	6	3	3	3	2	2	4	1	1	5	4
6	-	5	3	3	-	-	3	3	1	2	5
7	-	-	5	2	2	3	-	3	3	4	1
8	-	-	3	4	2	2	3	1	1	1	1
9	-	-	1	2	-	1	2	3	2	-	2
10	-	-	-	1	6	3	1	2	1	-	2
11	-	-	-	-	1	-	2	1	1	2	1
12	-	-	-	-	-	-	-	1	-	-	-
13	-	-	-	-	-	-	-	-	-	-	-
Σ	8	16	22	24	22	21	21	28	29	38	41

In Tabelle 5 sind die integrierten Schulkinder nach den Schultypen aufgeführt:

Tabelle 5: Integrierte hörgeschädigte Kinder

Schuljahr	G	H	Ge	S	R	BBZ	Gym	P	Σ
1986/87	2	-	3	-	3	-	-	-	8
1987/88	8	2	3	-	3	-	-	-	16
1988/89	7	2	7	-	6	-	-	-	22
1989/90	9	3	6	-	6	-	-	-	24
1990/91	12	-	4	-	4	2	-	-	22
1991/92	10	2	6	-	3	-	-	-	21
1992/93	6	2	10	-	2	1	-	-	21
1993/94	13	2	9	-	2	1	-	1	28
1994/95	18	-	8	-	2	1	-	-	29
1995/96	24	-	11	1	1	1	-	-	38
1996/97	25	-	12	2	-	2	-	-	41

Legende:

G - Grundschule
Ge - Gesamtschule (Gymnasiale Oberstufe)
R - Realschule
BBZ - Berufsschule/Berufsbildungszentrum
H – Hauptschule
S – Sekundarschule
P – Private Handelsschule
Gym - Gymnasium

3. Der „Neue“ Arbeitsplatz

Für die Kolleginnen und Kollegen der Schule für Schwerhörige gelten die Worte von A. Leonhardt nur bedingt, daß Schwerhörigenschulen sich an ihre Schüler klammern, um ihre Existenzberechtigung und die Existenzberechtigung ihrer Lehrer zu garantieren (vgl. Leonhardt 1996,11). Dieses pro-domo-Denken hat sich in den letzten fünf Jahren stark gewandelt, wie der intensive Gedankenaustausch in den monatlichen Treffen einer Arbeitsgruppe Schulentwicklung, der u.a. in einem Konzept über die Weiterentwicklung unserer Schule in ein Sonderpädagogisches Förderzentrum mündete (vgl. Raidt 1994, 309ff.), zeigte. Im Moment ruht der Gedankenaustausch, da unsere Autonomiebilder gegenüber den Schulorganisatonsideen des ministeriellen Bildungsmanagements keine reelle Chance haben.

Auch gelten die Aussagen, daß „das angeblich so „bequeme“ Leben in der Sonderschule (gefalle) und, (...), sie seien nicht bereit, in der Allgemeinen Schule zu arbeiten oder sich gar als „Wanderlehrer zu verdingen“ (vgl. Leonhardt 1996,11) für unser Kollegium nur sehr eingeschränkt.

3.1 Quantitative Angaben

In der Alltagswirklichkeit der letzten zehn Jahre der Integrationsentwicklung betreute das Kollegium der Schule für Schwerhörige Schülerinnen in verschiedenen saarländischen Regelschulen: in

- Grundschulen,
- Gesamtschulen,
- Hauptschulen,
- Sekundarschulen,
- Realschulen,
- Berufsbildungszentren und in der
- Gymnasialen Oberstufe.

Daneben war es des öfteren einmalig beratend an Gymnasien tätig.

Die Art der integrativen Unterrichtung ist in der Integrations-Verordnung wie folgt beschrieben:

> „Regelklasse mit Beratung
> Der behinderte Schüler nimmt am Unterricht einer Klasse der jeweiligen Schule der Regelform teil. Der Klassenlehrer und ggf. die Fachlehrer haben Gelegenheit, sich regelmäßig - mindestens einmal in der Woche - mit einem Sonderschullehrer zu beraten.
>
> Regelklasse mit Ambulanzlehrer
> Der behinderte Schüler nimmt am Unterricht einer Klasse der jeweiligen Schule der Regelform teil. Ein weiterer Lehrer fördert den Schüler wöchentlich in einem der Art und Schwere der Behinderung angemessenen Umfang, indem er ihn im Klassenunterricht unterstützt, in Förderstunden gesondert unterrichtet oder in behinderungsspezifische Techniken einübt“ (weitere Formen vgl. Sander 1994, 338).

Aus der nachstehenden Tabelle ist die Arbeitssituation der Ambulanzlehrer ersichtlich:

Tabelle 6: Arbeitssituation der integrativ arbeitenden Sonderschullehrerinnen

Schuljahr	Gesamtzahl des Lehrpersonals		Ambulanzlehrerstunden	Integrationsschüler	Arbeitsort
	Schule	Integration			
1986/87	21	3	6	8	G/R/Ge
1987/88	20	5	45	16	G/H/Ge/R
1988/89	16	7	58	22	G/H/Ge/R
1989/90	16	9	87	24	G/H/Ge/R
1990/91	13	12	89	22	G/Ge/R/P
1991/92	12	8	79	21	G/H/Ge/R
1992/93	10	6	69	21	G/Ge/R/ H/BBZ
1993/94	13	9	95	28	G/Ge/R/H/P/ BBZ/Gym
1994/95	15	8	85	29	G/Ge/R/BBZ
1995/96	14	9	115	38	G/S/Ge/R/BBZ
1996/97	14	13	135	41	G/S/Ge/BBZ

Legende:

G - Grundschule
Ge - Gesamtschule (Gymnasiale Oberstufe)
R - Realschule
BBZ - Berufsschule/Berufsbildungszentrum
H - Hauptschule
S - Sekundarschule
P - Private Handelsschule
Gym - Gymnasium

Die von uns ermittelten Daten beruhen auf Angaben durch das Sekretariat der Schule für Schwerhörige und eigenen früheren Erhebungen (vgl. Raidt 1988, 1989 und 1990). Die Angaben in den „Ambulanzlehrerwochenstunden in Integrationsmaßnahmen" des Ministeriums für Bildung, Kultur und Wissenschaft (Stand 12.9.1996) zeigen ein anderes Bild, da in den Stundenzahlen die Fahrzeiten enthalten sind:

Tabelle 7: Ambulanzlehrerwochenstunden

Schuljahr	Wochenstunden	pro Kind
1986	2	1
1987	54	3,2
1988	62	3,3
1989	87	3,6
1990	120	4,8
1991	89	4
1992	77	3,7
1993	113	4
1994	98	2,9
1995	137	3,6
1996	156	3,9

Die Spalte 'pro Kind' ist zum Vergleich wichtig, da sie immer die Schüler-Lehrer-Relation dokumentiert. Bis vor zwei Jahren war diese Relation bei den Schwerhörigen an der Sonderschule 4,3 pro Kind. Heute ist sie 3,78 pro Kind. Die Schüler-Lehrer-Relation bei den Gehörlosen ist unverändert 5,3 pro Kind.

Da das Kollegium der Schwerhörigenschule sowohl schwerhörige als auch gehörlose Kinder (siehe audiologische Einschulungsmodelle in: Raidt 1994, 280) betreut, wird die Schüler-Lehrer-Relation deutlich unterschritten. Die Integration ist kostengünstiger, und dies ohne Berücksichtigung der Kosten für den Schülertransport nach Lebach bzw. die Etatkosten der Schulen in Lebach.

Die integrativ betreuten Kinder besuchen Regelschulen im gesamten Saarland. So fahren die Lehrer an jedem Schultag andere Fahrrouten. Zwischen den Schulen kann in der Regel durch eine relativ günstige Fahrsituation in den beiden großen Pausen gewechselt werden.

Die bei der Begleitung der Integrationsschüler anfallenden Fahrzeiten werden zur Zeit noch nach folgendem Anrechnungsmodus auf die Unterrichtsverpflichtung angerechnet:

„Eine Fahrzeit von bis zu 60 Minuten pro Person/Woche ist zumutbar.

Fahrzeit von ... Min	führen zur Anrechnung von ...
61-90	½ U-Std.
91-120	1 U-Std.
121-150	1 ½ U-Std.
151-180	2 U-Std.
181-210	2 ½ U-Std

Bei der Berechnung der wöchentlichen Gesamtfahrzeit werden die Fahrzeiten für die tägliche Hin- und Rückfahrt zwischen Wohn- und Dienstort abgezogen" (Sander 1990, 354), d.h. jeder Kollege erhält zur Zeit noch ein Deputat für Fahrzeiten, das von seiner Wochenunterrichtsverpflichtung abgezogen wird.

Ohne die Benutzung des privaten Kraftfahrzeuges für dienstliche Belange wäre die integrative Arbeit kaum möglich, auch wenn es in den dienstlichen Abordnungsschreiben immer so wohlwollend heißt:

> „Zugleich werden Sie gemäß § 96 SBG i. V. mit § 32 BeamtVG ermächtigt, für die beantragten Strecken von Ihrem Wohnort bzw. Dienstort zu den Geschäftsorten Ihr privates Kraftfahrzeug zu benutzen; es wird anerkannt, daß für die Benutzung triftige Gründe im Sinne des § 6 Absatz 1 Satz 3 SRKG vorliegen."

Die Fahrtkosten werden spätestens halbjährlich abgerechnet. Hier wird folgender Modus angewandt: Von der Gesamtkilometerzahl werden die Kilometer Wohnort/Stammschule abgezogen. Die verbliebenen Mehrkilometer werden zur Zeit mit 0,38 DM vergütet bzw. über Reisekostenvergütung mit 0,52 DM.

Die Unterrichtsverpflichtung beträgt in der Regelschule 45 Minuten pro Schulstunde und in der Schule für Behinderte 40 Minuten, d.h. für die integrativ arbeitenden Kolleginnen ergibt sich eine höhere Unterrichtsverpflichtung.

3.2 Qualitative Veränderungen

Bei einem kleinen Teil des Kollegiums der Schule für Schwerhörige gab es - von Anfang an - die Bereitschaft, unterrichtliche Möglichkeiten zu schaffen, damit unsere Schülerinnen in den Schulen der Regelform unterrichtet werden können. Dabei stellten wir keine Vorbedingungen für eine integrative Unterrichtung; d.h. z.B. die Art und der Grad der Hörschädigung bzw. das Niveau der Sprechfertigkeit schlossen keine Kinder von vornherein aus. Nach unserem Verständnis ist die Integration unteilbar. Kindbezogene Voraussetzungen können nicht ausschlaggebend für eine Ablehnung gemeinsamer Unterrichtung sein!

Seit Beginn der Integration beteiligen sich immer mehr Kollegen an der gemeinsamen Unterrichtung (siehe Tabelle 6).

Der eigentliche Unterrichtsalltag hat sich in seinen Aufgabenbereichen stark verändert.

Ein Ambulanzlehrer muß von vornherein die veränderte Lehrerrolle in der Regelschule erkennen; d.h. er muß eher Erziehung ermöglichen, als sie direkt zu realisieren. Dazu gehört auch ein Auffrischen bzw. die Neuaneignung zeitgemäßer Regelschulpädagogik.

Ferner muß ausgesprochen werden, was in die Kooperation eingebracht werden kann; denn dann entstehen keine falschen bzw. unerfüllbaren Erwartungen. Als ausschlaggebend für eine gute gemeinsame Unterrichtung erweist sich immer die Zusammenarbeit.

Gedanken über „Was ist denn Unterricht? Was soll Unterricht? Was soll gemeinsame Unterrichtung? Wie sieht die Leistungsbeurteilung aus?“ müssen klar artikuliert werden.

Es dürfen keine Unklarheiten über das unterrichtliche Geschehen entstehen, weder auf der methodisch-didaktischen Seite noch beim Arbeits- und Sozialverhalten. Ein Beispiel für das Gemeinte steht im § 5 (1),2 der Integrations-Verordnung:

> „Dem behinderten Schüler können jedoch, ohne daß die fachlichen Anforderungen geringer bemessen werden als bei nicht behinderten Schülern, seiner Behinderung Rechnung tragende äußere Erleichterungen und Hilfen gewährt werden (z.B. längere Bearbeitungszeit bei Klassen- und Prüfungsarbeiten, Schreib- und Lesehilfen, Bereitstellung eines gesonderten Prüfungsraumes, Gewährung zusätzlicher Pausen)“ (Sander 1994, 340).

Dieser Text gestattet, daß die hörgeschädigten Schülerinnen die entsprechende Zeit für die Bearbeitung gestellter Aufgaben im Unterricht erhalten, ohne daß die Bewertungskriterien verfälscht werden.

Aufgrund von Lehrerurteilen kann festgehalten werden, daß an der integrativen schulischen Förderung keine Abstriche zu machen sind.

Eine Analyse verschiedener Literaturquellen ergab schon vor Jahren, daß nach Aussagen der Lehrerinnen gemeinsam unterrichtete Schüler ein höheres Leistungsniveau haben (vgl. Raidt 1990, 283).

Die gemeinsame Unterrichtung wird von den unmittelbar Betroffenen als sehr positiv und erfolgreich unter heutigen Bedingungen erlebt.

Bisher haben wir Hörgeschädigtenlehrer in den vergangenen Schuljahren überwiegend Regelschulkollegen angetroffen, die aufgrund ihrer Persönlichkeit und Kompetenz eine Bereicherung für uns waren. Von einer ablehnenden Haltung gegenüber unserer zielgleichen Integration bzw. unseren „Integrationskindern“ wurde nichts bemerkt. Wir haben oft das gegenteilige Gefühl.

Dazu haben neben dem persönlichen Engagement der Beteiligten sicherlich auch die realistisch eingestuften Ambulanzlehrerinnenstunden beigetragen. Die Möglichkeit der unterrichtlichen Mitarbeit - nicht nur das eben Vorbeischauen - ist für die erfolgreiche Kooperation unabdingbar.

Insbesondere die Eltern schätzen die Möglichkeit des gemeinsamen Schulweges, der gemeinsamen Unterrichtung, des gemeinsamen Großwerdens; denn kein Kind - sofern es die Eltern wünschten - wurde von vornherein ausgeschlossen.

Zu unseren neuen, alten Aufgaben gehören z.B. im Laufe einer Unterrichtswoche mit unterschiedlicher Gewichtung:

- Kontrolle der Hörhilfen
- Hörspezifische Unterstützung der Klassen- und Fachlehrer
- Gespräche mit den Mitschülern bzw. dem Lehrpersonal
- Unterrichtung/Unterrichtsmitgestaltung
- Beratung hörgeschädigter Schülerinnen/Elterngespräche/Kontakte mit anderen Institutionen (z.B. Landesarzt) (vgl. Raidt 1990, 263ff., 1994, 267ff. und 1996, 46ff.).

4. Ausblick

Seit zwölf Jahren besteht nun die gesetzliche Möglichkeit der gemeinsamen Unterrichtung im Saarland.

Für den Bereich der Hörgeschädigten wird diese neue Form der schulischen Unterrichtung sehr gut angenommen (Damit soll nicht verschwiegen werden, daß es vor 1985 nicht auch schon Hörgeschädigte in Regelschulen gab, aber ohne Unterstützung.).

Der Mitarbeit der Ambulanzlehrer im Unterricht, sei es als Mitgestalter oder als Unterrichtende, ist dieser Erfolg zum größten Teil gutzuschreiben. Die Regelschulkollegen erhalten Einblick in die spezielle Unterrichtsarbeit und werden im Alltag nicht allein gelassen. Hier sehen wir den entscheidenen Unterschied der saarländischen gemeinsamen Unterrichtung zu der bundesweit üblichen Beratung der Regelschullehrer durch Fachpädagogen.

> „Schulisch integriert unterrichtete gehörlose und schwerhörige Kinder und Jugendliche verfügen oft über eine unvergleichlich hohe Lautsprachkompetenz und das nicht nur, wie so oft vermutet, eine Anzahl ausgewählter, begabter und gut geförderter Kinder und Jugendlicher mit einem entsprechenden familiären Hintergrund.
>
> Das Lautsprachniveau der Schulabsolventen der Allgemeinen Schule liegt zumeist weit über dem der besten ‚Sprecher‘ der Sonderschule“ (Leonhardt 1996, 20).

Genau diese Arbeit aber erfordert eine realistische Stundenzahl für die Mitarbeit des Ambulanzlehrers, wie sie in der Vergangenheit im Prinzip immer gegeben war. Die Orientierung am Lehrer-Schüler-Schlüssel der Schule für Schwerhörige wurde - gemessen an allen Integrationskindern - immer eingehalten bzw. in den meisten Schuljahren unterboten, einschließlich der Fahrzeiten der Ambulanzlehrer einer überregional arbeitenden Schule.

Leider gibt es bis dato von ministerieller Seite noch immer keine Kosten-Nutzen-Analyse über die integrative Unterrichtung im Vergleich zur aussondernden Unterrichtung. Für den Bereich der Hörgeschädigten verweist A. Löwe schon 1985 auf eine Berechnung (Bagus 1983), „daß die Erziehung und Bildung eines solchen Kindes nur einen Bruchteil dessen kostet, was für eine Sonderbeschulung aufzubringen wäre“ (Löwe o.J., 181).

Ende des Schuljahres 1996/97 stellen wir fest, daß sich die äußeren Bedingungen für die weitere schulische Arbeit, für die Integrationsentwicklung erneut zu verändern scheinen (vgl. Haeberlin 1994, 39).

Ohne Rücksprache mit Betroffenen werden Integrationsmaßnahmen beendet bzw. die Ambulanzlehrerstunden gekürzt. Diese Veränderungen werden ohne die Beteiligung der direkt betreuenden Lehrpersonen entschieden. Die Gefahr der Verkennung der Hörschädigung ist erkennbar!

Eine solche Vorgehensweise fördert nicht die Motivation der Ambulanzlehrerinnen und Autonomiebilder einer in die Zukunft weisenden Unterrichtung sind nur schwer zu finden.

Warum kann man die Verantwortung der Unterrichtung saarländischer Hörgeschädigter nicht in die Hände der Betreuenden legen?

Die Vergangenheit hat doch gezeigt, daß das Kollegium der Schule für Schwerhörige die Aufgaben erfolgreich, d.h. ökonomisch und pädagogisch gestaltet.

Warum will der neue Spartrend das Erreichte gefährden?

Die Heraufsetzung der Schüler-Lehrer-Relation als Ergebnis positiver saarländischer Behindertenpädagogik? Die Folge ist doch nur die ‘wilde’ Integration, gepaart mit der hohen Opferbereitschaft der Eltern und dem Idealismus der Regelschullehrer.

Die gemeinsame Unterrichtung der hörgeschädigten Schülerinnen ist kostengünstiger als die Sonderbeschulung (Aussage Regierungsschuldirektor Hoffmann, Personalversammlung Lebach am 18.7.97).

Soll die Integration der Hörgeschädigten zur Sparkasse der saarländischen Integrationslandschaft werden? Warum gibt man dem Kollegium nicht einen eigenen Stundenpool auf der Grundlage der Lehrer-Schüler-Relation der Schule für Gehörlose bzw. der Schule für Schwerhörige und beschränkt sich auf die Kontrolle der politischen Zielvorgabe? Dies wäre praktizierte Schulautonomie!

Sind wir heute nicht im Begriff den für unerläßlich angesehenen teilweise individuellen Unterricht durch die Kürzung der Ambulanzlehrerstunden zu gefährden?

Warum sollen die integrativ arbeitenden Kollegen in ein regionales fachrichtungsübergreifendes Förderzentrum eingebunden werden und nicht ein eigenes überregionales Förderzentrum bilden (vgl. Raidt 1994, 309ff.)? Wie soll sich ohne Gedankenaustausch unter den Hörgeschädigtenpädagogen eine Professionalität integrativer Arbeit entwickeln? Zumal die „Ausbildung der Hörgeschädigtenlehrer und -lehrerinnen ... bisher noch zu wenig dieses neue Aufgabenfeld in der Allgemeinen Schule (berücksichtigt)“ (Jacobs 1996, 40).

Gibt es in jedem der geplanten regionalen Förderzentren auch genug zu betreuende hörgeschädigte Kinder?

Oder werden die integrativ arbeitenden Hörgeschädigtenlehrer dann zwischen den regionalen Förderzentren nach Bedarf ausgetauscht?

Oder betreuen die Hörgeschädigtenlehrer dann ohne entsprechende sonderpädagogische Qualifikation noch andere Kinder? Sieht die Zukunft dann so aus, daß ein Hörgeschädigtenpädagoge alle Kinder unterrichten kann bzw. muß? Jeder betreut jeden?

Die Integrationspraxis der letzten zehn Jahre hat gezeigt, daß hörgeschädigte Kinder ihre ‘special needs’ haben. Kann diese Bedürfnisse ein fachfremder Lehrer ohne weiteres befriedigen? Reicht die Zeit, sich Schuljahr für Schuljahr in den Unterricht mit Kindern mit verschiedenen Behinderungen einzuarbeiten?

Was bleibt aber dann für die hörgeschädigten Kinder übrig? Geht profundes Wissen nicht nach Jahren verloren?

Literatur

Leonhardt, Annette (Hrsg.): Schulische Integration Hörgeschädigter. Neuwied (Luchterhand) 1996.

Löwe, Armin. o. J.: Hörgeschädigte Kinder in Regelschulen. Dortmund (Geers-Stiftung), Schriftenreihe Bd. 5.

Müller, René.1997. Buchbesprechung: Leonhardt, A. (Hrsg.): Schulische Integration Hörgeschädigter. In: Die neue Sonderschule 42 (Mai 97) 3, 235-236.

Raidt, Peter: Zur schulischen Integration schwerhöriger Kinder im Saarland. In: Sander, Alfred (Hrsg.). Behinderte Kinder und Jugendliche in Regelschulen, Jahresbericht 1987. St. Ingbert (Röhrig) 1988. p. 195-213.

Raidt, Peter: Schulische Eingliederung hörgeschädigter Kinder in saarländischen Regelschulen im Schuljahr 1988/89. In: Sander, Alfred (Hrsg.). Integration behinderter Kinder und Jugendlicher in Regelschulen, Jahresbericht 1988. St. Ingbert (Röhrig) 1989. p. 177-200.

Raidt, Peter: Perspektivenwechsel in der Hörgeschädigtenpädagogik: In: Sander, Alfred (Hrsg.). Gemeinsame Schule für Behinderte und Nichtbehinderte Kinder und Jugendliche. St. Ingbert (Röhrig) 1990. p. 263-298.

Raidt, Peter: Perspektivenwechsel in der Hörgeschädigtenpädagogik-Teil 2. In: Sander, Alfred u.a. 1994. p. 267-325.

Raidt, Peter: „Ich habe zwei Lehrerinnen“ (Alltag eines Ambulanzlehrers). In: 30 Jahre Schule für Schwerhörige. Lebach (Eigenverlag) 1996. p. 46-54.

Sander, Alfred u.a. (Hrsg.): Schulreform Integration. Band 8. St. Ingbert (Röhrig Universitätsverlag) 1994.

Anne Hildeschmidt

IntegrationsschülerInnen - Schulabschlüsse und erste Schritte nach der Schule

1. Einleitung, theoretischer Hintergrund, Längsschnittstudie

Die berufliche Ausbildung ist in Forschung und Praxis von zwei Perspektiven bestimmt: erstens der Zentrierung auf das Individuum, seine Berufsinteressen, Fähigkeiten, Berufswahlen und zweitens auf strukturelle Rahmenbedingungen, nämlich die durch entsprechende Schulabschlüsse normierten Eingangsbedingungen zu Berufslaufbahnen, die veränderten Arbeitsmarktbedingungen, die Ausbildungsmodalitäten. In unserer Längsschnittstudie unter der Leitung von Alfred Sander versuchten wir, in einem ökosystemisch-entwicklungstheoretischen Zugang beide Perspektiven aufeinander zu beziehen (Sander 1994; Hildeschmidt & Sander 1994).

Entwicklungspsychologisch betrachtet ist die Schulentlassung ein gesellschaftlich festgelegter Übergang, der zu unterschiedlichen, jedoch in der Regel vorhersehbaren Zeiten alle Jugendlichen betrifft. Dies gilt auch für Jugendliche mit Behinderungen. Der Wechsel von der Schule in den Beruf sowie die berufliche Integration gelten - wie Übergänge im menschlichen Lebenslauf generell - als zu bewältigende Entwicklungsaufgaben auf der Folie persönlicher Lebensplanung (Montada 1995). Ob der Übergang von der Schule in den Beruf und eine längerfristige berufliche Eingliederung gelingt oder mißlingt, hängt unter Berücksichtigung des entwicklungs- und streßtheoretischen Ansatzes (Lazarus 1981) im wesentlichen von fünf Bedingungs- und Wirkungszusammenhängen ab:

- von der Bedeutung und Bewertung der Übergangs- und Berufssituation,
- von der Reflexion objektiver und subjektiver Ereignismerkmale,
- von den individuellen Bewältigungsressourcen,
- von den situativen Unterstützungsmöglichkeiten im Umfeld,
- von effektiven Bewältigungsversuchen und -ergebnissen.

Der Übergang von der Schule in den Beruf stellt gesellschaftlich und individuell ein wichtiges Ereignis im Lebenslauf dar; bedeutet er doch den entscheidenden Schritt in die Welt der Erwachsenen, die Eröffnung von Berufs- und Lebensstatus. Vor dem Hintergrund des eng gewordenen Stellenmarktes resignieren jedoch zunehmend solche Personengruppen, deren Ausbildungschancen sie selbst oder das Umfeld - beispielsweise Familie, Schule, Arbeitsamt - als gering einschätzen. In bezug auf die objektiven und subjektiven Ereignismerkmale ist bekannt, welche belastungsverstärkend bzw. belastungsvermindernd wirksam werden können. Welche subjektive Bedeutsamkeit diese angesichts eines konkreten Übergangs und eines konkreten Ausbildungsplatzes bei den betroffenen Personen erlangen, ist vor allem mit Blick auf folgende Ereignismerkmale zu analysieren: Valenz, Wandelbarkeit, Vorhersagbarkeit, Universalität, Zeitpunkt, Lokalisierung und Kontrollierbarkeit (Hildeschmidt 1994). Vorhersagbarkeit, Zeitpunkt, Lokalisierbarkeit und Universalität des Übergangs in die Welt der Erwachsenen erleichtern die Bewältigung der Entwicklungsaufgabe. Die Valenz oder Wichtigkeit des Übertritts im Kontext fehlender Ausbildungsplätze, wobei Veränderungsversuche scheiterten (fehlende Wandelbarkeit), lassen zusammen mit realistischen Einschätzungen der besonders ungünstigen Einstiegschancen für behinderte Jugendliche den Mut auf subjektive Kontrollierbarkeit und auf einen erfolgreichen Übergang sinken.

Die Einschätzung der persönlichen Bewältigungsressourcen hängt einerseits von der Wahrnehmung gesellschaftlich entscheidender Einstiegsbedingungen, z.B. Schulabschlüsse, und deren subjektiver Qualität ab, von der Kenntnis und Erprobung von Bewältigungsstrategien, von der Erfolgsbilanz bisher „gemeisterter“ Entwicklungsaufgaben oder Übergänge. - Ebenso wichtig für die Erfolgsausssicht beim Übergang nach der Schule, ist eine positive Einschätzung der Umfeldressourcen. Unterstützungssysteme setzen sich unter anderem aus Personen im schulischen, privaten und beruflichen Umfeld, die Hilfen gewähren, zusammen. Ob subjektiv Ansprechpersonen für unterschiedliche Übergangs- und Berufsprobleme vorhanden sind oder nicht, hängt davon ab, wie groß und bedeutsam das Unterstützungsnetz ist, das behinderte Jugendliche im Kontext der Berufsorientierung, Ausbildungsplatzfindung und Ausbildung vorfinden oder sich erschließen können. Das zentrale Untersützungssystem zur beruflichen Eingliederung stellt die Berufsberatung der Bundesanstalt für Arbeit in ihrer regionalen Vernetzung dar. Wie stark es von den Entlaßschülerinnen und -schülern angenommen wird, hängt u.a. von der subjektiven Bedeutsamkeit dieser Institution für die persönliche Berufsberatung ab.

In der saarländischen Längsschnittstudie standen zwei schulische Übergänge im Vordergrund: der Wechsel in die Sekundarstufe und der Übergang nach der Schule sowie deren Konsequenzen für die schulische bzw. berufliche Integration. Beginnend mit dem Übergang in die Sekundarstufe wurden in den Jahren 1990 und 1991 alle behinderten Integrationsschülerinnen und -schüler des Saarlandes, die in eine 5. Sekundarstufenklasse überwechselten, erfaßt und während der Orientierungsstufe hinsichtlich der Bewältigung des Übergangs vor allem durch Information und Beratung der Lehrerteams begleitet (Hildeschmidt & Sander 1995). Erfolgreiche schulische Integration verlangt nach

Fortführung am Übergang in den nachschulischen Bereich. In einer Folgestudie in den Jahren 1996 und 1997 konnten dieselben beiden Jahrgänge behinderter Integrationsschülerinnen und -schüler der verschiedenen Sekundarstufenschulen im Saarland an der Schwelle des Übergangs nach der Schule einbezogen werden. Bis Juni 1997 stand der erste Schritt nach der Schule für alle Jugendlichen der Entlaßjahre 1995 und 1996 und für die meisten Jugendlichen des Entlaßjahres 1997 fest.

Zur Untersuchungsteilnahme: Von den 93 erfaßten Integrationsschülerinnen und -schülern der Sekundarstufe waren bis dahin 6 in eine Sonderschule überwiesen worden, so daß 87 Integrationsschülerinnen und -schüler aller 8. und 9. Sekundarstufenklassen im Saarland in die Untersuchung aufgenommen werden konnten. Diese verteilten sich auf alle Sekundarschulformen in 41 Schulen und dort in 60 Klassen. Die Tabelle 1 gibt einen Überblick über die beteiligten Schulformen und deren Integrationskinder, aufgeschlüsselt nach der jeweils diagnostizierten Behinderung.

Tabelle 1: Besuchte Schulen der Sekundarstufe

	HS	GES	SEK	RS/GY	Gesamt
Gesamt	35	35	10	7	87
davon Schüler/innen mit					
Lernbehinderung	26	23	7	0	56
Verhaltensstörung	4	2	0	0	6
Sprachstörung	1	4	1	0	6
Sehbehinderung	0	0	0	2	2
Schwerhörigkeit	1	4	0	0	5
Körperbehinderung	1	2	2	5	10
Geistiger Behinderung	2	0	0	0	2

An dieser Stelle sei angemerkt, daß sich unsere Untersuchung auf die Population der ca. 12 % IntegrationsschülerInnen im Saarland bezieht. Zu den noch fast 90 % behinderten Jugendlichen im Saarland, die in diesen beiden Jahrgängen die Sonderschule besuchten, fehlen entsprechende Ergebnisse.

Ziel des Forschungsvorhabens war es zu dokumentieren, ob die Schulabschlüsse behinderter Schülerinnen und Schüler in integrativen Klassen eine günstige Grundlage für den Berufseintritt bilden, ob eine adäquate Vorbereitung mit Blick auf Arbeitsmöglichkeiten, zu überwindende Barrieren und Grenzen im Beschäftigungssystem erfolgt und ob die ersten Schritte nach der Schule eine Fortsetzung gesellschaftlicher Integration in die Arbeitswelt oder eher Schranken auf dem Weg dorthin aufzeigen.

Die Beantwortung der berufsbezogenen Fragestellungen wird im Mittelpunkt dieses Beitrages stehen.

In der Längsschnittstudie versuchten wir, wie bereits ausgeführt, kontextuelle und individuelle Aspekte einzubeziehen. Die Umfeldbedingungen unterschiedlicher Reichweite werden als strukturelle und teilweise veränderbare Kontextbedingungen analysiert, auf die sich das Individuum an der Nahtstelle des Übergangs antizipierend einstellen und den objektiven und subjektiven Berufseinstieg bewältigen kann.

Fragestellungen

Welche Kontextbedingungen bestimmen den Übergang von behinderten Schülerinnen und Schülern aus der allgemeinen Schule in die Arbeitswelt der Erwachsenen?

Welche Schulabschlüsse erlangen behinderte Schülerinnen und Schüler in den Sekundarstufenschulen?

Wie sehen die Wege nach der Schule aus?

2. Kontextbedingungen der Schule, des Arbeits- und Ausbildungsmarktes

Trotz eines prognostizierten Wirtschaftswachstums von 2.5 % im Jahr 1997 sind die Beschäftigungsverluste in ganz Deutschland spürbar und haben die Arbeitslosenzahlen weit über 4 Millionen schnellen lassen, verdeckte Arbeitslosigkeit nicht einbezogen. Sie verbirgt sich sowohl hinter flankierender Umschulung und Fortbildung sowie hinter den von der Bundesanstalt für Arbeit (BA) bereitgestellten Arbeitsbeschaffungsmaßnahmen als auch hinter Kurz- und Teilzeitarbeit.

Die Arbeitsmarktsituation wirft auch ihre Schatten auf den Ausbildungsmarkt. Nur 30 % der Betriebe in Deutschland bieten Lehrstellen an, 70 % sind demnach ausschließlich Nutznießer des dualen Ausbildungssystems. Ein wesentlicher Teil der Großindustrien - im Saarland die Eisenindustrie und zukünftig auch der Bergbau - fallen als Ausbildungsstätten fast völlig aus. Einer sinkenden Zahl von Ausbildungsplätzen steht eine wachsende Zahl an Auszubildenden gegenüber. Auf Bundesebene suchen rund 700 000 Jugendliche und Erwachsene im Jahr 1997 eine Lehrstelle (vgl. Tab. 2.).

Tabelle 2: Bewerber für Berufsausbildungsstellen - gemeldete Berufsausbildungsstellen

Berichtsjahr	Bundesgebiet West	Bundesgebiet Ost	Deutschland	Saarland
Bewerber für Berufsausbildungsstellen				
1994/ 95	478.383	175.462	653.845	7.752
1995/ 96	508.038	208.086	716.124	8.275
Okt. 96-Juni 97	493.479	208.999	702.478	7.880
gemeldete Berufsbildungsstellen				
1994/ 95	512.811	108.126	620.937	8.295
1995/ 96	490.092	119.279	609.371	8.144
Okt. 96-Juni 97	431.615	84.750	516.365	6.639

Quelle: Landesarbeitsamt Rheinland-Pfalz - Saarland, Referat Statistik 1997

Nach Schätzungen der BA fehlen demnach 150.000-200.000 Ausbildungsplätze. Gleichzeitig wird eine Verdrängung nach unten dadurch gesteigert, daß auf der Seite der Heranwachsenden wesentlich mehr „weiterführende" Bildungsabschlüsse anstreben und auf der Seite der Ausbildungsbetriebe die Einstiegsanforderungen steigen („guter" Hauptschulabschluß, „guter" mittlerer Bildungsabschluß, Hochschulreife). Dadurch verschärfen sich die Probleme besonders für behinderte, lernbeeinträchtigte, sozial benachteiligte und ausländische Jugendliche. Zwar ist es erklärtes Ziel der Berufsbildungspolitik, allen Schulentlassenen, die dies wünschen, eine berufliche Ausbildung zu ermöglichen (Berufsbildungsbericht 1991), doch rund 15 % eines Altersjahrgangs sind ohne Berufsausbildung. „Überraschend hoch und bildungspolitisch nicht hinnehmbar ist mit über 50 % der Anteil der Nichtqualifizierten..." (Berufsbildungsbericht 1992). Den wesentlichen Anteil der Nichtqualifizierten bilden Jugendliche ohne Hauptschulabschluß. Einen Brennpunkt hierbei stellen behinderte Jugendliche aus Sonderschulen dar. Denn rund 80 % der Sonderschülerinnen und Sonderschüler, die eine Schule für Behinderte besuchen, verlassen diese ohne Hauptschulabschluß (Statistisches Bundesamt 1996; Saarländische Schulstatistik 1996).

Den von der Gesellschaft zunächst beabsichtigten und getragenen schulischen Selektionen und Klassifikationen wird grotesker Weise beim Übergang von der Schule in die Arbeitswelt durch gesellschaftlich verankerte Gegenmaßnahmen begegnet, aber gleichzeitig werden auch weitere Barrieren auf dem Weg in den Arbeitsmarkt außerhalb der Trägereinrichtungen aufgestellt. Die Entscheidungsinstanz für ein großes Repertoire an Maßnahmen zur beruflichen Eingliederung ist die Bundesanstalt für Arbeit:

- Die BA hält berufsvorbereitende Bildungsmaßnahmen, wobei für behinderte Jugendliche primär Förderlehrgänge vorgesehen sind; als Unterstützungssystem bereit.
- In überbetrieblichen Einrichtungen (BüE) oder Berufsbildungswerken (BBW) ermöglicht sie unter bestimmten Voraussetzungen eine normale oder abgestufte Ausbildung. Voraussetzung für eine abgestufte Ausbildung, die bisher nach unserem Wissen nur in von der Bundesanstalt für Arbeit finanzierten Einrichtungen möglich ist, wird eine mindestens halbjährige Teilnahme an einer Berufsvorbereitungsmaßnahme des Arbeitsamtes vorausgesetzt.
- Zur Unterstützung des theoretischen Lernens und des sozialen Lernens bei einer regulären Ausbildung im dualen System verfügt die BA über das Instrument der ausbildungsbegleitenden Hilfen (abH).

Bundes- und landesweit richteten sich Aktionen auf die Gewinnung von Ausbildungsbetrieben: Aufrufe über die Medien; Ausbildungsplatzakquisition vor Ort durch die Berufsberatung der Bundesanstalt für Arbeit, die Kammern, Politikerinnen und Politiker; finanzielle Unterstützung bei Schaffung eines zusätzlichen Ausbildungsplatzes oder Einrichtung eines Ausbildungsplatzes für einen Jugendlichen mit Behinderung; Verbund- und Stufenausbildung (Arbeitskammer des Saarlandes 1997; Niehaus & Montada 1997). Mehr Zeit des Auszubildenden für den Betrieb durch Streichung des zweiten Berufsschultages in der dualen Ausbildung zu erreichen, wurde auf Bundesebene bisher abgelehnt. Ebenso ist ein Vorschlag, entsprechend der sog. Behindertenabgabe auch eine Abgabe nicht ausbildender Betriebe ab einer bestimmten Größe zu erreichen, lediglich in der Diskussion.

3. Berufseinstiegsmöglichkeiten im Spiegel individueller Schulabschlüsse

Lange bevor Jugendliche von der Schule in die Berufswelt entlassen werden, haben sie erfahren, wie wichtig ein Arbeitsplatz und die damit verbundene berufliche Stellung der Familie für die finanzielle Situation und das gesellschaftliche Ansehen ist. An der Schwelle des Übergangs von der Schule in den Beruf haben die Jugendlichen eine Vielzahl familiärer und gesellschaftlicher Alltagserfahrungen bei Arbeit und bei Arbeitslosigkeit gewonnen, bewertet und als Bewußtseinsinhalte gespeichert. Solche Erfahrungen bestimmen die Erwartungen und Vorstellungen des Eintritts in die Arbeitswelt mit. Gleichzeitig nutzen die Heranwachsenden die oft an sie herangetragene Information über die Bedeutung von Schulabschlüssen für die Ausbildungsmöglichkeiten. Jugendliche ohne Hauptschulabschluß beispielsweise sehen ihre Chancen für die Zukunft und die faktischen Möglichkeiten unmittelbar nach der Schule negativ, während Jugendliche mit mittlerem oder höherem Bildungsabschluß positivere Erwartungen hegen. Dies sind gesellschaftlich realistische Selbsteinschätzungen über die selegierende Wirkung der Schulabschlüsse beim Einstieg in die Arbeitswelt. Denn schulisches Lernen und die damit verbundenen Schulabschlüsse sind zu einer zentralen Grundlage biographischer Planungen und Entfaltungsmöglichkeiten geworden (Hildeschmidt 1995).

Schulabschlüsse sind nicht nur eine wichtige Grundlage für die persönlichen Lebensentwürfe, sondern auch für die Qualität der Institution Schule, die den gesellschaftlichen Auftrag übernommen hat, gesellschaftliche Standards zu tradieren und die Heranwachsenden in diesem Kontext zu bilden. So ist es kaum verwunderlich, daß bei schulischen Reformansätzen die Fragen nach der Schullaufbahn und den Schulabschlüssen an erster Stelle stehen. Kommt ihnen doch eine weichenstellende Funktion als berufsvorbereitende Qualifikation mit Blick auf einen zukünftigen Arbeitsplatz und den damit verbundenen Berufsstatus zu.

Welche Schulabschlüsse erreichten oder erreichen die Integrationsschülerinnen und -schüler der beiden Jahrgänge in unserer Längsschnittuntersuchung? Von den insgesamt 93 Integrationsschülerinnen und -schülern erlangten 42 keinen Hauptschulabschluß in der Regelschule, darunter zwei Schüler mit einer sog. geistigen Behinderung, die jedoch beide lesen und schreiben gelernt haben. 7 Jugendliche, welche während der Sekundarstufe oder am Übergang in eine Sonderschule überwechselten, verließen die Schulen mit Ausnahme eines hörbeeinträchtigten Schülers ebenfalls ohne Hauptschulabschluß. Bezogen auf das Schuljahr 1994/95, in dem die Jugendlichen die Klassen 8 oder während der Klasse 9 (2 wegen Schwangerschaft) nach vollendeter Schulpflicht die Schule verließen, ist plausibel, daß niemand den Hauptschulabschluß bekam. Das Schuljahr 1995/96 war für die erste Kohorte das reguläre Entlaßjahr, 1996/97 für die zweite Kohorte (s. Tabelle 3).

Tabelle 3: Schulabschlüsse der IntegrationsschülerInnen zweier Entlaßjahrgänge im Saarland (N=93)*

Jahr	O. HSA	HSA	MA	Abitur	Anmerkg.
1995	11	-	-	-	nach vollendeter Schulpflichtzeit von 9 Schuljahren
1996	17	11	-	-	
1997	14	21	4	-	
1998 u. später	-	-	5	3	
Insgesamt	42	32	9	3	86

*Umschulung in eine Sonderschule 7

Im Landes- und Bundesvergleich mit Sonderschülerinnen und Sonderschülern zeigt die vorliegende Längsschnittstudie, daß die saarländischen Integrationsschülerinnen und -schüler in ihren Schulabschlüssen wesentlich besser abschneiden - auch unter Einbezug der Wechsler in eine Sonderschule (1 %-Signifikanzniveau). Hierbei sind besonders drei Fakten hervorzuheben:

- Erstens schließen wesentlich mehr behinderte Jugendliche mit mindestens dem Hauptschulabschluß aus allgemeinen Schulen (rund 50 %) ab als aus Sonderschulen im Saarland (18 %) und aus Sonderschulen in Deutschland insgesamt (22 %).
- Zweitens erlangen wesentlich mehr sog. lernbehinderte Integrationsschülerinnen und -schüler einen Hauptschulabschluß (17 von ursprünglich 62 = 27 %) als Jugendliche in Schulen für Lernbehinderte (2 %), wie wiederholte Studien zur Zurückschulung belegen (z.B. Hildeschmidt & Sander 1996).
- Drittens schließen wesentlich mehr behinderte Jugendliche in den allgemeinen Schulen mit einem „mittleren" oder „höheren" Schulabschluß (12 von 93 = 13 %) ab als in sog. weiterführenden Sonderschulen, die es nur außerhalb des Saarlandes gibt (2 % laut Bundesstatistik).

Vorläufiges Fazit: Verglichen mit den Schulabschlüssen in Sonderschulen des Saarlandes wie auch bundesweit sind die Zahlen vorberuflicher Qualifizierung behinderter Jugendlicher bei schulischer Integration im Saarland ermutigend (vgl. auch Hildeschmidt 1996). Allerdings ist ein Vergleich auf Landes- und Bundesebene aufgrund der Zahlenverhältnisse nur vorsichtig zu interpretieren. Sollten sich die Abschlußzahlen jedoch in wiederholten Studien und an größeren Stichproben bestätigen, wäre eine Sonderbeschulung auch auf Grund der erreichten Schulabschlüsse in bisherigem Ausmaß nicht mehr gerechtfertigt. Bedenkt man darüber hinaus die Kostenersparnisse für den Zubringerdienst oder die Heimunterbringung in weiterführenden Sonderschulen außerhalb des Saarlandes (z.B. Marburg für Sehbehinderte und Blinde, Heidelberg oder Trier für Hörgeschädigte usw.), so ist zusätzlich zur vorberuflichen Qualifikation die ökonomische Effizienz schulischer Integration unübersehbar. Bleibt die Frage: Hält die vorberufliche Qualifikation, was sie verspricht? Ermöglicht sie behinderten jungen Menschen den beruflichen Einstieg? Welche Wege, Umwege oder Barrieren tun sich für Integrationsschülerinnen und -schüler nach der Schule auf?

4. Schritte nach der Schule

Wenn auch Schulabschlüsse die Einstiegsmöglichkeiten einer beruflichen Laufbahn mitbestimmen, so ist der Tauschwert für schulische Qualifikationen doch unkalkulierbarer geworden und für Absolventen mit Hauptschulabschluß oder ohne Abschluß erst recht, wie ein Überblick über Erhebungen zum Berufseinstieg von Hauptschülerinnen und Hauptschülern von Lempert (1986) und eine über fünfjährige Längsschnittstudie von Heinz u.a. (1985) verdeutlichen. Schule und Berufsberatung vermitteln die Ausbildungsmisere an vorberuflich wenig qualifizierte Jugendliche unmittelbar: „Heute einen Beruf wählen zu wollen, ist absurd." Erschwerend für behinderte Jugendliche kommt die Tatsache hinzu, daß die Arbeitslosenzahlen die der nichtbehinderten Jugendlichen deutlich übersteigen. Zwar liegen die saarländischen Betriebe mit einer Beschäftigungsquote von über 5 % behinderten Menschen im Bundesdurchschnitt an der Spitze, dennoch sind im Saarland z.Zt. über 4000 behinderte Erwachsene als arbeitslos gemeldet.

Andererseits steht für behinderte Jugendliche und Erwachsene ein Auffangnetz zur Verfügung, das einen ganzen Katalog von berufsvorbereitenden Maßnahmen und ausreichend Plätze zur beruflichen Eingliederung und Beschäftigung Behinderter in Sondereinrichtungen vorhält: Überbetriebliche Einrichtungen (BÜE), Berufsbildungswerke (BBW), sonstige Reha-Einrichtungen und Werkstätten für Behinderte (WfB). Fragt sich, ob das bereitgestellte Eingliederungsrepertoire eine „normale“ berufliche Eingliederung unterstützt oder eher verhindert. Immerhin sind Warteschleifen und Umwege der Berufsfindung und Berufsorientierung zu Schlüsselbegriffen in der Berufsberatung und Politik geworden (Hoff 1995).

Vor diesem gesellschaftlichen Hintergrund allgemein und der saarländischen Situation insbesondere sind die Wege nach der Schule, die die IntegrationsschülerInnen einschlagen, zu bewerten. Wo konnten die IntegrationsschülerInnen mit welchen Qualifikationen nach ihrer Schulentlassung in den Jahren 1995, 1996 oder 1997 einsteigen? Von 81 der 86 verbliebenen Integrationsschülerinnen und -schülern sind uns die Schullaufbahnen und meist auch die ersten Schritte nach der Schule bekannt. Aus der tabellarischen Übersicht (Tab. 4) sind mehrere Aspekte hervorhebenswert:

- 11 Jugendliche haben relativ selbständig ihren Ausbildungsplatz gefunden (s. Tab. 4). Wie es aus Sicht der Schule und der Jugendlichen dazu kam, mögen die nachstehenden Beispiele verdeutlichen.

Tanja schaffte den Hauptschulabschluß und wollte Friseurin werden. Sie hatte auch ihr Betriebspraktikum in einem Friseursalon absolviert. Hier gab es jedoch Konflikte, so daß die Lehrerin ihr riet, sich bei einem anderen Betrieb zu bewerben. Trainings zur Bewerbung gab es genug in der Schule. Tanja hat sich beworben und die mündliche Zusage auf eine Ausbildungsstelle als Friseurin erhalten. Nach Ansicht der Lehrerin hat sie aus dem Praktikum gelernt, „direkt jemanden anzusprechen, wenn sie Hilfe braucht“. Mit ihrer zukünftigen Chefin „hat sie über ihre Probleme gesprochen“. Diese schien sehr verständnisvoll. Außerdem hat sich Tanja darüber informiert, welche Fächer sie in der Berufsschule haben wird und welche Hilfsmöglichkeiten es für die Ausbildung gibt. Tanja will zunächst versuchen, die Berufsschule ohne Hilfe zu bewältigen. Sie weiß aber, wenn es nicht klappt, wie sie sich Hilfe beschaffen kann. Falls sie Probleme bekommt, wird sie sich an das Arbeitsamt um ausbildungsbegleitende Hilfen (abH) wenden.

Vier ehemalige Integrationsschüler einer Klasse, die alle den Hauptschulabschluß erreichten, berichteten uns in einer Gesprächsrunde zusammen mit den Lehrern: Sie freuten sich, endlich die Schule verlassen zu können und arbeiten zu gehen... Nachdem alle Integrationsmaßnahmen aufgehoben wurden, fühlten sie sich als „normale“ Schüler und „haben das vorherige Kapitel Integration abgehakt". Die vier Schüler sind sehr zufrieden mit ihrer Situation. Sie versuchten selbst, ihre Ausbildungsstellen zu finden, was bisher drei Entlaßschülern auch gelang. Sie sind meist zu den Betrieben hingegangen und haben sich persönlich nach einer Lehrstelle erkundigt und nach wenigen mündlichen Bewerbungen auch erhalten.

Tabelle 4: Erster Schritt nach der Schulpflichtzeit

Erster Schritt nach der Schule	Ohne Hauptschulabschluß	Mit Hauptschulabschluß oder mittlerem Abschluß	insgesamt
Ausbildung: Betrieb	0	11	11
BBW	0	2	2
Berufsfachschule	0	3	3
Werkstufe G, Sonderschule	1	0	1
Weiterf. Sonderschule	0	2	2
Berufsvorbereitungsjahr	3	0	3
Berufsgrundbildungsjahr	0	5	5
Förderlehrgänge	38	3	41
Lehrstellensuchende 1997	0	6	6
unbekannt	2	3	5
insgesamt	44	35*	79

* 7 Jugendliche besuchen die bisherigen Sekundarstufenschulen weiter

- 12 Jugendliche, die 1997 entlassen wurden, haben bis Juli jedoch noch keine Lehrstelle gefunden. Sechs von ihnen haben resigniert und stellen sich darauf ein, das Berufsgrundbildungsjahr an einer Berufsschule zu besuchen.

Einem türkischen Jugendlichen, der als lernbehindert galt, wird empfohlen, nach dem Hauptschulabschluß, das Berufsgrundbildungsjahr zu absolvieren. Das Lehrerteam beurteilt Mehmet so: „Er ist zuverlässig, pünktlich, fehlt sehr selten, arbeitet schnell und sauber in Arbeitslehre. Er übernimmt sogar Arbeiten für andere, d.h. Verantwortung für andere... Im Vergleich zu früher ist er nicht wiederzuerkennen....Mehmet ist berufsreif. Er weiß, daß der Beruf wichtig ist...Wenn er eine Lehrstelle finden würde, wäre es gut...". Er hätte am liebsten eine Ausbildung bei Saarberg als Industriemechaniker begonnen. Seine Bewerbung blieb ohne Erfolg.

„Er würde alles machen, Hauptsache, er hat eine Stelle".

- Abgesehen von den noch an ihren bisherigen Schulen verbliebenen Integrationsschülerinnen und -schülern haben sich auch 6 Jugendliche nach Schulentlassung für einen weiteren Schulbesuch an einer anderen Schule entschieden: 3 besuchen eine Berufsfachschule (Sozialpflegeschule, Handelsschule); ein Jugendlicher die Werkstufe der Sonderschule G mit dem Ziel, später in einer Werkstätte für Behinderte zu arbeiten; zwei Jugendliche entschieden sich ebenfalls für eine Umschulung in eine „weiterführende" Sonderschule außerhalb des Saarlandes, um den Realschulabschluß bzw. das Abitur zu machen.

– Für insgesamt 50 Integrationsschülerinnen und -schüler blieb nur eine berufsvorbereitende Warteschleife: für 6 das BGJ, für 3 das BVJ und für den größten Teil, nämlich für 41, eine Überbrückungszeit nach dem Arbeitsförderungsgesetz, in einem Förderungslehrgang. Die Förderungslehrgänge sind aus der Sicht der Sonderpädagogik und des Arbeitsamtes oft die einzige Chance für behinderte und sozial benachteiligte junge Menschen, zur sog. „Berufsreife" zu gelangen, „Arbeitstugenden" in der Praxis kennenzulernen, durch weitere Praktika zur „Berufsfindung" zu kommen. Außerdem können die Förderungslehrgänge drei für die Jugendlichen motivierende Vorteile gegenüber berufsbildenden Schulen im Saarland aufweisen. Die Jugendlichen erhalten während des Förderungslehrgangs ein Entgelt, haben die Chance, den Hauptschulabschluß nachzuholen, und es steht ihnen eine sozialpädagogische Unterstützung zu.

Dennoch ist der hohe Anteil von ehemaligen Integrationsschülerinnen und -schülern, die im ersten Schritt in Förderlehrgänge verwiesen wurden, erschrekkend. Haben Kritiker recht, die diese berufsvorbereitenden Maßnahmen nicht nur als „Warteschleifen", sondern als „Sackgassen" bezeichnen? Um diese Frage vorläufig zu beantworten, sei der Verbleib der Teilnehmer im Saarland und aus unserer Stichprobe, soweit er bereits bekannt ist, verglichen (s. Tabelle 5).

Tabelle 5: Verbleib der Teilnehmer an berufsvorbereitenden Maßnahmen

1997	BVB	Ausbildung	Ausbdg. §§48, 42	BVJ/ BGJ	Arbeitsstelle	F2 - Lehrg.	unbekannt	BÜE
Saarland	**824**	**282**	**85**	**51**	**42**	**89**	**275**	**129**
	100%	34%	10%	6%	5%	11%	33%	16%
Integrationsschüler*	**41**	**17**	**5**	**1**	**0**	**4**	**14**	**12**
	100%	41%	12%	2%	0%	10%	34%	30%

* Quelle: Landesarbeitsamt Rheinland-Pfalz - Saarland. Referat Statistik 1996
Integrationsschüler der Entlaßjahrgänge 1995 u. 1996

Fast die Hälfte der Teilnehmer erhielten nach der berufsvorbereitenden Maßnahme des Arbeitsamtes einen normalen oder abgestuften Ausbildungsplatz, 16 % der saarländischen Population und sogar 34 % unserer Stichprobe allerdings in einer überbetrieblichen Einrichtung. 17 % bzw. 12 % nahmen in einem zweiten Jahr an einer beruflichen Vorbereitung teil. Bemerkenswert ist auch der hohe Anteil des unbekannten Verbleibs in der saarländischen Statistik. Bezüglich der ehemaligen Integrationsschülerinnen erklärt er sich daraus, daß 15 Jugendliche erst 1997 den Förderungslehrgang beginnen und somit ihr weiterer Verbleib erst 1998 feststeht.

Betrachten wir abschließend die Ausbildungssituation 1997 der beiden Kohorten der saarländischen Längsschnittuntersuchung in einem Schaubild (Abb. 1).

Ausbildungs- und Bildungssituation der 86 IntegrationsschülerInnen im Jahr 1997

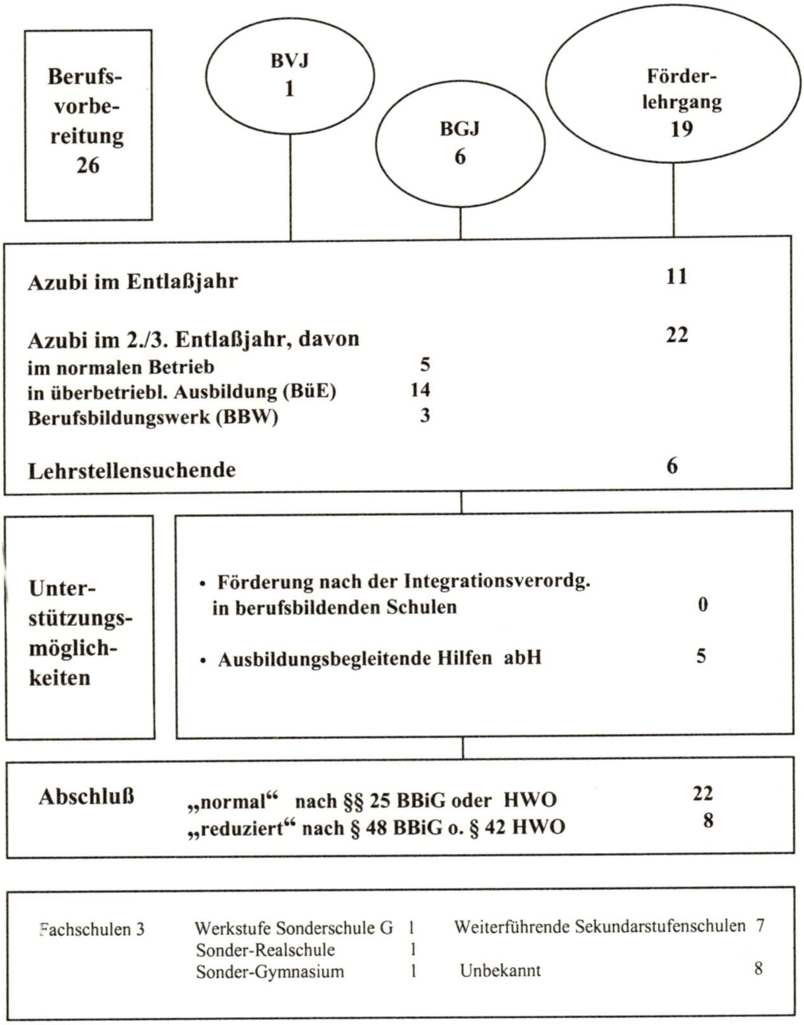

Inzwischen sind 33 Jugendliche in Ausbildung, allerdings nur die Hälfte von ihnen in normalen Betrieben und die andere Hälfte in überbetrieblichen Einrichtungen oder in einem Berufsbildungswerk. Bezüglich der 6 Lehrstellensuchenden und 8 weiteren Jugendlichen ist der Weg noch unbekannt. 26 Jugendliche, davon 4 im zweiten Jahr, sind noch in der „Berufsvorbereitung". Auffallend ist die geringe Bereitstellung bzw. Nutzung der pädagogischen Unterstützungsmöglichkeiten bei regulärer Ausbildung. Dies gilt insbesondere für die sonderpädagogische Unterstützung in berufsbildenden Schulen. Aber auch die ausbildungsbegleitenden Hilfen wurden erstmalig im Jahr 1997 für 4 Jugendliche zum Ausbildungsbeginn beantragt.

Bleibt die Frage: Wurden die ehemaligen Integrationsschülerinnen, -schüler und deren Eltern über diese Möglichkeiten nicht informiert oder werden die Maßnahmen erst zu einem späteren Zeitpunkt eingesetzt? Analog zum besonderen Förderbedarf bei den schulischen Übergängen wäre gerade auch an dem schwierigen Übergang in die Arbeitswelt eine Unterstützung von Anfang an wünschenswert.

Vorläufiges Fazit: Die Befürchtung, die eingeschliffenen Wege beruflicher Eingliederung werden auch bei ehemaligen Integrationsschülerinnen und -schülern begangen, hat sich insofern bestätigt, als in aller Regel für sie die Berufsberatung für Behinderte zuständig ist, sie vielfach einen Eignungstest durchführen müssen und Berufsvorbereitungsmaßnahmen in der Berufsberatung vor Ausbildungsplätzen angeboten werden (vgl. auch Ellger-Rüttgardt & Blumenthal 1997). So ist es kaum verwunderlich, daß im ersten Schritt nach der Schule nur diejenigen Jugendlichen eine Lehre beginnen können, die ihren Betrieb selbst gefunden haben. Anders beim 2. Schritt: Denn während der berufsvorbereitenden Förderlehrgänge werden sowohl nachträglicher Hauptschulabschluß angeboten als auch Praktika in Betrieben außerhalb der Förderlehrgänge. Beides kann die Chance auf einen Ausbildungsplatz erhöhen. Bedenkt man darüber hinaus die angespannte Ausbildungslage auf der einen Seite und die eingeschliffenen Wege beruflicher Eingliederung behinderter Jugendlicher, die im wesentlichen in Sonderinstitutionen (Reha-Einrichtungen, Berufsförderungswerken, überbetriebliche Einrichtungen, Werkstätten für Behinderte) erfolgt, auf der anderen Seite, so ist das vorläufige Ergebnis, daß die Jugendlichen, die wir nach der Schule erfassen konnten, fast alle einen Platz zur Berufsvorbereitung oder Ausbildung gefunden haben, zumindest nicht entmutigend.

Literatur

Arbeitskammer des Saarlandes (Hrsg.) (1997): Bericht an die Regierung des Saarlandes 1997. Saarbrücken: Arbeitskammer des Saarlandes.

Bundesarbeitsgemeinschaft für unterstützte Beschäftigung e.V. (Hrsg.) (1996): Impulse, Heft Nr. 2, Hamburg.

Bundesministerium für Bildung, Wissenschaft, Forschung und Technologie (Hrsg.) (1991 u. 1992): Berufsbildungsbericht. Bad Honnef: Bock.

Ellger-Rüttgardt, S. & Blumenthal, W. (1997): Über die große Schwelle - Junge Menschen mit Behinderungen auf dem Weg von der Schule in Arbeit und Gesellschaft. Ulm: Universitätsverlag.

Heiden, H.-G. (Hrsg.) (1996): „Niemand darf wegen seiner Behinderung benachteiligt werden". Grundrecht und Alltag - eine Bestandsaufnahme. Hamburg: Reinbek.

Heinz, W.R.; Krüger, H.; Rettke, U.; Wachtveitl, E. & Witzel, A. (1985): Hauptsache eine Lehrstelle. Jugendliche vor den Hürden des Arbeitsmarktes. Weinheim: Beltz.

Hildeschmidt, A. (1994): Schulische Integration behinderter Kinder und Jugendlicher aus Eltern- und Schülersicht. In: Sander, A. (Hrsg.) u.a.: Schulreform Integration. Entwicklungen der gemeinsamen Erziehung behinderter und nichtbehinderter Kinder und Jugendlicher im Saarland 1990-1993/94 (Saarbrücker Beiträge zur Integrationspädagogik, Bd. 8). St.Ingbert: Röhrig, 55-76.

Hildeschmidt, A. (1995): Schulversagen. In: Oerter, R. & Montada, L. (Hrsg.): Lehrbuch der Entwicklungspsychologie, 990-1005.

Hildeschmidt, A.: Die schulische Integration lernbehinderter Schüler und Schülerinnen - eine Utopie? Oder die Frage nach der Effizienz integrativen Unterrichts. In: Stein, R. & Brilling, O. (Hrsg.): Ökologische Perspektiven für pädagogische Handlungsfelder. Pfaffenweiler: Centaurus 1996, 21-38.

Hildeschmidt, A. & Sander, A. (1994³): Der ökosystemische Ansatz als Grundlage für Einzelintegration. In: Eberwein, H. (Hrsg.): Behinderte und Nichtbehinderte lernen gemeinsam. Handbuch der Integrationspädagogik. Weinheim: Beltz, 269-276.

Hildeschmidt, A. & Sander, A. (1995): Integration behinderter Schüler und Schülerinnen in der Sekundarstufe I. In: Heilpädagogische Forschung 1, 14-26.

Hildeschmidt, A. & Sander, A. (1996): Zur Effizienz der Beschulung sogenannter Lernbehinderter in Sonderschulen. In: Eberwein, Hans (Hrsg.): Handbuch Lernen und Lern-Behinderungen. Weinheim: Beltz, 115 - 134.

Hoff, E.-H. (1995): Frühes Erwachsenenalter: Arbeitsbiographie und Persönlichkeitsentwicklung. In: R. Oerter & L. Montada (Hrsg.): Entwicklungspsychologie. Weinheim: Psychologie Verlags Union, 422-438.

Lazarus, R. S (1981): Streß- und Streßbewältigung - ein Paradigma. In: Filipp, S.-H. (Hrsg.): Kritische Lebensereignisse. München: U & S, 198-232.

Lempert, W. (1986): Sozialisation in der betrieblichen Ausbildung. Der Beitrag der Lehre zur Entwicklung sozialer Orientierungen im Spiegel neuerer Längsschnittuntersuchungen. In: Thomas, H. & Elstermann, G. (Hrsg.): Bildung und Beruf. Berlin: Springer, 105-144.

Montada, L. (1995): Fragen, Konzepte, Perspektiven. In: R. Oerter & L. Montada (Hrsg.): Entwicklungspsychologie. Weinheim: Psychologie Verlags Union, 1-83.

Niehaus, M. & Montada, L. (Hrsg.) (1997): Behinderte auf dem Arbeitsmarkt. Wege aus dem Abseits. New York: Campus.

Sander, A. (1994):Entwicklung der schulischen Integration behinderter Kinder und Jugendlicher im Saarland 1990 bis 1993/94. In: A. Sander u.a.: Schulreform Integration. (Saarbrücker Beiträge zur Integrationspädagogik, Bd. 8). St. Ingbert: Röhrig, 9-37.

Peter Pape

Regionale Unterstützungszentren in Hamburg

Zusammenspiel von Schulpsychologie, Sonder- und Sozialpädagogik und Jugendhilfe

1. Vorbemerkung

In Hamburg wird ab dem 01.08.1997 modellhaft erprobt, wie eine stärkere inhaltliche und organisatorische Vernetzung von Dienststellen und Einrichtungen für Schülerinnen und Schüler hergestellt werden kann, die mit herkömmlichen Schulangeboten nicht erreicht werden oder aus bestehenden Schulangeboten herauszufallen drohen. Dabei soll auch die Frage berücksichtigt werden, wie die verfügbaren fachlichen Kompetenzen künftig effektiver und zielgerechter eingesetzt werden können. In das Projekt wird die Dienststelle Schülerhilfe, der Haus- und Krankenhausunterricht, die Schulen für Verhaltensgestörte und die Schulische Erziehungshilfe des Amtes für Jugend einbezogen.

Die Behörde für Schule, Jugend und Berufsbildung hat diese Fragestellungen zum Gegenstand eines breit angelegten Projekts gemacht, an dem Praktiker aus den Schulen und den genannten Einrichtungen und Dienststellen, Behördenvertreter sowie Personalräte aller Schulformen beteiligt waren und sind.

Auf der Grundlage einer Bestandsaufnahme der Zielgruppen, Aufgabenprofile und Organisationsstrukturen der einbezogenen Einrichtungen und einer kritischen Analyse der Problemfelder des gegenwärtigen Hilfesystems wurde ein Konzept für die Einrichtung Regionaler Unterstützungszentren für Schulen entwickelt. Begonnen wird mit einer wissenschaftlich begleiteten zweijährigen Pilotphase. Im Jahr 1999 wird das System flächendeckend arbeiten.

2. Zielgruppen, Aufgabenprofile und Organisationsstrukturen der „alten“ Einrichtungen

Für die Beratung, Unterstützung und Förderung von Schülerinnen und Schülern mit Erziehungs- und Schulschwierigkeiten gibt es in Hamburg verschiedene institutionell und organisatorisch getrennt arbeitende Einrichtungen. Sie werden im folgenden hinsichtlich ihrer Zielgruppen, Aufgabenprofile, Organisationsformen und Schülerzahlen dargestellt:

2.1 Dienststelle Schülerhilfe (SH)

Die Dienststelle Schülerhilfe wendet sich mit ihrem Beratungs- und Unterstützungsangebot an:

- Schüler und Schülerinnen mit Problemen im Lern-, Leistungs-, Verhaltens- und Erlebensbereich sowie an deren Eltern, Lehrerinnen und Lehrer,
- Schüler und Schülerinnen, die dem Schulbesuch ausweichen oder ihn verweigern bzw. beurlaubt werden wollen,
- Schülerinnen und Schüler, die ihre Schullaufbahn fortsetzen oder zu einem Abschluß bringen wollen (Schullaufbahnberatung),
- Lehrerinnen und Lehrer, die Rat für den Umgang mit Schülerinnen und Schülern suchen,
- Kollegien, die ihre Problemlösekompetenz im Umgang mit Schülerinnen und Schülern, die Schulschwierigkeiten haben, erhöhen wollen.

Die Arbeit der Sozialpädagoginnen und Sozialpädagogen der SH ist vor allem bezogen auf Schulpflichtverletzungen, Schulabgängerberatung in Haupt- und Realschulen und Schullaufbahnberatung.

Einzelne Schulpsychologinnen und Schulpsychologen der SH nehmen spezielle überregionale Aufgaben im System Schule wahr: die Organisation und Durchführung der Beratungslehrerausbildung, die Koordination und Durchführung von Suchtprävention, Prävention von Gewalt, Fördermaßnahmen für Schülerinnen und Schüler mit erheblichen Problemen beim Schriftspracherwerb, Öffentlichkeitsarbeit, die Organisation des Zeugnissonderdienstes und die Betreuung von Berufsschulen. Darüber hinaus werden die Beratung bei sexuellem Mißbrauch, die Beratung bei neuropsychologischen Problemen und Organisationsentwicklung geleistet.

2.2 Schulpsychologen an Gesamtschulen

Die Arbeit der Schulpsychologinnen und Schulpsychologen ist Teil des umfassenden, integrativen Bildungs- und Erziehungsauftrags der Gesamtschule mit einer heterogenen, nicht nach Bildungsgängen getrennten Schülerschaft. Aufgabentypisch ist eine enge Kooperation der Schulpsychologinnen und Schulpsychologen mit den Lehrkräften.

Die Schulpsychologinnen und Schulpsychologen an Gesamtschulen geben Hilfen bei Problemen von Schülerinnen und Schülern in oder mit der Schule, die nicht im Rahmen des Regelunterrichts gelöst werden können. Sie führen gemeinsam mit anderen Schulberaterinnen und Schulberatern Aktivitäten durch, die der Vorbeugung von Schulschwierigkeiten dienen. Sie beraten die Schule als System und bieten Information und Fortbildung an.

Folgende Aufgabenfelder werden versorgt:

- Hilfen für einzelne Schülerinnen und Schüler, Eltern, Lehrerinnen und Lehrer,
- Beratung in Unterrichts- und Erziehungsfragen,
- vorbeugende Maßnahmen,
- Fortbildung und Information.

2.3 Haus- und Krankenhausunterricht (HuK)

Schülerinnen und Schüler, die wegen körperlicher oder geistig-seelischer Erkrankung oder wegen Entwicklungsbeeinträchtigung in ihrem Sozialverhalten für einen längeren Zeitraum oder auf Dauer keine Schule besuchen können, werden im Haus- oder Krankenhausunterricht betreut.

Soweit es die Kapazitäten zulassen, erhalten darüber hinaus auch Schülerinnen und Schüler mit gravierenden Verhaltensschwierigkeiten auf Antrag ihrer Schule stützenden Einzelunterricht (ca. 2 bis 4 Stunden, im Einzelfall bis zu 10 Stunden pro Woche) in ihrer Stammschule.

2.4 Schule für Verhaltensgestörte (SfV) und Präventionslehrer

Nach den Richtlinien der SfV aus dem Jahr 1975 werden in der Schule für Verhaltensgestörte „Kinder und Jugendliche erzogen, unterrichtet, beraten und behandelt, die in ihrem Verhalten derart gestört sind, daß sie im Klassenverband der allgemeinen Schule nicht hinreichend gefördert werden können“.

Anlässe für Aufnahmen in die SfV sind u.a.:

- stark störendes Verhalten in der Lerngruppe,
- Gefährdung von Personen und Sachen,
- gesteigerte Aggressivität, Ängstlichkeit, unkontrollierte Gefühlsäußerungen,
- allgemeine Schulleistungsschwäche trotz überdurchschnittlicher Intelligenz,
- Schulschwänzen, Verschlossenheit, Unansprechbarkeit, Kontaktverweigerung.
- Gefährdung der eigenen Person.

Die pädagogische Arbeit in der SfV zielt auf die Überwindung der Verhaltensstörung und auf die Reintegration in die allgemeine Schule.

2.5 Schulische Erziehungshilfe (SE) - Amt für Jugend

Die Dienstanweisung der SE vom Mai 1991 sieht eine schulpädagogische Förderung und Hilfe für junge Menschen vor, denen Hilfe nach Kapitel 2 Abschnitt 4 des Sozialgesetzbuches VIII, Kinder- und Jugendhilfegesetz (Hilfe zur

Erziehung, Hilfe für junge Volljährige) gewährt wird und „die aus dem System schulischer Versorgung herausgefallen sind, weil sie vom Schulbesuch wiederholt ausgeschlossen worden sind oder dauerhaft den Schulbesuch verweigern, oder herauszufallen drohen, weil der Ausschluß vom Schulbesuch erwogen werden muß oder weil sich eine dauerhafte Verweigerung des Schulbesuchs abzeichnet."

Wenn für Schülerinnen und Schüler, die aufgrund ihrer Verhaltensprobleme in der Schule erhebliche Schwierigkeiten haben oder machen und sich der Schule entziehen, eine Hilfe zur Erziehung gewährt oder eingerichtet werden kann, wird in aller Regel von der zuständigen Schule eine Aufnahme in die SE beantragt.

Aufgabe der SE ist es, Schülerinnen und Schüler wieder in Schule oder Berufsausbildung zu reintegrieren bzw. einem Prozeß der (Selbst-) Ausgrenzung entgegenzuwirken oder ihm vorzubeugen.

3. Problemfelder der bestehenden Hilfesysteme

Maßgebend für Überlegungen zu einer Neuordnung der bestehenden Einrichtungen und der Bündelung von Ressourcen und Kompetenzen sind vor allem Schwachstellen, die einem zeitnahen, problemadäquaten Zugang zu den Beratungs-, Unterstützungs- und Förderleistungen der verschiedenen Hilfeeinrichtungen entgegenstehen.

3.1 Strukturelle Problembereiche u.a.

- Die Trennung in Einrichtungen mit ähnlichen Zielgruppen erschwert eine flexible, problemadäquate Unterstützung.
- Die Richtlinien für die Aufnahme in die verschiedenen Einrichtungen lassen Spielräume, die zu Überschneidungen bei der Zuständigkeit führen.
- Hochschwellige, personalintensive Formen der Unterstützung werden zu früh in Anspruch genommen, weil andere nicht erreichbar sind.
- Die Standorte der SfV-Schulen führen zu weiten Schulwegen mit der Gefahr hoher Absentismusquoten bei den Schülerinnen und Schülern.
- Die Möglichkeiten bei der Beschulung von Schülerinnen und Schülern, die sowohl lernbehindert als auch verhaltensauffällig sind, stoßen aus strukturellen Gründen an ihre Grenzen.

3.2 Aufgabenbezogene Problembereiche

- Die Abstimmung zwischen den Einrichtungen in der Bearbeitung von Einzelfällen, in denen die Allgemeinen Sozialen Dienste (ASD) einbezogen sind, ist unzureichend.
- Eine fehlende Koordinierung von Hilfemaßnahmen kann dazu führen, daß einzelne Schülerinnen und Schüler „durch die Maschen“ der Institutionen fallen.
- Einrichtungen lehnen ihre Zuständigkeit ab und geben den Fall weiter, wenn einzelne Aufnahmekriterien nicht erfüllt sind.
- Förderbedürftige Schülerinnen und Schüler werden über die Einrichtungen „durchgereicht“ mit der Folge, daß sie als Symptomträger stigmatisiert werden.
- Die Angebote präventiver Unterstützung durch Präventionslehrkräfte der SfV sind erst wenigen Schulen zugänglich.
- Die Angebote für schulpflichtige, aber „schulmüde“ Jugendliche in den bestehenden Einrichtungen reichen nicht aus.
- In schwierigen Einzelfällen wird die Kooperation der Einrichtungen durch die Zuständigkeitsfrage und die Zugehörigkeit zu verschiedenen Ämtern eingeschränkt.

Zusammenfassung

Eine zeitnahe, problemadäquate Hilfe setzt angesichts der institutionellen Trennung eine intensive Kommunikation zwischen den beteiligten Einrichtungen voraus. Dadurch, daß die Einrichtungen jeweils selbst über die Aufnahme entscheiden, kann es zu Differenzen zwischen den Einrichtungen kommen, die eine schnelle und schülergerechte Hilfe behindern und sich kontraproduktiv auf die Problemsituation auswirken. An diesem zentralen Strukturdefizit setzt die zukünftige Zusammenführung der verschiedenen Beratungs- und Unterstützungseinrichtungen zu einem die unterschiedlichen Aufgaben und Kompetenzen integrierenden Hilfesystem an.

4. Ziele der neuen Projektstruktur

- *Schülerinnen und Schülern soll fachkundig geholfen werden, wenn sie in und mit ihrer Schule Probleme haben, die im Rahmen der schulischen Möglichkeiten nicht gelöst werden (können). Es soll ein fachlich profundes Unterstützungsangebot bei schulischen Problemkonstellationen zur Verfügung stehen, das ortsnah, unbürokratisch und transparent ist.*
- *Lehrkräfte aller Schulformen sollen frühzeitig Unterstützung erhalten.*

- *Eltern und andere Erziehungsberechtigte sollen Hilfen bei der Bewältigung von schwierigen Problemkonstellationen mit Schülerinnen und Schülern im Unterricht und im Schulleben erhalten.*

Aus diesen Leitzielen ergeben sich Anforderungen an das neue Hilfesystem, denen unter Berücksichtigung der Aufgabenprofile und Zielgruppen der einbezogenen Einrichtungen Rechnung getragen wird:

- Unterstützung wird möglichst von einer regionalen Stelle geleistet, so daß nicht auf die Zuständigkeit anderer Einrichtungen verwiesen werden kann bzw. muß.
- Die Unterstützung wird in größerer Nähe zu den Schulstandorten sein, als es bisher der Fall ist.
- Wenn aufgrund sich zuspitzender Problemkonstellationen um Einzelfallhilfe nachgesucht wird, ist Unterstützung schnell und unbürokratisch möglich.
- Die Ausgrenzung von Schülerinnen und Schülern soll vermieden werden. Nichtseparierender, integrativer Unterricht hat Vorrang vor anderen Unterrichts- und Beschulungsformen.
- Schulverweigerung soll deutlich verringert werden, indem Schülerinnen und Schüler, die Schwierigkeiten in bzw. mit der Schule haben, auch präventiv unterstützt werden. Sozialpädagogische Hilfeangebote in Kooperation mit Trägern der Jugendhilfe sollen zu einer höheren Integrationsleistung der einzelnen Schule führen.
- Die Schülerinnen und Schüler bleiben grundsätzlich ihrer Stammschule zugehörig. Durch den Verzicht auf Umschulungen soll nach einer Phase von Schulverweigerung die Reintegration verbessert werden.
- Beratung und Förderung werden integrierte Bestandteile eines Unterstützungsprozesses sein, so daß unterschiedliche Unterstützungsformen (z.B. beratend, schulergänzend) während einer Maßnahme flexibel angepaßt werden können.
- Pädagogische und psychologische Kompetenzen eines multiprofessionellen Teams sollen sich ergänzen und die Effektivität der Beratungs- und Unterstützungsleistungen erhöhen.
- Zwischen den Beteiligten sollen Förderleistungen vereinbart werden, um Reibungsverluste zu vermindern und die Dauer der Leistungen auf das Notwendige zu beschränken.
- Beratungslehrerinnen und Beratungslehrer sowie Sozialpädagoginnen und Sozialpädagogen der Schulen sollen eine Brückenfunktion zwischen Schule und Unterstützungssystem erhalten.

5. Konzept und Profil des neuen Systems

Das Konzept eines Dienstes, der die Aufgaben der einbezogenen Einrichtungen abdeckt, die Ressourcen und die Kompetenzen der Mitarbeiterinnen und Mitarbeiter bündelt und sie effektiver einsetzen kann, ist abgeleitet aus den strukturellen Defiziten des bestehenden Hilfesystems und den Anforderungen, die sich aus den dargestellten Zielsetzungen ergeben. Die neuen integriert arbeitenden Unterstützungseinrichtungen bringen die Kompetenzen in die Schulen und sind die verläßlichen Ansprechpartner für Lehrerinnen und Lehrer, Schülerinnen und Schüler, Eltern und andere Erziehungsberechtigte bei Erziehungs- und Schulschwierigkeiten, die die Schule nicht allein bewältigen kann.

5.1 Verantwortung für die Unterstützung in regionalen Zentren

Eine genaue Kenntnis der regionalen Bedingungen, eindeutig zuzuordnende Verantwortlichkeit, kurze Wege des Zugangs sollen die Effektivität der Unterstützung steigern.

Das Konzept „Regionale Unterstützungszentren für Schulen" sieht deshalb multiprofessionell arbeitende Einrichtungen vor, die für die jeweilige Region integrierte schulpsychologische und sonderpädagogische Beratung und Förderung sowie sozialpädagogische Hilfe für Schülerinnen und Schüler mit Schulproblemen leisten.

Die Unterstützungszentren sind die in ihrer Region verantwortlichen Einrichtungen für die Koordinierung, Bereitstellung und Gewährung von schulpsychologischen, sonderpädagogischen und sozialpädagogischen Leistungen. Sie sollen von Lehrerinnen und Lehrern, Schülerinnen und Schülern, Eltern und anderen Erziehungsberechtigten genutzt werden, wenn bei akuten Problemen von und mit Schülerinnen und Schülern Rat und Hilfe benötigt werden und die Möglichkeiten des innerschulischen Systems nicht ausreichen bzw. erschöpft sind.

5.2 Multiprofessionelle Arbeitsweise der Unterstützerteams

Dem multifaktoriellen Bedingungsgefüge der Problemlagen von Schülerinnen und Schülern mit Erziehungs- und Schulschwierigkeiten entspricht die differenzierte Arbeitsweise der Zentren. Psychologische und pädagogische Kompetenzen der Mitarbeiterinnen und Mitarbeiter werden benötigt, um eine inner- und außerschulische Problematik in adäquater fachlicher Schwerpunktsetzung bearbeiten zu können, so daß Ausgrenzungsprozesse rechtzeitig erkannt und unterbunden werden. Dem soll auch die interne Organisation der Zentren durch die Bildung von ein bis drei multiprofessionellen Teams mit jeweils fünf bis acht Mitarbeiterinnen und Mitarbeitern entsprechen.

5.3 Arbeitszeitregelungen und Personalauswahl

Mit der Einrichtung der Unterstützungszentren werden neue Organisationseinheiten gebildet, die keine Schulen sind. Ihre Aufgaben entsprechen für die hier tätigen Lehrer und Lehrerinnen weitgehend nicht mehr den typischen Aufgaben dieser Berufsgruppe. Daher erfaßt eine Berechnung der Arbeitszeit nach Unterrichtstätigkeit das zukünftige Tätigkeitsspektrum nur unzureichend; die Zahl der Pflichtstunden läßt keine adäquaten Aussagen über die tatsächlich geleistete Arbeit zu. In der Pilotphase soll eine neue Arbeitszeitregelung erprobt und von der wissenschaftlichen Begleitung evaluiert werden, die die unterschiedlichen Dienstzeitregelungen der Berufsgruppen zusammenführt und vergleichbare Aussagen über die Arbeitsbelastung zuläßt.

Diese Arbeitszeitregelung soll folgende Eckwerte beinhalten:

- Für alle Beschäftigten gelten grundsätzlich die allgemeinen Arbeits- und Dienstzeitregelungen der 38,5-Stunden-Woche (Anwesenheitspflicht, Gleitzeit, Kernarbeitszeit u.a.) sowohl während der Unterrichts- als auch der unterrichtsfreien Zeit. Dies gilt auch für Lehrer und Lehrerinnen, die als Beschäftigte in Unterstützungszentren nicht mehr Klassen unterrichten und keinem Lehrerkollegium angehören und damit auch nicht der Pflichtstundenregelung für Lehrer und Lehrerinnen unterliegen.
- Da die Aufgabenstellungen der Dienststellen weitgehend mit dem Unterrichts- und Ferienrhythmus und den entsprechend höheren Bedarfsanforderungen der Schulen in den Unterrichtswochen einhergehen, ist die regelmäßige wöchentliche Arbeitszeit darauf abzustimmen.

5.4 Fortbildung und Schulung

Die gegenüber dem bisherigen Arbeitsfeld geänderten Aufgaben in den regionalen Unterstützungszentren und die neu akzentuierten Herangehensweisen machen es erforderlich, für die künftigen Mitarbeiterinnen und Mitarbeiter in den Pilotregionen insbesondere in der Startphase gezielte Qualifizierungsmaßnahmen vorzuhalten, die die erforderlichen Beratungs-, Organisationsentwicklungs- und förderdiagnostischen Kompetenzen erweitern helfen. Darüber hinaus soll eine begleitende Schulung zu spezifischen Aspekten von Beratung und Förderung erfolgen.

6. Verfahrensregelungen für die Arbeit der Unterstützungszentren

6.1 Aktivierungsschwelle der Unterstützungszentren

Anlaß für ein Tätigwerden der Zentren soll eine Problemkonstellation in der Arbeit mit Schülerinnen und Schülern bzw. Lerngruppen (Schulklassen) oder

Schülergruppen sein, die eine Schule aus eigener Kraft nicht bewältigen kann. Erst wenn die Maßnahmen der Schule keine wirksame Hilfe leisten können, ist das Unterstützungszentrum Ansprech- und Kooperationspartner. Die Leistungen der Unterstützungszentren konzentrieren sich auf effiziente Einzelfallhilfe und damit verbundene Fragen der Schulberatung. Dabei ist anzustreben, daß mittelfristig durch die erfolgreiche gemeinsame Arbeit in Einzelfällen die Problemlösefähigkeit einer Schule allgemein verbessert werden kann. Entsprechend ist die Hilfe zur Selbsthilfe also ein leitendes Handlungsprinzip für die Arbeit der Unterstützungszentren.

Für Schülerinnen und Schüler, Eltern und andere Erziehungsberechtigte, Lehrerinnen und Lehrer muß ein niedrigschwelliger Zugang zu schulpsychologischer und pädagogischer Beratung gegeben sein. Eine frühzeitige Erstberatung soll dazu beitragen, problematischen Entwicklungen bereits im Anfangsstadium entgegenzuwirken. Dabei ist darauf zu achten und durch Verfahrensregelungen sicherzustellen, daß sich Beratung zunächst auf die Situation des Schülers oder der Schülerin bzw. der Schüler- oder Lerngruppe in der Schule konzentriert und Lehrkräfte der Schule, Eltern und andere Erziehungsberechtigte einbezogen werden. Dagegen wird der Zugang zu Fördermaßnahmen des Unterstützungszentrums an spezifische Voraussetzungen gebunden werden. Dabei sind grundsätzlich die unterschiedlichen Bedingungen der Schulen in einer Region zu berücksichtigen.

In der Regel soll die Einleitung einer Fördermaßnahme durch die Beratungslehrkräfte einer Schule erfolgen. Bevor eine ambulante sonderpädagogische Förderung als Unterstützungsmaßnahme in Betracht kommt, wird zunächst mit der jeweiligen Beratungslehrkraft zu klären sein, welche Maßnahmen die Schule bisher veranlaßt hat. Zugleich soll gesichert werden, daß in kritischen Situationen schnell Unterstützung geleistet werden kann und keine umständlichen Verfahrenswege beschritten werden müssen.

Regelmäßige gemeinsame Konferenzen der Beratungslehrkräfte an den Schulen und der Mitarbeiter und Mitarbeiterinnen der Unterstützungszentren sollen dazu beitragen, daß die Vermittlerfunktion, die die Beratungslehrkräfte an ihren Schulen im Zugang zu den Unterstützungszentren wahrnehmen sollen, gezielt weiterentwickelt werden kann.

6.2 Schulpsychologische und pädagogische Beratung

Der Zugang zu schulpsychologischer und pädagogischer Beratung ist auf zwei Wegen möglich: Zum einen können sich Eltern und andere Erziehungsberechtigte, sowie Schülerinnen und Schüler direkt an das Unterstützungszentrum wenden; dies entspricht dem z.Z praktizierten Verfahren der Schülerhilfe. Zum anderen erfolgt die Einbeziehung des Unterstützungszentrums über die mit der Problemstellung bereits vertrauten Lehrkräfte der Stammschule.

Beratungstätigkeit soll in der Regel in der Schule stattfinden, der ein Schüler oder eine Schülerin angehört. Problemklärungen, Informationen, Schullaufbahnberatungen, schulpsychologische Diagnostik, Moderation, Supervision und Trainings sind Beispiele für Elemente dieses Arbeitsfeldes. Anlaß ist jeweils ein auf einen Schüler oder eine Schülerin bzw. eine Schüler- oder Lerngruppe bezogenes Beratungsanliegen. Die Dringlichkeit eines Beratungsersuchens bestimmt die Priorität der Bearbeitung; Absprachen dazu und zur Einbeziehung anderer Fachkräfte werden in dem Team des Unterstützungszentrums getroffen.

Die interne Organisation eines Zentrums muß gewährleisten, daß tagsüber zu festgelegten Öffnungszeiten Beratungsanliegen angenommen werden können und ein offener Zugang möglich ist. Darüber hinaus sollen für berufstätige Eltern und andere Erziehungsberechtigte Abendtermine zwischen 17 und 20 Uhr angeboten werden. Zu besonderen Terminen wie Zeugnisvergabe ist personelle Präsenz sicherzustellen, um Schülerinnen oder Schülern in Krisensituationen unmittelbar helfen zu können. Die Erreichbarkeit eines Unterstützungszentrums auch in Ferienzeiten ist sowohl durch feste Öffnungszeiten als auch mit den üblichen Mitteln der Bürokommunikation sicherzustellen.

6.3 Förderplan und Förderkonferenz

Für alle Maßnahmen der Unterstützungszentren werden Verantwortlichkeiten festgelegt, die für jeden Schüler oder jede Schülerin bzw. Schüler- oder Lerngruppe von einer Mentorin bzw. einem Mentor wahrgenommen werden. Sie bzw. er erstellt bei Maßnahmen, die über eine kurzfristige Beratung hinausgehen, einen schriftlichen Förderplan, der eine zeitliche Befristung enthält. Darin wird festgelegt, mit welchen Schritten welche auf den Schüler oder die Schülerin bzw. die Schüler- oder Lerngruppe bezogenen Ziele in welchem Zeitraum erreicht werden sollen.

Der Förderplan beschreibt das Bedingungsgefüge und den sozialen und psychologischen Hintergrund für eine Unterstützungsmaßnahme. Umfang und Inhalt einer solchen Analyse sollen dabei der spezifischen Problemkonstellation entsprechen. Bei Überlegungen für eine vorübergehende Herauslösung aus der Lerngruppe wird daher eine andere Schwerpunktsetzung vorzunehmen sein als bei Beratungsmaßnahmen. Leitgedanke aller Förderpläne ist grundsätzlich auch die Stärkung der Integrationsfähigkeit der Lerngruppe und die gezielte Unterstützung der in einer Klasse unterrichtenden Lehrkräfte.

Unterstützungsmaßnahmen werden von einer Förderkonferenz auf der Grundlage des Förderplans beschlossen. Die Förderkonferenz besteht aus den Personen, die mit der Durchführung einer Unterstützungsmaßnahme befaßt sind. Dazu können neben den jeweiligen Mitarbeiterinnen und Mitarbeitern des Unterstützungszentrums die verantwortlichen Lehrkräfte der Stammschule, die Eltern oder Erziehungsberechtigten und ggf. auch Fachkräfte der Jugendhilfe gehören.

Die Umsetzung eines Förderplans ist an die Zustimmung der Leitung des Zentrums gebunden.

6.3.1 Ambulante Förderung in der Stammschule

Die integrativen Möglichkeiten einer Schule sollen umfassend genutzt werden. Vorrangig ist das gemeinsame Lernen der Schülerinnen und Schüler in ihrer Lerngruppe/Schule anzustreben. Differenzierungsmaßnahmen im Klassenraum oder in einem anderen Raum der Schule, individualisierte Unterrichtsangebote im stundenweisen Einzelunterricht, ergänzender Kleingruppenunterricht für einige Wochen sind mögliche Unterstützungsformen, um die schulische Leistungsfähigkeit von Schülerinnen und Schülern neu zu wecken und zu stabilisieren.

Unterstützung während der Unterrichtszeiten soll ergänzt werden durch nachmittägliche Fördermaßnahmen und Angebote während der Ferienzeiten. Die Kooperation mit Trägern von Jugendhilfemaßnahmen, die Einbeziehung bestehender Jugendhilfeangebote in einen Förderplan sowie spezielle Angebote der Unterstützungszentren sollen die Wirksamkeit der schulischen Fördermaßnahmen erhöhen.

6.3.2 Kriterien für eine vorübergehende Herauslösung aus der Lerngruppe

Eine vorübergehende Herauslösung eines Schülers oder einer Schülerin aus seiner bzw. ihrer Lerngruppe kann im Einzelfall unumgänglich und die der Situation angemessene Unterstützungsform sein. Eine solche Maßnahme kann nur im Einvernehmen zwischen Stammschule und Unterstützungszentrum vorgenommen werden. Eltern und andere Erziehungsberechtigte sind zu informieren und zu beteiligen; in der Pilotphase ist die Zustimmung zu einer solchen Maßnahme schriftlich einzuholen.

Bei der Entscheidung über die Herauslösung eines Schülers oder einer Schülerin müssen niedrigschwellige Maßnahmen im Konsens der schulpsychologischen und pädagogischen Fachkräfte als nicht (mehr) erfolgversprechend eingeschätzt werden. Das beinhaltet in der Regel, daß eine ambulante Förderung durch das Unterstützungszentrum bereits erfolgt und erkennbar wird, daß das angestrebte Ziel auf diesem Wege nicht zu erreichen ist. Vor der Entscheidung für eine vorübergehende Herauslösung müssen auf der Förderkonferenz von den Lehrkräften unter Einbeziehung von Eltern und anderen Erziehungsberechtigten Alternativen und deren mögliche Konsequenzen erörtert worden sein.

Bei einer Entscheidung für die vorübergehende Herauslösung muß der Förderplan eine schulpsychologische und sonderpädagogische Begutachtung beinhalten und eine Zielperspektive für die Reintegration benennen. Die Entscheidung bedarf der Zustimmung der Projektleitung. Ist ein Konsens über eine vorübergehende Herauslösung zwischen Stammschule und Unterstützungszentrum nicht zu erreichen, vermittelt die Projektleitung, informiert die zuständige Schulaufsicht und trifft eine abschließende Entscheidung.

6.4 Schnittstellen zur Jugendhilfe

Einrichtungen der Jugendhilfe sowie die Allgemeinen Sozialen Dienste (ASD) sind wichtige Kooperationspartner der Unterstützungszentren. Mit ihnen ist einzelfallbezogen bei der Erstellung von Förderplänen eng zusammenzuarbeiten. Bestehende Angebote von Trägern der Jugendhilfe sind auf die Einbeziehung in einen Förderplan hin zu überprüfen.

Bei Maßnahmen des Zentrums, die mit Hilfeangeboten nach dem KJHG (§§ 27-35, Hilfen zur Erziehung) einhergehen, sind die Träger der Jugendhilfemaßnahme zu beteiligen, um eine Verzahnung inner- und außerschulischer Hilfen zu gewährleisten und Doppelarbeit zu vermeiden. Die Koordinierung der unterschiedlichen Hilfen ist beispielsweise durch Fachgespräche und Teilnahme an Erziehungskonferenzen sicherzustellen. Des weiteren ist im Einzelfall zu prüfen, ob die Beteiligung des Jugendpsychiatrischen Dienstes, von Erziehungsberatungsstellen und anderen psychosozialen Einrichtungen die Unterstützungsmaßnahme sinnvoll ergänzen.

Schülerinnen und Schüler, die aufgrund ihrer Lebenssituation mit herkömmlichen Schulangeboten nicht mehr zu erreichen sind, bedürfen spezieller Unterstützung, die von schulischen Leistungsanforderungen zeitweise entlastet und handlungsorientiert ist. Die Leitungen der Unterstützungszentren sollen ggf. in Kooperation mit Trägern der Jugendhilfe solche Unterstützungsformen exemplarisch entwickeln und erproben.

6.5 Vernetzung in der Region

Effektive und zielgerechte Beratung und Förderung für Schüler und Schülerinnen, Eltern sowie Lehrer und Lehrerinnen setzen bei den Mitarbeiterinnen und Mitarbeitern der Unterstützungszentren genaue Kenntnisse der stadtteilbezogenen Lebenszusammenhänge und eine hohe Präsenz in der Region voraus. Dies erfordert neben der Kooperation mit den entsprechenden regionalen Institutionen (Schulen, Erziehungsberatungsstellen, Jugendpsychiatrischer Dienst, Amt für Soziale Dienste u.a.m.) auch eine Einbindung der Zentren in die Struktur der jeweiligen Region, beispielsweise durch die regelhafte Beteiligung an Stadtteilkonferenzen, die Teilnahme an Arbeitsgemeinschaften nach § 78 KJHG sowie einen regelhaften Kontakt zu den Kinder- und Familienhilfezentren.

7. Untersuchungsschwerpunkte der wissenschaftlichen Begleitung

Die wissenschaftliche Begleitung übernimmt die Evaluation der Arbeitsweisen und Organisationsstruktur und untersucht die Wirksamkeit der Unterstützungsmaßnahmen in folgenden Aufgabenbereichen:

1. Entwicklung des Verhältnisses von Leistungsangebot und Erwartungen der Schulen,
2. Aufbau der internen Arbeitsstrukturen,
3. Vernetzung mit anderen Einrichtungen,
4. Stellenausstattung,
5. Wirkung entwicklungsfördernder Maßnahmen für Kinder und Jugendliche,
6. Kriterien für die Aufnahme in unterschiedliche Fördermaßnahmen (s. 6.3).

Erfahrungen mit der Realisierung der Konzeption in der Pilotphase sollen kontinuierlich ausgewertet werden, um konzeptionelle Veränderungen zeitnah zu entwickeln und für die flächendeckende Ausweitung umzusetzen.

8. Bildungspolitische Perspektive

Seit nunmehr 14 Jahren bestehen in Hamburg Integrationsklassen. Sie haben für den Grundschulbereich im Rahmen des neuen Schulgesetzes, das zum 01.08.1997 in Kraft getreten ist, den Status des Regelangebotes erhalten.

Mit dem „Durchwachsen" bereits bestehender Integrationsmaßnahmen und der Einrichtung von 6 neuen Integrationsklassenstandorten zum Schuljahr 1997/98 baut Hamburg seinen bildungspolitischen Schwerpunkt Integration konsequent weiter aus.

Im Jahre 1997 werden an 35 Schulen 187 Integrationsklassen bestehen; davon 88 Klassen an 26 Grundschulen und 99 Klassen an 19 Sekundarschulen. Alle Integrationsklassen 4 sind bisher in der Sekundarstufe I bis zur Klasse 10 weitergeführt worden.

Die Zahl der Integrativen Regelklassen erhöht sich 1997 auf 380 Klassen an 36 Grundschulen. Das Durchwachsen dieser Maßnahme bedeutet eine jährliche Erhöhung des Gesamtkontingentes von Integrativen Regelklassen um ca. 30 Klassen.

In dieses integrative Gesamtkonzept fügt sich das neue Projekt „Regionale Unterstützungszentren" nahtlos und schlüssig ein. Das gilt vor allem für die Einbeziehung der Jugendhilfe und der engen regionalen Kooperation mit sozialen und jugendpsychiatrischen Diensten. Die schon jetzt bestehende breite Zustimmung für die Unterstützungszentren bei Mitarbeitern, Behördenvertretern, Politikern und Eltern lassen eine erfolgreiche Implementation des neuen Systems erwarten und erhoffen.

Hans Eberwein

Integrationspädagogik als Element einer *allgemeinen* Pädagogik und Lehrerausbildung

1. Zum gegenwärtigen Stand integrationspädagogischer Ausbildung

Die Integrationsdiskussion und -entwicklung, die in Deutschland 1970 begonnen hatte, hat - schul- und bildungspolitisch gesehen - in den meisten Bundesländern zu wichtigen schulgesetzlichen und reformpädagogischen Veränderungen geführt. Die Rückwirkungen dieser Entwicklungen auf die Sonderpädagogik und das Sonderschulsystem sowie auf die Allgemeine Pädagogik und die Ausbildung von Lehramtsstudierenden sind jedoch bisher als gering zu bezeichnen. Man gewinnt deshalb den Eindruck, als befände sich die integrative Beschulung auch nach 25 Jahren noch im Versuchsstadium und als sei die weitere Entwicklung unsicher und deshalb Zurückhaltung notwendig. Demzufolge leisten sich die einzelnen Bundesländer und Gemeinden trotz hoher Verschuldung und teilweiser Zahlungsunfähigkeit auch weiterhin die volle Erhaltung des kostspieligen Sonderschulwesens und gleichzeitig integrative Einrichtungen. Vor diesem Hintergrund entsteht der Verdacht, daß das Wahlrecht der Eltern zwischen Sonderschule und Integrationsschule mit der Absicht propagiert wurde, auf diese Weise das bestehende Sonderschulsystem am Leben erhalten zu können.

Auch Hochschullehrer, die sich im Bereich der Sonderpädagogik sowie der Allgemeinen Pädagogik dem Integrationsgedanken verpflichtet fühlen, sind sehr zurückhaltend, ihre Überzeugung in hochschulpolitisches Handeln umzusetzen und das Verhältnis der beiden Pädagogiken sowie ihre eigene Stellung neu zu definieren, aber auch die Konsequenzen der Integrationsentwicklung für die allgemeine Lehrerausbildung zu realisieren. Dabei ist eigentlich bekannt, daß die Verwirklichung jeder Schulreform bei der Ausbildung der Lehrer beginnen müßte. Schul- und Bildungspolitik reproduzieren jedoch immer wieder die gleichen Fehler. Dies spricht nicht gerade für ihre Lern- und Reformfähigkeit.

Es ist auch erstaunlich, wie wenig bildungspolitische Resonanz die 1994 erfolgte Ergänzung des Art. 3 Abs. 3 GG durch den Satz 2 gefunden hat: „Niemand darf wegen seiner Behinderung benachteiligt werden.“ Danach dürfte es nämlich nicht mehr möglich sein, eine Sonderschuleinweisung gegen den Willen der Betroffenen oder deren Erziehungsberechtigter durchzusetzen (vgl. Eberwein 1998). Das neue Grundrecht „Behinderter“ bedarf der Umsetzung in den sogenannten Einfach-Gesetzen. Einige Bundesländer haben bereits Antidiskriminierungs- oder Gleichstellungsgesetze erlassen, die zur Folge haben, daß alle diskriminierenden und benachteiligenden Bestimmungen und Formulierungen im Arbeitsrecht, Baurecht, Verkehrsrecht, Reiserecht, Versicherungsrecht und im Schulrecht sowie in anderen Gesetzen beseitigt werden müssen, zumal wenn - wie in der Berliner Verfassung im Artikel 11 festgelegt wurde - das Land verpflichtet ist, „für die gleichwertigen Lebensbedingungen von Menschen mit und ohne Behinderung zu sorgen.“

Es ist - auch aufgrund der Rechtsprechung des Bundesverfassungsgerichts - zu erwarten, daß es Sonderschulen künftig sehr schwer haben werden, aufgrund der diskriminierenden und stigmatisierenden Funktion ihre weitere Existenzberechtigung zu begründen. Zumindest für die Schule für Lernbehinderte wird dies aufgrund der seit langem vorliegenden Untersuchungen nicht mehr möglich sein (vgl. Eberwein, F. 1996; Hildeschmidt/Sander 1996). Spätestens nach der Umsetzung der Intention des Art. 3 Abs. 3 Satz 2 GG in den anderen Gesetzen wird es zu Änderungen der Schulgesetze und zum Abbau der Doppelangebote Sonderschule/Integrationsschule kommen. Vielleicht ist auch dann erst mit einer flächendeckenden Änderung der Lehrerbildungsgesetze zu rechnen.

Neben der Grundgesetzänderung hat ebenfalls 1994 die UNESCO-Weltkonferenz „Zur Pädagogik für besondere Bedürfnisse“, die in Salamanca in Spanien stattfand und an der über 300 Vertreter von 92 Regierungen und 25 internationalen Organisationen teilnahmen, in einer gemeinsamen Erklärung alle Länder der Welt aufgerufen, u.a. „... eine *spezielle Ausbildung* für die Pädagogik besonderer Bedürfnisse, die zu besonderer Qualifikation führt, in die Ausbildung und Praxis als Regelschullehrer oder -lehrerinnen (zu) integrieren“; denn „die geeignete Vorbereitung des gesamten pädagogischen Personals stellt einen zentralen Faktor in der Entwicklung hin zu integrativen Schulen dar“ (S. 28).

Und die Europäische Kommission hat in ihrem Leitfaden „Auf dem Weg zur Chancengleichheit für behinderte Menschen“ von 1996 u.a. den Grundsatz aufgestellt, daß den Regelschullehrern „die Hauptverantwortung“ zukommt, Kinder mit Behinderungen zu unterrichten. „Damit die Lehrer für alle Schüler Verantwortung übernehmen können, auch für Schüler mit besonderen Bildungsbedürfnissen, sind umfassende Einführungs-, Spezial- und berufsbegleitende Ausbildungsprogramme nötig“ (S. 43).

In der „Rahmenvereinbarung über die Ausbildung und Prüfungen für ein Lehramt der Grundschule bzw. Primarstufe“, die von der Kultusminister-Konferenz (KMK) am 28.02.97 beschlossen wurde, heißt es: „Die Ausbildung soll zudem befähigen, lern-, sprach- und verhaltensauffällige Kinder entwicklungsgerecht zu fördern und daher entsprechende sonderpädagogische Fragestellungen einbeziehen“ (S. 2). Diese Formulierung stellt in gewisser Weise die ausbildungstheoretische Fortschreibung der KMK-„Empfehlungen zur Arbeit in der Grundschule“ vom 6.05.94 dar, in denen Grundschule und Sonderschule aufgefordert werden, dafür „Sorge (zu) tragen, daß behinderte und nichtbehinderte Kinder gemeinsame Erfahrungen machen können“ (S. 18).

Auch die Deutsche Gesellschaft für Erziehungswissenschaft (DGfE) fordert in ihren „Empfehlungen zur Weiterentwicklung der Ausbildung von Lehrerinnen und Lehrern“ von 1997 nicht nur erziehungswissenschaftliche „Erkenntnisse über das gemeinsame Lernen Behinderter und Nichtbehinderter“ (S. 12), sondern auch „unterrichtlich-methodische Kompetenz zur Individualisierung und Binnendifferenzierung und zur Integration von Behinderten“ (S. 5).

Die Beschlüsse und Empfehlungen der UNESCO und der EU sowie der KMK und der DGfE haben jedoch bisher keine Auswirkungen auf die Lehrerbildung in Deutschland gehabt; ausgenommen in Berlin.

2. Zur integrationspädagogischen Ausbildung an der Freien Universität Berlin

Auf dem Hintergrund der Tatsache, daß es in Berlin seit über 20 Jahren Integrationsklassen gibt und derzeit ca. 70 % aller Grundschulen, außerdem ca. 30 Sekundarschulen integrativ arbeiten, sowie aufgrund einer Änderung des Schulgesetzes (§ 10 a), wonach es zur Aufgabe der allgemeinen Schule gehört, auch Kinder mit sogenanntem „sonderpädagogischem Förderbedarf“ aufzunehmen und zu unterrichten, sind an der FU in alle erziehungswissenschaftliche Studiengänge (Lehrämter, Diplom und Magister) integrationspädagogische Ausbildungsinhalte aufgenommen worden.

Die neue Studienordnung „Erziehungswissenschaften und eine andere zu wählende Sozialwissenschaft“ für alle Lehramtsstudiengänge ermöglicht den Studierenden ab WS 1997/98 eine eigene inhaltliche Schwerpunktsetzung, die u.a. zuläßt, im Einführungsbereich grundlegende erziehungswissenschaftliche Fragestellungen mittels integrationspädagogischer Inhalte zu behandeln. In diesem Rahmen kann auch das Orientierungspraktikum von Studierenden aller Lehrämter (also auch von künftigen Studienräten) in einer Integrationsklasse abgeleistet werden. Im Vertiefungsbereich, der 8 Semesterwochenstunden (SWS) umfaßt, kann als *ein* möglicher Qualifizierungsschwerpunkt explizit „Integrationspädagogik“ gewählt werden. Die Studierenden müssen in diesem Bereich *einen* Seminarschein erwerben. Dadurch haben sie die Möglichkeit zu einer vertieften, mehrperspektivischen Auseinandersetzung mit verschiedenen Aspekten der Integrationspädagogik.

Im Rahmen des Studiums der Grundschulpädagogik wird in einer neuen Prüfungs- und Studienordnung angestrebt, daß die Studierenden sowohl allgemeine als auch lernbereichsspezifische Kenntnisse und Erfahrungen des gemeinsamen Lernens von Kindern mit und ohne „Behinderung“ erwerben; denn spätestens im Primarbereich muß Integration grundgelegt werden. Um dies sicherzustellen, ist u.a. ein obligatorischer integrationspädagogischer Leistungsnachweis in allgemeiner Grundschulpädagogik sowie ein Praktikum in einer integrativen Grundschule vorgesehen.

Nach der neuen „Studienordnung für den Diplomstudiengang Erziehungswissenschaft an der FU Berlin“ vom 21.03.97 kann die Studentin bzw. der Student im Hauptstudium nach freier Wahl u.a. auch Integrationspädagogik studieren. Das Studium dieses studienrichtungsübergreifenden Wahlfaches umfaßt 14 SWS. Es ist ein unbenoteter Leistungsnachweis zu erbringen.

Die Studienordnung für den „Teilstudiengang Erziehungswissenschaft mit dem Abschluß der Magisterprüfung“, ebenfalls vom 21.03.97, sieht mit 8 SWS im Hauptstudium als Wahlpflichtveranstaltung u.a. den Qualifizierungsschwerpunkt „Integrationspädagogische Ansätze in ausgewählten Berufs- und Tätigkeitsfeldern“ vor. Die Studierenden müssen hier einen benoteten und einen unbenoteten Leistungsschein nachweisen.

Alle Studierenden der Pädagogik (Lehrämter, Diplom, Magister) können darüber hinaus eine wissenschaftliche Hausarbeit über ein integrationspädagogisches Thema schreiben und eine mündliche Prüfung aus diesem Themenbereich ablegen.

Die FU plant außerdem den Erwerb einer integrationspädagogischen Zusatzqualifikation für Lehrerinnen und Lehrer der Berliner Schule. Auf diese Weise soll in Kooperation mit dem Berliner Institut für Lehrerfort- und -weiterbildung den in der Integrationspraxis tätigen Lehrkräften ermöglicht werden, im Rahmen eines zweisemestrigen berufsbegleitenden Studiengangs von 24 SWS integrationspädagogische Kompetenzen zu erwerben. Dieses Ausbildungsangebot richtet sich zunächst an Integrationslehrer und -lehrerinnen in der Sekundarstufe I, weil in diesem Bereich das gemeinsame Lernen aus organisationsstrukturellen Gründen am schwierigsten zu realisieren und daher eine integrationspädagogische Qualifizierung am dringendsten ist. Gemäß § 15 a (5) Lehrerbildungsgesetz steht am Ende dieses Studiums eine Prüfung.

3. Zum Verhältnis von Sonderpädagogik und Allgemeiner Pädagogik

Aus den bisherigen Darlegungen ist bereits deutlich geworden, daß das Problembewußtsein und die Theoriebildung in den Erziehungswissenschaften weit hinter den amtlichen Empfehlungen der Integrationspraxis sowie der Lehrerbildung herhinkt. Das Verhältnis der betroffenen pädagogischen Disziplinen ist bis heute nicht geklärt. Es gibt nach wie vor große Widerstände auf seiten der Sonderpädagogik, sich im Sinne einer dialektischen Aufhebung (vgl. Eberwein 1997, 423ff.) als integrierter Bestandteil einer Allgemeinen Pädagogik, sprich Integrationspädagogik, zu begreifen. Das anhaltende Bemühen von Sonderpädagogen um Eigenständigkeit wird allein dadurch deutlich, daß neuerdings versucht wird, den Begriff „Sonderpädagogik“ zu vermeiden und dafür den Begriff „Heilpädagogik“ zu reaktivieren (vgl. Speck 1996; Opp/Peterander 1996), obwohl er in Deutschland, im Gegensatz zu Österreich und der Schweiz, nie eine tragende Rolle gespielt hat und als überwunden angesehen werden kann. Aber offensichtlich verbindet sich bei einigen Vertretern der Sonderpädagogik mit diesem Begriff die Erwartung, ein Gegengewicht zur Integrationspädagogik bilden zu können und so den „Eigencharakter“ (Beschel) der Sonderpädagogik zu betonen.

Nach Opp/Peterander (1996, 19) drückt der Begriff „Heilpädagogik“ ein „Positivum in der Zielrichtung“ aus; denn die etymologische Bedeutung von „heil“ im Sinne von „ganz“ stelle den Versuch dar, „neue theoretische und praktische Konzepte zu formulieren, in denen sich Menschen mit Behinderungen als Personen ebenso, wie in ihren sozialen Beziehungen als „ganz“ oder als „Individuen“ („unteilbar“) erleben und entfalten können.

Diese ganzheitliche Sichtweise wird von der Integrationspädagogik und den Behindertenorganisationen schon immer so gesehen und entspricht der modernen Auffassung vom Menschen, wie sie insbesondere von der pädagogischen Anthropologie und Ethik seit langem vertreten wird (vgl. z.B. Wulf 1998; Zirfas 1997). Dafür bedarf es also keiner „Heil-Pädagogik“. Dieser Begriff enthält - im Gegensatz zu der eigenwilligen Interpretation von Opp/Peterander und Speck - viel eher negative Implikationen. Heil- und Sonderpädagogik, haben historisch betrachtet, den sogenannten Behinderten gerade nicht ganzheitlich, sondern immer schon „behinderungsspezifisch“ gesehen. Ich kann daher nicht zustimmen, wenn Speck (1996, 66) die Auffassung vertritt, Heilpädagogik sei als ganzheitliche Heilpädagogik immer auch Integrationspädagogik. „Ganzwerden“, „Ganz-machen“ gilt deshalb als pädagogische Zielsetzung dieser Disziplin (Speck 1996, 61). Das aber bedeutet, daß zuvor etwas „defekt“ ist, das es zu überwinden, zu heilen gilt. „Heil-Pädagogik“ kann aber weder im medizinischen noch im theologischen Sinne „Heil“ stiften. Dieser Begriff weckt also Hoffnungen, die von der Pädagogik nicht erfüllt werden können. Es ist deshalb unverantwortlich, die historisch begründete Verknüpfung mit der Medizin des 19. Jahrhunderts weiter zu tradieren.

Auch Bleidick (1996, 29) kann „das Festhalten am 'Orientierungsbegriff' der Heilpädagogik ... nicht nachvollziehen“; denn „historische Rechtfertigungen lassen sich mit jedem Namen verbinden ...“ Heilpädagogik oder nicht - das sind terminologische Stellvertretergefechte ... letztendlich geht es um die Zuschreibung des Status von Behinderung als substantialisierender Eigenschaft ...“. Davon distanzieren sich die Verfechter der „Heilpädagogik“ aber nicht; im Gegenteil, sie halten am traditionellen Behinderungsbegriff fest (vgl. Speck 1996), der jedoch ebenfalls dringend einer grundlegenden Revision bedarf (vgl. Eberwein 1995 b; Eberwein/Sasse 1998).

Bach (1996, 42) stellt die Frage, „ob es nicht gilt, vielmehr wesentlich sparsamer mit dem unversehens menschenverstümmelnden Begriff 'Behinderter' und seinen Unterbegriffen 'Körperbehinderter' usw. umzugehen. In einem Schulversuch zur integrierten Förderung, der über fünf Jahre lief, konnte jedenfalls nahezu vollständig auf den Behinderungsbegriff verzichtet werden". Das „bemerkenswerte Risiko einer Festschreibung durch Begriffe bedarf offenkundig einer fundamentalen Korrektur in Richtung auf eine dynamische Auffassung, auf Veränderungsbemühungen und Kontrollen, auf Überprüfung der Vorstellungen bezüglich der Wandelbarkeit und des Wandels der Gegebenheiten".

Bach zeigt „das Risiko einer Wertunterstellung auch am Begriff „Förderbedarf" auf (vgl. auch Eberwein 1995 b, 471). „Wenn man zwischen Bedarf und Bedürfnis unterscheidet, dann steht Bedürfnis für die subjektiv empfundenen Wünsche, Bedarf dagegen für das, was jemand aus der Sicht erfahrener anderer Personen nötig hat oder später einmal gebrauchen wird. Bedarf wird also aufgrund bestimmter Wertentscheidungen unterstellt - und ist keineswegs ein objektiver Sachverhalt, wie zumeist suggeriert wird. Auch wenn man von der 'normalen', d.h. von der Ausstattung der Regelgruppen ausgeht (z.B. der Alters- oder Geschlechtsgruppe, die zum Vergleich herangezogen wird), so ist das bereits eine Wertentscheidung, die ja durchaus nicht zwangsläufig ist. Das Risiko des Begriffs 'Förderbedarf' besteht nun in seiner vermeintlichen Objektivität, in der Unterstellung, daß seine Überprüfung und Begründung entbehrlich sei - ebenso übrigens wie hinsichtlich der Art der 'Verabreichung' der Förderung" (Bach 1996, 43).

Bleidick (1996, 29) wirft in diesem Zusammenhang der KMK vor, daß sie in ihren „Empfehlungen zur sonderpädagogischen Förderung" von 1994 den Begriff des „Sonderpädagogischen Förderbedarfs" nicht vom „Pädagogischen Förderbedarf" abzuheben vermöge. „Es sollte auch nicht hingenommen werden, daß der Begriffstausch von der 'Sonderschulbedürftigkeit' zum 'Sonderpädagogischen Förderbedarf' zum Etikettenschwindel verkommt, der die tatsächlichen Schulverhältnisse unangetastet läßt" (1996, 32). Bleidick sieht in der Ambivalenz des Behinderungsbegriffs „eine dialektische Chance, die zu einer Anerkenntnis des Verschiedenen führt. Wir können erfahren und wir müssen lernen, Behindertsein als eine dazugehörige Form menschlichen Lebens zu begreifen. ... Wenn es normal ist, verschieden zu sein, dann kann es keine Soziologie des abweichenden Verhaltens geben" (1996, 33).

Mit dieser fundamentalen Kritik von Bach und Bleidick am bisherigen sonderpädagogischen System, an seiner Begrifflichkeit, an Behinderungszuschreibung und Sonderschulbedürftigkeit ist aus meiner Sicht nach jahrelangem Ringen um einen Paradigmenwechsel nunmehr der Weg freigemacht, um aus den veränderten Denkfiguren ein neues System pädagogischer Unterstützung und Hilfen aufzubauen. Dies ist nur durch eine Abkehr vom Menschenbild und dem Behinderungsverständnis der Vergangenheit möglich. Als einziger Ausweg und realistische Alternative bietet sich die Integrationspädagogik an. Ich habe bereits 1988 (344) gefordert, durch eine dialektische Aufhebung der Sonderpädagogik, d.h. durch ihre Verknüpfung mit der Allgemeinen Pädagogik eine höhere Qualitätsstufe von Allgemeiner Pädagogik, nämlich eine integrative Pädagogik, als Ziel anzustreben. Bleidick (1997, 158) unterstützt nunmehr diese Position.

Schon Paul Moor (1965, 273) wußte, „daß Heilpädagogik Pädagogik ist und nichts anderes". Daraus folgt für ihn, „daß sie im Grundsätzlichen dieselben Möglichkeiten besitzt wie die Normalpädagogik". Die Sonderpädagogik ist deshalb aufgefordert, den pädagogisch nicht begründbaren Anspruch auf Eigenständigkeit und eine Spezialdisziplin aufzugeben und sich für die Reintegration in die Allgemeine Erziehungswissenschaft zu öffnen; denn „die anthropologische Konstitution des Begriffs Sonderpädagogik dürfte ... der Vergangenheit angehören, weil ihre ungewollten Nebenwirkungen als schädlich erkannt sind ... Sonderpädagogik ist ... nicht frei vom Stigma der Segregation. Dem Gebot der Normalisierung obliegt es, den Behinderten als Ausprägung vom Menschsein so zu nehmen, wie er ist" (Bleidick 1985, 261).

Es gibt in der Geschichte der Sonderpädagogik mehrere Kritiker, die dieses Problem schon vor 100 Jahren im Zusammenhang mit der Gründung der ersten Hilfsschulen formuliert und vor der Einrichtung von eigenständigen Sonderschulen gewarnt haben. Ihre Argumente sind heute noch genauso aktuell und überzeugend wie damals. Als Kritiker der Hilfsschule und als Vorläufer der Integrationsbewegung können neben Eltern von Hilfsschülern hauptsächlich vier bedeutende professionelle Vertreter der Allgemeinen und der Sonderpädagogik genannt werden (vgl. Ellger-Rüttgardt 1997, 48ff.): In Berlin der Direktor der „Idiotenanstalt" Piper, sowie der Volksschulrektor Hintz, und in Hamburg der Lehrer Armack sowie in Posen der Schulrat Witte; in den zwanziger Jahren unseres Jahrhunderts auch Peter Petersen, der in den Stammgruppen seiner Jenaer Schule Hilfsschüler integriert hatte. Der Berliner Magistrat hatte im Gegensatz zu anderen Städten im Reichsgebiet 1898 beschlossen, keine selbständigen Hilfsschulen, sondern sogenannte Nebenklassen einzurichten. Als Gründe wurden die mit dem Hilfsschulbesuch verknüpften Stigmatisierungen sowie die zu langen Schulwege genannt. Der Druck durch den im selben Jahr gegründeten Verband der Hilfsschulen Deutschlands (VdHD) und durch die Entwicklung in anderen Großstädten war jedoch so stark, daß 13 Jahre später auch in Berlin Hilfsschulen errichtet wurden.

Für Piper (1890, 29) stellten diese jedoch keinen pädagogischen Fortschritt, sondern „Rückgang" dar. Er erkannte zwar an, daß Hilfsklassen im gewissen Sinne „Humanitätsanstalten" sind, die einem Notstand begegnen wollen; dennoch hielt er sie für „ganz verfehlt". Das „Schwachbegabtsein" war für ihn kein krankhafter, unveränderlicher Zustand infolge eines Gehirndefektes, sondern nur „ein zeitweiliges Zurückbleiben hinter den Besserbegabten“ (Ellger-Rüttgardt 1997, 49).

Auch der Berliner Rektor Hintz (1897) sprach den Hilfsschulen jede Daseinsberechtigung ab. Er wollte deshalb möglichst viele Kinder vor der Einweisung in diese Schule bewahren. Sein Hauptkritikpunkt war, daß die Hilfsschulvertreter grundsätzlich alle Arten von Schulversagern in ihre Schulen aufnahmen. Eine schulpolitische Alternative lag für Hintz in einer grundlegenden Reform der Volksschule. Nach Ellger-Rüttgardt (1997, 50) stellte Hintz Bildungspolitik in einen größeren gesellschaftspolitischen Zusammenhang und erkannte, daß viele Kinder aus sozialen Gründen hinter ihren Altersgenossen zurückbleiben.

Auch der Hamburger Lehrer Armack bezog 1890 in scharfer Form Stellung gegen die Hilfsschule. Er verwies ebenfalls auf den Zusammenhang von sozialem Milieu und Hilfsschulstatus und wandte sich „gegen jedes Sortieren der Kinder“. Armack stellte die Frage: „Wo sind im Leben die Menschen überhaupt nach ihren Fähigkeiten gesondert?“ Er kritisierte außerdem, daß bei der Aussonderung von Kindern nicht nur humanitäre Motive, sondern auch eigennützige Beweggründe eine Rolle spielen. Deshalb bezweifelte er, daß die Hilfsschulen tatsächlich „zum Wohle der Kinder und im Interesse der Eltern“ errichtet wurden. „Soll ein Mensch lernen, mit Menschen umzugehen, so darf man ihn nicht absondern“ (vgl. Ellger-Rüttgardt 1997, 52).

Witte (1901) hatte ebenfalls mehrfache Bedenken gegen die Einrichtung von Hilfsschulen vorgetragen. Nach seiner Ansicht führt der durch Hilfsschulen genährte Glaube, „Schwache“ könnten nur in besonderen Schulen fortkommen, dazu, „daß die Volksschullehrer in dem Eifer, die Schwachen zu fördern, erlahmen und das Geschick, sie zu fördern, verlieren werden“. Weitere Einwände richten sich dagegen, daß Hilfsschulen „die Schwachen von allen anderen Schülern absondern und sie so auch dem Einflusse der begabten und tüchtigen Schüler sowie der Wohltat eines ... besonders wirkungsvollen Gesamtunterrichts ... entziehen. Außerdem muten Hilfsschulen, „indem sie Klassen *bloß* Schwachbegabter schaffen, dem Lehrer eigentlich eine fast unmögliche Aufgabe zu.“ Schließlich rauben Hilfsschulen den „Schwachen“ jedes Selbstvertrauen und nehmen ihnen jede Selbständigkeit, indem sie diese in „sozial-verhängnisvoller Weise ... wie Kranke gängeln“ (vgl. Klink 1966, 78).

Aufgrund der Kritik der Berliner und Hamburger Pädagogen zu Beginn dieses Jahrhunderts resümiert Ellger-Rüttgardt (1997, 53): „Die Hilfsschule als eigenständige Schulform wird aus pädagogischen und sozialpolitischen Gründen abgelehnt, da sie den schulleistungsschwachen Kindern keine optimale Förderung zuteil werden läßt und zudem die gesellschaftliche Integration der Betroffenen erschwert bzw. vereitelt. ... Angeprangert wird die Volksschullehrerschaft, die allzu gern die schwierigen Fälle in die Hilfsschule ‘abschiebt’, aber auch die Hilfsschullehrerschaft, die in einer Mischung aus berufsständischem Egoismus und ständestaatlichem Gesellschaftsbild kein Interesse an einer Veränderung der bestehenden gesellschafts- und bildungspolitischen Verhältnisse zeigt.“

Das Sonderschulwesen hatte sich in den vergangenen einhundert Jahren trotz mehrfacher Kritik und häufiger Krisen immer stärker etabliert und verfestigt. Berufsständische Motive spielen auch heute noch eine wichtige Rolle für die Verteidigung von Privilegien und für das Selbstverständnis der Sonderpädagogen. Wesentlich für ihre Professionalisierung war, daß sie am Image des Arztes und des Psychologen partizipieren wollten. Die Medizinisierung der Sonderpädagogik, insbesondere der Einfluss von Psychiatrie und Pathologie, hat die Entwicklung und Theoriebildung dieser Disziplin entscheidend geprägt. So wird verständlich, daß das Abweichende, das Abnorme, die Kinderfehler, der Defekt, die organische Schädigung im Mittelpunkt des Denkens standen und vielfach heute noch stehen.

Für die starke Identifizierung der Sonderpädagogen mit der Arbeit des Arztes bot nach Bleidick (1985, 255) „die Okkupation des medizinischen Begriffs von Heilpädagogik jene Faszination und Prestigeerhöhung, die im Vergleich zu den renommierten ärztlichen Standesvertretern den Lehrern des niederen Standes und der sozial Vernachlässigten gerade fehlte. Der weiße Kittel des Sonderschullehrers und die Attrappe des Stethoskops um den Hals des Sprachheillehrers haben hier ihren Ursprung. Damit waren vom wissenschaftlichen Selbstverständnis der um ihre Profilierung ringenden Heilpädagogik her etliche Probleme mitgegeben."

Sucht man über die dargestellten Motive hinausgehende Rechtfertigungsgründe für eine eigenständige wissenschaftliche Disziplin, so findet sich kein überzeugendes Argument, keine geschlossene Theoriebildung, vor allem keine Theorie der Sonderschule, sowie kein einheitliches und eindeutiges Begriffsverständnis, die die wissenschaftstheoretische Grundlage für eine pädagogische Teildisziplin sowie für ein schlüssiges Sonderschulkonzept liefern würden.

Versucht man nun, die organisationsstrukturellen Verhältnisse der Volksschule vor 100 Jahren als Begründung für die Existenz von Sonderschulen heranzuziehen, die aus damaliger Sicht auch positiv gesehen werden konnte, so muß man heute feststellen, daß sich die Schulverhältnisse, vor allem die Klassenfrequenzen sowie die personelle und materielle Ausstattung der Regelschulen gegenüber Klassen mit 70-200 Kindern um die Jahrhundertwende grundlegend geändert haben und somit die Strukturbedingungen der Allgemeinen Schule als Rechtfertigung für die Notwendigkeit von Sonderschulen nicht mehr überzeugen können. Die gegenwärtigen Strukturen sind nur im historischen Zusammenhang ihrer Entstehung verstehbar; d.h. für die Bewältigung der Gegenwartsprobleme ist die Aufhellung der Vergangenheit notwendig.

Daß das gegenwärtige Theoriegebäude etwas Gewordenes - und damit auch wieder Veränderbares - ist, wird für Ellger-Rüttgardt (1985, 108) am Beispiel der Begriffsbildung, wie sie Bleidick versteht, deutlich. Er schrieb nämlich: „Letztlich ist die Festlegung des Begriffssystems in der Behindertenpädagogik eine Konvention, die eher von historischen Entwicklungslinien und schulorganisatorischen Übereinkünften bestimmt wird als von einer wissenschaftlich gesäuberten Ableitung“ (ebd.). Dieses Bekenntnis zur „historischen Relativierung sonderpädagogischer Theoriebildung“ scheint mir die wichtigste Voraussetzung zu sein für die Überwindung der bloßen „Rechtfertigung des Gewordenen und Etablierten“ (ebd.) und damit das Offensein für neue Antworten, für eine Veränderung des Selbstverständnisses der Sonderpädagogik. Die aufgrund veränderter Rahmenbedingungen heute nicht mehr zu rechtfertigende Trennung von Pädagogik und Sonderpädagogik muß durch die Integration „sonder-“pädagogischer Problemstellungen in die Allgemeine Erziehungswissenschaft überwunden werden.

4. Integrationspädagogik als Allgemeine Pädagogik

Aufgrund der Existenz von Sonderschulen und der damit verbundenen Aussonderungspraxis bestand für Lehrer in Regelschulen die bequeme Möglichkeit, Kinder, die ihrem Bild vom Schüler sowie ihren Leistungs- und Verhaltenserwartungen nicht entsprachen, auf Sonderschulbedürftigkeit überprüfen zu lassen. In der Regel bestand auf seiten der Sonderschulen aus verschiedenen Gründen große Bereitschaft, solche Kinder aufzunehmen. Die wichtigste Aufgabe von Sonderschulen im Rahmen des viergliedrigen Schulsystems war somit die Entlastungsfunktion für die Regelschulen. Diese Funktionszuschreibung hatte im Bereich der Lehrerbildung zur Folge, daß künftigen Lehrerinnen und Lehrern während ihrer Ausbildung suggeriert wurde, es gebe so etwas wie einen „Durchschnittsschüler“, einen „Normalschüler“ und homogene Lerngruppen. Die traditionellen Lern- und Unterrichtstheorien orientierten sich demzufolge an diesem falsch konstruierten Bild vom Schüler. Dies bedeutet, daß die Allgemeine Pädagogik und Lehrerausbildung radikal umdenken und Zuständigkeit sowie Verantwortung für Kinder übernehmen muß, die in den letzten einhundert Jahren mit dem Ziel der Komplexitätsreduktion ausgegrenzt und an eine „besondere“ Pädagogik mit den bekannten negativen Folgen abgetreten wurden.

Sozialisations-, Lern- und Unterrichtstheorien, in denen Schüler mit sogenannten Behinderungen bisher nicht vorkamen, müssen korrigiert, ergänzt, neu formuliert werden (vgl. z.B. Eberwein 1996 a, b). Wenn es normal ist, verschieden zu sein, dann muß sich die Allgemeine Pädagogik und Schule auch für Kinder mit Beeinträchtigungen interessieren sowie ein Bewußtsein und Verständnis als integrative Pädagogik entwickeln. Das Ziel kann dabei nicht eine „integrative Sonderpädagogik“ als eigenständiger Faktor innerhalb eines kooperativen Systems sein, sondern im dialektischen Sinne eine höhere Qualitätsstufe aus aussondernder Allgemeiner Pädagogik einerseits und Sonderpädagogik andererseits, also eine *Integrations*pädagogik, in der beide Pädagogiken aufgehoben sind, d.h. eine Synthese bilden. Daraus ergibt sich zwingend die Auflösung isolierter sonderpädagogischer Ausbildungsinstitute und Studiengänge zugunsten einer integrierten Lehrerausbildung sowie die im Zuge der Integrationsverwirklichung im Schulbereich sich ergebende Aufhebung von Sonderschulen. In

Integrationsschulen macht es außerdem keinen Sinn mehr, von *Sonder*schullehrern oder *Sonder*pädagogen sowie von Kindern mit *sonder*pädagogischem Förderbedarf zu reden, d.h., die Begrifflichkeit, die für Aussonderung und Sonderbehandlung sowie für eine behinderungsspezifische Diagnostik (Eberwein/Knauer 1998) steht, muß überwunden werden. Wenn man akzeptiert, daß jedes Kind „individuell spezifisch lernfähig ist" (Begemann), dann bedarf es keiner Vorselektion sowie keiner stigmatisierenden und diskriminierenden Zuschreibung (vgl. Eberwein 1995 b, 474; Eberwein 1995 c).

Es liegt auf der Hand, daß die erforderlichen Prozesse des Umdenkens und der Neuorientierung aufgrund der etablierten Strukturen und der spezifischen Eigeninteressen schwierig und langwierig sein werden, aber sie sind unabdingbar, soll das neue Grundrecht (Art. 3 Abs. 3 Satz 2 GG) verwirklicht werden. In diesem Prozeß integrationspädagogischen Denkens und Handelns kommt den Vertretern der wissenschaftlichen Sonderpädagogik, die sich zur Nicht-Aussonderung bekennen, die entscheidende Rolle zu. Ihnen obliegt die Aufgabe, im Rahmen von Lehrerausbildung und Allgemeiner Pädagogik jene Überzeugungen und Strukturen herzustellen, die es ermöglichen, daß Integrationspädagogik als notwendiges Element einer allgemeinen Lehrerbildung und Erziehungswissenschaft verstanden und realisiert wird (vgl. auch Meister/Sander 1993).

Im folgenden soll dargestellt werden, welche Voraussetzungen und Entwicklungen vom Verfasser durch mehrjähriges Engagement geschaffen und durchgesetzt wurden, damit die im Kapitel 2 vorgestellten integrationspädagogischen Ausbildungskonzepte möglich wurden (Eberwein/Knauer 1996):

1. Im Jahre 1990 wurde von mir (noch als Mitglied des Instituts für Sonderpädagogik) im Fachbereich Erziehungswissenschaft, Psychologie und Sportwissenschaft die Interdisziplinäre Arbeitsstelle „Integration Behinderter" (heute: Arbeitsstelle „Integrationspädagogik") mit dem Ziel gegründet, Lehrende und Studierende mit dem integrationspädagogischen Anliegen zu konfrontieren und eine Bewußtseinsänderung zu bewirken.

   Die Arbeitsstelle gibt deshalb seit dem Sommersemester 1994 zu jedem Semesterbeginn einen Info-Dienst heraus, der sich hauptsächlich als Diskussionsforum zu aktuellen schul-, bildungs- und hochschulpolitischen Fragestellungen versteht. Außerdem enthält er kurze wissenschaftliche Beiträge und informiert Studierende über integrationspädagogische Lehrveranstaltungen im Fachbereich sowie sonstige Termine, Anlaufstellen und neue Entwicklungen. Der Info-Dienst erfreut sich bei Studierenden und Hochschullehrern, aber auch bei integrativen Einrichtungen (Schulen und Kindertagesstätten) großer Beliebtheit und erschien zuletzt in einer Auflage von 1200 Exemplaren.

   In der Arbeitsstelle wird eine Bibliographie integrationspädagogischer Literatur erstellt und kontinuierlich ergänzt, die, systematisiert nach thematischen Schwerpunkten, von Studierenden angefordert werden kann. Zudem editiert die Arbeitsstelle eine Ferien-Freizeit-Broschüre, die über gemeinsame Angebote bundesweiter Veranstalter für Menschen mit und ohne „Behinderungen" unterrichtet.

Die Arbeitsstelle verfügt außerdem über eine Sammlung von Video-Filmen zu verschiedenen Themenstellungen, die im Rahmen der integrationspädagogischen Ausbildung zum Einsatz kommen. Darüber hinaus arbeiten wir an der Zusammenstellung von Materialien über Grundinformationen für Studierende der Erziehungswissenschaften im Hinblick auf Kinder mit Hör-, Seh- und körperlichen Beeinträchtigungen.

2. Infolge der Umstrukturierung der Berliner Hochschulen nach der Wiedervereinigung der Stadt wurde das Studium der Sonderpädagogik an die Humboldt-Universität verlagert und im Bereich der Rehabilitationswissenschaften angesiedelt. Diese hochschulpolitische Entscheidung eröffnete die Möglichkeit, die zwei an der Freien Universität verbleibenden, ehemals sonderpädagogischen Professuren (für „Lernbehinderten-" und „Verhaltensgestörtenpädagogik") in Lehrstühle für Integrationspädagogik umzuwidmen und an ein zum SS 1995 neu geschaffenes, gemeinsames Institut für „Grundschul- und Integrationspädagogik" anzubinden.

   Wenngleich es durchaus kritisch zu betrachten ist, die Integrationspädagogik so eng mit der Grundschulpädagogik zu verknüpfen, da integrationspädagogische Inhalte sowohl im Zusammenhang der Allgemeinen Erziehungswissenschaft als auch der Fachdidaktiken (im Hinblick auf die anderen Lehramtsstudiengänge) von grundlegender Bedeutung sind, muß es doch als ein erster Erfolg und zunehmende Anerkennung der Integrationspädagogik gewertet werden, daß sie in der Benennung eines Instituts explizit ausgewiesen wird. Längerfristig wird jedoch angestrebt, den Arbeitsbereich „Integrationspädagogik" dem Institut für Allgemeine Erziehungswissenschaft anzugliedern.

3. Zum SS 1994 wurde auf Antrag des Verfassers vom Fachbereich Erziehungswissenschaft, Psychologie und Sportwissenschaft eine Arbeitsgruppe eingerichtet mit dem Auftrag, die Studienreformkommissionen hinsichtlich der Aufnahme integrationspädagogischer Inhalte zu beraten. Die Arbeitsgruppe setzt sich aus Mitgliedern verschiedener erziehungswissenschaftlicher Teildisziplinen zusammen.

   Es ist durch die Arbeit dieser Kommission gelungen, die Integrationspädagogik in die Diplom- und Magisterstudienordnungen in Form eines Wahlbereichs sowie in die Lehramtsstudienordnungen einzubringen. Die Arbeitsgruppe entwarf eine Übersicht über die Ausbildungsfelder eines integrationspädagogischen Curriculums als Orientierungshilfe für Lehrende und Studierende.

4. Im SS 1995 fand auf Initiative des Verfassers zum dritten Male an unserem Fachbereich eine Ringvorlesung unter pädagogisch-interdisziplinärer Betei-

ligung statt, die einführend integrationspädagogische Aspekte aus der Sicht verschiedener Disziplinen zum Gegenstand hatte. Die Beiträge der Ringvorlesung wurden unter dem Titel „Einführung in die Integrationspädagogik" (Eberwein 1996 b) veröffentlicht.

Aufgrund unseres vielfältigen Engagements ist im Fachbereich Erziehungswissenschaft, Psychologie und Sportwissenschaft ein relativ hohes Problembewußtsein vorhanden. Dies führte nicht nur zur Bereitschaft von Kollegen/innen unterschiedlicher pädagogischer Fachdisziplinen, sich im Rahmen einer Ringvorlesung mit integrationspädagogischen Fragestellungen zu befassen, sondern auch dazu, daß mehrere Hochschullehrer/innen z.T. regelmäßig Lehrveranstaltungen anbieten, in denen integrationspädagogische Themen explizit oder im Verbund mit anderen Fragen eine Rolle spielen. Auch führen verschiedene Kollegen/innen Orientierungspraktika für Studierende aller Lehrämter in integrativen Klassen durch. Derzeit werden an unserem Fachbereich den Studierenden in jedem Semester 10 bis 15 Lehrveranstaltungen aus dem Bereich der Integrationspädagogik angeboten.

Die Lehrenden des Arbeitsbereichs Integrationspädagogik orientieren sich an dem nachstehenden Curriculum:

Integrationspädagogische Studieninhalte

1. *Einführung in die Integrationspädagogik (2 SWS)*
   - historische, ethische und gesellschaftspolitische Aspekte der Aussonderung
   - Behinderungsbegriff; Behinderungszuschreibung (Etikettierung, Stigmatisierung, Behinderte als „Objekte", Selbst- und Fremdbild „Behinderter")
   - Integrationsbegriff; Integrationsentwicklung, Integrationsmodelle
   - gemeinsames Lernen als pädagogische Zielsetzung; rechtliche Grundlagen
2. *Zum Begriff und Phänomen Lernen/Verhalten/Sprache (4 SWS)*
   - lern-, verhaltens- und kommunikationstheoretische Grundlagen
   - Grundzüge der Sprach- und Sprechentwicklung
   - Ursachen für Lernerschwernisse
   - Entstehung von Verhaltensproblemen
   - Ursachen und Erscheinungsformen von Sprach- und Sprechbeeinträchtigungen
   - pädagogisch-therapeutische Hilfen

3. Theorie und Praxis der Förderdiagnostik (4-6 SWS)

- Möglichkeiten und Grenzen von Testverfahren
- Lernprozeßdiagnostische Fragestellungen und Vorgehensweisen
- Verhaltensbeobachtung als Erkenntnisinstrument
- Kind-Umfeld-Analyse; Beurteilungsmethoden
- Diagnostische Verfahren in den Bereichen Wahrnehmung, Psychomotorik, Sprache; Analyse von Schülerarbeiten; Fehleranalyse
- Erstellen individueller Förderpläne und Lernentwicklungsberichte

4. Integrative Didaktik - Theorie und Praxis (6-8 SWS)

- entwicklungspsychologische Grundlagen
- Selbstorganisation von Lernprozessen
- Formen offenen Lernens (u.a. Freie Arbeit, Wochenplan, Projekte, Montessori- und Freinet-Pädagogik); Team-Kleingruppen-Modell
- Möglichkeiten der inneren Differenzierung und Individualisierung; Kennenlernen von didaktischen Materialien
- Spezielle Fragestellungen (z.B. Integration nicht hörender/nicht sehender/nicht sprechender Kinder und von Kindern mit elementaren Lernbedürfnissen, Gebärdensprachkurs (dreisemestrig)
- Koop-Unterricht/Teamteaching
- Orientierungspraktikum in einer Integrationsschule; Hospitationen

Aufgrund fünfjähriger Erfahrungen können wir sagen, daß ein Orientierungs- bzw. Einführungspraktikum in einer Integrationsschule, dem ein praktikumsvorbereitendes Seminar vorausgeht und eine praktikumsbegleitende Veranstaltung folgt, eine sehr gute Möglichkeit bietet, Studierende aller Lehrämter an integrationspädagogische Fragestellungen heranzuführen. Erfahrungsgemäß werden diese Veranstaltungen stark nachgefragt, auch von künftigen Gymnasiallehrern, die in der Regel 20-25 % der Teilnehmer stellen. Solche Lehrveranstaltungen haben den großen Vorteil, daß nicht nur grundlegende integrationspädagogische Informationen vermittelt, sondern diese unmittelbar mit Praxiserfahrungen verknüpft werden können.

Wir organisieren mit gutem Erfolg auch integrationsdidaktische Veranstaltungen als Theorie-Praxis-Seminare, die wir mit Hospitationen in integrativen Grund- und Sekundarschulen verbinden oder zu denen wir Lehrer/innen aus der Integrationspraxis in Seminarveranstaltungen einladen, die über ihre Erfahrungen berichten bzw. didaktisch-methodische Konzepte und Vorgehensweisen demonstrieren.

5. Schlußbemerkungen

Die Aufgabe der historischen Zusammenführung von Sonderpädagogik und Allgemeiner Pädagogik kann nur über die Integrationspädagogik gelingen. Ihr kommt die entscheidende Vermittlungsfunktion zu. Ich habe bereits an anderer Stelle betont (vgl. Eberwein 1995 a, 38), daß dieser geschichtliche Auftrag begrenzt ist. Sobald die Ausgrenzung von Kindern mit Beeinträchtigung und damit das herkömmliche Sonderschulwesen überwunden sind, wenn also integrative Erziehung und integrativer Unterricht zum Regelfall geworden sind, bedarf es keiner explizit als Integrationspädagogik bezeichneten Disziplin mehr. Pädagogik ist dann a priori integrative und damit Allgemeine Pädagogik. Es ist heute nicht absehbar, wann dieser Zeitpunkt erreicht sein wird. Sander (1996, 187) vermutet, daß dies erst in der nächsten Generation der Fall sein wird. Dies ist zu befürchten, denn in einem europäischen Vergleich der schulischen Integration nimmt Deutschland mit einer Integrationsquote von ca. 5 % lediglich den 14. Rang ein. In Norwegen und Italien liegt diese Quote bei 100 %, in Portugal bei 70 %, in Spanien bei 50 %, in Schweden, Dänemark, Luxemburg, Großbritannien und Österreich bei 30 % (vgl. Betrifft: Integration. Rundbrief von Integration: Österreich; Juni 1997).

Die Integrationsdiskussion und -entwicklung begann vor rund 30 Jahren. Sie hat sich inzwischen zu einer Integrationsbewegung ausgeweitet. Diese war von Anfang an mit der Forderung nach mehr sozialer Gerechtigkeit verknüpft, also Ausdruck der Überwindung von sozialer Benachteiligung. Als Bestandteil der „emanzipatorischen Sozialbewegung“ (Sander 1992, 6) greift sie weit über die Schule hinaus und bezieht die Eingliederung von Menschen mit „Behinderungen“ aller Altersstufen ein, aber auch andere gesellschaftlichen Randgruppen wie Obdachlose, Ausländer und Aussiedler.

Wer wie Bach (1995, 159) im Hinblick auf Integrationspädagogik davor warnt, dem Zeitgeist hinterherzulaufen, der hat die Zeichen der Zeit nicht erkannt. Die polare Grundproblematik von Gleichheit und Differenz, die ihren Ursprung im euro-amerikanischen Raum hat, ist nach Klafki (1994, 579f.) „zu einem der großen Weltprobleme unserer Zeit und wahrscheinlich der Zukunft geworden“.

In diesem globalen Entwicklungsprozeß dürfen wir als Pädagogen nicht abseits stehen. Wir müssen uns als politische Pädagogen begreifen, die sich für gesellschaftliche Veränderungen, für mehr soziale Gerechtigkeit und gegen soziale Benachteiligungen sowie für ein integrationspädagogisches Paradigma engagieren. In diesem Selbstverständnis kann es nicht länger die Aufgabe von Pädagogik und nicht länger die Funktion von Lehrern sein, Kindern das Etikett „behindert“ anzuhängen und sie in Sonderschulen auszugrenzen (vgl. Eberwein 1995 c). Der traditionelle sonderpädagogische Behinderungsbegriff ist ein antipädagogischer Begriff, da er zu Stigmatisierung, Diskriminierung, Aussonderung und damit zu Benachteiligung führt. Das Forum behinderter Juristinnen und Juristen versteht deshalb als Behinderung „jede Maßnahme, Struktur oder Verhaltensweise, die Menschen mit Beeinträchtigungen Lebensmöglichkeiten nimmt, beschränkt oder erschwert“ (Berlit 1996, 148). In diesem Verständnis ist es unsere Aufgabe als Erzieher, Kinder in ihrem Sosein zu akzeptieren, ihre Identitätsfindung und Selbstbestimmung zu unterstützen, behindernde Entfaltungsmöglichkeiten aufzudecken und uns für deren Überwindung einzusetzen, statt Kinder zu „Behinderten“ zu machen (Cloerkes 1997; Eberwein 1998).

Literatur

Armack, E.: Über Einrichtung resp. Klassen für Schwachbefähigte. In: Pädagogische Reform 15 (1890), Nr. 44 und 49.

Bach, H.: Was unterscheidet Heilpädagogik in theoretischer und praktischer Hinsicht von anderer Pädagogik? In: Vierteljahreszeitschrift für Heilpädagogik und ihre Nachbargebiete 64 (1995), 159-165.

Bach, H.: Begriffe im Bereich der Sonderpädagogik. Wegweiser und ihre Risiken. In: Opp, G.; Peterander, F. (Hrsg.): Focus Heilpädagogik. München 1996. p. 36-44.

Berlit, U.: Rechtspolitik zur Gleichstellung behinderter Menschen. In: Recht der Jugend und des Bildungswesens 44 (1996), 145-153.

Bleidick, U.: Historische Theorien: Heilpädagogik, Sonderpädagogik, Pädagogik der Behinderten. In: Bleidick, U. (Hrsg.): Handbuch der Sonderpädagogik, Bd.1: Theorie der Behindertenpädagogik. Berlin 1985. p. 253-272.

Bleidick, U.: Pädagogik der Behinderten: Ein Ausblick. In: Opp, G.; Peterander, F. (Hrsg.): Focus Heilpädagogik. München 1996. p. 28-35.

Bleidick, U.: Nachdenken über die Heilpädagogik - Ein Plädoyer für Kontingenz. In: Vierteljahresschrift für Heilpädagogik und ihre Nachbargebiete 66 (1997), 140-162.

Cloerkes, G.: Soziologie der Behinderten. Heidelberg 1997.

Deutsche Gesellschaft für Erziehungswissenschaft: Empfehlungen zur Weiterentwicklung der Ausbildung von Lehrerinnen und Lehrern. Mai 1997.

Eberwein, F.: Sozialpsychologische Untersuchungen zur Stigmatisierung und Diskriminierung sowie zum Selbstkonzept sogenannter Lernbehinderter. In: Eberwein, H. (Hrsg.): Handbuch Lernen und Lern-Behinderungen. Aneignungsprobleme, neues Verständnis von Lernen, integrationspädagogische Lösungsansätze. Weinheim 1996. p. 192-211.

Eberwein, H. (Hrsg.): Behinderte und Nichtbehinderte lernen gemeinsam. Handbuch der Integrationspädagogik. Weinheim 1988.

Eberwein, H.: Integrationspädagogik und ihre Rückwirkungen auf das Selbst- und Aufgabenverständnis der (Sonder-)Pädagogik. In: Förderverein der Astrid-Lindgren-Schule (Hrsg.): Pädagogik in Bewegung - Integrationspädagogische Dokumentation des 2. Symposiums. Eschweiler 1995a. p. 11-41.

Eberwein, H.: Zur Kritik des sonderpädagogischen Paradigmas und des Behinderungsbegriffs. Rückwirkungen auf das Selbstverständnis von Sonder- und Integrationspädagogik. In: Zeitschrift für Heilpädagogik 46 (1995b), 468-476.

Eberwein, H.: Gemeinsames Lernen von Behinderten und Nichtbehinderten. Chancen für eine Veränderung von Unterricht und Lehrerrolle. In: Eberwein, H.; Mand, J. (Hrsg.): Forschen für die Schulpraxis. Was Lehrer über Er-

kenntnisse qualitativer Sozialforschung wissen sollten. Weinheim 1995c, 236-253.
Eberwein, H. (Hrsg.): Handbuch Lernen und Lern-Behinderungen. Aneignungsprobleme, neues Verständnis von Lernen, integrationspädagogische Lösungsansätze. Weinheim 1996a.
Eberwein, H. (Hrsg.): Einführung in die Integrationspädagogik. Interdisziplinäre Zugangsweisen sowie Aspekte universitärer Ausbildung von Lehrern und Diplompädagogen. Weinheim 1996b.
Eberwein, H. (Hrsg.): Handbuch Integrationspädagogik. Kinder mit und ohne Behinderung lernen gemeinsam. Weinheim [4]1997.
Eberwein, H.: Sonder- und Rehabilitationspädagogik - eine Pädagogik für „Behinderte" oder gegen Behinderung? - Sind Sonderschulen verfassungswidrig? In: Eberwein, H.; Sasse, A. (Hrsg.): behindert sein oder behindert werden? Interdisziplinäre Analysen zum Begriff und Verständnis von „Behinderung". Neuwied 1998.
Eberwein, H.; Knauer, S.: Integrationspädagogische Entwicklungen und Perspektiven in Berlin seit 1990 unter besonderer Berücksichtigung der Situation an der FU (unveröff. Mskr.). Berlin 1996.
Eberwein, H.; Knauer, S. (Hrsg.): Handbuch der Lernprozeßdiagnostik. Weinheim 1998.
Eberwein, H.; Sasse, A. (Hrsg.): behindert sein oder behindert werden? Interdisziplinäre Analysen zum Begriff und Verständnis von „Behinderung". Neuwied 1998.
Ellger-Rüttgardt, S.: Historiographie der Behindertenpädagogik. In: Bleidick, U. (Hrsg.): Theorie der Behindertenpädagogik, Bd.1. Handbuch der Sonderpädagogik. Berlin 1985. p. 87-125.
Ellger-Rüttgardt, S.: Kritiker der Hilfsschule als Vorläufer der Integrationsbewegung. In: Eberwein, H. (Hrsg.): Handbuch Integrationspädagogik. Kinder mit und ohne Behinderung lernen gemeinsam. Weinheim [4]1997. p. 48-54.
Europäische Kommission (Hrsg.): HELIOS II Europäischer Leitfaden für empfehlenswerte Praktiken. Auf dem Wege zur Chancengleichheit für behinderte Menschen. Luxembourg 1996.
Hildeschmidt, A.; Sander, A.: Zur Effizienz der Beschulung sogenannter Lernbehinderter in Sonderschulen. In: Eberwein, H. (Hrsg.): Handbuch Lernen und Lern-Behinderungen. Aneignungsprobleme, neues Verständnis von Lernen, integrationspädagogische Lösungsansätze. Weinheim 1996. p. 115-134.
Hintz, O.: Hilfsschulen oder Anstalten für schwachsinnige und schwachbegabte Kinder. In: Pädagogische Zeitung 26 (1897), 233-237.
Klafki, W.: „Recht auf Gleichheit - Recht auf Differenz" in bildungspolitischer Perspektive. In: Neue Sammlung 34 (1994), 579-594.
Klink, J.-G. (Hrsg.): Zur Geschichte der Sonderschule. Bad Heilbrunn 1966.
Kultusminister-Konferenz (Hrsg.): Empfehlungen zur Arbeit in der Grundschule. Bonn 1994.
Kultusminister-Konferenz (Hrsg.): Rahmenvereinbarung über die Ausbildung und Prüfung für ein Lehramt der Grundschule bzw. Primarstufe (Lehramtstyp 1). Bonn 1997.
Meister, H.; Sander, A. (Hrsg.): Qualifizierung für Integration. St.Ingbert 1993.
Moor, P.: Heilpädagogik. Ein pädagogisches Lehrbuch. Bern 1965.

Opp, G.; Peterander, F. (Hrsg.): Focus Heilpädagogik - Projekt Zukunft. München 1996.
Piper, H.: Ein Wort, die „Hilfsklassen" oder „Hilfsschulen" betreffend. In: Zeitschrift für die Behandlung Schwachsinniger und Epileptischer 6 (1890), 26-29 und 49-52.
Sander, A: Wohnortnahe Integration. In: Die Grundschulzeitschrift 6 (1992) 58, 6-9.
Sander, A.: Neue Formen der sonderpädagogischen Förderung in deutschen Schulen. In: Recht der Jugend und des Bildungswesens 44 (1996), 174-187.
Speck, O.: System Heilpädagogik. Eine ökologisch reflexive Grundlegung. München ^{3}1996.
UNESCO: Salamanca Statement on Special Needs Education. (hrsg. Von der Österr. UNESCO Kommission Wien. Linz 1996). Paris 1994.
Witte, J.H.: Volksschule und Hilfsschule. Über die Förderung der Schwachen im Rahmen der Volksschule und die mehrfach bedenkliche Einrichtung von Hilfsschulen als Schulen nur für schwachbegabte Kinder. Thorn 1901.
Wulf, Ch. (Hrsg.): Vom Menschen. Handbuch Historische Anthropologie. Weinheim 1997.
Zirfas, J.: Die Normativität des Humanen. Zur Theorie der Behinderung aus Sicht der Pädagogischen Anthropologie und Ethik. In: Eberwein, H.; Sasse, A. (Hrsg.): behindert sein oder behindert werden? Interdisziplinäre Analysen zum Begriff und Verständnis von „Behinderung". Neuwied 1998.

Hans Meister

Lehrerbildung für eine integrative Schule der Zukunft

> „Ein Hauptererfordernis eines guten pädagogischen Plans besteht darin, daß er *geschmeidig* genug sei, um sich den verschiedenen Fähigkeiten anzupassen. Wo Mehrere zugleich unterrichtet werden sollen, da vorzüglich bedarf es der Kunst, den schnellern Köpfen freie Bewegung zu verschaffen; ohne sie von der allgemeinen Strasse auf welcher die Menge fortgeht, zu entfernen, oder sie gar einen Vorsprung gewinnen zu lassen, durch den die Gesellschaft getrennt würde. Das gemeine Verfahren, nach den Mittelmässigen das Mass zu nehmen und daherein Alle zu zwängen, ist offenbar nachtheilig für die Meisten, und für die Besten; dies Mass ist zugleich zu gross und zu klein, - zu klein gerade für die, deren Bildung sich am meisten belohnen würde. (...) Freilich wird es einiger Kunst bedürfen, wenn man beim Unterricht von Mehreren Einige vorwärts führen will, ohne dadurch die Anderen in den Wiederholungen und Uebungen des vorher Gelernten zu stören, - selbst ohne sie dabei aus der Acht zu lassen." (Herbart 1802, S. 153)

Was schon Herbart als „Haupterfordernis eines guten pädagogischen Plans" bezeichnete, wird heute erneut und verstärkt als eine zentrale Aufgabe der Schule gesehen: der vorhandenen bzw. nicht mehr geleugneten und zunehmenden Heterogenität einer Schulklasse gerecht zu werden.

Lehrerinnen und Lehrer müssen insbesondere die Fähigkeit entwickeln, individuell unterschiedliche Lernfähigkeiten und -bereitschaften innerhalb einer Schulklasse zu akzeptieren und fördernd zu begleiten.

Der Aspekt einer notwendig variantenreichen, methodisch vielfältigen und der Gemeinsamkeit der Schülerinnen und Schüler verpflichteten Gestaltung von Lernsituationen wird in neueren Umschreibungen der Hauptaufgaben der Lehrerinnen und Lehrer berücksichtigt und meist auch hervorgehoben. Die vom Deutschen Bildungsrat unter den Überschriften Unterrichten, Erziehen, Beurteilen, Beraten und Innovieren genannten Aufgaben der Lehrerinnen und Lehrer werden in neueren Positionspapieren für die Gegenwart und nähere Zukunft fortgeschrieben. Dies geschieht oft auch im Zusammenhang mit Überlegungen zu einem neuen Leitbild des Berufs der Lehrerinnen und Lehrer und dient als Grundlage zu Konzepten für eine entsprechende Weiterentwicklung der Lehrerbildung.

Wir können nicht wissen, wie die Schule der Zukunft aussehen wird. Wir können jedoch hoffen und daran mitwirken, daß diese Schule mehr noch als heute eine Schule für alle sein wird, eine Schule, die der Vielfalt der Schülerpersönlichkeiten und den sich wandelnden gesellschaftlichen Forderungen Rechnung trägt. Realutopische Entwürfe liegen bereits vor: Schule als „Haus des Lernens", Schule der „Gemeinsamkeit der Verschiedenen", „Schule für alle" (vgl. Deutsche UNESCO-Kommission 1997, Bildungskommission NRW 1995, Hinz 1993, Prengel 1993, Sander 1989 u.v.a.m.).

Die aktuelle Diskussion zum Lehrerleitbild und zur Lehrerbildung wurde unter anderem auch von solchen Entwürfen für die Gegenwart und die Zukunft der Schule angestoßen. Insbesondere die Innovation der gemeinsamen Erziehung und Unterrichtung von behinderten und nichtbehinderten Schülerinnen und Schülern erforderte neue Anstrengungen, um Lehrerinnen und Lehrer auch für diese Aufgaben zu qualifizieren.

Hier sollen drei Fragen erörtert werden

1. „die Frage der Einführung aller Lehramtskandidaten in die Sonderpädagogik" (Sander 1974, S. 359): Welche Entwicklungen zu dieser Frage gibt es seither?
2. „die Frage der Ausbildung des angehenden Sonderschullehrers für sonderpädagogische Tätigkeiten an allgemeinen Schulen" (Sander 1974): Welche Weiterentwicklungen sind in dieser Frage zu verzeichnen?
3. „Eine Schule für alle? Eine Schule für alle!" (Sander 1989): Welche Perspektiven zur Weiterentwicklung der Lehrerbildung für eine integrative Schule der Zukunft lassen sich heute skizzieren?

Diese Fragestellungen enthalten Vorentscheidungen

- Die Erörterung soll an Arbeiten von Alfred Sander anknüpfen, der in seinem Lebenswerk immer wieder sehr früh in der „Integrationsbewegung", zur Frage der „integrativen Förderung behinderter Kinder in der Grundschule" bereits kurz vor den Empfehlungen des Deutschen Bildungsrates (Sander 1973), aktuelle Fragen stellte und praktikable Wege für Entwicklungen aufzeigte. Ihm verdanken die Grundschulpädagogik und die Sonder- und Integrationspädagogik in Theorie und Praxis wichtige Impulse auch hinsichtlich der Lehrerbildung. (Im Literaturverzeichnis zu diesem Artikel sind alle Arbeiten von Alfred Sander zum Thema Lehrerbildung aufgenommen, auch die hier nicht eigens zitierten.)
- Im Zentrum der Aussagen wird die Integration behinderter Schülerinnen und Schüler in die Regelschule stehen. Intendiert ist jedoch eine Erweiterung auf eine „Pädagogik der Vielfalt", eine Pädagogik für alle, eine pädagogische

Qualifikation für die Heterogenität von Schülerinnen und Schüler überhaupt. Verkürzt wird hierfür die Bezeichnung Integration bzw. integrativ verwendet.

- Eine Unterteilung in Aus- und Fortbildung für alle Lehrerinnen und Lehrer und in Weiterbildung für spezifische sonder- und integrationspädagogische Fragen wird als vorläufig unvermeidbar und auch als sinnvoll erachtet, ohne die Möglichkeit einer integrativen Weiterentwicklung auch in der Lehrer/innenbildung außer acht zu lassen.
- Es wird von Lehrerbildung anstelle von Lehrerausbildung gesprochen, um darauf hinzuweisen, daß sich dem Subjekt die Aufgabe stellt, die eigene berufliche Identität herzustellen, und zwar nicht nur als notwendige Syntheseleistung aufgrund einer mangelnden Koordination und Integration der Lehrerbildungsangebote, sondern auch als notwendig subjektive Lernleistung (vgl. z.B. Forneck 1993). „Lehrerbildung“ soll außerdem nicht auf die erste Ausbildungsphase begrenzt gesehen werden. „Lehrerbildung“ steht in diesem Text für „Lehrerinnen- und Lehrerbildung“.

An Fakten und Entwicklungen seit 1973 lassen sich u.a. aufzeigen

Weiter oben wurden bereits zwei Arbeiten von Alfred Sander zitiert, in denen er sich schon 1973 und 1974 für Fragen der integrativen Förderung und der integrationspädagogischen Ausbildung für alle Lehrerinnen und Lehrer sowie der integrationsbezogenen Veränderung der sonderpädagogischen Ausbildung einsetzte. Aus dem 1973 publizierten Artikel hier noch der abschließende Satz: „Es ist nun gemeinsame Aufgabe der Grundschulpädagogen und der Sonderpädagogen, auf die Erprobung von Integrationsmodellen in der Bundesrepublik Deutschland zu drängen, damit endlich auch bei uns *„unnormale“*, behinderte Kinder voll in die Gesellschaft hineinwachsen können“ (Sander 1973, S. 43).

Im folgenden versuche ich Entwicklungen ohne Anspruch auf Vollständigkeit in der Weise aufzuzeigen, daß jeweils neue Aspekte, die ich in der Zeit von 1973 bis 1997 in Deutschland registrieren konnte, in chronologischer Reihenfolge kurz genannt werden. Die Darstellung trennt zunächst nicht die beiden Fragen (Grundausbildung, Spezialausbildung), da in vielen Aussagen Anregungen für den jeweils anderen Aspekt mit enthalten sind.

Etwas ausführlicher will ich auf zwei bisher noch nicht veröffentlichte Papiere eingehen (DGfE 1997, Runder Tisch Lehrerbildung 1997).

In zwei Arbeiten aus dem Jahr 1976 befaßt sich Alfred Sander, damals auch Referent für Hochschulfragen im Verband Deutscher Sonderschulen e. V., wiederum mit den beiden Fragestellungen und er gab den Tagungsbericht der 11. Arbeitstagung der Dozenten für Sonderpädagogik unter dem Titel „Sonderpädagogik in der Regelschule“ heraus. Zitat aus dem Vorwort: „... die gegenwärtig beginnende Erweiterung des Anwendungsbereiches sonderpädagogischer Maßnahmen auf allgemeine Bildungseinrichtungen außerhalb von Sonderschulen macht die Aufnahme sonderpädagogischer Studienanteile in die Ausbildungsgänge aller Lehrer und Erzieher erforderlich“ (Sander 1976c, S. V).

„Sonderpädagogische Grundausbildung für alle Lehrerstudenten“ heißt ein Artikel in Westermanns Pädagogischen Beiträgen, in denen Alfred Sander den kindzentriertenAnsatz einer differentiellen Pädagogik als Ausgangspunkt nimmt für einen ausgearbeiteten Vorschlag zu einem 4- bzw. 8-SWS umfassenden Studium der Entwicklungsgestörtenpädagogik, „Das Saarbrücker Modell“ (Sander 1976a, S.345).

„Die Ausweitung der Sonderpädagogik und ihre Konsequenzen für die Ausbildung der Sonderschullehrer“ war das Thema einer Abhandlung in der Zeitschrift für Heilpädagogik. Der Autor erläutert drei Aufgabenbereiche „Förderunterricht“, „Therapie“ und „Beratung“ und kommt zu dem Schluß, daß in bezug auf Beratung ein Ausbildungsdefizit besteht, wenn Sonderpädagogik „auf Institutionen außerhalb von Sonderschulen, insbesondere auf Grund- und Hauptschulen“ ausgeweitet wird (Sander 1976b).

Auch in dem von Eduard Werner Kleber herausgegebenen Band „Zur Revision sonderpädagogischer Praxis“ formuliert und vertritt Alfred Sander die in diesem Zusammenhang bemerkenswerten Thesen: „Die Ausweitung der Sonderpädagogik auf allgemeine Schulen macht die Einführung aller Lehrer in schulpraktische Fragen der pädagogischen Förderung behinderungsbedrohter Kinder erforderlich“ und „Die bisherige Sonderschullehrerausbildung bereitet insbesondere auf die Beratungsaufgabe zu wenig vor“ (Sander 1977, S. 169).

1977/78 erschienen in der Reihe der Beiträge zur Reform der Grundschule die vielbeachteten Bände von Anton Reinartz & Alfred Sander „Schulschwache Kinder in der Grundschule“, Neuauflage 1982, fortgeführt 1984 unter dem Titel „Gemeinsam leben - gemeinsam lernen. Behinderte Kinder in der Grundschule. Konzepte und Erfahrungen“ herausgegeben zusammen mit Renate Valtin.

Schon sehr früh hat Georg Feuser konkrete und sehr anspruchsvolle Tätigkeitsmerkmale von Stützpädagogen beschrieben, die in den integrativen Kindertagesheimen in Bremen unter seiner Leitung arbeiteten (Feuser 1984).

Angeregt durch Georg Feuser wurden in Saarbrücken Fortbildungsinitiativen und -konzepte entwickelt, um Stützpädagogen und Stützlehrer für die gerade angelaufene Einzelintegration im Elementar- und im Schulbereich auszubilden. Als Grundausbildung wurde ein mindestens dreijähriges Studium oder eine Ausbildung in Pädagogik bzw. in verwandten Fächern vorausgesetzt. Die „Zusatzausbildung“ sollte dann in einem einjährigen Vollzeitstudium bestehen, für das - ähnlich wie später in dem Saarbrücker Modellversuch - acht Pflichtbausteine und weitere sechs Wahlbausteine vorgesehen waren (Meister u.a. 1987).

Eine Spezialität des damaligen Entwurfs und auch ein Aspekt des heute noch durchgeführten Kontakt- und Aufbaustudiums Integrationspädagogik in Saarbrücken ist der systemische Ansatz (vgl. insbesondere Blug 1987 und Krämer 1997).

Peter Heyer forderte auf dem Kongreß der Diesterweg-Hochschule in Berlin 1987 die Aus- und Fortbildung für ein Allgemeines Schulwesen ohne Aussonderung und schlägt dem Senator für das Schulwesen in Berlin u.a. vor:

„– Jede Schule erhält ein Stundendeputat für die eigenverantwortliche Organisation eines schulspezifischen Fortbildungskonzeptes, zum Beispiel mit gegenseitigen Hospitationen...

– Jede Integrationsschule organisiert halbjährlich einen ganztägigen Fortbildungstag und zwar schulintern...

– ... eine fortlaufende Ringvorlesung zu behinderungsspezifischen Problemen aus integrationspädagogischer Sicht...

– ... Fortbildungsangebote zur Unterstützung eines binnendifferenzierten, handlungsorientierten Unterrichs..." (Heyer 1988, S. 76).

Für die integrative Grundschule verlangt Peter Heyer „eine *allgemeine integrative Pädagogik,* die die Unterschiede zwischen den Heranwachsenden annimmt als Teil der pädagogischen Aufgabe einer gemeinsamen schulischen Förderung" und für die Lehrerbildung die Ermöglichung des Studiums einer sonderpädagogischen Fachrichtung als Zweitfach (Heyer 1989, S. 24).

Die weitere bis 1993 erschienene Literatur wurde in dem Bericht erfaßt, der den BLK-geförderten „Modellversuch Integrationspädagogik (Kontakt- und Aufbaustudium)" im Saarland vorstellt (Meister/Sander 1993). Auf ihn will ich hier nicht näher eingehen, da er weitgehend bekannt geworden ist und sich viele Veröffentlichungen auf ihn beziehen. Die dort erarbeiteten und erprobten „Qualifikationsbereiche" mit einzelnen „Curriculum-Bausteinen" wurden zum Teil gleichzeitig in ähnlicher Form auch an anderen Ausbildungsorten entwikkelt. Es handelt sich mit einigen Abweichungen um die folgenden Bereiche (hier zitiert aus Eberwein/Michaelis, ebenfalls 1993, S. 401):

1. Einführung in die Integrationspädagogik, 2. Zum Begriff und Phänomen Lernen/Verhalten, 3. Theorie und Praxis der Förderdiagnostik, 4. Integrative Didaktik. Die Übereinstimmung mag daher kommen, daß einerseits Lehrerinnen und Lehrer befragt wurden, die in integrativen Einrichtungen tätig wurden und andererseits notwendige Qualifikationen aus den Zielen der Integration abgeleitet wurden. Die Unterschiede mögen auf die jeweiligen Varianten der Integrationsformen in den einzelnen Ländern zurückgehen, die zum Teil unterschiedliche Akzentsetzungen bei den Qualifikationen der Lehrkräfte erfordern bzw. durch unterschiedliche wissenschaftstheoretische Orientierungen der Hochschullehrer bedingt sind.

Eine für die Inhalte der Lehrerbildung besondere Akzentsetzung ist aus der praktischen Fortbildungsarbeit und einer empirischen Untersuchung in Saarbrücken entstanden und ist mir besonders wichtig:

Obwohl Lehrerinnen und Lehrer, die Aufgaben des gemeinsamen Unterrichts für Heranwachsende mit sehr unterschiedlichen Lernvoraussetzungen und Behinderungen übernehmen oder übernehmen sollen, in erster Linie zusätzliche sonder-, sozial- und integrationspädagogische Kenntnisse verlangen bzw. deren Mangel beklagen, erweist sich der tatsächliche Bedarf „vor Ort" oft als ein ganz anderer: Integration zeigt sich als eine jeweils spezifische und individuelle Aufgabe, nämlich zusammen mit diesen Heranwachsenden und deren Interessen, Lernvoraussetzungen, Eigenheiten; mit dieser Lerngruppe; mit diesen Kolleginnen und Kollegen; bei diesen z.T. schwer durchschaubaren und eigendynamischen Rahmenbedingungen zu arbeiten. Es geht in der Fortbildung offenbar weniger darum Themen abzuhandeln als vielmehr - wie bei einer angemessenen Pädagogik überhaupt - um das Angebot von Hilfestellung, um Partnerschaft und Begleitung von weitgehend selbstgesteuerten Aneignungs-, Qualifizierungs- und Bildungsprozessen. Besonders gute Erfahrungen haben wir dabei mit der Haltung und Methode der Themenzentrierten Interaktion und der themenzentrierten Fallarbeit gemacht. Anstelle bzw. ergänzend zu der Abarbeitung von Themenlisten („Autismus bis Zensurengebung") also mehr (kollegiale) Fallarbeit und Supervision und mehr Reflexion aktueller pädagogischer Situationen. Dabei spielen dann weitere Aspekte eine wichtige Rolle:

- die auch Angst hervorrufende Begegnung mit und die Verarbeitung von Behinderung und Krankheit bzw. der Gewinn an Sinn der pädagogischen Arbeit
- das langsame Vertrautwerden mit bzw. die Weiterentwicklung von Methoden der Binnendifferenzierung des Unterrichts
- das mühsame Buchstabieren des ABCs der Kooperation bzw. die neuartige und freudvoll erlebte Zusammenarbeit mit Kolleginnen und Kollegen (vgl. Krämer u.a. 1993, Meister 1994, 1996).

In den letzten Jahren haben unter aktiver Beteiligung der Lehrerinnen und Lehrer selbst verschiedene Arbeitsgruppen sich mit dem beruflichen Leitbild befaßt. Dabei sind, wie schon häufig, Anforderungslisten entstanden, die nicht als überfordernde Tugendkataloge verstanden werden wollen. Sie stellen eine notwendige Konzeptualisierung des beruflichen Selbstverständnisses dar und beruhen meist auf der unverzichtbaren Ermittlung von Qualifikationsmerkmalen. Sie bieten so eine wichtige Grundlage für Reformen der Lehrerbildung. Noch wenig bekannt ist die beachtenswerte Initiative des Schweizer Lehrervereins, ein Berufleitbild zu erstellen, mit dem nicht die Realität beschrieben, „sondern eine Vorstellung von der wünschbaren Weiterentwicklung des Berufs" gemeint ist (LCH 1993, S. 4). In der Darstellung der 10 Kerngedanken finde ich zwar die Aufgabe des gemeinsamen Unterrichts für Behinderte und Nichtbehinderte nicht erwähnt, das pädagogische Konzept enthält jedoch umfassende Berücksichtigung von Förderungs- und Beratungsaspekten. Unterschiedlichkeit wird im 5. Kerngedanken lediglich auf Seiten der Lehrenden erwähnt: „Lehrerinnen und Lehrer sehen in ihrer Verschiedenheit und in ihren unterschiedlichen Fähigkeiten und Interessen eine Bereicherung" (a.a.O., S. 21).

Als Beispiel für eine aktuelle Erarbeitung von Grundqualifikationen für alle Lehrerinnen und Lehrer und stellvertretend für die genannten Aspekte des LCH, für die Aussagen von zwei Kommissionen der DGfE, für die Arbeit der Bildungskommission NRW und für die Entwürfe einzelner Autoren wie z.B. Forneck 1993 („Lehrerqualifikation unter modernitätstheoretischer Perspektive") und Schnell 1997 („Lehrerbildung für eine integrative Schule") soll hier ein Positionspapier zitiert werden, an dem übrigens auch Alfred Sander mitgearbeitet hat. Es stammt von einem Runden Tisch Lehrerbildung, den wir im Saarland initiiert haben. Bisher kamen zu fünf Terminen ca. 60 Kolleginnen und Kollegen aus allen Bereichen der Lehrerbildung und aus vielen interessierten Gruppen (Fraktionen im Landtag, Eltern, Lehrerverbände, Studierende, Referendare, Lehrer) zusammen, um - auch aus Anlaß der angekündigten Novellierung des Lehrerbildungsgesetzes - Forderungen für eine Verbesserung der Lehrerbildung zu erarbeiten. Grundlage dafür war eine gemeinsame Erarbeitung von „Grundqualifikationen (im Sinne von Kompetenz und Bereitschaft) für *alle* Lehrerinnen und Lehrer", die sich explizit auf den Deutschen Bildungsrat und die Bildungskommission NRW bezieht:

„– sich im Sinne personaler Handlungsfähigkeit selbst wahrzunehmen, zu akzeptieren und die eigene Fort- und Weiterbildung als Verpflichtung und Aufgabe wahrzunehmen;

– Kindern, Jugendlichen und jungen Erwachsenen von der Grundhaltung her aufgeschlossen und mit Achtung zu begegnen, konstruktiv mit ihnen zusammenzuarbeiten und sich nach demokratischen Spielregeln miteinander zu verständigen;

– Schülerinnen und Schüler nach Möglichkeit individuell wahrzunehmen, sie zu beraten und in ihrer persönlichen Entwicklung zu Selbständigkeit und Verantwortung zu stärken;

– Lerngruppen und Schulklassen so zu leiten, daß sach- und personenbezogenes Lehren und Lernen erfahrbar wird;

– Konflikte wahrzunehmen und auszuhalten, sie realistisch einzuschätzen und sich um eine angemessene Bearbeitung zu bemühen;

– fachwissenschaftliche und fachdidaktische Grundlagen für mindestens zwei Schulfächer zu erwerben sowie die Bereitschaft aufzubringen fächerübergreifend zu arbeiten;

– an der Lösung „epochaltypischer Schlüsselprobleme" (KLAFKI) mitzuwirken;

- Lernprozesse variantenreich und methodisch vielfältig zu gestalten, d.h. gemeinsame Lernsituationen für junge Menschen mit unterschiedlichen Interessen, Fähigkeiten und Zielen didaktisch angemessen zu planen, durchzuführen und auszuwerten;
- Kenntnisse über die Struktur und die Vermittlung von Lernstrategien zu erwerben, um Formen „intelligenten Wissens“ zur Bewältigung gegenwärtiger und zukünftiger Lebenssituationen zu entwickeln;
- Prüfungs- und Beurteilungssituationen angemessen zu gestalten;
- Kolleginnen und Kollegen offen und wertschätzend zu begegnen und mit ihnen zusammen an der Verbesserung von Schule und Unterricht zu arbeiten;
- Verständigung und Kooperation mit Eltern als wesentlichen Bestandteil professioneller Lehrertätigkeit zu entwickeln und zu fördern;
- den wechselseitigen Einfluß von Schule einerseits und Lebens-, Berufs- und Arbeitswelt andererseits wahrzunehmen und im schulischen Alltag zu berücksichtigen;
- an der Gestaltung des schulischen Lebens mitzuwirken;
- Medienkompetenz (vgl. Bildungskommission NRW) zu erwerben;
- für die Normen und Werte unserer demokratisch-rechtsstaatlichen Ordnung einzutreten und sie im Schulleben erfahrbar zu machen“ (Runder Tisch Lehrerbildung 1997).

Auch dieser Katalog nennt nicht explizit die Aufgabe der gemeinsamen Erziehung und Alfred Sander (persönliche Mitteilung) kritisiert daran, daß bei diesen Formulierungen an keiner Stelle von (der Unterschiedlichkeit der) Schülerinnen und Schüler(n) gesprochen wird. Es sei zu befürchten, daß der Vorstellung Vorschub geleistet wird, man müsse den Lehrernachwuchs auf „das durchschnittliche Kind“ vorbereiten, auf Erziehung und Unterricht des typischen Gymnasialschülers, der typischen Realschülerin usw. Die Aufgaben einer methodischen Differenzierung des Unterrichts und einer individualisierenden Förderung aller Schüler bei gleichzeitiger Beachtung des gemeinsamen Tuns (und eventuell der gemeinsamen Bildungsinhalte) könnten tatsächlich stärker hervorgehoben werden, um der „Verschiedenheit der Köpfe“, der Hände, der Ziele und auch der Behinderungen Rechnung zu tragen.

Hans Eberwein fordert schon in der ersten Auflage des Handbuches für Integrationspädagogik, „die Abschaffung von Studiengängen zum ‘Lehramt an Sonderschulen’ zugunsten einer allgemeinen, integrierten Lehrerbildung“ als vordringliches Ziel (1988, S. 344). In der dritten Auflage heißt es dann: „An die Stelle des ‘klassischen’ Sonderschullehrers muß ein Lehrer treten, der für die Allgemeine Schule ausgebildet ist, eine integrationspädagogische Grundausbildung besitzt und Sonderpädagogik als Wahlfach studiert.“ Und, ganz wichtig:

Auch die Fachdidaktiken müßten sich der Aufgabe einer integrativen Schule stellen (1994, S. 425). Die von Eberwein geforderte Reintegration der Sonderpädagogik in die Allgemeine Erziehungswissenschaft ist übrigens in Saarbrükken 1978 - allerdings mit anderer Zielsetzung - bei der Auflösung der PH in die Universität erfolgt.

Die 1994 verabschiedete „Rahmenvereinbarung über die Ausbildung und Prüfung für ein sonderpädagogisches Lehramt" blieb hinter solchen Forderungen und hinter den Ansätzen der im gleichen Jahr erschienenen „Empfehlungen zur sonderpädagogischen Förderung in den Schulen der Bundesrepublik" weit zurück. Als Fortschritt ist allerdings zu verzeichnen, daß grundsätzlich der Unterricht in anderen Schularten und der Einsatz im präventiven Bereich vorgesehen sind. Das Studium soll „unter Berücksichtigung integrationspädagogischer Fragestellungen" erfolgen. Im übrigen werden wiederum neun sonderpädagogische Fachrichtungen vorgesehen, wobei wohl nur die Bezeichnungen offen sind „für weitere Entwicklungen z.B. auch für die Verbindung von Fachrichtungen" (KMK 1994, Fußnote).

1994 erschien der Bericht über ein interessantes Projekt der UNESCO zur Lehrerfortbildung, das hier noch wenig bekannt ist, obwohl die Ergebnisse auch ins Deutsche übertragen wurden und als Handbuch vorliegen (Ainscow 1994, Handbuch der UNESCO 1995). Das Handbuch soll genutzt werden als Grundlehrkurs für alle Lehrer, in Fortbildungsseminaren für erfahrene Lehrer und als Grundlage für schulinterne Fortbildung. Inhalte sind Übungen und Hilfen beim Umgang mit der Verschiedenheit von Schülerinnen und Schüler und „special needs" in den allgemeinen Schulen: „Auf dem Weg zu einer effektiven Schule für alle" (Handbuch, S. V).

Während die UNESCO das Problem zusätzlicher Ausbildung von Lehrerinnen und Lehrer weltweit anging, beschäftigen sich viele deutschsprachige Veröffentlichungen mit der Situation der Lehrerbildung in anderen europäischen Ländern. Alfred Sander hat diese Literatur in seiner Bibliographie zum Thema „Qualifikation für Integration" bis 1993 erfaßt (Sander 1993b) und danach noch folgende Literaturangaben zusammengetragen: Csanyi 1994, Feyerer/Fragner 1994, Fragner 1996, Lienhard u.a. 1995, Luchsinger 1994, Lumer 1995, Müller-Schöll 1994, O'Hanlon 1994.

Im Jahr 1995 erschien die Denkschrift der Bildungskommission NRW mit der Aussage, daß Sonderschulen „auf lange Sicht notwendige Formen sonderpädagogischer Förderung bleiben, weil viele Kinder und Jugendliche mit schweren Behinderungen auf Dauer oder auf Zeit nur in speziellen Einrichtungen angemessen gefördert werden können". Gleichzeitig wird jedoch die Weiterentwicklung der Konzepte behinderungsspezifischer Förderung in den allgemeinen Schulen" gefordert (S. XX). Die Bildungskommission fordert neben den Basisqualifikationen (Fachlich-didaktische Kompetenz, Methodische Kompetenz, Kompetenz zur Leitung von Gruppen, Diagnostische Kompetenz, Beratungskompetenz, Metakognitive Kompetenz, Medienkompetenz und Kooperations-

und Teamfähigkeit) auch den Erwerb „besondere(r) Qualifikationen, zum Beispiel im Bereich der sonderpädagogischen Förderung“, läßt jedoch die Frage der Notwendigkeit eines eigenen sonderpädagogischen Lehramtes offen (S. 302).

1996 erschien die „Einführung in die Integrationspädagogik“, herausgegeben von Hans Eberwein mit interessanten Beiträgen auch zur integrationspädagogischen Lehrerausbildung, insbesondere: Günther F. Seelig: stärkere Betonung der sozialkommunikativen Kompetenz, der Persönlichkeitsstabilisierung und -flexibilisierung künftiger Lehrer; Hans Eberwein: Integrationspädagogik als „ein pädagogisches Prinzip, das die gesamte Erziehungswissenschaft durchzieht“; „Kompetenzerweiterungen von Lehrerinnen und Lehrern d.h. die Übernahme von Aufgabenbereichen, die bisher ausschließlich von der Sonderpädagogik bzw. Sonderschullehrern/innen wahrgenommen wurden“ (S. 269f.). Eberwein fordert erneut wie schon Jahre zuvor „die Auflösung der herkömmlichen sonderpädagogischen Ausbildungsinstitute und die Abschaffung von Studiengängen zum ‘Lehramt an Sonderschulen’ zugunsten einer allgemeinen, integrierten Lehrerbildung“ (S. 269ff.).

Ebenfalls im Jahr 1996 wurden zwei Artikel veröffentlicht, denen ich besondere Bedeutung für die Zukunft der Lehrerbildung beimesse:

Helmut Reiser nimmt aus reichen Projekt- und Supervisionserfahrungen Analysen und Arbeitsplatzbeschreibungen der sonderpädagogischen Berufsrolle vor und sagte optimistisch voraus, daß sich langfristig „Veränderungen der sonderpädagogischen Praxis durchsetzen, wie sie in der theoretischen Perspektive vorweggenommen werden“ (1996, S. 181). Für die Ausbildung beschreibt Reiser als neue Arbeitsplatzkonzepte „Intervention, Kooperation, Intensität, Mehrparteilichkeit und Beratung.“ Er übt scharfe und berechtigte Kritik an der jetzigen, insbesondere auch der fachwissenschaftlichen Lehrerbildung. Es gehe auch nicht darum, neue instrumentelle Fertigkeiten zu erwerben, sondern in erster Linie um das Erkennen, Aushalten und Austragen von Widersprüchen.

Rainer Lersch befaßt sich kritisch mit dem sozialen Wandel und mit prinzipiellen Problemen akademischer Lehrerbildung. Er fordert u.a.

- Vorbereitung, nicht Qualifizierung, „für eine lebenslang kompetente Berufsausübung“
- als Zielvorstellung „stabile und zugleich wandlungsfähige Lehrerpersönlichkeiten mit der Fähigkeit zur autonomen Berufsausübung“
- eine reflexive, „wissenschaftliche Orientierung im Handeln“
- „die Chance einer phantasievollen Rückverwandlung von Ausbildung in Bildung“
- „Auseinandersetzung mit sogenannten Schlüsselproblemen der Menschheit und absehbarer Zukunft“ (Lersch 1996, S. 12ff.).

Irmtraud Schnell schlug 1997 vor, daß alle Lehrerinnen und Lehrer neben Grundkompetenzen, ähnlich wie die oben referierten des Runden Tischs, „spezielle Kompetenzen“ erwerben:

„– Theorie und Praxis der Arbeit in heterogenen Lerngruppen
- Ökosystemisches Denken und Handeln
- Teamkonzepte bzw. Zusammenarbeit verschiedener Berufsgruppen
- Integrative Therapiekonzepte und ambulante Therapieformen
- Organisatorische und rechtliche Voraussetzungen von Integration (...)
- theoretische und praktische Kompetenz im Bereich des Lernens, der Sprache und des Verhaltens“ (Schnell 1997, S. 31).

Außerdem sollen Sonderpädagogen zusätzliche Grundkompetenzen wie z.B. „Förderdiagnostik und Entwicklungsplanung, Lernbeeinträchtigung“ sowie vertiefte Kenntnisse im Bereich des Lernens, der Sprache und des Verhaltens und spezielle Kompetenzen in einem der vier Bereiche Körperbehinderten-, Geistigbehinderten-, Sehbehinderten-/Blinden- und Hörgeschädigtenpädagogik erwerben.

Im Juni 1997 wurden die in intensiver Zusammenarbeit von den beiden Kommissionen „Schulpädagogik“ und „Lehrerbildung“ der Deutschen Gesellschaft für Erziehungswissenschaft (DGfE) erarbeiteten „Empfehlungen zur Weiterentwicklung der Ausbildung von Lehrerinnen und Lehrern“ fertiggestellt, die eine hervorragende Grundlegung für die Entwicklung in den einzelnen Bundesländern anbieten. Die Ausführungen zu den Voraussetzungen, zum „Konzept einer zeitgemäßen Lehrerausbildung“ und die „Empfehlungen zur Umgestaltung der Lehrerausbildung“ sind nach meiner Einschätzung überzeugend gelungen und sollten richtungweisend für die nächsten Jahre und Jahrzehnte sein. Unter den geforderten Qualifikationen der Lehrerinnen und Lehrer findet sich auch explizit die Integration Behinderter: „Neben der unterrichtsmethodischen Kompetenz zur Individualisierung und Binnendifferenzierung und zur Integration von Behinderten, zu schüleraktivierenden Lehr-Lern-Formen benötigen sie daher nicht nur Wissen über die oben skizzierten Veränderungen in Kindheit und Jugend und deren Gefährdungen, sondern auch erzieherische, sozialerzieherische und gruppenpädagogische Fähigkeiten“ (DGfE 1997, S. 5).

Die Benennung von Aufgaben im „Blick auf die Orientierung an Demokratie und Mündigkeit und vor dem Hintergrund der genannten Veränderungen in Gesellschaft, Kindheit und Jugend“ beginnt mit der Forderung:

„– Der erhöhten Heterogenität der Lernenden muß mit stärkerer Binnendifferenzierung begegnet werden.“ Weiter unten heißt es:

„– Die Entwicklung von Individualisierung und Vereinzelung und die Multikulturalität unserer Gesellschaft mit den Begleiterscheinungen der Ausländerfeindlichkeit verweisen auf die Notwendigkeit des Ausbaus und der Förderung von neuen Formen der Sozialerziehung“ (DGfE 1997, S. 4).

Die in diesen Empfehlungen genannten Konsequenzen bieten eine ausgezeichnete Grundlage auch für die Frage einer Lehrerbildung im Interesse einer integrativen Schule:

- andere Lehr-Lern-Formen als nur den „Lern-Gleichschritt“;
- schrittweise, aber planmäßige Vorbereitung „auf eine sensible Wahrnehmung der Lebens- und Lernsituation junger Menschen und ihrer Bedürfnisse sowie auf den Umgang mit ihren Entwicklungsproblemen und Gefährdungen“;
- Einschränkung der Stoffüberfrachtung;
- Bereitstellung von „Arrangements für ein aktives, selbstorganisiertes und bewußtes Lernen“;
- Ermöglichung der wissenschaftlichen „Einwurzelung“ von Lehramtsstudierenden auch in der Schulpädagogik und allgemeinen Didaktik;
- „Beratung und Supervision, Selbstmanagement und Streßbewältigung, Umgang mit Disziplinschwierigkeiten oder Unterrichtsstörungen, Konfliktbearbeitung bzw. Interaktion in pädagogischen Krisensituationen, Entwicklung von Unterrichtsmaterialien“ auch schon innerhalb der Hochschule (DGfE 1997, S. 5ff.).

Für mich ergeben sich daraus folgende Perspektiven

- *hinsichtlich der Qualifikation aller Lehrerinnen und Lehrer*
  - Lehrerbildung für eine integrative Schule der Zukunft soll in erster Linie heißen, daß alle Lehrerinnen und Lehrer auf die gegenwärtig zunehmende Heterogenität der Schülerinnen und Schüler vorbereitet werden und eine Pädagogik der Vielfalt entwickeln können.
  - Insbesondere die pädagogischen Prinzipien und die vielfältigen Formen der Binnendifferenzierung müssen noch weit mehr als bisher Allgemeingut aller Lehrerinnen und Lehrer sein.
  - Die Erfordernisse eines binnendifferenzierten Unterrichts und die Ziele der integrativen Schule müssen in Zukunft auch vermehrt von den Fach- bzw. Lernbereichsdidaktiken rezipiert und weiterentwickelt werden.
  - Es sollte neue Versuche zur Lösung des alten Theorie-Praxis-Problems in der ersten Phase der Lehrerbildung geben, z.B. Schüler-Studenten-Patenschaften, Patenschulen, Praxissemester.

- Das gemeinsame Lernen aller Schülerinnen und Schüler kann als sinnstiftendes Element des Sich-Bildens der Lehrerinnen und Lehrer wertvoll sein.

– *hinsichtlich des Erwerbs besonderer Qualifikationen*

- Die Abschaffung des „Lehramtes für die Sonderschule" wird sich wohl kaum verwirklichen lassen. Sehr zu wünschen ist jedoch, daß der Vorschlag, die Ausbildung in einer sonderpädagogischen Richtung in Verbindung mit dem Studium eines Sachfaches zumindest als Alternative zum herkömmlichen Sonderschulstudium zu ermöglichen, verwirklicht wird.

- Wenn nicht erwartet werden kann, daß die Ausbildung von Sonderschullehrern völlig in die allgemeine Lehrerbildung integriert wird, hat dies zumindest den Vorteil, daß Zentren der Forschung und Entwicklung hinsichtlich der (pädagogischen) Fragen spezieller Behinderungsformen bestehen bleiben und neue Aufgaben übernehmen können: Beratungszentren für die integrativen Schulen, für die Förderzentren und auch für die ausbildenden Hochschulen zu werden. Vielleicht gewinnen in diesem Zusammenhang auch die Informationsmöglichkeiten an Bedeutung, die das Internet bietet.

- Die Aufgabe der Forschung wird auch für sonderpädagogische Fragen bestehen bleiben. Forschung sollte vermehrt auch Lehrerforschung sein und sich z.B. mit Fragen des beruflichen Leitbildes, der psychophysischen Beanspruchung, der Konzepte der Ausbildung, der optimalen Vorbereitung auf heterogene Schulklassen befassen (vgl. auch das neu erschienene Jahrbuch für Lehrerforschung: Buchen u.a. 1997).

- Das schon 1974 als revolutionär bezeichnete Konzept, „daß die Ausbildung für die Erziehung Lernbehinderter, Verhaltensgestörter, Geistigbehinderter und Sprachgeschädigter so viele Gemeinsamkeiten besitzt, daß sie in einem Studiengang weitgehend integriert werden könne" (Sander 1974, S. 361) ist weiter zu verfolgen. Es liegen dazu einige ältere und viele neuere Vorschläge vor (Aab u.a. 1974, Eberwein 1994, Kornadt/ Meister 1974).

– *hinsichtlich beide Qualifikationsziele übergreifender Aspekte*

- Die Frage der Einführung aller Lehramtskandidaten in sonder- und integrationspädagogische Fragen ist nicht von der Frage der Ausbildung von Sonderschullehrern zu trennen. Im Gegenteil sind gemeinsame Lernformen und Lernprozesse wünschenswert.

- Die Didaktik und Methodik der Lehrerbildung sollte in mehrfacher Hinsicht Beispielcharakter gewinnen: für ein effektives und gemeinsames Lernen von unterschiedlichen Persönlichkeiten, für die Begleitung und Beratung von selbstgesteuerten und selbstverantworteten Lernprozessen und für das kooperative Arbeiten an gemeinsamen Aufgaben.

- Der Aspekt der Heterogenität trifft auch auf die Lernenden in der Lehrerbildung zu. Menschen mit sehr unterschiedlichen Begabungen und Biographien lernen in subjektiven und selbstgestalteten Lernprozessen. Dies liefert bei entsprechender Bewußtheit und angemessener hochschul- und erwachsenenpädagogischer Methodenvielfalt hilfreiche Modelle für die eigene Lehrtätigkeit.
- Forschendes Lehren und Lernen sollte auch in dem Sinne verstanden und verstärkt Anwendung finden, daß Ausbildungsbedürfnisse und individueller Bedarf an Persönlichkeitsstärkung in Supervisionsprozessen und in supervisionsähnlichen Settings wahrgenommen und bearbeitet werden.
- Es ist zu hoffen, daß immer mehr Lehrerinnen und Lehrer gute Erfahrungen mit kollegialer Beratung und professioneller Supervision machen und so eine permanente systematische Reflexion ihrer beruflichen Tätigkeit vornehmen.
- Lehrerbildung muß berufslang erfolgen. Das Recht auf und die Pflicht zur Fortbildung müssen ernst genommen und in die Tätigkeit der Lehrerinnen und Lehrer integriert werden.
- Auch persönlichkeitsstärkende Ziele von Fortbildungsveranstaltungen müssen legitim sein und selbstverständliches Fortbildungsangebot werden.
- Im Interesse einer integrativen Schule der Zukunft müßte berufslange Lehrerbildung auch die Förderung der Qualifikationen „das Schulleben zu gestalten und zur Schulentwicklung beizutragen“ im Blickfeld haben (DGFE 1997, S. 5).

– *hinsichtlich weiterer konzeptioneller und organisatorischer Aspekte*

- Eine mindestens 6-monatige Tätigkeit außerhalb des Schulbereichs sollte ein Zulassungskriterium bei der Aufnahme eines Lehramtsstudiums werden. Wünschenswert wären sozialpädagogische Praktika bzw. ein Freiwilliges Soziales Jahr.
- Eine weitere Neuerung, die in der Zukunft an Bedeutung gewinnen wird, ist die Ermöglichung des Erwerbs von Zusatzqualifikationen nach Abschluß der ersten Phase der Lehrerbildung. Dazu können die Hochschulen je nach fachlicher Ausstattung z.B. 10 SWS umfassende Angebote erstellen: „Deutsch für ausländische Schüler“, „Interkulturelle Erziehung“, „Zusammenarbeit von Schule und Sozialpädagogik“, „Systemische Beratung und Intervention“ usw.
- Eine enge Kooperation der drei Phasen der Lehrerbildung ist zur Erreichung der skizzierten Ziele und zur Erzielung von Synergieeffekten notwendig. Neu zu gründende Zentren für Lehrerbildung können die Aufgaben koordinieren und Kooperation erleichtern.

- Weitgehend autonome Schulen könnten verstärkt und mit neuen Organisationsformen des reflektierten Lernens als Orte der Lehrerbildung Bedeutung gewinnen. Dies trifft in besonderer Weise für Sonderpädagogische Förderzentren zu.
- Auch in Ausbildungszusammenhängen sollte die im Trend der neueren konstruktivistischen und systemischen Weltsicht liegende Hervorhebung der nützlichen, brauchbaren, förderlichen Interpretationen von pädagogischen Sichtweisen erprobt werden sowie der wertschätzende Umgang mit vorhandenen Möglichkeiten, Stärken und Ressourcen.
- Um dem steigenden Bedarf an sozialpädagogischer und sozialerzieherischer Kompetenz im Lehrerberuf gerecht zu werden, sind erneute Versuche der Zusammenarbeit entsprechender Disziplinen und Berufsausbildungen überfällig.
- Bei allen Entwicklungen in der Zukunft ist sicherlich keine einheitliche Lösung von Problemen zu erwarten und wohl auch nicht erstrebenswert; zu wünschen ist jedoch, daß bei allen Innovationen in der Lehrerbildung noch zu definierende Qualitätsmerkmale Geltung haben.

Abschließend möchte ich Alfred Sander, dem dieser Artikel in Freundschaft und großem Respekt gewidmet ist, noch einmal das Wort geben: „Wir haben die Erfahrung gemacht, daß integrationspädagogische Kompetenzen nicht stets und nicht nur durch Aus- oder Fortbildung erworben werden. Dennoch spielt die Lehreraus- und -fortbildung hier eine große Rolle, will man möglichst viele Lehrpersonen mit diesem neuen Aufgabenfeld vertraut machen“ (Sander 1993a, S. 209).

Literatur

Aab, Johanna; Pfeiffer, Thilo; Reiser, Helmut & Rockemer, Hans Georg: Zur Ausbildung von heilpädagogischen Lehrern in einem grundständigen einphasigen Studium. In: Zeitschrift für Heilpädagogik 25 (1974) 6, 376-391.

Ainscow, Mel: Special needs in the classroom. A teacher education guide. London, Paris (Kingsley/UNESCO) 1994.

Arbeitskreis Integrative Lehrer/innenausbildung - AKiLAB - (Hrsg.): Grundlagen gemeinsamen Lebens, Landesweite Ringvorlesung Integrationspädagogik. Aachen (Verlag Mainz) 1995.

Bildungskommission NRW: Zukunft der Bildung - Schule der Zukunft. Denkschrift der Kommission „Zukunft der Bildung - Schule der Zukunft“ beim Ministerpräsidenten des Landes Nordrhein-Westfalen. Neuwied (Luchterhand) 1995.

Blug, Alfons: Systemische Integrationsberatung - Ein Baustein in der Stützpädagogenausbildung. In: Vierteljahresschrift für Heilpädagogogik und ihre Nachbargebiete (VHN) 56 (1987) 2, 269-272.

Buchen, Sylvia; Carle, Ursula; Döbrich, Peter; Hoyer, Hans-Dieter; Schönwälder, Hans-Georg (Hrsg.): Jahrbuch für Lehrerforschung, Bd. 1. Weinheim u. München (Juventa) 1997.

Csanyi, Yvonne: Neue Bestrebungen in der Ausbildung von Sonderpädagogen in Ungarn. In: Vierteljahresschrift für Heilpädagogik und ihre Nachbargebiete (VHN) 63 (1994) 2, 258-264.

Deutsche Gesellschaft für Erziehungswissenschaft (DGfE). Kommission „Schulpädagogik/Lehrerausbildung“: Empfehlungen zur Weiterentwicklung der Ausbildung von Lehrerinnen und Lehrern. Duisburg (Gerhard-Mercator-Universität-Gesamthochschule, FB 2/Interkulturelle Erziehung) 1997.

Deutsche UNESCO-Kommission (Hrsg.): Lernfähigkeit: Unser verborgener Reichtum. UNESCO-Bericht zur Bildung für das 21. Jahrhundert. Neuwied u.a. (Luchterhand) 1997.

Deutscher Bildungsrat. Empfehlungen der Bildungskommission: Zur pädagogischen Förderung behinderter und von Behinderung bedrohter Kinder und Jugendlicher. Bonn (Bundesdruckerei) 1973 und Stuttgart (Klett) 1974.

Eberwein, Hans (Hrsg.): Behinderte und Nichtbehinderte lernen gemeinsam. Handbuch der Integrationspädagogik. Weinheim und Basel (Beltz Verlag) 1988.

Eberwein, Hans (Hrsg.): Einführung in die Integrationspädagogik. Weinheim (Dt. Studien Verlag) 1996.

Eberwein, Hans & Michaelis, Evelyn: Welche spezifische Qualifikation brauchen „Sonder“ - Pädagogen in Integrationsschulen? Ergebnisse einer Befragung in Berlin. In: Zeitschrift für Heilpädagogik 44 (1993) 6, 395-401.

Feuser, Georg: Curriculare und thematische Aspekte einer Qualifikation für die pädagogisch-therapeutische Tätigkeit in der gemeinsamen Erziehung behinderter und nichtbehinderter Kinder (Integration) in Regelkindergärten/Kindertagesheimen. In: Behindertenpädagogik 23 (1984) 349-366.

Feyerer, Ewald & Fragner, Josef: Lehrer - Bildung als entscheidender Faktor für das Gelingen der schulischen Integration. In: Behinderte in Familie, Schule und Gesellschaft 17 (1994) 1, 25-50.

Forneck, Hermann J.: Lehrerbildung und Berufsidentität. Lehrerbildung unter modernitätstheoretischer Perspektive. In: Pädagogische Rundschau 47 (1993) 4, 467-479.

Fragner, Josef: Lehrer/innen für eine Integrative Schule. In: Behinderte in Familie, Schule und Gesellschaft 19 (1996) 3, 69-81.

Handbuch der UNESCO zur Lehrerfortbildung: Besonderer Förderbedarf in der Klasse. Klagenfurt (Zentrum für Schulentwicklung für Unterricht und Kultur, Abteilung 1) 1995 (Dt. Bearbeitung des „Teacher Education Resource Pack: Special needs in the classroom“, UNESCO 1993).

Herbart, Johann Friedrich: Pestalozzi's Idee eines ABC der Anschauung untersucht und wissenschaftlich durchgeführt (1802). In: Willmann, Otto (Hrsg.): Johann Friedrich Herbart's Pädagogische Schriften in chronologischer Reihenfolge herausgegeben, mit Einleitung, Anmerkungen und comparativem Register versehen. Leipzig (Voss) 1873. p. 109-224.

Heyer, Peter: Aus- und Fortbildung der Lehrkräfte. Für ein Allgemeines Schulwesen ohne Aussonderung. In: Meißner, Klaus & Heß, Erik (Hrsg.): Integration in der pädagogischen Praxis. Berlin (Edition Diesterweg-Hochschule) 1988. p. 70-77.

Heyer, Peter: Welche Lehrerbildung braucht die integrative Grundschule? In: Grundschule 21 (1989) 9, 24-26.

Hinz, Andreas: Heterogenität in der Schule. Integration - Interkulturelle Erziehung - Koedukation. Hamburg (Curio) 1993.

Jung-Sion, Joachim & Sander, Alfred: Abschlußbericht zum Modellversuch Integrationspädagogik (Kontakt- und Aufbaustudium). In: Meister, Hans & Sander, Alfred (Hrsg.): Qualifizierung für Integration. St. Ingbert (Röhrig) 1993. p. 17-124.

Kleber, Eduard Werner (Hrsg.): Zur Revision sonderpädagogischer Praxis. Berlin (Carl Marhold) 1977. p. 153-168.

Kleber, Eduard Werner; Meister, Hans & Sander, Alfred: Primarstufenpädagogik als integrationsrelevantes Kooperationsfeld für Pädagogik, Sozialpädagogik, Psychologie und Medizin - Probleme und Lösungswege. In: Gisela Gerber u.a. (Hrsg.): Der Beitrag der Wissenschaften zur interdisziplinären Sonder- und Heilpädagogik. Wien (Interfakultäres Institut für Sonder- und Heilpädagogik der Universität Wien) 1985. p. 385-390.

Kultusministerkonferenz (KMK): Rahmenvereinbarungen über die Ausbildung und Prüfung für ein sonderpädagogisches Lehramt. (Beschluß der Kultusministerkonferenz vom 06.05. 1994). Bonn, Sekretariat der KMK 1994.

Kornadt, Hans-Joachim & Meister, Hans: Saarbrücker Vorschläge zur Sonderschullehrerausbildung. Empfehlungen einer vom Kultusminister des Saarlandes 1969 berufenen Kommission. In: Zeitschrift für Heilpädagogik 25 (1974) 6, 392-400.

Krämer, Herbert: Problemfelder der Integration behinderter Schüler/innen. Versuch der Interpretation und systemtheoretischen Rekonstruktion. St. Ingbert (Röhrig) 1997 (im Druck).

Krämer, Herbert; Meister, Hans & Reiche, Ruth: Themenzentrierte Analyse des Fortbildungsbedarfs von Erzieherinnen. In: Meister, Hans & Sander, Alfred (Hrsg.) : Qualifizierung für Integration. St. Ingbert (Röhrig) 1993. p. 125-180.

Kreuzer, Max: Fort- und Weiterbildung für gemeinsame Erziehung. Bericht aus zwei berufsbegleitenden Lehrgängen. In: Gemeinsam Leben 2 (1994) 4, 167-172.

LCH (Lehrerinnen und Lehrer Schweiz): Lehrerin/Lehrer sein. LCH-Berufsleitbild. Zürich (LCH, Postfach 189, 8057 Zürich) 1993.

Lersch, Rainer: Lehrerinnen und Lehrer für das 3. Jahrtausend. Vom sozialen Wandel akademischer Lehrerbildung. In: Neue Sammlung 36 (1996) 1, 3-17.

Lienhard, Peter; Sturny - Bossart, Gabriel & Wolf, Danièle: Sonderpädagogik in der Lehrerbildung. In: Schweizerische Zeitschrift für Heilpädagogik 1 (1995) 6, 27-29.

Luchsinger Bernath, Karin: Sonderpädagogische Aus-, Fort- und Weiterbildung in Italien. In: Bulletin SZH/SPC 20 (1994) 3, 20-23.

Lumer, Beatrix: Integration, Kooperation und Beratung als zentrale Aufgabe von Lehrern und Lehrerinnen in Europa. In: Zeitschrift für Heilpädagogik 46 (1995) 2, 56-61.

Meister, Hans: Fortbildungsbedürfnisse und Fortbildungskonzepte für gemeinsamen Unterricht und gemeinsame Erziehung behinderter und nichtbehinderter Kinder und Jugendlicher. In: Vierteljahresschrift für Heilpädagogik und ihre Nachbargebiete (VHN) 63 (1994) 2, 253- 258.

Meister, Hans: Integration beginnt auch mit Lehreraus- und -fortbildung. In: Pädagogik und Schulalltag 51 (1996) 1, 32-41.
Meister, Hans & Sander, Alfred (Hrsg.): Qualifizierung für Integration. Pädagogische Kompetenzen für gemeinsame Erziehung und integrativen Unterricht behinderter und nichtbehinderter Kinder (= Saarbrücker Beiträge zur Integrationspädagogik, Bd. 7) St. Ingbert (Röhrig) 1993.
Meister, Hans & Sander, Alfred: Einführung: Wege zur Qualifizierung für die gemeinsame Erziehung und den integrativen Unterricht behinderter und nichtbehinderter Kinder. In: Meister, Hans & Sander, Alfred (Hrsg.) Qualifizierung für Integration. St. Ingbert (Röhrig) 1993. p. 7-16.
Meister, Hans; Sander, Alfred; Hildeschmidt, Anne & Blug, Alfons: Fortbildung von Pädagogen zu Stützpädagogen für die Integration behinderter Kinder in Kindergarten und Schule. In: Vierteljahresschrift für Heilpädagogik und ihre Nachbargebiete 56 (1987) 2, 265-272; und in: Haeberlin, Urs & Amrein, Christine (Hrsg.): Forschung und Lehre für die sonderpädagogische Praxis. Wie schlagen wir in der Ausbildung die Brücke? Die Beiträge der 23. Arbeitstagung der Dozenten für Sonderpädagogik in deutschsprachigen Ländern vom 2. bis 4. Oktober 1986 an der Universität Freiburg/Schweiz. Bern und Stuttgart (Paul Haupt) 1987. p. 156-163.
Müller-Schöll, Albrecht: Wo und wie werden Fachleute im Sinne der Integration aus- und weitergebildet? In: Gemeinsam leben 2 (1994) 4, 148-151.
O'Hanlon, Christina: Teacher Training in Europe Related to Integration. 91-98 In: von Borstel, Anna; Dreher, Walther & Hengst, Michael (Hrsg.): (Sonder-) Pädagogisches Denken im Umbruch. Köln (Univ.) o.J. 1994.
Prengel, Annedore: Pädagogik der Vielfalt. Verschiedenheit und Gleichberechtigung in Interkultureller, Feministischer und Integrativer Pädagogik. Opladen (Leske & Budrich) 1993.
Reinartz, Anton & Sander, Alfred (Hrsg.): Schulschwache Kinder in der Grundschule. Band 2. Beispiele und Modelle für Unterricht und Förderung. Frankfurt/M. (Arbeitskreis Grundschule) 1978, vgl. auch: Valtin, Renate, Sander, Alfred & Reinartz, Anton (Hrsg.): Schulschwache Kinder in der Grundschule. Band 2. Beispiele und Modelle für Unterricht und Förderung. Frankfurt/M. (Arbeitskreis Grundschule) 1984.
Reiser, Helmut: Arbeitsplatzbeschreibung - Veränderungen in der sonderpädagogischen Berufsrolle. In: Zeitschrift für Heilpädagogik 47 (1996) 5, 178-186.
Runder Tisch Lehrerbildung: Positionspapier zur Lehrerbildung. Saarbrücken (unveröffentl.) 1997.
Sander, Alfred: Integrative Förderung behinderter Kinder in der Grundschule. In: Die Grundschule 5 (1973) 1, 34-43.
Sander, Alfred: Sonderschullehrerausbildung: Konzepte und Modelle. In: Zeitschrift für Heilpädagogik 25 (1974) 6, 359-363.
Sander, Alfred: Sonderpädagogische Grundausbildung für alle Lehrerstudenten. Eine Voraussetzung zur spezifischen Förderung schulschwacher Kinder in der Normalschule. In: Westermanns Pädagogische Beiträge 28 (1976a) 6, 340-354.
Sander, Alfred: Die Ausweitung der Sonderpädagogik und ihre Konsequenzen für die Ausbildung von Sonderschullehrern. In: Zeitschrift für Heilpädagogik 27 (1976b) 5, 289-294.

Sander, Alfred: Sonderpädagogik in allgemeinen Schulen - Einführung und Begründung des Themas. In: Sander, Alfred (Hrsg.): Sonderpädagogik in der Regelschule. Referate der 11. Arbeitstagung der Dozenten an Sonderpädagogischen Studienstätten in Saarbrücken. Berlin (Marhold) 1976c. p. 1-9.

Sander, Alfred: Pädagogische Maßnahmen zur Verminderung von Schulschwäche in der Grundschule. Bericht über ein Aktionsprogramm. In: Zeitschrift für Heilpädagogik 28 (1977) 1, 48-50; gleichzeitig in: Die Grundschule 9 (1977) 1, 10-11.

Sander, Alfred: Sonderpädagogische Grundausbildung für alle Lehrerstudenten. Eine Voraussetzung zur spezifischen Förderung schulschwacher Kinder in der Normalschule. In: Reinartz, Anton & Sander, Alfred (Hrsg.): Schulschwache Kinder in der Grundschule. Band 2. Frankfurt/M. (Arbeitskreis Grundschule) 1978. p. 163-182.

Sander, Alfred: Entwicklungstendenzen in der Aus- und Weiterbildung von Sonderpädagogen. Abschlußbericht aus dem dritten Themenbereich. In: Hartmann, Günther Hans (Hrsg.): Entwicklungstendenzen in der Sonderpädagogik. Referate und Ergebnisse der 15. Arbeitstagung der Dozenten für Sonderpädagogik in deutschsprachigen Ländern in Klagenfurt. Klagenfurt (Universität für Bildungswissenschaften) 1979. p. 204-216.

Sander, Alfred: Zentrale Aufgabe der Lehrerausbildung: Ausgleichende Erziehung schulschwacher Grundschüler. In: Die Grundschule der achtziger Jahre. Bilanz und Perspektiven. Grundschultage 1979 in Bielefeld und Frankfurt. (= Beiträge zur Reform der Grundschule, Band 43/44). Frankfurt/M. (Arbeitskreis Grundschule) 1980. p. 285-295.

Sander, Alfred: Eine Schule für alle? Eine Schule für alle! In: Lehrerzeitung Baden-Württemberg/ Süddeutsche Schulzeitung 43 (1989) 22, 539-542. Nachdruck unter dem Titel: „Eine Schule für alle?" - Einführung am Beispiel Saarland. In: Humane Schule 16 (1990) April-Heft, 14-18.

Sander, Alfred: Integration behinderter Schüler und Schülerinnen als Gegenstand der Lehreraus- und -fortbildung. In: Meister, Hans & und Sander, Alfred (Hrsg.) Qualifizierung für Integration. St. Ingbert (Röhrig) 1993a. p. 191-201.

Sander, Alfred: Bibliographie zum Thema „Qualifizierung für Integration". In: Meister, Hans; Sander, Alfred (Hrsg.): Qualifizierung für Integration. St. Ingbert (Röhrig) 1993b. p. 267-276.

Sander, Alfred & Christ, Klaus: Integrativer Unterricht - Anforderungen an die Lehreraus- und -weiterbildung. In: Gewerkschaft Erziehung und Wissenschaft, Landesverband Nordrhein-Westfalen (Hrsg.): Gemeinsam spielen, lernen, leben. Behinderte und nichtbehinderte Kinder gemeinsam in Kindergarten und Schule. Essen (Neue Deutsche Schule Verlag) 1992. p. 113-119.

Sander, Alfred & Christ, Klaus: Integrativer Unterricht - Anforderungen an die Lehreraus- und -weiterbildung. In: Meister, Hans & und Sander, Alfred (Hrsg.) Qualifizierung für Integration. St. Ingbert (Röhrig) 1993. p. 203-211.

Sander, Alfred & Tepp, Karin: Fortbildung für Integration - Neue Wege im Saarland und in Hamburg. In: Erziehung und Wissenschaft 44 (1992) 3, 20-21.

Schnell, Irmtraud: Das Ganze ist mehr als die Summe seiner Teile. Lehrerbildung für die integrative Schule. In: Grundschule 29 (1997) 2, 29-31.

Klaus Christ

Beratung und Unterstützung der schulischen Integration im Saarland

Vorbemerkung: Prof. Alfred Sander ist mit der Entwicklung der schulischen Integration im Saarland maßgeblich und untrennbar verbunden. Von Anfang an hat er dabei den Aufbau von Beratungs- und Unterstützungssystemen mitgedacht und angestoßen. Bereits im förmlichen Verfahren der schulischen Integration hat Beratung in Form der Kind-Umfeld-Diagnose und der Empfehlungen des Förderausschusses einen hohen Stellenwert erhalten. Die Weiterentwicklung der schulischen Integrationsberatung hat A. Sander in einer fruchtbaren Zusammenarbeit begleitet. An dieser Stelle soll zurückgeblickt und vorsichtig nach vorne geschaut werden, welchen Platz Beratung und Unterstützung im Umfeld schulischer Integration im Saarland erlangt hat und welche Perspektiven sie für die nächste Zukunft hat.

1. Bedarf, Aufgaben und Qualifikationen der Integrationsberatung

Sonderpädagogik ist unübersehbar im Wandel. Der Prozeß der Öffnung und Ausweitung der Sonderpädagogik, der inhaltlichen und organisatorischen Veränderungen verläuft nicht gleichförmig und reibungslos, sondern „wellenförmig", krisenhaft; darin liegt die Chance einer notwendigen Neuorientierung und Weiterentwicklung der Sonderpädagogik, für ein neues professionelles Selbstverständnis.

In diesem Veränderungsprozeß haben sich die sonderpädagogischen Aufgaben erweitert. Zu der Arbeit *mit* Kindern ist beispielsweise verstärkt die Arbeit *für* Kinder gekommen. Neben Diagnose, Unterricht und Förderung tritt als relativ neues Handlungsfeld zunehmend Beratung und Kooperation, das gilt insbesondere für die gemeinsame Unterrichtung von behinderten und nichtbehinderten Schüler/innen in Regelschulen (vgl. Lumer 1995). Auf die bei Sonderpädagogen noch wenig entwickelte professionelle Kompetenz und Identität für Beratung hat A. Sander schon vor 20 Jahren hingewiesen: „Die bisherige Sonderschullehrerausbildung bereitet insbesondere auf die Beratungsaufgabe zu wenig vor" (Sander 1977, 169). Im Zusammenhang der Integrationsförderung haben aber begleitende Beratung und Unterstützung bei der innovativen Entwicklungsarbeit, bei der Gestaltung und Reflexion der integrativen Prozesse und bei der Qualitätssicherung integrativen Unterrichts eine Schlüsselfunktion.

Gemeinsamer Unterricht von behinderten und nichtbehinderten Schüler/innen hat - wie herkömmlicher Unterricht überhaupt - die allseitige Förderung aller Kinder in gemeinsamen Lernsituationen zum Ziel. Integrativer Unterricht akzeptiert aber bewußt die Verschiedenheit der Kinder und die Einmaligkeit des einzelnen Kindes und erfordert damit, das schulische Umfeld so zu gestalten, daß die Schüler/innen mit unterschiedlichen Lernvoraussetzungen und individuellen Förderbedürfnissen („special educational needs“) erfolgreich miteinander lernen können. Dafür braucht man zum einen entsprechende Rahmenbedingungen wie die personellen Voraussetzungen, insbesondere Sonderschullehrer-Stunden, aber je nach Bedarf auch sächliche und räumliche Mittel wie z.B. Differenzierungsmaterialien, technische Hilfsmittel, eine Rollstuhl-Rampe. Zum andern muß der Unterricht verändert werden - und zwar in Kooperation von Regel- und Sonderschullehrer/in. Darin liegen die Herausforderungen für die beteiligten Lehrpersonen.

Im „Mensch-Umfeld-System“ des integrativen Unterrichts (Sander 1991) besteht hoher Beratungsbedarf für alle Betroffenen und Beteiligten. Die Eltern behinderter Kinder und Jugendlicher sind aufgrund ihrer besonderen Lebenslage, ihrer Auseinandersetzungen mit dem Problem ‘Behinderung’ und der Bewältigungsversuche, mit den alltäglichen Belastungen, mit der Isolation, mit ihrem Wunsch nach gemeinsamer Schule usw. in hohem Maße auf Beratung und Unterstützung angewiesen. Andererseits sind die Eltern als ‘Experten’ ihres Kindes wichtige und kompetente Beratungspartner für die Lehrer/innen im Hinblick auf das gemeinsame Anliegen der Förderung der Lern- und Persönlichkeitsentwicklung des Kindes. In dem Sinne, daß die Kinder und Jugendlichen selbst „Akteure ihrer Entwicklung“ (Kautter u.a.) sind, brauchen sie Beratung und Unterstützung, Lernbegleitung und Entwicklungsförderung.

Den Lehrer/innen in integrativen Klassen stellen sich besondere pädagogisch-didaktische Anforderungen; sie müssen dafür neue Handlungsorientierungen und -kompetenzen aufbauen.

Integrativer Unterricht ist nach dem gesetzlichen Auftrag eine Entwicklungsaufgabe: „geeignete Formen der gemeinsamen Unterrichtung von Behinderten und Nichtbehinderten sind zu entwickeln“ (vgl. § 4 Abs. 1 Schulordnungsgesetz). Dieser Innovationsauftrag gilt für die landesweite Integrationsförderung wie für die einzelne Schule, insbesondere ist es aber eine je spezifische Aufgabe der an einer bestimmten Integrationsmaßnahme beteiligten Lehrkräfte. Inzwischen liegen viele integrationspädagogische Erfahrungen vor; Regel- und Sonderschullehrer/innen arbeiten zusammen, bringen unterschiedliche Kompetenzen ein, verändern ihre Unterrichtspraxis hin zu offeneren, differenzierenden Unterrichtsformen, fördern die Leistungs-, Persönlichkeits- und Sozialentwicklung aller Schüler. Letztlich ist aber jeder, der mit integrativem Unterricht beginnt, „Anfänger"; in der Not-Wendigkeit, voneinander und miteinander lernen zu müssen, liegt zugleich die Chance, Schule als lernendes System zu gestalten. Dabei ist die gemeinsame Beratung und Kooperation von Regel- und Sonderschullehrer/in mit den Möglichkeiten der Bündelung und des Austauschs von Kompetenzen eine hilfreiche (aber nicht hinreichende) Bedingung. So kann z.B. Kooperation selbst zum Problem werden, können Konflikte entstehen, die aus eigener Kraft und Betroffenheit nicht gelöst werden können. Lehrerinnen und Lehrer erwarten dabei Beratung, Unterstützung und Hilfen von außen.

Es gibt vielfältigen und großen Bedarf an Beratung, der im Zuge der Ausweitung schulischer Integration noch zunimmt. Gerade in einer Zeit, in der strukturelle Veränderungen und innovative Entwicklungen in der Schule verstärkt, gleichzeitig aber die Ressourcen knapper werden, erhalten Beratung und Unterstützung einen besonderen Stellenwert. Entsprechende Strukturen der Beratung müssen dafür entwickelt und aufgebaut werden. In den Bundesländern gibt es bereits viele, recht unterschiedliche Beispiele von Beratungssystemen. Darauf kann hier nicht inhaltlich eingegangen werden, aber ich will einige 'Beratungsstellen für Integration' wenigstens nennen: Beratungsstelle für die Integration in der Schule (BIS) in Schleswig-Holstein (Pluhar 1993), Beratungszentrum Integration (BZI) in Hamburg (Tepp 1993), Informations- und Koordinationsstelle für sonderpädagogische Förderung (Info-Stelle) in Hessen (Hessisches Institut o.J.). Bei allen Unterschieden bezüglich der inhaltlichen Schwerpunktsetzungen, der Organisations- und Arbeitsformen sind doch bestimmte Beratungsangebote durchgängig zu identifizieren. Stichwortartig sind das Information, (Sich-gemeinsam-)Beraten, Entwicklungsarbeit, Fortbildung, Materialienbörse, Koordination, Kooperation.

„Qualifizierung für Integration" (Meister & Sander 1993) ist begleitende und fortlaufende Aufgabe von Beratung, Lehreraus- und -fortbildung als wichtigen Unterstützungssystemen im Netzwerk schulischer Integration. Qualifizierungsangebote brauchen auch und in besonderer Weise die Berater/innen, um ihre Aufgaben professionell wahrnehmen, um begleitend zu ihrer Beratungstätigkeit Kompetenzen erwerben und erweitern zu können. Beispielhaft seien hier einige spezielle Fortbildungsangebote für Integrationsberater/innen und Fortbildner/innen im Saarland angeführt: Kooperative Beratung (Mutzeck 1996), Themenzentrierte Interaktion, Fallarbeit und Supervision (vgl. Meister 1993 und 1996), Förderung integrativer Innovationen (vgl. Meister/Krämer 1997).

2. Entwicklung von Konzepten und Formen der Integrationsberatung im Saarland

Urs Haeberlin hat aus der Außensicht einen kritischen Vergleich der realen Integrationssituation im Saarland mit den Grundsätzen einer wertorientierten Integrationsentwicklung angestellt. Zu den Indikatoren für die Beurteilung der wertorientierten Integrationsentwicklung zählt er unter anderen auch „Information, Beratung und Fortbildung". Bei seiner Überprüfung kommt er zu dem Schluß: „Die Anstrengungen zur Information, Beratung und Fortbildung scheinen mir im Saarland aufgrund der schriftlichen Unterlagen groß zu sein. Alles deutet darauf hin, daß die Notwendigkeit dieser Postulate ausreichend erkannt ist" (Haeberlin 1994, 52). Tatsächlich gab und gibt es im Saarland in dieser Sache vielfache Bemühungen und eine Reihe positiver Ergebnisse. Allerdings ist die Verwirklichung der Integrationsberatung im Rahmen der rechtlichen Vorgaben und knappen Ressourcen immer hinter den Konzepten zurückgeblieben, stets unsicher gewesen und nach wie vor nicht fest etabliert.

Das Verständnis der gesetzlichen Entwicklungsaufgabe schulischer Integration (§ 4 Abs. 1 SchOG) bezieht Beratungs- und Unterstützungssysteme grundsätzlich mit ein. Die tatsächliche Entwicklung der Integrationsberatung war - ähnlich und in enger Beziehung zu der Entwicklung der schulischen Integrationsmaßnahmen - vielfältig, wechselvoll und z.T. krisenhaft; sie läßt sich als „stürmische Entwicklung mit Flauten" beschreiben.

Qualifizierungs- und Unterstützungsmaßnahmen waren nicht von Anfang an da; sie sind begleitend und in der Folge der Integrationspraxis eingerichtet und ausgebaut worden. Der Beginn liegt - etwa zeitgleich mit den Anfängen schulischer Integrationsmaßnahmen 1985 - bei der Beratung und Unterstützung durch die ministerielle Planungsgruppe „Kommission für die Integration behinderter Schülerinnen und Schüler" (KIBS) und im Rahmen der wissenschaftlichen Begleitung durch die Projektgruppe „Integration behinderter Schülerinnen und Schüler" (IBS) an der Universität des Saarlandes, beide unter Leitung von A. Sander.

Schon in der frühen Entwicklungsphase der schulischen Integration haben die Institute der Lehrerfortbildung zur begleitenden Unterstützung der Kolleginnen und Kollegen, die als „Anfänger" integrativen Unterricht übernommen haben und geeignete Unterrichtsformen entwickeln sollten, Angebote zur kollegialen Praxisberatung und Qualifizierung organisiert (vgl. Piro 1993). Diese Fortbildungsarbeit ist mit wechselnden Anteilen am Gesamtangebot fortgeführt und in letzter Zeit wieder deutlich verstärkt worden.

Nach den schulrechtlichen und verfahrensmäßigen Regelungen (Schulordnungsgesetz vom 4. Juni 1986, Integrations-Verordnung vom 4. August 1987, u.a.) sind zunehmend Beratungen durch die Schulen und die Schulaufsicht wahrgenommen worden. Im Rahmen der Anhörung der Erziehungsberechtigten bei der Überprüfung ihres Kindes auf sonderpädagogischen Förderbedarf sind die Schulen verpflichtet, Eltern - auch schriftlich - darauf hinzuweisen, daß sie einen Integrations-Antrag stellen können. Dadurch ist Beratung im Sinne der Information über die Möglichkeiten integrativen Unterrichts für alle Eltern von behinderten Kindern gesichert.

Im Zusammenhang der Antragstellung werden Beratungsgespräche von den Schulleitungen, oft auch von den Schulrätinnen und Schulräten durchgeführt; in der Vergangenheit durchaus nicht immer integrationsorientiert, eben jeweils auf dem Hintergrund der Gegebenheiten vor Ort und in Abhängigkeit von den Einstellungen, Kenntnissen und Vorstellungen der betreffenden Funktionsträger.

Auf der Grundlage eines Konzeptpapiers der Projektgruppe IBS zur Einrichtung einer Stelle des „Landesbeauftragten für die Integration behinderter Schülerinnen und Schüler“ wird der Verfasser dieses Beitrages im Juni 1987 mit der Wahrnehmung der Geschäfte eines „Landesfachberaters für Integration“ beauftragt. Der Landesfachberater nimmt seine Aufgaben im Rahmen einer Abordnung zum Projekt IBS an der Universität wahr. Mit der Aufhebung der Abordnung zum 31. Juli 1991 kommt es nicht zur Einrichtung dieser Stelle, so daß die Wahrnehmung der Aufgaben des Landesfachberaters nicht mehr möglich ist. Aufgrund der massiven Sparzwänge ist trotz vielfacher Bemühungen von verschiedenen Seiten zur Zeit keine Chance für eine stellenmäßige Absicherung dieser Beratungsfunktion zu erkennen.

Nachdem das Reformvorhaben aus einer ersten Innovationsphase herausgetreten war, entwickelte die „Kommission für die Integration behinderter Schüler und Schülerinnen“ (KIBS) selbst „die Vorstellung, daß nun eine schulnähere Kommission die weitere Entwicklung des Reformvorhabens unterstützen sollte“, und hat dem Kultusminister im November 1987 die Einrichtung einer „Nachfolge-Kommission“ empfohlen (Sander 1988, 262 f). Dieser Empfehlung ist der Minister mit der Berufung der „Landeskommission für Integration“ (LKI) 1988 in wesentlichen Punkten gefolgt. Die Organisationsform der Verknüpfung von zentralem Beratungsgremium beim Kultusministerium und dezentraler Beratung und Unterstützung durch die Einzelmitglieder in den Schulaufsichtsbezirken hat sich als günstige Lösung des Beratungsproblems für den saarländischen Weg der landesweiten Integrationsförderung herausgestellt. In der LKI können die regionalen Erfahrungen fortwährend und unmittelbar zusammengetragen und ausgewertet werden. Schlußfolgerungen und Empfehlungen können der obersten Schulbehörde, die in den zentralen LKI-Sitzungen vertreten ist, unmittelbar zugänglich gemacht werden. In umgekehrter Richtung können beratungsrelevante Entscheidungen oder Informationen schnell regional gestreut werden. Über die Arbeit der LKI liegt ein Bericht vor (Christ 1990).

Die Projektgruppe IBS legt 1988 ein „Konzept für die Institutionalisierung der schulischen Integrationsberatung“ vor (Christ u.a. 1989), das nach der Vorbemerkung von A. Sander „in dem breiten Bereich zwischen vorfindbarer Realität und wünschenswertem Idealzustand angesiedelt ist“ (a.a.O., 32). Das Konzept beschreibt Notwendigkeit, Leitlinien, Rahmenkonzeption und Institutionalisierung einer regionalisierten Integrationsberatung. Zu den Aufgaben der Beratungsstellen sollte u.a. die Vernetzung von regional bestehenden „Beratungsinseln“ gehören. Das Konzept ist mit Verweis auf die Kostenimplikationen nicht umgesetzt worden.

Nach einer neuerlichen starken quantitativen Weiterentwicklung des integrativen Unterrichts wird 1996 im Auftrag des Ministers ein neues Konzept zur Weiterentwicklung der Integrationsberatung erarbeitet. Dieses Konzept wird in wesentlichen Teilen umgesetzt und führt zu einer deutlichen Verstärkung der zentralen und regionalen Integrationsberatung. Die konkreten Ergebnisse werden im folgenden Unterkapitel ausgeführt.

Im Verlauf der Integrationsentwicklung sind weitere außerschulische Ansprechpartner und Kontaktstellen hinzugekommen, die besonders für die Eltern wichtige und oft nachgefragte Beratungspartner sind. Hier ist vor allem der Verein „Miteinander Leben Lernen“ (MLL) zu nennen. Der Elternverein, in dem sich vor allem Eltern behinderter und nichtbehinderter Kinder zusammengeschlossen haben, hat sich die Förderung gemeinsamen Lebens und Lernens zum Ziel gesetzt und bietet außer Beratung auch konkrete Unterstützung an im Rahmen eines „Integrativen Hilfsdienstes“ (Zivildienstleistende, die u.a. zur Familienentlastung, aber auch als schulische Integrationshelfer eingesetzt sind) und einer „Arbeitsassistenz“ (als begleitende Hilfe beim Übergang von der Schule in Ausbildung, Beruf und Arbeit).

Beim Übergang vom Kindergarten zur Schule übernehmen die „Arbeitsstellen für Integrationshilfen“ (AfI) wichtige Beratungs- und Unterstützungsfunktionen. Die Arbeitsstellen begleiten und unterstützen die soziale und pädagogische Integration behinderter Kinder in Regelkindergärten durch qualifizierte Fachkräfte. Zentrale Aufgaben sind die personelle und fachliche Unterstützung der Eltern und Kindergärten bei ihren Integrationsbemühungen und die Bereitstellung der notwendigen (heil)pädagogischen, therapeutischen und beratenden Hilfen.

Ein schriftliches Beratungs- und Unterstützungsangebot für Lehrer/innen liegt als „Ratgeber Integration“ in Buchform vor. Das Buch enthält eine sehr konkrete Einführung in Fragen der Integration vor, in und nach der Schule sowie viele Informationen, Hilfen und Material. Es ist von der Gewerkschaft Erziehung und Wissenschaft - Landesverband Saarland (1995) herausgegeben und allen Mitgliedern und jeder Schule im Saarland überlassen worden.

Es gibt weitere Beratungsangebote und -einrichtungen, zu deren originären Aufgaben Integrationsberatung nicht gehört, die aber im Einzelfall immer wieder wichtige integrationsbezogene Beratungen leisten. Zu diesen 'Beratungsinseln', die in dem Netzwerk schulischer Integration ihren Platz haben, gehören z.B. Vertreter/innen des schulpsychologischen Dienstes, der Jugendhilfe, des kinder- und jugendärztlichen Dienstes, der Landesärzte, niedergelassene Ärzte und Ärztinnen, andere Dienste, Einrichtungen, Gruppen usw. Die Aufzählung muß zwangsläufig unvollständig bleiben, weil die Vielfalt der regionalen Gegebenheiten und Entwicklungen gar nicht überblickt werden kann.

3. Aktueller Stand der schulischen Integrationsberatung

An dieser Stelle sollen die Einrichtungen der Beratung und Unterstützung schulischer Integration, die 1996 neu konzipiert und mit förmlichem Auftrag des Bildungsministers und geregelten Rahmenbedingungen umgesetzt worden sind, in einem kurzen Überblick vorgestellt werden. Die unten aufgeführten Einrichtungen der Integrationsberatung stehen in enger Zusammenarbeit und können als Beratungsverbund mit zentralen und regionalen Schwerpunktsetzungen bezeichnet werden. Die beteiligten Personen sind den pädagogischen Zielen der Integrationsförderung verpflichtet. Sie unterstützen insbesondere die an Integration Beteiligten in ihrem Bemühen, durch pädagogische Umgestaltung des schulischen Umfeldes möglichst günstige Entwicklungsbedingungen für alle Schüler/innen, insbesondere für die Schüler/innen mit Behinderungen zu schaffen.

Landeskommission für Integration (LKI)

Die Landeskommission für Integration (LKI) ist vom Ministerium für Bildung, Wissenschaft und Kultur zur Unterstützung der landesweiten Entwicklung schulischer Integration eingesetzt. Die LKI ist ein zentrales Beratungsgremium beim Kultusministerium, dem 8 Mitglieder angehören: 7 Integrationsberater/innen, die je einem Schulamt zugeordnet sind, und der Vorsitzende. Außer einer Regelschullehrerin sind alle Mitglieder Sonderschullehrer/innen. Alle Mitglieder haben eigene Praxiserfahrungen in integrativen Klassen.

Aufgabe der LKI ist insbesondere die Mitwirkung bei der pädagogischen Weiterentwicklung der schulischen Integration. Sie sammelt die regionalen Erfahrungen und wertet sie aus, entwickelt konzeptionelle Konsequenzen, nimmt zu Einzelfragen Stellung, spricht Empfehlungen aus usw.

Die LKI berät in regelmäßigen Sitzungen alle 6-8 Wochen. An den Sitzungen nimmt in der Regel eine Vertreterin oder ein Vertreter des Kultusministeriums teil.

Die LKI ist um Fortbildung und Kompetenzerweiterung ihrer Mitglieder bemüht und schlägt entsprechende Veranstaltungen und Qualifizierungsmaßnahmen vor.

Integrationsberater/innen

Die Integrationsberater/innen sind je einem Schulamt zugeordnet und haben insbesondere folgende Aufgaben:

- Beratung und Unterstützung von Schulaufsicht, Lehrerkollegien und Schulleitungen bei der Einrichtung von Integrationsmaßnahmen in der Region,
- beratende Mitwirkung bei Förderausschüssen (insbesondere Unterstützung bei der Kind-Umfeld-Diagnose, den Empfehlungen und der pädagogischen Handlungsplanung des gemeinsamen Unterrichts),
- Entwicklung und Organisation von regionaler Fortbildung und Beratung für Lehrer/innen, die im gemeinsamen Unterricht tätig sind oder werden wollen.

Die Integrationsberater/innen arbeiten in der Regel sehr eng mit den jeweiligen Schulräten und Schulrätinnen zusammen. Sie bilden regionale Arbeitskreise für Integration und organisieren unterschiedliche Formen des Erfahrungsaustauschs und der kollegialen Beratung für interessierte Kollegen und Kolleginnen. Ein Schwerpunkt ist integrative Entwicklungsarbeit unter den jeweils (sehr unterschiedlichen) gegebenen regionalen Bedingungen und Entwicklungsmöglichkeiten.

Für die Aufgaben der Integrationsberatung bilden sie sich in speziellen Fortbildungsveranstaltungen fort. Sie nehmen an den regelmäßigen Sitzungen der LKI teil und arbeiten mit der Beratungsstelle Integrationspädagogik zusammen. Für die Wahrnehmung ihrer Aufgaben stehen ihnen zur Zeit drei Deputatstunden zur Verfügung.

Beratungsstelle Integrationspädagogik

Die Beratungsstelle Integrationspädagogik im Landesinstitut für Pädagogik und Medien (LPM) hat die Aufgabe, Beratung und Weiterentwicklung der Integration behinderter Kinder und Jugendlicher zu fördern und mit bestehenden Beratungs- und Unterstützungssystemen zusammenzuarbeiten. Adressaten sind Lehrer/innen, Schulleitungen und Schulaufsicht aller Schulformen; auch Eltern, Schüler/innen und sonstige Beteiligte oder Interessierte können im Rahmen der Zielsetzungen und Möglichkeiten der Arbeitsstelle Beratung erhalten.

Schwerpunktmäßig berät sie Kollegien und Lehrer/innen in fachlichen, verfahrensrechtlichen und pädagogisch-didaktischen Fragen des gemeinsamen Unterrichts, unterstützt Schulen bei der Vorbereitung auf Integration, stellt Literatur und Unterrichtsmaterialien zur Verfügung, vermittelt Kontakte im

Umfeld schulischer Integration. Darüber hinaus wirkt sie in der Lehrerausbildung mit; Integrationspädagogik wird nicht nur in der Lehrerbildung der Universität angeboten, sondern auch in den Studienseminaren des Landes. Sie organisiert schließlich die gesamte Lehrerfortbildung für Sonder- und Integrationspädagogik; das Angebot wird erweitert und zunehmend dezentral ausgeschrieben.

Der Leiter der Beratungsstelle Integrationspädagogik ist auch Vorsitzender der LKI. Zu seinen Aufgaben gehört die Unterstützung und Koordination der regionalen Entwicklungsarbeit und die enge Zusammenarbeit der Beratungsstelle mit LKI, Integrationsberater/innen und anderen integrationsunterstützenden Diensten, Gruppen und Personen. Über die Kooperation mit diesen unterschiedlichen Beratungsangeboten fördert er ihre Vernetzung.

4. Beratungs- und Unterstützungsangebote der Beratungsstelle Integrationspädagogik

In den Pädagogischen Notizen Nr. 1/1997, dem Fortbildungsprogramm der saarländischen Anbieter von Lehrerfortbildung, das alle Lehrer/innen erhalten, habe ich die Angebote und Aufgaben der Beratungsstelle Integrationspädagogik beschrieben und beispielhaft verdeutlicht, wie Lehrer/innen sie nutzen und mit ihr zusammenarbeiten können (Christ 1997).

- *Informationsstelle:* Sie gibt auf Anfrage mündliche oder schriftliche Auskünfte und Informationen zu Fragen der Integration behinderter Kinder und Jugendlicher.

  Beispiele: *Wie werden Zeugnisse bei zieldifferentem Unterricht ausgestellt? - Muß beim Übergang eines Integrationsschülers von der Grundschule in die Sekundarstufe ein neuer Antrag gestellt werden? - Wer kann einen Integrationshelfer beantragen?*

- *Kontakt- und Vermittlungsstelle:* Sie vermittelt Beratung, Unterstützung und Supervision nach Möglichkeit im Lebens- bzw. Arbeitszusammenhang und bezieht Beratungsangebote 'vor Ort' mit ein.

  Beispiele: *Wie komme ich an Differenzierungsmaterialien für Mathematik in der 6. Klasse? - Was kann ich bei Kooperationsproblemen mit meinem Ko-Lehrer tun? - Wo kann ich integrativen Unterricht mit einem geistigbehinderten Kind besuchen und kennenlernen?*

- *Koordinierungsstelle:* Sie unterstützt die regionale Integrationsberatung bei den Schulämtern und die Vernetzung der bestehenden Beratungsangebote und Unterstützungssysteme. Sie fördert die Weiterentwicklung der Integration u.a. durch die Zusammenarbeit mit außerschulischen Stellen und durch die Einbeziehung vorhandener Ressourcen.

Beispiele: *Wir möchten eine Lernwerkstatt für zieldifferenten integrativen Unterricht in unserem Arbeitskreis durchführen. - An wen können sich Eltern wenden? - Welche Stellen oder Dienste können die Integration im außerschulischen Bereich unterstützen?*

- *Beratungs- und Fortbildungsstelle für Lehrer/innen:* Neben Einzelberatung bietet sie insbesondere kollegiale Gruppenberatung für Lehrer/innen aller Schulformen an. Sie plant und organisiert Veranstaltungen der Lehrerfortbildung sowie der Lehrerausbildung (in Zusammenarbeit mit den Studienseminaren bzw. der Universität) und unterstützt die regionale Beratung und Fortbildung durch die Integrationsberater/innen. Inhaltlicher Schwerpunkt der Beratung und Fortbildung ist der integrative Unterricht (Differenzierung und individuelle Förderung in gemeinsamen Lernsituationen; soziale und emotionale Entwicklungsförderung; Kooperation von Regel- und Sonderschullehrer/innen usw.).

  Beispiele: *Sie organisiert Erfahrungsaustausch, Hospitationen, Pädagogische Tage. - Sie erkundet die Fortbildungsbedürfnisse und -themen in Kooperation mit den Kolleginnen und Kollegen . - Sie führt Fortbildungsveranstaltungen für Lehrer, Integrationsberater, Schulleiter u.a. durch. - Sie veranstaltet Arbeitstreffen in den Lernwerkstätten des LPM.*

- *Dokumentationsstelle und Materialbörse:* Sie dokumentiert Ergebnisse der Erfahrungsauswertung integrativen Unterrichts und unterstützt die Erstellung von Handreichungen und Unterrichtshilfen, Differenzierungsmaterialien, Video-Filmen u.a. Sie bietet Materialien, Literatur, Videos zur Ansicht an.

  Beispiele: *Hinweise zum zieldifferenten Unterricht bei Abwesenheit der Ambulanzlehrerin/des Ambulanzlehrers - Unterrichtsbeispiele für differenzierende Unterrichtsmethoden (Wochenplan, Lernzirkel, Projekt) in Text und Film - Gemeinsame Spiele im Sportunterricht mit körperbehinderten Schüler/innen.*

Die Beratungsstelle Integrationspädagogik ist im Aufbau; auch ihre Arbeit, Angebote, Kontakte und Beziehungen müssen entwickelt werden. Wenn dabei eine lebendige Zusammenarbeit zwischen der Beratungsstelle Integrationspädagogik, den Schulen, den Lehrer/innen, den Integrationsberater/innen und den vielen anderen beteiligten Stellen und Personen gelingt, kann dadurch die Integrationskultur im Saarland wieder ein Stück vorangebracht werden. Fragen, Probleme, Krisen werden immer wieder auftreten und müssen dann gelöst werden.

5. Schluß und Ausblick

Integrativer Unterricht von behinderten und nichtbehinderten Schüler/innen hat sich im Saarland etabliert; er wird sich weiter ausweiten, weil Eltern das Recht auf gemeinsames Leben und Lernen ihrer Kinder mit und ohne Behinderung in der Schule der Nachbarschaft oder ihrer Wahl wünschen und einfordern. In der Sicherheit schulrechtlicher Regelungen, aufgrund des erkennbaren Elternwillens und bei verbreiteter Bereitschaft von Lehrer/innen kann sich schulische Integration ausweiten und weiterentwickeln unter der Voraussetzung, daß die Politik den Willen zur Integrationsförderung erkennen läßt und Ressourcen bereitstellt. Bedenklich stimmt, wenn die Arbeitskammer des Saarlandes in ihrem „Bericht an die Regierung des Saarlandes 1997" zu der Einschätzung kommt: „Richtungweisende Ansätze der Schulreform können sich gegen undifferenzierte 'Sparpolitik' kaum noch behaupten" (Arbeitskammer 1997, 236f).

Integrationsberatung hat im Saarland hilfreiche Angebote und wirkungsvolle Formen und Strukturen entwickelt. Aber ihr Bestand ist nicht gesichert. Gegenüber der Argumentation mit Haushaltszwängen und finanziellen Engpässen gerät Integrationsberatung allzu leicht in Nachteil. Noch sind Integrationsberatung und die Beratungsstelle Integrationspädagogik „sinnvoll und erforderlich" (Arbeitskammer a.a.O., 255). Integration ist nicht ein irgendwann erreichter Zustand, sondern ein Prozeß. Integrationsförderung ist und bleibt Entwicklungsaufgabe. Nur perspektivisch kann man davon ausgehen, daß Integrationsberatung in Zukunft weitgehend überflüssig wird - in weiter Zukunft, nämlich dann, wenn gemeinsames Leben und Lernen zur Selbstverständlichkeit geworden ist.

Literatur

Arbeitskammer des Saarlandes (Hrsg.): Bericht an die Regierung des Saarlandes 1997. Saarbrücken (Ottweiler Druckerei) 1997. p. 229-270.

Christ, Klaus: Bericht über die Landeskommission für Integration (LKI). In: Sander, Alfred, Christ, Klaus u.a.: Gemeinsame Schule für behinderte und nichtbehinderte Kinder und Jugendliche. Saarbrücker Beiträge zur Integrationspädagogik, Bd. 4. St. Ingbert (Röhrig) 1990. p. 317-337.

Christ, Klaus: Die Beratungsstelle Integrationspädagogik im LPM. Entwicklungen und Perspektiven von Fortbildung und Beratung. In: Pädagogische Notizen (1997) 1, 6-8.

Christ, Klaus, Franck-Weber, Barbara, Fuchs,Isolde, Jung, Joachim & Schuler, Sigrid: Konzept für die Institutionalisierung der schulischen Integrationsberatung. In: Sander, Alfred, Christ, Klaus u.a.: Integration behinderter Kinder und Jugendlicher in Regelschulen. Saarbrücker Beiträge zur Integrationspädagogik, Bd. 3. St. Ingbert (Röhrig) 1988. p. 31-55.

Gewerkschaft Erziehung und Wissenschaft - Landesverband Saarland (Hrsg.): Ratgeber Integration. Informationen, Hilfen und Material. Saarbrücken, im Mai 1995.

Haeberlin, Urs: Kritische Aspekte der Integrationsentwicklung im Saarland. In: Sander, Alfred, Hildeschmidt, Anne u.a.: Schulreform Integration. Saarbrücker Beiträge zur Integrationspädagogik, Bd. 8. St. Ingbert (Röhrig) 1994. p. 39-54.

Hessisches Institut für Bildungsplanung und Schulentwicklung (Hrsg.): Informations- und Koordinationsstelle für sonderpädagogische Förderung. Entwicklung - Grundlagen - Aufgaben. (Informationsschrift) o.J.

Hildeschmidt, Anne & Sander, Alfred: Kind-Umfeld-Diagnose - ein ökosystemischer Ansatz. Integrationspädagogik aktuell, Heft 1. St. Ingbert (Röhrig) 1993.

Krämer, Herbert & Meister, Hans: Beratung als Aufgabe im Lehrerberuf und in der Fortbildung. In: Meister, Hans & Sander, Alfred (Hrsg.): Qualifizierung für Integration. Saarbrücker Beiträge zur Integrationspädagogik, Bd. 7. St. Ingbert: Röhrig 1993. p. 253-265.

Lumer, Beatrix: Integration, Kooperation und Beratung als zentrale Aufgaben von Lehrern und Lehrerinnen in Europa. Konsequenzen für die Lehrerbildung. In: Zeitschrift für Heilpädagogik (1995) 2, 56-61.

Meister, Hans: Modelle der Supervision und der kollegialen Beratung. Orientierungshilfen und Arbeitsmaterialien für Angehörige pädagogischer und sozialer Berufe. Arbeitsberichte aus der Fachrichtung Erziehungswissenschaft, Universität des Saarlandes, Arbeitseinheit Sonderpädagogik 1993.

Meister, Hans: Fallarbeit mit Hilfe Themenzentrierter Interaktion. In: Schlee, Jörg & Mutzeck, Wolfgang (Hrsg.): Kollegiale Supervision. Modelle zur Selbsthilfe für Lehrerinnen und Lehrer. Heidelberg (Winter, Edition Schindele) 1996. p. 79-99.

Meister, Hans & Krämer, Herbert: Innovation als Aufgabe, Voraussetzung und Wirkung integrativer Pädagogik. In: Eberwein, Hans (Hrsg.): Handbuch Integrationspädagogik. Kinder mit und ohne Behinderungen lernen gemeinsam. Weinheim, Basel (Beltz) 4. Aufl.. 1997. p. 404-410.

Meister, Hans & Sander, Alfred (Hrsg.): Qualifizierung für Integration. Pädagogische Kompetenzen für gemeinsame Erziehung und integrativen Unterricht behinderter und nichtbehinderter Kinder. Saarbrücker Beiträge zur Integrationspädagogik, Bd. 7. St. Ingbert (Röhrig) 1993.

Mutzeck, Wolfgang: Kooperative Beratung. In: Schlee, Jörg & Mutzeck, Wolfgang (Hrsg.): Kollegiale Supervision. Modelle zur Selbsthilfe für Lehrerinnen und Lehrer. Heidelberg (Winter, Edition Schindele) 1996. p. 56-78.

Piro, Ulrike: Integrationsbezogene Lehrerfortbildung am Landesinstitut für Pädagogik und Medien und am Institut für Lehrerfort- und -weiterbildung im Saarland. In: Meister, Hans & Sander, Alfred (Hrsg.): Qualifizierung für Integration. Saarbrücker Beiträge zur Integrationspädagogik, Bd. 7. St. Ingbert (Röhrig) 1993. p. 239-256.

Pluhar, Christine: Die Beratungsstelle für die Integration behinderter und nichtbehinderter Kinder und Jugendlicher in der Schule, Kiel (BIS). In: Integration verändert Schule. Konzepte der Arbeit sonderpädagogischer Förderzentren. Zusammengestellt von Hans Mohr. Hamburg (Hamburger Buchwerkstatt) 1993. p. 141-153.

Sander, Alfred: Sonderpädagogik in allgemeinbildenden Schulen - Sonderschullehrer an Grund- und Hauptschulen. In: Kleber, Ed. Werner: Zur Revision sonderpädagogischer Praxis. Berlin (Marhold) 1977. p. 169-182.

Sander, Alfred: Integration behinderter Schüler und Schülerinnen auf ökosystemischer Grundlage. In: Sander, Alfred & Raidt, Peter (Hrsg.): Integration und Sonderpädagogik. Saarbrücker Beiträge zur Integrationspädagogik, Bd. 6. St. Ingbert (Röhrig) 1991. p. 41-47.

Sander, Alfred: Integration und Freiwilligkeit. In: Förderverein der Astrid-Lindgren-Schule (Hrsg.): Pädagogik in Bewegung - Integrationspädagogik. Eschweiler (Selbstverlag des Hrsg.) 1995. p. 345-361.

Tepp, Karin: Das Beratungszentrum Integration Hamburg (BZI). In: Integration verändert Schule. Konzepte der Arbeit sonderpädagogischer Förderzentren. Zusammengestellt von Hans Mohr. Hamburg (Hamburger Buchwerkstatt) 1993. p. 127-140.

Alfred Sander

Veröffentlichungen

Alfred Sander: Der Schulleistungstest im Umschulungsverfahren für die Hilfsschule. Zeitschrift für Heilpädagogik 15 (1964) 5, 235-241.

Alfred Sander: Zur Frage der Liedgutauswahl für die Oberstufe der Sonderschule für Lernbehinderte. Zeitschrift für Heilpädagogik 17 (1966) 7, 325-331.

Alfred Sander: Begabung, Intelligenz, Leistung. Schule und Psychologie 14 (1967) 7, 201-214.

Alfred Sander: Zur Geschichte der Bezeichnung 'Sonderschule'. Zeitschrift für Heilpädagogik 19 (1968) 10, 517-527.

Alfred Sander: Die Sonderschulen im geteilten Deutschland. Eine vergleichende Studie zum Auf- und Ausbau des Sonderschulwesens in der Bundesrepublik Deutschland und der Deutschen Demokratischen Republik. Berlin (Carl Marhold Verlag) 1969. 152 p.

Alfred Sander: Erfahrungen mit der Lektüre von Ganzschriften in der Oberstufe der Lernbehindertenschule. Zeitschrift für Heilpädagogik 22 (1971) 1, 19-36.

Karl Samstag, Alfred Sander, Rudolf Schmidt: Diagnostischer Rechentest für 3. Klassen DRE 3. (= Deutsche Schultests). Weinheim (Beltz Test Gesellschaft) 1971.

Alfred Sander: Die Sonderschulen im Saarland. Eine vergleichende Untersuchung ihrer Entwicklung bis zur Eingliederung in die Bundesrepublik Deutschland. (= Veröffentlichungen des Instituts für Landeskunde des Saarlandes, Band 19). Saarbrücken (Saarbrücker Zeitung Verlag) 1971. 221 p.

Alfred Sander: Anregung von Forschungsvorhaben zur wissenschaftlichen Begleitung der Arbeit von Sonderschulen als Ganztagsschulen. In: Walter Bachmann, Elfriede Stagneth (Hrsg.): Ganztagssonderschulen. Leitfäden zur Planung und Realisierung. Neuburgweier b. Karlsruhe (G. Schindele Verlag) 1972. p. 33-46;
2. Auflage 1974. p. 33-46.

Alfred Sander: Kriterien für die Auswahl von Lesebüchern für Lernbehindertenschulen. Sonderpädagogik 2 (1972) 3, 106-116 (Teil 1); 2 (1972) 4, 165-177 (Teil 2).

Alfred Sander: Integrative Förderung behinderter Kinder in der Grundschule. Die Grundschule 5 (1973) 1, 34-43.

Alfred Sander: Die statistische Erfassung von Behinderten in der Bundesrepublik Deutschland. In: Jakob Muth (Hrsg.): Sonderpädagogik 1 - Behindertenstatistik, Früherkennung, Frühförderung. (= Deutscher Bildungsrat, Gutachten und Studien der Bildungskommission, Band 25). Stuttgart (Ernst Klett Verlag) 1973. p. 13-109;
2. Auflage (ohne Herausgeber) 1975. p. 13-109.

Alfred Sander: Das Sonderschulwesen in der Bundesrepublik Deutschland 1972 - statistische Übersicht. In: Festschrift zum 75-jährigen Bestehen des Verbandes Deutscher Sonderschulen. Zeitschrift für Heilpädagogik 24 (1973) 5, 369-376.

Alfred Sander: Eine Untersuchung zur Frage der diagnostischen Validität des 'Diagnostischen Rechentests für 3. Klassen DRE 3'. Psychologie in Erziehung und Unterricht 20 (1973) 3, 181-189.

Alfred Sander: Sonderschullehrerausbildung: Konzepte und Modelle. Zeitschrift für Heilpädagogik 25 (1974) 6, 359-363.

Alfred Sander: Die Empfehlungen des Bildungsrates zur Frühförderung behinderter und von Behinderung bedrohter Kinder. Blätter des Pestalozzi-Fröbel-Verbandes 25 (1974) 4, 97-105.

Alfred Sander: Ausweitung der Sonderpädagogik. Bemerkungen zur gegenwärtigen Lage der Behindertenerziehung und ihrer Theorie in Westdeutschland. Sonderpädagogik 4 (1974) 3, 95-104.

Alfred Sander: Allgemeine Bildungseinrichtungen und Sonderschulen - Möglichkeiten und Grenzen der Integration Behinderter I: Intelligenzgeschädigte. In: Bildungsreform und Sonderschule. Kongreßbericht des Sonderpädagogischen Kongresses 29. März 1974 in Aachen. Hrsg.: Landesverband Nordrhein-Westfalen im Verband Deutscher Sonderschulen. Nienburg/Weser (Verlag B. Schulze) 1974. p. 41-45.

Alfred Sander: Zur diagnostischen Validität des DRE 3 als Gruppentest. Psychologie in Erziehung und Unterricht 21 (1974) 5, 286-292.

Alfred Sander: Zum Stand der Erfassung sonderschulbedürftiger Behinderter. Festschrift zum Internationalen Kongreß für Sonderpädagogik 1975 in Berlin. Zeitschrift für Heilpädagogik 26 (1975) 5, 214-221.

Alfred Sander: Zum weiterführenden Leseunterricht an der Lernbehindertenschule. In: Gustav O. Kanter, Hanno Langenohl (Hrsg.): Didaktik des Deutschunterrichts. (= Texte zur Lernbehindertendidaktik, Band 2). Berlin (Carl Marhold Verlag) 1975. p. 96-124.

Alfred Sander: Die Zurückstellung von Schulanfängern aus sonderpädagogischer Sicht. In: Modell „Erstes Schuljahr". (= Beiträge zur Reform der Grundschule, Sonderband 19/20) Frankfurt/M. (Arbeitskreis Grundschule) 1975. p. 91-104.

Alfred Sander: Organisation und Struktur der Sonderschulen für Lernbehinderte in der Bundesrepublik Deutschland. Anhang in: Emil E. Kobi: Die Rehabilitation der Lernbehinderten. (= Die Rehabilitation der Entwicklungsgehemmten, Band 8). München (Ernst Reinhardt Verlag) 1975. p. 211-217; 2. Auflage 1980, p. 211-217.

Ulrich Bleidick (Leiter der Arbeitsgruppe), Hans Meyer, Alfred Sander, Gerhard Scherzinger, Anton Straub: Richtlinien zur Förderung von Schülern mit einer isolierten Lese-Rechtschreibschwäche (Legasthenie). Zeitschrift für Heilpädagogik 27 (1976) 1, 2-16.

Alfred Sander: Zurückstellung oder Förderung bei beeinträchtigter Schulfähigkeit aus sonderpädagogischer Sicht. In: Kurt Hartung (Hrsg.): Schulbeginn und seelische Gesundheit des Kindes. Kongreßbericht über eine interdisziplinäre Tagung der Deutschen Gesellschaft für Sozialpädiatrie e.V. und des Deutschen Grünen Kreuzes vom 13. und 14.6.1975 in Mainz. Marburg/L. (Deutsches Grünes Kreuz) 1976. p. 79-86.

Alfred Sander: Über die Förderung schulschwacher Grundschüler. Saarländische Schulzeitung 23 (1976) 3, 10-12.

Alfred Sander: Sonderpädagogik in allgemeinen Schulen - Einführung und Begründung des Themas. In: Alfred Sander (Hrsg.): Sonderpädagogik in der Regelschule. Referate der 11. Arbeitstagung der Dozenten an Sonderpädagogischen Studienstätten in Saarbrücken. Berlin (Carl Marhold Verlag) 1976. p. 1-9.

Alfred Sander: Die Ausweitung der Sonderpädagogik und ihre Konsequenzen für die Ausbildung von Sonderschullehrern. Zeitschrift für Heilpädagogik 27 (1976) 5, 289-294.

Alfred Sander: Sonderpädagogische Grundausbildung für alle Lehrerstudenten. Eine Voraussetzung zur spezifischen Förderung schulschwacher Kinder in der Normalschule. Westermanns Pädagogische Beiträge 28 (1976) 6, 340-354.

Alfred Sander: Anmerkungen zur Stellungnahme von G. Heinrichs.[1] Zeitschrift für Heilpädagogik 27 (1976) 11, 671-672.

Alfred Sander: Facts und Trends im Sonderschulwesen. betrifft: erziehung 9 (1976) 12, 40-42, 51-52. Abgedruckt in: Endstation Sonderschule (= b:e-Sonderdruck Leserdienst). Weinheim (Beltz Verlag) 1977. p. 10-14.

Alfred Sander: Pädagogische Maßnahmen zur Verminderung von Schulschwäche in der Grundschule. Bericht über ein Aktionsprogramm. Zeitschrift für Heilpädagogik 28 (1977) 1, 48-50; gleichzeitig in: Die Grundschule 9 (1977) 1, 10-11.

Alfred Sander: Entgegnung zu Schmidtke: Ausländerkinder und Sonderschule.[2] Zeitschrift für Heilpädagogik 28 (1977) 3, 176-180.

Alfred Sander: Gibt es trotzdem Legastheniker? In: „Legasthenie" oder Lesestörungen? Pro und Contra. (= Beiträge zur Reform der Grundschule, Sonderband 28/29). Frankfurt/M. (Arbeitskreis Grundschule) 1977. p. 235-238.

Alfred Sander: Aufgaben der Sonderpädagogik im Elementarbereich - Zusammenarbeit zwischen Sonderpädagogen und Eltern behinderter und entwicklungsgestörter Kinder. In: Eduard Werner Kleber (Hrsg.): Zur Revision sonderpädagogischer Praxis. Berlin (Carl Marhold Verlag) 1977. p. 153-168.

Alfred Sander: Sonderpädagogik in allgemeinen Schulen - Sonderschullehrer an Grund- und Hauptschulen. In: Eduard Werner Kleber (Hrsg.): Zur Revision sonderpädagogischer Praxis. Berlin (Carl Marhold Verlag) 1977. p. 169-182.

Alfred Sander: Sonderpädagogischer Förderunterricht für schulschwache Grundschüler. Vorschläge zur Prävention statt nachgehender Rehabilitation von Behinderten in der Schule. In: Rudolf Schindele (Hrsg.): Unterricht und Erziehung Behinderter in Regelschulen. (= Schulische und soziale Integration Behinderter, Band 1). Rheinstetten b. Karlsruhe (G. Schindele Verlag) 1977. p. 368-380;
2. Auflage 1980, p. 368-380.

---

[1] G. Heinrichs: Stellungnahme zum Entwurf von „Richtlinien zur Förderung von Schülern mit einer isolierten Lese-Rechtschreibschwäche (Legasthenie)". Zeitschrift für Heilpädagogik 27 (1976) 11, 669-671.

[2] In: Zeitschrift für Heilpädagogik 28 (1977) 3, 170-175.

Gemeinsam mit 19 weiteren Mitgliedern einer Gemeinsamen Arbeitsgruppe des Arbeitskreises Grundschule e.V. und des Verbands Deutscher Sonderschulen e.V. (unter Leitung von Alfred Sander): Thesen für pädagogische Maßnahmen zur Verminderung von Schulschwäche in der Grundschule. In: Anton Reinartz, Alfred Sander (Hrsg.): Schulschwache Kinder in der Grundschule. Band 1: Thesen, Kommentare, Bibliographie. (= Beiträge zur Reform der Grundschule, Sonderband 31/32). Frankfurt/M. (Arbeitskreis Grundschule) 1977. p. 7-32.

Alfred Sander: Besondere Empfehlungen für die Förderung sprachgestörter, leicht sinnesgeschädigter und körperlich beeinträchtigter Kinder. Kommentar zum Abschnitt 5 der Thesen. In: Anton Reinartz, Alfred Sander (Hrsg.) Schulschwache Kinder in der Grundschule. Band 1: Thesen, Kommentare, Bibliographie. (= Beiträge zur Reform der Grundschule, Sonderband 31/32). Frankfurt/M. (Arbeitskreis Grundschule) 1977. p. 116-135.

Alfred Sander: The treatment of learning disabilities in normal schools in the Federal Republic of Germany. Remedial Education 13 (1978) 1, 15-20.

Anton Reinartz, Alfred Sander: Einleitung. In: Anton Reinartz, Alfred Sander (Hrsg.): Schulschwache Kinder in der Grundschule. Band 2: Beispiele und Modelle für Unterricht und Förderung. (= Beiträge zur Reform der Grundschule, Band 35/36). Frankfurt/M. (Arbeitskreis Grundschule) 1978. p. 7-12.

Alfred Sander: Sonderpädagogische Grundausbildung für alle Lehrerstudenten. Eine Voraussetzung zur spezifischen Förderung schulschwacher Kinder in der Normalschule. In: Anton Reinartz, Alfred Sander (Hrsg.): Schulschwache Kinder in der Grundschule. Band 2: Beispiele und Modelle für Unterricht und Förderung. (= Beiträge zur Reform der Grundschule, Band 35/36). Frankfurt/M. (Arbeitskreis Grundschule) 1978. p. 163-182.

Alfred Sander: Integrative Förderung bei beeinträchtigter Schulfähigkeit. In: Der Schulbeginn und die Gesundheit des Kindes. Die Kinder der ersten beiden Schuljahre im Spannungsfeld von Lernfähigkeit und Lernanforderungen. Beiträge zur Gesundheitserziehung aus erziehungswissenschaftlicher und ärztlicher Sicht. (= Beiträge zur Reform der Grundschule, Sonderband 35). Frankfurt/M. (Arbeitskreis Grundschule) 1978. p. 101-108.

Alfred Sander: Das Sonderschulwesen in der Bundesrepublik Deutschland - Überblick für Lehrer in allgemeinen Schulen. In: Karl Josef Klauer, Anton Reinartz (Hrsg.): Sonderpädagogik in allgemeinen Schulen. (= Handbuch der Sonderpädagogik, Band 9). Berlin (Carl Marhold Verlag) 1978. p. 417-438.

Alfred Sander: Welche Schule für welchen Schüler? - Über die unterrichtliche Ineffizienz der Lernbehindertenschule bei globaler Zuweisung der Grundschulversager. Behindertenpädagogik 17 (1978) 3, 152-166.

Alfred Sander: Entwicklungstendenzen der neueren Sonderpädagogik. Saarländische Schulzeitung 25 (1978) 10, 3-5.

Alfred Sander: Stellungnahme zum Beitrag von M. Schlegel „Zur Problematik der Zahl der Behinderten“.[3] Zeitschrift für Heilpädagogik 29 (1978) 12, 763-764.

[3] In: Zeitschrift für Heilpädagogik 29 (1978) 12, 761-762.

Alfred Sander: Neue Ansätze für die Klassifikation Behinderter. Bericht über ein Expertentreffen im Centre for Educational Research and Innovation der OECD. Zeitschrift für Heilpädagogik 29 (1978) 12, 766-768.

Alfred Sander: Das Problem der Schulversäumnisse. In: Anne Hildeschmidt, Hans Meister, Alfred Sander, Elisabeth Schorr: Unregelmäßiger Schulbesuch. Verbreitung, Bedingungen, Interventionsmöglichkeiten. Weinheim (Beltz Verlag) 1979. p. 13-67.

Alfred Sander: Schulversagen in der Grundschule. betrifft: erziehung 12 (1979) 3, 53-58.

Alfred Sander: Die pädagogische Förderung im Aufgabenfeld praxisorientierter Wissenschaften. Sonderpädagogik 9 (1979) 3, 140-141.

Alfred Sander: Entwicklungstendenzen in der Aus- und Weiterbildung von Sonderpädagogen. Abschlußbericht aus dem dritten Themenbereich. In: Günther Hans Hartmann (Hrsg.): Entwicklungstendenzen in der Sonderpädagogik. Referate und Ergebnisse der 15. Arbeitstagung der Dozenten für Sonderpädagogik in deutschsprachigen Ländern in Klagenfurt. Klagenfurt (Universität für Bildungswissenschaften) 1979. p. 204-216.

Alfred Sander: Sonderpädagogik - Aussondern ist falsch. (= Serie Erziehungswissenschaft). betrifft: erziehung 13 (1980) 3, 40-45.

Alfred Sander: Schulschwäche (= Der neue Terminus). Sonderpädagogik 10 (1980) 2, 95-97.

Alfred Sander: Zentrale Aufgabe der Lehrerausbildung: Ausgleichende Erziehung schulschwacher Grundschüler. In: Die Grundschule der achtziger Jahre. Bilanz und Perspektiven. Grundschultage 1979 in Bielefeld und Frankfurt. (= Beiträge zur Reform der Grundschule, Band 43/44). Frankfurt/M. (Arbeitskreis Grundschule) 1980. p. 285-295.

Alfred Sander: Wohin mit dem vielen verschmutzten Wasser? - Die Kläranlage -. In: Werner Katein, Alfred Birkel (Hrsg.): Die Sonderschulpraxis. Anregungen und Beispiele für den Unterricht. Loseblattreihe für Lehrkräfte an Sonderschulen. Villingen (Neckar-Verlag). 36. Lieferung 1980. Abt. B IV b 9. p. 223-232.

Alfred Sander: Kooperation zwischen der Grundschule und der Schule für Lernbehinderte. Berichterstattung über den Arbeitskreis 1. Zeitschrift für Heilpädagogik 32 (1981) 1, 37-41.

Alfred Sander: Aktuelle Fragen der Integration behinderter und von Behinderung bedrohter Kinder und Jugendlicher. Saarländische Schulzeitung 28 (1981) 3, 4-8.

Wolfgang Baumann, Alfred Sander: Soziale Herkunft, Sprachbehinderung und Sprachheilkursbehandlung. Heilpädagogische Forschung IX (1981) 1, 1-18.

Alfred Sander: Behinderung und Sonderschulbedürftigkeit. Betrachtungen im Rückblick auf das „Internationale Jahr der Behinderten 1981". Behindertenpädagogik 21 (1982) 1, 40-46.

Gemeinsam mit 19 weiteren Mitgliedern einer Gemeinsamen Arbeitsgruppe des Arbeitskreises Grundschule e.V. und des Verbands Deutscher Sonderschulen e.V. (unter Leitung von Alfred Sander): Thesen für pädagogische Maßnahmen zur Verminderung von Schulschwäche in der Grundschule. In: Anton Reinartz, Alfred Sander (Hrsg.): Schulschwache Kinder in der Grundschule. Pädagogische Maßnahmen zur Vorbeugung und Verminderung von Schulschwäche in der Primarstufe. Weinheim (Beltz Verlag) 1982. p. 9-33.

Alfred Sander: Besondere Empfehlungen für die Förderung sprachgestörter, leicht sinnesgeschädigter und körperlich beeinträchtigter Kinder. Kommentar zum Abschnitt 5 der Thesen. In: Anton Reinartz, Alfred Sander (Hrsg.): Schulschwache Kinder in der Grundschule. Pädagogische Maßnahmen zur Vorbeugung und Verminderung von Schulschwäche in der Primarstufe. Weinheim (Beltz Verlag) 1982. p. 103-120.

Alfred Sander: Schulschwache Kinder in Grundschule oder Sonderschule? Untersuchungen zur unterrichtlichen Effizienz der Lernbehindertenschule. In: Anton Reinartz, Alfred Sander (Hrsg.): Schulschwache Kinder in der Grundschule. Pädagogische Maßnahmen zur Vorbeugung und Verminderung von Schulschwäche in der Primarstufe. Weinheim (Beltz Verlag) 1982. p. 121-139.

Alfred Sander: Die Befreiung der Sonderpädagogik von der Sonderschulpädagogik. Referat in der sonderpädagogischen Arbeitsgruppe des Kongresses der Deutschen Gesellschaft für Erziehungswissenschaft. Sonderpädagogik 12 (1982) 3, 124-130.

Alfred Sander: Fächerübergreifende spezielle Förderprogramme für entwicklungsgestörte Kinder: Von „geistorthopädischen Übungen" zu Lern- und Arbeitstechniken. In: Gerhard Klein, Andreas Möckel, Manfred Thalhammer (Hrsg.): Heilpädagogische Perspektiven in Erziehungsfeldern. Bericht der 18. Arbeitstagung der Dozenten für Sonderpädagogik in deutschsprachigen Ländern vom 12. bis 14. Oktober 1981 an der Universität Würzburg. Heidelberg (G. Schindele Verlag) 1982. p. 116-125.

Alfred Sander: „Versetzung gefährdet!" Untersuchung über Bedingungen permanenter Versetzungsgefährdung bei Hauptschülern. In: Rudolf Fischer, Anne Hildeschmidt, Eduard Werner Kleber, Hans Meister, Alfred Sander: Hauptschulversagen. Bedingungsanalyse und pädagogische Konsequenzen. Saarbrücken (Arbeitskammer des Saarlandes) 1982. p. 97-124.

Alfred Sander: Interventionen bei gefährdetem Hauptschulabschluß. Bericht über die Interventionsphase (Pilotstudie) des Projekts. In: Rudolf Fischer u.a.: Hauptschulversagen. Bedingungsanalyse und pädagogische Konsequenzen. Saarbrücken (Arbeitskammer des Saarlandes), 1982. p. 235-270.

Rudolf Fischer, Anne Hildeschmidt, Eduard Werner Kleber, Hans Meister, Alfred Sander: Hauptschulversagen ist auch schulgemacht. Forschungsprojekt aus dem Kooperationsvertrag zwischen Arbeitskammer und ehemaliger Pädagogischer Hochschule des Saarlandes. Arbeitnehmer, Zeitschrift der Arbeitskammer des Saarlandes 31 (1983) 2, 47-51.

Ursula Haupt, Gustav Kanter, Alfred Sander: Sonderschulbedürftigkeit. Ein Gespräch. In: Fernsehkolleg Schulschwierigkeiten und Gesundheitserziehung. Für Eltern, Lehrer, Ärzte, Schulpsychologen und Angehörige anderer sozialpädagogischer und medizinischer Berufe. Band 5: Gut in der Schule? Köln (Verlagsgesellschaft Schulfernsehen) 1983. p. 117-134.

Alfred Sander: Zehn Jahre behindertenpädagogische Empfehlungen des Deutschen Bildungsrates - eine Fachtagung in Berlin. Behindertenpädagogik 22 (1983) 3, 280-283.

Renate Valtin, Alfred Sander: Fachtagung in Berlin „Schulschwache Kinder in der Grundschule". Grundschule 15 (1983) 10, 10-12.

Alfred Sander: Integration - eine Aufgabe für alle Lehrer. Grundschule 15 (1983) 10, 13-14.

Alfred Sander: Notizen aus den Schulen von Volterra. (= Integration behinderter Kinder in Italien - Ein Reisebericht). Behindertenpädagogik 22 (1983) 4, 329-335.

Alfred Sander: Prävention und Integration im Primarbereich. In: Herwig Baier, Ulrich Bleidick (Hrsg.): Handbuch der Lernbehindertendidaktik. Stuttgart (Kohlhammer) 1983. p. 34-39.

Alfred Sander: Fördermaßnahmen. In: Herwig Baier, Ulrich Bleidick (Hrsg.): Handbuch der Lernbehindertendidaktik. Stuttgart (Kohlhammer) 1983. p. 105-113.

Alfred Sander: Quantitative Entwicklungen im Sonderschulwesen. (Eine Fortschreibung von „Facts und Trends im Sonderschulwesen" 1976). In: Herwig Baier, Gerhard Klein (Hrsg.): Spektrum der Lernbehindertenpädagogik. Einführende Texte. Donauwörth (Auer) 1984. p. 16-31.

Alfred Sander: Sonderpädagogik im Rahmen der Erziehungswissenschaft an einer Universität. In: Emil E. Kobi, Alois Bürli, Erwin Broch (Hrsg.): Zum Verhältnis von Pädagogik und Sonderpädagogik. Referate der 20. Arbeitstagung der Dozenten für Sonderpädagogik in deutschsprachigen Ländern in Basel. Luzern (Verlag der Schweizerischen Zentralstelle für Heilpädagogik) 1984. p. 149-154.

Alfred Sander: Demotivation (= Der neue Terminus). Sonderpädagogik 14 (1984) 3, 138-139.

Alfred Sander: Wozu Sonderschulen? A. Einige historische Aspekte. Arbeitnehmer, Zeitschrift der Arbeitskammer des Saarlandes 32 (1984) 8, 307-308.

Renate Valtin, Alfred Sander: Einführung. In: Renate Valtin, Alfred Sander, Anton Reinartz (Hrsg.): Gemeinsam leben - gemeinsam lernen. Behinderte Kinder in der Grundschule, Konzepte und Erfahrungen. (= Beiträge zur Reform der Grundschule, Band 58/59). Frankfurt/M. (Arbeitskreis Grundschule) 1984. p. 10-14;
2. Auflage 1991, p. 10-14.

Alfred Sander: Kritische Anmerkungen zum KMK-Bericht über gemeinsamen Unterricht von lernbehinderten und nichtbehinderten Schülern. In: Renate Valtin, Alfred Sander, Anton Reinartz (Hrsg.): Gemeinsam leben - gemeinsam lernen. Behinderte Kinder in der Grundschule, Konzepte und Erfahrungen. (= Beiträge zur Reform der Grundschule, Band 58/59). Frankfurt/M. (Arbeitskreis Grundschule) 1984. p. 33-45;
2. Auflage 1991, p. 33-45.

Alfred Sander: Ein zweiter Besuch in Volterra. Behindertenpädagogik 24 (1985) 1, 53-59.

Alfred Sander: Zum Problem der Klassifikationen in der Sonderpädagogik: Ein ökologischer Ansatz. Vierteljahresschrift für Heilpädagogik und ihre Nachbargebiete 54 (1985) 1, 15-31.

Alfred Sander: Förderung einzelner Schüler in der Schule für Lernbehinderte. In: Ernst Begemann (Hrsg.): Individuelles und gemeinsames Lernen in der Schule für Lernbehinderte. Fachtagung vom 24. bis 26. September 1984 in Mainz. (= Kultusministerium Rheinland-Pfalz, Schulversuche und Bildungsforschung, Berichte und Materialien, Band 53). Mainz (v. Hase & Koehler Verlag) 1985. p. 383-390.

Alfred Sander, Klaus Christ: Sonderschule oder Integration - zur gegenwärtigen rechtlichen und tatsächlichen Situation in der Bundesrepublik Deutschland. Recht der Jugend und des Bildungswesens 33 (1985) 3, 170-181.

Alfred Sander: Integrative Förderung bei beeinträchtigter Schulfähigkeit. (Statement.) In: Hans Arno Horn (Hrsg.): Gesundheitserziehung im Grundschulalter. Ärzte und Pädagogen im Gespräch. Informationstagung vom 21. bis 23. November 1984 in Bad Hersfeld. (= Beiträge zur Reform der Grundschule, Sonderband 47). Frankfurt/M. (Arbeitskreis Grundschule) 1985. p. 122-124.

Alfred Sander: Für eine interdisziplinäre Klassifikation in der Behindertenarbeit. In: Gisela Gerber, Helga Kappus, Wilfried Datler, Toni Reinelt (Hrsg.): Der Beitrag der Wissenschaften zur interdisziplinären Sonder- und Heilpädagogik. Referate der 21. Arbeitstagung der Dozenten für Sonderpädagogik in deutschsprachigen Ländern, Wien. Wien (Interfakultäres Institut für Sonder- und Heilpädagogik, Universität Wien) 1985. p. 157-163.

Eduard Werner Kleber, Hans Meister, Alfred Sander: Primarstufenpädagogik als integrationsrelevantes Kooperationsfeld für Pädagogik, Sozialpädagogik, Psychologie und Medizin - Probleme und Lösungswege. In: Gisela Gerber u.a. (Hrsg.): Der Beitrag der Wissenschaften zur interdisziplinären Sonder- und Heilpädagogik. Referate der 21. Arbeitstagung der Dozenten für Sonderpädagogik in deutschsprachigen Ländern, Wien. Wien (Interfakultäres Institut für Sonder- und Heilpädagogik, Universität Wien) 1985. p. 385-390.

Alfred Sander: Ein Entwurf für Richtlinien zur Förderung der schulischen Integration behinderter Kinder und Jugendlicher in einem Bundesland. Behindertenpädagogik 25 (1986) 2, 194-202.

Alfred Sander: Über die rechtliche und tatsächliche Situation der schulischen Integration behinderter Kinder in der BRD. In: AG Integration Würzburg (Hrsg.): Wege zur Integration. Würzburg (Thomas Werner, Ullrich Reuter Verlag) 1986. p. 91-103.

Alfred Sander: Auf der Suche nach der besten Schulform für Kinder mit Behinderungen. Lehrerzeitung Baden-Württemberg/Süddeutsche Schulzeitung 41 (1987) 1/2, 18-22.

Anne Hildeschmidt, Alfred Sander: Zur Kind-Umfeld-Diagnose als Grundlage schulischer Integrationsentscheidungen. Lehrer und Schule heute 38 (1987) 4, 103-105; und in: Sonderpädagogik im Saarland 19 (1987) 1/2, 6-15.

Anne Hildeschmidt, Alfred Sander: Ökologisch orientierte Frühberatung - Hilfe zur differenzierten Förderung behinderter Kinder. In: Heinrich Lenzen (Hrsg.): Differenzierung und Systematisierung in der Sonderpädagogik. Ausgewählte Beiträge der 22. Arbeitstagung der Dozenten für Sonderpädagogik in deutschsprachigen Ländern vom 26.-28. September 1985 in Köln. Köln, Wien (Böhlau Verlag) 1987. p. 137-143.

Hans Meister, Alfred Sander, Anne Hildeschmidt, Alfons Blug: Fortbildung von Pädagogen zu Stützpädagogen für die Integration behinderter Kinder in Kindergarten und Schule. Vierteljahresschrift für Heilpädagogik und ihre Nachbargebiete 56 (1987) 2, 265-272; und in: Urs Haeberlin, Christine Amrein (Hrsg.): Forschung und Lehre für die sonderpädagogische Praxis. Wie schlagen wir in der Ausbildung die Brücke? Die Beiträge der 23. Arbeitstagung der Dozenten für Sonderpädagogik in deutschsprachigen Ländern vom

2. bis 4. Oktober 1986 an der Universität Freiburg/Schweiz. Bern und Stuttgart (Verlag Paul Haupt) 1987. p. 156-163.

Alfred Sander: Zur ökosystemischen Sichtweise in der Sonderpädagogik. Erfahrungen und Überlegungen aus einem Frühförderprojekt. In: Hans Eberwein (Hrsg.): Fremdverstehen sozialer Randgruppen. Ethnographische Feldforschung in der Sonder- und Sozialpädagogik. Grundfragen, Methoden, Anwendungsbeispiele. Berlin (Carl Marhold Verlag) 1987. p. 207-221.

Alfred Sander: Integration ist machbar. Ein Vortrag vor dem Schulausschuß der KMK. Saarländische Schulzeitung 34 (1987) 9, 6-9.
Auch erschienen als: Die Grundschule - eine Schule wirklich für alle Kinder? Zur Integration behinderter und nichtbehinderter Schüler. Arbeitskreis aktuell, Mitteilungen des Arbeitskreises Grundschule e.V. 9 (1988) 21, 1-4. (= Einhefter in: Grundschule 20 (1988) 1).

Alfred Sander: Arbeitseinheit Sonderpädagogik in der Fachrichtung Allgemeine Erziehungswissenschaft der Universität des Saarlandes Saarbrücken. In: Gisela Gerber, Helga Kappus, Toni Reinelt (Hrsg.): Universitäre Sonder- und Heilpädagogik. Vergangenheit - Gegenwart - Zukunft. Eine Darstellung der Institutionen. München und Basel (Ernst Reinhardt Verlag) 1987. p. 138-142.

Alfred Sander: Integration behinderter Schülerinnen und Schüler im Saarland. Schulrechtliche Voraussetzungen und schulpraktische Verwirklichung. In: Klaus Meißner, Erik Heß (Hrsg.): Integration in der pädagogischen Praxis. Auf dem Weg zur Nichtaussonderung von Kindern und Jugendlichen mit Behinderungen. Bericht über den Kongreß der Diesterweg-Hochschule vom 16. bis 18. Oktober 1987 in Berlin. (= Edition Diesterweg-Hochschule, Band 3). Berlin (Diesterweg-Hochschule) 1988. p. 85-96.

Alfred Sander: Zum Stand der schulischen Integration im Saarland. In: Alfred Sander, Klaus Christ, Isolde Fuchs, Anne Hildeschmidt, Joachim Jung, Herbert Krämer, Iris Molaro-Philippi, Peter Raidt: Behinderte Kinder und Jugendliche in Regelschulen. Jahresbericht 1987 über schulische Integration im Saarland. (= Saarbrücker Beiträge zur Integrationspädagogik, Band 2). St. Ingbert (Röhrig Verlag) 1988. p. 7-23.

Alfred Sander: Beratungen und Empfehlungen der „Kommission für die Integration behinderter Schüler und Schülerinnen“ zu aktuellen Fragen. In: Alfred Sander u.a.: Behinderte Kinder und Jugendliche in Regelschulen. Jahresbericht 1987 über schulische Integration im Saarland. (= Saarbrücker Beiträge zur Integrationspädagogik, Band 2). St. Ingbert (Röhrig Verlag) 1988. p. 215-270.

Alfred Sander: Das bisherige Konzept sonderpädagogischer schulischer Förderung in kritischer Sicht. In: Manfred Rosenberger (Hrsg.): Ratgeber gegen Aussonderung. Heidelberg (Edition Schindele) 1988. p. 88-93.

Alfred Sander, Anne Hildeschmidt: Behinderte Kinder - Grundschule oder Sonderschule? Hinweise für eine Entscheidung „vor Ort“. In: Rosemarie Portmann (Hrsg.): Kinder kommen zur Schule. Hilfen und Hinweise für eine kindorientierte Einschulungspraxis. (= Beiträge zur Reform der Grundschule, Band 73). Frankfurt/M. (Arbeitskreis Grundschule) 1988. p. 118-125.

Alfred Sander: Der Dialog zwischen Pädagogik und Politik am Beispiel der Integrationsdiskussion. Ein Gespräch mit dem saarländischen Kultusminister

Professor Dr. Diether Breitenbach. In: Gerd Iben (Hrsg.): Das Dialogische in der Heilpädagogik. Mainz (Matthias-Grünewald-Verlag) 1988. p. 335-344.

Alfred Sander: Behindertenbegriffe und ihre Konsequenzen für die Integration. In: Hans Eberwein (Hrsg.): Behinderte und Nichtbehinderte lernen gemeinsam. Handbuch der Integrationspädagogik. Weinheim (Beltz Verlag) 1988. p. 75-82;
2. Auflage 1990. p. 75-82;
3. erweiterte Auflage 1994. p. 99-107.

Anne Hildeschmidt, Alfred Sander: Der ökosystemische Ansatz als Grundlage für Einzelintegration. In: Hans Eberwein (Hrsg.): Behinderte und Nichtbehinderte lernen gemeinsam. Handbuch der Integrationspädagogik. Weinheim (Beltz Verlag) 1988. p. 220-227;
2. Auflage 1990. p. 220-227;
3. erweiterte Auflage 1994. p. 269-276.

Alfred Sander: Schulversagen aus ökosystemischer Sicht. Vierteljahresschrift für Heilpädagogik und ihre Nachbargebiete 57 (1988) 4, 335-341.

Alfred Sander: Schulische Integration behinderter Kinder und Jugendlicher im Saarland 1988. In: Alfred Sander, Klaus Christ, Barbara Franck-Weber, Isolde Fuchs, Anne Hildeschmidt, Joachim Jung, Iris Molaro-Philippi, Peter Raidt, Sigrid Schuler: Integration behinderter Kinder und Jugendlicher in Regelschulen. Jahresbericht 1988 aus dem Saarland. (= Saarbrücker Beiträge zur Integrationspädagogik, Band 3). St. Ingbert (Röhrig Verlag) 1989. p. 9-30.

Klaus Christ, Alfred Sander: Erfahrungen mit den Rechtsbestimmungen über die schulische Integration im Saarland. In: Alfred Sander u.a.: Integration behinderter Kinder und Jugendlicher in Regelschulen. Jahresbericht 1988 aus dem Saarland. (= Saarbrücker Beiträge zur Integrationspädagogik, Band 3). St. Ingbert (Röhrig Verlag) 1989. p. 201-222.

Isolde Fuchs, Alfred Sander: Schulische Integration im Saarland. Grundschule 21 (1989) 9, 34-36.

Alfred Sander: Über die Entwicklung sonderpädagogischer Organisationsformen im Saarland. Erfahrungen aus einem landesweiten Projekt schulischer Integration. In: Otto Sasse, Norbert Stoellger (Hrsg.): Offene Sonderpädagogik - Innovationen in sonderpädagogischer Theorie und Praxis. Referate der 25. Arbeitstagung der Dozenten für Sonderpädagogik in deutschsprachigen Ländern vom 29. September bis 1. Oktober 1988 in Berlin. (= Europäische Hochschulschriften, Reihe XI - Pädagogik, Band 405). Frankfurt/Main, Bern, New York, Paris (Peter Lang) 1989. p. 137-145.

Alfred Sander: Eine Schule für alle? Eine Schule für alle! Lehrerzeitung Baden-Württemberg/Süddeutsche Schulzeitung 43 (1989) 22, 539-542.
Nachdruck unter dem Titel: „Eine Schule für alle?“ - Einführung am Beispiel Saarland. Humane Schule 16 (1990) April-Heft, 14-18.

Alfred Sander: Schule und Schulversagen aus ökosystemischer Sicht. In: Rolf Huschke-Rhein (Hrsg.): Zur Praxisrelevanz der Systemtheorien. (= Systemische Pädagogik, Bd. IV). Köln (Rhein-Verlag) 1990. p. 65-72.

Alfred Sander: Integration behinderter Schüler und Schülerinnen als Gegenstand der Lehreraus- und -fortbildung. Erziehung und Wissenschaft im Saarland 37 (1990) 4, 15-19 und 5, 21-23.

Alfred Sander: Anregen statt auslesen: Für eine Bildungsreform, die mehr als Flickwerk ist. AK-Beiträge der Arbeitskammer des Saarlandes 3 (1990) 2, 54-65.

Alfred Sander: Schulische Integration von Kindern und Jugendlichen mit Behinderungen im Saarland 1989. In: Alfred Sander, Klaus Christ, Barbara Franck-Weber, Isolde Fuchs, Anne Hildeschmidt, Joachim Jung, Iris Molaro-Philippi, Peter Raidt, Sigrid Schuler: Gemeinsame Schule für behinderte und nichtbehinderte Kinder und Jugendliche. (= Saarbrücker Beiträge zur Integrationspädagogik, Band 4). St. Ingbert (Röhrig Verlag) 1990. p. 9-38.

Barbara Franck-Weber, Alfred Sander, Sigrid Schuler: Bericht über die Sonderpädagogischen Förderzentren (Schulversuche) im Saarland. In: Alfred Sander u.a.: Gemeinsame Schule für behinderte und nichtbehinderte Kinder und Jugendliche. (= Saarbrücker Beiträge zur Integrationspädagogik, Band 4). St. Ingbert (Röhrig Verlag) 1990. p. 139-163.

Gudrun Bier, Klaus Christ, Alfred Sander: Gemeinsame Grundschule für nichtbehinderte und behinderte Kinder. In: Gabriele Faust-Siehl, Rudolf Schmitt, Renate Valtin (Hrsg.): Kinder heute - Herausforderung für die Schule. Dokumentation des Bundesgrundschulkongresses 1989 in Frankfurt/Main. (= Beiträge zur Reform der Grundschule, Band 79/80). Frankfurt/M. (Arbeitskreis Grundschule) 1990. p. 166-170.

Alfred Sander: Ambulanz- und Präventionslehrer - Eckpfeiler der Integration. Pädagogik 43 (1991) 1, 15-17.

Alfred Sander: Integration behinderter Schüler und Schülerinnen auf ökosystemischer Grundlage. In: Alfred Sander, Peter Raidt (Hrsg.): Integration und Sonderpädagogik. Referate der 27. Dozententagung für Sonderpädagogik in deutschsprachigen Ländern im Oktober 1990 in Saarbrücken. (= Saarbrücker Beiträge zur Integrationspädagogik, Band 6). St. Ingbert (Röhrig Verlag) 1991. p. 41-47;
2. Auflage 1992. p. 41-47.

Alfred Sander: Folgerungen - Die Empfehlung des Deutschen Bildungsrates von 1973 für Schulpolitik und Schulrecht heute. In: Bundesvereinigung Lebenshilfe für Geistig Behinderte e.V. (Hrsg.): Rechtliche Grundlagen und Probleme schulischer Integration. (= Große Schriftenreihe, Band 25). Marburg/Lahn (Lebenshilfe-Verlag) 1991. p. 30-43.

Alfred Sander: Überlegungen zu Konzeptionen von Sonderpädagogischen Förderzentren. Erziehung und Wissenschaft im Saarland 38 (1991) 10, 19-22.

Alfred Sander:
Altersverteilung Behinderter (S. 17)
Ausländerkinder in Sonderschulen (S. 56)
Ausschulung (S. 57)
Befreiung vom Schulbesuch (S. 64)
Behindertenstatistik (S. 70)
Berufs- und Lebensbewährung Behinderter (stat.) (S. 78-79)
Berufseingliederungsmaßnahmen für Behinderte (stat.) (S. 82)
Bildungsfähigkeit (S. 96)
Bildungsgesamtplan (S. 97)
Dokumentation, sonderpädagogische (S. 141)
Einzelunterricht (S. 157-158)

Sonderschullehrer (S. 597)
Sonderschullehrerausbildung (S. 597-598)
Sonderschulplatzbedarf (S. 598)
Sonderschulstatistik (S. 598)
Sozialschichtverteilung der Behinderten (S. 606)
Strukturplan für das Bildungswesen (S. 648-649)
Verbreitung der Behinderungen (S. 690)
Werkstatt für Behinderte (stat.) (S. 716-717)
Zentren für pädagogische Frühförderung (S. 735)
Zurückstellung vom Schulbesuch (S. 738)
In: Gregor Dupuis, Winfried Kerkhoff (Hrsg.): Enzyklopädie der Sonderpädagogik, der Heilpädagogik und ihrer Nachbargebiete. Berlin (Edition Marhold im Wissenschaftsverlag Volker Spiess) 1992.

Alfred Sander, Karin Tepp: Fortbildung für Integration - Neue Wege im Saarland und in Hamburg. Erziehung und Wissenschaft 44 (1992) 3, 20-21.

Alfred Sander, Klaus Christ [4]: Integrativer Unterricht - Anforderungen an die Lehreraus- und -weiterbildung. In: Gewerkschaft Erziehung und Wissenschaft, Landesverband Nordrhein-Westfalen (Hrsg.): Gemeinsam spielen, lernen, leben. Behinderte und nichtbehinderte Kinder gemeinsam in Kindergarten und Schule. Essen (Neue Deutsche Schule Verlag) 1992. p. 113-119.

Alfred Sander: Behinderte Kinder - gesondert oder integriert fördern? In: Dieter Haarmann (Hrsg.): Handbuch Grundschule, Band 1 - Allgemeine Didaktik: Voraussetzungen und Formen grundlegender Bildung. Weinheim und Basel (Beltz Verlag) 1992. p. 139-151.

Alfred Sander: Integration behinderter Schüler und Schülerinnen auf ökosystemischer Grundlage. In: Rolf Huschke-Rhein (Hrsg.): Systemisch-ökologische Praxis. (= Systemisch-ökologische Pädagogik, Band V). Köln (Rhein-Verlag) 1992. p. 167-171.

Alfred Sander: Überlegungen zu Konzeptionen von Sonderpädagogischen Förderzentren. In: Dieter Gers (Hrsg.): Förderzentrum und Förderausschuß. Oder gibt es andere Bausteine für ein integratives Schulwesen? „Beiträge zur Integrationsdiskussion". (= Materialien und Überlegungen zur Weiterentwicklung der Erziehung und Bildung „behinderter" Schülerinnen und Schüler, Band 2). Soltau (Schulze-Soltau) 1992. p. 57-67.

Alfred Sander: Zur Situation schulischer Integration in Deutschland. Behinderte in Familie, Schule und Gesellschaft 15 (1992) 4, 11-20.

Alfred Sander: Wohnortnahe Integration. Die Grundschulzeitschrift 6 (1992) 58, 6-8.

Alfred Sander: Wohnortnahe Integration - Grundzüge, Probleme, Erfahrungen. Die Sonderschule 37 (1992) 8, 457-466.

Alfred Sander: „Selektion bei der Integration?" Der Beitrag von Sonderpädagogischen Förderzentren. In: Rainer Lersch, Monika A. Vernooij (Hrsg.): Behinderte Kinder und Jugendliche in der Schule. Herausforderungen an Schul- und Sonderpädagogik. Bad Heilbrunn/Obb. (Julius Klinkhardt) 1992. p. 106-117.

Alfred Sander: „Selektion bei der Integration?" Der Beitrag von Sonderpädagogischen Förderzentren. Zeitschrift für Pädagogik, 29. Beiheft: Erzie-

[4] Der Name von Klaus Christ fehlt irrtümlich in der Veröffentlichung.

hungswissenschaft zwischen Modernisierung und Modernitätskrise. Beiträge zum 13. Kongreß der Deutschen Gesellschaft für Erziehungswissenschaft vom 16.-18. März 1992 in der Freien Universität Berlin. Weinheim u. Basel (Beltz Verlag) 1992. p. 311-313.

Anne Hildeschmidt, Alfred Sander: Kind-Umfeld-Diagnose - ein ökosystemischer Ansatz. Mit Anregungen für die diagnostische Praxis. (= Integrationspädagogik aktuell. Eine Information aus der Projektgruppe IBS „Integration behinderter Schülerinnen und Schüler", Heft 1). St. Ingbert (Röhrig Verlag) 1993. 21 p.

Alfred Sander: Kind-Umfeld-Diagnose als Voraussetzung integrativen Unterrichts. In: Petra Gehrmann, Birgit Hüwe (Hrsg.): Forschungsprofile der Integration von Behinderten. Bochumer Symposion 1992. Essen (Neue Deutsche Schule) 1993. p. 63-71.

Alfred Sander: Wohnortnahe Integration - Grundzüge, Probleme, Erfahrungen. In: Peter Heyer, Edelgard Korfmacher, Wolfgang Podlesch, Ulf Preuss-Lausitz, Lydia Sebold (Hrsg.): Zehn Jahre wohnortnahe Integration. Behinderte und nichtbehinderte Kinder gemeinsam an ihrer Grundschule. (= Beiträge zur Reform der Grundschule, Band 88/89). Frankfurt/M. (Arbeitskreis Grundschule) 1993. p. 10-14.

Alfred Sander: Kind-Umfeld-Diagnose: Ökologischer Ansatz in der Diagnostik. In: Rudolf Hofman, Martin Rudnick, Alfred Sander, Karl Dieter Schuck, Horst Suhrweier: Kinder mit Förderbedarf. Neue Wege in der sonderpädagogischen Diagnostik. (= PLIB-Fachserie 'Lernort Schule', Heft 2). Ludwigsfelde (Pädagogisches Landesinstitut Brandenburg) 1993. p. 23-36.

Hans Meister, Alfred Sander: Einführung: Wege der Qualifizierung für die gemeinsame Erziehung und den integrativen Unterricht behinderter und nichtbehinderter Kinder. In: Hans Meister, Alfred Sander (Hrsg.): Qualifizierung für Integration. Pädagogische Kompetenzen für gemeinsame Erziehung und integrativen Unterricht behinderter und nichtbehinderter Kinder. (= Saarbrücker Beiträge zur Integrationspädagogik, Band 7). St. Ingbert (Röhrig Verlag) 1993. p. 7-16.

Joachim Jung-Sion, Alfred Sander: Abschlußbericht zum Modellversuch Integrationspädagogik (Kontakt- und Aufbaustudium). In: Hans Meister, Alfred Sander (Hrsg.): Qualifizierung für Integration. Pädagogische Kompetenzen für gemeinsame Erziehung und integrativen Unterricht behinderter und nichtbehinderter Kinder. (= Saarbrücker Beiträge zur Integrationspädagogik, Band 7). St. Ingbert (Röhrig Verlag) 1993. p. 17-124.

Alfred Sander: Integration behinderter Schüler und Schülerinnen als Gegenstand der Lehreraus- und -fortbildung. Überarbeitete Fassung eines Festvortrages im Staatlichen Studienseminar für Grund- und Hauptschullehramtsreferendare und -referendarinnen. In: Hans Meister, Alfred Sander (Hrsg.): Qualifizierung für Integration. Pädagogische Kompetenzen für gemeinsame Erziehung und integrativen Unterricht behinderter und nichtbehinderter Kinder. (= Saarbrücker Beiträge zur Integrationspädagogik, Band 7). St. Ingbert (Röhrig Verlag) 1993. p. 191-201.

Alfred Sander, Klaus Christ: Integrativer Unterricht - Anforderungen an die Lehreraus- und -weiterbildung. In: Hans Meister, Alfred Sander (Hrsg.): Qualifizierung für Integration. Pädagogische Kompetenzen für gemeinsame Erziehung und integrativen Unterricht behinderter und nichtbehinderter Kinder. (= Saarbrücker Beiträge zur Integrationspädagogik, Band 7). St. Ingbert (Röhrig Verlag) 1993. p. 203-211.

Alfred Sander: Bibliographie zum Thema „Qualifizierung für Integration". In: Hans Meister, Alfred Sander (Hrsg.): Qualifizierung für Integration. Pädagogische Kompetenzen für gemeinsame Erziehung und integrativen Unterricht behinderter und nichtbehinderter Kinder. (= Saarbrücker Beiträge zur Integrationspädagogik, Band 7). St. Ingbert (Röhrig Verlag) 1993. p. 267-276.

Alfred Sander: Zum Problem der Klassifikationen in der Sonderpädagogik: Ein ökologischer Ansatz (1985). In: Hans-Peter Langfeldt, Erich Kurth (Hrsg.): Diagnostik bei Lernbehinderten. Standpunkte und Ergebnisse einer zwanzigjährigen Diskussion. Neuwied, Kriftel, Berlin (Luchterhand) 1993. p. 39-57.

Alfred Sander, Klaus Christ: Integrativer Unterricht - Anforderungen an die Lehreraus- und -weiterbildung. In: Integration verändert Schule. Konzepte der Arbeit sonderpädagogischer Förderzentren. Zusammengestellt von Hans Mohr. (= Lebenswelten und Behinderung, Band 3). Hamburg (Hamburger Buchwerkstatt) 1993. p. 154-164.

Alfred Sander: Der umfeldbezogene Vernetzungsauftrag Sonderpädagogischer Zentren im Rahmen der Integration. Behinderte in Familie, Schule und Gesellschaft 16 (1993) 4, 53-64.

Alfred Sander: Förderausschüsse in Integrationsverfahren. Eine Bilanz nach sieben Jahren Förderausschußarbeit im Saarland. Die Sonderschule 38 (1993) 6, 350-362.

Alfred Sander: Sonderpädagogische Zentren in der BRD - Konzepte und Erfahrungen. Betrifft: Integration - Rundbrief der Initiativen „Schule ohne Aussonderung", Nr. 3/93, Wien 1993, 7-11.

Alfred Sander: Überlegungen zu Konzeptionen von Sonderpädagogischen Förderzentren. In: Gewerkschaft Erziehung und Wissenschaft, LV Baden-Württemberg (Hrsg.): (Sonder)pädagogische Förderkonzepte. Aktuelle Entwicklungen in der Bundesrepublik Deutschland. Redaktion: Norbert Baur. Ludwigsburg (Süddeutscher Pädagogischer Verlag) 1993. p. 15-21.

Alfred Sander: Behinderte Kinder. In: Dietlinde H. Heckt, Uwe Sandfuchs (Hrsg.): Grundschule von A bis Z. Braunschweig (Westermann) 1993. p. 22-24.

Alfred Sander: Soziale Probleme und Spannungen in den Wohlstandsgesellschaften und ihre Konsequenzen für die Sonderpädagogik. Vierteljahresschrift für Heilpädagogik und ihre Nachbargebiete 63 (1994) 2, 181-189.

Alfred Sander: Entwicklung der schulischen Integration behinderter Kinder und Jugendlicher im Saarland 1990 bis 1993/94. In: Alfred Sander, Anne Hildeschmidt, Joachim Jung-Sion, Marianne Raidt-Petrick, Petra Schnitzler: Schulreform Integration. (= Saarbrücker Beiträge zur Integrationspädagogik, Band 8). St. Ingbert (Röhrig Verlag) 1994. p. 9-37.

Alfred Sander: Welche Probleme bringt die im Prinzip wünschenswerte Freiwilligkeit im Rahmen der Integrierten Förderung mit sich (Freiwilligkeit der Lehrkräfte, Zustimmung der Elternschaft, der betreffenden Kinder und ihrer Eltern)? In: „Integrierte Förderung/Förderschule". Abschlußsymposium zum Modellversuch 'Erprobung einer Förderschule im Verbund mit Integrierten Fördermaßnahmen an allgemeinen Schulen', 17./18. März 1994, Bildungszentrum Erbacher Hof, Mainz. (= Pädagogik zeitgemäß, Heft 16). Bad Kreuznach (Pädagogisches Zentrum Rheinland-Pfalz) 1994. p. 94-99.

Alfred Sander: Integration in Deutschlands Schulen. Entwicklungen und Widerstände. Schweizerische Zeitschrift für Heilpädagogik 1 (1995) 2, 8-20.

Alfred Sander: Sonderschule - Förderzentrum - Integration. Vorbemerkungen zu diesem Heft. In: Die Sonderschule 40 (1995) 2, 81-83.

Alfred Sander: Modellversuch Sonderpädagogische Förderzentren: Was hat sich bewegt? Zugleich ein Versuch zu Folgerungen für die weitere Entwicklung. In: Die Sonderschule 40 (1995) 2, 94-108.

Anne Hildeschmidt, Alfred Sander: Integration behinderter Schüler und Schülerinnen in der Sekundarstufe I. In: Heilpädagogische Forschung XXI (1995) 1, 14-26.

Alfred Sander: Transfer und Trends. In: Thomas Hagmann (Hrsg.): Heil- und Sonderpädagogik und ihre Nachbarwissenschaften. Aktuelle Ansätze in Forschung, Lehre und Praxis. (= Schriftenreihe des Heilpädagogischen Seminars Zürich, Bd. 10). Luzern (Edition SZH) 1995. p. 101-108 und 369-370.

Alfred Sander: Hilfen für behinderte Menschen: Sonderschulen, Rehabilitation, Prävention, integrative Einrichtungen. In: Heinz-Hermann Krüger, Thomas Rauschenbach (Hrsg.): Einführung in die Arbeitsfelder der Erziehungswissenschaft. (= Einführungskurs Erziehungswissenschaft, Bd. IV). Opladen (Leske u. Budrich) 1995. p. 203-218.

Alfred Sander: Integration und Freiwilligkeit. In: Förderverein der Astrid-Lindgren-Schule (Hrsg.): Pädagogik in Bewegung - Integrationspädagogik. Dokumentation des 2. Symposions anläßlich des 10jährigen Bestehens der Astrid-Lindgren-Schule des Kreises Aachen. Eschweiler (Selbstverlag des Hrsg.) 1995. p. 345-361.

Alfred Sander: Bericht über das saarländische BLK-Projekt „Sonderpädagogische Förderzentren". In: Förderverein der Astrid-Lindgren-Schule (Hrsg.): Pädagogik in Bewegung - Integrationspädagogik. Dokumentation des 2. Symposions anläßlich des 10jährigen Bestehens der Astrid-Lindgren-Schule des Kreises Aachen. Eschweiler (Selbstverlag des Hrsg.) 1995. p. 559-566.

Alfred Sander: Das Sonderpädagogische Förderzentrum - Weiterentwicklung der Sonderpädagogik? In: Erziehung und Wissenschaft im Saarland 42 (1996) 2, 174-187.

Alfred Sander: Stolperstein Sekundarstufe? Erfahrungen mit schulischer Integration in Deutschland. In: Behinderte in Familie, Schule und Gesellschaft 19 (1996) 3, 39-44.

Alfred Sander: Ansätze einer ökosystemischen Sichtweise in den KMK-Empfehlungen von 1994 zur sonderpädagogischen Förderung. In: Roland Stein, Oskar Brilling (Hrsg.): Ökologische Perspektiven für pädagogische Handlungsfelder. Festschrift für Eduard W. Kleber. (= Schriftenreihe des Instituts für Schulforschung und Lehrerbildung (ISL) der Bergischen Universität-Gesamthochschule Wuppertal, Bd. 1). Pfaffenweiler (Centaurus) 1996. p. 55-66.

Anne Hildeschmidt, Alfred Sander: Zur Effizienz der Beschulung sogenannter Lernbehinderter in Sonderschulen. In: Hans Eberwein (Hrsg.): Handbuch Lernen und Lern-Behinderungen. Aneignungsprobleme - Neues Verständnis

von Lernen - Integrationspädagogische Lösungsansätze. Weinheim (Beltz) 1996. p. 115-134.
Alfred Sander: Einige Bemerkungen zum Thema „Integrationspädagogik - Pluralisierung der Orte und Konzepte“. In: Günther Opp, Andreas Freytag, Ines Budnik (Hrsg.): Heilpädagogik in der Wendezeit. Brüche, Kontinuitäten, Perspektiven. Luzern (Edition SZH) 1996. p. 148-153.
Alfred Sander: Ein Konzept für schulische Integration behinderter Jungen und Mädchen. In: Pädagogische Notizen 10 (1997) 1, 9-11.

Die Autorinnen und Autoren

Ines Boban, Universität Hamburg, Sedanstraße 19, 20146 Hamburg.

Prof. Dr. Diether Breitenbach, Minister a.D., Memeler Straße 50, D-66121 Saarbrücken.

Klaus Christ, Dipl.-Päd., Leiter der Beratungsstelle Integrationspädagogik im Landesinstitut für Pädagogik und Medien (LPM), Beethovenstraße 26, 66125 Dudweiler.

Andrea Dlugosch, Dipl.-Päd., Universität Hannover, Fachbereich Erziehungswissenschaften, Institut für Sonderpädagogik, Abt. Pädagogik bei Verhaltensstörungen, Bismarckstraße 2, 30173 Hannover.

Prof. Dr. Dieter Dumke, Rheinische Friedrich-Wilhelms-Universität, Pädagogische Fakultät, Seminar für Psychologie, Römerstrasse 164, 53117 Bonn.

Prof. Dr. Hans Eberwein, Freie Universität Berlin, Fachbereich Erziehungswissenschaft, Psychologie und Sportwissenschaft, Institut für Grundschul- und Integrationspädagogik - Arbeitsbereich Integrationspädagogik -, Habelschwerdter Allee 45, 14195 Berlin.

Prof. Dr. Georg Feuser, Universität Bremen, Fachbereich 12, Studiengang: Behindertenpädagogik, Postfach 330440, Badgasteinerstraße, 28334 Bremen.

Prof. Dr. Urs Haeberlin, Heilpädagogisches Institut der Universität Freiburg/ Schweiz, Petrus-Kanisius-Gasse 21, CH-1700 Freiburg.

Peter Heyer, Elisenstraße 16, 12169 Berlin.

Dr. Andreas Hinz, J.W. Goethe-Universität Frankfurt, Institut für Sonder- und Heilpädagogik, Senckenberganlage 13-17, 60054 Frankfurt.

Prof. Mag. Dr. Hans Hovorka, Universität Klagenfurt, Institut für Erziehungswissenschaft und Bildungsforschung, Leitung der Abteilung für Integrationspädagogik und soziales Umfeld, Universitätsstraße 65-67, A-9020 Klagenfurt.

Prof. Dr. Wolfgang Jantzen, Universität Bremen, Fachbereich 11, Studiengang Behindertenpädagogik, Enrique-Schmidt-Straße, 28359 Bremen.

Dr. Almut Köbberling, Universität Hamburg, Institut für Behindertenpädagogik, Arbeitsstelle Integration, Eduardstraße 28, 20257 Hamburg.

Prof. Dr. Reimer Kornmann, Pädagogische Hochschule Heidelberg, Fachbereich Sonderpädagogik, Fach Diagnostik der Lernbehinderten, Keplerstraße 87, 69120 Heidelberg.

Hiltrud Loeken, Dipl. Päd., J.W. Goethe-Universität Frankfurt, Institut für Sonder- und Heilpädagogik, Senckenberganlage 13-17, 60054 Frankfurt.

Prof. Dr. Hans Meister, Universität des Saarlandes, Fachrichtung 6.1 Erziehungswissenschaft, Postfach 15 11 50, 66041 Saarbrücken.

Birgid Oertel, Hessisches Kultusministerium, Postfach 3160, 65021 Wiesbaden.

Peter Pape, Behörde für Schule, Jugend und Berufsbildung, Postfach 761018, 22000 Hamburg.

Christine Pluhar, Ministerium für Frauen, Bildung, Weiterbildung und Sport, Postfach 1467, 24103 Kiel.

Prof. Dr. Ulf Preuss-Lausitz, Technische Universität Berlin, Fachbereich 2 Erziehungs- und Unterrichtswissenschaften, Institut für Erziehungswissenschaften, Franklinstraße 28/29, D-10587 Berlin.

Marianne Raidt-Petrick, M.A. & Peter Raidt, M.A., Saarländische Schulen für Gehörlose, Schwerhörige und Sehbehinderte, Dillinger-Straße 69, 66822 Lebach.

Prof. Dr. Helmut Reiser, Universität Hannover, Fachbereich Erziehungswissenschaften, Institut für Sonderpädagogik, Abt. Pädagogik bei Verhaltensstörungen, Bismarckstraße 2, 30173 Hannover.

Isolde Ries, MdL, Landtag des Saarlandes, Franz Josef Röder Straße 7, 66119 Saarbrücken.

Dr. Anne Hildeschmidt, M. Ed., Universität des Saarlandes, Fachbereich 6.1 Erziehungswissenschaft, Postfach 151150, D-66041 Saarbrücken.

Irmtraud Schnell, Universität des Saarlandes, Fachbereich 6.1 Erziehungswissenschaft, Postfach 151150, 66041 Saarbrücken.

Prof. Dr. Jutta Schöler, Technische Universität Berlin, Fachbereich 2 Erziehungs- und Unterrichtswissenschaften, Arbeitsstelle „Integrative Förderung schulschwacher/behinderter Kinder und Jugendlicher“, Franklinstraße 28/29, 10587 Berlin.

Prof. Dr. Hans Wocken, Universität Hamburg, Sedanstraße 19, 20146 Hamburg.